Alfons Hofer

Textil- und Modelexikon
Band 1, A – K

Alfons Hofer

Textil- und Modelexikon

Band 1, A – K
7., vollständig überarbeitete und erweiterte Auflage

Deutscher Fachverlag

Die Deutsche Bibliothek - CIP-Einheitsaufnahme

Hofer, Alfons:

Textil- und Modelexikon / Alfons Hofer. - Frankfurt am Main : Dt. Fachverl.

ISBN 3-87150-518-8

Bd. 1. A - K. - 7., vollst. überarb. und erw. Aufl. - 1997

Bd. 2. L - Z. - 7., vollst. überarb. und erw. Aufl. - 1997

ISBN 3-87150-518-8

Umschlag: Bayerl & Ost GmbH, Frankfurt am Main
Satz und Litho: Hans Altenkirch Mediaproduktionen GmbH, Nieder-Olm
Druck: Wiener Verlag, Himberg

Einleitung

Die vorliegende, 7. Auflage des Textil- und Modelexikons mit seiner über dreißigjährigen Tradition präsentiert sich als vollkommen neues Werk. Das zeigt sich schon im Auftritt: wegen des auf fast das Doppelte erweiterten Umfangs wurde das Lexikon in zwei Bände geteilt, um handlich zu bleiben. Allein die Zahl der Abbildungen hat sich auf über 1800 erhöht. Jedoch nicht nur äußerlich, auch inhaltlich ist das Buch neu; es wurde von der ersten bis zur letzten Zeile neu geschrieben.

Verlag und Autor hatten sich viel vorgenommen. Es sollte nicht nur, wie bei jeder neuen Auflage, aktualisiert, Neues hinzugenommen, Überholtes gestrichen werden. Es galt, durch die Art der Definition auch Hinweise auf die Marktbedeutung des Stichworts zu geben, den Stil aller Definitionen von Grund auf zu überarbeiten, die Diktion dem aktuellen Sprachgebrauch anzupassen und zu vereinheitlichen, den Text sehr umfangreicher Definitionen innerhalb des Stichworts durch Fettdruck-Hinweise übersichtlicher zu gestalten, die Auswahl der Stichworte noch zeitgerechter vorzunehmen, das System der Verweise (→) durch Kursivsatz des Stichworts besser zu kennzeichnen und so zu vervollkommnen, da Doppeldefinitionen weitgehend überflüssig wurden. All dies erforderte eine völlige Neufassung.

Bei der Auswahl der neuen Stichworte aus der Textiltechnik und aus dem Bereich der Herren-, Damen- und Kindermode wurde wie bisher darauf geachtet, nur Begriffe zu berücksichtigen, die keine „Eintagsfliegen" darstellen, sondern von denen zu erwarten ist, daß sie mindestens einige Saisons überdauern. Dies wird jedoch durch die vielfache Benutzung von Anglizismen in der Umgangssprache bei den Modeausdrücken immer schwieriger, seit diese mehr der englischen als der französischen Sprache entstammen; Kriterium der Anerkennung als Fachausdruck war stets eine vom normalen Sprachgebrauch zumindest geringfügige Abweichung des Sinngehalts. Viele dieser Begriffe hört man kaum auf Messen oder bei Kollektionsvorlagen, sie werden jedoch fast genüßlich von der Fach- und Modepresse verwendet und gehören deswegen auch in ein Lexikon, das sich bevorzugt an Fachleute wendet. Besonderer Wert wurde auf die Erfassung von nur selten gebrauchten Begriffen gelegt; Fachausdrücke, die man ständig benutzt, hat man im Kopf, die nicht so häufig vorkommenden hingegen schlägt man bevorzugt im Lexikon nach. Dies ist auch bei Befragungen durch den Verlag und in der Leserpost deutlich geworden.

Zur Komplettierung des Gesamtwerks wurden Bereiche wie Humanökologie und Umwelt, Ausrüstungsverfahren einschließlich ihrer ökologischen Wertung, Nähmethoden, Nahtbilder und Nahtfehler, Haus-, Tisch- und Bettwäsche sowie Heimtextilien und Raumausstattung verstärkt berücksichtigt, allerdings ohne den Ehrgeiz, Spezialliteratur zu kopieren oder ersetzen zu wollen. Maschenwaren, einschließlich Raschel und Nähwirk, erhielten ihrer stets ansteigenden Bedeutung entsprechend mehr Raum, neuartige Modetendenzen von Sportswear bis Casual oder Begriffe aus der „Szene" blieben jedoch auf das Wesentliche beschränkt. Neu aufgenommene Stichworte aus der Technik wurden dahingehend zu beurteilen versucht, ob das Verfahren Aussicht hat, sich in der Praxis durchzusetzen, ob es vielleicht schon im Ausland überregional vertreten ist oder ob es sich gar um eine der seltenen bahnbrechenden Erfindungen handelt.

Wie bisher wurde bei Abbildungen aus der Technik darauf geachtet, solche auszuwählen, die das Grundprinzip allgemein verständlich machen, ohne allzusehr auf die sicherlich für den Spezialisten interessanten Details einzugehen. Auch bei den Modedarstellungen kam es darauf an, daß die Abbildung das Stichwort möglichst klar und bildhaft erläutert; ob das Modell der am Erscheinungstag des Lexikons geltenden Moderichtung entsprach, konnte dabei nicht oberstes Kriterium sein. Ein Lexikon ist keine Fachzeitschrift, es wird jahrelang benutzt und kann deshalb nicht in dieser Form aktuell sein. Deshalb wurden auch alle Hinweise auf den Modeschöpfer der abgebildeten Modelle zu dessen Schutz vermieden.

Besondere Vorsicht ließ der Verfasser bei den Streichungen vorhandener Stichworte walten. Selbstverständlich wurden aufgelassene Produkt- oder Verfahrensmarken entfernt; es ist stets viel schwieriger, die Aufgabe eines Erzeugnisses in Erfahrung zu bringen, sie geschieht in aller Stille. Neuheiten werden hingegen lauthals verkündet. Darum sei besonders jenen Firmen gedankt, die den Verfasser auch über Produktionseinstellungen informierten. Historische, nicht mehr gebrauchte Fachausdrücke mußten zum Teil gestrichen werden, um den Umfang des nunmehr zweibändigen Werks noch handelbar zu belassen. In dieser Beziehung behalten frühere Auflagen des Lexikons einen gewissen Wert. Klassische, sehr bekannte und früher zum selbstverständlichen Wissen zählende Stichworte wie Dowlas, Creas, Stuhltuch usw. zu streichen, konnte sich der Verfasser (vielleicht aus Nostalgie) noch nicht entschließen.

Verlag und Verfasser hoffen, daß das Lexikon in Zukunft noch umfassender als bisher den hohen Anforderungen der Textilkaufleute sowie der Textilfach- und Berufsschulen entsprechen wird. Der Verfasser bedankt sich auch an dieser Stelle nochmals herzlich für die vielen Zuschriften aus dem Leserkreis mit Hinweisen, Anregungen und Verbesserungsvorschlägen, die bei der grundlegenden Überarbeitung eine große Hilfe waren.

Dr. Alfons Hofer

A

Abaca-Faser, → *TKG:* → *Manila*, Faser aus der Blattscheide der Faserbanane, reißfest, widerstandsfähig gegen Feuchtigkeit, gut färbbar. In der Seilerei und für die Herstellung von Teppichen, Matten und Packstoffen eingesetzt. Abfälle dienen der Fabrikation von Papier (Manilapapier).

Abdeckung, Polstermaterial, das bei → *Matratzen* und → *Steppdecken* unmittelbar unter den Bezugstoff gelegt wird und das Durchscheinen oder das Durchstechen des Hauptpolstermaterials verhindert.

Abendanzug, vielseitiger Anzugtyp für nicht allzu formelle Abendveranstaltungen, meist zweireihig und mit steigendem Fasson, oft das → *Revers* mit → *Spiegel* belegt, formeller und seriöser als → *Party-Anzug*. – Vgl. → *Gesellschaftskleidung*, → *Schwarzer Anzug*.

Abendfarben, unterschiedlicher Farbausfall gleicher Farbtöne bei verschiedenartigen Lichtquellen (Tageslicht, Kunstlicht), die durch eine Reihe von → *Farbstoffen* erzielt worden sind. – Vgl. → *Metamerie*.

Abendanzug, Zweireiher mit runden Schultern und schmaler Taille, mit seidenbelegtem Spitzfasson, mit Querbinder getragen. Anzüge dieser Art haben den Vorteil, bei offiziellen Hochzeiten untertags und am Abend getragen werden zu können.

Abendkleid, festliches Kleid aus wertvollem Stoff. Ob lang oder kurz, ist mehr eine Frage der Mode als des gesellschaftlichen Rahmens. Das „große Abendkleid", zum

Vorschläge für Abendkleider von Designern und Stylisten. Von links: Mit Taillenschärpe und Herzausschnitt (Berthenkragen); mit Palazzohose und Überrock aus Chiffon; mit asymmetrischem Oberteil und Propellerschleife; mit Kaskadenrock und tiefem Rückenausschnitt bei schmalen Trägern; mit figurnaher Drapé-Wicklung an der Taille.

Jugendlich-kurze Abendkleider. Von links: Mit Wäschemieder-Corsage; mit drapierter Corsage, Kuppel-Doppelrock und feinen Rüschen; Organzakleid mit Sektkelch-Stufen; mit dreistufigem Volant-Rock und Stehkragenbluse mit großer Stickerei; zweiteilig mit plissiertem Rock aus Crêpe Georgette, straff tailliert mit hochgeschlossenem Jacquard-Oberteil im Materialmix mit Crêpe.

→ *Frack* oder zum → *Smoking,* ist ärmellos und tief ausgeschnitten, das „kleine Abendkleid" ist weniger dekolletiert und dem → *Cocktailkleid* ähnlich. Beide haben sehr an Bedeutung verloren, weil die Gelegenheiten, zu denen aus gesellschaftlicher Sicht die Abendtoilette notwendig erscheint, für die meisten Frauen selten geworden sind. Vielfach bestimmen die → *Accessoires* wesentlich den gesellschaftlichen Rang der Garderobe. Für die kleinen Anlässe zum Feiern werden → *Anlaßkleid* oder → *Ausgehkleid* vorgezogen. – Vgl. → *Glamour-Look,* → *Gesellschaftskleidung.*

Abfallgarn, wenig wertvolles, sehr fülliges, kurzfaseriges und wenig strapazierfähiges Garn aus Baumwollabfällen, meist auf → *Dosenspinnmaschinen* ohne Verstreckung aus dem vom Krempel gelieferten Vorgarn

Große Abendkleider (Abend-Toiletten) können sehr variationsreich in Material und Schnittgestaltung sein. Von links nach rechts: Duftiges Abendkleid mit Carmen-Dekolleté und langem Schärpengürtel; drei aufwendig gearbeitete Abendkleider mit weißer Organza-Bluse zum Tulpenrock (links), Ensemble mit Jäckchen aus Streifentaft (Mitte), kurzes Kleid mit Wasserfall-Rock (rechts); zwei romantische Abendkleider mit Spaghetti-Trägern und weitem Stufenrock (links), mit Plissee-Volants und Rüschenschmuck (rechts); jugendliche Abendkleider aus plissiertem Jersey in Stufen (links) und mit Flügelärmeln aus Organza zu einem Rock aus bedrucktem Seidenchiffon.

gesponnen, von nur geringer wirtschaftlicher Bedeutung; für Bügeldecken, Putz-, Staub- und Wischtücher. — Vgl. → *Vigognegarn*, → *Imitatgarn*, → *Zweizylinderspinnerei*.

Abfärben, Verlust von Farbe auf Textilien und deren Übertragung ins Waschwasser, auf den Körper oder andere Textilien, meist die Folge des Überschreitens der → *Affinität* des Rohstoffs gegenüber der angewandten Farbchemikalie. Es wurde mehr Farbe aufgebracht, als der Rohstoff in sich aufnehmen kann. Seltener ist Abfärben auf unsachgemäße Färbung zurückzuführen. – Vgl. → *Ausbluten*, → *Abrußen*.

Abgeleitete Bindung, Bindeweise, die zwar die wesentlichen Merkmale einer → *Grundbindung* (→ *Tuchbindung*, → *Köperbindung*, → *Atlasbindung*) aufweist, aber durch Hinzufügen oder Wegnehmen von Bindungspunkten oder durch andersartige Anordnung der Fäden ein selbständiges Gewebebild schafft. – Vgl. → *Fantasiebindung*, → *Spezialbindung*. **Abgeleitete Tuchbindungen**: → *Rips*, → *Ottoman*, → *Givrine*, → *Natté*, → *Epinglé*, → *Panama*. **Abgeleitete Köperbindungen**: → *Gabardinebindung*, → *Mehrgratköper*, → *Fischgrat*, → *Kreuzköper*, → *Speerbindung*, → *Granité*, → *Whipcord*. **Abgeleitete Atlasbindungen**: → *Panamaatlas*, → *Soleil*, → *Rhadamé*, → *Adria*, → *Velveton*, → *Covercoat*, → *Drapé*, → *Piqué*.

Abgepaßtes Dessin, auf die Form des späteren Fertigteils abgestimmtes Druck- oder Webdessin, z. B. Rundumbordüre für Schals oder Kopfkissenbezüge. – Vgl. → *Eingepaßter Druck*, → *Engineering Print*, → *Programmierter Druck*, → *Dessin placé*. Gegensatz: → *Allover*.

Abkochen, Vorgang der Textilveredlung: Entfernung von Ölen, Wachsen, Proteinen und Samenschalen sowie der Reste von Chemikalien, die bei der Aufzucht und Gewinnung der Baumwolle eingesetzt worden sind, aus baumwollenen Rohgeweben durch Kochen in Laugen ohne Druck; wird häufig mit → *Entschlichten* und → *Bleichen* in kontinuierlichem Arbeitsprozeß durchgeführt. Die Saugfähigkeit wird verbessert. Wurde mit Stärke geschlichtet, genügt das Abkochen nicht. – Vgl. → *Beuchen*.

Ablageschuß, klassische Form des Schußeintrags durch Abwickeln von einem durch das Fach transportierten Garnkörper. — Gegensatz: → *Einschleppschuß*.

Abnäher, keilförmig abgenähte Falte zur Ausarbeitung der Körperform bei Kleidungsstücken, in der Herrenschneiderei auch → *Cisson* genannt. Abnäher können, z.B. bei Blusen, nach oben und unten offen sein.

Abperleffekt, durch wasserabweisende → *Imprägnierung* erzielte Eigenschaft (Grenzflächenspannung) wetterfester Kleidungsstücke; die Wassertropfen werden am Eindringen in die Poren (Kapillaren) des Stoffes gehindert, bleiben auf diesem liegen oder rollen ab. Prüfung durch → *Sprühversuch* oder → *Tropfversuch*. Gegensatz: → *Klimastoffe*.

Abquetschen, Entwässerung von Stoffen während des Veredlungsvorgangs, entweder unter hohem Druck auf dem → *Foulard* oder dem „Aeroflex“-Quetschwerk, das mit einer aufblasbaren Gummiwalze arbeitet und auch das Abquetschen in Strangform oder von empfindlichen Geweben zuläßt. – **Abquetscheffekt**: Restgehalt an Flotte in Prozent des Gewichts der lufttrockenen Ware.

Abriebfestigkeit, wichtige Eigenschaft von → *Teppichfasern*, besonders in → *Kombinationsgarn-Technik*, und bei → *Flockartikeln*, die unter reibender Beanspruchung besonders leiden; Prüfung des Abriebwiderstandes nach DIN 54322. Bei Bekleidungstextilien mit → *Scheuerfestigkeit* gleichzusetzen. Bei Möbelstoffen: Bewertungsmaßstab für das Verschleißverhalten.

Abrißflammen, → *Einspeisflammen*, zwei- oder mehrfädige Zwirne (→ *Effektgarne*), bei denen das den Effekt gebende dochtige → *Vorgarn* beim Zwirnungsvorgang eingespeist, d.h. von zwei feinen Garnen erfaßt, stückweise abgerissen und dann umzwirnt wird. – Vgl. → *Flammengarn*.

Abrißflammen

Abrußen, trockene Farbstoffabgabe auf weiße Stoffe insbesondere bei dunklen Farben; Ursache: Verfahrensbedingt beschränkte → *Reibechtheit* oder fehlerhafte → *Färbung* (Überladung mit Farbstoff oder unfixierte Farbstoffteilchen).

Abseitenstoffe, Kleider-, Mantel- und → *Thermostoffe*, deren rechte und linke Warenseite verschieden aussehen, aber beidseitig verwendbar sind („rechts" verarbeitet werden können). Die Verschiedenartigkeit wird webtechnisch, meist durch → *Doppelstofftechnik*, erzielt (Gegensatz: → *Bonding*). Die Abseite eignet sich als Garnierung, dient als Futter oder soll Stoffe mit feinfädiger Oberfläche wintertauglich machen. Durch Kontraktionen des Untergewebes können auf der Oberfläche Strukturen oder blasige Aufwerfungen erzielt werden (echter → *Cloqué*). Bei Abseitengeweben aus Wolle muß das Garn für Decke und Abseite in Walke und Ausrüstung gleich reagieren, damit sich weder sofort noch später beim Naßwerden Decke und Abseite gegeneinander verziehen. Beispiele: → *Reversible*, → *Ulsterstoffe*. Eine Abseite kann auch durch weitflottende Bindungen durch Kett- bzw. Schußeffekt entstehen. – Vgl. → *Charmelaine*, → *Soielaine*.– → *Adriabindung*, → *Soleilbindung*, → *Romain Satin*.

Absorbic-Faser, Gattungsbegriff (Bayer) für flüssigkeitssaugende → *Synthetics* wie die → *Acrylfaser* → *Dunova* mit hervorragenden bekleidungsphysiologischen Eigenschaften (multifunktionelle Fasern); nicht in das → *TKG* aufgenommen. – Wird (1995) nicht mehr hergestellt.

Absorption, Fähigkeit eines Stoffes, einen anderen, flüssigen oder gasförmigen (z.B. Dampf), in sich aufzunehmen. Gegensatz: → *Adsorption*, → *Desorption*. – Vgl. → *Vernetzung*.

Abstich, Schneiderausdruck für den Verlauf der unteren Partie der Vorderkante von Sakkos und Kostümen, der modische Va-

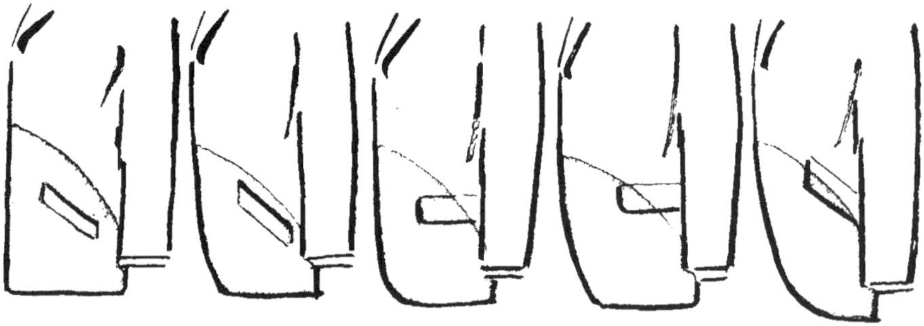

Variationen im Abstich. Von links nach rechts: Eckiger „Topper"-Abstich; fliehender, eckig auslaufender Abstich; runder Abstich; modisch-fliehender Abstich; cutartiger Abstich.

riationen erlaubt (→ *Topper-Abstich*). – Der → *Kragenabstich* heißt → *Crochet*.

Abwasserreinigung, Problem aller Hersteller von Textilien, die mit Chemikalien in wässrigen Lösungen arbeiten oder solche auswaschen. Die Abwässer der Veredlung sind nach Menge und Art der Verunreinigungen äußerst verschieden; welche Reinigungsmethoden anzuwenden sind, wird durch eine **Abwasserbelastungsdiagnose** festgestellt. Die → *Teilstrombehandlung* (Reinigung unmittelbar nach der Verschmutzung) wird vom Gesetzgeber favorisiert, weil sie auf dem Verursacherprinzip basiert. → *Vermeidungsstrategien*, die dafür sorgen, Verschmutzungen möglichst zu verhindern, führen zu den ökologisch besten Ergebnissen.

Abzugsgeschwindigkeit, Geschwindigkeit, mit der die → *Filamente* von der Spinndüse abgezogen und aufgewickelt werden. Sie beeinflußt die Faserfeinheit und die Orientierung der Makromoleküle in Längsrichtung sowie das Ausmaß des nachfolgenden → *Verstreckens*. – Vgl. → *POY*, → *Schnellspinnverfahren*.

Accessoires, frz. „Beiwerk", „Zubehör", das der Bekleidung der Frau und des Herrn erst die letzte modische Vollendung gibt: Schirm, Handschuhe, Gürtel, Schal, Tasche, Strümpfe, Schuhe, Mütze, Manschettenknöpfe und Schmuck.

Acelan, koreanische → *Elastanfaser*.

Acetalisierung, nachträgliche Behandlung von → *Vinylalfasern* mit → *Formaldehyd* mit dem Ziel, die Fasern wasserunlöslich zu machen.

Acetat-Fasern, → *Chemiefasern* aus acetonlöslichem Zelluloseacetat (Acetylcellulose); im Gegensatz zu den zellulosischen Chemiefasern nach dem → *Viskose-* (und → *Cupro-*) Verfahren sowie → *Modal* und den → *Lyocell-Fasern* kein → *Regenerat*, sondern Zelluloseverbindung. Acetate (→ *Diacetat*, und → *Triacetat*) können deswegen auch durch → *Texturieren* → *modifiziert* werden. In Griff und Glanz als → *Filament* naturseidenähnlich, elastisch, auch als → *Spinnfaser* schmiegsam, knitterunempfindlich, quellfest, läuft kaum ein, trocknet schnell; zweifarbige Stückfärbung in

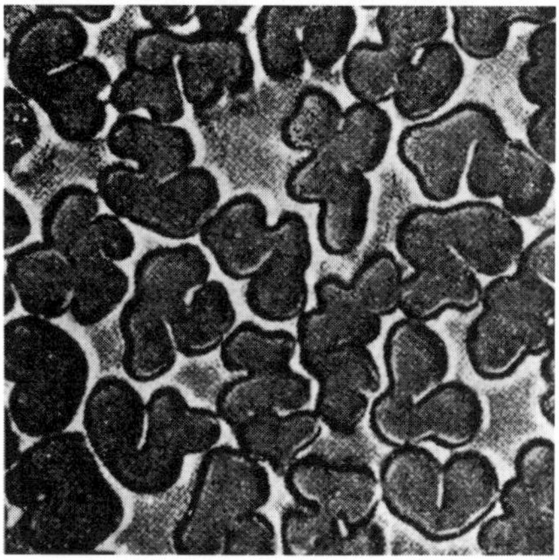

Querschnitt durch Acetat-Filament.

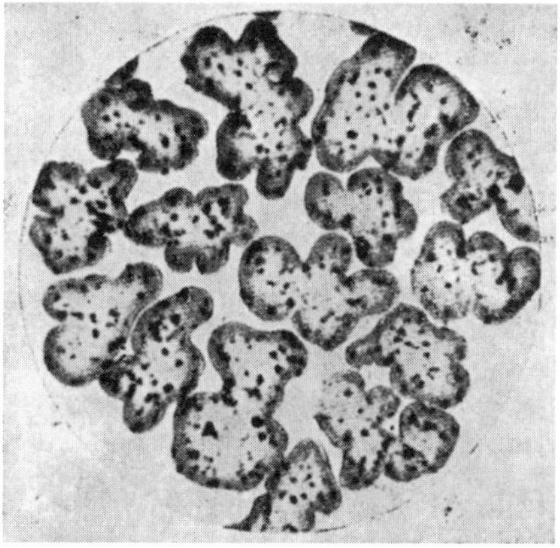

Querschnitt durch Acetat-Spinnfaser, spinnmattiert.

Mischung mit anderen zellulosischen Fasern ist möglich. Gewebe daraus können sehr leicht und dichter als Viskose-Gewebe sein und dennoch Stand und Festigkeit haben. Ätzfähig, geringe elektrische Leitfähigkeit, unempfindlich gegen Mottenfraß und Pilzbefall, thermoplastisch ab 170 °C, handwarm mit Buntwaschmitteln waschen, nicht wringen oder stark ausdrücken, Bügeln nur mit 1 Punkt. Acetat löst sich in Aceton (Nagellack!), Chloroform und Eisessig. Spinnfasern können gekräuselt werden. Acetat-Filamente werden nach dem Spinnprozeß im Luftstrom → *verwirbelt* (→ *Intermingeln*); ein weiterer Zwirnvorgang ist dann nicht mehr nötig. Acetat und Triacetat dürfen nicht als natürliche Fasern bezeichnet werden. – Verwendung von Filamenten für → *Futterstoffe*, vielfach auch als einfarbige Kette in jacquard- und schaftgemusterten Modestoffen zusammen mit Viskose-Spinnfaser, was den Farbwechsel des Schußeffekts erleichtert und die Stoffe leichter macht. Die Bedeutung der Fasergruppe ist rückläufig. Marken: → *Dicel*, → *Silene*, → *Arnel*. – Vgl. → *Modifiziertes Acetat*.

Acid washed, nur mehr selten gebrauchter Sammelbegriff für alle aggressiven → *Waschmethoden*, die eine Veränderung der Farbe des (Jeans-)Stoffes zum Ziel haben; auch bei anderen → *Denim*-Farben als Blau und auch bei → *Activwear* angewandt.

Acramin-Verfahren®, → *Pigmentdruckverfahren* (Bayer).

Acrilan®, → *Modacrylfaser* (Monsanto USA) aus 85% Acrylnitril und 15% Vinylpiridin mit abweichendem Schrumpf- und Rücksprungverhalten sowie mit besseren färberischen Eigenschaften. –Vgl. → *Leacril*, → *Velicren*.

Acryl-Bändchenfaser, flache, grobtitrige Acrylfaser mit dauerhaft → *thermofixierbarer* Kräuselung, vor allem für → *Tierfellimitationen*.

Acrylfaser, Kurzbezeichnung für Polyacrylnitrilfasern, → *Polyacrylfasern*.

Actifresh®, primär desodorierendes, → *antimykotisches* Präparat (Courtaulds) mit langanhaltender Wirkung; verhindert die Zersetzung des aufgesaugten Schweißes und verhütet Gewebezerstörung, Schimmel, Verrottung und Geruchsbildung.

Actigard ®, umfassender Hygieneschutz für Heimtextilien (Sandoz) zur Verhinderung von Allergien (→ *Hausstaubmilben*) während der gesamten Gebrauchsdauer, auch für Bettfüllungen, Matratzen und Polstermöbel geeignet. – Vgl. → *Antimykotische Ausrüstung*.

Action-Coat, Manteljacke mit funktionellem und sportlichem Schnitt, oft mit Strick- oder Lederausputz, Ösen, Reißverschlüssen und vielen funktionellen Taschen.

Action-Coat

Action-Jacken, dreiviertellange, für den Hobby-Jäger, -Angler und Wanderer bestimmte Wetterblousons und Jacken mit vielen Taschen innen und außen; oft wetterfest durch Ausstattung mit Membranen.

Action-Jacken. Von links nach rechts: Sportliche Jacke mit Anklängen an den Military-Look mit Frontverschluß durch Patentdruckknöpfe; Über-Weste mit Reißverschluß und aufgesetzten Schubtaschen; stabile Allwetterjacke mit großen aufgesetzten Mehrzwecktaschen; aus dem Sportsakko entwickelte Legerjacke mit eingeschobenem Ärmel und gesteppter Ärmelnaht; Bomberjackenähnlicher Blouson mit Strickkragen und -bund.

Activwear, zur aktiven Ausübung der verschiedenen Sportarten geeignete, funktionelle Spezial-Sportbekleidung, die sich kaum als Straßen- oder Tageskleidung eignet, aber die sportlich-lässige Stadt- und Weekendkleidung (→ *Sportswear*) stark beeinflußt hat. – Vgl. → *Adventure-Sportbekleidung*, → *Fitness-wear*, → *Gymnastik-Kleidung*, → *Langlauf-Anzug*, → *Skibekleidung*, → *Sweaket*, → *Radler-Hose*, → *Rain-Jacket*.

Additionsfärbung, Überfärbung im Stück bei Stoffen aus vorgefärbten Garnen. – Vgl. → *Differential Dyeing*.

Adhäsive Verfestigung, Form der Verfestigung von → *Wirrfaservliesen*: **Adhäsion** bedeutet das gegenseitige Aneinanderhaften von Molekülen an stofflichen Grenzflächen infolge molekulärer Anziehungskräfte. Auch Kleben, Kitten und Anstreichen beruht auf Adhäsion. Gegensatz: → *Mechanische Verfestigung*. Die **Adhäsionsmittel** können Bestandteil der Fasern sein oder nachträglich auf die Fasern einwirken. – Vgl. → *Faserverbundstoffe*.

Adipinsäure, Grundstoff für die Herstellung von → *Polyamid 6,6*; die Adipinsäure ergibt zusammen mit Hexamethylendiamin das AH-Salz („Nylonsalz"). Ökologisch nicht unbedenklich, weil bei der Produktion von Adipinsäure Lachgas (Stickstoffoxid) frei werden kann, das zu den „Treibhausgasen" gerechnet wird.

Aditex®, → *Hydromembrane* mit Poren ähnlich → *GoreTex*.

Adriabindung, verstärkte Kettatlasbindung für → *Abseitenstoffe* wie → *Charmelaine*, → *Drapé* oder → *Covercoat*; Gewebe, die als „Adria" bezeichnet werden, haben meist Zwirn in Kette und Schuß und wirken ripsartig. – Vgl. → *Piqué*.

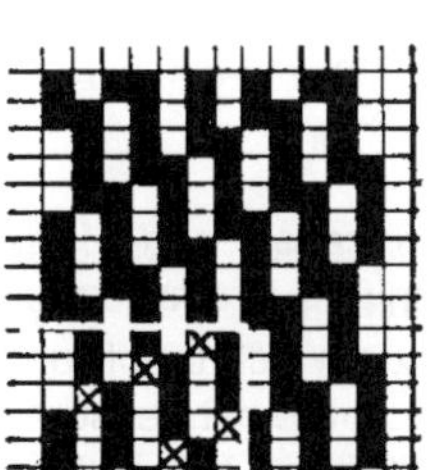

Kettadria aus Atlas 7. Im Rapport (eingerahmt) kennzeichnen Kreuzchen die Grundbindung Atlas 7, ausgefüllte Kästchen die hinzugefügten Bindungspunkte.

Adsorption, Aufnahme oder Anlagerung von gasförmigen oder gelösten Stoffen an der Oberfläche eines festen Körpers. Besonders stark adsorbieren poröse Körper wegen ihrer großen inneren Oberfläche. Gegensatz: → *Absorption.*

Adventure-Sportbekleidung, multifunktionelle oder für eine bestimmte Abenteuer-Sportart (z.B. Rafting, Paragliding, Trekking) konzipierte (Allwetter-)Kleidung; vielfach werden → *Klimastoffe* eingesetzt. – Vgl. → *Activwear*, → *Survival-Stil*, → *Trekking-Kleidung.*

Aerobic, aus dem Ausdauertraining der US-Astronauten und Piloten hervorgegangene, teilweise umstrittene sportliche Betätigung; Mischung aus Jazz-Tanz, Gymnastik und Konditionstraining nach Disco-Musik. Die dabei getragene Bekleidung muß vollelastisch und schweißsaugend sein, meist nach Art von → *Leotard*, → *Bodysuit* oder → *Jumpsuit*; im Gegensatz zu klassischen → *Gymnastik-Anzügen* in modischen Farben und Formen. Oft durch → *Shoppers* oder → *Legwarmers* ergänzt. Bevorzugtes Material: Baumwolle mit Elastan.

Aerolen, Schnittfäden aus → *Polyurethan*-Schaumstoff mit rechteckigem oder quadratischem Querschnitt, die zur Erhöhung der Reiß- und Scheuerfestigkeit und zur Reduzierung der Dehnfähigkeit mit feinen, aber festen Garnen umsponnen werden, für rutschfeste Bundverarbeitung oder Trägerbänder. – Vgl. → *Ceolon*, → *Schaumstoff-Schnittfäden.*

Aerosol, feinste Verteilung fester oder flüssiger Schwebeteilchen in Luft oder anderen Gasen, z.B. Rauch oder Nebel.

Affenhaut, → *Pseudo-Lederimitat*, feinfädiger → *Duvetine* mit Strich; sehr dichte Gewebe (oder Wirkwaren), die durch → *Schmirgeln* und → *Rauhen* eine strapazierfähige Nachbildung der Oberfläche von Velours- oder Glattleder erhalten haben. – Vgl. → *Cifraline*, → *Velveton.*

Affenschaukel, drapierte Stoffteile am relativ weit geschnittenen Rücken von Kleidern und Blusen, die beidseitig lose Falten bilden und in Taillenhöhe u-förmig zusammenlaufen.

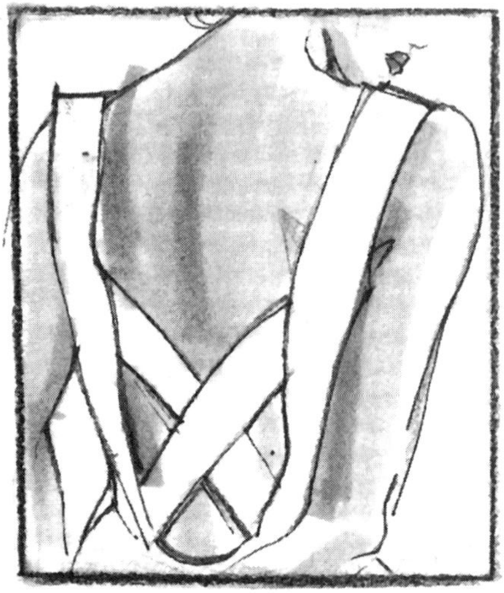

Affenschaukel in Bandform an rückenfreiem Sommerkleid.

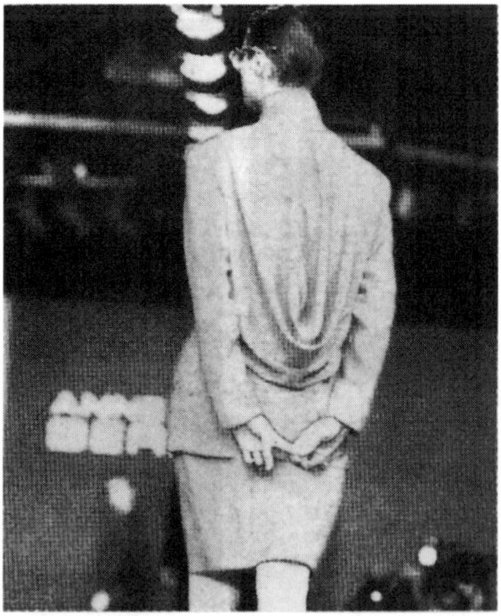

Affenschaukel

Affinität, Ausmaß und Form, in der ein Farbstoff von einem Textilrohstoff aufgenommen (→ *Absorption*) wird. Die Restmenge Farbstoff im → *Abwasser* ist direkt von der Affintät des Farbstoffs zur Faser abhängig. – **Affinitätsgrenze**: Wird die Möglichkeit des Faserstoffs zur Aufnahme von Farbstoff überschritten, lagert sich der Farbstoff physikalisch als Körper auf der Faser ab, wird also nicht mehr von der Faser aufgesogen und an sie gebunden. Dies führt bei der Wäsche zum → *Ausbluten*, weil der Farbstoff abgeschwemmt wird. Wegen der Affinitätsgrenze können besonders zellulosische, aber auch synthetische Fasern nicht beliebig dunkel gefärbt werden. Bei → *Küpen-*, → *Entwicklungs-* und → *Reaktivfarbstoffen* führt das Ausbluten nicht ohne weiteres zum Anfärben anderer Wäschestücke. – Vgl. → *Immunisierung*, → *Abrußen*, → *Ausziehverfahren.*

Afghalaine, klassischer, kaum mehr hergestellter, weicher und durch Bindung und Garndrehung (→ *Voilegarn* 2S/2Z) poröser Wollstoff (→ *Halbkrepp*) mit perligem Aussehen und flusiger Oberfläche, recht knitterfrei, für Kleider. – Vgl. → *Crêpe Caid.*

Afghan, zur Gruppe der → *Turkmenen* zählender zentralasiatischer → *Orientteppich*. Vorherrschendes Musterelement: Größeres Achteck mit Kleeblatt-Musterung. Etwas grobfädig mit zottiger, rauher Rückseite, meist in Rottönen bis Braun, Musterfarbe Dunkelblau und Schwarz.

Afrika-Look, auf den „Sonnenfarben" Beige und Khaki aufbauende, sommerliche Moderichtung mit oft sehr farbenfrohen → *Folklore* -Dessins mit Motiven aus Savanne, Wüste, Urwald sowie aus der afrikanischen Tierwelt. – Vgl. → *Kolonialstil*, → *Safari-Look.*

Agassi-Look, **-Shorts**, nach dem gleichnamigen Tennisspieler benannte Kombination von oft farblich abstechenden → *Bikerpants* („compression shorts"), die unter Shorts (oder Röckchen) getragen werden und sichtbar vorstehen.

Aged-Look, künstliche Alterung, auch → *Used-Look*, → *Second-Hand-Look* bei Stoffen und Bekleidungsstücken, die durch Nachbehandlungen wie Auswaschen (→ *Délavé*, → *Prélavé*, → *Sand washed*) oder künstliches Knittern (→ *Crinkle*, → *Crash*) das Aussehen bereits getragener Kleidung erhalten haben; vom → *Jeanswear* teilweise in die Straßenkleidung übernommen und zum Modethema sogar unter Verwendung hochwertiger Woll- und Kaschmirgewebe geworden. Auch feinste Rauhausrüstungen wie → *Sanding* (→ *Pfirsichhaut*) gehörten ursprünglich in diese Kategorie. Als erwünschter Nebeneffekt werden die Stoffe weicher. Extreme Formen sind ausgefranste Fußenden bei → *Jeans* und harte Waschmethoden mit starker Auswaschung von Farben bis zur Stoffschädigung (→ *Stone wash*, → *Destroyed Look*). – Vgl. → *Gewaschene Naturseide*, → *Jeans, Auswaschformen.*

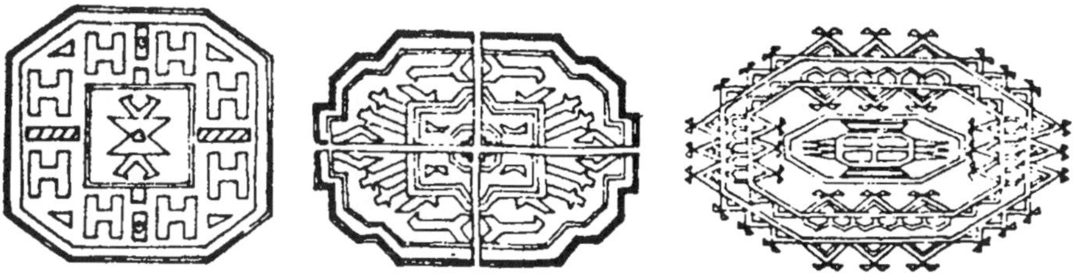

Beispiele verschiedener Achtecke (stilisierte Rosenmuster) von Afghan- und Buchara-Teppichen.

Agilon®, Marke für amerikan. → *Monofil*-Garne, nach dem → *Kantenziehverfahren* texturiert. – Vgl. → *Klingentexturierung.*

Agraffe, Schmuckspange.

Aida, meist gestärkter Stickereigrundstoff in → *Scheindreherbindung* („Siebbindung"), bei der nach jedem vierten Kett- und Schußfaden durch → *Gegenbindung* und entsprechenden Rieteinzug eine kleine Lücke entsteht. Fertige Handarbeiten müssen vor dem Waschen stets mit einem stärkelösenden Mittel eingeweicht werden, um das Ausbluten der Stickgarn-Farben zu verhindern. – Die **Aidabindung** wird auch für feinfädige Hemden- und Blusenstoffe eingesetzt. – Vgl. → *Canova*, → *Natté.*

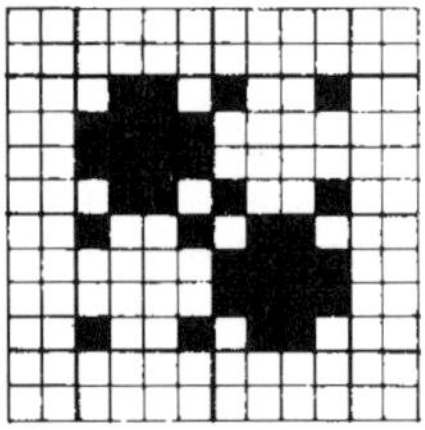

Vierfädige Aida- oder Nattébindung (Siebbindung).

Air blow dyeing, Färbetechnik insbesondere für Samt, bei der durch computergesteuerten Farbauftrag kontrastarme Farbbilder mit zum Teil zusammenfließenden Konturen entstehen.

Airbrush-Denim, → *Denim* mit besonders feiner → *Schmirgel*-Ausrüstung. – Vgl. → *Brush-Denim*, → *Scrubbed-Denim.*

Aircoat®, → *Lederimitat*, belgisches Baumwollgewebe (Seyntex) mit lederartig wirkender Kunststoffbeschichtung, ungewöhnlich luftdurchlässig, reißfest, abwaschbar, chemisch zu reinigen, bleibt bei Kälte geschmeidig und weich.

Air Jet-Spinnverfahren, → *Luftwirbel-Spinnen*, mit Düsenkammern zwischen zwei Klemmpunkten, die zunächst das zugeführte Vorgarn und dann den fertigen Faden festhalten. In der ersten Düse erhalten die vorderen Faserenden durch einen schräg auftreffenden Luftstrom einen Falschdrall, von dem nicht alle Fasern erfaßt werden. In der zweiten Düse wird aus dem gesamten Faserbündel in gegensätzlicher Drallrichtung durch einen stärker dosierten Luftstrom der Faden gebildet. Auf hochtourig arbeitende Maschinenteile zur Drallgebung wird verzichtet.

Air Jet-Texturierung, → *Düsenblasverfahren*, auch bei → *Microfaser-Filamentgarnen* anwendbares → *Luftdruck-Texturierverfahren*, bei dem ein aus vielen Kapillaren bestehendes (→ *multifiles*) → *Kabel* durch die turbulenten Strömungen von Preßluft mit 3 bis 5 Atü Kräuselungen und Schlingenbildung an den Kapillaren erhält, die auf diese Weise fest miteinander verbunden

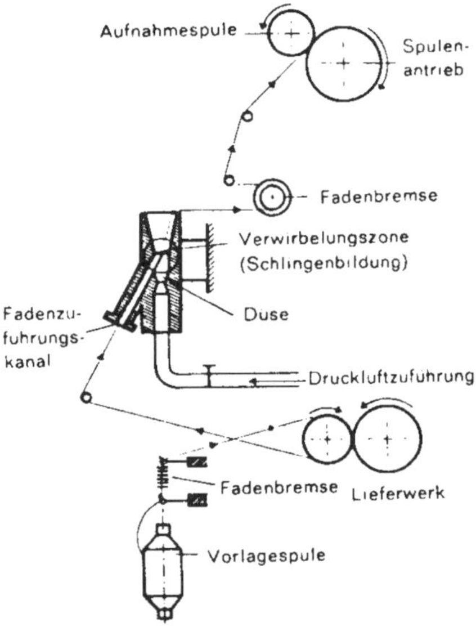

Schematische Darstellung der Luftdruck-Texturierung. Die Filamentgarne werden durch eine turbulente Strömung der durch eine Düse schräg eingeblasenen Preßluft oder durch überhitzten Dampf (StreamJet) verwirbelt und miteinander verschlungen.

werden. Da es sich um ein rein mechanisches Verfahren handelt, das auf → *Thermofixieren* verzichtet, können auch Fasern wie Viskose, die nicht thermisch verformbar sind, behandelt werden. Es entsteht keinerlei Verdrehungstendenz. Bei → *Teppichgarnen* (→ *BCF-Garn*) spricht man von → *Verwirbelung*. – Vgl. → *Stream-Jet*, → *Taslan*, → *Core-Taslan*, → *Grelonda*, → *Brillant*, → *Seralon S*, → *Rhodelia*, → *Nydelia*, → *Lustralan*.

Air Jet-Webmaschinen, → *Düsenwebmaschinen*, pneumatischer Schußeintrag durch Druckluft. – **Air Jet 2000**, Luftdüsenwebmaschine (Günne) nach dem → *Staffettenprinzip* mit zusätzlichen Luftdüsen im Fach, auch zur Herstellung von → *Samt* und → *Frottierstoffen* geeignet.

Air Missile, amerikanische → *Düsenwebmaschine* mit zusätzlichem Projektil; ein etwa 5 cm langer Schußträger wird mittels Druckluft ins Webfach eingetragen. Bei einer Arbeitsbreite von 335 cm leistet die Maschine 500 Schüsse/min.

Airstream-Tumbler, Trockenmaschine mit heißer, strömender Luft für Tuche mit Spezialausrüstung; die gewaschenen und zum Fixieren der Breite auf dem Spannrahmen vorgetrockneten und dadurch glatt gewordenen → *Tuche* werden unter Druck und Dampf auf Satinfilzwalzen → *dekatiert* und anschließend über ein Hitzefeld mit Wellgitter geführt, wodurch die → *Dimensionsstabilität* bei nochmaliger Trocknung gefördert wird.

Airtex®, schwer entflammbarer → *Möbelstoff* vor allem für Flugzeugbestuhlungen und Autositze mit besonders leichtem Gewicht und einer um 30–50% erhöhten Strapazierfähigkeit aus 90% → *Schurwolle* und 10% → *Polyamid*.

Airtronic PAT, → *Düsenwebmaschine* mit Druckluft nach dem → *Staffettenprinzip* mit zusätzlichen Luftdüsen im Fach.

Airvel®, nach einem Eigenverfahren (DuPont) texturiertes Acrylgarn mit voller Bauschkraft und hoher Elastizität für Handstrickgarne.

Ajour, Sammelbegriff für Stoffe mit kleinen, sichtbaren Durchbrüchen, die bei Geweben durch besondere Bindeweisen, wie → *Dreher-* und → *Scheindreherbindungen* entstehen. Bei den → *Maschenwaren* werden einzelne Maschen von ihrer Nadel abgehoben und auf die Nachbarnadel umgehängt (→ *Petinet-Gewirke*), als Ajour-Abschluß von Pullovern am unteren Rand lose fallend ohne Bund und meist bogenförmig abgestrickt. Ajourbilder können in der Ausrüstung durch ätzende Chemikalien hervorgerufen werden (→ *Dévorant*, → *Luftspitze*). – Vgl. → *Ajouré*, → *Panama*, → *Natté*.

Ajouré, durchbrochene Modegewebe, bei denen die Durchbrüche eine Musterung bilden.

Ajour-Stickerei, Verbindung von zarter Weiß- und Durchbruchstickerei auf feinfädigem Leinen; die Durchbrüche werden durch scharfes Anziehen des stickenden Fadens erzielt. – Vgl. → *Madeirastickerei*, → *Lochstickerei*, → *Bohr-Spitze*.

Alaungerbung, → *mineralisches* → *Gerbeverfahren* (→ *Weißgerbung*) mit Doppelsalzen aus Aluminium- und Kaliumsulfat; die Schnittkanten des Leders werden weiß; ergibt weiche, schmiegsame und sehr strapazierfähige Handschuhleder (→ *Glacé*). – Vgl. → *Chromleder*.

Alcantara®, hochwertiger japanischer → *Lederaustauschstoff* im → *Veloursleder*-Charakter in mehreren Gewichtsklassen, auch bedruckt und bestickt. Ein mit Kunstharzen vernetztes → *Wirrfaservlies* (60% Anteil) aus Polyester-Microfaser (→ *Bikomponentenfaser* M/F) wird beidseitig mit → *PUR* (40%) beschichtet und das Vlies wie → *Doppelsamt* in der Mitte durchgeschnit-

Mäntel und Kleid in A-Linie, ganz rechts mit weiter, lose fallender Palazzo-Hose.

ten (Trennschnitt), so daß die äußeren Urethanflächen die Warenrückseite bilden, die abstehenden Härchen des Vlieses hingegen die veloursartige Oberfläche. – Die klassische, schwerere Qualität Manto wird zu 75% für PKW-Innenausstattungen, für Dekorationen und für Koffer und Handtaschen eingesetzt. Bei Oberbekleidung ist die Marktbedeutung für Mäntel und Jakken sowie als Besatz eher rückläufig und die leichtere, weniger an Leder erinnernde Qualität Mosso mit Microfasern eines feineren Titers mit ihrer vielfältigen Verarbeitbarkeit auch im jugendlich-sportlichen Bereich und im Sommer (90% Anteil bei Bekleidung) im Vordringen. – Vgl. → *Amara*, → *Amaretta*, → *Delpage*, → *Napara*.

Alfa-Faser, lt. TKG „Blattfaser aus den Blättern der Stipa Tenacissima", für Bekleidung und Haustextilien kaum verwendbare → *Hartfaser*.

Alginat-Faser, in Japan und England in geringen Mengen aus Seetang hergestellte Faser „aus den Metallsalzen der Alginsäure" (TKG); nur Filament. Da sich die Faser bei Zimmertemperatur in schwachen alkalischen Lösungen auflöst, wird sie als Stützfaden für durchbruchartige Effektmuster und als Grundgewebe für Ätzspitzen verwendet.

Alicyclisches Polyamid, aus anderen Vorprodukten hergestelltes, im chemischen Aufbau dem → *Nylon 6,6* ähnliches Polyamid; durch zusätzliche Ketten werden die Feuchtigkeitsaufnahme, die Farbbrillanz und die Knitterfestigkeit verbessert. Die Fasern Nylon 472 und 473 (DuPont) haben mit 275° einen sehr hohen Schmelzpunkt, unterscheiden sich aber in ihrem Schrumpfverhalten, und werden im Verhältnis 50/50% zu einem → *Filamentmischgarn* mit seidenähnlichem Griff zusammengefügt. Stoffe daraus heißen → *Qiana*.

A-Linie, Modesilhouette für Damenkleidung mit natürlich schmalen Schultern und einer zum Rocksaum hin ausschwingenden Weite (Trapezschnitt). Die Taille ist oft etwas nach oben verlagert, die Weite nach unten kommt häufig vom Rücken. – Vgl. → *Modelinien*, → *Swinger*.

Aliphatische Verbindungen, organische Verbindungen mit geraden oder verzweigten Kohlenstoffketten.

Alkalibeständigkeit von Textilfasern, Fasereigenschaft, die insbesondere für die Waschbarkeit textiler Fertigerzeugnisse von entscheidender Bedeutung ist. – → *Wolle*: gering; → *Baumwolle*: ausreichend; → *Polyamid*: relativ hoch; → *Acryl*: bei schwachen Lösungen ausreichend; → *Modacryl*: sehr hoch; → *Polyvinylchlorid*: beständig bei jeder Konzentration; → *Polyester*: beständig gegen kalte, verdünnte Alkalien, Copolyester niedriger; → *Polypropylen*: sehr hoch; → *Elastan*: ausreichend. – Vgl. → *Säurebeständigkeit*.

Alkaliechtheit, Widerstandsfähigkeit einer Färbung oder des Stoffdrucks auf Textilien jeder Art gegen Einwirkung verdünnter Laugen, nach Rohstoffarten sehr unterschiedlich. – Vgl. DIN 54030.

Alkalisieren, hydrolytische Einwirkung von Natronlauge auf synthetische Fasern (oberflächliches Verseifen der Fasern).
1. *Polyesterfasern*: Abschälen der äußersten Faserschicht (20–30 % des Fasergewichts) zur Verringerung des Faserdurchmessers (Verfeinerung des Titers) bei gleichzeitiger Vergrößerung der Faseroberfläche zur Erzielung eines weichen, seidenähnlichen Griffes; im Hinblick auf die → *Microfasern* von rückläufiger Bedeutung. Von Belang ist aber weiterhin, daß die Faseroberfläche ihre Glätte verliert, mattiert wird und eine verbesserte Feuchteleitfähigkeit (→ *Feuchtigkeitstransport*) erhält.
2. *Polyamidfasern*: Zur Erhöhung der Naturseiden-Ähnlichkeit bei feinstfibrilligen → *Hochleistungsfasern* vor allem für Damenunterwäsche.

Allergie, chemisch verursachte Hautreizungen und -ausschläge (Kontaktekzeme), Reaktion der Haut auf körperfremde Stoffe. Gegensatz: Physikalisch, d.h. mechanisch hervorgerufene → *Irritationen* der Haut, → *Pseudo-Allergie*, z. B. → *Bikini-Dermatitis*. Im Bekleidungsbereich diskutiert: → *Nickelallergie*, → *Formaldehydallergie*. – Vgl. → *Hausstauballergie*, → *Latex-Allergie*, → *Atopiker*.

Allover, Gewebemusterungen, die sich zusammenhängend über die gesamte Stoffbreite hinziehen, also nicht für sich allein stehen oder abgegrenzte Gruppen bilden („durchgemustert"). – Gegensatz: Karo, Streifen, → *Mosaikmuster*, → *Medaillon-Dessin*.

Allroundbekleidung. Links einreihiger Blazeranzug mit drei aufgesetzten Taschen und fallendem Revers, rechts Norfolkanzug mit aufgesetzten und umsteppten Pattentaschen zum Knöpfen.

Allround-Bekleidung, Anzüge und Sakkos mit nicht allzu sportlichen Attributen, die sowohl als → *Freizeit-* als auch als → *City-Kleidung* akzeptiert werden, wobei die Wahl der Stoffe oft den Ausschlag gibt. – Vgl. → *Blazeranzug*, → *Norfolkanzug*.

Alltemperatur-Waschmittel, früher: → *Vollwaschmittel*, in allen Temperaturbereichen einsetzbare → *Waschmittel*, deren Leistungsschwerpunkt zwischen 60° und 95° liegt und bei denen die Waschkraft im Vordergrund steht. → *Bleichmittel* (→ *Percarbonat*, → *Perborat*) und → *Optische Aufheller* sind nur in diesen Waschmitteln enthalten; empfehlenswert für weiße und stark verschmutzte Wäsche und zum Lösen von Fett- und Pigmentschmutz. Für Buntwäsche und Modefarben wegen der Bleichmittel und Optischen Aufheller, die zum Verblassen der Farben führen, sowie für Stoffe aus → *Naturseide*, → *Wolle* und → *Polyamid*-Filamenten sind sie weniger geeignet; deshalb ist der für sie häufig verwendete Begriff → *Universalwaschmittel* nur bedingt zutreffend. Seit dem Einsatz von → *Phosphat-Austauschmitteln* zur Wasserenthärtung ist bei der Dosierung der Verschmutzungsgrad der Wäsche wichtiger als die Wasserhärte. Als Folge des Zusatzes von gentechnisch erzeugten → *Enzymen* (→ *Proteasen* gegen eiweißhaltige Flecken, → *Lipasen* gegen Fett und → *Amylasen* gegen stärkehaltige Verschmutzungen) konnten die Dosierungen mit der Folge einer auch durch neue, wirksamere → *Tensid*-Kombinationen mit selbstverstärkender Wirkung verringerten Umwelt-

gering/ leicht	**Keine Verschmutzung deutlich erkennbar, keine Flecken.** **Beispiele:** durchschwitzte leichte Sommer- und Sportkleidung (nach höchstens einem Tag); Unterhemd nach einem Tag im Büro; Hotelbettwäsche und Gästehandtücher (nach einem Tag).
normal	**Verschmutzung und/oder geringe Flecken erkennbar.** **Beispiele:** T-Shirt, Oberhemd/Bluse, Unterhose/Slip (jeweils nach einem Tag); Geschirrhandtuch, Bettwäsche (nach bis zu einer Woche); Gardinen (nach sechs Monaten im Nichtraucher-Haushalt).
stärker	**Verschmutzungen und/oder Flecken (Tee, Kaffee; Obst, Gemüse, Ruß, Fette, Öle, Milch, Stärke) deutlich erkennbar.** Beispiele: Küchenhandtücher (nach bis zu einer Woche); Stoffservietten (einmal benutzt); Babylätzchen; Kinder- und Fußballkleidung (mit Gras und Erde); Tenniskleidung (mit Kieselrot); im Haushalt waschbare Berufskleidung: Schlosseranzug, Bäcker- und Metzgerkleidung.

Definition des Verschmutzungsgrads, die die Dosierung der Waschmittel wesentlich beeinflußt (nach Henkel).

belastung reduziert werden. → *Phosphate*, die das Wasser überdüngen könnten, werden kaum mehr eingesetzt.

Aloefaser, im TKG nicht erwähnte, der → *Sisalagave* verwandte und ähnliche Blattfaser; schmiegsamer, aber weniger reißfest als Sisal, für Sackgewebe und die Seilerei.

Aloft, → *Filamentmischgarn* aus verschieden stark schrumpfenden Polyesterfasern, soll im Gegensatz zu → *Shin-Gosen* oder → *COE*-Polyester die Wärmehaltung der Bekleidungsstücke verbessern. – Vgl. → *Neues Polyester*.

Alpaka, sehr feine, weiche und seidenartig glänzende, wenig gelockte und trotzdem recht haltbare Wolle eines als Haustier gehaltenen südamerikanischen → *Schafkamels*, das alle zwei Jahre teil- (also nicht kahl-)geschoren wird. Eine Schur ergibt etwa 3–4 kg je Tier. Die Wolle muß nach

Alpaka

über 20 natürlichen Farben von Hand sortiert werden (→ *Sortierungsfarben*). – Vgl. → *Suri-Alpaka*; → *Lama*, → *Guanako*, → *Vikunja*.

Alpakka, nur mehr selten gebrauchte Bezeichnung für eine → *Extraktwolle* aus Wollmischgeweben mit einer Faserlänge von über 20 mm.

Alpha-Zellulose, für zellulosische Textilfasern allein geeigneter Bestandteil des → *Zellstoffs* mit einem → *Polymerisationsgrad* von 600 bis 1300. – Vgl. → *Hemizellulose*, → *Beta-Zellulose*.

Alta Moda, italienische → *Haute Couture* (Florenz und Rom); in ihrem Ideenreichtum, der Exklusivität und der Qualität der Pariser Haute Couture vergleichbar, aber keinen so strengen Regeln unterworfen.

Alter ease, Chemikalien, die die Wirkung von → *Permanent Press* (→ *Formstabilität* durch → *Post-curing*) wieder aufheben; die Fixierung der Falten wird zur Änderung gelöst. Anschließend ist die Wirkung von Postcuring auch mit Falten in anderer Position wieder herstellbar.

Alterfil®, patentierter → *Nähfaden*, → *Core-Garn* aus 100% Polyester mit → *High-Tech-*Ausrüstung, die das Nahtkräuseln verhindert und die Haushaltsabwässer kaum belastet. Beim Bügeln mit 120 °C wird das Dehnungsverhalten der Faser ausgeschaltet.

Alterung, Faserschädigung durch Lagerung ohne Gebrauch; typisch für → Gummi, selten bei Viskose. – **Alterungsbeständigkeit**: Echtheitsanforderung bei → *Gardinenstoffen* aus synthetischen Fasern.

Alttextilien, Anfall in Deutschland etwa 600.000 t/Jahr; etwa ein Drittel wird durch getrennte Sammlung erfaßt, wobei die Qualität der Sammelware karitativer Einrichtungen gut, die der Bring-Container meist schlecht ist. Für das → *Recycling* ist sorgfältiges Sortieren und oft das Zerlegen in die Komponenten notwendig. Entsorgungsfreundliche Herstellung würde dies erleichtern. Ein großer Teil der Sammelware wird exportiert (vgl. → *Prato*).

Altwolle, → *Wollabfall*, der bereits einem Verarbeitungsvorgang unterlegen hat; Gegensatz zu den minderwertigen Naturwollen. Lt. → *TKG* „Wolle", aber nicht „Schurwolle". – Vgl. → *Regenerierte Wolle*, → *Reißwolle*.

Amara®, → *Lederaustauschstoff* im Velours-Charakter auf Basis → *Wirrfaservlies* aus → *Polyamid-* → *Microfaser* (60% Gewichtsanteil), das in → *PUR* getaucht wird. Die Microfaser-Büschel, die nicht voll in PUR eingebettet werden, stehen veloursartig vor. Zur Herstellung werden, wie bei → *Amaretta*, weder → *Pentachlorphenol* noch → *Formaldehyd* eingesetzt. – Vgl. → *Napara*.

Amaretta®, marktstarker, pflegeleichter → *Lederaustauschstoff* aus der gleichnamigen Microfaser, ähnlich → *Amara*, aber etwas leichter.

American graffiti, moderne Form von Kritzeldessins.

American-Cleeks, → *Bügelklebegewebe*.

American-Style, → *Y-Linie* bei Anzügen, mit bequemer, jedoch nicht zu üppiger Oberweite, die ab der Hüfte wieder stärker der Körperform angepaßt wird; verlangt nach einer schlank machenden Hosen-Silhouette mit zurückgenommener Schenkelweite.

American-Style: Y-Linie beim Anzug. Breite Schultern, Hüftschluß, von der Taille nach außen führende Linie der Ärmelnaht. – Designer-Modelle.

Amerikanisches Bördchen, kurzer, nur etwa 1 cm hoher Abschluß aus Rippengestrick vor allem am Hals- und Ärmelabschluß von Strickwaren.

Amerikanische Fütterung, → *Halbfütterung* von Sakkos und Mänteln bis zur Kollerhöhe und mit breiten → *Besetzen* aus Futterseide. Gegensatz: → *Französische Fütterung*.

Amerikanische Schulter, → *Minus-Schulter*, bei ärmellosen → *T-Shirts* zum Halsring hin verlaufender Armausschnitt, der nicht nur die Armkugel, sondern auch noch ein Stück der Schulter freigibt. Der Halsausschnitt ist viel höher als beim → *U-Shirt*. In gemäßigter Form gibt es keine Probleme mit BH-Trägern.

Amerikanische Schulter

Variationen der amerikanischen Schulter beim Kleid. Von links: Faltenkleid mit Dekolleté-Kragen; mit Plissee-Panneau; Kleid im „Grace Kelly-Stil".

Ames-Test, von den Litton-Laboratorien (USA) durchgeführter und bescheinigter Test zur Feststellung mutations- oder krebserzeugenden Verhaltens von Chemikalien.

Ammoniak, NH_3, für die Herstellung von → *Acrylfasern* und → *Caprolactam* (Polyamid-Vorprodukt) benötigte Chemikalie; in flüssiger Form Hilfsmittel für → *Kunstharzfreie Pflegeleicht-Ausrüstungen*. – Vgl. → *Sanfor-Plus*, → *Prograde*.

Amylasen, pflanzliche, tierische und bakterielle → *Enzyme* zum → *Entschlichten*, die Stärke abbauen und aufschließen. Beim Einsatz in → *Waschmitteln* dienen sie zur Förderung der Entfernung von stärkehaltigen Verschmutzungen.

Analysenrichtlinie, vom EU-Ministerrat festgelegte Richtlinie zur quantitativen Analyse von Fasergemischen in kennzeichnungspflichtigen Textilien mit 13 Verfahren, in denen nicht nur die Art der Prüfung, ihre Durchführung und die Berechnung des Ergebnisses vorgeschrieben wird, sondern auch die Geräte und Reagenzien genau benannt werden.

Ananasschalen-Effekt, erwünschtes, aber unkontrolliert verlaufendes Zusammenziehen stark gedrehter Garne (→ *Voile-Garne*, → *Krepp-Garne*) in der Naßbehandlung der Ausrüstung von → *Crêpe-Geweben*, deren nachträgliche Struktur nicht durch → *Gaufrage* vorgegeben worden ist. – Vgl. → *Crinkle*.

Anaphe-Seide, afrikanische → *Naturseide* („Nesterseide") aus kleinen Kokons, nur in der → *Schappespinnerei* verarbeitbare → *Wildseide*; nur als Effektfaden in der Tuchweberei verwendet.

Androgyn, griechische Bezeichnung für ein Zwitterwesen; in der Mode die Übernahme typisch männlicher Elemente in die Damenmode.

Welche Prüfmethode ist anzuwenden?

Die kursiv eingesetzten Prüfmethoden sind der Analysenrichtlinie entnommen.

	Baumwolle	Leinen	Viskose-Stapelfaser	Cupro	Acetatfaser	Viskose-Filament	Cupro Filament	Acetat endlos	Synthetics	Wolle	Naturseide
Baumwolle	—			*Ameisens./ Zinkchlorid*	*Aceton*	*Ameisens./ Zinkchlorid*	*Ameisens./ Zinkchlorid*	*Aceton*	*PA: 80% Ameisens.*	*Natrium-hypochlorit*	*Natrium-hypochlorit*
Leinen	Saug-, Stapelprobe	—			*Aceton*			*Aceton*	*PES: 75% Schwefels.*		
Viskose-Stapelfaser	Netzprobe	Netzprobe Stapelprobe	—		*Aceton*			*Aceton*	*PA: 80% Ameisens.*	*Natrium-hypochlorit*	*Natrium-hypochlorit*
Cupro	Netzprobe	Netzprobe	Neocarmin	—	*Aceton*			*Aceton*	*PA 80% Ameisens.*	*Natrium-hypochlorit*	*Natrium-hypochlorit*
Acetatfaser	Brennprobe Netzprobe	Brennprobe Netzprobe	Brennprobe Neocarmin	Brennprobe Neocarmin	—	*Aceton*	*Aceton*	—	*Aceton*	*Aceton*	
Viskose Filament	Stapelprobe Netzprobe	Stapelprobe Netzprobe	Stapelprobe	Stapelprobe Neocarmin	Brennprobe Stapelprobe Neocarmin	—		*Aceton*	*PA: 80% Ameisens.*	*Natrium-hypochlorit*	*Natrium-hypochlorit*
Cupro Filament	Stapelprobe Netzprobe	Stapelprobe Netzprobe	Neocarmin	Stapelprobe	Brennprobe Stapelprobe Neocarmin	Neocarmin Reißprobe	—	*Aceton*	*PA: 80% Ameisens.*	*Natrium-hypochlorit*	*Natrium-hypochlorit*
Acetat endlos	Stapelprobe Brennprobe Netzprobe	Stapelprobe Brennprobe Netzprobe	Brennprobe Neocarmin	Brennprobe Stapelprobe Neocarmin	Stapelprobe	Brennprobe Neocarmin Reißprobe	Brennprobe Neocarmin Reißprobe	—	*Aceton*	*Aceton*	
Synthetics	Brennprobe Netzprobe Reißprobe	Brennprobe Netzprobe	Brennprobe Reißprobe	Brennprobe Reißprobe	Brennprobe Reißprobe	Brennprobe Reißprobe	Brennprobe Reißprobe	Brennprobe Reißprobe	—	*Natrium-hypochlorit*	*Natrium-hypochlorit*
Wolle	Brennprobe Stapelprobe Schuppen-probe	Brennprobe Schuppen-probe	Brennprobe Schuppen-probe	Brennprobe Schuppen-probe	Brennprobe Schuppen-probe	Brennprobe Schuppen-probe Stapelprobe	Brennprobe Schuppen-probe Stapelprobe	Brennprobe Schuppen-probe Stapelprobe	Brennprobe Schuppen-probe	—	*75% Schwefels.*
Naturseide	Brennprobe Stapelprobe	Brennprobe Stapelprobe	Brennprobe Stapelprobe	Brennprobe Stapelprobe	Brennprobe Stapelprobe	Brennprobe	Brennprobe	Brennprobe	Brennprobe	Schuppen-probe Stapelprobe	—

Welche Prüfmethode ist nach der Analysenrichtlinie anzuwenden?

Anfärbbarkeit, Fähigkeit eines Textilmaterials, Farbstoff aufzunehmen. – Vgl. → *Affinität*, → *Ausbluten*.

Angegriffenes Leder, → *Leder*, das zur Erzielung des → *Aged Look* nur teilweise mit einem → *Oilfinish* versehen oder → *patiniert* worden ist.

Angestoßenes Kammgarn, → *Herrentuche*, die nur ganz leicht angewalkt und mit einem kaum fühlbaren, „moosigen" Faserflor versehen sind, mit besonders weichem Griff. – Vgl. → *Aged Look*, → *Anstoßen*.

Angora-Feingarn, modifiziertes → *Core-spun-Garn* mit einer Seele aus Trevira-Filament und 50% Angora-Wolle. Sehr elastisch, reißfest, gute Abrieb- und Pillwerte, gut zu färben und zu bedrucken. Hohe Feuchtigkeitsaufnahme (bis 62% des Eigengewichts der Angora-Wolle), gute Temperaturregelung, geringes Gewicht, formfest und filzfrei, waschmaschinenfest bis 60°. Für hochwertige Nachtwäsche, Unterwäsche und Strumpfwaren; auch → *Herrentuche* in Gewichten zwischen 190 und 320 g sind herstellbar.

Angora-Kaninchen, Kunstzüchtung und daher für Krankheiten sehr anfälliger Lieferant der → *Angora-Wolle*. Die Wolle wird zweimal im Jahr durch Auskämmen oder Auszupfen, dazwischen alle 10–13 Wochen durch Scheren gewonnen (70 g je Tier, ergibt einen Jahresertrag zwischen 700 und 1000 g). Eine auf deutsche Initiative zurückgehende Neuzüchtung (→ *Ceres-Kaninchen*) mit einem Anteil von nur 2–3 % Grannenhaaren (normal: etwa 17 %) liefert bei fünfmaliger Schur im Jahr zwischen 900 und 1100 g je Tier an hochwertiger Wolle bei nur 12% Auskämmabfall (normal etwa 30%). Erstklassige Sorten haben einen → *Stapel* von 6–10 cm; Kurzfasern, die kaum dauerhaft ins Garn einzubinden sind, haaren stark ab und kosten bei einem Stapel von unter 30 mm weniger als die Hälfte.

Angora-Wolle, vom → *Angora-Kaninchen* und nicht von der → *Angora-Ziege* (→ *Mohair*) gewonnenes → *Edelhaar*, sehr glatt, leicht und fein, wegen des hohen Ölgehalts der Faseroberfläche wasserabstoßend, rheumalindernd dank starker elektrostatischer Aufladung; geschmeidiger als Naturseide, hervorragende Wärmehaltung, jedoch sehr anfällig gegen Mottenfraß. Angora-Wolle ist wegen der charakteristischen Markkammern, die viel Luft enthalten, ein besonders schlechter Wärmeleiter. Verspinnung zu Streichgarn rein, zu Kammgarn als → *Core-spun-Garn* (→ *Angora-Feingarn*) oder in Mischung mit Viskose oder → *Merino-Wolle*; für Pullover auch in Mischung mit Naturseide. Als Flocke für Steppdeckenfüllungen verwendbar. Beimischungen von 5–15% Angora-Wolle

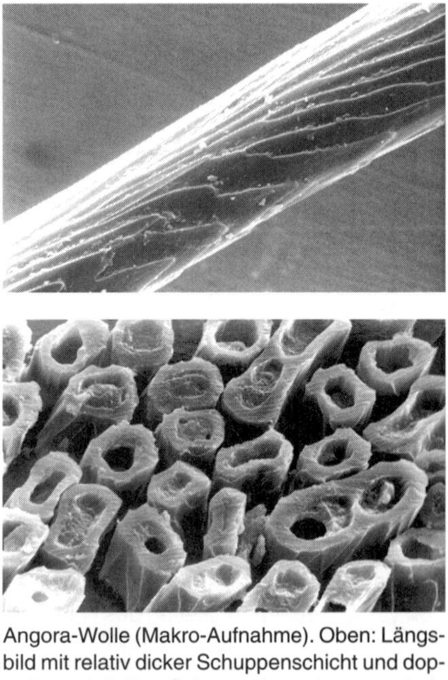

Angora-Wolle (Makro-Aufnahme). Oben: Längsbild mit relativ dicker Schuppenschicht und doppelt gewinkelter Schuppenanordnung, relativ große Feinheitsunterschiede auf die Länge; unten: Querschnitt, mit rundem, ovalem bis bandförmigem Querschnitt und ausgeprägtem, teils mehrreihigem Markstrang.

zu anderen Fasern erzielt Glanz- oder → *Stichelhaar*-Effekte. Hauptlieferant ist mit 1500–2000 t/Jahr China, gefolgt von Argentinien und Brasilien von gezüchteten Tieren. Das selten angewandte, nur in Frankreich und in der Schweiz erlaubte, zu recht von Tierschützern angeprangerte Rupf-verfahren (Weltmarktanteil unter 1%) ergibt Fasern von 8 cm Länge, die zum Verspinnen zu den für → *Strickwaren* bestimmten → *Feingarnen* nicht geeignet sind. Hierfür werden die geschorenen Haare mit einer Stapellänge zwischen 3 und 5 cm benötigt.

Angora-Ziege, in Kleinasien, Südrußland, Südafrika und Nordamerika heimischer Lieferant der → *Mohair-Wolle*; Ausbeute je Tier/Schur 4000 g; wird zweimal im Jahr geschoren, ist die Wolle kürzer.

Angora-Ziege

Anilinfärbung, transparente und farbintensive, vollkommene Durchfärbung vor allem von → *Glattleder* durch → *Tunkfärbeverfahren* (Faßfärbung, → *Drumdyeing*) mit Anilinfarben, die die Narbenstruktur nicht abdecken; das Porenbild bleibt erkennbar, ohne zusätzliche Deckfarben zum Verbergen von Unregelmäßigkeiten des Narbens. Die Schnittkanten sind gefärbt. Weichheit, Porenbild und leichtes Gewicht bleiben erhalten. Voraussetzung für guten Warenausfall ist hochwertige Lederqualität, die bevorzugt für diese Färbeart eingesetzt wird. Zusätzliche Beschichtung ist nicht notwendig. → *Kombinationsfärbung* durch zusätzliches Aufsprühen von → *Pigmentfarben* deckt Oberflächenverletzungen des Leders ab (→ *Semianilin-Färbung*, → *pigmentiertes Leder*).

Animal Prints, Tierfell- und Tierhaut-(Schlangenhaut-)Imitationen als Stoffdruck.

Anisometrische Faserteilchen, mechanische **Anisotropie**, verringerte Querfestigkeit durch überwiegende Längsorientierung der Fibrillärstruktur bei gleichzeitig verstärkter Reißfestigkeit in Längsrichtung vor allem bei leicht spaltbaren → *Folienfilamenten* (→ *Bändchenfasern*). – Vgl. → *Spaltfasertechnik*.

Anlaßkleid, nicht allgemein benutzter Vorschlag zur Kennzeichnung eleganter Freizeit-, Cocktail- und Abendkleider, die dem Trageanlaß angepaßt sind (Theater-, Konzertbesuch; Kino, Tanz, Party, „zweite" Hochzeit), der Multifunktion wegen oft mehrteilig und quer kombinierbar. Für diese neue Gruppe von Kleidern wurde auch die Bezeichnung **Ausgehkleid** vorgeschlagen. Für viele dieser Verwendungszwecke sind auch kurze → *Corsagenkleider* geeignet. – Vgl. → *Abendkleid*, → *Partykleid*.

Anlaßkleid. Beispiele für Ausgehkleider, von links: Mit schalkragenähnlichem Ausschnitt, Manschettenärmeln und Zierblume; mit „Mandelausschnitt", kegelförmigem Glockenrock und Spitzenpant; mit Posamenten-geschmücktem Bolero, Taillenschärpe und Tulpenrock.

Anlaßkleider mit Multifunktion. Links das „kleine Schwarze“, das durch das Brokatjäckchen für den Abend an festlichem Charakter gewinnt; hochsommerliches, tief ausgeschnittenes, durchgeknöpftes Anlaßkleid mit langem Rock, das zur Party und ins Büro getragen werden kann.

Anorak, aus Norwegen stammende Bezeichnung für eine Windbluse mit fest angearbeiteter Kapuze für den Skisport und als wetterfeste Alltagskleidung, von der Mode vielfach verwandelt. – Vgl. → *Pistenbluse*, → *Rennbluse*, → *Skibekleidung*, → *Stepp-anorak*, → *Windshirt*.

Anorganische Fasern, Fasern aus Chemikalien, die keinen Kohlenstoff enthalten; insbesondere → *Asbest*, → *Glasfasern* und → *Metallfäden*.

Anso, Polyamid → *Hohlfaser* mit eckigem Hohlraum ähnlich → *Antron* für Teppiche, auch als → *Sauberfaser*.

Anstoßen, Ausrüstungsvorgang bei → *Herrentuchen*, leichtes Anwalken, das einen kaum fühlbaren, ganz leichten Faserflor und einen weichen Griff bewirkt. – Vgl. → *Foulé*.

Anthrachinoide Küpenfarbstoffe, durch Veresterung mit Schwefelsäure wasserlöslich gemachte und wie direkt aufziehende Farbstoffe verwendbare → *Küpenfarbstoffe*; sie müssen auf der Faser z.B. mit Natriumnitrit in die wasserunlösliche Form verwandelt werden. – Vgl. → *Indigosol-Farbstoffe*.

Antibakterielle Ausrüstung, → *antimykotische Ausrüstung*. – Vgl. → *Fungizide Ausrüstung*.

Antibakterielle Fasern, Polyesterfasern mit permanent bakteriziden Eigenschaften durch Einlagerung eines Wirkstoffes (Zeolith mit Anlagerung eines antibakteriellen Metall-Ions) in die Spinnmasse, nach japanischem Patent in Europa unter der Marke → *Diolen-Bactekiller* auf dem Markt. Der auch desodorierende Effekt ist hitze- und waschbeständig. Da die Wirkungsweise der Ozon-Desinfizierung entspricht, ist die Faser völlig ungiftig.

Antifilzausrüstung, Antifilzkrumpfausrüstung, durch Lizenzgebühren belastete Verfahren zur Vermeidung des Einlaufens von Wollartikeln (besonders Strickwaren) beim Waschen in Trommelwaschmaschinen. Alle Verfahren beeinflussen die Schuppenstruktur der Wolle entweder durch chemische Modifikation der Schuppen bis zu deren Entfernung (z.B. Abätzen durch schwache Chlorlösungen und anschließende Neutralisierung) oder Maskierung der Schuppen durch Umhüllung mit einem Film (→ *Zwischenflächen-Polymerisation*), der sich wie ein Netz um die Schuppen herumlegt und deren Aufspreizen beim Filzvorgang verhindert. – Subtraktive Verfahren mit der Gefahr der Faserschädigung: Oxydieren mit Kaliumpermanganat und Natriumbisulfit: → *Dylan*; Chlorlösung mit Neutralisierung: → *Melafix*, → *Basolan*. Additive Verfahren (Maskierung), bewirken einen härteren Griff der Stoffe und die Gefahr ungleichmäßiger Anfärbung, verbessern Reiß- und Scheuerfestigkeit, verringern Pillingbildung: → *Wurlan*, → *Bancora*; punktförmige Verschweißung mit Polymeren, auch bei Stoffen anwendbar: → *Synthappret*; Polyamid-Kunstharze in Kombination mit Oxidation: → *Hercosett*, vor allem auf Kammzügen angewandt. Alle mit dem → *Superwash-Etikett* gekennzeichneten Verfahren sind Kombinationen dieser Art. – Die eingesetzten Chemikalien ziehen vollständig auf die Faser auf, so daß keine die Abwässer beeinträchtigenden Rückstände im Wasser verbleiben. – Vgl. → *Waschmaschinenfeste Wolle.*

Antifit-Jeans, „Hose ohne Paßform", an → *Clochard-Hosen* erinnernde → *Jeans* mit tief liegenden Gürtelschlaufen, oft durch Koppelgürtel zusammengehalten; häufig entspricht der Schnitt nicht der Körperform, so daß die Hosen am Gesäß ausbeulen oder Falten werfen („Entenpo"). – **Antifit-Mode**, Sammelbegriff für junge Mode mit einer Paßform, die nicht exakt sitzt und besonders „lässig" wirken soll.

Antiflammausrüstung, Behandlung von Fasern oder Stoffen mit Flammschutzmitteln, die entweder durch Bildung einer Schutzschicht den Sauerstoffzutritt zur Faser verhindern und das Nachglimmen verhüten, so daß es nur zu einer Verkohlung ohne Flammenbildung kommt, oder aber unbrennbare Gase entwickeln. Möglich ist auch die Einlagerung von hitzeabsorbierenden Substanzen, die sich selbst nicht zersetzen, aber die Temperatur des Stoffes unter die Entzündungstemperatur der Fasern herabsetzen. Im Brandfall dürfen die Ausrüstungsmittel keine ätzenden Säuren freisetzen, es darf keine Bildung von Schmelztropfen geben, die Stoffe müssen waschbar, reinigungsbeständig und nähfähig sowie hygienisch einwandfrei und hautverträglich bleiben. Phosphor wird abgelehnt, weil bei der Entsorgung nicht abbaubar. Die Tendenz geht zu Präparaten, die die Textilie auf Lebensdauer schützen, dabei aber die Eigenschaften und den Griff nicht wesentlich verändern. Es ist umstritten, ob Flammschutz für Bekleidungstextilien notwendig oder sinnvoll ist; die Anwendung der Ausrüstung konzentriert sich auf Gardinen und Polsterstoffe für öffentliche Verkehrsmittel und in Räumen mit hoher Publikumsfrequenz. – Wenngleich die → *zellulosischen Fasern* wegen ihrer leichten Brennbarkeit am meisten gefährdet sind, hat man für Wolle Antiflammausrüstungen mit Titan- und Zirkonverbindungen entwickelt. Die Titanbehandlung ist lichtecht und scheuerfest; sie eignet sich für mittlere und tiefere Farbtöne. Die Zirkonausrüstung wird für helle und pastellige Töne empfohlen, weil sie keinen Vergilbungsprozeß auf der Wollfaser einleitet. Die kaum entflammbaren Synthetics werden noch flammensicherer durch Einlagerung geeigneter Substanzen (→ *Avisco*) in

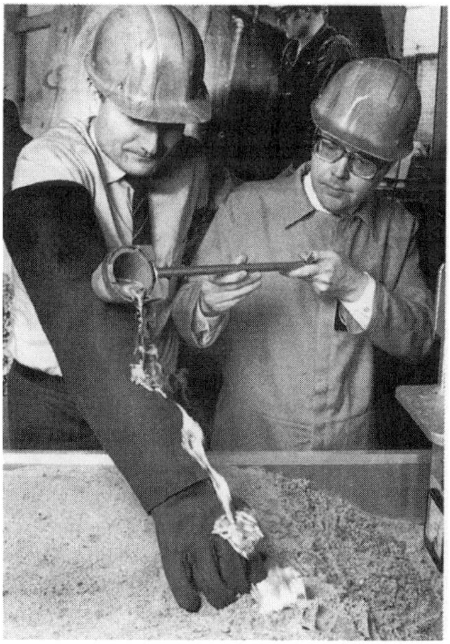

Überprüfung eines Gewebes aus flammenhemmender Schurwolle durch Übergießen mit 850°C heißem Aluminium. Zum Vergleich mit anderen Fasern wird gemessen, wieviel Gramm des Metalls benötigt werden, bis Verbrennungen auf der Haut entstehen.

die Spinnmasse oder durch Änderung des faserbildenen Polymers (vgl. → *Flammenbeständige Fasern*). Dies kann die Fasern um 100% verteuern. Kein Ausrüstungsmittel macht die Stoffe unbrennbar oder unentflammbar, die Stoffe werden nur flammenhemmend oder schwer entflammbar. Stoffe mit Antiflammausrüstung sind etwa 30–50% teurer als herkömmliche. – Vgl. → *Flammensichere Textilien*, → *Flammschutzmittel*, → *Glasfasern*, → *Pyrovatex*, → *Zirpro-Ausrüstung*.

Antigliss, rutschfest ausgerüsteter Polyamidtaft für → *Skibekleidung*.

Antik-Effekt, künstlich hervorgerufener, oft durch schattierende Unifarben optisch unterstützter Alterungsprozeß bei → *Nappaleder* oder → *Leder-Austauschstoffen* im Sinne des → *Aged-Look* mit der Wirkung bereits getragener Kleidung. – Vgl. → *Angegriffenes Leder*.

Antikleder, Blankleder, die durch Prägen bei Hitze und unter erheblichem Druck unregelmäßige Rillen-Muster erhalten, die meist andersfarbig eingefärbt werden. Manchmal werden die erhöhten Stellen zusätzlich geschliffen.

Antik-Velours, → *Velours* aus Wolle oder Synthetics im Charakter von Möbelbezugsstoffen für Jacken, Mäntel und Hosen.

Antimikrobielle Ausrüstung, Sammelbegriff für alle Ausrüstungsarten, die die Fasern gegen Mikroorganismen aller Art schützen („fäulnisfest"), deren Weiterentwicklung auf den Textilien oder auf der menschlichen Haut hemmen („bakteriostatisch") oder die Mikroorganismen abtöten („fungizid") sollen (aktiver Schutz). Fungizide Ausrüstungen kommen allerdings für die direkt auf dem Körper getragenen Textilien nicht in Frage, wohl aber dienen sie dazu, Campingausrüstungen und Zelte schimmel-, fäulnis- und verrottungsfest zu machen. Auch Krankenhaustextilien werden aus hygienischen Gründen ausgerüstet. Aus ökologischen Gründen sind diese Verfahren stark rückläufig. – Passiver Schutz: Ausrüstungen, die die Fasern wie → *Eulan* oder durch Einlagerung von Aminoplasten bzw. durch Acetylierung bei Zellulosefasern ungenießbar für Schädlinge machen. Diese Ausrüstungen wirken gleichzeitig desodorierend. – Vgl. → *Antimikrobielle Fasern*, → *Antimykotische Ausrüstung*. – Primär fäulnishemmend: → *Eulan asept*, primär desodorierend: → *Actifresh*, → *Sanitized*, → *Geruchabsorbierende Ausrüstung*.

Antimikrobielle Fasern, Einlagerung entsprechender Wirkstoffe in die Polymere vor dem Spinnprozeß; der Schutz ist permanent. Beispiele: Polyester: → *Diolen Bactekiller*, Lufnen; Polyamid: Liverfresh; Acryl: Courtek M, → *Cashmilon*; Polypropylen: → *Meraklon* SR-AB; Chlorofasern: → *Rhovyl* AS; Viskose: Deometafi.

Anti-Mode, Stilrichtungen der Bekleidung, die im absoluten Widerspruch zur „konservativen" Bekleidung des „Establishment" steht, Gegenbewegung zum „Luxus-Kult"; eingeleitet durch den „Gammel-Look" mit dem Charakteristikum der ausgewaschenen Jeans Anfang der 70er Jahre. Als „Mode von der Straße" tauchen immer wieder gewollt lässige, „unordentliche" Bekleidungsstile auf, die mit ihrer Disharmonie, „nach oben" veredelt, durchaus auch Einfluß auf → *Streetwear* und → *Sportswear* nehmen, z.B. → *Grunge*. – Vgl. → *Layered Look*.

Antimykotische Ausrüstung, vor Schimmelpilzbefall schützende Ausrüstung. Der Bekämpfung der Hautpilze, vor allem des Fußpilzes, kommt große Bedeutung zu. Die hautfreundlichen, in polymere Trägersubstanzen eingelagerten Wirkstoffe zeichnen sich durch eine gute Haftfestigkeit auf natürlichen und synthetischen Chemiefasern aus. Das Freisetzen der Wirkstoffe wird gesteuert und durch das Waschen gefördert und angeregt. Hauptanwendungsgebiet sind Strumpfwaren, vereinzelt auch Miederwaren, Wäsche und Berufsbekleidung. Marken: → *Hygitex*, → *Freso*.

Anti-Mode. Designer-Modell (Lacroix) im Grunge-Look.

Antipilling-Ausrüstung, nachträgliche Behandlung von Stoffen aus Synthetics zur Verhinderung des Abschabens kleiner Faserknötchen durch Aufbringen filmbildender Substanzen, die eine rauhere Faseroberfläche hervorrufen und somit die Gleitfähigkeit der Fasern verringern, oder durch Besprühen mit einem oberflächlich wirkenden Lösungsmittel, wodurch die Faserenden sich haarnadelförmig umbiegen und ein feines Netzwerk bilden. Man kann die Pillinganfälligkeit von Stoffen auch durch Schleifen (vgl. → *Sanding*), Scheren und Sengen in feuchtem Zustand verringern. – Durch Schaffung pillarmer Fasertypen mit reduzierter Festigkeit durch Modifizierung der Polymere hat die Ausrüstung an Bedeutung verloren. – Vgl. → *Bio-Polishing*, → *Pillingbildung*.

Antisnag-Ausrüstung, Sammelbegriff für alle Ausrüstungsmaßnahmen, die die Gefahr der Laufmaschenbildung bei → *Feinstrumpfwaren* durch Verklebung z.B. durch selbstvernetzende Acrylpolymere oder Aufrauhen der Faseroberfläche durch Metallkomplexe oder Kieselsäureverbindungen herabsetzen sollen. Die Ausrüstung darf nicht verwechselt werden mit → *Laufmaschensicherheit* durch entsprechende Maschenbindungen. – Vgl. *Schiebefest-Ausrüstung*, → *Lanolized*.

Anti-soiling-Ausrüstung, Art der → *Fleckschutzausrüstung* mit dem Ziel, die Stoffe und Teppiche abweisend gegen trockenen Schmutz zu machen oder das Auswaschen von Anschmutzungen in der Wäsche oder Chemischen Reinigung zu erleichtern (→ *soil-release*). Hierfür am besten geeignet sind Fluorcarbonpolymere, die sich weder mit Öl noch mit Wasser vertragen (→ *Fluoridized*). Die Ausrüstung ist wirksam gegen wäßrige Flecken wie Tinte oder Kaffee, saure Flecken (Fruchtsaft), Ölflecken (auch Marinaden, Soßen und Milchprodukte) und Alkoholflecken (Cognac, Parfüm). Gegen zähe Flüssigkeiten mit hohem Trockensubstanzgehalt wie Tomatenmark, Senf, Mayonnaise, Kinderbrei oder Handcreme sowie Blut und Jod ist der Schutz nur unvollkommen wirksam. Die Scheuerfestigkeit wird beeinträchtigt. – Vgl. → *Anti-stain-Ausrüstung*, → *Soil-repellent-Ausrüstung*.

Anti-stain-Ausrüstung, Umhüllung von → *Teppichfasern* mit Fluorcarbon-Präparaten, um sie gegen Feuchtigkeit abzuschirmen und zu verhindern, daß öl- oder wasserhaltige Verschmutzungen in die Faser eindringen (→ *Fleckenblocker*). Bekannte Marke: → *Antron* Stainmaster. – Vgl. → *Sauberfasern*.

Antistatische Ausrüstung, nachträgliche Behandlung von Geweben, Maschenwaren oder Teppichen mit Chemikalien, die die elektrische Leitfähigkeit der Faseroberfläche erhöhen und dadurch die störende, vor allem bei einer relativen Luftfeuchtigkeit von weniger als 30–40% auftretende statische Aufladung zu verhindern. Die → *hydrophoben* Gruppen dieser grenzflächenaktiven Textilhilfsmittel wirken zum Faserinneren hin, die → *hydrophilen* Gruppen wirken nach außen. Wesentlich ist die Anwesenheit beweglicher Ionen. Festigkeit, Griff, Glanz und die Farbwirkung (Grauschleier) können verändert werden. Die hohen Kosten und die beschränkte Waschfestigkeit grenzen die Verwendungszwekke ein. Deshalb versucht man auch, durch Verringerung der Reibung die Gleitfähigkeit der Fasern zu verbessern. Waschfeste → *Permanentausrüstungen* für die industrielle Anwendung: → *Arkostat*, → *Nonax*, → *no static*, → *Permalose*, → *Tinorex*. Nachträglich im Haushalt anwendbar: → *Conter-Antistatikum*, → *Duron-Antischock*.

Antistatische Spezialfasern, Fasern mit eingebauter Antistatik, deren Neigung zu statischer Aufladung durch Einlagerung von antistatischen Additiven, wie Kohlenstoff in Polyamide oder von Polyglykoläther in Polyesterfasern, durch Metallisieren (→ *Brunsmet-Faser*) oder durch Ablagern von Kupfersulfid auf der Oberfläche verringert oder beseitigt wird. Die Verfahren sind nicht billig, der Effekt jedoch absolut haltbar und waschecht. Beispiele für antistatische Polyamid-→ *Teppichfasern*: → *Anso*, → *Antron* SC und III, Enka-stat, → *Epitropic-Faser*, → *Timbrelle* A, → *Ultron*. Bei Einlagerung von Kohlenstoff besteht die Gefahr der Veränderung der Glanzwirkung („Wasserflecken"). Fasern mit aufgedampften Metallverbindungen müssen wegen der veränderten Farbaffinität zusammen mit unbehandelten Fasern verarbeitet werden. Bei den auf der Haut getragenen Textilien verhindern antistatische Fasern das Kleben und Rutschen; sie reduzieren die Knitterneigung und die Schmutzempfindlichkeit und verbessern den Schweißtransport. – Die → *Polypropylen*-Teppichfasern → *Meraklon* und → *Neofil* laden sich zwar gering, aber im Gegensatz zu den Polyamiden negativ elektrisch auf, so daß ein Anteil von 50–70% Propylen zu Polyamid Teppiche von nur geringer Aufladbarkeit ergibt. Zur Zuerkennung des **Antistatik-Symbols** beim → *Teppichsiegel* muß die Aufladbarkeit auf 2000 Volt begrenzt sein (Spürbarkeitsgrenze: 3000 Volt). Möglich sind bei Beimischung antistatischer Fasern 1000 Volt. – Die Zumischung von antistatischen Fasern zu Normalfasern geschieht durch → *Verwirbelung*. – Vgl. → *Sauberfasern*.

Antron®, Polyamid 6,6 mit → *trilobalem* oder → *multilobalem* Querschnitt, der einen den texturierten Synthetics oder der Naturseide ähnlichen, sympathischen Griff und deutlichen Glanz vermittelt. Weltweit höchster Marktanteil als strapazierfähige Markenfaser für → *Teppichböden*; permanent → *antistatisch* durch Beimischung von Filamenten mit Kohlenstoff-Kern und/oder mit einem in die Faser eingearbeiteten Fleckenschutz durch → *Teflon*. Der Markenschutz umfaßt auch Konstruktion des Teppichbodens, das Pol-Einsatzgewicht und den Strapazierwert. –**Classic**: Gut anfärbbar, pflegeleicht, permanent antistatisch; –**Supra**: Rollstuhlfest, für härteste Objektbeanspruchung, aufgrund besonderer Faserkonstruktion leicht zu reinigen. – **Excel**: Schmutzverbergende, matte → *Teppich*-→ *Hohlfaser* mit 20–30 dtex von hoher Verschleißfestigkeit mit besonders glatter, den Schmutz abweisender Oberfläche, die durch die abgerundeten Ecken des vierkantigen Querschnitts im Verhältnis zum Volumen verkleinert wird, mit vier das Licht brechenden Hohlräumen, vor allem für hoch beanspruchte Objektware; Spezialfasern auch für Räume mit hoch sensiblen elektronischen Geräten. –**Extra Body**: Zur Vergrößerung des Volumens bis zu 20% abgewandelter Querschnitt bei gleichem Gewicht, auch zur Stückfärbung geeignete → *antistatische Spezialfaser*, –**Plus**: → *Sauberfaser*, auch gegen Naßverschmutzung resistent; –**Stain master**: mit → *Anti-Stain-Ausrüstung*, –**III**: → *BCF-Garn* mit einer → *Bikomponentenfaser* des C/C-Typs mit einem Kohlefaser-Kern, die in ein unmodifiziertes Polyamid 6,6-Garn einverwirbelt wird.

Anzug, aus einheitlichem Oberstoff und im harmonischen Gesamtschnitt gehaltenes, zwei- oder dreiteiliges (mit → *Weste*) Herren-Oberbekleidungsstück. – **Typisierung**: Nach dem Verwendungszweck: Der → *formelle* Tagesanzug (→ *City-Anzug*), d.h. Straßen-, → *Business*- oder Büroanzug (vgl. Abb.); der elegante → *Konferenzanzug* sowie die → *Gesellschaftskleidung* für festliche Zwecke. → *Informelle* Anzüge: Der sportlichere und strapazierfähigere → *Reiseanzug*, → *Blazer-Anzug*, → *Norfolk-Anzug*. Nach Formen: → *Einreiher* oder → *Zweireiher*. Nach Modellen: Der Mode entsprechend unterschiedliche Brustausarbeitung, Schulterlage, körpernah oder körperfern, Variationen im → *Abstich* und im → *Fasson*, in der Knopfstellung und in der Gestaltung der → *Taschen* sowie durch Seiten- oder Rückenschlitze. Der eingesetzte Stoff spielt eine große Rolle bei der Charakterisierung des Anzugtyps. Mit dem Aufweichen der Vorstellungen bezüglich des den Büroberufen angemessenen Bekleidungsstils anfang der 80er Jahre und der allgemeinen Akzeptanz von → *Leger-Kleidung*, → *Casualwear* und → *Sportswear* bis zu → *Jeanswear* sowie die amerikanische Tendenz zum → *Friday-wear* hat der Anzug viel von seiner früheren Bedeutung eingebüßt. Die Berufe mit „Anzugpflicht" und damit die Bedeutung des Anzugs als

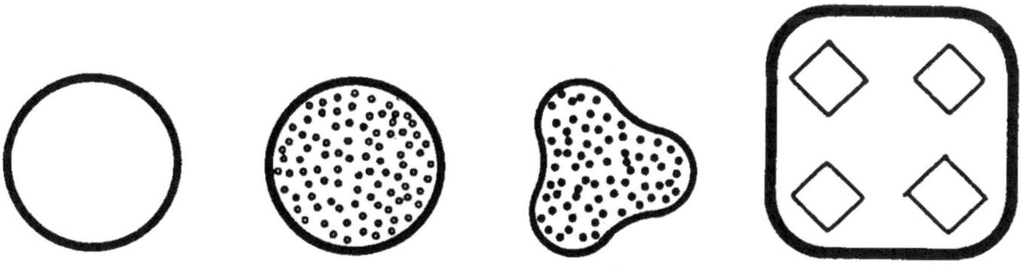

Querschnittsformen schmutzverbergender Teppichfasern im Vergleich. Ganz links: Glänzend-transparente Faser mit rundem Querschnitt; der hinter der Faser liegende Schmutz wird wie durch ein Vergrößerungsglas gezeigt. Links: Die Mattierung verschleiert bei gleichem Querschnitt den Schmutz bereits weitgehend. Rechts: Trilobaler Querschnitt. Durch die andersartige Lichtbrechung wird die Wirkung des Schmutzverbergens verstärkt, die Rillen lassen aber den Schmutz besser haften. Ganz rechts: Quadratischer Querschnitt mit vier rautenförmigen Hohlräumen bei einer Faser mit deutlich stärkerem Titer. Das auftretende Licht wird fast völlig absorbiert, so daß der hinter der Faser liegende Schmutz fast unsichtbar wird.

Anzug: Links: Zweireiher, rechts: Einreiher mit aufgesetzten Seitentaschen, beide mit langgezogenem, sehr schlank gehaltenem, fallendem Fasson.

Arbeitskleidung sind rückläufig; Hauptträger des klassischen Anzugtyps im Stil des → *Tailor made* mit handwerklicher Raffinesse sind „korrekte" und „modebewußte" Männer. Um für den Alltag attraktiver zu werden, mußten die Anzüge weniger formell werden, die Norm des gepflegten Äußeren verlassen und den freien Bewegungsdrang zulassen. Durch Anpassung an das veränderte Bekleidungsbewußtsein des Verbrauchers wurde eine neue Anzug-Generation geschaffen, die bei Erhaltung der notwendigen Eleganz, durch → *Casualwear* stark beeinflußt, statt der gebräuchlichen Tuche besonders weiche Stoffe auch im Leinen- und Naturseidencharakter oder mit Viskose einsetzt und durch bequeme Schnitte und eine leichtere Innenverarbeitung ähnlich der bei → *Casualwear* üblichen („formel casual") mit Erfolg versucht, dem Anzug wieder neue Käuferschichten zu erschließen. Naturseide und

Variationen beim City-Anzug. Links: Zweireiher auf zwei Knopfpaare in Trapezstellung mit fallendem Fasson, Brusttasche mit Leiste, pattenlose Paspeltaschen; Mitte: Zweireiher mit breitem, leicht geschwungenem, steigendem Fasson mit einem Knopfpaar in der Höhe des Tascheneingriffs in elegantem Glencheck-Dessin; diese beiden Anzüge sind gleichzeitig Business-Anzüge. Rechts: „Informelle" sportliche Kombination, Sportsakko in Fischgrat-Tweed, Revers und Kragenabstich durch Steppnähte betont. – Alle drei Anzüge sind mit stark betonter Oberweite und fast viereckiger Schulterpartie gearbeitet, wie sie auch von „Vision 2000" empfohlen worden ist.

Viskose zur Erzielung eines weichen Griffs und eines fließenden Falls können bei Tagesanzügen nur als Beimischung zu Wolle,

Anzüge – links zweiteiliger Einreiher, Mitte Einreiher mit Fantasieweste, rechts Zweireiher – im neuen, weich ausgestatteten Styling und aus „Soft"-Stoffen, die den Körper sanft umspielen.

Baumwolle oder Leinen eingesetzt werden, um die von Männern geforderte Strapazierfähigkeit zu sichern. Um auch jüngere Kunden anzusprechen, wurden schlanke und schmale, z. T. leicht taillierte Silhouetten geschaffen, die besonders weich verarbeitet sein müssen, um den nötigen Tragekomfort zu schaffen. – Vgl. → *Leichtanzug*, → *Shirtanzug*, → *Hemdanzug*; → *Dandy*.

Applikation, Schmuckornament auf Bekleidungsstücken, das durch Aufkleben oder Aufnähen bunter Leder-, Filz- oder Stoffstückchen entsteht, z. B. Wappen und Anker auf der Brusttasche von → *Blazern*. Meist werden die Schnittkanten durch Ziernähte verdeckt. Gegensatz: → *Inkrustation*. – Vgl. → *Badge*, → *Label*.

Appretur, im engeren Sinne alle nicht waschfesten Maßnahmen der Textil-→ *Veredlung* wie → *Kalandern*, → *Mangeln*, → *Moirieren*, → *Gaufrieren* und → *Füllappreturen* sowie Nachbehandlungen, die Griff und Glanz verbessern und der Ware ein ansprechendes Aussehen vermitteln. In der Literatur wird aber verschiedentlich kein Unterschied gemacht zwischen der (permanenten) → *Ausrüstung* und der Appretur.

Après-Kleidung, aus bestimmter Sportbekleidung (→ *Activwear*) entwickelter zwanglos-jugendlicher Bekleidungsstil ohne die für → *Activwear* typische Funktion, der insbesondere an Ferienorten am Nachmittag und sogar am Abend getragen werden kann. Sportliche Elemente werden dabei oft ins elegante abgewandelt. – **Après-Ski**: Entsprechende Kleidung an Wintersportorten; – **Après-Plage**: „Nach dem Strand".

Aprikosenhaut, den → *Falschen Samten* ähnliche stumpfe, leicht flusige, durch → *Schmirgeln* oder → *Sanding* erzielte Oberfläche von weich ausgerüsteten Geweben im Baumwollcharakter, auch mit → *Microfaser*. – Vgl. → *Pfirsichhaut*, → *Duvetine*, → *Velveton*.

Aquaguard, mikroporöse → *Nässesperr-Beschichtung*.

Aquaseta, Spezialausrüstung (Mantero), die Stoffe aus Naturseide auch mit Druckmustern voll waschmaschinenfest und beständig in der chemischen Reinigung macht. Die Brillanz aufgedruckter Farben wird jedoch reduziert.

Aquatherm®, regendichte und windabweisende Spezial-Ausrüstung für hochwertige, fleckengeschützte und pflegeleichte Baumwollstoffe für wetterfeste Kleidung.

Aquatinta, Dessins mit wasserfarbenähnlichen Farbüberläufen.

Aquator®, qualitätsüberwachter → *Zweischichtenstoff* (Du Pont) mit Microfaser Polyamid 6,6 (→ *Tactel*) innen und Baumwolle außen (zweilagige Doppelschicht-

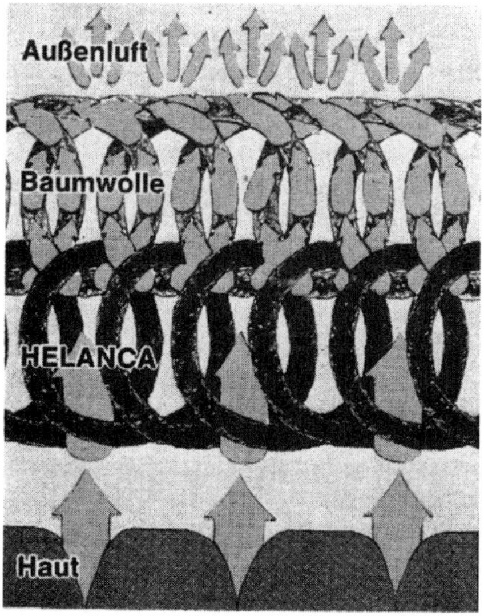

Funktionsskizze des Schweißtransports durch das Zweischichtensystem von Aquato-Maschenware.

Wirkware mit → *Hydrophil*-Konstruktion) für → *Activ-* und → *Sportswear*. Das zweilagige System eignet sich auch für Socken; es leitet die Feuchtigkeit vom Fuß weg an die äußere Baumwollschicht. 40°-Wäsche genügt; Weichspüler erübrigen sich wegen der Weichheit der Faser.

Arabeske, Musterungsart der → *Folklore*-Richtung mit stilisierten Blatt- oder Ranken-Ornamenten, aus dem islamischen Kulturkreis stammend.

Arabeske

Arabeva-Technik, → *Nadelvlies*-Technik ähnlich → *Arachne* zur Herstellung von → *Vliesgewirken* ohne Nähfaden auf → *Malivlies-Maschinen* mit modifizierten → *Schiebernadeln* und aus Vliesen mit überwiegend querorientierten Fasern mit einem hohen Anteil an Langfasern, die maschenförmig das Vlies durchziehen; ergibt bauschige Vliese von geringer Festigkeit, die durch Einsatz von mindestens 20% Fasern mit einer Länge von mehr als 40 mm Länge verbessert werden kann. Die Vorrichtung kann nachträglich in Arachne-Maschinen eingebaut werden.

Arachne, Maschine und Erzeugnis der → *Nähwirktechnik* auf Basis eines Faservlieses, → *Vlies-Faden-Nähgewirk*, wobei die

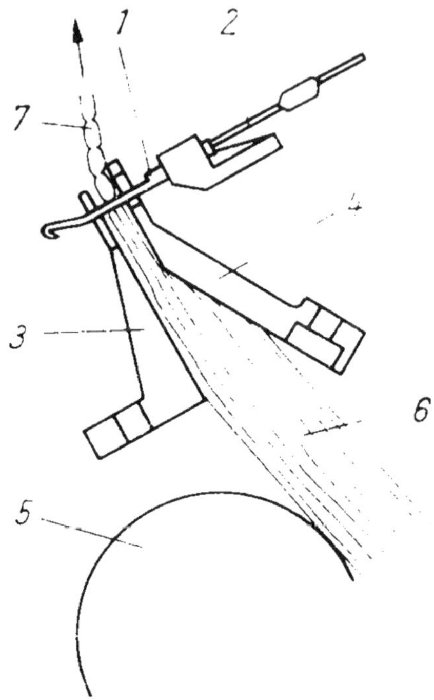

Schematische Darstellung einer Arbeitsstelle der Arabeva-Maschine. 1 Schiebernadel, 2 Schließdraht, 3 Einschließbarre, 4 Abschlagbarre, 5 Lattentuch zum Transport des Faservlieses, 6 Faservlies, 7 fertiges Gewirk.

Maschen aus Nähfäden gebildet werden. Im Gegensatz zum → *Malimo*-Verfahren arbeiten die Maschinen von unten nach oben mit Röhrchennadeln (→ *Schiebernadeln* mit geschlossener Rinne); die Nähwirkwerkzeuge sind in einem Winkel zur Horizontalen angeordnet. Zusätzlich zu → *Franse* und → *Tuch* sind → *Trikot-*, → *Atlas-* und → *Schuß-* → *Legungen* möglich. – Vgl. → *Maliwatt*.

Araigné, „Spinnweb-Crêpe", durch die Kombination einer unregelmäßigen Bindung und wechselweise S- und Z-gedrehter Garne entstandenes Feingewebe der echten → *Crêpe*-Richtung mit verschlungen wirkendem Oberflächenbild, für Kleider.

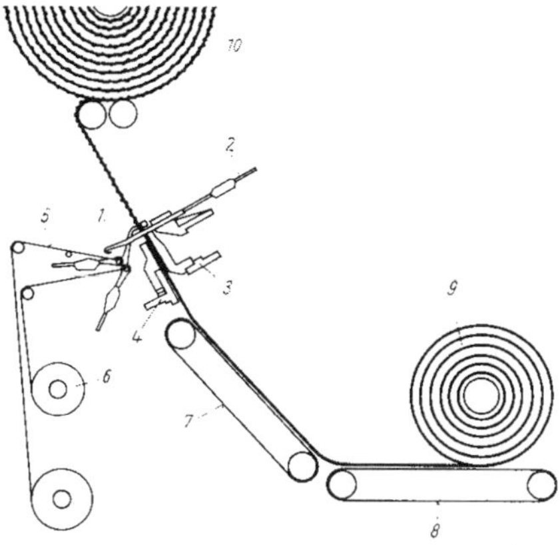

Anordnung der Arbeitselemente beim Arachne-Verfahren. 1 Röhrchennadeln, 2 Schließdrähte, 3 Abschlagbarre, 4 Einschließbarre (Stechkamm), 5 Legeschienen, 6 Kettbäume, 7 Steiglattentuch, 8 Horizontal-Lattentuch, 9 Faservlies mit oder ohne Grundbahn, 10 Nähgewirk-Wickel.

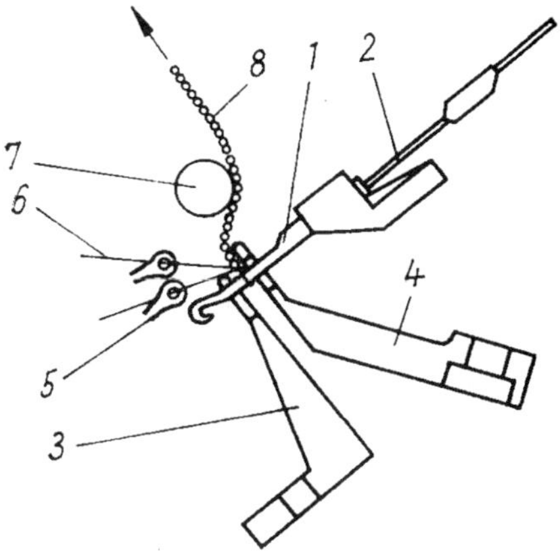

Arbeitsstelle einer Araknit-Maschine. 1 Wirknadel, 2 Schließdraht, 3 Einschließbarre, 4 Abschlagbarre, 5 untere Legebarre, 6 obere Legebarre, 7 Änderung des Abzugswinkels, 8 fertiges Gewirk.

Araknit, → *Nähwirkverfahren*, bei dem nur Fäden eingesetzt werden und das zweibarrige Rechts/Links-Kettenwirkwaren erzeugt, die weitgehend den klassischen → *Kettenwirkwaren* entsprechen. Hierzu ist eine Anpassung der Nähwirkstelle durch Austausch der Einschließ- und Abschlagskämme sowie eine Veränderung des Abzugswinkels der Fertigware erforderlich. – Vgl. → *Malimo*.

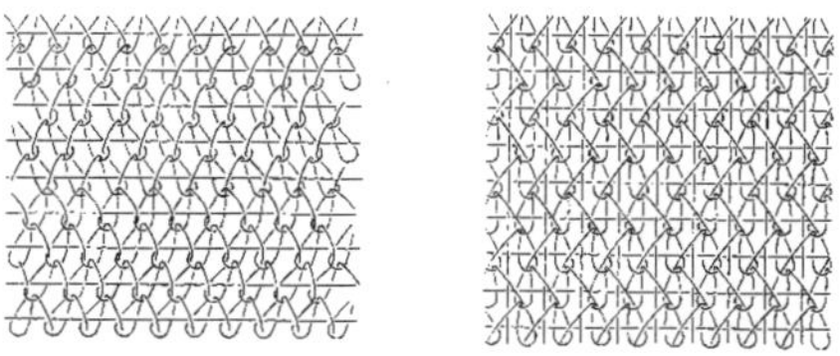

Zwei Maschenbilder als Beispiel für Araknit mit der Zusatzeinrichtung Arutex, nach dem Prinzip der Kettenwirkmaschine mit Langschußeintrag.

Aramidfasern, Gattungsbegriff für Fasern aus → *aromatischen Polyamiden*; → *Polykondensationsprodukt*, naß oder trocken gesponnen (daher mehrere Patente). → *Hochleistungsfaser* mit hoher Temperaturbeständigkeit und Chemikalienresistenz, aber geringer UV-Beständigkeit, Feuchtigkeitsaufnahme zwischen 5 und 7 %. Zu den „Fasern der 4. Generation" zählend; lt. → *TKG*: Polyamid. Für Hitze-Schutzbekleidung, als Ersatz für Asbest, für schwer entflammbare Möbelstoffe sowie für technische Zwecke in Autoreifen und zur Gewichtsreduzierung als Verstärkungsmaterial und Verbundwerkstoff in der Flugzeugindustrie, im Boots- und LKW-Bau als Alternative zu Stahl und → *Glasfasern*. Je nach Verwendungszweck unterscheidet man → *HDI-Fasern* mit hohem Einzeltiter und → *LDI-Fasern* mit feinem Einzeltiter. Bekannte Marken: m-Aramide: → *Nomex*, → *Kevlar*, → *Twaron* und → *Arenka*; p-Aramidfaser (Hoechst) in einstufiger Herstellung, bei der die Gewinnung des Polymers und die Verspinnung in einem einheitlichen Lösungsmittel erfolgt, mit verbessertem Dehnungsverhalten.

Aramidimidfasern, Gattung hochtemperaturbeständiger Synthesefasern mit einer Zersetzungstemperatur von 400 °C, die absolut unbrennbar sind und unter leichtem Schrumpfen verkohlen. → *Polykondensationsprodukt* aus aromatischen Diaminen, Spinnfaser und Filament mit leichter Gelbtönung. Marken: Lenzing P84, → *Kermel.*

Aran, irische Musterungstechnik für grobgestrickte Herrenpullover und -Jacken aus rustikaler, reiner Schurwolle als Uni-Struktur oder mit sehr komplizierten Farbflächen-Kombinationen, teilweise sich überdeckenden Farben mit Symbol-Charakter und mit deutlichem Relief. Typisch sind Tau-Muster, Zopf-Variationen, Rauten, Korb- und Zick-Zack-Muster.

Symbolik der Aran-Muster, 1 Zopf: Fischerseile; 2 Lebensbaum; 3 Zick-Zack-Muster in Anlenung an die Form der Meeresküste; 4 Doppel-Zick-Zack für das Auf und Ab des Ehelebens.

Arbeitsschutzbekleidung, hauptsächlich hochhitzebeständige oder feuersichere Bekleidung, → *flammensichere Textilien*; die Stoffe sollten dimensionsstabil und knitterarm sein und einen weichen Griff haben. Marken: Vulkan, Danex, Securtiss. – Vgl. → *Schutzbekleidung.*

Architektentüll, durchbrochener Gardinenstoff (→ *Raschelware*) mit groben, fantasievollen und modernen Musterungen. – Vgl. → *Bobinet-Gardine.*

Architektentüll (Kettenwirkware).

Arenka, weiterentwickelte → *Aramidfaser*, die zusätzlich zur hohen Hitzebeständigkeit zu den extrem festen → *Hochleistungsfasern* zählt. – Vgl. → *Kevlar*, → *Twaron.*

Argyle, (sprich: Argail), ursprünglich Rautenmuster auch mit Überkaro in Strumpfwaren (Burlington); exklusive Verarbeitung gemusterter Strickstrumpfwaren und Pullover; die jacquardartigen Musterbilder werden nicht eingestrickt, sondern mustergerecht aneinandergekettelt (Rhomben-Intarsien). Im Gegensatz zu → *Jacquard-Maschenwaren* sind die Farbflächen auf beiden Warenseiten identisch. – Am Bein verzieht sich das Muster nicht in Anpassung an die Beinform.

Arkostat, Wasch- und reinigungsbeständiges → *Antistatikum* (Hoechst) für synthetische Faserstoffe zur industriellen Anwendung.

Armani-Ärmel, durch zwei verschiedenfarbige Stoffe gebildeter → *Krempelärmel.*

Armblatt, Schutz von Kleidern vor den Einwirkungen des Körperschweißes, bei Na-

Pullover-Blouson mit „Strumpfkaro“ (Rhomben-Intarsien mit Farbkontrast) in Argyle-Technik.

turseide stets, bei Wollkleidern nach Möglichkeit einzunähen. Zwischen die oberen und die unteren Gewebeblätter beider Armblattflügel werden feuchtigkeitsundurchlässige Folien mit einer erprobten Perforation eingenäht, die das Übergreifen der Transpiration auf die Bekleidung verhüten, aber die natürliche Belüftung der schweißabsondernden Achselhöhle nicht behindern sollen.

Ärmel, der den Arm ganz oder teilweise bedeckende Teil von Bekleidungsstücken, dessen Ausformung und Länge auch zum modischen Attribut geworden ist. Vor dem Einsetzen des Ärmels besonders bei Anzügen, Kostümen und Mänteln muß das Armloch gesichert werden, denn der Stoff ist am Armloch schräg zu Kette und Schuß geschnitten. – Vgl. → *Raglan*, → *Dolman*, → *Ungaro-Dolman*, → *Kugelärmel*, → *Bogenkimono*, → *Kimono*, → *Fledermausärmel*, → *Armani-Ärmel*, → *Ballonärmel*, → *Bündchenärmel*, → *Handschuh-Ärmel*, → *Mancheron*, → *Flügelärmel*, → *Keulenärmel*, → *Schinkenärmel*, → *Laternenärmel*, → *Tellerärmel*, → *Manschettenärmel*, → *Pelerinenärmel*. - Abb. s. S. 38.

Ärmelfutter, scheuerfeste, schweißecht gefärbte Futterstoffe bevorzugt in Bindungen mit → *Ketteffekt* (→ *Satin*, → *Köper*), meist zusätzlich auf der rechten Warenseite glatt und glänzend ausgerüstet, um das Hineinschlüpfen in den Ärmel zu erleichtern. Seit der Entwicklung von scheuerfestem → *Leibfutter* werden im Interesse einer einheitlichen Innenausstattung und der Rationalisierung der Produktion nur noch selten spezielle Ärmelfutter eingesetzt. – Vgl. → *Liberty*.

Armure, fast strukturlose, weichgriffige Gewebe in kleinfigurierter → *Schaftmusterung* (→ *abgeleitete* → *Ripsbindung*) für festliche Kleidung und Krawatten. Im Gegensatz zum → *Royal* mit köperartigem Versatz und leichter Bindungsdiagonale.

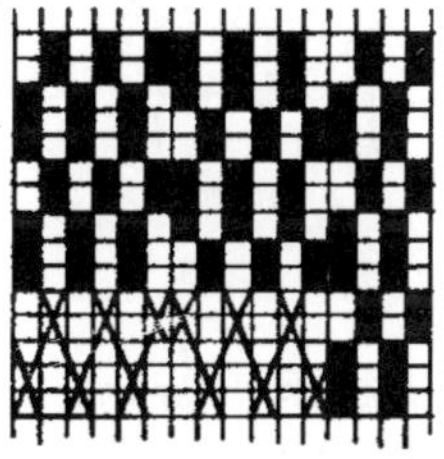

Beispiel für eine Armure-Bindung. Rapport: Kreuzchen.

Armuré, in Frankreich übliche Bezeichnung für feine Schaftmuster aller Art auf Seidengeweben. – Vgl. → *Façonné*.

Army-Look, → *Military-Look* bei → *Jeanswear* mit den Uniformen entlehnten Aufnähern, aufgenähten Oberschenkeltaschen und Leder-Flicken. Stoffe: → *Kavallerie-* und → *Broken-Twill*, → *Canvas*. – Vgl. → *Battlefield-Style*.

Army-T-Shirt, kragenloses T-Shirt mit kleiner Knopfleiste. Abb. s. → *T-Shirt*.

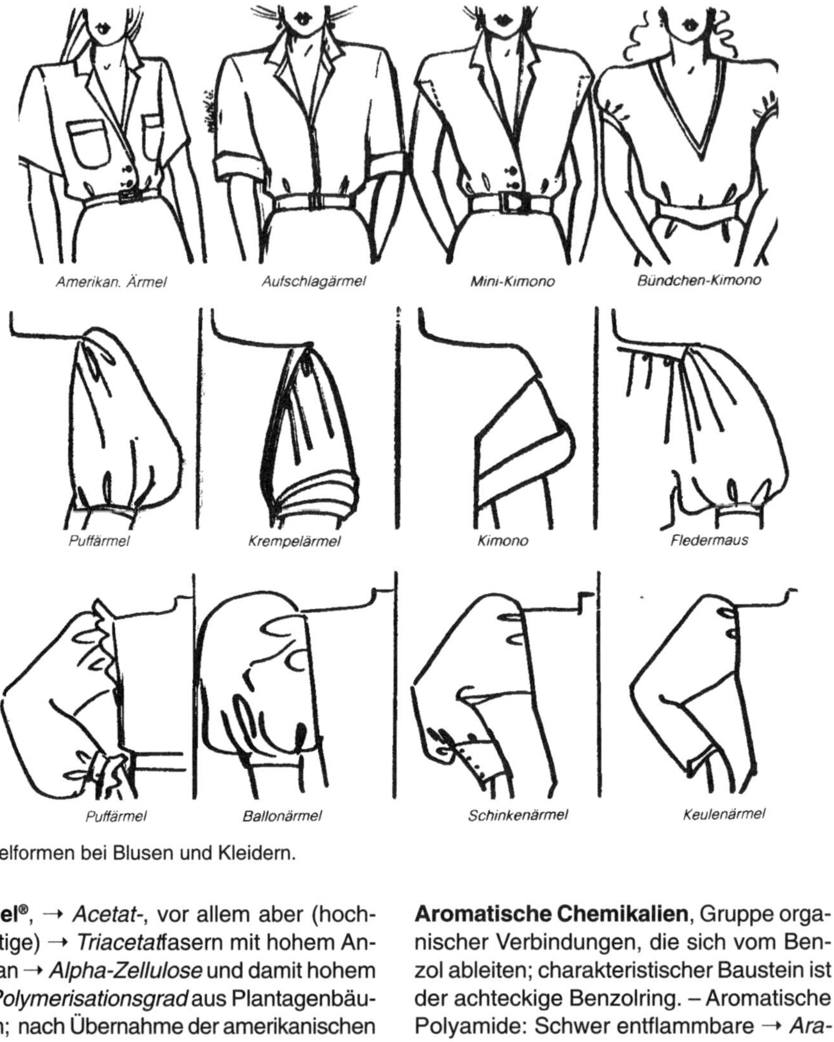

Ärmelformen bei Blusen und Kleidern.

Arnel®, → *Acetat-*, vor allem aber (hochwertige) → *Triacetat*fasern mit hohem Anteil an → *Alpha-Zellulose* und damit hohem → *Polymerisationsgrad* aus Plantagenbäumen; nach Übernahme der amerikanischen Celanese durch Hoechst in Europa wieder verstärkt angeboten. → *thermofixierbar*; wegen des niedrigen spezifischen Gewichts (Wolle, Naturseide, Baumwolle und Viskose sind schwerer.) vor allem für leichte Wäsche-, Kleider- und → *Futterstoffe*; gut waschbar, wegen des guten Kristallisationsgrades der → *Kettenmoleküle* → *knitterarm*, → *formstabil* und schrumpffest. Qualitätssicherung bis zum Endprodukt.

Aromatische Chemikalien, Gruppe organischer Verbindungen, die sich vom Benzol ableiten; charakteristischer Baustein ist der achteckige Benzolring. – Aromatische Polyamide: Schwer entflammbare → *Aramidfasern*. Aromatische Copolyesterfasern: → *LCP-Fasern* (für technische Zwekke). Aromatische Polyamidamide: → *Aramidimidfasern*. – → *Perlon* und → *Nylon* sind → *Aliphatische Polyamide*: Entflammbar, brennbar, niedrige → *Thermostabilität*.

Aromatisierte Strümpfe, aus Amerika stammende (legwear cosmetics) Strumpfausrüstung (DuPont) mit Duftstoffen im

Parfümcharakter oder zur Abwehr stechender Insekten, zur Förderung des angenehmen Tragegefühls auch mit Vitamin C angereichert.

Arraché, ziemlich dicker, gut gewalkter, gut gerauhter → *Flausch* oder gerissener → *Loop* mit längerem, wirr liegenden Flor ohne Strich. – Vgl. → *Harris Tweed.*

Art déco, aus grafischen Elementen, aus Linien oder Flächen aufgebaute Dessinierungen, die meist Vorbildern aus den 20er Jahren folgen, häufig in den stumpfen → *Gobelin*-Farben.

Artenschutzabkommen, Washingtoner, → *Pelz.*

Artenschutz-Fahne, vom internationalen Reptilleder-Verband entwickelte Kennzeichnung für → *Reptilleder*, deren Handel und Verarbeitung bis zum Erzeuger zurück nachweislich weder Ausfuhr- noch Jagdverboten noch Quotenregelungen oder sonstigen Beschränkungen unterliegen. – Vgl. → *Pelz.*

Art-Silk, vom → *TKG* nicht gedeckter Modeausdruck für → *Viskose.*

Asbest, einzige anorganische Naturfaser, die versponnen werden kann und textiltechnisch eine (allerdings rückläufige) Bedeutung hat. Sammelbegriff für verschiedene faserig kristallisierte silikatische Mineralien (Verwitterungs- und Zerfallsprodukte) von hoher Hitzebeständigkeit bis 650 °C für Theatervorhänge und Dekorationen, Schutzbekleidung und technische Zwecke. Lt. → *TKG*: Asbest. Wegen der Gefahr, Krebserkrankungen zu fördern, durch Asbestersatzfasern (synthetische → *Hochleistungsfasern*) ersetzt, wobei eine Faserart nicht alle Eigenschaften von Asbest aufweist, die Fasern also nach Verwendungszweck ausgesucht werden müssen. In Frage kommen → *Polyvinylalkohol-Fasern*, spezielle → *Acryl-* und → *Polypropylenfasern*, → *Aramidfasern.*

Ascot-Knoten, → *Edsor-Knoten*, Krawattenknoten mit nur einer Umschlingung; ergibt einen schlankeren Knoten als → *Windsor-Knoten* und ist auch für dickeres Material (Wollbinder) geeignet.

Ashmouni, hochwertige oberägyptische Baumwolle mit 30–34 mm → *Stapel.*

Assemblée, doublierte und gezwirnte → *Schappeseide.*

Astrachan, 1. → *Pelzimitation* mit Eisblumencharakter, kurzhaariger → *Wirbelplüsch* auf Baumwollgrund, meist mit → *Mohair*-polkette.
2. Moiréartig geflammte, also nicht gelockte Abart des → *Persianers.*

Astrachin, auch: Astrakin, geklebter → *Cloqué*, billige Nachahmung des gewebten Cloqué. Obergewebe ist meist ein → *Taft*, als unterer Stoff können preiswerte Kettenwirkwaren eingesetzt werden. Der wasserfeste Kleber muß durch Walzendruckmaschinen oder Zinkschablonen so auf den Unterstoff aufgedruckt werden, daß die blasigen Aufwerfungen des Oberge-

Geklebte Cloqué-Imitation, Astrachin. An verstreuten, exakt kreisförmigen Stellen wird der Unterstoff aus Kettenwirkware (oben sichtbar) mit dem Oberstoff (Taft) verklebt und anschließend heiß/naß behandelt.

webes in der gewünschten Struktur bei der nachfolgenden Heiß-Naßbehandlung hochgedrückt werden. – Vgl. → *Bonding.*

Astro-dyeing, lizenzpflichtige → *Teilfärbung* von Garnen (→ *Space-dyeing*), bei der das örtliche Anfärben durch Einspritzen von maximal vier verschiedenen Farbstofflösungen mit Injektionsnadeln in die Garnspulen erfolgt, vermittelt oft recht bunte, rapportlose → *Multicolor*-Effekte oder den Eindruck von → *Mouliné.* Vor allem für Teppichgarne. – Vgl. → *Spectral-Färbung,* → *Partienweise Färbeverfahren.*

Astroturf, Sportrasen aus Chemiefasern von Monsanto.

ATC-Textilabkommen, Final Act on Textiles and Clothing, Abkommen anläßlich der Auflösung des → *GATT* und seiner Überführung in das → *WTO* zur Abfederung der Liberalisierung des Welthandels mit Textilien und Bekleidung und des ersatzlosen Auslaufs des → *Welttextilabkommens*; auch eine „gegenseitige Marktöffnung" wurde darin festgelegt.

Athletic-Linie, 1. Silhouette der Herrenmode mit verbreiterten, gerade gestellten, erhöhten und unterlegten („eckigen", „kastigen") Schultern, nur leichter Taillierung und gutem Hüftschluß, bewirkt ein athletisches Aussehen bei Normal- und untersetzten Größen, sofern die Hüfte schlank ist. Die Hosen sind häufig fast eine Größe kleiner als das Oberteil, Oberweite, Rückenbreite und Armloch eine Nummer größer.
2. Bei → *Jogging-Anzügen*: Besondere Betonung der Schulter durch füllige Schulterbreite, oft unterstrichen durch Farbeffekte.

Athletic-Linie. Zweireiher auf drei Knopfpaare; links: Erstes Knopfpaar unterhalb der Taschenpatte, zweites Knopfpaar in quadratischer Anordnung darüber zum Schließen, drittes Knopfpaar zur Schulterbetonung trapezförmig nach außen gesetzt. - Rechts: Bis zur Höhe des Tascheneingriffs langezogenes Revers, unterstes Knopfpaar zum Schließen, die beiden anderen auseinanderstrebend.

Athletic-Linie bei Jogging-Mode, Designer-Modelle, ganz rechts im Judo-Stil. Alle Modelle gleichzeitig Beispiele für „Material-Mix".

Atlas, → *Grundbindung*, die immer mit → *Fortschreitungs-* und → *Steigungszahl* konstruiert werden muß und stets → *Effekt* hat. Die Bindungspunkte der über mindestens vier Fäden flottenden Kett- und Schußgarne berühren sich weder über Eck noch seitlich; je → *Rapport* gibt es nur eine Ketthebung oder -senkung. Die verstreute Anordnung der Bindungspunkte gestattet es, ein wertvolles Material auf die Schauseite und ein weniger wertvolles auf die Abseite zu bringen. Das Fehlen einer →

Bindungsdiagonale ist typisch; ein nur undeutlich ausgeprägter → *Scheingrat* entsteht durch die → *Einstellung.* Wegen der weit flottenden Fäden ist feinfädiger Atlas nicht sehr scheuerfest. Rechte und linke Warenseite zeigen nie das gleiche Bindungsbild; unregelmäßiger Atlas läßt keinen Rapport erkennen. – Vgl. → *Kettatlas,* → *Schußatlas,* → *Satin,* → *Atlas-Krepp,* → *Atlas-Streifen,* → *Atlas, verstärkter,* → *Atlas, unregelmäßiger,* → *Panama-Atlas,* → *Reformbindung,* → *Corkscrew,* → *Drapé,* → *Piqué,* → *Jacquard,* → *Adria,* → *Soleil,* → *Covercoat,* → *Satinstreifen,* → *Taschentuchmuster.* → Abb. vgl. S. 43 oben.

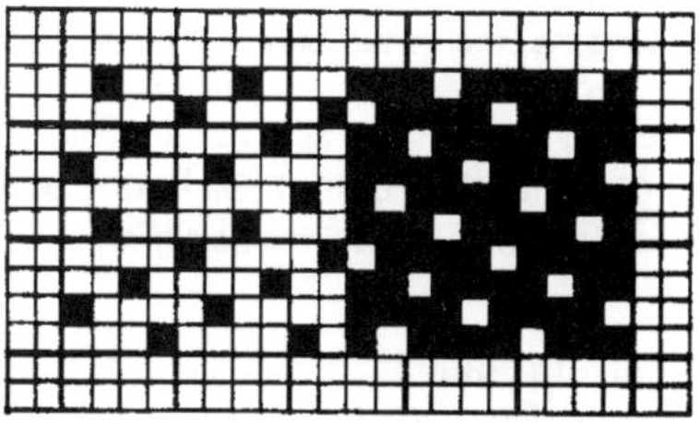

Wechsel von (rechts) Kett- und (links) Schußeffekt mit Gegenbindung bei Atlas 5.

Atlas-Krepp, → *Panama-Atlas,* der sich auch als Kreppbindung eignet.

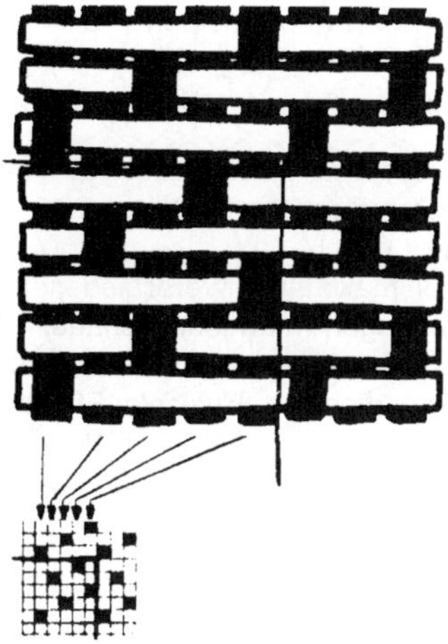

Flechtbild und Patrone eines 5-bindigen Schußatlas 1/4. Rapport durch Striche gekennzeichnet.

Atlas-Legung, → *Grundlegungsart* bei → *Kettenwirkwaren,* wobei mehrere Male hintereinander und gleichmäßig in gleicher Richtung auf die jeweils seitlich benachbarte Nadel und dann in gleicher Weise wieder zurück zum ursprünglichen Stäbchen gelegt wird; die Fäden flotten im Gegensatz zur → *Satinlegung* nicht. Die Maschen werden dadurch schräg verzogen, was

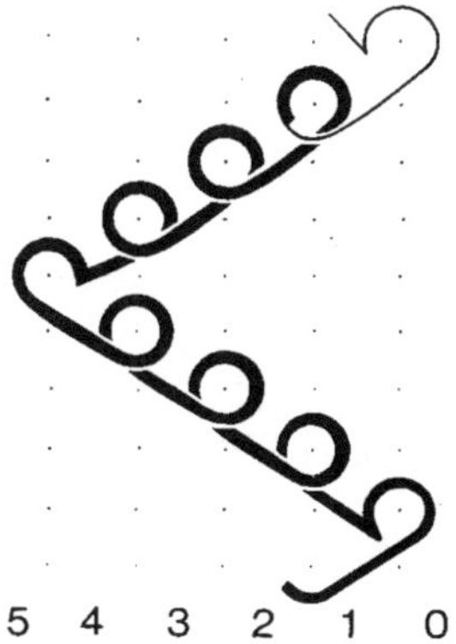

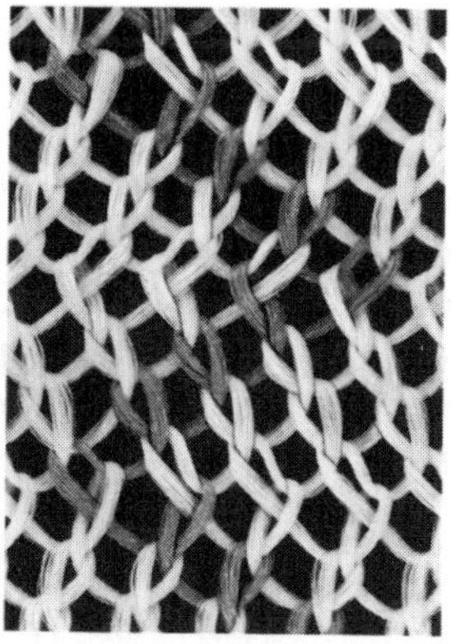

Atlaslegung. Links: Legeweise eines vierreihigen geschlossenen (verschränkten) Atlas; die Ziffern bezeichnen die Reihenfolge der Legungen. Rechts: Maschenbild (rechte Warenseite) dieser Legung; ein Faden ist optisch hervorgehoben.

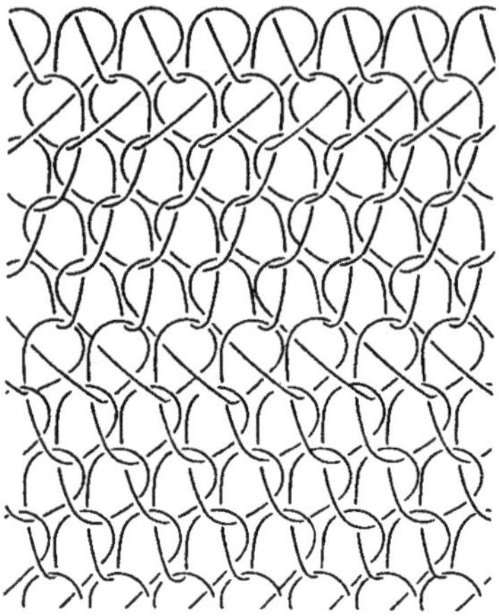

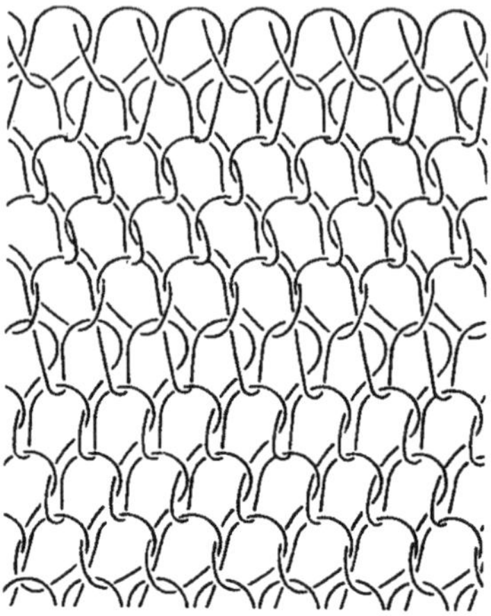

Atlaslegung, Maschenverlauf; links bei geschlossener Legung, rechts bei offener Legung (beide linke Warenseite).

dem Atlas sein typisches Zick-Zack-Bild gibt. Zur Erhöhung des Warengewichts kann → *hinterlegt* werden, wobei relativ kurze Flottungen entstehen. Gewöhnlicher Atlas: offene Legung, um eine Nadel versetzt; Verschränkter Atlas: geschlossene Legung; Atlaslegung ohne Umkehr: → *Milanese*. Beim **Doppelatlas** werden zwei → *Legeschienen* eingesetzt, die gegeneinander arbeiten.

Atlas-Streifen, Kettstreifen in Atlasbindung von begrenzter Breite auf einem Gewebe in anderer, vorzugsweise in → *Tuchbindung*, oft farblich betont. Sich kreuzende Atlas-Streifen: → *Taschentuchkaro*.

Atlas, unregelmäßiger, Atlasbindungen mit einem Rapport, der mit Fortschreitungs- und Steigungszahl nicht regelmäßig zu konstruieren ist (Kreuzatlas). Solche Bindeweisen lassen im fertigen Gewebe keinen → *Rapport* erkennen und sind für Rauhgewebe sehr beliebt, weil die zu rauhenden Schußfäden weiter flotten und höher und besser zu rauhen sind als → *Kreuzköper*. Es entsteht keine Bindungsdiagonale.

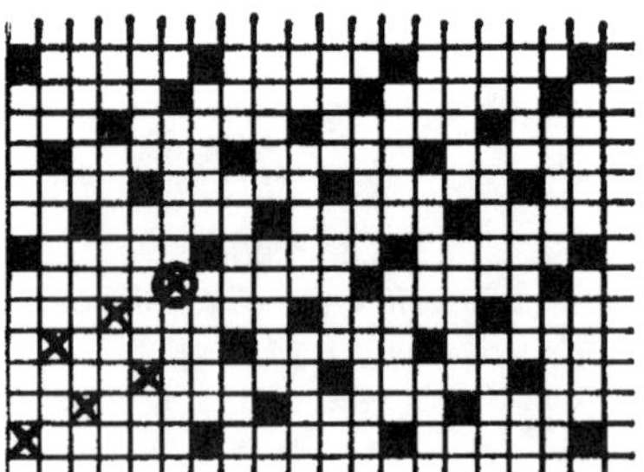

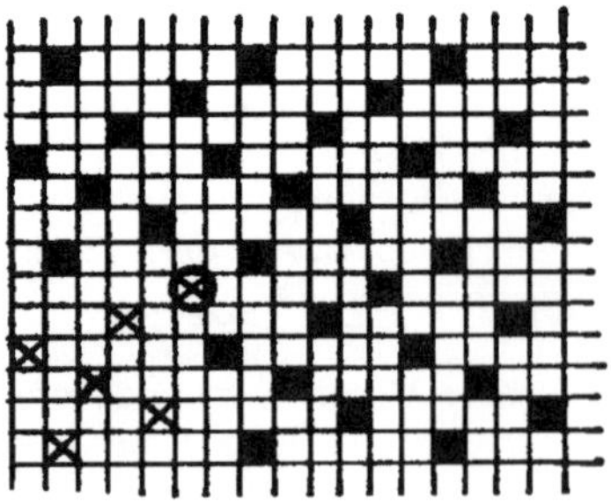

Konstruktion eines unregelmäßigen Atlas 6. Bei regelmäßiger Konstruktion mit Fortschreitungs- und Steigungszahl (links) würden zwei Bindungspunkte (Kreis mit Kreuzchen) über Eck aneinanderstoßen. Die rechte Zeichnung zeigt die übliche Anordnung der Bindungspunkte bei gestürztem Rapport. Rapport: Kreuzchen.

Atlas, verstärkter, durch Hinzusetzen von Bindungspunkten → *abgeleiteter* → *Atlas*. Man erreicht dadurch kleine Flottungen, die gut zu rauhen sind. - Die meisten abgeleiteten Atlasbindungen wurden in Kette, im Schuß oder in beiden Systemen verstärkt.

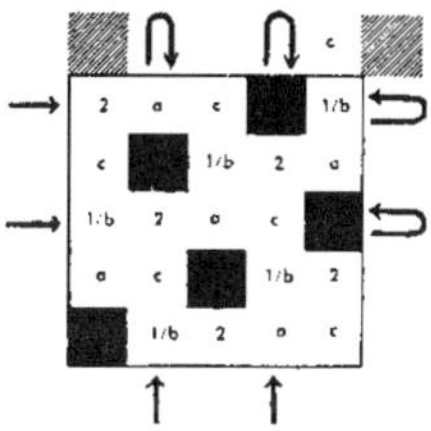

Konstruktion eines Atlas 5 mit Fortschreitungszahl (1-5) und Steigungszahl (a-e). Über die nächste Ziffer bzw. neben den Buchstaben wird der folgende Bindungspunkt gesetzt.

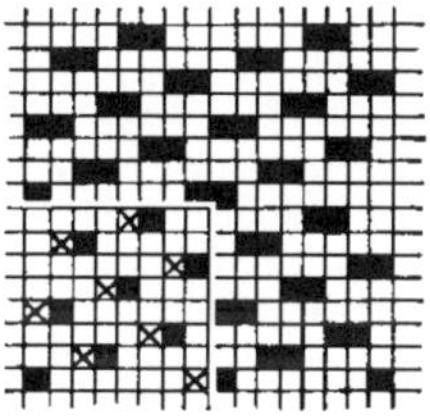

Verstärkter Schußatlas 8, für Velveton und Duvetine geeignet. Innerhalb des Rapports (eingerahmt) sind die hinzugefügten Bindungspunkte durch Kreuzchen gekennzeichnet.

Atmungsaktive Beschichtung, wasserundurchlässige, jedoch luft- und dampfdurchlässige → *Beschichtung* auf Geweben oder Maschenwaren, neuerdings hauptsächlich durch → *Hydromembranen*. Billiger, aber selten geworden sind Beschichtungen, bei denen wasserlösliche Salze in die Beschichtungsmasse eingearbeitet und nach Verfestigung herausgelöst werden, oder mit Substanzen, die nach Erwärmung Gas abspalten.

Atopiker, Menschen mit angeborener Überempfindlichkeit (**Atopie**) gegen physikalische oder chemische → *Irritationen* der Haut. Atopiker werden von → *Allergien* und von der → *Wolle-Intoleranz* leichter und häufiger befallen als Menschen, die von dieser Überreaktion nicht betroffen sind.

Atrex, → *Zweischichtenstoff* aus → *Polypropylen* und Baumwolle, Viskose/Modal oder Wolle, Gewebe oder Maschenstoff, gute Hautverträglichkeit, für sportliche Bekleidung. Kann nicht bedruckt werden.

Ätzdruck, → *Druckart* von steigender Bedeutung aufgrund der erreichbaren Brillanz und Gleichmäßigkeit der Farben mit gestochen scharfen Konturen der Dessins. Auf eine gebleichte oder vorgefärbte Grundware werden mustermäßig Ätzpasten gedruckt, die meist Reduktionsmittel enthalten, die die Farben an den bedruckten Stellen zerstören. Die durch die Bleiche bewirkte weiße Farbe kommt wieder zum Vorschein (→ *Weißätze*). Werden ätzbeständige Farbstoffe (→ *Illuminationsfarbstoffe*) zugefügt, wird der Ätzvorgang mit einem Farbdruck verbunden (→ *Buntätze*). Ätzdrucke erkennt man an der gleichmäßigen Grundfarbe auf beiden Warenseiten. – Vgl. → *Discharge Print*.

Ätzspitze, Stickereispitze, → *Luftspitze*.

ATY, englische Kurzform (air-textured yarn (→ *lufttexturiertes Garn*), → *verwirbeltes* Schlingengarn.

Audrey-Hepburn-Hose, konisch geschnittene, an den Waden anliegende, knöchellange → *Zigarettenhose* mit breitem Umschlag.

Aufbaueigenschaften, Eigenschaften einer Faser, die die Verarbeitung zu einem Gespinst möglich und sinnvoll machen; sie müssen stets im Zusammenhang gesehen werden: → *Einzeltiter*, → *Stapellänge*, → *Struktur*, → *Schmiegsamkeit* oder → *Steifheit*, → *Oberflächenreibung*, → *Wärmeleitvermögen*, → *Querschnittsform*, → *Ausspinnbarkeit*, → *Feuchtigkeitsaufnahme*.

Aufbügelbare Einlagenvliese, durch Wärme und Druck (Bügeln oder Pressen) mit dem Oberstoff fest verklebbare (siegel-

Beispiele für den verschiedenartigen Einsatz siegelbarer Vlieseinlagen in ein- oder mehrlagiger Verarbeitung, auch zur Sicherung von Tascheneingriffen und als Stanzband zur Kantenfixierung am Herrensakko. Die Nummern bezeichnen den jeweils verwendeten Vlieseline-Typ.

bare) Vliese. Sie unterscheiden sich untereinander vor allem durch die Art des Fixier-Aufstrichs (→ *Haftmasse*), der unterbrochen oder deckend, einseitig oder beidseitig aufgestrichen sein kann. – Vgl. → *Frontfixierung*.

Aufbügelmotive, waschbare Motive, die durch → *Transferstickerei* (auch mit → *Straß*) oder durch Farb- oder → *Flockdruck* auf textilem Grund entstehen. Ihre Rückseite ist mit einem thermoplastischen Fixiermaterial versehen. Die Motive können problemlos mit dem Bügeleisen auf fertige oder zugeschnittene Bekleidungsstücke waschfest und zum Teil kochecht aufgebügelt werden.

Aufheller, optische, → *Optische Aufheller*.

Aufladung, elektrostatische, → *Elektrostatische Aufladung*, vgl. → *antistatische Ausrüstung*, → *antistatische Fasern*.

Aufmachung von Garnen, Lieferform; Art der Aufwindung, in der das Garn transportiert wird oder in den Handel kommt: → *Strang*, Spulkranz, → *Kreuzspule*, Docken, Wickel, Knäuel, Spinnkuchen, Holzrollen, → *Bobinen*, → *Conen*, Kötzer.

Aufspringwinkel, Meßgröße zur Beurteilung der → *Knittererholung* von Stoffen, die sofort nach Entlastung und Rückfederung gemessen wird. Gegensatz: → *Knittererholungswinkel*. – Vgl. → *Knitterwinkel*.

Ausbeute, Verhältnis des Halb- und Fertigprodukts zu dem dafür eingesetzten Rohstoff. Bei → *Leinen* ist das Verhältnis der gewonnenen Faser zum Gewicht des lufttrockenen Flachsstrohs zur Beurteilung der Güteklassen des Flachses einzelner Ursprungsländer von besonderer Bedeutung. – Vgl. → *Rendement*.

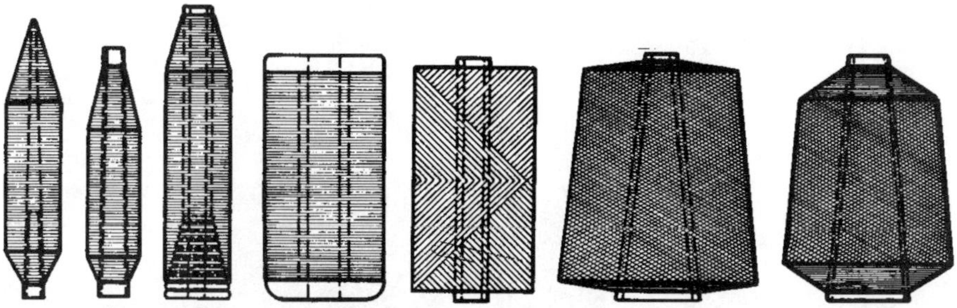

Garnaufmachung; die wichtigsten Spulenformen. a: Kötzer (Kops, Cop) für Baumwollgarne, auf kurzen Papierhülsen; b: Kötzer für Baumwoll-, Chemiespinnfaser- und Kammgarne auf langen konischen Papphülsen (Durchhülsen); c: Flaschenspule aus Holz für Strickerei und Wirkerei; d: Zylindrische Scheibenspule für Bastfasergarne in Parallelwicklung; e: Zylindrische Kreuzspule (Abzug durch Abrollen); f: Konische Kreuzspule (Abzug „über Kopf", Spule feststehend); g: Bikonische Kreuzspule (Pineapple-Spule).

Ausbluten, → *Abfärben* gefärbter Textilien bei Naßbehandlung. Ursachen: Überschreiten der → *Affinitätsgrenze* beim Färben, unechte → *Färbung*, ungeeignete Waschbehandlung, selten: unsachgemäße → *Färbung*. – Vgl. → *Abrußen*.

Ausbrenner, Sammelbezeichnung für → *Gewebe*, → *Maschenwaren* und → *Nähwirkwaren*, bei denen eine spitzenartige, durchscheinende Musterung unter Ausnutzung der unterschiedlichen chemischen Empfindlichkeit der Faserstoffgattungen gegen bestimmte Ätzpasten erzielt wird. Die beliebteste Kombination hierfür ist Polyester mit Viskose mit den Ätzchemikalien Aluminiumchlorid oder -sulfat und Natriumbisulfat. Das mustermäßige Abwechseln dichter und durchsichtiger Partien wird durch Aufdrucken von Ätzflüssigkeiten erreicht, die sofort wieder ausgewaschen werden müssen, oder durch Aufdruck von Reservierungschemikalien und nachfolgende Behandlung des gesamten Stoffes mit ätzenden Chemikalien; die reservierten Flächen erfahren keine Veränderung. - Die verschiedenen Rohstoffe können als → *System-Mischung* oder als → *Umspinnungszwirn* miteinander kombiniert sein. Häufig trifft man Ausbrenner als → *Gardinenstoff* oder → *Inbetween* an. Durch das Ausbrennen werden Haltbarkeit und Pflegeeigenschaften des synthetischen Grundmaterials nicht beeinträchtigt. Nach → *TKG* müssen Ausbrennerstoffe nach dem Verhältnis des gesamten Rohstoffanteils der dichten und undichten Stellen gekennzeichnet werden. – Vgl. → *Dévorant*, → *Dentelle*, → *Jersey figuré*. → Abb. vgl. S. 46.

Ausfahrgarnitur, gewirkte oder gestrickte, selten gehäkelte Oberbekleidung für Babys aus Acrylfasern oder Baumwolle; wegen der beschränkten Maschinenwaschbarkeit selten aus Wolle oder Wollmischungen.

Ausgehkleid, → *Anlaßkleid*.

Ausgelassene Pelzverarbeitung, um die Musterzeichnung des Pelzes besonders gut zum Ausdruck zu bringen und Material einzusparen, werden die Felle in Streifen geschnitten und dann wieder zusammengesetzt. – Vgl. → *Galonierte*, → *Gefederte Pelzverarbeitung*.

Ausgestellte Rockform, in der Taille schmaler, sich nach unten gerade und trichterförmig erweiternder Rockschnitt. – Vgl. → *Bahnenrock*. → Abb. vgl. S. 46 unten.

Ausbrenner (Malimo-Nähwirkstoff) für Gardinen. Oben der ursprüngliche, unten der ausgebrannte Stoff, Die Stoffbahn läuft in Querrichtung.

Trägerkleid mit ausgestelltem Rock.

Auslandsfertigung, → *Import* von Waren, die in eigenen Betrieben im Ausland produziert worden sind. Ursprünglich hatten die Auslands-Investitionen der deutschen Textilindustrie (Quote 1994 16% gegenüber 1980 6%; Anteil 1996 etwa 21% vom Umsatz) die Erschließung neuer Märkte zum Ziel; sie betrugen Ende 1993 etwa 2 Mrd DM, wovon etwa ein Viertel in fremde Betriebe zum Zweck des → *PLV* geflossen ist. 26.000 Mitarbeiter werden (1996) im Ausland beschäftigt (Gesamtbeschäftigte einschließlich neue Bundesländer etwa 200.000). Seit Beginn der 90er Jahre ist das Hauptmotiv günstigere Kosten und Produktionsbedingungen. Jedoch ist nur etwa die Hälfte der Auslandsfertigung für den deutschen Markt bestimmt. Prognosen erwarten ein weiteres Ansteigen. Etwa 36% der Investitionen entfielen auf Mittel- und Osteuropa mit steigender Tendenz, 31% auf die EU, 13% auf Ostasien, je 10% auf

Amerika und die Mittelmeerländer. Nach Ländern dominiert Tschechien vor Portugal und Polen. Gegensatz: → *Vollimport*, → *Passiver Lohnveredlungsverkehr*.

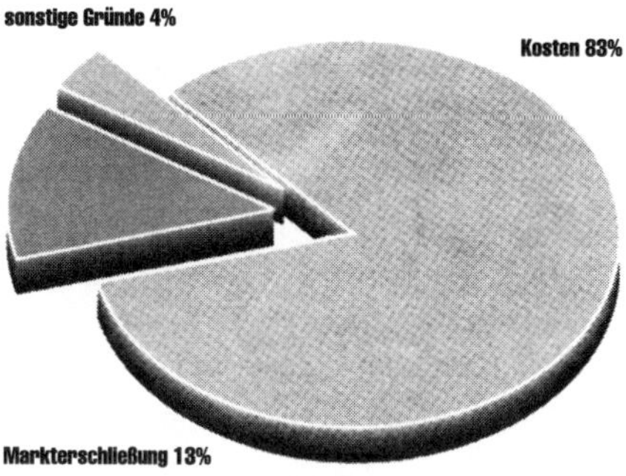

Gründe für die Auslandsfertigung der deutschen Textilindustrie.

Auslegekragen, **Ausschlagkragen**, modische Kragenform für Hemden und Blusen, die am Hals nicht geknöpft zu werden braucht. – Vgl. → *Lidokragen*, → *Englischer Kragen*.

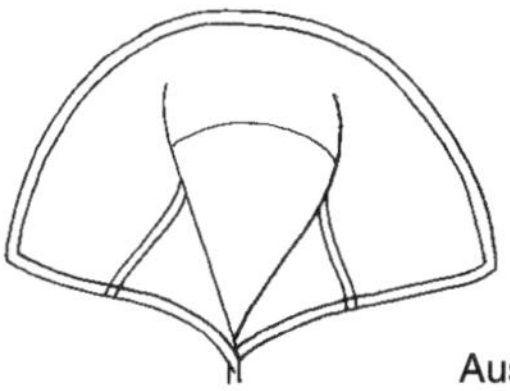

Ausschlagkragen

Auslegeware, zwischen 70 cm und 5 m breite → *Tufting-Teppiche*, mit denen der ganze Raum von Wand zu Wand ausgelegt wird. Sie wird vollflächig geklebt oder an den Rändern verspannt. – Vgl. → *Teppichboden*.

Ausrecken von → *Leder*, Beseitigen der dem Tierkörper folgenden Wölbungen der Haut durch **Ausstoßen** bei der → *Zurichtung* des Leders.

Ausrüstung, Sammelbegriff für alle nachträglichen → *Veredlungsmaßnahmen* von Stoffen, im engeren Sinne die waschfeste → *Permanentveredlung*; nicht waschfest: → *Appretur*. Sie hat zum Ziel, den Gebrauchswert zu erhöhen, die Charakteristik, das Erscheinungsbild oder die Oberflächenstruktur zu verändern und die Waren verkaufsfähig zu machen. Chemische Ausrüstungsverfahren: → *Färben*, → *Gasieren*, → *Entschlichten*, → *Bleichen*, → *Mercerisieren*, → *Dekatieren*, → *Sanforisieren*, → *Pflegeleicht-Ausrüstung*, → *Scheuerfest-*, → *Fleckschutz-* und → *Hygienefördernde Ausrüstung*, → *Antistatische-*, → *Schiebefest-* und → *Antisnag-Ausrüstung*, → *Imprägnierung*, → *Stoffdruck*. - Mechanische Verfahren: → *Scheren*, → *Rauhen*, → *Schmirgeln*, → *Sanden*, → *Kalandern*, → *Schleifen*, → *Melton-Ausrüstung*, → *Ratinieren*, → *Plissieren*, → *Sengen*. – Vgl. → *Finish*.

Ausrüstungs-Double, → *Double face*-Stoffe, bei denen die Verschiedenheit der Oberfläche der beiden Warenseiten nicht durch die Webtechnik, sondern durch die Nachbehandlung hervorgerufen wird. Üblich ist vor allem → *Lack-*, Gummi- und → *PUR-* → *Beschichtung* auf der einen, → *Rauhausrüstung* oder → *Schaumstoffkaschierung* auf der anderen Warenseite.

Ausschlagen, Vergrößerung der Maschenzahl einer Reihe. Gegensatz: → *Mindern* oder → *Eindecken*.

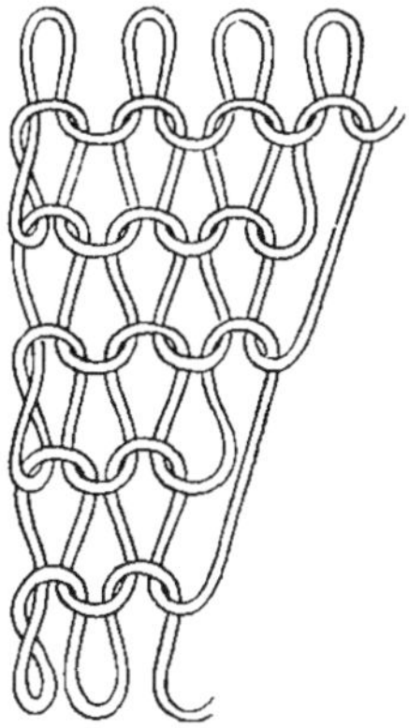

Ausschlagen (linke Warenseite).

Ausschneide-Spitze, → *Richelieu-Stickerei.*

Ausschnitt, als modisches Detail oft und vielseitig abgewandelter, kragenloser Halsabschluß bei der Damen-Oberbekleidung; Abb. s. → *Dekolleté*; vgl. → *Kragenformen*, → *Bâteau-Ausschnitt*, → *Neckholder*, → *Rundhals*, → *Sari-Ausschnitt*, → *Schlitzausschnitt*, → *V-Ausschnitt*.

Variationen des Ausschnitts: Oberteilbetonung durch Stepperei; transparente Einsätze; Kombinationen von zweierlei Stoff oder von Spitze und Stickerei.

Außenstepper, gesteppte und mit → *Daunen*, → *Federn* oder → *Fiberfill* gefüllte Oberbekleidung mit außen sichtbaren Steppnähten. Die Stepperei kann das Kleidungsstück → *allover* überziehen oder partiell als schmückendes Element oder zur Betonung der Taschen, Verschlußleisten oder Schulterpartien angebracht sein. Gegensatz: → *Innenstepper*.

Ausspinnbarkeit, **-bereich**, **-grenze**, von der Qualität (→ *Feinheit*, → *Stapel*, Festigkeit) des Fasermaterials und dem → *Spinnverfahren* abhängige, höchste erreichbare Garnfeinheit. – Vgl. → *Aufbaueigenschaften*, → *Untersponnenes Garn*.

Ausziehverfahren, diskontinuierliches Verfahren zum Aufbringen von Farbstoffen und Ausrüstungschemikalien auf Stoffe, wobei im Gegensatz zu den kontinuierlichen Verfahren (→ *Foulard*, → *Klotzen*) das zu be-

Außenstepper, Steppjäckchen, das outdoor und indoor getragen werden kann.

handelnde Gut in eine Flotte gebracht wird und so lange aus dem Bad die Chemikalien aufnimmt, bis ein Gleichgewicht zwischen dem Farbstoff auf der Faser und dem Farbstoff im Bad erreicht ist. Die Aufziehgeschwindigkeit hängt von der Faser selbst, der Diffusionsgeschwindigkeit des Farbstoffs und den Bedingungen, z. B. Bewegung der Flotte, Temperatur, Verhältnis der Faseroberfläche zur Fasermasse, ab und läßt sich durch Hilfsmittel steigern. Die Abwässerbelastung ist umso höher, je mehr Farbstoff in der Flotte verbleibt. – Vgl. → *Carrier*.

Authentic-Look, Anklänge an den Modestil der 50er und 60er Jahre, bei → *Jeans-*

wear den Mythos des amerikanischen Westens mit dem Cowboy als Vorbild betonend: → *Antik-Effekt*, → *Second-hand* mit relativ dunklem und starkem, bis zum Abtragen gehenden Waschausfall (Antik stone, dark wash, old wash), → *Ringdenim*, Kupfernieten am Hosenschlitz, → *Cinch-backs* (Rückenriegel) und → *Turn-ups* (nach außen umgeschlagene Säume), sogar mit von Hand aufgesprühten Tragefalten. Bei → *Casualwear* soll die Modellgestaltung und die Stoffwahl unabhängig vom Rohstoff in natürlichen Farben und im → *Used-Look* die Welt des Abenteuers („Blockhaus-Atmosphäre") symbolisieren. – **Authentic-Verarbeitung**, vor allem bei → *Jeans-* und → *Casualwear* anzutreffende Verarbeitung von Stoffen, die in Feinfädigkeit, Weichheit, Schmiegsamkeit und im Griff deutlich von den gemeinhin verwendeten abweichen, zu typischen, bekannten Modellformen, jedoch in deren Original-Optik. – **Authentic-finish**, kaum nachbehandelte, weitgehend in ihrem Rohzustand belassene Gewebe bevorzugt aus Baumwolle und Mischungen mit trockenem Griff, nicht zu feinfädig und manchmal aus → *Zwirnen*, für sportliche Bekleidung.

Autocoat, im Vergleich zu → *Sportcoat* und → *Casualcoat* längstes Modell der modernen Kurzmäntel in Stadtmantel-Form, aber aus sportlichen Stoffen; nur knapp bis ans Knie reichend, entstehen kaum Sitzfalten; oft mit → *Autoschlitz*. Für Damen: Modischer, bequemer Kurzmantel im sportlichen Stil. – Vgl. → *Riding-Coat*, → *Dufflecoat*.

Autofahrerbund, bequeme Bundverarbeitung an Herrenhosen, die den Bund entweder durch Einzug dehnfähiger Gürtel oder durch Gummieinsätze elastisch oder durch seitliche keilförmige Einschnitte verstellbar macht. → Abb. vgl. S. 50.

Autojacke, bis Mitte Oberschenkel reichende → *Outdoor*-Kurzjacke für Damen und Herren, oft mit → *Autoschlitz*.

Automaten (Maschenwaren), selbständig arbeitende Strick- oder Wirkmaschinen mit

Autocoat - Sportcoat - Casualcoat.

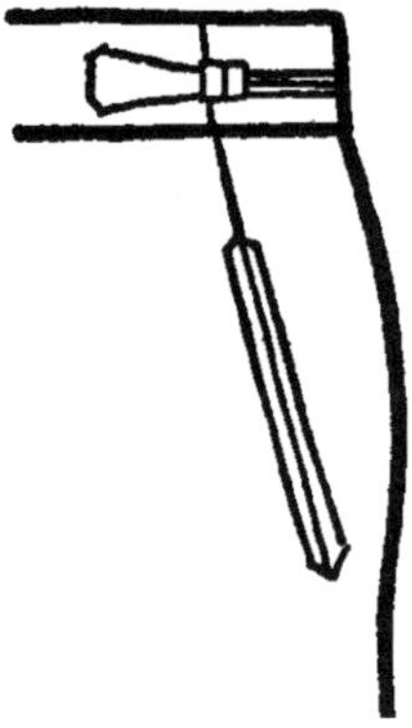

Autofahrerbund an Jeans mit verstellbarer Weite.

hohem Einsatz von Elektronik zur Steuerung der Maschenbildungsvorgänge.

Automatenwebmaschine, → *Webautomat*, → *Webmaschine* klassischer Bauart, bei der durch technische Einrichtungen die Vorbereitungs- und Rüstzeiten verkürzt (automatischer Einzug bei Kettwechsel), die Verhinderung von Webfehlern verbessert (Kett- und Schußfadenwächter) und die Bedienung auf wenige Tätigkeiten wie Beseitigung von Fadenbrüchen und Webfehlern beschränkt werden (z.B. automatischer Schußspulenwechsel und Abtransport der leeren Hülsen). – Vgl. → *Schützenlose Webmaschine*, → *Handwebstuhl*.

Automation in der Bekleidungsindustrie, Summe der Rationalisierungsmaßnahmen mit dem Ziel der Einsparung von Lohnkosten (Ersatz von Arbeit durch Kapital): Nähmaschinen mit elektronischer Steuerung wie Programmierbarkeit der Nähfunktionen, damit sich die Näherin auf den eigentlichen Nähvorgang konzentrieren kann, und zur selbständigen Fertigung von Einzelteilen (→ *Einzweckmaschinen*) oder kompletten Bekleidungsstücken (→ *Roboter*), mit frühzeitiger optischer und/oder akustischer Fehleranzeige, erleichterter Verstellmöglichkeit (Stichlänge oder Presserfußdruck) bei gleichzeitig schonender Materialbehandlung. Hinzu kommen arbeitsplatzbedienende, EDV-gesteuerte Transportanlagen und Fixierpressen mit elektronisch gesteuerter Heizphase und automatischer Positionierung von Einlage und Oberstoff. Endziel ist die computergesteuerte Komplettanlage, die auch Rohwaren- und Versandlager mit einbezieht. – Vgl. → *CAD*, → *CIM*, → *Fuzzy Logik*, → *Quick Response*.

Autoschlitz, 1. nach links offener (normal: nach rechts offen) Rückenschlitz an Mänteln und Sakkos, der beim Einsteigen ins Auto von links nicht zurückgeschlagen wird.
2. Hoher Seitenschlitz an Mänteln, der das Zurückschlagen des unteren rückwärtigen Mantelteils erlaubt, manchmal durch Reißverschluß zu schließen. Der Autofahrer sitzt nicht mehr auf seinem Mantel, störende Faltenbildung wird vermieden.

Avantgarde, frz. „Vorhut", in der Mode: besonders wagemutige → *Designer*, und eine der neuen Mode gegenüber besonders aufgeschlossene Zielgruppe von Konsument(inn)en. Wird der Zeitgeist richtig interpretiert und nicht weltfremd agiert, sind die Vorschläge der Avantgarde ein oder zwei Jahre später in der kommerziellen Mode realisierbar.

Avisco, der Spinnmasse von Viskosefasern zugesetzte Substanz zur Erhöhung der → *Flammenfestigkeit*.

Avitron®, deutsche → *Polyesterfaser* (→ *POY*). **Avitron-Micron**: → *Microfaser* 0,5 dtex, glatt und texturiert; hauptsächlich für Möbelstoffe.

Avivage, Emulsionen von Seifen, Ölen oder Fetten sowie von grenzflächenaktiven Substanzen, die Garne, Fasern oder Stoffe weich machen, ihre Verarbeitung fördern (bessere Laufeigenschaften in Spinnerei und Weberei) oder verbesserte Drapierfähigkeit und einen veränderten Griff bewirken. Sie können, z. B. auf Polyamiden, das Vergilben der Fasern fördern. Die Mittel werden oft in der Ausrüstung wieder ausgewaschen.

Axminster, preiswerter → *Chenille*-Teppich, Imitation von → *Orient-Teppichen*, leicht an seiner Kante zu erkennen, wo das wollige → *Polmaterial* im Schuß wie bei einem Gewebe umkehrt. Der Name ist übergegangen auf → *Greifer-Teppiche* von der Royal-Axminster-Webmaschine mit praktisch unbegrenzter farblicher Musterungsmöglichkeit. → Abb. vgl. S. 52.

Azo-Farbstoffe, wichtigste Gruppe der synthetisch hergestellten organischen Farbstoffe (etwa 50%), die durch → *Kupplung* von Diazoniumsalzen mit Naphtholen, Phenolen und Aminen entstehen (Azo-Gruppierung: zwei durch Doppelbindung verbundene Stickstoffatome, -N=N-). Sie sind sowohl in der Färberei als auch im Stoffdruck problemlos einsetzbar und bieten eine große Vielfalt von Farbtönen mit einem breiten Spektrum an Anwendungsmöglichkeiten. Einzelne Azo-Farbstoffe sind für Lebensmittel und Kosmetika zugelassen. Ihre Herstellung ist einfach. Die Färbungen sind meist kochwaschecht, seltener wetterecht. Besonders bekannt sind → *Naphtholrot* und Variaminblau. Aufgrund experimenteller Beweise gelten die Ausgangsprodukte Benzidin und Dichlorbenzidin von fünf Arten von Azo-Farbstoffen (in insgesamt 20 Variationen) als karzinogen (krebserregend), weil sie *spezielle* (→ *aromatische*) *Arten* von Aminen abspalten können. Amine *schlechthin* können von allen Azo-Farbstoffen abgespalten werden. Der → *Farbstoff* selbst kann wegen der Größe seiner Moleküle die Haut nicht durchdringen und deshalb auch keinen Krebs auslösen. Benzidinhaltige Azo-Farbstoffe werden von deutschen und Schweizer Farbenherstellern zum Schutz der Arbeiter in der Produktion, die ja mit den Ausgangsstoffen in Berührung kommen, seit 1970 aufgrund einer freiwilligen Vereinbarung nicht mehr hergestellt und von der deutschen Textilindustrie seit über 10 Jahren nicht mehr verwendet, sind aber in Übersee noch anzutreffen. Auch im europäischen Ausland werden diese Sorten vor allem zur Färbung von → *Reißwolle* (→ *Prato*) und in geringem Umfang für → *Pigmentdrucke* eingesetzt. Seit dem 14. 7. 1995 sind diese und *nur diese* (aber entgegen weitverbreiteter Ansicht *nicht alle*) Azo-Farbstoffe, die auch in einer „Bedarfsgegenständeverordnung" (14. 7. 95) aufgezählt sind, in Textilien, Schuhen und Lederwaren mit Aufbrauchfristen (Herstellung, Import: bis 31. 3. 96; Verkauf bis 30. 9. 96; Pigmente 31. 3 .98 bzw. 30. 9. 98, Reißwolle und Secondhand-Textilien 31. 12. 99) in Deutschland unter Androhung strafrechtlicher Folgen

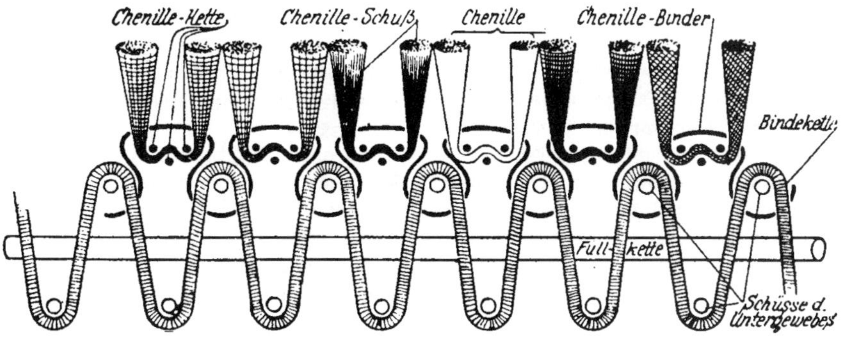

Axminster-Chenille-Teppich (Schußschnitt).

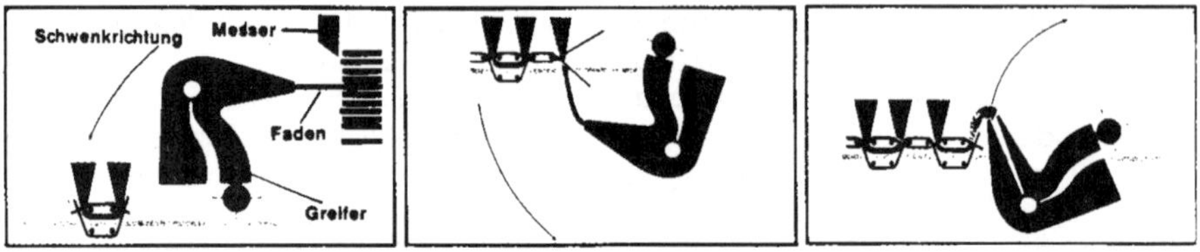

Herstellung eines Axminsterteppichs in Greifertechnik.

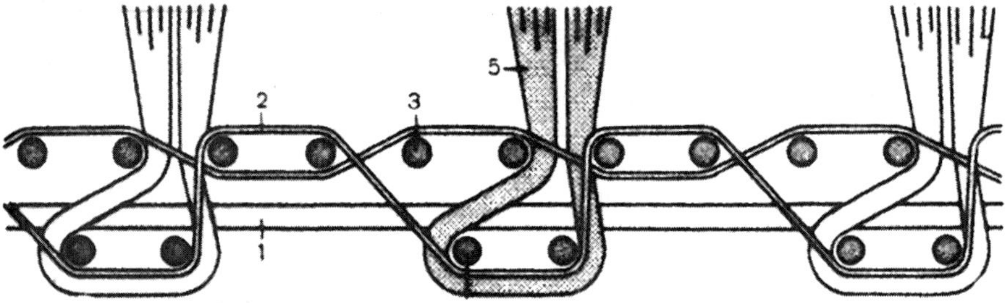

Axminster-Chenille-Teppich (Kettschnitt).

durch Gesetz verboten. Es haftet stets der Käufer, ob Importeur, Konfektionär oder Händler. Eine Rückgabe der Ware an den Lieferanten ist nicht möglich. Die in Westeuropa zum Stoffdruck eingesetzten → *Pigmente* gelten nicht als → *Farbstoff* und sind auch nicht wasserlöslich und auch nicht „bioverfügbar", weil es keine Spaltprodukte gibt, die gesundheitsschädlich sein können. Mittlerweile wird dies auch von den staatlichen Gesundheitsbehörden erkannt, so daß eine Herausnahme dieser Pigmente zu erwarten ist. Sie sind jedoch dennoch nicht unbedenklich, weil sie im Darm aufgespalten werden können. Substitutionsprodukte für die Pigmente sind in Deutschland wegen des Gewässerschutzes nicht einsetzbar. Der Durchsetzung des Verbots stehen das Fehlen von geeigneten und sicheren Analysemethoden und Prüfkapazitäten zum **Nachweis** dieser Azo-Farben sowie das Problem des innergemeinschaftlichen Handelshemmnisses in der EU entgegen. Die Methoden zum Nachweis der verbotenen Farbstoffe, bei deren Anwendung die Textilie zerstört wird und die für Textilien und Leder unterschiedlich sind, sind im Bundesgesundheitsblatt 2/96 veröffentlicht worden und der Text auch in Fremdsprachen erhältlich. Andere Prüfmethoden (die nach → *Öko-Tex-Standard* 100 sind strenger), die nicht unbedingt schlechter sein müssen, führen zu anderen Ergebnissen. Von Berufsvertretungen des Handels wird deshalb zur Sicherung die schriftliche, auf jedes Einzelstück bezogene Zusicherung bei allen Inlandsaufträgen von Ware, die nicht das → *Öko-Tex-Standard* 100-Zertifikat besitzt, empfohlen, daß sie in Deutschland gefärbt worden ist, und bei Abschluß von Importverträgen ab sofort den Nachweis zu verlangen, daß diese Farbstoffe nicht angewandt worden sind, was bei → *Reißwolle* kaum möglich ist. Dieser Nachweis hat rechtlich den Charakter einer zugesicherten Eigenschaft. Auch nach Durchsetzung des Verbotes bleiben Azo-Farbstoffe mit einem Marktanteil von 60–70% die am meisten verwendeten Textil- → *Farbstoffe*. – Die Gefahr gesundheitlicher Schäden darf nicht überschätzt werden, da Amine aus Azofarbstoffen nur durch die Körperflüssigkeit in den menschlichen Kreislauf gelangen können; das entscheidende Kriterium ist demnach die Schweißechtheit der Färbung. Das Bedeutsame an der neuen Rechtssituation ist der Umstand, daß erstmals die Regelungen des Lebensmittelrechts auf Textilien übertragen wurden, soferne diese „nicht nur vorübergehend mit dem menschlichen Körper in Berührung kommen". Darunter fallen nicht nur Bekleidung, sondern auch Wäsche, Bettwäsche, Bettwaren, sowie Haare, künstliche Wimpern und Perükken. Gardinen und Dekorationsstoffe fallen nur dann darunter, wenn ihre mögliche Verwendung für Bekleidungstextilien werblich herausgestellt wird, Handtücher und Spieltiere wie Teddybären gar nicht. → *Futter-* und → *Einlagestoffe*, → *Reißverschlüsse*, Schneiderwatte, Knöpfe und Applikationen werden als Bekleidungstextilien angesehen. – Zwei Gruppen dieser Azo-Farbstoffe sind von der Kommission auf eine Verbotsliste für die gesamte EU gesetzt worden, was bedeutet, daß die nicht erfaßten, aber in Deutschland verbotenen Farbstoffe in den anderen EU-Ländern oder gar in der Dritten Welt nach wie vor verarbeitet werden dürfen.

B

Babycord, hochfeiner und leichter → *Cord* mit 48 und mehr Rippen auf 10 cm Warenbreite, mit hoher Schußdichte und niedriger Florhöhe in Unifarben und bedruckt; gleich bedeutend: → *Mikrocord*, → *Millrayé*. Etwas gröber: → *Feincord*, → *Bedford-Cord*.

Baby-Doll, kindlich-naive Modesilhouette mit weiten Hängekleidern und taillenlos zusammengefügten, nur auf den Schultern aufliegenden und lose fallenden Stoffbahnen, mit weiten, verspielt ausgeputzten Ärmeln. Am häufigsten bei Nachtwäsche mit passendem Höschen anzutreffen.

Baby-Doll, links als Tageskleid, rechts als Nachthemd.

Baby-Kamelhaar, naturblondes bis fast weißes Haar von Jungtieren bis zum ersten Haarabwurf, wegen seiner Feinheit, Weichheit und dem leichten Gewicht sehr begehrt, vor allem aus Tibet.

Bachtiar, meist sehr großer → *Orientteppich* (Nomadenteppich) aus groben und kräftigen, stark glänzenden Wollen, wenig dicht geknüpft, in modern anmutenden farbenfrohen Kolorits; die Felder, Wappen und Medaillons sind mit einfachen Motiven stilisierter, oft geometrisch aufgefaßter Sträucher und Bäume sowie mit Blüten, meist wie Perlen aneinander gereiht, gefüllt. Grundfarbe bräunliches Rot, aber auch hellere Töne.

Bäckerkaro, meist nur zweifarbig koloriertes Blockkaro, mit etwa 3 cm Musterumfang etwa doppelt so groß wie → *Vichy-Karo*.

Back-stripe, modischer Akzent an jugendlichen Herrenhosen; zwei Stofflaschen am Rücken unterhalb des Bundes werden in der Mitte durch eine Metallschnalle zusammengehalten. – Vgl. → *Side-stripe*.

Bactekiller®, → *antibakteriell* → *modifizierte* Polyesterfaser (Kanebo, Diolen), in dessen → *Polymer* Natrium-Aluminiumsilikat (Zeolith) mit Metall-Ionen eingelagert ist. Die auch desodorierende Wirkung ist permanent, wasch- und reinigungsbeständig und bis 500 °C hitzefest. Mischung mit Normal-Polyester und anderen Synthetics, Wolle oder Baumwolle ist möglich, führt aber zu Veränderungen im Wirkungsgrad. Der anorganische Wirkstoff beeinflußt die Bakterien auf der Faser wie Ozon-Desinfizierung und ist deshalb völlig ungiftig. – Vgl. → *Antibakterielle Fasern*.

Badebekleidung, (→ *Swimwear*), von der → *Strandmode* (→ *Beachwear*) kaum mehr optisch, wohl aber funktionell unterscheidbare Schwimmbekleidung, die die Figur vorteilhaft zur Geltung bringen muß; meist → *Maschenwaren* (→ *Kettenwirkwaren*, → *Charmeuse*), zu 90% aus den → *Synthetics* → *Polyamid* (auch als → *Microfaser*, vgl. → *Sensitive*) oder (in geringem Umfang) → *Polyester* mit maschentechnisch eingearbeitetem → *Elastan* (14–22% Anteil, in seltenen Fällen und mit netzartigem Charakter bis 40%), das die Elastizität mit

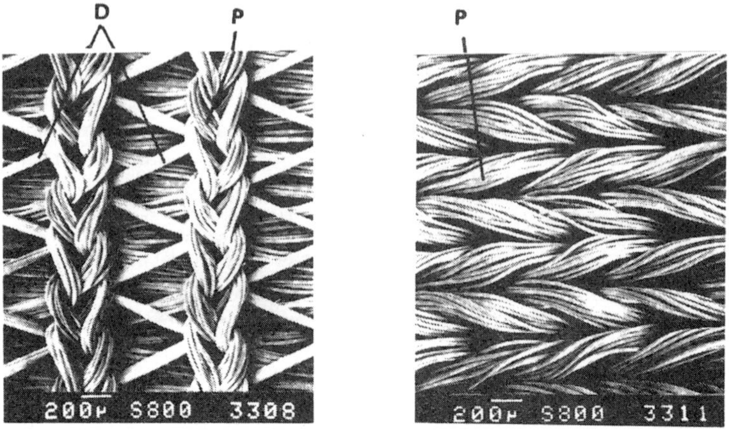

Kettenwirkware (Charmeuse) für Badebekleidung mit Dorlastan-Filament in gedehntem Zustand. Links die (technische) Vorderseite, rechts die Rückseite, die meist nach außen verarbeitet wird, weil die glattere Oberfäche sich besser bedrucken läßt. D: Dorlastan-Filament, P: Polyamid-Filament.

einer rücksprungkräftigen Dehnfähigkeit in Längs- (bis 200%) und Querrichtung (bis 120%) ermöglicht. Das Elastan liegt im Inneren des Maschenstoffs und wird von den anderen Synthetics vor Scheuern geschützt. Der Einsatz von → *Microfasern* in Kettenwirkwaren für Badekleidung setzt zur Vermeidung von Ziehfäden und Pillingbildung große Erfahrung des Stoffherstellers voraus. Viskose ist wegen der zu geringen Naßfestigkeit besser für Beach- als für Swimmwear geeignet. → *Gummifäden* werden wegen der mangelnden Feinheit und Alterungsbeständigkeit nicht mehr eingesetzt. Färbungen und Drucke müssen → *Meerwasser-* und → *chlorecht* sein. Nicht in der prallen Sonne trocknen, stets mit Süßwasser auswaschen, nicht wringen. – Vgl. → *Duolastic*, → *Swim dress*.

Badeteppich, Vorlagen und Deckelbezüge, bei denen in eine getuftete Grundware spezielle Farb- oder Effektgarne eingetuftet werden (→ *Overtuft*), zur Sicherung der Polnoppen am Rücken oft nur mit Vorstrich und ohne eine zur Erhöhung der Trittfestigkeit, Schalldämmung und Schnittfestigkeit bei → *Auslegeware* normalerweise aufgebrachte → *Rückenbeschichtung*.

Badge(t), Modebrosche mit kurzem, meist humorigem Text.

Badget, im Gegensatz zu den kleinen → *Labels* große und aufwendig gestaltete Wappen, verzierte Stoffstücke und Etiketten auf sportlicher (Herren)Kleidung.

Bafa, → *Fadenverbundstoff*, → *Fadengelege* mit zwangsläufig geordneter Legung,

Beispiele für Badgets.

wobei sich die Fäden nicht nur kreuzförmig überschneiden, sondern auch in verschiedenen Ebenen liegen, ohne sich wie in einem Gewebe gegenseitig zu verschlingen. Die Verfestigung erfolgt → *adhäsiv* mit Hilfe von Bindemitteln. – Vgl. → *Non woven fabrics*, → *Textil-Verbundstoff*, → *Uvutan*.

Bagdad-Moiré, besonders schöne und gut zu färbende Felle des Bagdad-Lammes, dem → *Breitschwanz* in der Zeichnung ähnlich.

Bagging, lose geschlagenes, grobfädiges → *Jute*gewebe in → *Tuchbindung* für Wandbespannungen, Polster- und Verpakkungszwecke sowie als Stützgewebe für → *Linoleum* und → *Tufting-Teppiche*. Vgl. → *Hessian*, → *Rupfen*.

Baggy, zum → *Oversized-Look* zählende, superweite → *Jeans*-Silhouette, die auch bei → *Bermudas* anzutreffen ist. Gegensatz: → *Tight fit*.

Baggy-Pants

Bahnenrock, aus mehreren schräg geschnittenen Bahnen zusammengesetzter, nach unten weiter ausschwingender Rock, dessen sichtbarer Nahtverlauf die Figur streckt und schlanker macht, im Gegensatz zum → *Glockenrock* auf der Hüfte glatt aufliegend.

Bahnenrock

Bajaderenstreifen, sehr breite Querstreifen in leuchtenden Farben, oft ungleich abgestuft, kontrastreich koloriert, oft auch in der Bindung von der Grundware abweichend. – Vgl. → *Römerstreifen*, → *Markisenstreifen*.

Bakteriostatische Ausrüstung, hygienefördernde Ausrüstung mit dem Ziel, das Wachstum und die Weiterentwicklung der Mikroorganismen auf Textilien und auf der menschlichen Haut zu hemmen. Die Präparate müssen toxikologisch unbedenklich (ungiftig) sein und eine befriedigende Waschbeständigkeit aufweisen. Vgl. → *Fungizide Ausrüstung*, → *Antimykotische Ausrüstung*.

Bakterizide Ausrüstung, → *Fungizide Ausrüstung*.

Bakelit, Markenname für einen Kunststoff (Kondensationsprodukt aus → *Formaldehyd* und Phenolen, Phenolharz-Kaltpreßmasse), auch für → *Knöpfe*. Im Gegensatz zu den voll klingenden, echten → *Steinnuß-* oder → *Hornknöpfen* klingen Bakelitknöpfe metallisch oder hohl, wenn man sie auf den Boden wirft. – Vgl. → *Galalith*.

Balconnet, trägerloser, meist mit Spitze garnierter, funktioneller Halb- oder $^{3}/_{4}$-Schalen-BH in jugendlichen Formen; gute Teilung der Brust. In Frankreich: Trägerloser Halbschalen-BH. – Vgl. → *Camisol*, → *Brassière*, → *Bustier*, → *Torsolet*, → *Bandeau-BH*.

Ballenöffner, Maschine der Spinnvorbereitung von Baumwolle, die den Baumwollballen aufbricht, die gepreßte Baumwolle in kleine Stücke zerkleinert und in Flockenbündel auflöst. Dabei werden die Verunreinigungen abgesaugt.

Ballerina-Länge, bis zum unteren Wadenrand reichende, also handbreit über dem Knöchel endende Rocklänge.

Balconnet

Ballerina-Rock, kurze, aber sehr weite Röcke, oft mit → *Volants* oder Stufeneffekten.

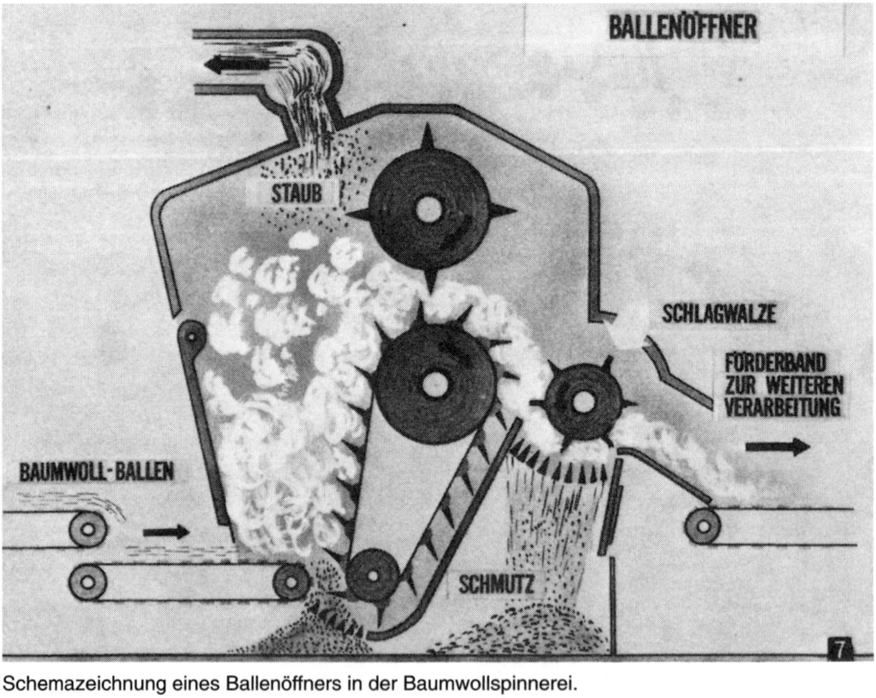

Schemazeichnung eines Ballenöffners in der Baumwollspinnerei.

Ballonärmel, in Ellenbogenhöhe eng anschließender, am Armloch geraffter, extrem weit geschnittener Ärmel (Nina Ricci).

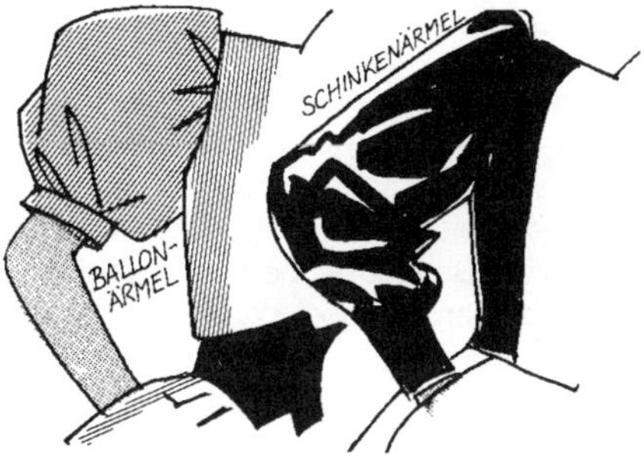

Ballonärmel (links) im Vergleich zum Schinkenärmel.

Ballonrock, taillenenge, aber in der Hüfte sehr weite Rockform, die sich zum unteren Ende hin verjüngt.

Ballon-Mantel in der Art eines Mode-Trench mit asymmetrischem Verschluß, schmalen, runden Schultern und Gummizug mit Lasche im unteren Saum.

Ballonseide, tuchbindige Feingewebe aus Naturseide, Polyester- oder → *trilobalen* Polyamidfilamenten, federleicht und oft regenecht imprägniert, für Regenschirmdächer, aber auch als Oberstoff bei → *Steppstoffen* für Oberbekleidung.

Bambus, als Knopfmaterial mit nicht sehr abriebfestem Zapon-Lack bestrichen, relativ gute Trage- und Pflegeeigenschaften.

Bananenhose, nach unten hin sich verengende, lange Damenhose mit Bügelfalte, gesteppten Nähten und flacher Bauchpartie. – Vgl. → *Röhrenhose* (Abb.).

Bananentasche, Tasche an → *Jeans* mit bogenförmigem, abgestepptem Eingriff. – Vgl. → *Swing-Pocket*, → *Scoop-Pocket*.

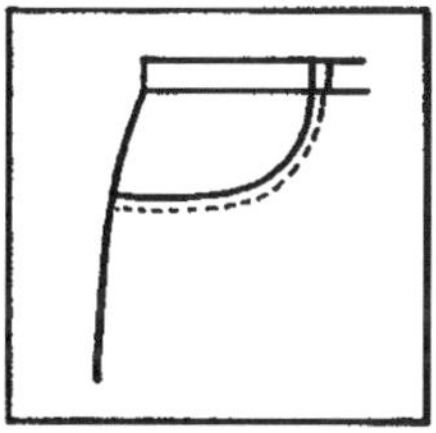

Bananentasche (Swing-Pocket, Scoop-Pocket).

Bancare®, → *Kunstharzfreie Pflegeleicht-Ausrüstung* (Bancroft), Veränderung der Struktur der Faser ohne Einlagerung eines Fremdkörpers. Die Scheuerfestigkeit wird beeinträchtigt, nicht aber die Luftdurchlässigkeit und die → *hygienischen Eigenschaften*. – Vgl. → *Crosslinking-Prozeß*.

Bancora®, → *Antifilzausrüstung* (Bancroft) nach dem Prinzip der → *Zwischenflächenpolymerisation* (Maskierung der Schuppen). – Vgl. → *Wurlan*.

Band, 1. Drehungsloses, verzugsfähiges, aus mehr oder weniger in Längsrichtung orientierten Fasern bestehendes → *Vorgespinst* (z. B. → *Kardenband*).
2. Sammelbegriff für → *Flachgeflechte* und Schmalgewebe mit beidseitig festen Kan-

ten von der Bandwebmaschine; auch gummielastisch oder als Jacquardgewebe (Etiketten-, Namensbänder).

Bänder. Links Flachgeflecht mit diagonalem Fadenverlauf, rechts Schmalgewebe.

Bandana, kleines (45x45 cm) Nicki-Tuch, früher ausschließlich mit zweifarbigen Druckdessins gemustert, als Mundtuch und Schweißtuch benutzt. Nunmehr zum modischen → *Accessoire* mit vielfarbigen und vielgestaltigen Musterungen geworden. – Vgl. → *Gavroche-Tüchlein*.

Bandana-Technik, → *Tie-dyeing*.

Bändchenfasern, → *monofile*, aus Schlitzdüsen gesponnene → *Folienfilamente* oder aus Folien in schmalen Breiten herausgeschnittene, einachsig (der Länge nach) verstreckte → *Chemie-Schnittbändchen*. – Vgl. → *Moussbryl*, → *Spaltfasertechnik*, → *Filmtex-Verfahren*, → *Polital*, → *Polytuft*, → *Compak*, → *Raphia artificiel*.

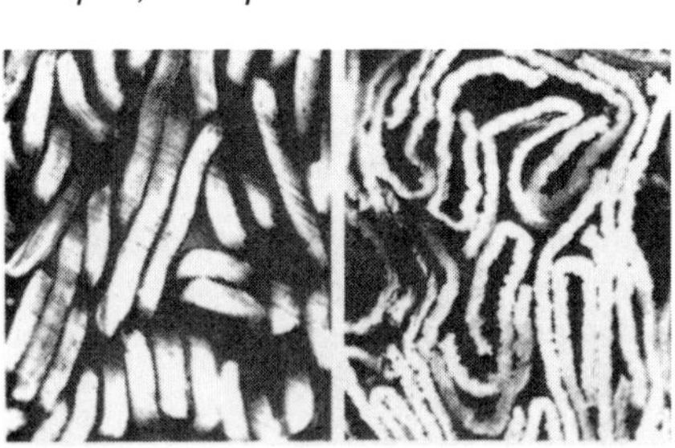

Bändchenfasern. Links geschnitten (Viskose), rechts gesponnen.

Bande, über die ganze Warenbreite auftretende Fehler, verursacht durch Ungleichheit in der Feinheit des Schußfadens, bei Chemiefasern durch Titerschwankungen, aber auch durch höhere Schußfadenspannung; oft erst nach Färbung und Ausrüstung zu erkennen (Glanz- und Farbveränderungen).

Bandeau-BH, trägerloser BH, vorteilhaft bei stark dekolletierten oder schulterfreien Oberteilen oder flach und abnäherlos gearbeiteten Kleidern. – Bei → *Badebekleidung* (→ *Bikini*): Bandeau-Oberteil, Abwandlung eines breiten Bandes, das glatt oder gerafft sein kann, manchmal in der Mitte geknotet, meist ohne seitliche oder in der Mitte angesetzte Träger. – Vgl. → *Balconnet*.

Trägerloser Bandeau-BH (links); zum Vergleich: Verschlußloser Nackenträger-BH (rechts).

Bandmesser, maschinell betriebenes, aber fest verankertes Messer in der Zuschneiderei von Konfektionsbetrieben, an dem der Stoff vorbeigeführt wird und das den gleichzeitigen Zuschnitt vieler Lagen erlaubt. Der Zuschnitt ist sehr rationell, aber eher dem unteren und Mittelgenre vorbehalten, da wegen der Gefahr des Verschiebens der Lagen höchste Genauigkeit und Schablonengerechtheit nur sehr schwer zu erreichen ist. Futterstoffe werden während des Schneidens durch Klammern am Verschieben gehindert.

Bandura®, → *Stofftexturierung* von Geweben und Maschenwaren aus beliebigen Rohstoffen im Gegensatz zur → *Texturierung* von Garnen (Bancroft) auf einer Spezialmaschine (Mikrokrepper) unter Einwirkung von Hitze und Stauchdruck. Es entstehen strukturierte Warenbilder, mehr Stabilität, Dichte und dauerhafte Elastizität. In Europa von geringer wirtschaftlicher Bedeutung.

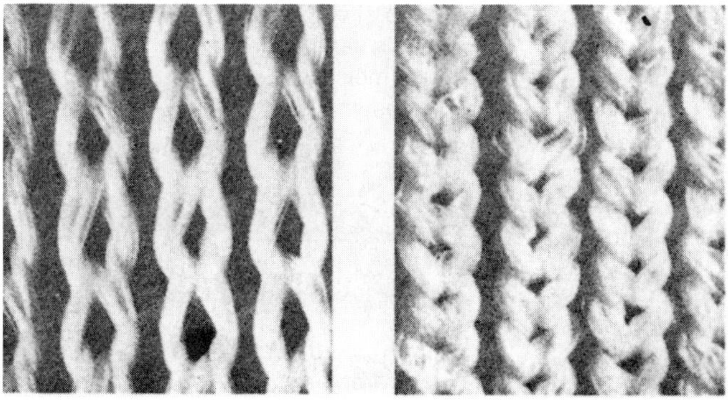

Gewirk vor (links) und nach der Bandura-Texturierung (rechts).

Bani-lon, im Ausland: **Ban-lon**, Gewebe und Maschenwaren aus Acrylfasergarnen, aber auch aus Polyamid und Polyester, die nach einem speziellen → *Stauchkammerverfahren* (Bancroft) texturiert sind („Textralized") und bis zum Endprodukt überwacht werden. Die Zick-Zack-Kräuselung ist variabel von intensiv und gleichmäßig für Unterwäsche bis zu geringerer Bauschung und Längselastizität bei verstärkter Breitenelastizität mit kreppartigem Charakter für Oberbekleidung. Feuchtigkeits- und Farbaufnahme werden verbessert.

Baratte, Sulfidiertrommel zur Herstellung von → *Viskosefasern*.

Barbour-Jacke, nach dem Firmennamen des ersten Herstellers benannte Wetterjacke aus geölter oder gummierter Baumwolle; im Original für Fischer und Seeleute durch Mischungen von aromatischem Öl und Wachs wasserdicht, in drei Gewichten und mit Karo- oder ausknöpfbarem → *Teddy*-Futter.

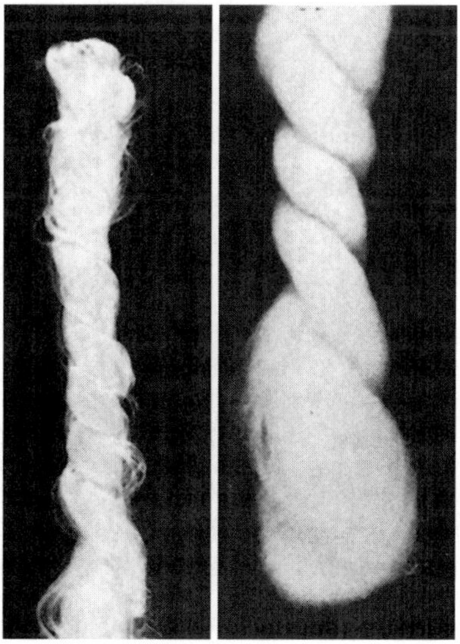

Bani-lon vor (links) und nach der Bearbeitung in der Stauchkammer (rechts). Das Gewicht des 70 dtex-Nylongarns bleibt gleich.

Barchent, historische Bezeichnung für schwere Köpergewebe als Einfüllstoff für Federn sowie für kräftig gerauhte Baumwollgewebe für Arbeitskleidung und Bettücher. Als moderner Modeausdruck übertragen auf kräftige, gerauhte Baumwollstoffe in verschiedenen Bindungen.

Barège, gazeartig feiner Kleiderstoff aus und mit Naturseide, auch im Woll/Seidencharakter, in Tuchbindung, manchmal mit → *Dreher*-Musterung.

Bariumsulfat, Bariumchlorid, wasserlösliche Pigmente zum Mattieren von Viskose und zum → *Erschweren* von Naturseide.

Barmann-Spenzer, taillenkurze Damen- und Herrenjacke in der Optik einer Weste, mit Stoffriegeln am Rücken.

Barmann-Spenzer, Gilet im Barmann-Stil.

Barmen-Jacke, Spenzer-Jacke für Herren, kaum über die Taille reichende zweireihige (→ *Smoking*) Jacke, die meist offen getragen wird. – Vgl. → *Dinner-Jacket*.

Barmer Artikel, Sammelbegriff für Flechtartikel und Schmalgewebe, Bänder, Litzen, Kordeln und elastische Artikel nach dem früheren Hauptproduktionsstandort. – Vgl.

Party-Anzug mit zweireihiger Barmen-Jacke, tief auf einen Knopf geknöpft, Knopfpaare in Deichselstellung.

→ *Posamenten*. – **Barmer Bogen**, Abschlußbänder mit webtechnisch hervorgerufenen, nicht ausfransenden gebogten Kanten als Ausputz für Wäsche, Schürzen und Bettwäsche. – Vgl. → *Feston*.

Barockfarben, warme, satte Farbtöne der Rot-, Violett- und Grünskala sowie Goldtöne, den Bildern der Barockzeit (17. Jh.) entnommen.

Barré, unauffällige, feine, in sich musternde oder farbige Querstreifen; Gegensatz: → *Cotélé* (in Kettrichtung). Auch gleichartige Webfehler; vgl. → *Bande*.

Bartuft-Verfahren, Technik der Herstellung von (gepreßten) Klebepolteppichen im Gegensatz zum → *Tufting-Teppich*; das Polmaterial wird einem endlosen Stahlband mit Lamellen zugeführt, durch eine auf- und abgehende Federplatte über den Köpfen und in den Schlitzen des Lamellenbandes zu Polschlingen geformt, an der Schlingenrückseite mit Kleber bestrichen, auf ein Jutegewebe aufgeklebt und unter einem Infrarot-Trockner getrocknet. – Vgl. → *Radcliff-Verfahren*, → *Textil-Verbundstoffe*.

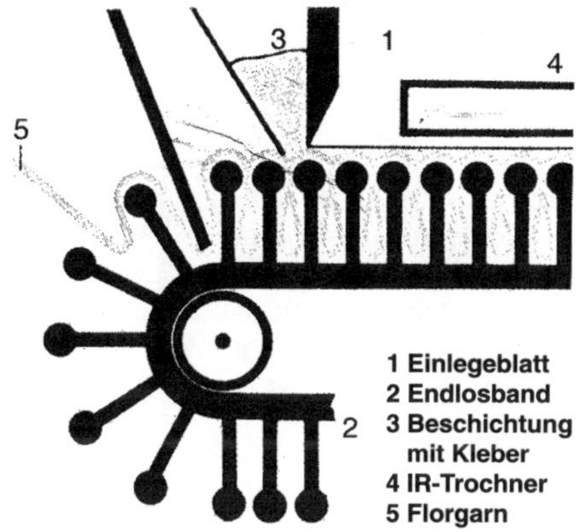

Schematische Darstellung des Bartuft- oder Radcliff-Verfahrens.

Base, Chemikalien, die in wässriger Lösung alkalisch reagieren, und mit → *Säuren* Salze bilden, wobei Wasser abgespalten wird. – Vgl. → *Lauge*.

Basics, 1. klassische, Jahr für Jahr regelmäßig mit nur geringen Veränderungen wiederkehrende (→ *Standard-*)→ *Jeans-Stoffe* und Standard-→ *Jeans-Modelle* im Gegensatz zu neu auftauchenden Modellen („Designer-Jeans"). – Vgl. → *Semi-Basic*, → *Denim*, → *Flat*, → *Cordsamt*, → *Chambray*, → *Canvas*, → *Velveton*, → *Duvetine*.
2. Typen und Formen der Bekleidung, die alltäglich gebraucht werden und vielfältig zu kombinieren sind: → *Shirts*, → *Sweatshirts*, → *Poloblusen*, → *Rolli*.

Basische Farbstoffe, im wesentlichen zur Färbung von Acrylfasern eingesetzte Farbstoffgruppe, die lebhafte, leuchtende Farben in recht guten Echtheiten ergibt. Zellulosische Fasern müßten vor der Färbung gebeizt werden; die Färbungen sind überdies von geringer → *Lichtechtheit*.

Baskenmütze, randlose runde Wollfilzmütze mit kleinem Schwänzchen; als → *Béret* Nationalkennzeichen des französischen Bürgers.

Basofil, → *flammenbeständige* → *Hochleistungsfaser* (BASF) aus Melaninharz für → *Arbeitskleidung*, Objekttextilien und → *Vliesstoffe*, mit → *Aramid-* und → *Kohlenstoff-Fasern* mischbar; Dauerhitzebeständigkeit 220 °C.

Basolan®, → *Antifilzausrüstung* (BASF) durch Veränderung der Schuppenschicht der Wolle mit Hilfe von organischen Chlorverbindungen oder als additives Verfahren mit Hilfe von wasserlöslichen → *Polymeren* mit dem Zusatzeffekt einer gewissen → *Flächenfixierung*. – Vgl. → *Melafix*.

Bast, 1. der der → *Naturseide* anhaftende → *Seidenleim* (Dextrin, → *Serecin*); Entfernung durch → *Entbasten* (→ *Degummieren*).
2. Zwischen Rinde und Holzkern liegende Gewebeschicht der → *Bastfasern*, aus der die Fasern gewonnen werden können.
3. **Kunstbast**, → *Folien-Schnittbändchen*, → *Raphia*.

Bastardleder, → *Nappaleder* von Schafen, die in größeren Höhenlagen leben und kein Wollkleid, sondern Haare wie Ziegen tragen; dementsprechend ist der → *Narben* dem Ziegenleder ähnlicher als dem Schafleder. Bei leichtem Gewicht sehr widerstandsfähig, weich und geschmeidig. – Vgl. → *Metisleder*.

Bastfasern, → *Weichfasern* aus den Stengeln der Faserpflanzen → *Flachs*, → *Hanf*, → *Jute* und → *Ramie*; Gegensatz: → *Hartfasern* (→ *Blattfasern*). Stengel- und Blattfasern sind aus → *Elementarfasern* und pflanzlichen Begleitstoffen aufgebaut, die die Elementarfasern zu langen Faserbündeln verkitten. Bei der Verspinnung müssen diese Bündel der Länge nach in verspinnbare Teilbündel aufgespalten werden.

Die Bündel sind in ihrer Länge uneinheitlich; die Fasern selbst haben eine glatte Oberfläche, zugespitzte Enden und verbinden hohe Festigkeit mit geringer Dehnfähigkeit. Dünnere Stengel enthalten mehr Bast als grobe. Lt. → *TKG* zählen auch → *Ginster*, → *Sunn*, → *Henequen*, → *Kenaf* und → *Maguey* zu den Bastfasern, nicht aber die Blattfasern.

Bateau-Ausschnitt, kragenloser, ovaler, halsferner, der Schlüsselbeinlinie folgender Halsabschluß bei Damen- und Herren-Strickwaren; ähnlich: → *U-Boot-Ausschnitt*. – Vgl. → *Boots-Dekolleté*.

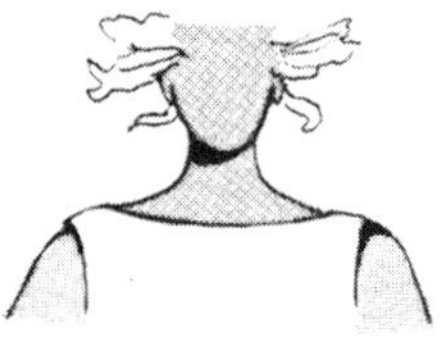
Bateau-Ausschnitt

Batikdruck, in seiner ursprünglichen, aus Indonesien (Java) stammenden Form, die nur noch von wenigen Spezialbetrieben genutzt wird, manuelle → *Reservedrucktechnik*, bei der der ganze Stoff mit Wachs (heute: Kollophonium mit Harzöl) überzogen und dann gebrochen wurde; beim nachträglichen Färben zog der Farbstoff in die Bruchstellen ein und bildete feine, unregelmäßige Äderungen. Der Vorgang kann mit verschiedenen Farben wiederholt werden und bildet auch verschwommene Farbflecken. - Maschinell kann die Äderung durch Prägewalzen erzielt werden, die sie figurenmäßig in die Beschichtungsmasse einschmilzt, die sich dabei keinesfalls vom Stoff ablösen darf. Unechte Batiks, die auf modernen Druckmaschinen entstehen, sind an der Wiederholung des Musters entsprechend dem → *Rapport* zu erkennen. – Vgl. → *Tie-dyeing*, → *Bandana-Technik*.

Batist, Sammelname für feinfädige Gewebe in Tuchbindung, ursprünglich nur aus Baumwolle, nunmehr auch aus allen → *Stapelfasern*, gebleicht, gefärbt und bedruckt, in Garnfeinheiten zwischen 59–100 dtex bei 37–64 Fäden/cm. Je nach Ausrüstung und Verwendungszweck werden Zusatzbezeichnungen verwendet: → *Glasbatist*, → *Seidenbatist*, → *Schweizer Batist*, → *Daunenbatist*, Wäschebatist. Statt Popeline werden für Blusen und Hemden der Feinheit und Porosität wegen heute Batiste bevorzugt, vor allem in Polyester/Baumwoll-Mischung; vgl. → *TC*. Buntgewebte Batiste: → *Zefir*, Batiste aus → *Filamenten*: → *Toile*. – Vgl. → *Leichtbettwäsche*, → *Makobatist*.

Batteur, → *Schlagmaschine*.

Battle-Dress, der englischen Pilotenuniform nachempfundener, weit geschnittener → *Blouson*-Anzug.

Battlefield Style, → *Army-Look* bei Damen-→ *Jeanswear*, gekennzeichnet hauptsächlich durch die Farbe (oliv und Erdfarben, → *Camouflage-Dessins*); von Uniformen entlehnte Ausschmücker. – Vgl. → *Military-Look*.

Battle-Jacket, Blousons und Jacken für Damen und Herren mit militärischen Anklängen oder mit Details der → *Pilotenjacke*, jedoch fülliger und weiter geschnitten; oft mit großen Brusttaschen und breitem Bund.

Battle-Jacket

Bauernblusen. Von links: Abendlich mit Spitzenbesatz; aus Voile mit gerüschtem Ausschnitt; mit buntem Folkloredruck; mit Straß-Applikation; ganz rechts in Kittelform mit Bändchen am Schlitzausschnitt.

Bauernbluse, Modelle im → *Folklore-Stil* aus weichen Stoffen, auch in für den Abend geeignete Versionen, oft mit ausgeschnittenem → *Dekolleté* (→ *Carmen-Dekollté*, → *Grelot*) und mit Verzierungen.

Bauernjacke, „Metzgerjacke“, leichte Damenjacke mit breiter Schulterpasse und angekraustem Rücken darunter, mit weiten, blusigen Hemdärmeln.

Bauernleinen, ganz grobes, nicht voll gebleichtes, wie handgesponnen wirkendes Leinen für rustikale Tischdecken und Handarbeiten; kaum mehr als Bettuch verwendet.

Bauernrock, meist wadenlange, bauschige Röcke mit ungebügelten Falten, oberhalb der Hüfte bis zur Taille glatt anliegend, im → *Folklore-Stil*. – Vgl. → *Stufenrock*, → *Torsoglocke*.

Kleider mit Bauernröcken. Von links: Volantrock mit Reversbluse; im Provence-Stil mit Vichy-Karo und passendem Streifen; im Madras-Karo mit Rüschen und Stickerei-Garnitur; Rüschenverzierung am Ausschnitt und am Glockenärmel.

Baukastensystem, → *Komponenten-Waschmittel* mit oft zahlreichen verschiedenartigen Substanzen, die separat angeboten werden und dem Konsumenten erlauben sollen, seine eigene Waschmittelrezeptur in Anpassung an die örtliche Wasserhärte, die Art und den Verschmutzungsgrad der Wäschestücke herzustellen mit dem Ziel, den Chemikalieneinsatz zu minimieren. Es ist mindestens ein bleichmittelfreies Grundwaschmittel, ein Wasserenthärter und ein Bleichmittel (meist → *Percarbonat*) vorhanden. Zum Teil durch die → *Kompaktwaschmittel* verdrängt. – Vgl. → *Kombinationswaschverfahren*.

Baumwolle, → *Zellulose-Faser*, seit fast 5000 Jahren bekanntes Samenhaar einer malvenähnlichen subtropischen Staudenpflanze (→ *Gossypium*), Weltmarktanteil 45%, → *Zellulose*-Anteil 90%, → *Einzeltiter* 1,3–4,2 dtex (→ *Feinheit* 0,01–0,04 mm), 2000 bis 4000 Fasern passen auf den Querschnitt eines Quadratmillimeters. Es gibt über 300 Sorten der bis zu 3 m hohen strauchartigen Gewächse, die außer in Indien jährlich neu gepflanzt werden müssen. Nur drei Sorten sind von wirtschaftlicher Bedeutung: *Gossypium herbaceum*, wenig wertvoll und kurzstapelig, aus Chi-

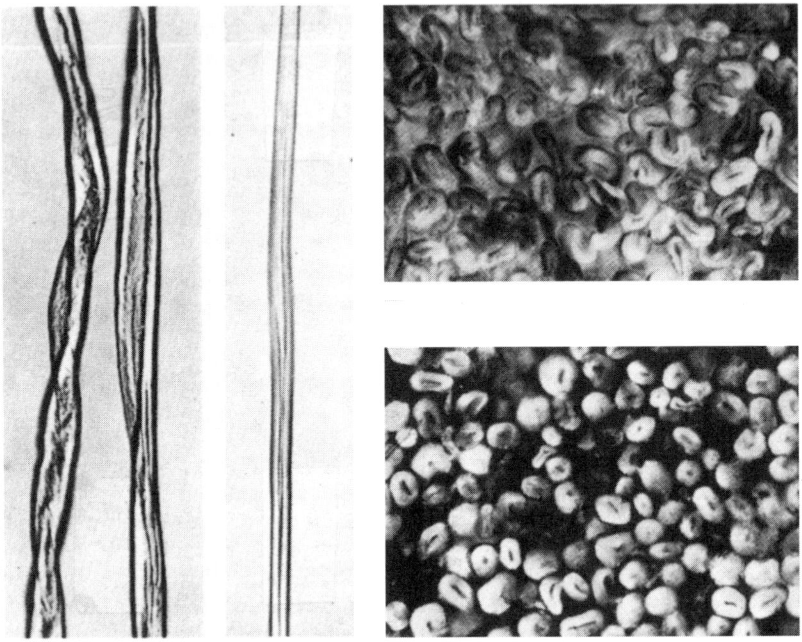

Rohe und mercerisierte Baumwolle. Unter dem Mikroskop sieht die Faser aus wie ein flaches Band mit korkenzieherartigen Windungen. Links: Rohbaumwolle mit Windungen, daneben mercerisierte, verwindungsfreie Faser im Längsbild. – Oben rechts: Rohbaumwolle mit nierenförmigem Querschnitt, unten mercerisierte Baumwolle mit ovalem bis nahezu kreisrundem Querschnitt.

na, Indien und Pakistan, von den langstapeligen Sorten mehr und mehr verdrängt; *Gossypium hirsutum* (z. B. → *Upland*), die mengenmäßig bedeutendste Art, in Amerika, aber auch in den GUS-Staaten, Türkei, Pakistan und Brasilien erfolgreich gezüchtet; Bedeutung eher rückläufig. *Gossypium barbadense* (z. B. → *Sea Island*, vgl. → *ELS-Baumwolle*, → *Cotton USA*, → *Sakellaridis*, → *Giza*, → *Mako*, → *Pima*, → *Tanguis*) aus den USA, Südamerika, Ägypten, Sudan und den GUS-Staaten, besonders langstapelig (bis 50 mm), mit den besten Zukunftsaussichten. – Die Einzelfaser besitzt drei Strukturelemente: Die beim Längenwachstum gebildete Primärwand (Außenhaut, → *Cuticula*), die aus unzähligen kleinen Fäserchen (→ *Fibrillen*) aufgebaute Sekundärwand (95% Anteil) und dem Lumen, ein Hohlraum im Innern der Faser, in dem sich Feuchtigkeit ansammeln kann, der als Strich in der Mitte des bohnenförmigen Querschnitts sichtbar ist

Baumwollfaser unter dem Rasterelektronenmikroskop. In der Mitte ist der während des Wachstums mit Protoplasma gefüllte Hohlraum (Lumen) als feiner Schlitz deutlich sichtbar.

und nach dem Eintrocknen des Protoplasmas entsteht; als Folge der Spannungsunterschiede der Außenhaut bilden die Zellwände Verdrehungen. Diese Verwindungen greifen beim → *Spinnen* wie Scharniere ineinander und sorgen für eine gute Haftung der Fasern im Garn. Die Fibrillen liegen spiralförmig in Schichten übereinander. Die Außenhaut wird durch eine schwer netzbare, wachsartige Umhüllung geschützt, die das gegenüber den → *Viskosefasern* deutlich geringere → *Quellvermögen* bewirkt. Wird diese Außenhaut durch → *Beuchen*, → *Bleichen* oder → *Mercerisieren* verletzt oder zerstört, quillt die Faser blasenfrei auf, erhält eine glatte Oberfläche und verliert ganz oder teilweise ihre Windungen. Den zu früh geernteten **unreifen Fasern** fehlen weitgehend die Windungen, vor der Reifezeit abgestorbene **tote Fasern** haben eine fast durchsichtige Zellwand und eine veränderte → *Farbaffinität*; beide stören beim Spinnprozeß.

Anbau und **Gewinnung**: Klimatische Bedingungen: Absolute Frostfreiheit während der Entwicklung, reichliche Niederschläge während des Wachstums (4–6 Monate), absolute Trockenheit während der Reife und Ernte (vgl. → *Nissen*). Diese Bedingungen werden in den Hauptanbauländern nicht erfüllt; daher herrschen Großflächen mit Monokultur und, außer in den USA, mit künstlicher Bewässerung vor, was zur Versalzung der Böden führen kann und hohen Aufwand an Chemikalien erfordert (→ *Beizmittel* zum Schutz des Saatguts vor Pilzbefall, Düngemittel zur Verbesserung des Wachstums, → *Insektizide* zum Schutz gegen Schädlinge, → *Wachstumsregulatoren* zur Vereinheitlichung der Reifezeit und → *Entlaubungsmittel* zur Erleichterung der (maschinellen) Ernte). Dadurch konnten die Flächenerträge in den letzten 30 Jahren fast verdoppelt werden; diese ökologisch und arbeitsmedizinisch bedenklichen Mittel müssen ebenso wie der zur Verklebung der Faser führende → *Honigtau* (Insektenexkremente) vor der Verarbeitung entfernt werden. Dies ist durch Waschprozesse problemlos möglich, weil sich die Chemikalien in dem die Faser umhüllenden Baumwollwachs ansammeln; Restbelastung unter 2% des Fasergewichts. Für → *Naturtextilien* wird Baumwollkultur auf ungedüngtem Boden und ohne Chemikalienanwendung gefordert; die äußerst lohnintensive **handgepflückte Baumwolle** aus Kleinbetrieben ist wegen der möglichen Selektion der zu pflückenden Kapseln nach Reifegrad, geringen Verunreinigungen, mechanischen Beschädigungen und Faserverwirrungen bei niedrigem Kurzfaseranteil qualitativ hochwertiger als maschinengepflückte Baumwolle. Der Hinweis „handgepflückt" bedeutet aber nicht in allen Fällen gleichzeitig auch pestizid- oder gar chemikalienfreier Anbau. Die etwa walnußgroßen, aufgesprungenen Kapseln werden von großen Maschinen meist dreimal je Saison geerntet und dabei die herausgequollenen hauchfeinen, weißen oder cremefarbigen Faserbüschel einschließlich der Samenkörner herausgezupft oder abgesaugt und maschinell von den Körnern getrennt (→ *Egreniermaschine*, → *Cage ginning*, → *Linters*). – **Ökologischer Anbau** nach biologisch-dynamischen Richtlinien (**Öko-Baumwolle**) ohne Anwendung von Chemikalien (Pestiziden, Herbiziden, Insektiziden, Düngemittel) während Aussaat, Reife und Ernte wird bereits meist in Mischkulturen (Fruchtfolge) mit Erdnüssen oder Mais unter Beratung von Kleinbauern bei Qualitätskontrollen und oft mit Abnahmegarantie in Indien in größerem Umfang praktiziert (Maicaal-Projekt). In der Qualität unterscheidet sich diese Öko-Baumwolle nicht von gleichwertiger aus herkömmlichem Anbau, sie ist jedoch etwa 30–40% teurer. Mit 18.000 t (1994) sind die Mengen jedoch unbedeutend. – **Farbige Baumwolle**: In Peru wird eine ökologisch angebaute, farbig (lichtecht, von eierschale/creme bis kakao/braun, flammen-

Baumwollpflückmaschine. Ein geübter Arbeiter erntet mit der Hand je Tag etwa 75–100 kg, eine Pflückmaschine in nur einer Stunde bis zu 1500 kg; der Pflücker erntet jedoch nur reife Kapseln.

hemmend; grün, lichtempfindlich) gewachsene, „voll-organische" Baumwollsorte nach wieder entdeckten (1994: 500 t) Anbautechniken der Inkas gezüchtet. Ungeziefer wird mit der Hand entfernt oder durch

Aufgesprungene, etwa hühnereigroße Baumwollkapsel mit den herausquellenden Faserbüscheln.

eingesetzte Insekten vernichtet. → *Bleichen* entfällt. In Guatemala werden geringe Mengen an farbiger Naturbaumwolle in vier Beige- und Grüntönen gezüchtet; exportiert werden jedoch (1996) nur Fertigprodukte (Hemden und Strickwaren), die nach dem Vorbild der alten Mayas verarbeitet sind. Werden die natürlichen Farben vom Markt akzeptiert und das Farbspektrum erweitert, entfällt die Färbung, wodurch → *Farbstoff* und andere Chemikalien, Wasser- und Energiekosten sowie Sondermüllbeseitigung gespart werden. Die Farben bluten nicht aus und sollen nach der Wäsche noch intensiver werden. In Turkmenistan und in den USA versucht man, farbige Baumwolle als **gentechnisch entwickelte Baumwollsorten** (BXN) in größerem Umfang zu züchten, die keines Einsatzes von chemischen Hilfsmitteln bedürfen, weil die qualitativ hochwertigen Fasersorten unter Einsatz geringer Dosierung von voll abbaubarem Blatt-Herbizid (Bromoxynil) genügend widerstandsfähig sind und ohne Unkraut- und Schädlingsbekämpfung gedeihen und abgeerntet werden können. Die Turkmen Colour Cottons (reinweiß, beige, rotbraun und grünbraun) verlieren ihre Farbe auch nicht nach Kochwäsche und entlauben sich zur Ernte selbsttätig, so daß aus den Blättern Apfel- und Zitronensäure gewonnen werden kann. Hierher gehört auch die amerikanische bt-Baumwolle, die die Eigenschaften einer natürlich vorkommenden Bakterie zur Produktion einer Proteinart besitzt, die bei Insektenfraß tödlich wirkt.

Eigenschaften: Ausgezeichnete spinntechnische Eigenschaften; durch das Vordringen der → *Friktions*- und → *Rotorspinnverfahren* werden an die → *Feinheit* und damit an den Anbau erhöhte Anforderungen gestellt. Hohe Widerstandsfähigkeit gegen → *Laugen*, hohe → *Scheuerfestigkeit* (18.000 Scheuerungen) und → *Reißfestigkeit* (zwischen 1,89 und 5,9 g/den), trocken und naß annähernd gleich und deshalb gut waschbar und zu kochen, Bügeln mit 3 Punkt; hervorragende färberische Eigenschaften und Bleichmöglichkeit; geringe → *Elastizität* und Anfälligkeit gegen → *Knittern*; filzfrei; gute → *Hygienische Eigenschaften* (Feuchtigkeitsaufnahme bis 32% des Eigengewichts, wird nicht gestaut und gleichmäßig wieder abgegeben); wird leicht flusig; trotz guter Rauhfähigkeit ist das → *Wärmehaltungsvermögen* baumwollener Fertigwaren gering. Die hohe Preiswürdigkeit ist auf die einfache Gewinnung, die günstige räumliche Verteilung der Anbaugebiete (Frachtkosten) und den hohen Flächenertrag zurückzuführen.

Handel und **Preisbildung**: Der Preis der Rohbaumwolle wird an den Börsen in Dollar gebildet und ist starken Schwankungen je nach Ernteertrag und spekulativen Elementen aus Terminhandel mit fiktiven Warengeschäften ausgesetzt, wobei der Umrechnungskurs des Dollar diese Schwankungen abmildern oder verstärken kann. Der „Preisindex A" (Durchschnittspreis wichtiger Handelssorten mit Schwerpunkt gängiger amerikanischer Sorten) hat Indizcharakter. Der Handel erfolgt nach Klassen; für die Zuweisung sind die → *Stapellänge* und die Reinheit wichtige Kriterien:

Kurzstapel	bis 20,6 mm
Mittelstapel	20,6–25,4 mm
Mittel/Langstapel	25,5–27,8 mm
Langstapel (LS)	27,9–33,3
Extra Langstapel (ELS)	über 33,4 mm

Reinheit: In den USA 7 Kategorien von good middling bis good ordinary.

Die **Einfuhr** von Baumwolle (1995) nach Deutschland umfaßt etwa 140.000 t im Wert von etwa 400 Mio DM, das ist in der EU nach Italien, Portugal, Spanien und Griechenland Platz 5. Hauptlieferländer sind Usbekistan (30%), Turkmenistan (16 %), Argentinien (11%), Tschad (8%), Griechenland (7%); aus Amerika, 1991 mit 11% noch auf Platz 3, kamen 1995 nur noch 2,4% (Platz 8). Dies liegt an den um etwa 25% höheren Preisen der US-Baumwolle; teurer sind nur noch die besonders hochwertigen Sorten aus Ägypten und Peru.

Baumwoll-Produktion: Drei Viertel der gesamten Erzeugung entfallen auf die sechs größten Anbaugebiete: China (23 %), USA (20%), Indien (12%), Pakistan (9,5%), Usbekistan (6,3%) und die Türkei (4,5%). – Die Extra Langstapel- (ELS-) und Langstapel- (LS-) Sorten machen mit nur noch 530.000 t etwa 2,8% der Weltproduktion (1995 19,2 Mio t) aus; davon kommen etwa drei Viertel aus Ägypten.

Baumwoll-Abfälle: → *Linters*: Nicht verspinnbare Faserreste der zweiten Entkörnung; Spinnerei-Abfälle: → *Deckelputz* von der → *Karde*, geringer Langfaseranteil, stark mit → *Nissen* und Schalenteilen durchsetzt; → *Reißbaumwolle* (→ *Effiloché*): Aus gerissenen Baumwollstoff-Abfällen, meist buntfarbig und mit nicht aufgelösten Faserresten durchsetzt, ohne Nissen und Schalenreste. Beide können nur zusammen mit einer → *Trägerfaser* (meist

Viskose) unter Zusatz von Schmälzmitteln zu → *Abfallgarn* versponnen werden.

Baumwollgarne, Unterscheidung nach Wertstufe, Drehung und Verwendungszweck. → *Feingarne*: → *Kettgarn* (→ *Dreizylindergarn*, → *Watergarn*), scharf gedreht, sehr fein bis fein ausgesponnen, meist von der → *Ringspinnmaschine*; → *Mediogarn*, für Kette und Schuß, mit mittlerer Drehung, meist → *OE-Rotorgarn*; → *Kardierte* und → *Gekämmte Garne*, aus hochwertigen Baumwollen mit gleichmäßigem Stapel, wobei die Kurzfasern durch mehrere Passagen in der → *Kardiermaschine* oder durch Auskämmen entfernt

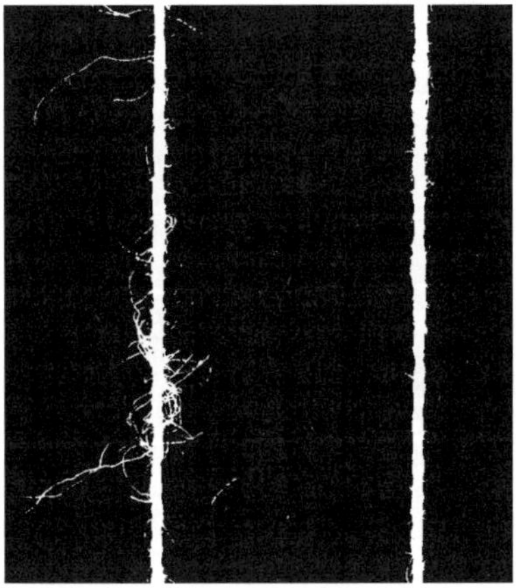

Normales Garn (links) und gasiertes Garn (rechts). Die abstehenden Fäserchen sind verschwunden, das Garn wird glatter und flusenfreier.

worden sind; meist → *gasiert* und/oder *mercerisiert*, sehr fein und gleichmäßig. - → *Grobgarne* (→ *Zweizylindergarn*): → *Mulegarn* (Schußgarn), oft → *Friktions-* oder → *Air Jet*-Garne.

Baumwoll-Grundgewebe, mengenmäßig bedeutende, technisch einfach herstellbare Gruppe von → *Rohgeweben* in → *Tuchbindung*, wobei in Kette und Schuß sehr ähnliche Garnstärken bei fast gleicher Kett- und Schußdichte eingesetzt werden. Unterscheidung nach Feinheit und Gewicht in → *Kretonne*, → *Renforcé*, → *Kattun* und → *Batist*; vgl. → *Nessel*, → *Madapolam*, → *Mull*. Verwendung fast nur noch gebleicht, gefärbt oder bedruckt.

Baumwoll-Veredlung, zu den fasertypischen Veredlungsmaßnahmen zählen → *Gasieren*, → *Beuchen*, → *Bläuen*, → *Mercerisieren*, → *Laugieren* und → *Transparentieren* sowie die Verfahren der → *Pflegeleicht-Ausrüstungen*.

Bauschgarn, voluminöse → *Kräuselgarne* mit normaler → *Elastizität* und unterschiedlicher Kräuseldehnung je nach Verfahren: → *Düsenblas-*, → *Stauchkammer-Verfahren* oder *Strickfixier-Texturierung*. - Vgl. → *Hochbauschgarn*, → *HB-Garn*, → *High-bulk-Garn*; aus → *Bikomponentenfasern*: → *Schrumpfbauschgarn*. → *Teppichgarn*: → *Heatset-Garn*.

Bayer-Textilfaser, Sammelbegriff für alle von Bayer, Leverkusen, hergestellten Chemiefasern unabhängig von ihrer chemischen Zusammensetzung. – Vgl. → *Dorlastan*, → *Dralon*, → *Dorix*.

Baygard®, → *Sauberfaser* (Bayer), Kombination eines Fluor-Karbon-Mantels mit → *Silikon*, die eine deutlich verbesserte Trockenschmutzabweisung bewirkt. Durch Verringerung der Gefahr des Abknickens der oberen Polfaserenden wird die Polstabilität erhöht.

Bayko-Draht, grobes → *Polyamid*-→ *Monofil*, f 0,1–5 mm, für Sieb- und Filtergewebe, Reißverschlüsse, Fischernetze und Sportgeräte.

BCF-Garn, *b*ulked *c*ontinuous *f*ilament yarn, kontinuierlich gebauschtes Endlosgarn, Sammelbegriff für → *texturierte* und unter Hitzeeinwirkung gekräuselte → *Teppichgarne* (Anteil über 60% an den

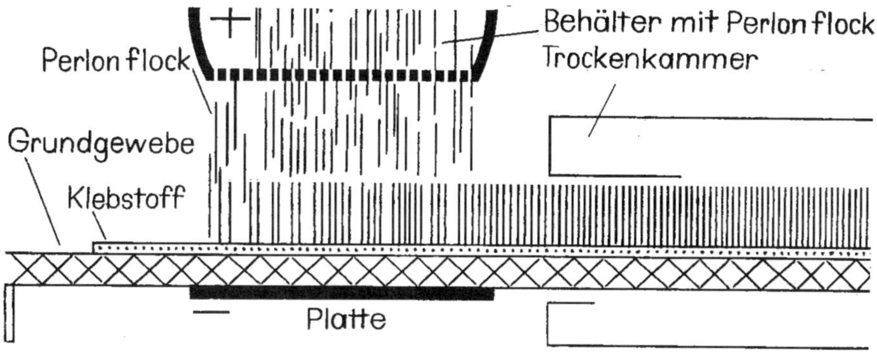

Elektrostatische Beflockungsanlage für Perlon-Flock; der Flock wird elektrisch aufgerichtet. Oben der positiv geladene Behälter, unten die negativ geladene Platte.

Chemiefaserpolgarnen für Teppichböden) meist aus → *Polyamid* oder → *Polypropylen* von hoher Bauschkraft; auch als → *Intermingled-Garn* mit andersartigen Fasern (z.B. → *antistatisch* oder mit abweichender → *Farbaffinität*) meist durch → *Verwirbeln* in geringer Menge gemischt, zum Teil → *Differential dye* gefärbt. Gegensatz: → *Heatset-*, → *POY-Garne*.

Beachwear, Sammelbegriff für die am Strand getragenen Bekleidungsstücke, unabhängig davon, ob sie auch zum Schwimmen (→ *Swimwear*) oder nur zum Sonnenbaden geeignet sind. Eine Umsetzung zu Straßenkleidung hat sich nicht durchsetzen können, hingegen werden vielfach Modelle aus der Straßenkleidung für den Strand umgeformt (Beach-Leggings, → *Caprihosen*, → *Fischerhosen*). – Vgl. → *Swim Dress*, → *Badekleidung*.

Beany, Disco-Mütze aus Wollstrick mit Zipfel und Bommel; auch aus Samt, Cord oder Frottee. – Vgl. → *Clubwear*.

Bedampfen, → *Metallisieren* von textilen Flächengebilden im Hochvakuum, vor allem mit Aluminium. Die Eigenschaften des Stoffes ändern sich dadurch nicht, wohl aber ihr Licht- und Wärmeabstrahlungsverhalten. Sie erhalten einen silbrigen Schimmer.

Bedford-Cord, englische Bezeichnung für → *Cotélé*, etwas gröber als → *Baby-Cord*.

Bedor®, preiswertes → *Metallglänzendes Effektgarn* mit gefärbter Aluminiumseele und Hostaphan-Abdeckung.

Beflocken, vollflächiges oder dessingerechtes (→ *Flockprint*) Aufbringen von kurzen (3–10 mm) Faserflocken (hauptsächlich → *Polyamid*, → *Acryl* oder → *Viskose*) auf ein textiles Trägermaterial im elektrostatischen Feld von hoher Stärke; meist wasch- und reinigungsbeständig. Die Fasern werden mit einem Ende senkrecht in die auf den Stoff aufgebrachte Klebemasse eingeschossen und bilden aufrecht stehend einen plüschartigen Flor; häufig Imitation von → *Kettsamt* oder → *Wildleder*. Auch Teppichböden und Garne können beflockt werden. – Vgl. → *Flocktransferdruck*.

Beifeder, kleines, am unteren Teil des Kiels von Hühnerfedern angewachsenes Federchen.

Beilaufgarn, → *Handarbeitsgarne*, die nicht für sich alleine verarbeitet werden können, sondern eines anderen Garns als Gerüst für das Strickteil bedürfen. – Vgl. → *Effektgarn.*

Beinknopf, aus den Knochen von Rindern oder Pferden hergestellte, hochwertige → *Knöpfe*; das Bein wird erweicht, aufgeschnitten und zu Platten gepreßt. Auch der → *Hirschhornknopf* und der → *Büffelhornknopf* sind Beinknöpfe. – Vgl. → *Bakelit.*

Beize, 1. Wegen der Umständlichkeit der Färbeverfahren und aus ökologischen Gründen nur mehr selten eingesetzte Chemikalien (Schwermetall- und andere Salze) zur Vorbehandlung von Garnen und Stoffen; sie erhöhen die Farbstoffaufnahme und verbessern die Echtheiten. Bei Baumwolle werden Beizen nur noch für → *Inlett* („Türkisch Rot"), in der Wollfärberei für → *Metallkomplexfarbstoffe* gebraucht; → *Naturfarben* bedürfen meist der Beize. – Vgl. → *Carrier.*
2. Beizen (Carrotieren) von Tierhaaren (Kanin- und Hasenhaare) erhöht die → *Filzfähigkeit* bei der Herstellung von → *Hutstumpen.*
3. Teil der Vorrichtung von → *Glattleder*-Sorten zur Steuerung des Verfallzustandes und Erzielung einer erhöhten Geschmeidigkeit mit Natur- oder Kunstbeizen.

Bekleidungshygiene, auf die Anwendungstechnik ausgerichtetes Teilgebiet der Bekleidungsmedizin mit dem Ziel, durch Forschung und Lehre Gesundheitsschäden durch Kleidung vorbeugend zu verhüten sowie das menschliche Wohlbefinden und das Leistungsvermögen durch Wahl und Konstruktion der Bekleidungsstücke zu fördern.

Bekleidungsphysiologie, theoretischer Teil der Bekleidungsmedizin (im Gegensatz zu der → *Bekleidungshygiene*), erforscht die Zusammenhänge zwischen Bekleidung und Lebensfunktion. Dabei sind die Physiologie des Wärmehaushaltes sowie die physikalischen Bedingungen der Wärmeisolation, sodann die Anpassung der Kleidung an die Umwelteinflüsse einschließlich der Spezialfragen der Schutzbekleidung von besonderer Wichtigkeit. Anhand exakter Messungen von Wärmeisolationswert, Wasserdampfdurchgangswiderstand und Ventilationsrate kann der Tragekomfort eines bestimmten Kleidungsstücks je nach Klimabedingung und Arbeitsbelastung ermittelt werden.

Belima X®, → *Microfaser*, → *Bikomponentenfaser* des → *Matrix/Fibrillentyps* aus Polyester und Nylon, 0,17 und 0,3 dtex, die sich nachträglich in einen hochfeinen Fa-

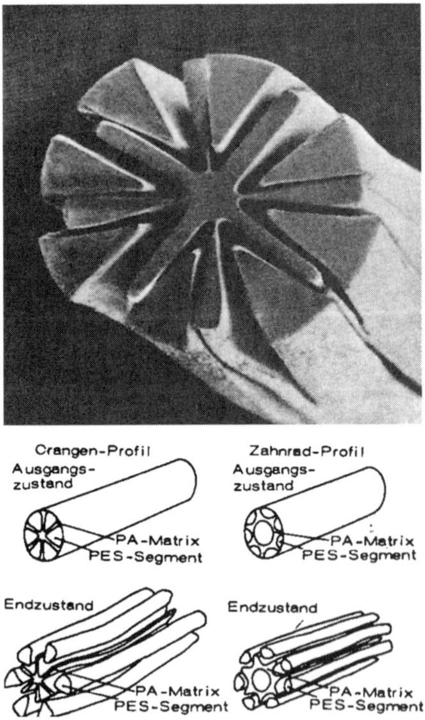

Bikomponentenfasern des Matrix/Fibrillentyps im Zahnrad- oder Orangen-Profil (Spaghetti-Typ). Oben: Makroaufnahme von Belima X in gesplittetem Zustand, unten schematische Zeichnung von Diolen Ultra.

serverbund aufsplitten läßt, vor allem für → *Lederaustauschstoffe* (→ *Belleseime*, → *Savina*); mit 1,0 dtex für funktionelle Feingewebe (→ *Belseta*, Stoffgewicht 70 g) für daunendichte Sportbekleidung, vor allem in Mischung mit Baumwolle oder mit 25% Naturseide.

Bell Bottom, „Glockenfuß", → *Jeans*- und Sporthosen meist mit niedriger Leibhöhe, bis zum Knie eng und mit ausgestellter Fußweite bis 60 cm aus der „Hippiezeit" der 70er Jahre. – Vgl. → *Flared Leg*, → *Strait Leg*, → *Tube*, → *Twist-Hose*.

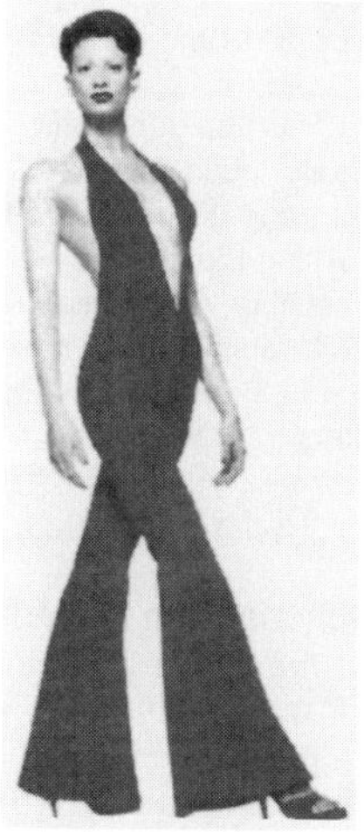

Modischer Overall mit Bell-Bottom-Hose.

Belleseime®, → *Lederaustauschstoff* (Kanebo) mit → *PU-Beschichtung* (15%) auf einem Trägermaterial aus → *Belima X*, 280 g/m², im → *Velours*-Charakter.

Belseta®, daunendichter, ohne Beschichtung wasserabstoßender und feuchtigkeitsregulierender → *Klimastoff* auf Basis der → *Microfaser* → *Belima X* 1,0 dtex in Mischung mit Baumwolle oder Naturseide, auch daunendicht.

Beludschistan, Baloutsch, südost-persischer, zu den → *Turkmenen* zählender → *Orient-Teppich*, mit reicher geometrischer Musterung; bevorzugt in dunkleren Farben, nur in kleineren Formaten und als → *Gebets-Teppich*.

Benetzbarkeit, Ausmaß des Eindringens von Flüssigkeiten in die Kapillarräume von Textilfasern, wobei die Luft daraus verdrängt werden muß.

Bengaline, einfarbiger, feinfädiger, popelineartiger → *Taft*, grober als → *Faille*, feiner als → *Ottoman*.

Benzidinhaltige Azofarbstoffe, → *Azofarbstoffe*.

Berberfarben, Beige- und Brauntöne, wie sie von den → *Berberteppichen* her bekannt sind.

Berber-Streifen, von den Kaftans der Nordafrikaner übernommene, zweifarbige, aus schmalen Streifen aufgebaute breite Streifen auf Kleiderstoffen mit wolligem → *Handwebcharakter* in Beige und Braun.

Berberteppich, zu den handgeknüpften, wegen der eher sparsamen streng geometrischen Musterung aber nicht zu den → *Orient-Teppichen* zu rechnender Nomaden-Teppich aus Nordafrika mit sehr hohem Flor (15–30 mm) aus naturfarbener

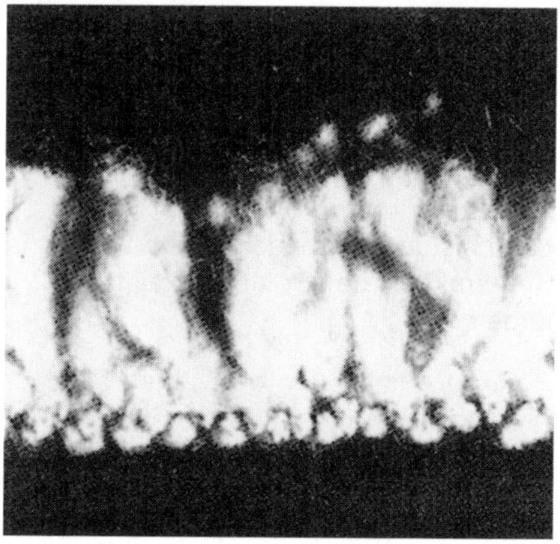

Querschnitt durch einen Berberteppich.

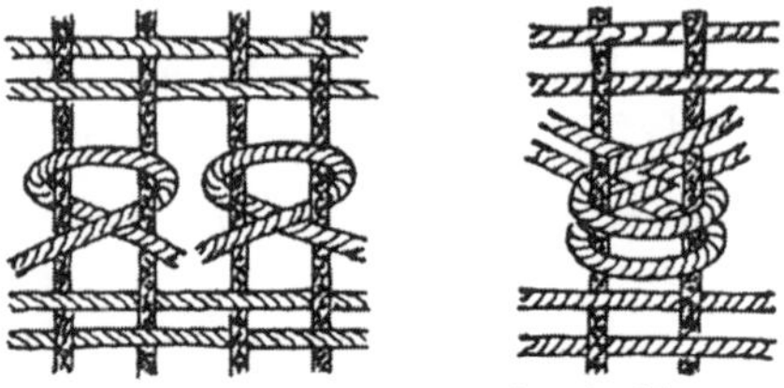

Berberknoten, links simple, rechts double.

(→ *Sortierungsfarbe*) und relativ grober Wolle mit geringer Knotenzahl, mit → *Türkischem* oder Berberknoten geknüpft. Fertigung in Manufakturen überwiegt. Die Qualität wird durch die Knotenzahl je 10 cm in Kette und Schuß und die Art der Knüpfung angegeben (s = simple, einfach; d = double; dd = demi double, abwechselnd einfach und doppelt). Mindestknotenzahl in Marokko 225, in Algerien 120 Knoten. Imitationen als abgepaßter Tufting-Teppich aus Acrylfasern im Wollcharakter („Berberoptik").

Berbertweed, grober → *Tweed* in → *Naturmelangen* oder ähnlicher Kunstfärbung im Charakter der Berberteppiche.

Bermudas im Sportswear-Look. Links: Streifen-Bermuda mit Jeansweste; rechts: Latz-Bermuda.

Bermudas sind beliebte Partner der Combi-Mode. Von links: Kniefreie Bermuda mit attraktivem Druckdessin zum Top aus gleichem Stoff und vorne geknoteter Bowling-Bluse; kniefreie Streifen-Bermuda mit Umschlag, die zweite Figur trägt die taillenkurze Reversjacke aus gleichem Stoff zur Rockhose in Bermuda-Länge; beide mit stilgerechten Tops.

Béret, → *Basken-* oder „Pullmann"-Mütze.

Beriebenheit, Lagerschaden von Pelzen; verletzte → *Grannenhaare* bei intakter Unterwolle.

Bermuda-Shorts, bis zum Knie reichende oder kurz darüber endende, das Knie aber nicht bedeckende Shorts für Damen und Herren; ursprünglich Strandbekleidung (→ *Beachwear*), nunmehr als → *City-Bermuda* auch Tages- und Straßenbekleidung. Die Figur wird optisch verkürzt; korrekte Modelle können bei Einsatz geeigneter Stoffe und entsprechender Beinweite wie ein kurzer Rock wirken und gut mit verschiedenen Jacken kombiniert werden. – Vgl. → *Kneebuster*, → *Caprihose*, → *Fischerhose*, → *Rockshort*.

Berstdruckprüfer, Gerät, das auf einer Prüffläche von 10, 50 oder 100^2 cm mit Hilfe einer durch Druckluft halbkugelförmig aufgewölbten, kreisförmigen Gummimembran die Festigkeit von Geweben und Maschenwaren in mindestens 5 Versuchen prüft oder das Ausmaß des möglichen Ausbeulens vor dem Bersten angibt. – Vgl. DIN 53861.

Berstfestigkeit, Maß für die Haltbarkeit eines Stoffes unter aufwölbendem Druck bis zum Riß; zur Feststellung des Festigkeitswerts, der das Zusammenwirken der Festigkeit von Kette und Schuß innerhalb der Gewebekonstruktion ausdrückt, und der Flächendehnung, die vor allem bei → *Maschenwaren* eine gute Aussage über die Belastbarkeit gibt, wird die Aufwölbung in mm und der Druck in kp/cm² gemessen.

Berufsbekleidung, strapazierfähige Spezialbekleidung für konsumgüter- oder in-

Thermo-Overall mit imprägniertem Oberstoff aus einem Mischgewebe Polyester/Baumwolle, gefüllt mit Polyesterwatte, innen mit Flanell abgefüttert.

vestitionsgüterorientierte Anforderungen, die auch dem sich verstärkenden Trend zur Dienstleistungsgesellschaft Rechnung tragen: Fabrikarbeiter, Handwerker, Ärzte und Krankenhauspersonal, für Büroberufe (→ *Officewear*), für Köche und Hotellerie sowie für den Hobby-Heimwerker und für Spezialzwecke, wie → *Reinraumkleidung* z. B. in der Computer-Industrie, Kernkraft-, Schweißer-, Feuerwehr- und Säure-Schutzbekleidung. Die eingesetzten Stoffe und

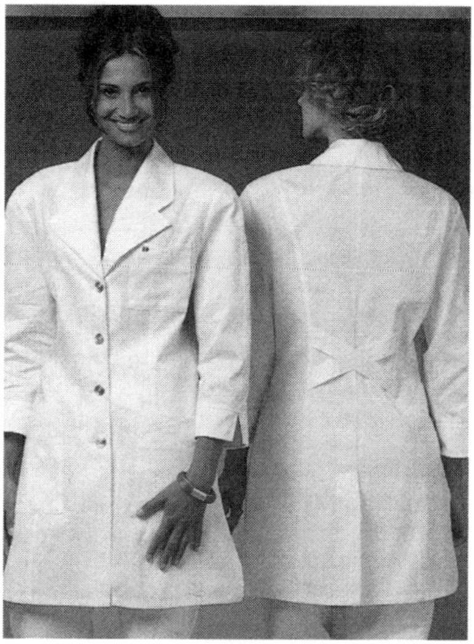

Berufsbekleidung (Schwestern-, Ärztehelferinnen-Kleidung) mit modischer Taillierung.

Modelle müssen sich den Gegebenheiten des Verwendungszwecks anpassen. Optik und Mode spielen eine immer stärkere Rolle. – Vgl. → *Arbeitsschutzbekleidung*, → *CI-Berufsbekleidung*, → *Blauköper, Blautuch*, → *Challenger*, → *Stabitex*, → *Stabicott*, → *Job fit*, → *Vulkan*, → *Schutzbekleidung*, → *Securtiss*, → *Danex*; → *Overall*, → *Thermo-Berufsbekleidung*, → *Rallye-Kombination*.

Besatz, Sammelbegriff für → *Tressen*, Borten, Bänder, → *Blenden*, → *Spitzen* und → *Stickereien* (→ *Posamenten*) als → *Paspel* oder Garnierung, zum Einfassen von Ausschnitten oder Manschetten, zur Erzielung modischer Effekte, zur Ausschmükkung oder Verschönerung von Kleidungsstücken und Heimtextilien. – Vgl. → *Schrägband*.

Beschichtung, ein- oder beidseitiger Aufstrich von filmbildenden Substanzen auf ein hierfür geeignetes oder eigens konstruiertes Gewebe oder Gewirk zur Erzielung einer Oberfläche mit definierter Charakteristik oder mit bestimmten Eigenschaften durch → *Direktbeschichtung* oder im → *Umkehrverfahren*, wobei die Beschichtungsmasse zuerst auf eine Hilfsträgerbahn (z. B. Papier) aufgebracht wird. Bei der Beschichtung mit vollflächigem Direktauftrag werden meist Streichanlagen mit verschieden konstruierten, an Beschichtungsmasse und Trägerstoff angepaßten → *Rakeln* eingesetzt, die auch Schichten von mehr als 1–2 mm zulassen; für feinere Aufstriche benutzt man dem → *Pflatschdruck* ähnliche Verfahren. Der aufgebrachte Film muß stabil und elastisch sein. Beschichtet werden Stoffe aus Baumwolle, Synthetics und in geringem Umfang aus Naturseide. Bei zunehmender Bedeutung werden Beschichtungen mehr und mehr auch als → *Abseite*, z. B. auf → *Gabardine* oder → *Flanell*, auf → *Bondings* mit → *Fleece* als Abseite, auf → *Maschenwaren* und → *Plüsch* aufgebracht. → *PUR-Beschichtungen* sind wasch- und reinigungsbeständig, → *PVC-Beschichtungen* können nur gewaschen und rückseitig mit 1 Punkt gebügelt werden. → *Polyacrylat-Beschichtungen* sind wetterfest, alterungsbeständig und preisgünstig, hingegen anfällig gegen Lösungsmittel und nur beschränkt knickfest. → *Kautschuk-* oder → *Gummibeschichtungen* mit thermoplastischem Buna oder TPR sowie mit Chloropren-Kautschuk machen die Stoffe wasserdicht, aber auch schwerer und brettiger. Die Beschichtungsmasse kann transparent oder pigmentfarbig sein. PVC-, PUR- und Kautschuk-Beschichtungen können auch auf Maschenwaren aufgebracht werden; die Stoffe erhalten einen leichten Stretcheffekt. Mit Kautschuk oder Wachs sowie mit PUR beschichtete Gewebe aus oder mit Synthetics (→ *Kompaktbeschichtung*) können vollkommen wasserdicht sein, wodurch die Luft- und Wasserdampfdurchlässigkeit völlig verloren geht; es besteht die Gefahr des → *Wärmestaus*. Durch Fehlstiche beim Nähen können irreparable Schäden hervorgerufen werden; durch Perforierung der Beschichtung kann die Gefahr des Ausreißens von Nähten entstehen. → *Bügelklebe-* → *Einlagen* können Beschichtungen auf der linken Warenseite

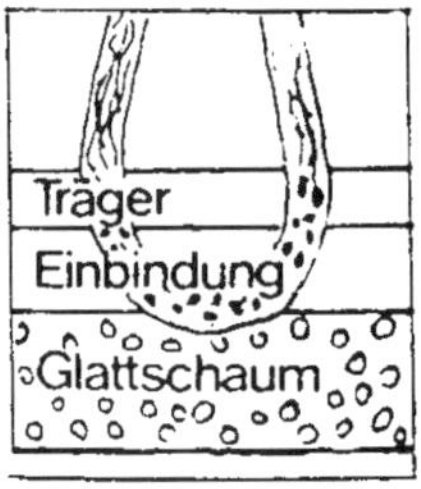

Schematische Darstellung der Teppichrücken-Beschichtung mit Trägermaterial, eingetragener Tufting-Noppe und Glattschaum.

Polymer	Positive Eigenschaften	Negative Eigenschaften
Polyvinychlorid	- preisgünstig - leicht verschweißbar - hohe Abriebfestigkeit - gute Wetterfestigkeit - begrenzt flammenhemmend	- Sprödigkeit: die Elastizität beruht auf Weichmachern - kann nicht chemisch gereinigt werden - schlechte Kälteflexibilität Leichtbeschichtungen sind kaum möglich
Polyuethan	- breiter Variationsbereich in Griff und Geschmeidigkeit - lösungsmittelempfindlich (Perchlorethen) - gute Knickfestigkeit auch bei Kälte - hohe Abriebfestigkeit - auch dünne Beschichtungen sind leicht realisierbar	- beschränkte Wetterfestigkeit - (Hydrolyse = wasserlöslich); gegen UV-Strahlen empfindlich - teuer
Polyacrylat	- außergewöhnliches Verhalten gegenüber Wetter und Alterung - preisgünstig	- lösungsmittelanfällig - beschränkte Knickfestigkeit - beschränkte mechanische Eigenschaften

Arten und Eigenschaften der zur Textilbeschichtung geeigneten Polymere.

ablösen, verschmelzen oder verklumpen. Einsatz für Kinder- und Freizeitbekleidung, meist klein zu verpacken. – Die Haltbarkeit des Stoffes hängt weitgehend von der Haftfähigkeit (Lösungsmittel, Spezialkleber) der Beschichtungsmasse ab. – **Mikroporöse Beschichtung**, vgl. → *Hydromembranen*. – **Teppichrückenbeschichtung**, Verankerung des Flors von → *Tufting-Teppichen* zur Erzielung absoluter Florfestigkeit, vgl. → *Compound*. Hierfür gibt es auch umweltfreundliche Thermoplaste, die voll recyclierbar sind. – **Lederbeschichtung**: → *Teflon-Ausrüstung*, um die Leder öl-, wasser- oder schmutzabweisend zu machen; metallisiertes → *Leder* durch Beschichtung mit Metallfolien. – Nicht alle modernen Ausrüstungsmaßnahmen von Bekleidungstextilien, die den Stoffen ein bestimmtes Aussehen geben sollen und als Beschichtung bezeichnet werden, gehören von der Technik her zu diesem Begriff; Beispiel: Wachs- und Ölausrüstungen (→ *Oil-Finish* → *Paper-Touch*). – Vgl. → *Bonding*, → *Textil-Verbundstoffe*, → *Multitextilien*, → *Lederimitat*, → *Lederaustauschstoff*, → *Metallisieren*, → *Schaumstoffbeschichtung*, → *Laminat*, → *Wachstuch*, → *Schichtstoffe*, → *Black out-Stoffe*; → *Knautschlack*, → *Aircoat*.

Beschweren, 1. → *Erschwerung*, Auffüllen des durch das → *Entbasten* der → *Naturseide* entstandenen Gewichtsverlustes durch Metallsalze (Zinnchlorid oder Natriumsulfat).
2. Meist nicht waschfeste → *Appretur* von Baumwoll- und Viskosegeweben zur Erhöhung des Gewichts und Erzielung eines fülligeren Griffs durch Auffüllen mit Leim- und Stärkepräparaten oder mit organischen Kolloiden, um ein schwereres oder dichteres Gewebe vorzutäuschen; von stark rückläufiger Bedeutung. – Vgl. → *Linon*.

Besetzen, in der Herrenkonfektion: Oberstoffstreifen, die dazu dienen, den Stellen am gefütterten Kleidungsstück ein gutes Bild zu geben, die beim geschlossenen Tragen nicht sichtbar sind, aber beim Öffnen leicht sichtbar werden können: an der Sakkovorderkante, an der Innenseite von Schlitzen, an den Taschen und am Ärmelende, das angeschnitten und genügend breit sein muß, damit der Ärmel verlängert werden kann.

Besetzen an der Vorderkante des Sakkos; auch der Eingriff an der Brustinnentasche und an der zusätzlich weiter unten angebrachten „Akten-" oder „Zigarettentasche" ist mit Oberstoff eingefaßt.

Beständigkeit von Fasern gegen Umwelteinflüsse und Chemikalien, wichtige Fasereigenschaft, die das Wasch- und Reinigungsverhalten sowie die sinnvollen Einsatzgebiete maßgeblich bestimmt. Die Lösungsmittelbeständigkeit ist wichtig für das Verhalten in der → *Chemischen Reinigung*. – Vgl. → *Alkalibeständigkeit*, → *Säurebeständigkeit*.

Beta-Zellulose, mit einem → *Polymerisationsgrad* von weniger als 200 für die Faserherstellung ungeeigneter Bestandteil der → *Zellulose*, der aus dem → *Zellstoff* mit Natronlauge ausgewaschen werden muß. Die Fasern wären sonst nicht wasch-

Beständigkeit von Textilfasern gegenüber Umwelteinflüssen und Chemikalien

Rohstoff	Umwelteinflüsse			Chemikalien		
	Licht/UV-Strahlung	Mikro-organismen	Insekten	Säuren	Laugen	Lösungs-mittel
Baumwolle	+	–	+	–	+	+
Flachs	–	–	0	–	+	+
Wolle	–	–	–	+	0	+
Viskose	0	–	–	–	0	+
Polyester	+	+	+	+	+	+
Polyamid 6	0	+	+	0	+	0
PVC	+	+	+	+	+	0
Polyacryl	+	+	+	+	0	+
Polypropylen	–	+	+	+	+	+
Polyethylen	–	+	+	+	+	+
Elastan	+	+	+	0	0	+
Glas	+	+	+	+	0	+

+ gut beständig, 0 weniger beständig, – nicht beständig

fest. Der Anteil ist mit 10% an Normal-Zellstoff, 4% an Edelzellstoff und nur 1–1,5% an Baumwoll-→ *Linters* recht niedrig. – Vgl. → *Alpha-Zellulose.*

Bettbezug, Bestandteil der → *Bettwäsche* zum Beziehen von → *Oberbetten* aus → *Damast* oder (selten) → *Streifsatin*, sowie als → *Leichtbettwäsche* meist bedruckt aus feinen → *Baumwollgrundgeweben* wie → *Madapolam*, → *Batist* und → *Renforcé* bevorzugt in Mischungen mit → *Polyester*, vgl. → *Jersey-Bettwäsche*. Für die Wintersaison wird das grobe → *Biberbettzeug* fast völlig durch → *Feinbiber* verdrängt. Zusammen mit gleichartig gemustertem, oft → *abgepaßt* bedrucktem Kopfkissenbezug als → *Bettwäsche-Garnitur* angeboten, manchmal durch passend eingefärbtes → *Bettuch* zum → *Triset* ergänzt.

Bett-Bikini

Bett-Bikini, verspielte, jugendliche, sexy wirkende Nachtbekleidung, Kombination von oft rüschenbesetztem Oberteil und Höschen.

Bettfeder, hygienisch bearbeitete und desinfizierte, zur Füllung von → *Oberbetten*, → *Kissen* und → *Unterbetten* geeignete → *Gänse-* und → *Entenfedern*; → *Hühnerfedern* sind weniger geeignet; vgl. → *Daunen*. → *Federn* als Füllung von → *Deckbetten* eignen sich bei hohen Isolationswerten gleich gut für Sommer und Winter, → *Hitzestau* tritt nicht auf. Wegen des konstanten Betthöhlenklimas sind sie für Rheumatiker besonders gut geeignet. Sie werden nicht von → *Hausstaubmilben* befallen. Die **Bezeichnungsgrundsätze** (vgl. RAL 092 A2) für Federn und Daunen beziehen sich auf die Volumenprozente (den Anteil an Rauminhalt, der von der entsprechenden Komponente des Gemischs in

Anspruch genommen wird), werden aber in Gewichtsprozenten des Gehalts an Daunen definiert: → *Fedrige Daune*: 50–89%; → *Dreiviertelдaune*: 38–49%; → *Halbdaune*: 15–29%; → *Daunenhaltige Feder*: 9–14%. - Gebrauchte Bettfedern können recycliert und für Sofakissen wiederverwendet werden; die → *Entsorgung* ist jedoch problemlos durch Kompostieren zusammen mit Grüngutabfällen zu Humus möglich.

Bettlaken, → *Bettuch*, → *Spannbettuch*.

Bettrost, Unterlage für → *Matratzen*, bestehend aus Holzrahmen, untereinander verspannten Sprungfedern oder in sich federnden Querlatten, die von Hand oder elektromotorisch an Kopf- und/oder Fußteil höhenverstellbar sind. – Vgl. → *Wasserbett*.

Bettsensor, **BettPad®**, selbstklebende, flexible Kontrollscheibe mit 4 cm Durchmesser, die an neuen oder frisch gereinigten → *Schlaf-* und → *Bettdecken*, → *Deckbetten* und → *Einziehdecken* mit Naturhaar- oder Federfüllung angebracht wird und den auch durch die individuellen Ausdünstungen des Schläfers verursachten Verschmutzungsgrad mißt und die Notwendigkeit der Reinigung durch Verfärbung anzeigt.

Bettuch, → *Bettlaken*, auf die Größe ein- oder mehrteiliger → *Matratzen*, → *Polsterbetten* oder → *Französischer Betten* abgepaßte Tücher oder → *Spannbetttücher*, deren Größe so bemessen sein muß, daß auch nach vielen Wäschen ein faltenfreies Beziehen noch möglich ist. Die früher üblichen verhältnismäßig schweren und grobfädigen Baumwoll-, Leinen- und Halbleinengewebe sowie die abgepaßten Tücher mit durch wechselnde Kett- und Schußdichte verstärkter Mitte haben wegen ihrer schweren Handhabbarkeit auch beim → *Bügeln* und → *Mangeln* stark an Bedeutung verloren. → *Feingewebe* in der Einstellung des → *Renforcé* und elastische → *Wirkfrottierwaren* sowie → *Jersey-Bettwäsche*, die auch im Großstadthaushalt gewaschen, getrocknet und gebügelt werden können, haben an Beliebtheit gewonnen, auch, weil sich die Verbrauchergewohnheiten bei Inkaufnahme geringerer Haltbarkeit und zugunsten modischer Färbung geändert haben. – Vgl. → *Bettwäsche*, → *Leichtbettwäsche*, → *Frottierbettwäsche*.

Bettuchbiber, → *Biber*.

Bettumrandung, meist dreiteilige → *Teppiche*, die in ihren Größen so bemessen sind, daß sie U-förmig um ein Doppelbett herumgelegt werden können.

Bettwaren, Sammelbegriff für die zur Bettausstattung benötigten → *Matratzen*, → *Ober-* und → *Unterbetten*, → *Stepp-*, → *Einzieh-* und → *Tagesdecken* sowie → *Schlafdecken*. – Vgl. → *Bettrost*, → *Futon*.

Bettwäsche, **Bettzeug**, Sammelbegriff für die zur Ausstattung des Betts benötigten → *Textilien* (Gegensatz: → *Bettwaren*), im Regelfall abgepaßt oder fertig genäht: → *Bettbezug*, → *Bettuch*, → *Spannbettuch*, → *Kissenbezug*, → *Einschlagtuch*. Früher vielfach mit → *Feston*, → *Barmer Bogen*, → *Spitzen* und → *Stickereien* ausgeschmückt; moderne → *Leichtbettwäsche* bevorzugt Druckmuster und soll sich im Stil den Verbrauchervorstellungen der Schlafzimmergestaltung im allgemeinen und der Einzimmer-Appartements im besonderen anpassen. Wichtig sind auch ein gutes Berührungsgefühl und geringer Pflegeaufwand, Hygiene und Preis. Sie soll die → *Bettwaren* vor Schweiß und Staub schützen, das Wohlbefinden des Schläfers heben und hautverträglich sein. Kochen mit → *Vollwaschmitteln* ist nur mehr bei Krankenbettwäsche nötig und bei weißer Ware empfehlenswert; bei Normalbettwäsche genügt 60°-Wäsche mit → *Feinwaschmit-*

teln. – Vgl. → *Einwegbettwäsche,* → *Frottierbettwäsche,* → *Wendebettwäsche,* → *Jersey-Bettwäsche,* → *Bettwäsche-Garnitur.*

Bettwäsche-Garnitur, Zusammenstellung gleich oder zusammenpassend gemusterter oder ausgestatteter Teile der → *Bettwäsche,* meist → *Bett-* und → *Kissenbezug,* seltener mit → *Einschlagtuch*; bei modischer Musterung und Farbgebung manchmal zum → *Triset* ergänzt. – Vgl. → *Double face-Garnitur,* → *Wendebettwäsche.*

Beuchen, Kochen von Baumwollgeweben in Natronlauge unter Druck bei 110–130 °C zur Entfernung von Schalenteilen und Begleitstoffen, wie Wachse, Pektine und Schlichte und von Resten der bei der Aufzucht und Fasergewinnung aufgebrachten Chemikalien mit der Wirkung einer Vorbleiche; bei → *Kontinue-Bleichverfahren* überflüssig. Gewichtsverlust 3–8%. Bei Anwendung stärkehaltiger Schlichte muß zusätzlich → *entschlichtet* werden. – Vgl. → *Abkochen,* → *Bläuen,* → *Bleichen.*

Beuteltasche, häufig nur am oberen Rand angenähte, bei weichen Stoffen mögliche beutelähnlich gezogene Tasche. Abb. s. → *Tasche.*

Bezeichnungsgrundsätze, für Federn und Daunen → *Bettfeder,* für → *Wolle,* → *Leinen* und → *Frottierwaren* bei diesen Stichworten.

BH, → *Büstenhalter.*

Biber, klassisches → *Rauhgewebe* meist aus → *OE-Rotorgarnen* mit einem gegenüber → *Flanell* kürzeren, wirr liegenden Faserflor und mehr als doppelt so hohem Volumen, für winterliche, gut wärmende Bettwäsche, die durch das Schlafen in ungeheizten Schlafzimmern bei offenem Fenster wieder an Bedeutung gewonnen hat; zum Teil durch → *Frottee-Stretch-Bettwäsche verdrängt.* Häufig mit → *Sanfor-Ausrüstung.* - Vgl. → *Feinbiber,* → *Molton.*

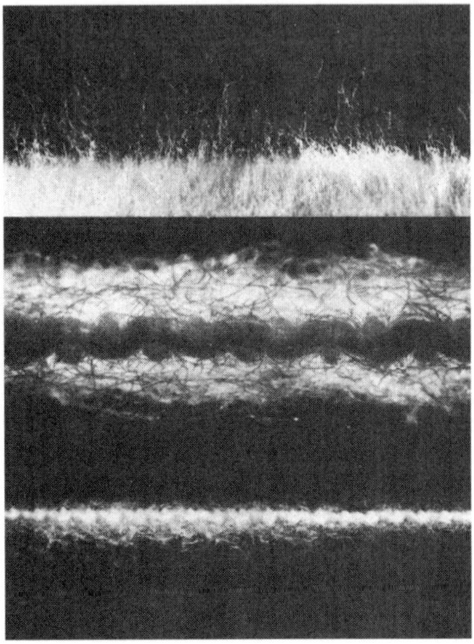

Biber, stark gerauhter Baumwollstoff aus OE-Rotorgarnen, Fotomontage aus drei Abbildungen. Oben: Abstehende Einzelfasern, in der Ebene der Gewebeoberfläche aufgenommen; Mitte: frei liegendes Schußgarn (Grobgarn, Zweizylindergarn), in der Mitte durch das angeschnittene Kettgarn getrennt; unten: Gleiches Garn, jedoch nur im Verhältnis 2:3 vergrößert; die Kettfäden sind nicht mehr sichtbar.

Biber, nach dem → *Artenschutzabkommen* streng geschütztes, daher nur mehr aus Kanada mit Fangerlaubnis kommendes und zur Pelzgewinnung gezüchtetes, bis zu 1 m großes Nagetier. Fellgröße 60–100 cm, ziemlich dicht, dick und schwer, strapazierfähig, mit 5–6 cm langen, kräftigen, rötlich braunen, nach hinten gerichteten → *Grannenhaaren* und 2–3 cm langer, sehr feiner und dichter → *Unterwolle,* auf dem Rücken dunkelbraun, den Seiten zu blaugrau. Die Grannenhaare werden entweder ausgerupft („tief geschoren", „Phantombiber" mit sichtbarer blaugrauer Unterwolle) oder bis zur Höhe der Unterwolle weggenommen („hochgeschoren"). Wegen der gut wärmenden Eigenschaften beliebter Futterpelz; nur besonders leichte und weiche Fälle werden zu Mänteln verarbeitet. – Vgl. → *Biberlamm*, → *Biber-Waschbär*, → *Hamster*.

Biberlamm, **Biber-Waschbär**, auf → *Biber* zugerichtete und gefärbte Felle preiswerter → *Lämmer* bzw. → *Waschbär-Felle*, die optisch kaum von ihrem Vorbild zu unterscheiden sind.

Bicolor, durch verschiedene Garnfarben in Kette und Schuß, durch winzige Webmuster (→ *Minimal-Dessin*, → *Fil-à-Fil*) oder durch → *Melangen* gebildete, zweifarbige → *Faux unis*. – Vgl. → *Changeant*, → *Glacé*.

Bicom®, Polyamid-→ *Hochleistungsfaser* für stark strapazierte Stoffe (z.B. für Rucksäcke und Reisegepäck), auch als → *lufttexturierte* → *Titermischung* mit der Wirkung von → *Spinnfasergarn* mit besonderen färberischen Eigenschaften.

Bicycle-Hosen, → *Radfahrer-Hosen*, hautenge, meist aus elastischen Stoffen mit → *Elastan* bestehende, eng anliegende, den Oberschenkel bedeckende und oberhalb des Knies endende sportliche Hosen, auch unter den (weiteren) → *Shorts* getragen. Nicht zu verwechseln mit den langen → *Bicycle-Jeans*. – Vgl. → *Agassi-Look*, → *Bikerpants*.

Bicycle-Jeans, etwas weiter geschnittene, am Knöchel geschnürte, zum Fahrradfahren geeignete Mode-Jeans.

Bidim®, als → *Tufting*-Trägermaterial geeignetes → *Vlies* auf Polyesterbasis für in- und outdoor-Qualitäten; bedruckt oder beschichtet auch als Wandbehang geeignet. – Vgl. → *Colbond*, → *Lutradur*.

Biegeelastizität, Fähigkeit von Fasern, Garnen und Stoffen zum Zurückfedern nach Biegebeanspruchung, Kriterium zur Prüfung der → *Knitterneigung*.

Biegefestigkeit, **Biegemodul**, in kp/cm^2 gemessener Widerstand von Fasern gegen wechselweises Hin- und Herbiegen bis zum Bruch (Dauerbiegezahl). Leinen: 880; Jute: 1050; Viskose: 2500–14.000; Baumwolle: 65.000; Naturseide: 75.000; Wolle: 156.000; Polyamid: 245.000–500.000.

Bielastische Stoffe, → *Zweizug-Ware*, in Kette und Schuß elastische → *Stretch-Stoffe* mit einer rücksprungkräftigen → *Dehnfähigkeit* von mindestens 25% in beiden Richtungen, → *Elastan*-Anteil meist zwischen 2–4%. Gegensatz: → *Monoelastische Stoffe*.

Biese, 1. Besatzmaterial von der Tellerplattiermaschine mit einer dicken Seele aus geringwertigem Textilmaterial, die von einem hochwertigen, meist → *Filament*-Garn fest umwunden, unsichtbar und geschützt ist. 2. In der Konfektion: Stoffnaht mit Schnureinlage.

Biesenrock, → *Bahnenrock* mit vier bis acht Bahnen, dessen Nähte als → *Biesen* nach außen gesteppt sind, vereinfachte Form des → *Kastenrocks*.

Bifilar, zweifädige Verarbeitung.

Bifunktionelle Gruppen, Moleküle mit Atomgruppen, die mit einer anderen Atomgruppe eine Verbindung eingehen können, z.B. eine alkoholische mit einer Säuregruppe; Voraussetzung für die → *Polykondensation* einer organischen Materie zu → *Kettenmolekülen*, wobei sich verschiedene Molekülarten miteinander verbinden.

Big-Shirt, überlange, mindestens bis zur Hüfte reichende → *T-Shirts* (auch für Herren) und → *Hemdblusen*, meist sehr weit geschnitten und mit großflächigem Dekor; auch als sommerliche Nachtbekleidung (→ *Schlafshirt*) geeignet. → Abb. vgl. S. 82.

Bijama, bi-funktioneller Pyjama, der nach Schnitt und Stoffart auch für einen kurzen Gang über die Straße geeignet ist.

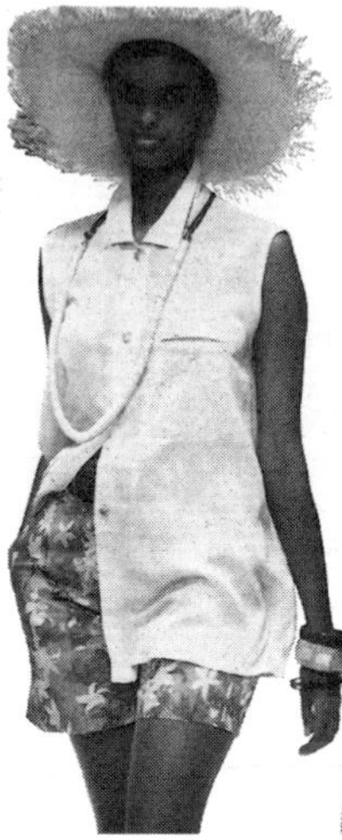

Big-Shirts. Links: Vom T-Shirt abgeleitet und großflächig bedruckt; rechts: Von der Hemdbluse abgeleitet, durchgeknöpft und leicht antailliert. Super langes Big-Shirt im Bowling-Stil mit langem Ärmel zum Krempeln; es kann offen oder vorne geknotet getragen werden.

Bijoux-Look, mit → *Straß* als Juwelenersatz oder mit Kunstperlen ges≠chmückte Tages- und Strandkleidung.

Bikerpants, **-shorts**, Bikepants, als Allround-Kombinationshosen auch für Tageskleidung geeignete, hautenge, bis knapp zum Knie reichende Shorts aus → *Stretchstoffen*, die dem → *Activwear* ebenso zugerechnet werden können wie dem → *Sportswear*, den an den Innenseiten mit Leder verstärkten Shorts der Radprofis nachgebildet. – Vgl. → *Radlerhose*, → *Velopants*, → *Bicycle-Hosen*, → *Agassi-Look*.

Bikerpants, durch taillenkurzes Glockenjäckchen mit Volantblenden ergänzt. Bikerpants im City-Look, ergänzt durch Bord-à-Bord-Long-Jacken im gleichen Farbton und Rundhals-Top.

Bikini, nach einer Insel im Stillen Ozean benannte, knapp geschnittene, zweiteilige Damen-Bade- und Strandbekleidung, Unterteil meist → *Tanga*.

Bikini-Dermatitis, Sonderform → *allergischer* Hautekzeme (photoallergisches Ekzem), das durch die chemische Veränderung von Farbstoffen durch UV-Strahlen hervorgerufen wird.

Bikomponentenfasern, → *Mehrschichtenfasern* aus zwei fest, aber trennbar miteinander verbundenen → *Polymeren* mit unterschiedlichem chemischen und/oder physikalischem Aufbau, die sich auch in ihren Eigenschaften unterscheiden; gemeinsam aus einer Düse ersponnen. Arten: → *S/S-Typen* (→ *side by side-Typen*), Seite an Seite in regelmäßiger bilateraler

Bikini. Von Links: Mit Träger-Balconnet und Tanga; mit französischem Bein, Nabelausschnitt und gegenläufig passend geschnittenem Oberteil; mit Brassière und Slip; mit corsagenartigem, funktionellem Oberteil und Höschen mit geradem Beinabschluß.

Schichtung, aus polymeren Komponenten mit verschiedenem Schrumpfverhalten, vgl. → *Chemietexturierung*; → *Cantrece*, → *Kanebo*, → *Tergal X 403*; eine unregelmäßige bilaterale Schichtung ergibt sich beim → *Mischstromverfahren*; → *SC*- oder → *CC-Typen* (→ *centric cover-core-Typen*), → *Heterofil-Fasern*, → *Kern/Mantel-Faser*, aus einer Ringdüse mit getrennter Zuführung der Polymere gesponnen, so daß die eine Komponente einen Kern aus der anderen Komponente umhüllt, vgl. → *Dipolyonfasern*, → *Cambrelle*, → *Sideria*, → *Tapilon*, → *Sauberfasern*; → *M/F-Typen* (→ *Bikonstituentenfasern*), → *Matrix/Fibrillen-Typen*: Zwei unverträgliche, artverschie-

Bikomponentenfaser

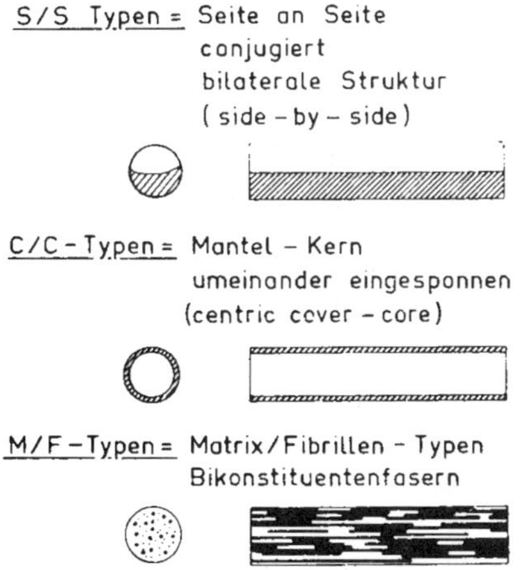

Schematische Darstellung der unterschiedlichen Bildung der drei Arten von Bikomponentenfasern. Oben: Chemietexturierung; mitte: Heterofilfasern (USA: Dipolyonfasern); unten: Heterofasern.

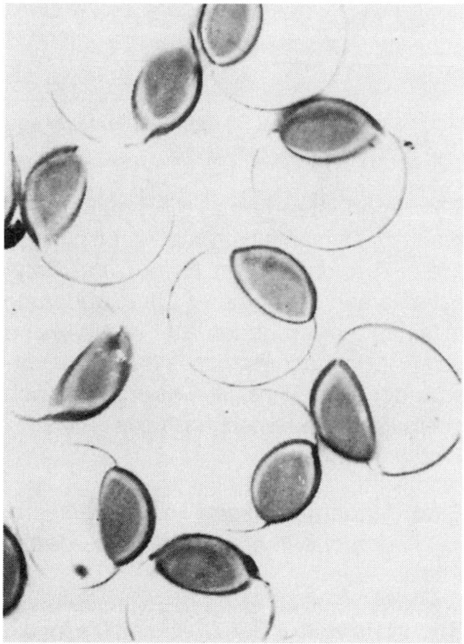

Bikomponentenfaser, S/S-Typ (Monrelle), 300 fach vergrößert.

dene Polymere werden vor dem Ausspinnen in der Spinnmasse vereinigt und gemeinsam ausgesponnen, wobei die Matrix (Trägerschicht) fibrilläre Einschlüsse der zweiten Komponente erhält. – Nicht zu den Bikomponentenfasern zählen die → *Heterogarne* (→ *Filamentmischgarne*) und die → *Copolymerisatfasern* aus einer Polymermischung oder aus zwei Monomeren. Durch die → *Microfasern* (→ *Belima X*) gewinnen die Bikomponentenfasern erneut an Bedeutung. – Vgl. → *Thermobonding.*

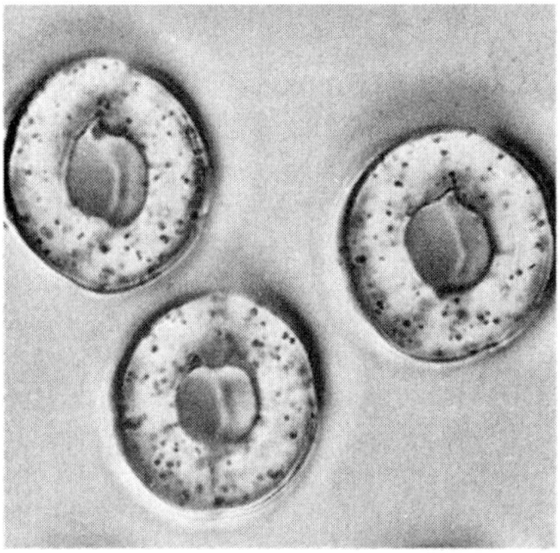

Makroaufnahme einer Bikomponentenfaser des C/C-Typs (Kern/Mantelfaser).

Bikomponentengarne, → *Filamentmischgarne* für Damenfeinstrumpfwaren mit paralleler Anordnung von Nylon- und Polyesterfilamenten, durch → *Lufttexturierung* miteinander verbunden, mit der Wirkung von → *Spinnfasergarnen.* Wegen der verschiedenen → *Farbaffinität* ergeben sich interessante färberische Effekte. – Vgl. → *Bicom*, → *Monece.*

Bikonstituentenfasern, → *Heterofasern*, → *Bikomponentenfasern* des → *Matrix/Fibrillen-Typs.*

Bilateralstruktur der Wollfaser, die für die Dauerhaftigkeit der lockenförmigen Kräuselung der Wolle verantwortliche, ungleichförmige Anordnung der spindelförmigen Zellen im Wollinneren zu zwei auf Feuchtigkeitsaufnahme verschieden reagierenden Halbzylindern, die sich gleichlaufend mit der Kräuselung winden (die stärker quellende → *Orthocortex* und die → *Paracortex*). Diese strukturelle Asymmetrie kann dazu benutzt werden, durch Ausrüstungsmaßnahmen (→ *Sitralaine*) die Kräuselschlingen zu vergrößern und die → *Farbaffinität* zu verbessern.

Schematische Darstellung der bilateralen Struktur der Wollfaser mit gleichartig verwundenen Spindelzellengängen.

Bildern, 1. Ungewollte, schwankende Farbeffekte als Folge unzulänglicher Vorbehandlung der Stoffe vor dem Färben oder durch Verschiebung von Kett- und Schußfäden im Gewebeverband entstandene Moiré-Effekte. Bei Geweben mit Effektgarnen: Unerwünschte Figurenbildung durch ungeeigneten Rapport der Effektgarne oder ungleichmäßige Schußdichte.
2. Auch als „Schreiben" bezeichnete Hell/Dunkel-Schattierungen durch abweichende Lichtreflexe auf der Oberfläche von Velours-Teppichen, die durch unterschiedliche Pol-Strichlage entstehen und im Gegensatz zum → *Shading* durch Staubsaugen oder Bürsten zu beseitigen sind.

Billettasche, kleine Tasche oberhalb der rechten Seitentasche an Herrensakkos, fast immer mit Patte, manchmal nur durch eine blinde Patte vorgetäuscht. Auch: Pattentasche an der rechten Schulter für das Einstecktuch.

Billettasche

Bindefadenfutter, nach DIN 62151: Rechts/Links-plattiert-Futter, ein Bindefaden bindet als Henkel den auf der linken Warenseite flottenden Futterfaden so an verschiedene, meist diagonal versetzte Maschen, daß er zwischen Plattierfaden (Bindefaden) und den Grundfaden der Decke zu liegen kommt und auf der rechten Warenseite nicht sichtbar und gegen Scheuern geschützt ist. - Neuerdings vielfach als → *Sweatshirt-Stoff* bezeichnet und auch für → Jogginganzüge verwendet, wobei die Futterseite dem Körper zu getragen wird. – Vgl. → *Chaineuse*, → *Futterware*, → *Doppelfutterware*, → *Zweischichtenstoff*.

Bindegurt, einfachste Gürtelform ohne Schnalle oder Schließe, dessen beide Enden entweder vorne oder leicht seitlich miteinander verschlungen werden.

Bindefasern, → *Synthetics* mit niedriger Erweichungstemperatur (70–120 °C), die bei der Herstellung von → *Vliesstoffen* mit einem Anteil von höchstens 60% beigemischt werden, zur Verfestigung in Thermofusionsanlagen durch Wärme, die durch Dampf, Heißluft, Hochfrequenz oder Infrarotstrahlen erzeugt wird. Als Klebemittel kann die ganze, aufschmelzende Faser, oder aber nur der Mantel (→ *Bikomponentenfasern*) wirken.

Bindekette, auf beiden Gewebeseiten unsichtbare, zusätzliche Kette aus dünnem und neutralfarbigem Garn, die zum Verbinden von Ober- und Untergewebe bei → *Doppelgeweben* dient und bei Webteppichen zum Abbinden freiliegender Fäden eingesetzt wird.

Schußschnitt durch ein Doppelgewebe mit 3 Ketten und 2 Schüssen. Ober- und Untergewebe sind vollkommen selbständig (z.B. Ulsterstoff mit angewebtem Futter) und werden durch die Bindekette, die auf keiner Warenseite in Erscheinung tritt, zusammengehalten.

Bindemittel, 1. Zur Herstellung von → *Faservliesen* benötigte Chemikalien (→ *Dispersionen*, → *Emulsionen*, thermisch reaktivierbare Substanzen als natürliches oder synthetisches Hochpolymer), die die Fasern des Vlieses dauerhaft und nur an den Kreuzungspunkten miteinander verbinden sollen, um die Poren und Zwischenräume zu erhalten. Meist verbessern die Bindemittel die Sprungelastizität, Knitterarmut oder Steifheit des Vlieses und erhöhen die Beständigkeit in der Wäsche oder Chemischen Reinigung. – Vgl. → *Textil-Verbundstoffe*. – 2. Bei → *Pigmentdrucken* und *-färbungen* werden Bindemittel als filmbildende Substanz auf den Stoff aufgetragen und bewirken durch → *Vernetzung* eine gegen mechanische und chemische Einflüsse weitgehend widerstandsfähige, elastische Haftfläche für die (nicht faseraffinen) Farbpigmente.

Bindung, Art der Fadenverkreuzung bei → *Geweben* oder → *Geflechten* sowie die Gesetzmäßigkeit der Fadenverschlingung bei → *Maschenwaren*; bei → *Filz* und → *Faser-*

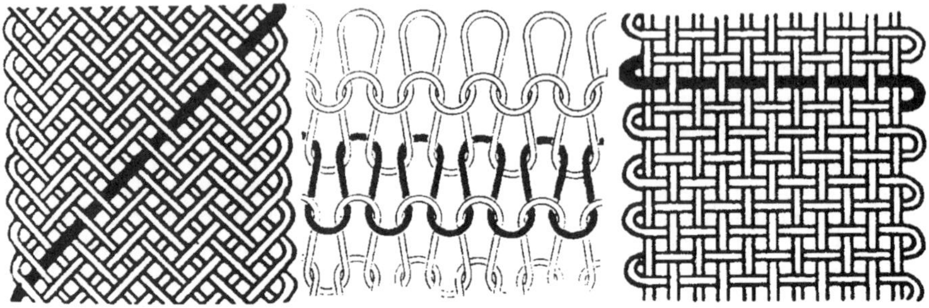

Schema der Bindung (Fadenverkreuzung und Verschlingung) von Flachgeflecht (links), Einfaden-Maschenware (Mitte) und Gewebe, (Tuchbindung, rechts) zum Vergleich.

vliesen der Grad der Verfestigung. Sie gibt dem Stoff den für den Gebrauch nötigen Zusammenhalt und bestimmt die Struktur der Oberfläche; sie ist maßgebend für das innere Gefüge und das äußere Erscheinungsbild des Stoffes. – Die unterschiedlichen Bindeweisen entstehen durch die Anordnung und Länge der frei liegenden Fäden (→ *Fadenflottungen*), den Bindungsumfang bezeichnet man als → *Rapport*. – Einteilung der Bindungen bei Geweben in systematisch aufgebaute → *Grundbindungen*, → *Abgeleitete Bindungen*, und systemlose (freie, wilde) → *Fantasiebindungen*; → *Schaftbindungen* und → *Jacquardbindung*; → *Einflächige* und → *Doppelstoffbindungen*; bei Maschenwaren → *Einfaden-* (→ *Kulierwaren*) und → *Mehrfaden-Technik* (→ *Kettenwaren*, → *Raschelwaren*); bei Geflechten in → *Litzenflechtung* und → *Kordelflechtung*. Die zeichnerische Darstellung der Bindung erfolgt durch → *Patrone*, → *Gewebedraufsicht* oder → *Gewebeschnitt*. – Vgl. → *Durchbrochene Bindungen*, → *Kreppbindungen*, → *Hohlgewebe*, → *Einstellung*, → *Verstärkte Bindungen*, → *Zusammengesetzte Bindungen*.

Bindungsgrat, -Diagonale, für die → *Köperbindung* typischer, optisch erkennbarer und / oder strukturgebender seitlicher Versatz der Bindungspunkte (→ *Köpergrat*), der je nach Garnart und -drehung, Bindung und → *Einstellung* verschieden ausgeprägt sein kann. Bei gleicher Fadenstärke und Ein-

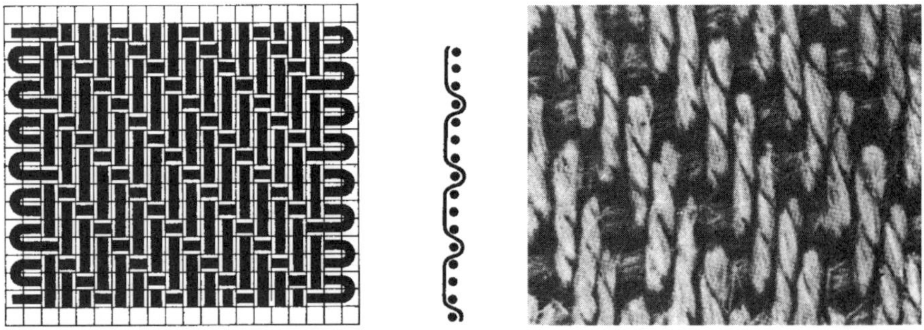

Bindungsgrat, Kettköper 3/1. Links Flechtbild, daneben Schußschnitt an der Stelle des äußersten rechten Kettfadens; rechts Gewebe in der als Flechtbild gezeichneten Bindung mit Zwirnrichtung der Kette parallel zum Köpergrat, daher kaum strukturiert hervorgehobene, jedoch durch die Farbe gut sichtbare Diagonale.

stellung in Kette und Schuß verläuft der Grat in einem Winkel von 45°. Die Grundköperbindungen sind stets → *Eingratköper*; vgl. → *Mehrgratköper*. Durch die Farbe oder die → *Ausrüstung* kann der Grat verdeckt sein. Der Grat kann von links unten nach rechts oben (→ *Z-Grat*) oder von rechts unten nach links oben verlaufen (→ *S-Grat*). Der → *Drall* der Garne bestimmt mit der Gratrichtung das Ausmaß der Gratbildung; ein hervorgehobener Grat wird durch eine dem Drall entgegengesetzte Gratrichtung und durch Einsatz glatter, harter Garne sowie durch scharfe Fadenspannung gefördert.

Bindungskrepp, → *Unechter Krepp*, Imitation der echten → *Crêpe* (→ *Garnkrepp*) mit feinplastischer, körniger Struktur und einer gewissen Porosität; vgl. → *Kreppbindungen*, → *Sablé*.

Bio, griech. „Leben", als werbewirksamer Zusatz für spezielle Produkte gebraucht, die „naturnah" sein müssen, wobei von den Gerichten strenge Anforderungen bezüglich Sachlichkeit und Wahrheitsgehalt gestellt und ein hohes Maß an Sorgfalts- und Nachweispflicht gefordert werden, um zu verhindern, daß der Umweltschutzgedanke unberechtigt als PR-Instrument mißbraucht wird. In → *Bio-Textilien* dürfen keine Synthetics enthalten sein, und → *Veredlungsverfahren*, wie → *Antibakterielle*, → *Fleckschutz-*, → *Mottenschutz-* und alle → *Pflegeleicht-Ausrüstungen*, die → *Formaldehyd* enthalten, nicht angewandt werden. Im Gegensatz zu den → *Naturtextilien* dürfen Bio-Textilien chlorfrei gebleicht sein. Der juristische Schutz beruht auf dem Wettbewerbsrecht, wenn keine Betrugsabsicht vorliegt; maßgeblich für die Beurteilung ist die Verbrauchererwartung, die sich vorallem auf die → *Hautverträglichkeit* bezieht.

Bio-Bett, nicht exakt definiertes Schlagwort mangels verbindlichem Anforderungskatalog; Mindesterfordernis ist eine besondere Kombination von Oberstoff und Füllung, die gegenüber konventionellen Betten eine wesentliche Verbesserung der bestimmenden Eigenschaften aufweist: Durchlässigkeit des Bezugsstoffs, der die Schweißentwicklung nicht behindert, zu einem verbesserten Wärme- und Feuchtigkeitsaustausch beiträgt und die Kapillarwirkung des Füllmaterials positiv beeinflußt; Füllmaterialien, die antiallergisch wirken und bei geringstem Eigengewicht ein hohes Maß an Luft einschließen, sowie besonders gute Reinigungsmöglichkeit. Dabei ist weniger die chemische Konstitution des Füllmaterials, sondern seine Struktur entscheidend. Ungereinigte → *Wildseide* ist wegen der Gefahr allergischen Asthmas zu vermeiden. In jedem Einzelfall ist der Zusatz „Bio" erklärungsbedürftig.

Bio-Bettwäsche, Bettwäsche aus 100% Baumwolle oder mit Leinen gemischt, die ohne Einsatz von Chemikalien hergestellt und weder gebleicht noch appretiert ist. Die Gewebekonstruktion muß offen und luftdurchlässig (z.B. durch → *Ajour-Effekte*) sein, was für hohe Atmungsaktivität, optimalen Temperaturausgleich und guten Feuchtigkeitsaustausch sorgt. Vorteilhaft ist die Kombination mit → *Bio-Betten*.

Bio-Federkernmatratze, → *Federkernmatratze* mit optimalen thermophysiologischen Eigenschaften durch die straffe Polsterung mit atmungsaktiven Naturfasern und der Sicherung einer gleichmäßigen Abstützung der Wirbelsäule.

Bio-Einlagenvlies, zu 100% biologisch abbaubares, bindemittelfreies → *Einlagenvlies* (Vlieseline), das auf der Deponie verrottet. Die Haftmasse ist aufgrund eines niedrigen Schmelzpunktes energiesparend und toxisch neutral, für → *Öko-Kleidung* und empfindliche Oberstoffe.

Bioguard, waschfeste → *Antimykotische Ausrüstung*.

Bio-Hemd, Herrenhemd aus naturbelassener, insektizid- und entlaubungsmittelfreier Baumwolle ohne Beimischung von Fremdfasern, das → *Formaldehydfrei* ausgerüstet ist und keinerlei allergieauslösende Zusätze enthält. Zur Erhöhung der → *Pflegeleichtigkeit* darf Flüssig-Ammoniak angewandt werden (vgl. → *Sanfor-Plus*).

Bio-Leder, → *Ökoleder.*

Biologische Beständigkeit, Widerstandsfähigkeit von Fasern und Textilien gegenüber Mikroorganismen (Fäulnisbildung); der Abbau wird durch Witterungseinflüsse und Erdberührung gefördert. – Vgl. → *Stockflecken*, → *Antimikrobielle Ausrüstung.*

Bio-Polishing®, → *Anti-Pilling-Ausrüstung* für Fasern, Stoffe und fertige Bekleidungsstücke aus → *Zellulosischen Fasern* auf enzymatischem Weg ohne Aufbringen von Chemikalien, die durch Glättung der Fasern jede → *Pillingbildung* dauerhaft verhindert.

Bio-Teppich, → *Teppich*, der ohne Rücksicht auf die Herstellungstechnik einen Flor aus reiner, unbehandelter, d.h. ungebleichter und ungefärbter → *Schurwolle* ohne → *Mottenschutz* aufweist und auf ein dimensionsstabiles Trägergewebe aus → *Jute* gearbeitet ist. Deshalb können diese Teppiche kein → *Wollsiegel* erhalten. Es gibt nur → *Naturmelangen.* Für den Rücken darf nur Naturlatex aus Gummimilch verwendet werden, dem bis zu einem Gewichtsprozent ein Oxidationshemmer zugefügt sein kann, damit der → *Compound* bei Lichteinwirkung nicht zerbröckelt. Beim Verlegen müssen Kleber verwendet werden, die nur aus Naturlatex, Milchkasein oder Baumharzen bestehen und keine Konservierungsstoffe enthalten. Die regelmäßige Pflege erfolgt mit einem Staubsauger mit einfacher Düse, also nicht mit Bürst- oder Klopfstaubsauger, die Entfernung von Flecken mit lauwarmem Wasser oder schonenden Wollpflegemitteln.

Bio-Textilien, ungeschützte Bezeichnung für Textilien der verschiedensten Art, deren wesentliches und verbindendes Kennzeichen der Einsatz von ausschließlich natürlichen Faserstoffen und der Verzicht auf Nachbehandlung mit Chemikalien ist. Die Abgrenzung zu Textilien der herkömmlichen Art ist schwierig und nicht immer exakt zu ziehen, die Funktion nicht immer ideal. Mit „Bio" gekennzeichnete Textilien müssen Eigenschaften aufweisen, die mit dem Begriffsinhalt dieses Schlagworts harmonieren. – Vgl. → *Bio*, → *Naturtextilien*, → *Öko-Bekleidung*, → *Öko-Textilien.*

Bio-Waschmittel, Alternativen zu den industriell hergestellten Waschmittelmarken und zu den → *Kompaktwaschmitteln* aus „naturnahen Rohstoffen" als → *Alltemperatur-* oder → *Buntwaschmittel* in flüssiger oder Pulverform; ob die → *Baukastensysteme* den Bio-Waschmitteln zuzurechnen sind, ist strittig, weil sie Substanzen enthalten, die auch in Markenwaschmitteln vertreten sind. Charakteristisch ist die Vermeidung oder starke Reduzierung konventioneller Komponenten, die die Umwelt im Abwasser durch → *Eutrophierung* der Gewässer belasten. Ihr Marktanteil liegt unter 2% und entspricht damit keineswegs dem publizistischen Widerhall. Eine stärkere Verbreitung ist aus ökologischen Gründen fragwürdig, weil Waschmittel auf Seifenbasis bei ihrem biologischen Abbau zumindest kurzfristig mehr Sauerstoff benötigen als Industrie-→ *Tenside* und mit dem Ziel eines gleichartigen Reinigungseffekts in höheren Dosierungen mit dem Nebeneffekt verstärkter → *Kalkseifenbildung* eingesetzt werden müssen. Die Waschmittel auf Molkebasis sind ökologisch besonders kritisch, da ihr Eiweiß- und Milchzuckergehalt zu einer starken Überdüngung der Gewässer führt. Biologische Abbaubarkeit von Waschmittel-Inhaltsstoffen ist in Deutschland aus gesetzlichen Gründen kein Argument mehr, sondern eine Selbstverständlichkeit.

Bio-Waschverfahren (bei → *Jeans*), Waschverfahren mit dem Ziel der Farbveränderung unter Wiederverwendung des gereinigten Waschwassers und mit spezieller Beladung der Waschtrommel ohne chemische Zusätze mit feinem Vulkan-Gestein; der Waschvorgang dauert wesentlich länger und führt zu einem erhöhten Energieverbrauch. – Vgl. → *Stone-washed.*

Bi-Pol-Färbeverfahren, bei → *Polyamid-* und → *Polypropylenfasern* angewandte Methode der → *Stückfärbung* von → *Tufting-Teppichen*, bei der die Polspitzen eine andersartige Farbe annehmen als der Polgrund. – Vgl. → *Maifoss-Verfahren*, → *Differential dyeing.*

Bisam, Bisamratte, aus Nordamerika stammendes und nunmehr in Europa und in Teilen Asiens verbreitetes Nagetier (Wühlmaus), das wegen der Bodenschäden nicht gezüchtet werden darf und als Forstschädling gilt; 25–30 cm groß, dichtes und seidiges, 2 cm hohes Unterhaar, von Hellbraun bis Dunkelbraun variierend, besonders hochwertig: **Black-Bisam**; sehr strapazierfähig. Rücken und Wammen werden manchmal getrennt verarbeitet. Weniger schön gefärbte Felle mit besonders dichter Unterwolle werden von den → *Grannenhaaren* befreit (geschoren) und auf → *Skunks*, → *Zobel*, → *Nerz* oder → *Seal* („Seal-Bisam") gefärbt.

Jacke aus Bisam-Pelzen.

Bishrink, → *Filament-Mischgarn* aus verschieden stark schrumpfenden Einzelfilamenten mit weichem, flauschigem Griff. – Vgl. → *Filamentgarne mit Faseroptik*, → *Sedura.*

Black Denim, Schwarzer Denim, schwarz überfärbter → *Blue Denim* (→ *Doppelfärber*); die Gefahr des Abfärbens besteht nicht. – Vgl. → *Double dyed*, → *Coloured Denim.*

Black-out-Stoffe, Dekorationsstoffe mit Mehrfach-Beschichtung, absolut lichtundurchlässig, für Verdunkelungsrollos besonders im Objektbereich.

Black watch, → *Clankaro*, Original-→ *Schottenkaro* in der Farbkombination Blau/Grün.

Blanchieren, Vorgang bei der → *Zurichtung* des → *Leders* zur Herstellung einer gleichmäßigen Dicke; Gegensatz: Spalten. – Vgl. → *Spaltleder.*

Blanchissur, 1. Schabe- und Reibestellen in Geweben, die die Farbe oder den Druck aufhellen und während der Ausrüstung oder während des Webens entstanden sein können.

2. Nach der Wäsche in Trommelwaschmaschinen feststellbare streifen- oder band-

artige Aufrauhstellen (Abschmirgeln der Farbe); sie entstehen durch Überladen der Waschtrommel und sind in der Regel kein Reklamationsgrund.

Blando, hochwertiges, leichtes und geschmeidiges Rind- → *Nappaleder.*

Blasebalgtasche, auf Uniformen und sportliche Bekleidung aufgenähte, besonders geräumige Taschen, die auf beiden Seiten und unten mit einem gefalteten Stoffstück versehen sind.

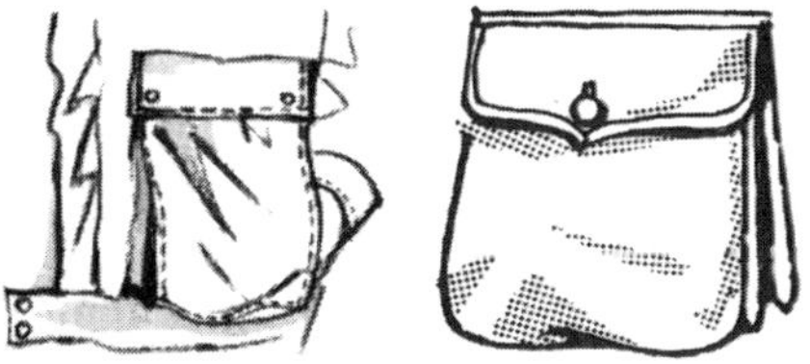

Blasebalgtaschen; links mit Nieten und Gürtelbund; rechts mit geschwungener Patte.

Blasenkrepp, Oberbegriff für alle Gewebe mit einer webtechnisch oder durch die Ausrüstung hervorgerufenen blasig aufgeworfenen Struktur: Echter → *Cloqué* in → *Hohlstoffbindung*; Cloqué-Imitationen als → *Bondings* (→ *Astrachin*) oder mit gesteuerten Gewebekontraktionen durch → *Elastan* (→ *Cloqué-Stretch*), sowie → *Waschcloqué* mit blasigen Schrumpfeffekten durch Chemikalienbehandlung.

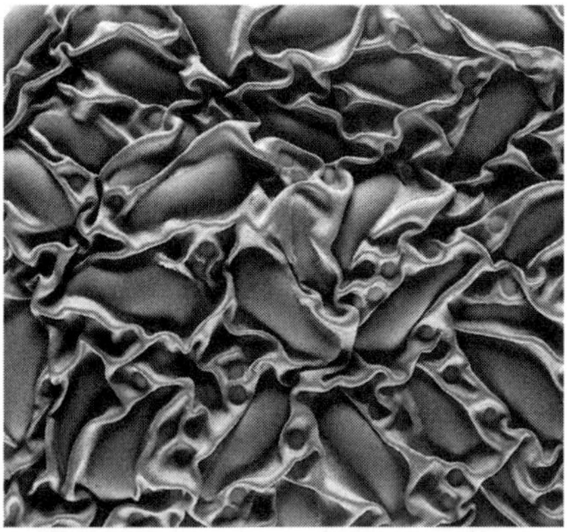

Geklebter Blasenkrepp, Cloqué-Imitation. Obergewebe Viskosetaft, Unterstoff einflächige Kettenwirkware. Der Klebstoff ist mustermäßig in verschieden großen Flächen aufgedruckt; die starken Aufwölbungen lassen eine gewisse Dehnfähigkeit in beiden Richtungen zu.

Blaskräuselung, Blastexturierung, → *Luftdrucktexturierung*, → *Air-Jet-Texturierung*, → *Taslanverfahren*, → *Verwirbelung.*

Blatt, in die → *Lade* eingefügtes, aus den → *Rietstäben* bestehendes Teil der → *Webmaschine*, durch das die Kette eingezogen wird.

Blattfasern, stets als Faserbündel verarbeitete → *Hartfasern*, die auf sehr einfache Weise aus den Blättern von Pflanzen gewonnen werden; etwas steifer und dikker als die → *Bastfasern* aus den Stielen. Wegen der Kürze der → *Elementarfasern* ist deren Herauslösung aus den → *Bündelfasern* nicht sinnvoll. – Vgl. → *Alfa-Faser*, → *Manilahanf*, → *Sisal*, → *Henequen*, → *Maguey*, → *Kantala*, → *Tula-*, → *Tampico-Fasern.*

Bläuen, durch die → *Optischen Aufheller* weitgehend verdrängte, mit dem verstärkten Umweltbewußtsein jedoch wieder diskutierte, im Zusammenhang mit dem → *Bleichen* vorgenommene leichte Blaufärbung baumwollener Rohwaren zur optischen Erhöhung des Weißgrades.

Blaufuchs, Farbform des Polarfuchses mit besonders weichem und sehr dichtem Haar von gräulich-blauer Farbe, kaum → *Grannenhaare*, Fellgröße 60–80 cm, Schweif 30–35 cm, fast ausschließlich von Zuchtfarmen stammend; für Besätze und jugendliche Jacken. – Vgl. → *Bluefrost.*

Blauköper, Blautuch, Stoffe für → *Berufsbekleidung* aus reiner Baumwolle in Gewichten zwischen 280 und 350 g/m². Die blaue Farbe ist historisch bedingt, weil vor der Erfindung synthetischer Farbstoffe nur mit → *Indigo* relativ echt gefärbt werden konnte; wird aber mehr und mehr durch Modefarben und Khaki und Oliv verdrängt.

Blazer, aus der Clubjacke hervorgegangene sportliche Form von Sakkos und Jakken für Damen, Herren und Kinder, ohne verbindliche Regeln des Schnitts, einreihig oder zweireihig, mit steigendem oder fallendem → *Fasson*, mit dem wesentlichen Stilelement des Wappenschildes (frz. blason) auf der Brusttasche. Meist mit aufgesetzten Taschen und (Metall-)Zierknöp-

Blazer-Ensemble und Blazerkostüme, ganz links mit Rock aus gleichem Stoff, Mitte rund abgestochenes Revers mit Kontrastpaspeln, rechts tailliertes Blazerkostüm.

Einreihige Blazer im Charakter des Sportsakko mit gesteppten Kanten und drei aufgesetzten, umsteppten Taschen, links mit steigendem, rechts mit fallendem Fasson.

Variationen des Outdoor-Blazers.

fen, für Herren bevorzugt aus dunkelblauem oder -grauem Kammgarn(flanell), für Damen aus Stoffen und in Formen, die → *Indoor* und → *Outdoor* geeignet sind. In der Damenmode zum Allgemeinbegriff für gut kombinierbare → *City-* → *Jacken* mit hohem Gebrauchsnutzen geworden, die zu sportlichen und eleganten Hosen oder Röcken getragen werden können; kaschiert Figurprobleme.

Blazer-Anzug, zu den → *Informellen Anzügen* zu rechnender Anzugtyp, der auch als → *City-Anzug* akzeptiert wird; der → *Blazer* ist meist andersfarbig als die Hose. → Abb. vgl. S. 92.

Blazermantel, zweireihiger → *City-Mantel* mit steigendem oder fallendem → *Fasson*, das die Frontpartie beherrscht, meist gerade geschnitten. → Abb. vgl. S. 92.

Blazerstreifen, farbige, markante Clubstreifen nach Vorbildern der 20er und 30er Jahre.

Bleached Denim, auch: → *Sunbleached Denim*, unter Beifügung von Bleichmitteln in genauer Dosierung zum Vor- oder Hauptwaschgang gewaschener → *Denim*, stau-

Einreihiger Blazeranzug (links) auf zwei Knöpfen, oberer Knopf zum Schließen, mit Wappen; rechts zum Vergleich zweireihiger City-Anzug mit trapezförmiger Knopfstellung in einem sportlichen, kontrastreichen Glencheck-Dessin.

Zweireihiger Blazermantel mit steigendem Fasson.

big hell, wie von der Sonne gebleicht. – Vgl. → *Stone-washed.*

Bleiband, aneinandergereihte Bleikügelchen mit 15–100 g/m Gewicht, die in den unteren Saum von Gardinen- und Vorhangstoffen lose eingelegt werden und für einen eleganten, glatten Fall sorgen; zum Waschen und zur Reinigung leicht zu entnehmen. – Zur → *Entsorgung* kann Bleiband abgetrennt vom Handel gesammelt und in großem Umfang recycliert werden.

Bleichen, Zerstörung oder Beseitigung von natürlichen Farbstoffen, die auf andere Weise nicht zu entfernen sind, auf jeder Art von Textilfasern mit verschiedenen Chemikalien durch → *Oxydation* (zellulosische Fasern) oder → *Reduktion* (Wolle). Das → *Entbasten* der → *Naturseide* hat die Wirkung einer Bleiche. Gebleicht werden kann die → *Flocke* (Watte), das → *Garn*, der → *Kettbaum* oder der Stoff. Das Bleichen bedeutet bei allen Rohstoffen einen Eingriff in das Fasergefüge, der sehr schonend vorgenommen werden muß. Durch neue Rezepturen und Dosierungen der Bleichmittel ist die Gefahr der Faserschädigung durch Überbleiche stark verringert worden. Vorheriges → *Abkochen* oder → *Beuchen* verbilligt das Bleichen, verbessert den Weißgrad, spart Chemikalien und ist wegen des Wegfalls der Hypochloritstufe umweltfreundlich. - **Bleichmittel** und **Verfahren**: → *Zellulosische Fasern*: Wasserstoffsuperoxid (→ *Peroxidbleiche*) und Kaliumpermanganat; Natriumchlorid, das gleichzeitig die Samenschalenreste entfernt, und Hypochlorit werden wegen der hohen Abwasserbelastung zunehmend kritisch betrachtet; ihr Ersatz durch andere Verfahren, die allerdings keinen gleichartig guten Weißgrad bewirken, ist kein technisches Problem, sondern eine Frage der Marktakzeptanz. → *Leinen* erfährt bei der Vollbleiche einen Gewichtsverlust von 20 und mehr %; → *Ramie* ist weiß, → *Jute* nicht befriedigend zu bleichen. Auch bei →

Wolle ist mit den Reduktionsmitteln nur eine Aufhellung, keine Vollbleiche zu erreichen. → *Synthetics* sind normalerweise weiß; der Weißgrad kann durch Mattierungsmittel oder Lichtschutzmittel (UV-Absorber), die auch in die Spinnmasse eingelagert werden können, vor allem aber durch → *Optische Aufheller* erhöht werden. In → *Waschmitteln* werden → *Perboratmonohydrat*, in → *Kompaktwaschmitteln* das effizientere Perborattetrahydrat, in → *Baukastensystemen* das relativ umweltfreundliche → *Percarbonat* (das separat abgepackt sein muß) eingesetzt. – Vgl. → *Rapid bleach*.

Blend, englische Bezeichnung für → *Intim-Mischung*. – Auch: Mischung (nicht: → *Multipolymerisat*) verschiedener → *Polymere*.

Blende, 1. Phantasiebesatz an Kragen, Kleidern und Blusen sowie am Ausschnitt von Strickteilen durch farbig abstechende, abgesteppte Stoffstreifen; vgl. → *Blendenkragen*.
2. Abdeckung von Dekorationen durch 5–15 cm breite Stoffstreifen; vgl. → *Schabracke*.

Blende an einer Bluse; der Stoff wiederholt sich an Kragen und Manschetten.

Blendenkragen, 1. Kragen, der ganz aus einer → *Blende* besteht.
2. Sportliche Kragenform mit einer Blende, die oft eine verdeckte Knopfleiste optisch fortsetzt.

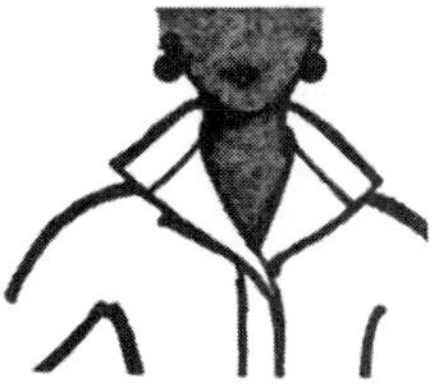

Blendenkragen

Blindstich, Blindstichmaschine, zum → *Pikieren* oder an Säumen eingesetzte Naht, die auf der Oberseite des Kleidungsstücks nicht sichtbar ist, weil sie im Obergewebe nur die Mitte des Fadens durchsticht. Sie wird im industriellen Einsatz von computergesteuerten → *Einzweckmaschinen* mit einer gebogenen Nadel hergestellt, deren schlanke Spitze an der Außenseite des Bogens angeordnet sein muß. Eine Nadel mit Kugelspitze könnte die Fäden nicht anstechen.

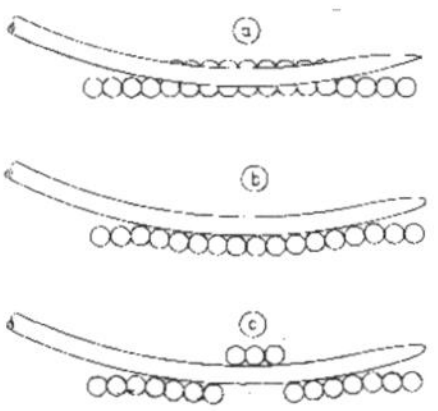

Blindstichnaht. Art des Einstichs der Bogennadel. a mit richtig angeordneter feiner Spitze, b und c mit Kugelspitze, die entweder über die Stoffoberfläche hinweggleitet oder die Fäden anhebt und sich unter sie schiebt, also den Stoff sichtbar durchsticht.

Blockfalte, besonders breite Falte an → *Bundfaltenhosen*.

Blockierte Maschenstoffe, vor allem *Mehrschienige Kettenwaren* und → *Challenger-Waren*, bei denen aufgrund ihrer Konstruktion keine → *Laufmaschen* entstehen und die deswegen problemlos zugeschnitten und genäht werden können.

Blockierungseffekt, Erscheinung bei → *Kombinationsfärbungen* (→ *Doppelfärbungen*) mit mehreren Farbstoffen, wobei die Farbstoffe mit der höheren → *Affinität* die mit der geringeren Affinität verdrängen.

Blockkaro, sportliches, symmetrisches Großkaro.

Blockpolymerisat, → *Multipolymerisat*, bei dem ganze Ketten von verschiedenen → *Monomeren* zu einem großen Kettenmolekül zusammengehängt werden. Gegensatz: → *Copolymerisat*, → *Pfropfpolymerisat*. Polyesterfasern mit Polyethylenoxid-Blöcken sind mit → *Dispersionsfarbstoffen* auch in tiefen Farbtönen → *carrierfrei* einzufärben; → *Elastanfasern* sind stets Blockpolymerisate mit Hart- und Weichsegmenten.

Blonché-Leder, hochwertiges, naturbelassenes, anilingefärbtes → *Lammleder*.

Bloomer, für Babys: Pumphöschen mit kurzem Kittelchen, die das Höschen nicht ganz bedecken. – In der Damenmode: Superweite, ja sogar bauschige → *Shorts* mit Taillengummi und pumphosenähnlichem Abschlußbündchen.

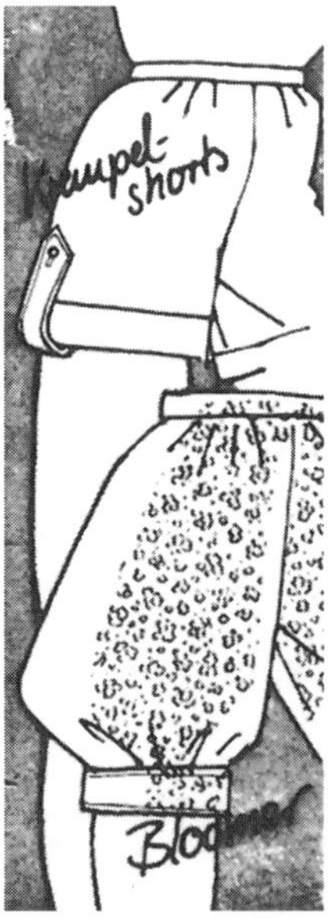

Bloomer (unten) im Vergleich zu Krempelshorts (oben).

Blöße, Häute oder Felle, bei denen durch Abziehen der Ober- und Unterhaut und der anhaftenden Fleischreste die Lederhaut zur Vorbereitung der Gerbung freigelegt worden ist.

Blouson, modischer Schnitt bei sportlicher Oberbekleidung für Damen, Herren und Kinder, umsatzstärkstes Modell im → *Sportswear*-Bereich; lose gearbeitete, taillen- bis hüftlange → *Outdoor*-Jacken mit meist breiter Schulter, die über Röcken und Hosen getragen werden, und deren bequeme Oberweite durch Spangen, Riegel oder einen Bund in der Höhe der Taille, der Hüfte

Abendblousons. Links aus bedruckter Naturseide, rechts mit breitem Samtkragen.

Herrenblousons. Ganz links: Longblouson; in ruhigem, auch für ältere Herren geeignetem Schnitt mit bequemem Raglanarm, zweifarbig verarbeitet; mit Kimono-Arm und großen, aufgesetzten Brusttaschen; im Military-Look oder Campus-Stil (Schulterklappen und Variation im vorderen Verschluß).

Winterliche Damenblousons. Von links: Blouson nach Art der Pilotenjacken mit Webpelzkragen, Pattentaschen und Ärmelstulpen, teilbarer Reißverschluß; Winterblouson mit gedoppelter Schulter, Strickbesatz am Kragen und Ärmelaufschlag; zweireihige, taillenkurze, sportliche Jacke, wie sie gerne anstelle eines Blousons getragen wird.

oder noch tiefer abgefangen wird. Im Gegensatz zum → *Lumberjack* schoppt das Oberteil blusig. – Vgl. → *Action-Jacke*, → *Battle-Jacket*, → *Bomber-Jacke*, → *Pilotenjacke*, → *Rallye-Jacke*. Der Schnitt der betont sportlichen Blousons wurde unter Verwendung eleganter Stoffe mit seidigem Griff und in entsprechender Dessinierung als Bestandteil der eleganten → *Kombimode* übernommen und sogar als **Abendblouson** mit Paillettenausputz oder Metallic-Stickerei salonfähig.

Blouson-Anzug, aus der klassischen Freizeitkleidung entwickelte Anzugform mit → *Blouson* als Oberteil und Hose aus gleichem Stoff mit zahlreichen Detail-Varianten, mit festem, teil- oder vollelastischem Bund, kaum überfallend, manchmal mit Reißverschluß.

Blouson-Anzug. Rechts jugendliches Oberteil, mit Shirt-Details verändert, Reißverschluß. Links: Kragenloser Blouson-Anzug (Designer-Modell) mit abfallender, durch Kappnähte betonter Schulterlinie, originellen Doppeltaschen an der Brust, Strickbündchen.

Blousonfalte, selten gewordene seitliche Bequemlichkeitsfalte am Rücken von Sportsakkos, im Gegensatz zur → *Golffalte* im Bund geschlossen und nach oben hin geöffnet.

Blousonkleid, (zweiteilige) → *Deux-pièces* mit einem Oberteil, dessen Schnitt an den Blouson anklingt.

Blueback, wertvolles Fell des jungen, höchstens zweijährigen Haar- → *Seehundes* mit glattem, etwas hartem, silbergrauem bis blaugrauem Haar. – Vgl. → *Seehund*, → *Seal*, → *Whitecoat*.

Blue Denim, zu den → *Basics* zählendes, klassisches Gewebe für → *Jeans*; kräftige

Blousonkleider, links mit Hosenrock.

Blousonkleider im Kostümcharakter, links mit breitem Bund, rechts mit geschlungenem Bund.

Baumwollware in → *Kettköperbindung* mit viel Ketteffekt, stets mit blauer Kette und weißem Schuß. Die Kette kann im Strang gefärbt sein (→ *Loop dyeing*, vorteilhaft, wenn später die Farbe durch Auswaschen verändert werden soll); aus Gründen der

Rationalisierung wird jedoch meist die ganze Kette gefärbt. Eingesetzt werden meist → *OE-Rotorgarne*; → *Ringdenim* zählt wegen seines andersartigen Oberflächenbildes zu den → *Jeansstoff*-Variationen. Wichtig für die Beurteilung von Qualität und Einsatzgebiet ist das in → *Unzen* (→ *oz*) ausgedrückte Gewicht: 4,5–7,5 oz: Super-Leichtdenim (→ *Fineweave-Ringdenim*) für Hemden, Accessoires und Sommerröcke; 8–9,5 oz: Leichtdenim für sommerliche Kinderbekleidung; 10–11,5 oz (350–420 g/m^2): → *Fineweave-* und → *Light-Denim* (Sommer-Denim) für sommerliche Damenbekleidung; 12–14,5 oz: Normalgewicht für OE-Denim und für Herren-→ *Jeanswear* und für schwere Damenbekleidung; über 14,5 oz: → *Bulldenim* für rustikale Modelle und als schwerer Winterdenim. – Vgl. → *Denim*, → *Flats*, → *Jeansstoffe*, → *Délavé*.

Bluefrost, Kreuzung von → *Blaufuchs* und → *Silberfuchs*.

Blue Jeans, → *Jeans*.

Blue on blue, besonders intensiv im Garn gefärbte → *Jeansstoffe* mit voller, satter Farbe (→ *Double Dye*).

Blumendessin, sogen. → *Florale Motive*, den natürlichen Blumen nachempfundene Dessins; man unterscheidet sie nach der Art ihrer Anordnung (→ *Streublümchen*, → *Millefleurs*, → *Liberty*, → *Allovers*-Blümchen) oder nach der Art ihrer Zeichnung (naturalistisch, d.h. unverfälscht; „en face“ = in der Draufsicht gezeichnet, → *Fleurs plats*, → *Chintzblumen*). Viele der Namen für die von Saison zu Saison wechselnde Darstellung der Blumen sind ohne Erklärung verständlich.

Bluse, locker gearbeitetes, selbständiges Oberteil in der Damenbekleidung mit beträchtlichem modischem Variationsreichtum in der Schnittgestaltung und im Stoff-

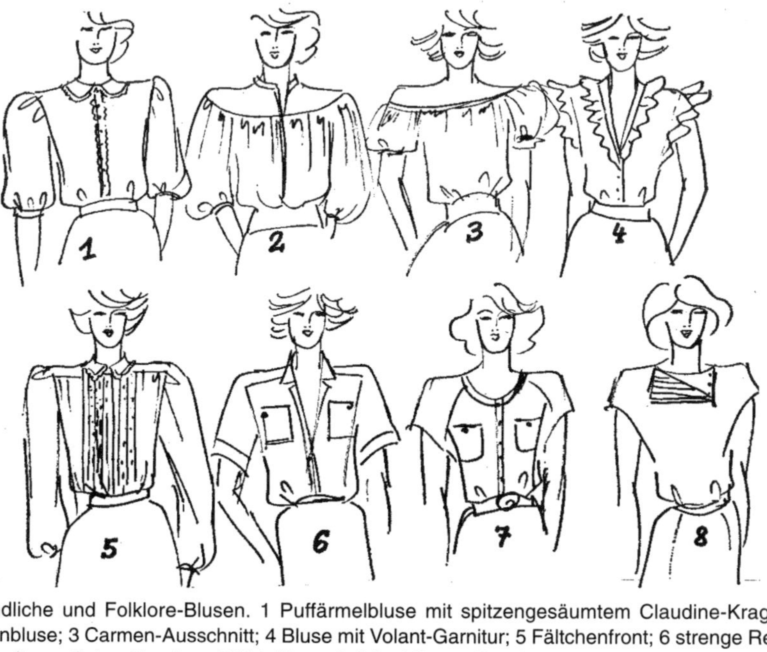

Jugendliche und Folklore-Blusen. 1 Puffärmelbluse mit spitzengesäumtem Claudine-Kragen; 2 Bauernbluse; 3 Carmen-Ausschnitt; 4 Bluse mit Volant-Garnitur; 5 Fältchenfront; 6 strenge Reversbluse mit sportlichen Taschen; 7 Shirtbluse; 8 John-Wayne-Hemd.

Beispiele für modische Details an Tagesblusen.

Sportliche Blusen mit betonter Schulter. Von links: Junge, vorn gebundene Bluse mit Untershirt; Shirttyp mit tiefem V-Ausschnitt; Hemdbluse mit Golffalte; lässiges Hawaii-Hemd mit dekorativem Dessin; Hemdbluse mit seitlichen Fältchen unter der Passe und Button-down-Kragen.

Elegante Blusen. Von links: Wickelbluse mit Fledermausärmel, daneben ärmellos; Bluse mit tiefem Reverskragen und Languettenstickerei; Schalkragenbluse mit Schluppe; zwei junge Reversblusen mit überschnittener Schulter und Aufschlag.

Shirtblusen. Obere Reihe: Hemdbluse mit Button-down-Kragen und Krawatte; Dekolleté-Kragen an Faltenbluse; Reversbluse mit Epauletten; Hawaii-Hemd mit Schaubenbund. – Untere Reihe: Polobluse mit Strickbund; Kombination von Strick und Stoff; Shirtbluse mit Druckdessin; Polo-Big-Shirt mit aufgesetzten Taschen.

einsatz, zu Rock oder Hose getragen. – Vgl. → *Bauernbluse*, → *Bowling-Bluse*, → *Cardigan-Bluse*, → *College-Bluse*, → *Hemdbluse*, → *Kasack*, → *Kaskadenbluse*, → *Krawattenbluse*, → *Marinière*, → *Matrosenbluse*, → *Overblouse*, → *Poloshirt*, → *Schleifenbluse*, → *Shirt*,→ *St.-Tropez-Hemd*, → *T-Shirt*, → *U-Shirt*.

Blusenblazer, Bluse, die dazu bestimmt ist, ohne Jacke und über dem Rock getragen zu werden; meist mit weichem Reverskragen, zwei aufgesetzten Taschen und wenigen großen Knöpfen.

Boa, Schal mit Federn.

Boarding, Fixieren von Feinstrumpfwaren und Socken aus oder mit Synthetics zur Stabilisierung des Maschenbildes und des ganzen Strumpfes vor (Preboarding) oder nach (Postboarding) dem Färben. – Vgl. → *Thermofixieren*.

Zweireihiger, taillierter Blusenblazer mit stickereigeschmücktem Revers zum kurzen Volant-Rock.

Bobcat, Rotluchs, → *Luchs.*

Bobine, Scheibenspule, Garnkörper von der → *Ringspinnmaschine* auf zylindrischer Spule; Gegensatz: → *Cone.* – Vgl. → *Aufmachung.*

Bobinet, „Klöppelnetz", Spezialtechnik zur Herstellung undichter, stark lichtdurchlässiger Textilien mit spitzenartigem Charakter mit oder ohne Musterung aus mindestens zwei (Schuß = Bindefaden, Kette = Stengelfaden), meistens aber drei Fadensystemen (zusätzlicher Musterfaden). Die Bobinenfäden verlaufen bei Bobinet-→ *Tüll* diagonal zur Kette; bei → *Bobinet-Spitzen* oder → *-Gardinen* gehört zu jedem Kettfaden ein Bobinenfaden, der die Musterfäden unverschiebbar an die Kettfäden anbindet. Jeder Musterfaden wird einzeln gesteuert, so daß technisch eine hohe Vielfalt an Musterungen möglich ist. Die Anwendung der Bobinettechnik ist zugunsten der → *Raschelwaren* rückläufig. – Bindungsarten mit verschiedenem Grund und Musterung („Jacquard-Grundbindungen"): → *Single-tie,* → *Double-tie,* → *Double action,* → *Swissnet*; mit regelmäßigem, geometrisch geformtem Grund: → *Erbstüll,* → *Everlasting.* – Vgl. → *Gittertüll,* → *Wabentüll.*

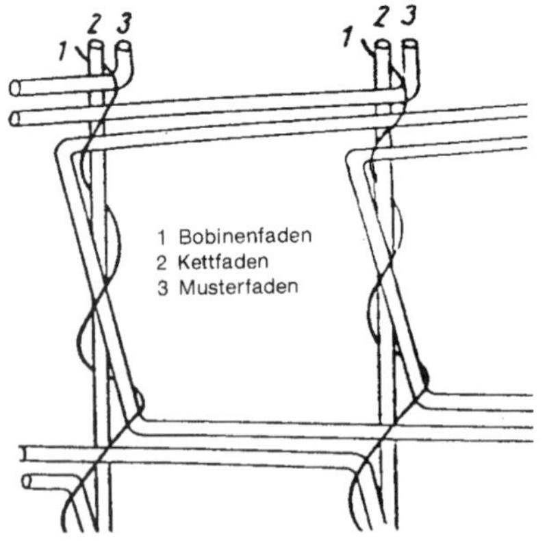

Bobinet-Gardine oder -Spitze, Konstruktionsprinzip der Bindungsarten mit Musterfaden.

Bobinet-Gardine, gemusterte, durchbrochene Gardinenstoffe in → *Bobinet*technik mit in Längsrichtung gerade verlaufenden, unabgelenkten Kettfäden und entsprechend der Mustervorlage seitlich abgelenkten Musterfäden in einer der Jacquard-Grundbindungen. Sowohl für die Haltbarkeit der Stoffe als auch für das Erscheinungsbild der Musterung ist das Faser- und Garnmaterial von ausschlaggebender Bedeutung. – Abb. s. → *Double-tie,* → *Double action,* → *Everlasting.* – Vgl. → *Florentiner Tüll,* → *Bobinet-Spitze.*

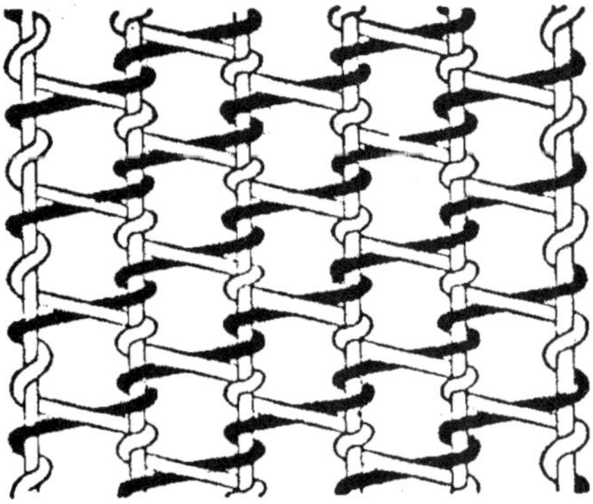

Fadenverlauf beim Bobinet-Tüll.

Bobinet-Spitze, aus dem → *Bobinet-* → *Tüll* entwickelte, Jacquard-ähnliche Musterungstechnik zur Erzielung kleinrapportiger, dichter Effekte mit vielfältiger Abschattierungsmöglichkeit der Relief- oder Konturenfäden mit spitzenartiger Wirkung. Die sehr hochwertigen Erzeugnisse werden nur mehr zu Verzierungen oder für Abschlüsse eingesetzt. – Vgl. → *Chantilly-Spitze,* → *Valenciennes-Spitze.*

Bodenbelag, Sammelbegriff für textile → *Auslegeware*; getuftet (→ *Tufting*), gewebt oder als → *Nadelvlies.* Polyamide haben einen Anteil von 85% des Fasereinsatzes. – Verbrauch in Deutschland: 350 Mio m^2.

Bodenfeine, Meßzahl für Konstruktion und Dichte fertiger Gewebe, gibt die Fadenzahl auf einer definierten Fläche in Kette und Schuß sowie die Garnstärke in Kette und Schuß an. Beispiel: Musterstellung für Baumwoll-Renforcé metrisch 27/27–50/50. – Vgl. → *Garnsortierung.*

Body, Mehrzahl: Bodies, Sammelbegriff für Shirt oder Pulli mit angeschnittenem Slip, geformte oder ungeformte, leichte einteilige Wäschestücke vor allem für Damen, meist im Schritt mit Druckknöpfen oder Knöpfen zu öffnen; als Mieder mit Büstenbetonung zum Teil körperschmeichelnder Ersatz für das → *Korsett.* In der Oberbekleidungsmode: Anzug ohne Beine, ausgeschnitten oder hochgeschlossen, auch mit Ärmeln, in der Regel der Elastizität wegen mit → *Elastan.* Die sichtbaren Partien werden oft durch Dekolleté-Variationen an Blusen, Shirts oder Pullis angepaßt. - **Abendbody**: Hoch geschlossen, mit langem Arm und aus elegantem Material. – **Schlafbody**: Eng anliegender Pyama aus elastischen Stoffen. – Vgl. → *Bodystocking.*

Bodies mit Tüllstickerei.

Body-Control, **Body-Contouring**, Sammelbegriff für straff anliegende, körperformende, → *Stretch*-elastische Unterbekleidung, → *Wäsche* und → *Feinstrumpfwaren.* → *Miederwaren* fallen nicht unter diesen Begriff. – Vgl. → *Push-up.*

Bodydress, 1. Figurzeichnend eng anliegendes Kleid aus → *Stretchstoffen* im → *Lingerie-Stil* oder im Stil von → *Innerwear/outerwear.*
2. Elastischer Halbrock (→ *Jupon*) mit eingearbeitetem Slip.

Body-Linie, **-fashion**, Sammelbegriffe für körperbetonte Mode und dicht am Körper anliegende Schnitte, Ausdruck eines neuen Körperbewußtseins.

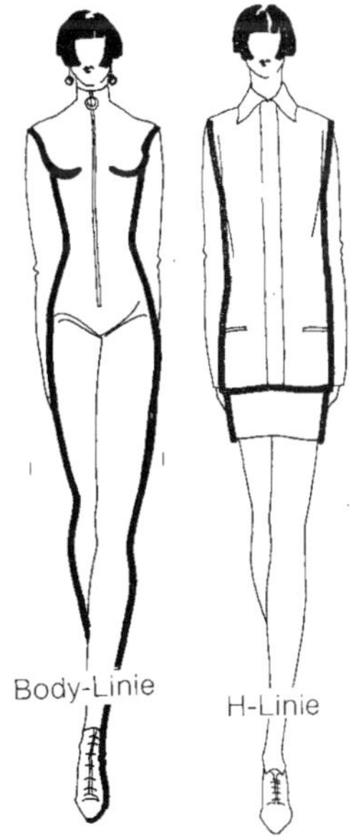

Body-Linie im Vergleich zur H-Linie.

Bodylinie. Links: Kostüm mit einer auf die Figur geschnittenen Jacke; Kombination Uni-Jacke mit Druckrock; rechts „Kleines Schwarzes“, ultraeng, aus elastischem Stoff.

Bodyshaper, leichte → *Stützstrumpfhose* ohne medizinische Stützwirkung; gibt den Beinen und dem Bauch einen gewissen Halt. – Vgl. → *Contouring*, → *Control Top*.

Bodyshirt, **-suit**, → *Holyday-Shirt*, einteiliger, körpereng geschnittener Sportdreß aus feinfädigem, elastischem Material, meist mit hohem Beinausschnitt. In der Oberbekleidung: Oberteil in Blusen- oder Pulliform mit angeschnittenem oder angesetztem Slip in einem Stück aus elastischem Material. Das beim Tragen sichtbare Oberteil kann auch aus unelastischem Material sein. Die Kombination mit dem Slip sorgt für den tadellosen Sitz des Oberteils. Gegensatz: → *Jumpsuit*, → *Bodystocking*. – Vgl. → *Teddy*, → *Leotard*.

Bodystocking, Damenfeinstrumpfhose mit angewirktem Oberteil. Weitgehend verdrängt durch den → *Disco-Bodystocking*.

Bodysuit

Bodywarmer, „Leibwärmer“, bei → *Jeanswear* ärmelloser → *Blouson* aus gewebten Stoffen oder aus → *Sweatshirt-Stoff*.

Bogenausschnitt, von Schulterknochen zu Schulterknochen im runden Bogen verlaufender, meist garnierter Ausschnitt an → *Shirts*.

Bogenkimono, mit einer zum Brustteil hin bogenförmig verlaufenden Naht eingesetzter → *Kimono*-Ärmel.

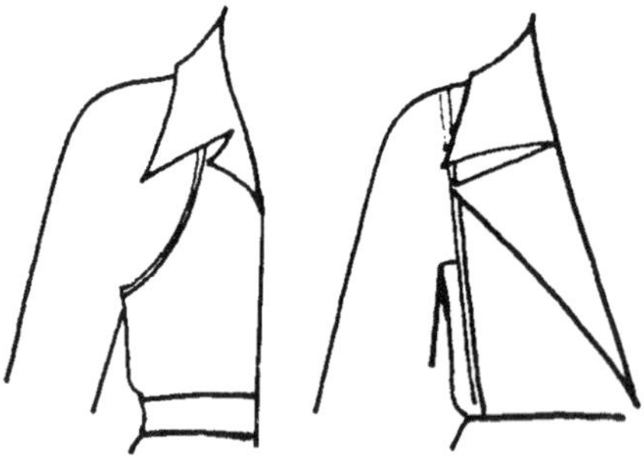

Bogenkimono im Vergleich zum Ungaro-Dolman.

Bogy, zeitlose Form von Wettermänteln für Damen und Herren nach dem Modell, das Humphrey Bogart auf dem Rollfeld im Film „Casablanca“ getragen hat. – Vgl. → *John Wayne-Kragen*.

Bohr-Spitze, → *Lochstickerei*, im Gegensatz zur → *Madeirastickerei* mit nicht umstickten Ätzmotiven kombiniert, vor allem in Bordürenmustern. – Vgl. → *Broderie anglaise*.

Boldernaht, → *Kräuselnaht*, Nahtfehler, die durch das Verschieben der Stoffteile während des Nähens (Verschiebungskräuseln), durch das Verdrängen von Gewebefäden durch zu dicken Nähzwirn oder durch falsche oder stumpfe Nadeln sowie durch eine zu hohe Stichzahl (Verdrängungskräuseln) entstehen.

Bolero, kurzes, vorne offenes, knopfloses Jäckchen, das oberhalb der Taille endet, der Kampfkleidung spanischer Stierkämpfer nachgebildet, auch nabelfrei.

Kleider mit Bolero.

Bombage, Schwergewebe, die als elastische Unterlage zur Schonung der zu bedruckenden Gewebe auf → *Rouleauxdruckmaschinen* als Umhüllung der Gegendruck- und Führungswalzen verwendet werden. Die früher als Umwicklung von Tauchwalzen am → *Foulard* üblichen Bombagen werden nunmehr durch dicke Gummiüberzüge ersetzt.

Bombay-Hanf, im → *TKG* nicht erwähnte Bezeichnung für → *Sunn*.

Bomber-Jacke, zum → *Military-Look* zählende, jugendlich-sportliche Jackenform, Kombination von → *Piloten-* und → *Rallye-Jacke*, auch gesteppt. Für Damen: Kurz-→ *Blouson* mit sichtbarem geradem oder asymmetrischem Reißverschluß, meist wattiert oder partiell gesteppt.

Bomberjacke, modisch abgewandelte Pilotenjacke, durch viele Taschen und winddichte Verschlüsse sehr funktionell.

Bombyx mori, Maulbeerspinner, echter Seidenspinner; → *Naturseide*, → *Maulbeerseide*.

Bonafil, durch Wärmeverfestigung zur → *Füllfaser* abgewandeltes Polyester- (→ *Terylene-*)Filament mit erhöhter Druckstabilität und dauerhafter Bauschkraft, filzfrei und atmungsaktiv, für Kissenfüllungen und Skibekleidung.

Bonding, → *Multitextilien*, → *Textil-Verbundstoffe*, → *Schichtstoffe*, für Bekleidungstextilien zur Entwicklung neuer Stoffbilder zukunftsträchtiges Herstellungsprinzip, nachträgliche Verbindung von zwei oder mehreren textilen Flächengebilden ohne einen web- oder wirktechnischen Vorgang mit festen oder flüssigen, wasch- und/oder reinigungsfesten Klebstoffen (→ *Kaschieren*) oder Thermoplasten (durch Flammieren dünner → *Schaumstoff*-Folien, → *Flamm-Kaschierverfahren*, → *Laminieren*), wobei die Verbindungsstellen meist partiell, streifen- oder punktartig, verteilt sind. Gegensatz: → *Nähwirktechnik*; vgl. → *Thermobondieren*, → *Thermofixierung*. Bondings können durchaus weich, geschmeidig und mit 200 g/m^2 auch relativ leicht sein. Zweck und Anwendungsbereiche: → *Cloqué-Imitationen*; preiswerte Herstellung offener Gewebekonstruktionen; um einem Stoff Stand und volleren Griff zu verleihen oder das Tragegefühl bei Stoffen mit rauher Abseite oder Metall-Effektgarnen zu verbessern; Kosteneinsparung bei der Verarbeitung (aufkaschiertes Futter, Erleichterung des Zuschnitts leichter Maschenwaren oder Nähhilfe bei Thermostoffen zur Erzielung plastischer Effekte); → *Double-face*-Artikel; → *Technische Textilien*. Der Trend zum → *Soft-Look* steht dem Einsatz von Bondings manchmal im Wege. Als Unterstoff wird vielfach feinfädige → *Raschelware* aus Synthetics verwendet, um den ursprünglichen Charakter des Gewebes zu erhalten. – Vgl. → *Sandwich*, → *Sperrholz-Effekt*, → *Delaminierung*; Marken: → *Interbonding*, → *Coin*, → *Eurobond*, → *Loftine*.

Bonner Anzug, → *Stresemann*.

Boots-Dekolleté, schulterfreie, halb elliptisch verlaufende, relativ flache → *Ausschnittform*. – Vgl. → *Bateau-Ausschnitt*, → *U-Boot-Ausschnitt*, → *U-Shirt*.

Bootsocks, den amerikanischen Armee-Socken nachgebildete, grobmaschige Socken in 6er-9er Teilung und gröber mit groben Maschen in Melangen und Mouliné aus reiner Baumwolle.

Boots-Dekolleté

Bord-à-Bord-Jacke, offene Kostümjacke mit oder ohne Kragen (Pierre Cardin, Nina Ricci), deren Vorderteil im Taillenpunkt durch Stofflaschen, Doppelknopf, Posamentenriegel, Lederschnüre oder Chanel-Nadel so gehalten wird, daß die Vorderkanten lose gegeneinanderstoßen. Der Unterschied zur → *Passe-partout-Jacke* liegt darin, daß bei

Jacken mit Bord-à-Bord-Verschlüssen.

dieser die Kanten auseinanderklaffen und die Bluse sehen lassen, also nicht dicht beieinander liegen.

Bordsteinkante, → *Trottoirspiegel.*

Bordüre, Abschlußmotiv, Musterung, die dem Kantenverlauf von Röcken oder Tüchern genau folgt, sich also nicht über die ganze Fläche hinzieht; deutlich gemusterte Schmalgewebe, die abgrenzend aufgenäht werden; auch: durch Musterung, Breite oder Farbgebung dominierende Streifengruppen, die die übrigen Musterungselemente optisch zurückdrängen. Bei → *Orient-Teppichen*: Umrahmung des Innenfeldes durch markante Musterungselemente.

Bordürenkleider; die beiden linken mit ombréartigem Musterungsverlauf.

Borego, tiefgeschorenes Fell südamerikanischer Lämmer für preiswerte modische Mäntel; braun, schwarz, grau-weiß. Vielfach eingefärbt oder zusammen mit Leder verarbeitet.

Borg-Futter, Fabrikatname für einen hochflorigen → *Sliver-knit-Wirkplüsch* mit Flor aus Acrylfasern, Erzeugnis der → *Kammzug-Wirkerei.* – Vgl. → *Wildman-Maschine.*

Borkenchiffon, durchsichtiges, feines → *Crêpe-Gewebe* mit hochgedrehten → *Kreppgarnen* mit wechselnder Drehrichtung 1/S-1/Z in Kette und Schuß, das durch eine entsprechende → *Gaufrage* eine baumrindenartige Oberflächenstruktur erhalten hat. Schwerere Gewebe gleicher Art: **Borkenkrepp**.

Börsenanzug, klassischer → *Konferenzanzug* aus dunkelgrauem Kammgarn(flanell) oder in dezenten, klassischen Musterungen wie → *Fil-à-Fil.*

Borsten, nicht verspinnbare, kurze, steife und glänzende Tierhaare (z. B. vom Schwein) sowie grob geschnittene Chemiefaser- → *Monofile* mit mehr als 0,08 mm f (360–1100 dtex; ungeschnitten: → *Draht*) aus Polyamid, Polyethylen oder Polyester für Bürsten, Besen, Pinsel, Gittergewebe und als Nähmaterial in der Sattlerei. Chemieborsten sind fäulnis- und chemikalienbeständig und erheblich fester als natürliche Borsten. – Gegensatz: → *Fasern.*

Borte, Schmalgewebe mit fester Leiste meist mit Dessin zur verzierenden Einfassung sowie als Besatzartikel von Bekleidung, Wäsche und Heimtextilien. – Vgl. → *Gimpe,* → *Feston,* → *Schrägband.*

Bouclargent®, rundes, nichtoxidierendes → *Metalleffektgarn* (Sildorex) zur gemeinsamen Verarbeitung mit Wolle, Polyester- und Acrylgarnen in weichen Strickwaren. – Vgl. → *Rundzwirn,* → *Torsade,* → *Corneta.*

Bouclé, 1. Kleider- und Mantelstoffe im Wollcharakter mit höckerig strukturierter Oberfläche aus → *Bouclézwirnen* mit unregelmäßigen schlingenförmigen Verdickungen; manchmal durch Bindungen imitiert, die eine Reiskorn- oder Graupenstruktur vermitteln. – Vgl. → *Loop,* → *Naked wools.*
2. Web- oder → *Tufting-Teppiche* mit unaufgeschnittenen Schlingen aus kräftigen Zwirnen; meist wird der Rohstoff (→ *Haargarn,* Synthetics) angegeben. Durch verschiedenfarbige Garne des Zwirns oder durch mustermäßig gefärbte Zwirne (→ *Differential dyeing*) entsteht ein Farbbild

wie bei → *Melangen* oder → *Mouliné*. Wegen ihrer geschlossenen Oberfläche sind Bouclé-Teppiche leicht zu reinigen. Durch Einsatz von Wellenruten oder von Ruten mit unterschiedlicher Höhe können verschieden hohe Schlingen in einer Schlingenreihe oder von Reihe zu Reihe wechselnd hervorgerufen werden. – Vgl. → *Brüssel.*

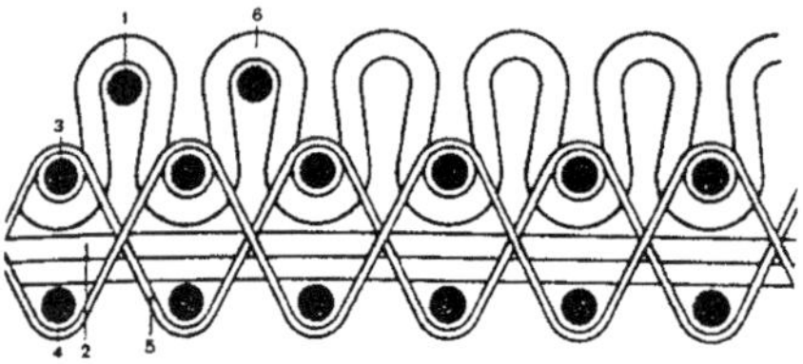

Schußschnitt durch einen einchorigen, zweischüssig gewebten Bouclé-Teppich. 1 Rute, 2 Füllkette, 3 Oberschuß, 4 Unterschuß, 5 Bindekette,6 Polkette.

Bouclé-Teppich nach Tuareg-Berber-Art aus reiner Schurwolle (nicht vergrößert).

Bouclette, körnig-griffiges Modegewebe, dessen Oberflächenbild und Griff durch ein feines → *Noppen-Effektgarn* oder feinste Kammgarn-Bouclézwirne erzielt wird, dessen kleine Schlingen im Gewebe fast verborgen sind und die hauptsächlich zur Veränderung des Griffs eingesetzt werden.

Bouclézwirn, → *Schlingenzwirn* mit gekräuseltem Aussehen durch mehr oder weniger sichtbare Schleifen oder Locken, die knotenartig fein sein können, in strapazierfähiger Qualität stets aus → *Kammgarn*. Abb. s.→ *Effektzwirn*, vgl. → *Loop*, → *Flammenzwirn*.

Boudoir-Pyjama, → *Home-dress*, mehr für den Abend zuhause als für die Bettruhe bestimmter Pyjama, oft mit → *Tunika*-ähnlichem Oberteil; vgl. → *Loungewear*.

Boudoir-Pyjama. Hosenanzüge im Stil von Loungewear, links mit Tunika-Oberteil.

Bougram, ganz leicht eingestelltes, steif geleimtes, tuchbindiges Gewebe aus Baumwolle oder Viskose für Buchrücken; früher auch als Zwischenfutter und zum Abfüttern von Gardinen verwendet.

Boul-mich, nach dem Boulevard St. Michel in Paris benannte, der Biedermeierzeit nachempfundene Halsbinde, die sich nach → *Plastron*-Art, als Schleife und mit Krawattenring unter Vortäuschung eines Knotens tragen läßt.

Bourdon-Umrandung, markante Umrahmung der Konturen von Reliefspitzen, meist in → *Rascheltechnik*. - **Bourdon-Kante**, gerade verlaufender, stickereiähnlicher Saum vor allem auf Bettwäsche; Gegensatz: → *Feston*.

Bourre, nicht abhaspelbare, wirr liegende Fäden am Anfang der Kokons von → *Maulbeerspinnern*, Rohmaterial der → *Florettespinnerei*. – Vgl. → *Fricon*, → *Strusen*.

Bourette, 1. Versponnene → *Naturseide*, aus den Kämmlingen (→ *Stumba*) der → *Florettspinnerei* und anderen Seidenabfällen mit weniger als 10 cm Länge in einem der → *Streichgarnspinnerei* ähnlichen → *Grobspinnverfahren* gewonnene, etwas unregelmäßige und noppige, mittelfeine bis grobe Garne; wesentlich stumpfer und fülliger als → *Schappe*. Die Abfälle aus der Bourettespinnerei dienen als Polstermaterial. – Vgl. → *Wildseide*.
2. Aus Bourette-Garnen hergestellte, relativ preiswerte Naturseidengewebe, relativ schwer, jedoch preislich günstig, gebrauchstüchtig und meist von hervorragender Qualität. Sie verbinden oft den Griff der → *Wildseide* mit einem durch Noppen und Knoten belebten Oberflächenbild. Imitationen aus Viskose oder Modal.

Boutonné, vor allem in Frankreich verwendete Bezeichnung für „belebte Unistoffe" mit gleichfarbigen oder farblich abgesetzten, feinen, harten, über das gesamte Gewebe gleichmäßig verteilten Noppen; Fortentwicklung des → *Frisé*.

Bowling-Bluse, gerade geschnittene, weite Reversbluse mit weiten, halblangen Ärmeln und seitlichen Rückenfalten, die volle Beweglichkeit vermitteln. Die Falten können kontrastfarbig unterlegt, der Rükken kann durch Druckembleme geschmückt sein.

Boxer-Shirt, **Ringer-Shirt**, ärmelloses → *T-Shirt*, am Rücken beidseitig halbrund zum Arm hin ausgeschnitten, so daß die Partie unterhalb der Schulter zur vollen Beweglichkeit der Arme frei bleibt. Die schmalen Schulterträger sind in der Mitte des Rückens zu einem Träger zusammengefaßt.

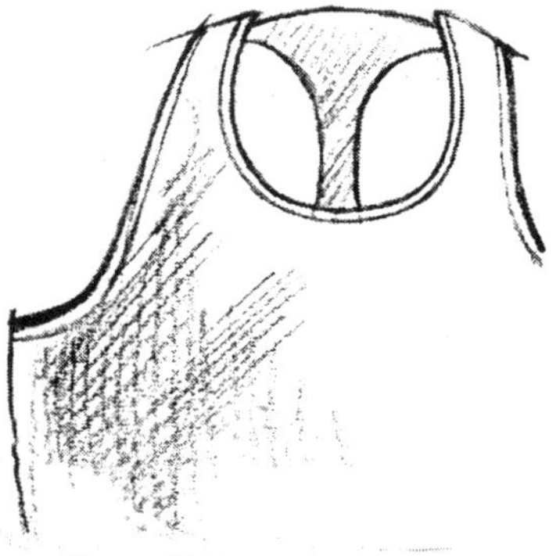

Boxer-, Ringer-Shirt

Boxershort, weit geschnittene, kurze Herrenunterhose mit geraden Beinen und mit Eingriff, oft mit betontem Elastikbund und Elastikzonen an den beiden Seitennähten, überwiegend aus Geweben. Mit geeigneter Musterung auch Bestandteil der Nachtwäsche sowie von → *Beach-* oder → *Homewear*. Enge Form: → *Pant*, → *Caleçon*.

Boxershorts aus gewebten Stoffen mit farbenfrohen Druckdessins.

Boxkalb, → *chromgegerbtes*, weiches → *Kalbsleder* mit vollem, mildem Griff, jedoch mit Stand.

Bozner Loden, schwerer → *Tuchloden*, oft auf Zwirnkette gearbeitete Strapazierqualität ohne Strich, für Anzüge und Kostüme sowie für Jagdbekleidung.

Brabanter Spitze, → *Brüsseler Spitze*.

Brassière, miederartige Form des Oberteils zweiteiliger Badeanzüge mit verhältnismäßig breiten, angeschnittenen Trägern, rundem Ausschnitt und gerade verlaufendem unterem Rand. Das leibchenförmige Oberteil eignet sich auch für große Größen. – Vgl. → *Camisol*, → *Balconnet*, → *Torsolet*, → *Bustier*.

Brautkleid, nach landläufiger Vorstellung das zusammen mit einem Schleier getragene, weiße Hochzeitskleid; lang auch mit Schleppe, kürzere Formen modisch vielfach variiert.

breathe®, mikroporöse → *Hydromembran-Beschichtung*, Wassersäule 2500–3000 mm.

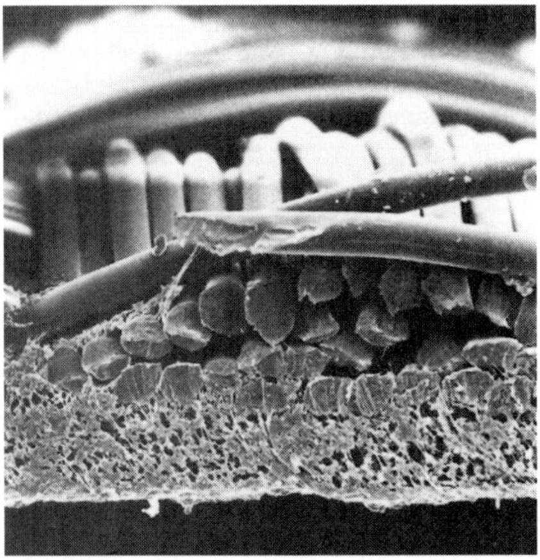

breathe-Beschichtung auf einem Sportstoff; f 3-7 micron (Makroaufnahme).

Brechen, Teil der mechanischen Tätigkeiten zur Gewinnung der → *Bastfasern*; Zerkleinern der getrockneten Holzkerne durch maschinelles Knicken der Stengel.

Breecheshose, aus der → *Reithose* entwickelte sportliche, bis unter das Knie reichende Hosenform, mit einem flachen, seitlich abstehenden „Ballon“ in Oberschenkelhöhe, in der Kniekehle durchschnitten und eng anliegend gearbeitet. - Vgl. → *Jodhpurhose*.

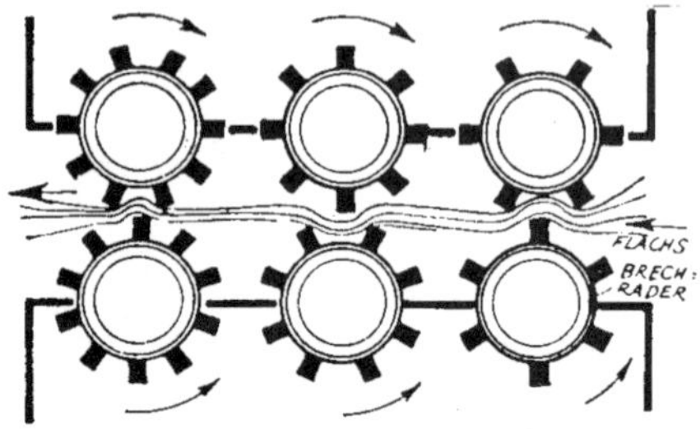

Schemazeichnung einer Flachsbrechmaschine.

Modische Breecheshose als Alltagskleidung mit Reitersakko.

Breitcord, → *Cordsamt* mit wellpappeähnlich breiter Rippe (20 Rippen/10 cm). – Vgl. → *Trenkercord*, → *Kabelcord*.

Breitgratköper, erweiterte → *Köperbindung*, → *Mehrgratköper* mit größerem Rapport.

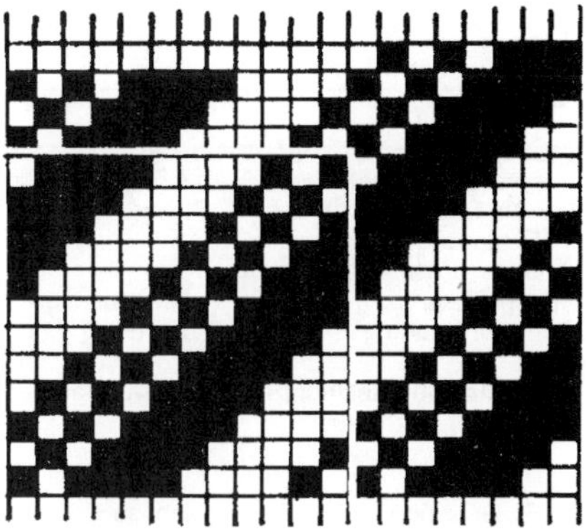

Breitgratköper, komplizierter Mehrgratköper mit beidseitig gleichem Bindungsbild (Austausch von Kett- und Schußeffekt); Rapport eingerahmt.

Breithalter, Vorrichtung an der → *Webmaschine*, die das Gewebe nach dem Ladenanschlag in der Breite spannt und ein Einrollen verhindert, damit es faltenfrei auf den Warenbaum aufgewickelt werden kann. An Veredlungsmaschinen sorgen Breithalter für das faltenfreie Einführen der Stoffe.

Breitschwanz, Felle von Frühgeburten oder tot geborenen → *Karakul-Lämmern* von unterschiedlicher Größe mit sehr feinem, jedoch haltbarem Leder und einer moiréartigen Zeichnung des flachlockigen Haarkleids im Gegensatz zum gelockten → *Persianer*. In Südafrika werden Schafe mit gleicher Fellzeichnung gezüchtet (Watered Silk und Shallow Curl).

Brennprobe, Methode der Faseranalyse im Handversuch zur Identifizierung der großen Rohstoffgruppen und der Synthetics untereinander, zur Feststellung der Zusammensetzung von Fasermischungen jedoch meist ungeeignet. Die Beobachtung des Ablaufs der Verbrennung, der Rußbildung, des Geruchs und der Rückstände kann jedoch nur als Vorprobe dienen, weil die modernen Textilhilfsmittel das Brennverhalten beeinflussen. Das Garn oder die Faser wird nicht direkt in die Flamme hineingehalten, sondern langsam von oben der Flamme genähert. – Vgl. Tabelle S. 110.

Brennverhalten von Textilien, für die Beurteilung der Notwendigkeit des Einsatzes → *flammenbeständiger Spezialfasern* wichtige Eigenschaft; abhängig vom Temperaturbereich, in dem die Textilie Feuer fängt (Flammpunkt), von der Sauerstoff-Versorgung (Luftzug) und der Dauer der Einwirkung der Zündquelle, von der Dichte und dem Gewicht der Textilie, von der Oberflächenbeschaffenheit (gerauht, glatt, offen oder geschlossen) und von der Faserart. Verschmutzungen und Feuchtigkeit verringern, Ölflecken und Waschmittelreste erhöhen, Schlichte, Imprägnierungen und Färbung verändern die Brennbarkeit. Die Brenneigenschaften einer Faser werden definiert durch den Grenzsauerstoffwert (LO, Mindestsauerstoffgehalt der Luft, bei dem ein Stoff eben noch brennbar ist, in %) und die Selbstentzündungstemperatur. Normal brennbar: Acetat, Baumwolle, Polyacryl, Naturseide, Viskose, Leinen; verringerte Brenn-Neigung: Modacryl, Polyamid, Polyester, Wolle; sehr geringe Brenn-Neigung: Aramid-, Polyvinylchloridfasern; praktisch unbrennbar: Glas, Kohlenstoff-Faser, Metallfasern, Aramidimid-Faser. – Schmelzfähige Textilien stellen keine erhöhte Gefahr dar, weil sie bei der Berührung mit Flammen sofort wegschrumpfen; es kann nicht zu einer Ausbreitung der Flammen kommen. Die Ausstattung von öffentlichen Verkehrsmitteln und von Gebäuden mit viel Publikumsverkehr mit Textilien unterliegt besonderen feuerpolizeilichen Auflagen. – Vgl. → *Hitzebeständige Hochleistungsfasern*, → *Antiflamm-Ausrüstung*, → *Temperaturbeständige Fasern*. → Abb. vgl. S. 110.

Bretelles, (nur Mz.), Mode- → *Hosenträger* für Damen und Herren. Der Gummizug im Rükkenteil wird oft überdeckt. → Abb. vgl. S. 111.

Breton, kleiner (Damen-)Hut mit rund hochgerollter Krempe.

Unterscheidungsmerkmale der Textilrohstoffe durch das verschiedene Brand- und Entzündungsverhalten

Rohstoff-Art	Brennverhalten	Rückstand	Geruch
Zellulosefasern (Baumwolle, Bastfaser, Viskose, Modal)	helle, lebhafte Flamme, schnell gleichmäßig brennend	wenig oder gar keine (feine, weißgraue) Flugasche	nach verbranntem Papier
Acetat, Triacetat	lebhaft und rasch brennend	schmelzen zu glasigharter Kruste	stechendsauer nach Essig
Wolle Tier- und Edel-Haare	träge, zum verlöschen neigende Flamme	wulstartige Knötchen, die sich zerreiben lassen	nach verbranntem Horn
Naturseide	unbeschwert wie Wolle, beschwert ganz schwach, Fasergefüge glüht aus	Fasergefüge bleibt als Gerüst erhalten	leicht süßlich
Acryl	schmilzt und brennt dann gelbrußend	schwarze, hartspröde Kugel	beißend süßlich
Polyamid	schmelzen zu bernsteinfarbigem fadenziehenden Tropfen, dann entflammend	schwarzes oder braunes Schmelzkügelchen	aromatisch
Polyester	schmelzen zu fadenziehendem Tropfen, dann entflammend	glänzendes graues oder schwarzes Kügelchen	scharfaromatisch

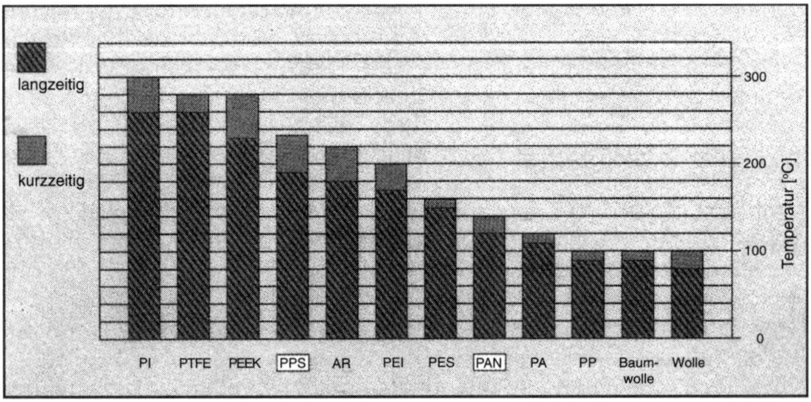

Temperaturbeständigkeit verschiedener Chemiefaser-Gattungen im Vergleich. PI: Polybenzimidazol; PTFE: Fluorethylen-Fasern; AR: Aramidfasern; PEI: Polyetherimid-Fasern; PES: Polyester-Fasern; PAN: Acrylfasern; PA: Polyamid-Fasern; PP: Polypropylen-Fasern.

Bretonne-Spitze, französische → *Klöppelspitze* für Damenwäsche mit einer schnurartigen Konturierung der Musterformen.

Bridé, umgeschlagene und durchgenähte Kante an der Krempe von Herrenhüten anstelle des Einfaßbandes.

Bretelles (Mode-Hosenträger) zu Jeanswear.

Brigitte-Bardot-Ausschnitt, → *Carmen-Dekolleté.*

Verschiedene Versionen des Brigitte-Bardot-Ausschnitts.

Brillant, Markenstoff für Ski-Anzüge aus → *luftdrucktexturierten Garnen* mit → *Faseroptik*, häufig aus Polyamid; rutschfest (→ *Slide stop*). – Vgl. → *Grelonda.*

Brillantcolor, mindestens zweifarbige schußbetonte Gewebe mit viel Glanzeffekt durch Viskosegarn, Naturseide oder Mohair. – Vgl. → *Multicolor.*

Brillantgarn, nur mehr selten anzutreffendes → *Effektgarn*, → *Umspinnungszwirn* mit einem farbigen Kern aus Viskose, Seide oder Wolle, der stellenweise durch die metallglänzende Umspinnung mit unechtem → *Lahn* durchscheint.

Brilli, Kleider mit → *Straß-*, → *Pailletten*-Dekor und/oder aus Stoffen mit reichlich → *metallglänzenden Effektgarnen.*

Brisé, → *Organdy*-Krepp, → *Voile* mit einer Organdy-ähnlichen Ausrüstung.

Briwasan®, Verfahren (Brinkhaus) zur kochfesten Ausrüstung von Federn und Daunen.

Broché, kleine, webtechnisch hervorgerufene Stickschuß-Effekte, spitzenartige Musterung auf Geweben mit oft farbigen Effektfäden; Gewebe mit zwei Schußsystemen, wobei der Broschierschuß mit einem speziellen, einem Nähmaschinenschiffchen ähnlichen → *Schützen* auf einer Broschierlade nur innerhalb der Musterung in

Echter Broché auf Tuchbindung.

das Gewebe eingetragen wird. Die auf der Rückseite zwischen den Musterstellen flottenden Fäden werden abgeschoren. Echte Brochés sind wegen der aufwendigen Technik selten und stets hochwertig; Imitation durch falschen Broché: → *Lancé découpé*. – Vgl. → *Scherli*.

Brodélacé, stickereiähnliche Motive auf Wirkspitzen, meist in → *Rascheltechnik*.

Brodélacé

Broderie, frz. → *Stickerei*.

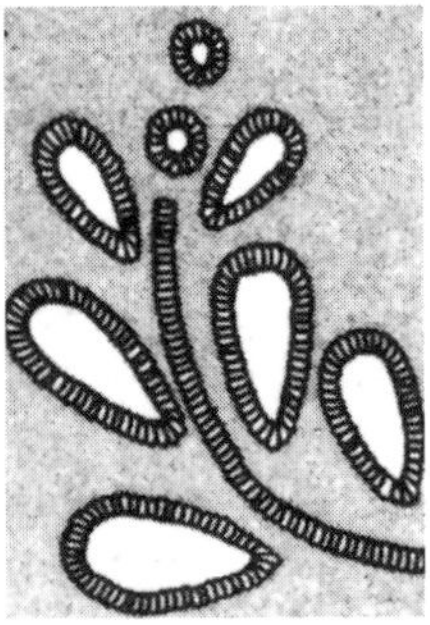

Broderie anglaise

Broderie anglaise, Sammelbegriff für → *Bohr-Stickereien* (Ausschnittstickereien, → *Lochstickerei*), auch maschinell hergestellt. Arten: → *Madeira-Stickerei*, bei der die umstickten Löcher oder Blüten mit → *Allover-*Effekt streifenartig angeordnet sind, so daß oft Rankenmuster entstehen, und die feinere → *Teneriffa-Stickerei*, die keine Blütenmotive verwendet.

Brodésette

Brodésette, durchbrochene Gardinenstoffe in → *Rascheltechnik* mit leicht plastischer → *Fallblechmusterung* im Stickereicharakter.

Brokat, feine, glanzreiche, großzügig gemusterte → *Jacquardgewebe* im Seidencharakter, wobei das Muster durch glanzgebendes Effektmaterial (Viskose, → *Metallglänzende Effektgarne*) gebildet oder betont wird. – Vgl. → *Lamé*. → Abb. vgl. S.113.

Brokat-Damast, dichte und feine Damaste für Tischdecken und Bettbezüge, nach RAL-RG 309 aus gekämmten und mercerisierten Baumwollgarnen mit mindestens Nm 60 (167 dtex) und einer Mindestdichte von 88 Fäden/cm^2 und einem Mindestgewicht von 125 g/m^2 in → *Jacquardbindung* mit mindestens 30 verschieden einbindenden Kettfäden im → *Rapport*.

Broken Denim, → *Broken Twill*.

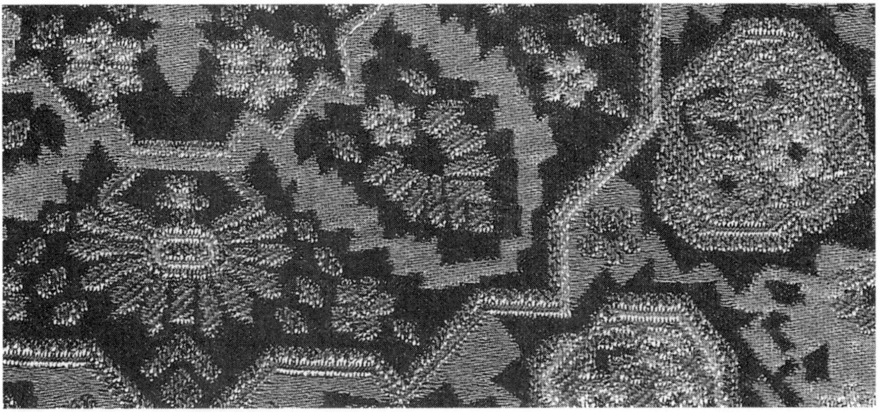

Geometrisch gemusterter Brokat mit reichlich Goldeffekt durch Lurex mit Acetat als Basis-Material und unfixiertem Polyamid als Schrumpfmaterial zur Verstärkung der leicht erhabenen Musterung.

Broken lapels, engl. „gebrochenes Fasson": Der Reversabstich bildet zur Spiegelnaht einen Winkel, im Gegensatz zum geraden → *Fasson*, bei dem sich der Reversabstich in einer geraden Linie zur Spiegelnaht fortsetzt.

Broken Style, → *Cross Dressing*, Integrieren maskuliner Formen in die Damenmode als Modethema. – Vgl. → *Androgyn*, → *Hosenanzug*.

Broken Suit, anzugähnliche Kombination von Sakko und Hose, auch mit Weste aus unterschiedlich dessinierten, aber gut miteinander abgestimmten Stofftypen (Name von Zegna). Auch als → *Business-Anzug* zu tragen.

Broken thinking, Modewort für unkonventionelle Kombination von Bekleidungsstükken verschiedenen Stils, vor allem sportlich und elegant. – Vgl. → *Cross dressing*.

Broken Twill, ungerauhte Stoffe in → *Kreuzköperbindung* oder in einer → *Mehrgratköperbindung* mit Gratwechsel, vor allem für → *Jeanswear* (→ *Broken Denim*). Nicht so strapazierfähig wie → *Blue Denim*, weicher, beult leichter aus, bei einfachen Nähten nicht voll schiebefest. Der gefürchtete Schrägverzug bei der Naßbehandlung in der Ausrüstung wird vermieden, es tritt kein → *Drehbein* auf. – Vgl. → *Flat*.

Broken Suit

Brossé, kurzgeschorene Mantelstoffe aus → *Streichgarn*, mit hochgebürstetem, also nicht flach liegendem Flor, oft mit → *Mohair*.

Bruchdehnung, Maß für die Dehnung, die eine Faser oder ein Garn bis zum Bruch aushält, trocken oder naß, in Prozent der Ausgangslänge. Wolle: 20–40%, naß noch höher; Naturseide 20–24%, naß bis 30%; Polyamid über 20%; Baumwolle 5–8%; Leinen 1,6%.

Bruchfestigkeit, auf die Feinheit in → *dtex* oder → *tex* der Faser oder des Garns bezogene Zugkraft (feinheitsbezogene Bruchkraft, → *Reißkraft*) beim Bruch; gibt an, wie stark ein Material belastet werden kann, bis es bricht. – Vgl. → *Reißfestigkeit*, → *Zugfestigkeit*.

Brunsmet®, reißfeste(s), geschmeidige(s), wie Naturfasern verspinnbare(s), aber nur wenig dehnfähige(s), sehr dünne(s) Edelstahlfaser oder -Filament (8–12 micron, → *Stapel* 75–150 mm) zur Beimischung mit 0,3–0,5% in Polyamid-→ *Teppichfasern* zur Verhinderung der → *elektrostatischen Aufladung*. Der Effekt ist dauerhaft und von der Luftfeuchtigkeit unabhängig.

Brush-Denim, (brush = engl. bürsten), → *Velveton*-artig geschmirgelter → *Denim* mit leicht flusiger Oberfläche und weichem Griff, auch in Rohweiß und in Modefarben. – Vgl. → *Scrubbed Denim*, → *Thermo-Denim*.

Brüssel, im Gegensatz zum → *Tournay* in → *Kettsamttechnik* mit Zugruten gewebter → *Maschinenteppich* mit unaufgeschnittenen Woll- oder → *Haargarn*-Schlingen (→ *Bouclé*) mit Jacquard-Dessin, zwei- oder mehr→ *chorig*.

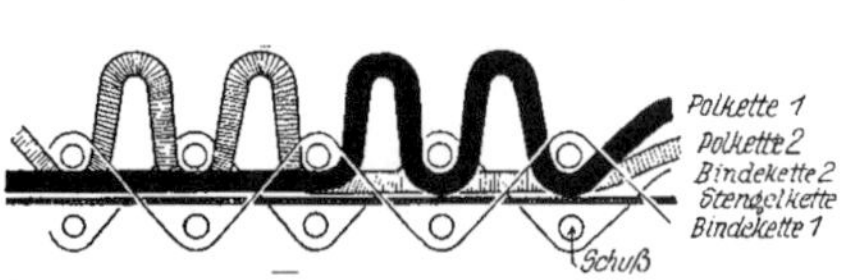

Schußschnitt durch einen zweichorigen Brüssel; die Stehkette bleibt unsichtbar.

Noppenbild eines Haargarn-Brüssel (nicht vergrößert).

Brüsseler Spitze, → *Klöppel*- und Applikationsspitzen, bei denen ursprünglich Grund und Muster separat geklöppelt und anschließend zusammengenäht wurden.

Brusttasche, äußere, meist eingeschnittene → *Leisten*- oder → *Paspeltasche* an der linken Seite von Anzügen und Sakkos in Brusthöhe; sie muß mindestens so tief sein, daß eine Sonnenbrille darin getragen werden kann.

B-Type, Chemie-Spinnfasern, besonders → *Viskose-*, → *Polynosische* und → *HWM-Fasern*, die in → *Stapellänge*, → *Feinheit* (→ *Einzeltiter*) von 0,6–3 dtex und in ihrer Struktur den Verarbeitungsbedingungen der Baumwollspinnerei angepaßt sind, glänzend und matt, rohweiß oder spinngefärbt, zur Mischung mit Baumwolle oder für baumwollähnliche Artikel. – Vgl. → *W-Type* (stärker gekräuselt).

Bubikragen, → *Peter Pan-Kragen*, kurze, im Eck dicht schließende, an den Spitzen abgerundete jugendliche Kragenform.

Bucaroni®, nach amerikanischen Patenten in der Schweiz hergestelltes Garn mit

→ *Strick-Fixier-Texturierung* und nachfolgender Heißfixierung aus Polyamid-, Acryl- oder Polyesterfasern.

Buchara, dicht geknüpfter und anschließend kurz geschorener Nomadenteppich (→ *Orient-Teppich*, Turkmene) mit einer Musterung aus gleichmäßig hintereinander liegenden achteckigen Formen und Bordüren aus Sternen, Dreiecken oder geometrischen Ranken, ähnlich dem → *Afghan*, aus Glanzwollen; vielfach in (pakistanischen) Manufakturen nachgeknüpft.

Buenos-Breitschwanz, Fell von südamerikanischen, flachlockig gezüchteten, lebend geborenen Karakul-Lämmern (vgl. → *Breitschwanz*), die mit einheimischen Rassen gekreuzt wurden; weiß, jedoch meist gefärbt, oft geschoren und deswegen auch kurzhaariger und gleichmäßiger in der Locke als die asiatischen Provenienzen, mit schöner Moiré-Zeichnung. Fellgröße 35–55 cm.

Büffelhornknopf, → *Hornknopf* mit guten Trage- und Pflegeeigenschaften; nachlassender Glanz kann aufpoliert werden. Da die Löcher nicht exakt gebohrt werden können, müssen die Knöpfe von Hand angenäht werden.

Bufferstocks, Ausgleichslager für Rohwolle zur Milderung der Preisschwankungen auf den Weltmärkten und Wolläger der Australian Wool Corporation (AWC), die durch Aufkauf auf Basis des normalerweise jährlich festgesetzten Mindestpreises (floor price) sonst nicht absetzbarer gröberer Wollsorten entstehen. Eine dauerhafte Beeinflussung des Weltmarktpreises hat sich jedoch nicht ergeben, wohl aber eine kurzfristige. – Bufferstocks für Baumwolle wurden von den USA und Deutschland abgelehnt.

Bügelarm, bügelflott, bügelleicht: Nicht geschützte Bezeichnung für Stoffe und Bekleidung, die aufgrund ihrer Rohstoffzusammensetzung oder Ausrüstung nach dem Waschen ohne Bügeln zwar verwendungsfähig sind, ein leichtes Bügeln den Glätteeffekt jedoch erhöht. Die Tendenz zum → *Aged-Look* begünstigt insbesondere für → *Freizeitkleidung* die sanfter ausgerüsteten Bekleidungstextilien ebenso wie die Öko-Diskussion. – Vgl. → *Bügelfrei*, → *Pflegeleicht*, → *Knitterarm*.

Bügelechtheit, Widerstandsfähigkeit von Färbungen und Drucken auf Textilien aller Art und in allen Verarbeitungsstufen gegen Bügeln, Bügelpressen und die Behandlung auf beheizten Trockenzylindern. Prüfung durch Messung der Farbabweichung nach DIN 54022 trocken, naß und dampffeucht bei einer Temperatur bei Baumwolle und Leinen von 190–210°, bei Acetat und Polyamid von 110–120°, Wolle, Seide, Acryl- und Polyesterfasern von 140–160°.

Bügelfalte, deutlich sichtbare Vorderfalte an der gesamten Beinlänge von (Herren-) Hosen, zur Kennzeichnung gepflegter → *City-Kleidung* geworden. Zu ihrer dauerhaften Fixierung auf Wollstoffen bedient man sich der → *Partiellen Formfest-Behandlung* mit Chemikalien wie → *Siroset*.

Bügelfrei, nicht einheitlich definierte Eigenschaft von Stoffen und Bekleidung; als Qualitätskriterium jedoch nur vertretbar bei Stoffen, die durch zellulosevernetzende Kunstharze oder durch eine → *Kunstharzfreie Pflegeleicht-Ausrüstung* eine dauerhafte und einlauffeste → *Dimensionsstabilität* erhalten haben und auch nach 25–30 Wäschen ein Bügeln nicht erforderlich ist. Die Stoffe werden nach der Wäsche wieder völlig glatt und laufen höchstens 1–2 % ein. Solche Ausrüstungen, die die Reiß- und Scheuerfestigkeit beeinträchtigen und hohen Chemikalieneinsatz benötigen, sind jedoch recht selten geworden. – Vgl. → *Permanent Press*, → *Bügelarm*, → *Pflegeleicht*.

Bügelglanz, nach zu hoher Bügeltemperatur entstandene Glanzstelle auf Stoffen durch plattgedrückte Fäden oder eine Veränderung der Faseroberfläche; Vermeidung bei empfindlichen Stoffen durch Auflegen feuchter Tücher während des Bügelvorgangs.

Bügelklebestoffe, Gewebe, Vliesstoffe, schmal geschnittene Bänder und Formteile, die mit thermoplastischen, wasch- und/oder reinigungsbeständigen Schmelzklebern beschichtet sind und nach Erhitzung dauerhaft oder temporär auf andere Stoffe als Versteifung für Taschenpatten, Bund, Kanten oder Gürtel aufkaschiert oder als → *Frontfixierung* zur Erzielung einer dauerhaften Paßform eingesetzt werden können. – Vgl. → *Heißsiegel-Verfahren*, → *Haftmasse*.

Bügeln, Glätten von Kleidungsstücken und Stoffen unter Einwirkung von Wärme, Feuchtigkeit und Druck entweder von Hand mit dem Bügeleisen oder mit Spezial-Einzweckmaschinen (→ *Bügelpresse*). Strickwaren müssen nur selten gebügelt, besser ohne Einwirkung von Druck mit Dampf behandelt werden (→ *Dämpfen*). – Vgl. → *Bügeltemperatur*.

Bügelpresse, automatische oder (selten) von Hand bediente → *Einzweckmaschinen* zum Bügeln und Formpressen fertig genähter Bekleidungsstücke durch Einblasen

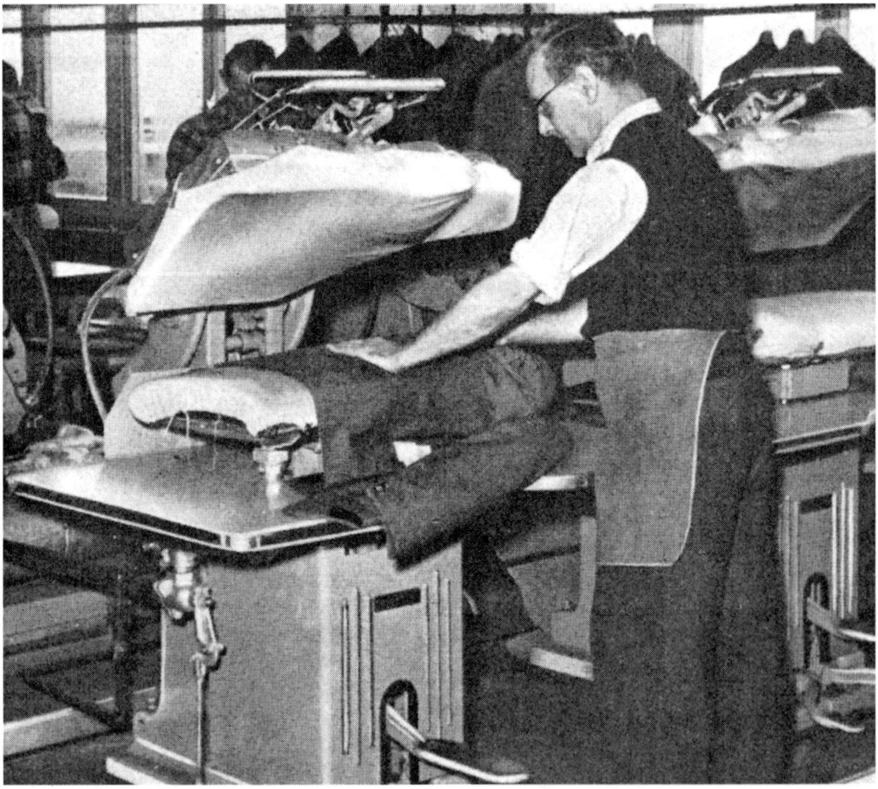

Von Hand bediente Bügelpresse.

von Dampf über Ober- und Unterteile, deren Form genau der des zu bearbeitenden Teils entsprechen muß, und anschließendes Absaugen mit Kaltluft. Der Druck der Presse, die das Teil formt, wird aufrechterhalten, bis der Stoff kalt und trocken geworden ist. Dadurch wird der Bügeleffekt besonders dauerhaft. Bei den Automaten, die auch wegen ihrer Spezialisierung auf Kragen, Schulter, Brust, Rücken usw. einen erheblichen Kapitaleinsatz erfordern, wird die Preßdauer, die Dampfzufuhr und die Intensität des Absaugens in Anpassung an Modell und Stoffart von qualifizierten Kräften programmiert und automatisch gesteuert; der Bügler legt nur mehr ein und kann bis zu vier Maschinen bedienen. – Vgl. → *Karusselprinzip.*

Bügeltemperatur, der Materialzusammensetzung des Stoffes angepaßte Temperatur, die beim Bügeln nicht überschritten werden darf und auf modernen Bügeleisen oder -pressen meist stufenlos einstellbar und durch ein Punktsystem gekennzeichnet ist. Bei zu hohen Bügeltemperaturen kann der Stoff versengen, anbrennen, schrumpfen oder schmelzen, sodann temporär oder permanent seine Farbe ändern. 1 Punkt, 1. Hälfte: 80–120 °C, für Polyamid, Acryl, 2. Hälfte: 120–148 °C, für Viskose und Acetat; 2 Punkte, 1. Hälfte: 140–165 °C, für Wolle, Naturseide, Triacetat, 2. Hälfte: 165–190 °C, für Polyester; 3 Punkte, 1. Hälfte: 190–210 °C, für Baumwolle, 2. Hälfte: 210–230 °C, für Leinen. – Vgl. → *Pflegekennzeichnung.*

Builder, aktivierende Zusatzstoffe in Waschmitteln (→ *Phosphate* und → *Phosphataustauschstoffe*), die die Waschkraft vor allem gegenüber von Pigmenten und Fetten erhöhen und durch Blockieren von Härtebildnern (Kalzium- und Magnesiumsalze) die Kalkablagerungen in der Waschmaschine und auf dem Waschgut verhindern sollen. Durch Dispergieren des herausgelösten Schmutzes und Verbesserung des Schmutztragevermögens der Lauge wird die → *Waschvergrauung* verhütet. Phosphatfreie Waschmittel enthalten **Builder-Systeme** mit Zusatz geringer Mengen anderer Chemikalien (Soda, Polycarboxylat), um die Wirksamkeit des Tripolyphosphats zu erreichen. – Vgl. → *Sasil,* → *Waschmittel,* → *Color-Waschmittel.*

Bulky, (engl: grob gestrickt), Moderichtung bei grobmaschigen Wirk- und Strickwaren für Oberbekleidung; sehr salopp und herrenmäßig geschnitten, in zu großen Größen oder in übergroßen Schnitten und Formen getragen.

Bulky

Bullcord, schwerer → *Cordsamt* mit 12 statt 10 → *oz* Gewicht, vor allem für → *Jeanswear.*

Bulldenim, schwerster Denim mit über 14,5 → *oz* für rustikales → *Jeanswear* und als Winterqualität.

Bund, 1. Oberer Taillenabschluß an Hosen und Röcken; der Bund kann angesetzt, angeschnitten, verstärkt und rutschfest ausgestattet sein. – Vgl. → *Rundbund,* → *Spitzbund,* → *Gürtelhose,* → *Bundverlängerung.*

2. Meist der Elastizität wegen → *Doppelripp*-gestrickter, am unteren Abschluß und

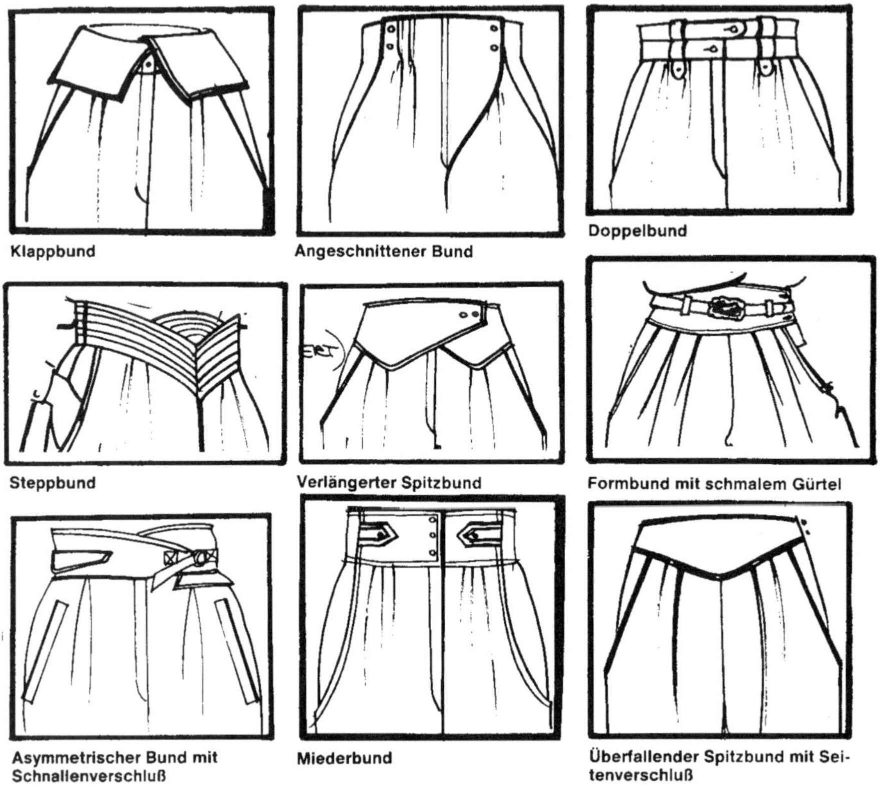

Bundvariationen an Damenhosen.

am Ärmelende von Pullovern und Westen angebrachter Rand.

Bündchenärmel, im Gegensatz zum → *Manschettenärmel* angesetzter Ärmelabschluß, meist mit Knopfverschluß, der die Ärmelweite bauschig faßt.

Bündelfaser, aus → *Elementarfasern* zusammengesetzte Bastfasern (Faserbündel im Gegensatz zu einzelligen Fasern, → *Leinen* und → *Hanf*), deren Einzelfasern durch eine leimartige Interzellularsubstanz zusammengehalten werden und nur durch einen aufwendigen chemischen Prozeß (→ *Kottonisierung*) voneinander getrennt werden können. In Europa wird die Gewinnung

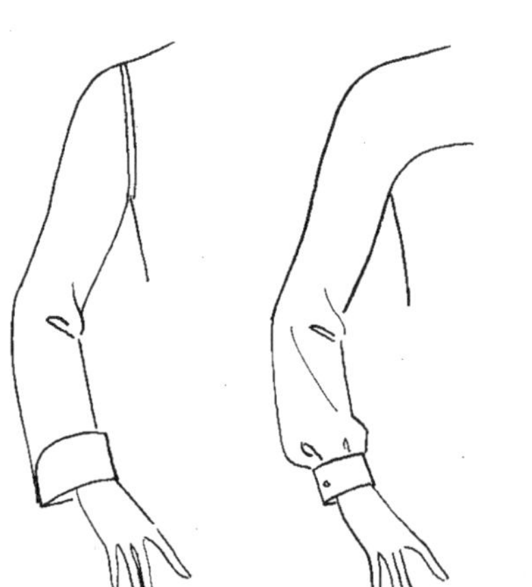

Bündchenärmel im Vergleich zum Manschettenärmel (rechts).

Bündelfaser (Flachsfaser, Leinen); links Längsbild, Elementarfaser mit Querverschiebung; rechts Schnitt mit den separierten Einzelfasern.

der Einzelfasern (→ *Flockenbast*) wegen der hohen Schadstoffemissionen vor allem aus Gründen des Umweltschutzes nicht mehr vorgenommen.

Bündelstreifen, breite Streifenanordnung mit Einzelstreifen in verschiedener Farbgebung. Nach mehrmaliger Wiederholung der gleichen Streifengruppe in verschiedener Farbe beginnt der neue Rapport des Streifenbündels. – Vgl. → *Schattenstreifen.*

Bündelsystem, Abart des Leistungslohns bei der Herstellung von Bekleidung, die die individuelle Leistungsfähigkeit jedes Mitarbeiters voll wirksam werden läßt. Es werden so viele Stücke zur Bearbeitung vorgelegt, wie der Mitarbeiter fehlerfrei leisten kann; die Entlohnung basiert auf der Zahl der durchgeführten Arbeitsverrichtungen. Die geringere Arbeitsgeschwindigkeit einzelner Mitarbeiter führt nicht zu einer Produktionshemmung. Verschiedene Modelle können gleichzeitig durch die Fabrikation laufen. Nachteil: Größere Warenmengen in der Bearbeitung, längere Durchlaufzeit, höhere Kapitalbindung, z.T. niedrigere Maschinennutzung. Gegensatz: → *Taktarbeit.*

Bundfalte, aus dem → *Jeanswear* stammende Bundverarbeitung von Hosen, die die Möglichkeit gibt, bei nicht dressurfähigen (Baumwoll-)Stoffen die Hinterhose gesäßeng zu modellieren und dabei eine bequeme Schenkelweite zu schaffen. Dazu müssen die Bundfalten nach außen gelegt

Bundfaltenhosen in gemäßigter Weite.

sein. Bei gutem Schnitt und nicht zu breiten oder wulstigen Falten wird eine schlankmachende Wirkung erzielt. Die Bundfalte ist zum modischen Element mit großem Wandlungsreichtum geworden. – Vgl. → *Blockfalte*.

Bundfaltenhose, schnittechnisch schwierige Hosenform für Damen und Herren mit zwei bis sechs manchmal zum Teil abgesteppten Falten am Bund; bequem und doch optisch schlank machend. – Vgl. → *Karottenhose*.

Klassische Herrenhose mit zwei nach außen gelegten Bundfalten, von denen die innere in die Bügelfalte übergeht.

Modische Herrenhose mit gekreuzten Gürtelschlaufen und nicht zu tief eingelegter Bundfalte aus Cordsamt.

Bundfutter, Futter im Hosenbund, → *Moleskin*, → *Pocketing* oder Futtersatin aus

Modische Herrenhose aus superleichtem Kammgarn mit drei verschieden tiefen, nicht abgebügelten Bundfalten am blinden Uhrtäschchen.

Baumwolle oder Viskose. Teilweise modisches Element durch Farbe oder Druckdessin, teilweise ersetzt durch rutschfeste Bundverarbeitung mit Gummi- oder Schaumgummiauflage. – Vgl. → *Aerolen*, → *Schaumstoff-Schnittfäden*.

Bundhose, → *Kniebundhose*.

Bundverlängerung, meist mit Haken und Öse zu verschließende, äußerlich sichtbare Verlängerung des Hosenbundes mit Oberstoff an → *Rundbundhosen* zur Erzielung eines sauberen Abschlusses.

Bundverlängerung an der Rundbundhose.

Buntätze, → *Ätzdruck*, bei dem der Druckpaste ätzbeständige Farbstoffe (→ *Illuminationsfarbstoffe*) beigefügt werden und der Ätzvorgang gleichzeitig mit dem Aufdruck anderer Farben verbunden wird. Eine auf Baumwolle häufig angewandte Kombination ist ein ätzbarer → *Reaktivfarbstoff* und ein ätzbeständiger → *Küpenfarbstoff*.

Buntgewebe, Gewebe in → *Schaft-* oder → *Jacquardbindungen*, die durch wechselnd farbige Kettfäden (→ *Zettelbrief*, Längsstreifen), wechselnd farbige Schußfäden (→ *Schußfolge*, Querstreifen) oder aus Kombinationen von beidem (→ *Karo*, → *Fil à Fil*, → *Hahnentritt*, → *Pepita*) gemustert sind; sie erfordern garn- oder flockfarbige Garne. Die Farben der noch nicht verwebten Kett- und Schußfäden unterscheiden sich vom Farbcharakter des fertigen Gewebes oft erheblich, weil durch die Abbindung mit dem anderen Fadensystem eine Kollektivfarbe gebildet wird. Reine, kräftige, dunkle Farben sind durch Buntweben nur begrenzt erreichbar.

Buntreserve, → *Reservedruck*, bei dem den Reservierungsmitteln beim Schutzdruck → *Illuminationsfarbstoffe* zugesetzt werden, die überfärbeecht fixiert werden; in nur einem Arbeitsgang entsteht ein Buntdruck. – Vgl. → *Halbtonreserve*.

Buntwaschmittel, → *Feinwaschmittel*, vielseitig einsetzbare Waschmittel für den Temperaturbereich zwischen 30 °C und 65 °C; die frühere Definition „alkalifrei" (niedriger PH-Wert) stimmt nur noch bedingt, da die → *Tenside* denen in den → *Alltemperaturwaschmitteln* sehr ähnlich sind, wenngleich nicht in der gleichen Menge. In den Buntwaschmitteln fehlen die → *Bleichmittel* und → *Optischen Aufheller*, Pflege (geringe Waschbeanspruchung) und Schonung (vor allem der Farben) der Textilie stehen bei der Rezeptur im Vordergrund. Zu empfehlen für die überwiegende Menge der Alltagswäsche, die wegen des häufigeren Wäschewechsels nur mehr selten stark verschmutzt wird; wegen des milderen Einsatzes von Chemikalien weniger umweltbelastend und wegen der niedrigen Temperaturen energiesparend. – Vgl. → *Waschmittel*, → *Color-Waschmittel*, → *Universalwaschmittel* → *Vollwaschmittel*.

Bure, (spr. Bühr), derber, rauher Wollstoff mit → *Meltonausrüstung*, ursprünglich zu Kutten (Ordenskleidung) verarbeitet. – Vgl. → *Kutschertuch*, → *Fischertuch*, → *Kabik*.

Burberry®, geschützte Bezeichnung einer englischen Bekleidungsfabrik für sehr hochwertige, wetterfeste Mäntel aus imprägnierten Woll- und Baumwollstoffen.

Büroanzug, Allgemeinbezeichnung für formelle → *Tagesanzüge*, sinngleich mit → *Straßenanzug*, in der Stoffwahl nicht so formell wie der → *Business-* oder → *Cityanzug*.

Buschhemd, hemdartige Jacke mit kurzem Arm aus sommerlichen Stoffen, ungefüttert, meist mit Ausschlagkragen, Gürtel und aufgesetzten Taschen. – Vgl. → *Shirtanzug*, → *Shirt-Jacket*.

Buschhemd

Buschkostüm, sportliches Kostüm mit vier aufgesetzten Taschen und breitem Rundgurt mit Schnalle aus Stoffen im Baumwollcharakter.

Busenstütze, Schaumgummikörbchen mit einer kleinen, eingebauten Stütze; im BH zu tragen, um den Busen zu heben und voller erscheinen zu lassen, oder mit Klebestreifen befestigt als BH zu rückenfreier Bekleidung getragen.

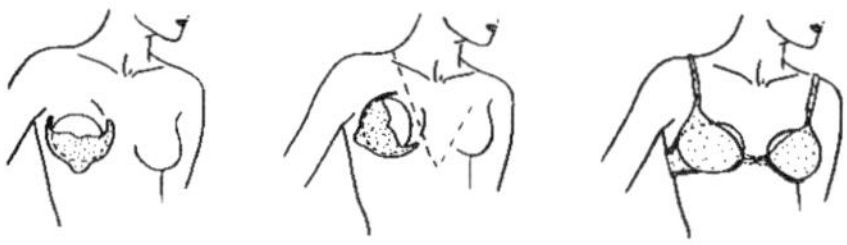

Busenstütze; bei den ersten beiden Abbildungen mit der Wirkung eines BH getragen, ganz rechts in den BH eingelegt.

Moderner Business-Anzug, einreihig auf zwei Knopf, bequeme Oberweite auch im Rücken, der Körperform folgende Schulterlinie, leichte Betonung in der Taille, an der Hüfte anliegend.

Business-Anzug, gehobene, besonders elegante Form des → *Tagesanzugs*, zu den → *City-Anzügen* zählender, formeller Anzugtyp aus weichen Stoffen in weicher Verarbeitung in nicht zu auffälliger Modellgestaltung und in Schnitten, die der geltenden Mode nur angepaßt sind, aus ruhig gemusterten Stoffen. – Vgl. → *Büroanzug*, → *Straßenanzug*.

Business-Look, **-Stil**, **-Kostüm**, schlichte, dezente, meist neutral-farbige, aber optisch nach Schnitt und Stoffqualität anspruchsvolle Kleidung für gehobene Büroberufe.

Business-Mantel, angezogener → *City-* oder → *Stadtmanteltyp*, zum Business-Anzug passend, für den Geschäftsmann auf Reisen.

Büstenhalter, meist abgekürzt „BH", → *Mieder*-Oberteil mit Stützfunktion (Formbügel) oder als modisches Dessous in variationsreicher Ausführung zur Erzielung verschiedener → *Dekolleté*-Formen; mit Vorder- oder Rückenschluß, ohne oder mit Mittel-, Nacken- oder Seitenträger (auch abnehmbar), in Spezialausführung als Still-BH oder mit plastischer Einlage. Zur Betonung der Brust können in den vollen → *Cup* oder in der unteren Cuphälfte Einlagen zur Unterstützung der Brust oder zum Ausgleich der Büstenform oft aus → *Fiberfill* fest eingenäht oder als Kissen (→ *Pad*) herausnehmbar angebracht sein. – **BH-Hemdchen**, Hemdchen mit gemoldeten, genähten, leicht stützenden Cups, auch mit Bügel. – Vgl. → *Balconnet*, → *Bandeau-BH*, → *Brassière*, → *Bustier*, → *Molded bra*, → *Haftschalen-BH*, → *Halbschalen-BH*, → *Torsolet*.

Bustier, (spr. Büstijee), anliegendes, leibchenartiges, leichtes und enges Oberteil, hochgeschlossen, ausgeschnitten oder mit Trägern, das die Brust bedeckt oder auch bis handbreit unter die Taille reicht, als

Moderne Business-Mäntel. Von links: Antaillierter Zweireiher mit steigendem Fasson, eingeschobenem Ärmel mit Kappnaht-Betonung für athletische Silhouette, Taschen mit umsteppter Patte; Business-Mantel als Sommerpaletot mit fallendem Fasson, Zweireiher auf vier Knopf in Deichselstellung; als Staubmantel aus Klimastoff, einreihig mit verdeckter Knopfleiste und Kingscoat-Kragen; Designermodell mit Leistentaschen an der Brust und an den Seiten, neuartiges Fasson und ungewöhnliche, als Paar angeordnete Knopfstellung.

Wäschestück oder mit ausgearbeiteten → *Cups* ohne Stützfunktion auch für Straßenkleidung, kürzer als die bis zur Taille reichende → *Corsage*. Das ähnliche → *Camisol* ist weiter geschnitten, liegt nicht am Körper an. Vorne geknöpftes Bustier oder mit Schnürzug: → *Brassière*. – Bei Strandbekleidung auch: jugendliche Form-→ *Corsage* (Straßenmieder), nabelfreies → *Top* ohne Träger. – Vgl. → *Balconnet*, → *Leibchen*, → *Torsolet*. → Abb. vgl. S. 124.

Buttonkragen, Hemd- und Blusenkragen, deren Kragenspitzen geknöpft werden können. – **Button-down**: Die Kragenspitzen werden auf das Hemd-Vorderteil geknöpft; – **Button-side**: Die Kragenspitzen werden auf den Kragensteg (Unterkragen) geknöpft. – Vgl. → *Picadilly-Kragen*, → *Tab-Kragen*.

Button-down-Kragen.s

Byssus, → *Drehergewebe*, grober, poröser, mit Tuchbindeeffekten gemusterter Hemdenstoff.

Byssus-Seide, im → *TKG* nicht erwähnte, wirtschaftlich bedeutungslose Muschel- oder Seeseide, Faserbast der im Mittelmeer verbreiteten Steckmuschel, schwer zu gewinnen. Fein, weich, glänzend oliv-

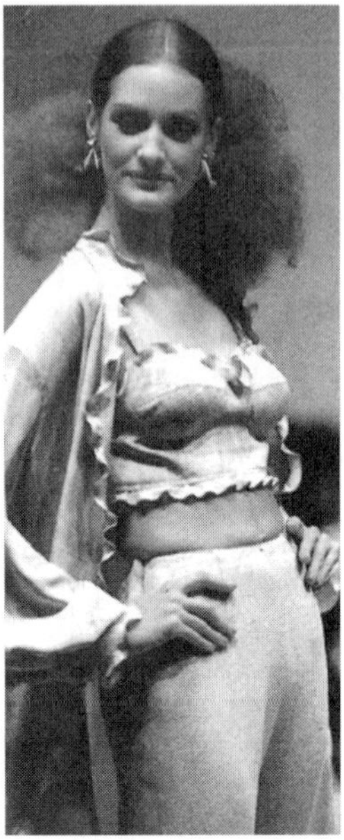

Bustier-Kombination. Designer-Model.

braun. In Sizilien zu Posamenten und Schals verarbeitet (Touristen-Souvenir).

Byzanzmuster, Druckmusterung mit dem bewußt antik wirkenden Goldglanz, der für die Kunst der byzantinischen Epoche (christlicher Osten vom 4.–15. Jahrhundert) typisch war; Vorbilder: Ikonen, Mosaiken, filigrane Metallarbeiten.

C

Caban, 1. Für Damen: Jugendlich-sportliche, hüftlange Einzel- oder Kostümjacke, häufig körpernah tailliert und zweireihig mit Revers.

Körpernah taillierter Caban, leicht ausgestellt, mit tellerförmigem Kragen

2. Für Herren: Ein- oder zweireihiger, nur hüftlanger Kurzmantel meist mit wuchtigem → *Fasson* und aufgesetzten oder → *Schubtaschen*, der mit seiner antaillierten Form die Figur deutlich zur Geltung bringt; jugendliche Modelle passen nur über Pullover, nicht über Sakkos. – Vgl. → *Walking Jacket*.

Caban-Anzug, nur mehr selten anzutreffender winterlicher → *Leger-Anzug* mit langem Sakko, aufgesetzten Taschen und oft mit Gürtel.

Cablé, Hand- und Maschinen-Strickgarn, Mehrfach-→ *Zwirn* mit einem wie geflochten wirkenden Bild. Im Gegensatz zum üblichen Strickgarn verläuft die Endzwirndrehung entgegengesetzt zur Vorzwirndrehung. Dadurch werden innere Spannungen im Zwirn ausgeglichen, so daß ein perliges Bild entsteht. Fester, etwas härter und auch strapazierfähiger als Mehrfachzwirne mit Paralleldrehung.

Cabretta-Leder, der Mode entsprechend geschmeidiges Leichtleder von einem Haarschaf; das Leder hat feinere und festere Narben als das von Wollschafen.

Cache-Coeur-Kleid, (frz. Brusttuch), Passeneffekt bei Kleidern im → *Romantic-*

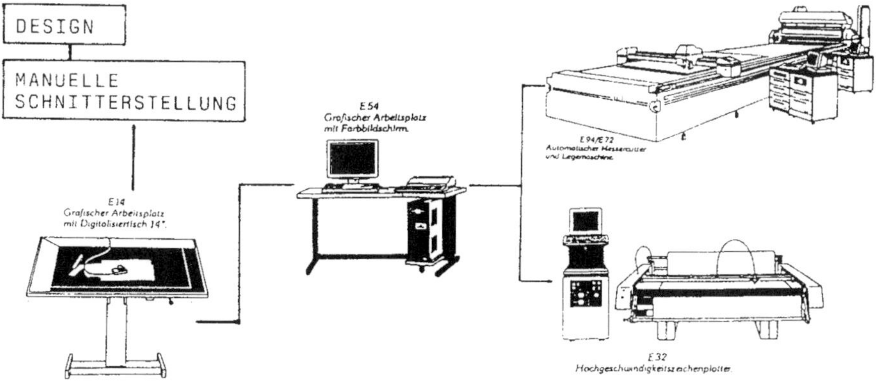

Grundstruktur eines CAD-Arbeitsplatzes einschließlich automatischem Zuschnitt mit der Möglichkeit der Stoffeinsparung, der optimalen Entwicklung von produktionsreifen Schnittbildern in verschiedenen Konfektionsgrößen und schneller Gradierung am Bildschirm

Look, der die das Dekolleté verhüllenden Brusttücher der Biedermeierzeit nachahmt.

Cachemire, frz. für → *Kaschmir*.

Cachenez, quadratische Vierecktücher für Herren im Gegensatz zum Langschal. Der früher allgemein gebrauchte Begriff wird nur mehr für die weißen Tücher, die zur → *Gesellschaftskleidung* getragen werden, angewandt.

CAD, **C**omputer **A**ided **D**esign, d.h. durch den Computer unterstützter Modellentwurf, umfaßt Entwurf, Konstruktion und Zuschnitt-System. Bei modernen Geräten kann eine große Zahl von Farbtönen gemischt werden. – Vgl. → *CAM*, → *CAE*, → *CAP*, → *CIM*, → *QRS*.

Caddyhose, modische, kaum überfallende, eine Handbreit unter dem Knie endende Stiefelhose, wird zusammen mit weichen, hohen Lederstiefeln getragen und ist nicht so streng wie die → *Golfhose*. Aus weichen Stoffen von der Damenmode übernommen.

Caddyhose

CAE, **C**omputer **A**ided **E**ngineering, Computer-unterstützte Prozeß-Automation; die Daten dienen vor allem der Minimierung der Vorbereitungs- und Rüstzeiten in der Fertigung. – Vgl. → *CAD*, → *CAP*, → *CIM*.

Cage ginning, Maschinentechnik zur Ernte von Baumwoll-Fasern (Förderkorb-Entkörner), bei der weniger Fasern durch das Abschlagen vom Samenkern beschädigt oder verkürzt werden; die Qualität wird verbessert, der Abfall verringert.

Calayos, sehr strapazierfähiges, leichtes und gut zu färbendes, preiswertes Fell eines spanischen Berglamms. – Vgl. → *Lamm*.

Caleçon, frz. Unterhose, im deutschen Sprachraum → *Boxershort*.

Calmuc, → *Kalmuk*.

CAM, **C**omputer **A**ided **M**anufacturing, rechnerunterstützte Fertigung mit dem Ziel, sich schneller an Kundenwünsche anpassen zu können. Die → *Computergradierung* und der automatische Zuschnitt sind Teile von CAM. – Vgl. → *CAD*, → *CAE*, → *CIM*.

Camaïeux (sprich: kamajöh), abschattierende Farbgebung, die gleichzeitig das Muster bildet, mit gleichartigen, verschieden hellen Farbtönen; der Ausdruck wird auch für entsprechend abschattierende Farbwahl von Kombi-Kleidung gebraucht. Bei → *Ton in Ton* hebt sich das Muster von einem Fond ab. In der Färbereitechnik werden auch Zweiton-Färbeverfahren als Camaïeux bezeichnet, die die Spitzen der Wollfasern anders anfärben als die Haarwurzeln. – Vgl. → *Bi-Pol-Färbeverfahren*.

Cambrelle®, Polyamid- → *Wirrfaservlies* in Schmelzbindung aus → *Heterofilfasern* mit offener, florartiger Oberfläche und einem Mindestgewicht von 500 g. Musterungsmöglichkeiten bestehen durch Nadeln, Prägen, Bedrucken, → *Differential-dyeing* und durch Stückfärbung.

Camisette, kurzes, nur taillenlanges, eng anliegendes Hemdchen aus → *Kettenwirkwaren* (→ *Charmeuse*).

Wäschesets mit Camisol als Oberteil. Von Links nach rechts: Mit spitzenbesetztem Slip; mit French Knickers; Camisol und Petticoat aus besticktem Batist; mit Rio-Slip; mit geteilter Brust und French Knickers.

Cambric, sehr dicht bis daunendicht gewebte Batiste für Wäsche, als Grundware für Schweizer Stickereien sowie als Einfüllstoff von Steppdecken (→ *Einschütte*).

Caméléon, → *Abseitengewebe* mit zwei- oder mehrfarbigen Garnen von besonderer Leuchtkraft im Schuß, wobei die verschiedenen Garne in ein Fach eingetragen werden und sich wahllos gegenseitig umschlingen. Dadurch entsteht auf Uni-Kette eine unregelmäßige Musterung. – Vgl. → *Brillantcolor.*

Camelot, feiner, tuchbindiger Kammgarnstoff mit → *Mouliné-Zwirnen* in der Kette und einer dritten Farbe im Schuß.

Cameo-Druck, → *Schaumdruck* mit plastischem Effekt, der durch das Aufdrucken von Acrylat oder Polystyrol zusammen mit einem Treibmittel entsteht. Beim Trocknen blähen die Treibmittel das Muster auf und geben ihm den dreidimensionalen Effekt. Den Druckfarben können auch Pigmente, z. B. in Metall- oder Goldfarben oder Weiß zugesetzt werden.

Camisol, ausgeschnittenes, gerade die Brust bedeckendes und höchstens taillenlanges Wäsche-Oberteil mit schmalen Trägern und häufig mit Garnierung am Ausschnitt, das auch sichtbar getragen werden kann; im Gegensatz zum → *Bolero* stets geschlossen. – Vgl. → *Brassière*, → *Bustier*, → *Top*, → *Torsolet.*

Camouflage-Look, modische Abwandlung der militärischen Tarnbekleidung, sportliche Kleidung im Stil der Kolonialisten oder Buschkämpfer (→ *Military-Look*), vor allem in Khaki und Naturfarben.

Campingkragen, sportliche, schalartig wirkende Kragenform mit zusammengenähtem → *Crochetwinkel.*

Campingkragen

Campus-Stil, Herren-→ *Sportswear* mit athletischer Wirkung, von den amerikanischen Sportarten Baseball und Football inspiriert.

Canadian, Jacke für Damen und Herren aus winddichten oder imprägnierten Stoffen, → *Hirtenloden* oder Langhaar → *Flausch* in sportlichem Schnitt; modischer Nachfolger des → *Stutzer*.

Canadienne, sportliche (Damen-)Jacke mit großen, bunten Karos.

Can(e)vas, 1. Leicht durchbrochener, steif gestärkter Handarbeitsstoff (→ *Scheindreher*). – Vgl. → *Stramin*.
2. Strapazierfähiges Baumwollgewebe in Tuchbindung für → *Jeanswear* (→ *Flat*) und → *Sportswear*, recht anfällig gegen Knittern; kein → *Drehbein*. – Vgl. → *Chambray*.

Cannabis, botanischer Name für → *Hanf*.

Cannélé, zweikettig gewebter, feiner → *Rips* mit Wechselrippe.

Cantrece®, amerikanische → *Bikomponentenfaser* mit bilateraler Struktur aus Nylon 6,6 und einem modifizierten, ungeordneten Polymer, mit spiraliger Kräuselung und hoher Formelastizität.

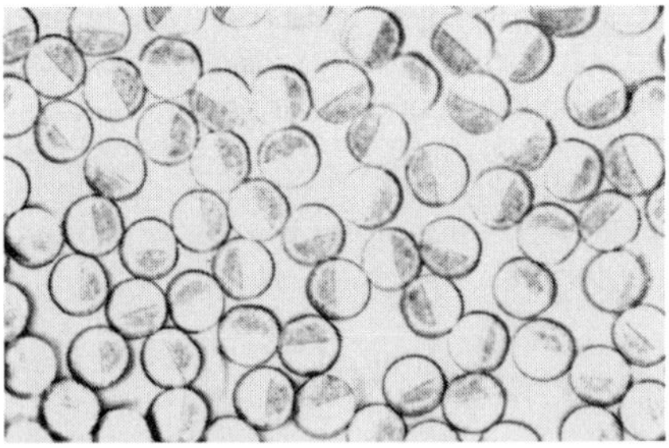

Bikomponentenfaser S/S-Typ (Cantrece), 300fach vergrößert.

Canvas, → *Can(e)vas*.

Cap, Schirmmütze.

CAP, **C**omputer **A**ided **P**lanning, rechnerunterstützte Fertigungsplanung und -steuerung. – Vgl. → *CAD*, → *CAE*, → *CAM*, → *CIM*.

Cape, ärmelloser Umhang für Damen und Herren, Gegensatz zum Mantel. – Vgl. → *Pelerine*.

Capekragen, → *Kutscherkragen*.

Caprihose, schmale und schlanke, an der Wade anliegende, $^3/_4$-lange Sommerhose mit kurzen Seitenschlitzen. – Vgl. → *Korsarenhose*, → *Piratenhose*. – **Capri-Leggings**, $^3/_4$-Hose aus Stretchstoffen.

Caprihose

Caprolactam, Vorprodukt von → *Polyamid 6* (→ *Perlon*), → *Monomer*, weißer, kristalliger, in reiner Form geruchloser Stoff, der aus Aromaten (Benzol, Toluol) gewonnen wird, wobei Ammonsulfat als Nebenprodukt entsteht.

Capron®, Polyamid 6, hauptsächlich für technische Zwecke.

Cape mit Fuchskragen (links), Cape-Jacke mit Kapuze und Rückenlatz als Doppelung, Knebel-(Husaren-)Verschluß (Mitte), Cape mit zusätzlicher Pelerine, Kapuze und Plaidfutter.

Capuchon, drapierter, kapuzenartiger, meist mit Dreieckspasse eingesetzter Rollkragen an Pullovern. – Vgl. → *Kuttenkragen.*

Capuchon

Caraco, → *Bolero*-kurzes, nabelfreies, ärmelloses → *Top.*

Carbonfasern, → *Kohlenstoff-Fasern.*

Carbonisieren, → *Karbonisieren.*

Cardieren, Carde, → *Kardieren, Karde.*

Cardigan, kragenlose Jacke mit V-Ausschnitt, stets durchgeknöpft, häufig mit aufgesetzten Taschen, manchmal mit breitem Bund in der Taille, für Damen und Herren. → Abb. vgl. S. 130.

Cargotasche, Doppeltasche bei → *Jeans* mit gerundetem Eingriff und einer zweiten, kleineren Tasche, die zur Hälfte sichtbar ist.

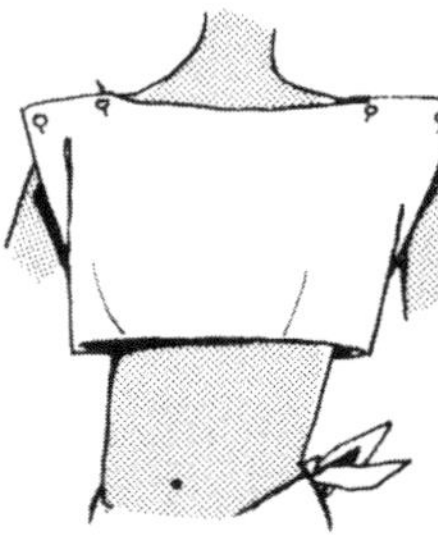

Caraco

Kurz-Cardigan

Long-Cardigan

Variationen des Herren-Cardigan, links und Mitte einreihig mit verschiedener Knopfstellung, rechts zweireihig.

Caribic-Stil, Kleider und Röcke mit flacher Hüfte und üppiger Weite aus leichten, weichen Stoffen, oft recht bunt und mit Rüschen und Volants verziert oder als → *Stufenrock* ausgebildet. – Vgl. → *Carmen-Stil*, → *Folklore*.

Carmen-Dekolleté, schulterfreies Dekolleté an Blusen und Kleidern mit geradem, waagrechtem Abschluß, häufig mit Rüschenverzierung oder Smokabschluß und mit weit geschnittenen Oberärmeln kombiniert.

Carmen-Dekolleté

Carmen-Stil, Kleider im → *Folklore-Charakter* aus weich fließenden Stoffen mit tief angesetzten, die Hüfte betonenden, weiten Röcken, meist mit → *Carmen-Dekolleté*. – Vgl. → *Caribic-Stil*.

Carmen-Stil

Carp-o-roll-Verfahren, kontinuierliches Färbeverfahren für Web- und → *Tufting-Teppiche* mit nur einer Rolle; sehr wirtschaftlich.

Carré, kleine, unauffällige Kariermusterung, häufig Ton in Ton oder bei Unigeweben durch Bindungseffekte erzielt.

Carré-Slip, knapp anliegender Herrenslip mit etwas mehr Leibhöhe.

Carrier, Färbebeschleuniger, im wesentlichen → *aromatische* Verbindungen, die das Aufziehen von Farben und das Durchfärbevermögen bei → *hydrophoben* und schlecht quellenden Fasern (vor allem → *Polyesterfasern* und → *Triacetat*) erleichtern. Sie lockern das Fasergefüge, wirken als Quellmittel und ermöglichen dadurch eine höhere Diffusionsgeschwindigkeit der Farbstoffmoleküle in die Faser; teilweise fördern sie die Farb- → *Affinität*. Sie können Geruchsbelästigung verursachen und Abwässer toxisch belasten. In Entwicklung sind wasserfreie Färbeverfahren, bei denen auch kein Abwasser anfällt. – → *Blockpolymerisate* Polyester mit Polyethylenoxid-Anteil haben ein entscheidend besseres Farbaufnahmevermögen und sind carrierfrei anfärbbar. Bei Erhaltung der Farbechtheit wird die Färbung verbilligt. – Vgl. → *Beize.*

Carrotieren, Behandlung von Tierhaaren zur Verbesserung der Filzfähigkeit.

Cashalaine, Imitation von Kleiderstoffen aus oder mit → *Kaschmir*wolle und deren weichen, schmeichelnden Warenausfall durch feine Merinowollen, manchmal auch mit Viskose-Beimischung, → *Lambswool* oder → *Angora.*

Cashgora, zu den → *Edelhaaren* zu rechnende, werblich geförderte Wolle von einer Neuzüchtung (→ *Mohair*-Ziegenbock mit einer → *Kaschmir*-Ziege), die in Faserfestigkeit und -länge dem Mohair, in Glanz, Feinheit und Weichheit dem echten Kaschmir entspricht, jedoch wesentlich strapazierfähiger ist. Die Faser ist deutlich weniger geschuppt als Schurwolle; das Haar jüngerer Tiere ist feiner als das der älteren; je nach Sortierungs-Qualität streuen die Feinheiten zwischen 36 Micron und weniger als 18,5 Micron. Die Preise für die feineren Sorten liegen deutlich unter denen für Kaschmir. Steppdeckenfüllungen sind möglich.

Cashmere, engl. für → *Kaschmir.*

Cashmilon®, japanische Acryl-Spinnfaser (Asahi).

Cassapret®SR, → *Fleckschutzausrüstung* (→ *Dual action*), auch für → *Permanent Press* und Polyester/Baumwollmischgewebe geeignet.

Cassur, → *Spiegelnaht.*

Casualwear, **-Look**, Sammelbegriff für sportlich-individuelle Mode, der nicht für eine bestimmte Moderichtung bestimmt ist, sondern der die Ausdrucksform und die Grundeinstellung eines Lebensgefühls symbolisiert und verschiedene Arten von Bekleidungsstücken „mit dem Charme des Unperfekten" kombinieren kann, die unkonventionell, individuell, von hoher Bequemlichkeit, ja sogar lässig sind und nach konservativer Vorstellung mit ihrer eher rustikalen Optik nur in der Freizeit getragen werden sollten. Nach moderner Auffassung und bei entsprechend gepflegter Stoff- und Modellwahl ist Casualwear durchaus „salonfähig" und für das Berufsleben geeignet, wenngleich es kein gestylter Look ist und damit einen Gegensatz zu → *Citywear* und → *Business-Look* darstellt. → *Activwear* fällt auf keinen Fall unter diesen Begriff. Für Damen ist Casualwear nicht → *unisex*, sondern betont feminin, variationsreich, unkonstruiert und weich verarbeitet, zur Betonung der Leichtigkeit mit sparsamer Innenverarbeitung. Casualwear darf lässig, aber nicht billig aussehen. Für Männer ist Casualwear ein zwangloser, gelegenheitsgerechter und damit ein zeitgemäß-praktischer Bekleidungsstil, die Abkehr von jeder Uniformiertheit, zwischen → *Sportswear* und „Klassik" angesiedelt, eine unkomplizierte und bequem verarbeitete Mode, die hauptsächlich auf wie zufällig zusammengestellt wirkenden Kombinationen verschiedener Bekleidungsstükke aufbaut und eine Mischung zwischen formeller und informeller Kleidung darstellt. Auch hier gilt Leichtigkeit, nur geringe Einlagen, Schulter häufig überschnitten und ohne Polster, weiche Verarbeitung, viel Strick. Der körperferne Schnitt kaschiert Figurprobleme bei Dickleibigkeit. Sowohl für Damen als für Herren kann Casualwear → *Outdoor* und → *Indoor* geeignet sein. Die Plazierung im Verkauf verursacht des richtigen Umfelds und der geschlossenen Präsentation wegen große Probleme. Der Verkauf ist beratungsbedürftig, der Modestil besonders für sportliche Figuren geeig-

Casual-Look für Herren. Links: Karo-Sakko in Leichtverarbeitung; Mitte: Layering: Weste über Overshirt; rechts: Zwischen City-Look und Sportswear angesiedelte, wie ungewollt zusammengestellte Kombination einer sakkoähnlichen Jacke in super-soft-Verarbeitung zum unkonventionellen Pulli und bequemen Baumwollhosen.

Casual-Look für Damen. Nicht die modischen Details der einzelnen Modelle geben dem Bekleidungsstil den entscheidenden Charakter, sondern die Art der Kombination der in sanften und fließenden Linie gehaltenen Einzelteile aus weichem, komfortablen Material mit Materialmix in spannungsreicher Zusammenstellung.

net. – Vgl. → *Sportswear*, → *Fashion sport*, → *Grunge*, → *Easy-life-Stil*, → *Fridaywear*, → *Chinos*, → *Dress down*.

Casual- und City-Layering im Vergleich. Links: Casual-Kombination im sportlichen Lagen-Look aus derbem Material: wichtig ist, daß immer ein kürzeres Teil dabei ist, da sonst nicht der Eindruck mehrerer Schichten entsteht. Rechts: City-Layering. Sanfte Modellierung des Körpers durch den Long-Blazer und die darunter getragene, leicht taillierte Weste; Mustermix aus leicht strukturierten Stoffen.

Catpant, fußlose Damenstrumpfhose ohne Steg. – Vgl. → *Legging*.

Catsuit, hautenger → *Overall* mit langem Bein aus feinem → *Stretch*-Material, der den ganzen Körper nachzeichnet, nach den Kostümen des Musicals „Cats" benannt. Nur für jugendliche, schlanke Figuren geeignet. – → *Aerobic-Anzug*, → *Bodystocking*, → *String*.

Causticaire-Verfahren, Methode zur Feststellung des Reifegrades von Baumwollfasern durch Laugenbehandlung (Quellung) und Luftstrom-Prüfung.

C/C-Type, → *Bikomponentenfaser*, → *Heterofilfaser*, → *Kern/Mantel-Type*.

Cellca, Projekt der Herstellung einer finnischen Viskosefaser mit umweltfreundlichen Methoden. – Vgl. → *Lyocell*, → *Tencel*.

Cellophan, Transparentfolie auf Viskosebasis; als **Cellophan-Bändchen** farbloses Glitzergarn zur Erzielung von perlmuttähnlichem Irisé-Glanz. In der Weberei schwer zu verarbeiten.

Cellulose, → *Zellulose*.

C-Fasson, Fassonform bei Anzügen und Sportsakkos mit spitzwinkligem → *Crocheteck*, das zu gerader oder gebrochener → *Spiegelnaht* verwendet werden kann. Abb. → *Fasson*.

Centric-cover-core-Type, → *C/C-Type*.

Ceolon, Schaumstoff-Faden auf → *Polyurethan*-Basis (→ *Moltopren*), geschnitten und umsponnen, für rutschfesten Bund. – Vgl. → *Schaumstoff-Schnittfäden*, → *Aerolen*.

Ceres-Kaninchen, Neuzüchtung eines klimaunempfindlichen → *Angora-Kaninchens* mit besonders hoher Woll-Leistung (900-1100 g je Tier bei fünfmaliger Schur je Jahr), das auch in Deutschland, Österreich und Irland gedeiht und die Rohstoffbasis für → *Angora-Wolle* durch erhöhte Unabhängigkeit von afghanischen und chinesischen Importen verbreitert hat. Hohe Qualität, Grannenhaar-Anteil mit nur 2–3% sehr niedrig; beim Kämmen für Feinstgarne fallen nur 12% Abfall an (normal bis zu 30%).

CF-Fasern, → *Carbon-Fasern*, Kurzzeichen für → *Kohlenstoff-Fasern*.

Chaineuse, einfacher → *Futtertrikot* mit direkter Verbindung von Deckfaden und Futterfaden, wobei der Futterfaden auf die Warenoberseite durchschlägt und einen Teil der Decke bildet. – Vgl. → *Bindefadenfutter*.

Chairleder, besonders weiches Handschuhleder von Gazellenhäuten oder Schaffellen mit abgezogenem Narben. Die geschliffene Fleischseite wird nach außen verarbeitet. – Vgl. → *Dänischleder*, → *Suèdeleder*.

Chaisingkalander, spezieller Kalander für → *Popeline* zur Erzielung eines matten Glanzes und einer guten Fadenplastik mit einem Vorbau, der es ermöglicht, das Gewebe in mehreren Lagen durch die Walzen zu führen.

Chalet-Stil, winterlicher → *Landhaus-Stil* mit langen, weiten Röcken, als → *Après-Ski-Kleidung* geeignet.

Chalet-Stil

Challenger, strapazierfähiges Spezialgewebe (Klopman) für → *Berufsbekleidung*, Mischung einer Spezial- → *Dacron*-Type mit Baumwolle, geringer Einlaufwert (3%), hohe Farbbeständigkeit, gleiche Werte wie Baumwolle bezüglich Saugfähigkeit, Verschmutzung (Ölpenetration),

Funkenflug, Brennbarkeit und elektrostatischem Verhalten. Hohe Reiß-, Scheuer- und Säurefestigkeit.

Challenger-Ware, maschensichere Kulierwirkware vom Rundstuhl mit einem den → *Kettenwirkwaren* sehr ähnlichen Bild. Unergänztes köperartiges → *Hinterlegmuster*.

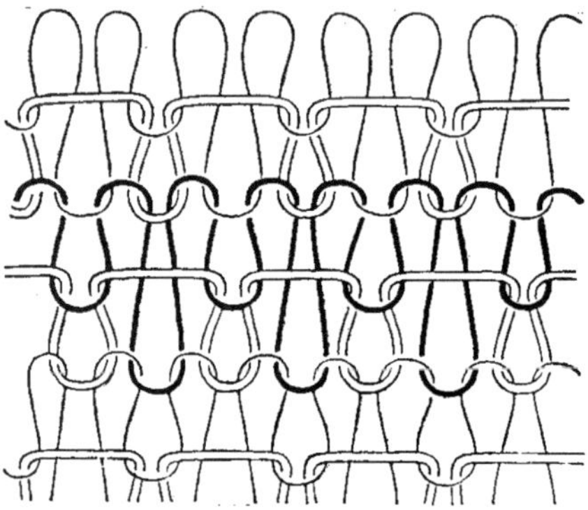

Challenger-Ware

Chambray, mittelschweres Baumwollgewebe in Tuchbindung mit Flammengarn oder Farbgarn im Schuß auf Weißkette im Charakter eines → *Faux uni* für sommerliches → *Jeanswear*, mit 7–11oz für Hosen, für Hemden 4,5–7 oz, leichter als → *Denim*, jedoch teurer. – Vgl. → *Canevas*.

Chamois-Leder, → *sämisch gegerbtes*, griffiges, sehr leichtes Leder mit zarter, natürlicher blaß-gelber bis beigefarbener Tönung, auch vorgewaschen aus Wildfellen, für leichte, sommerliche Oberbekleidung und Trachtenkleidung. Nicht sehr fest, weich und geschmeidig, hohe Fähigkeit zur Wasseraufnahme, wasserdurchlässig.

Chanel-Stil, von der gleichnamigen Pariser Couture-Firma stammende Einfassung der Kanten, Taschen und Kragen ohne oder mit nur angedeutetem Revers von Kostümen und Kleidern mit kontrastierenden Bändern oder Samt, bevorzugt aus → *Tweed*. - **Chanel-Bluse**, Bluse mit Schlingkragen. – Vgl. → *Coco-Stil*.

Chanel-Kostüme

Changeant, Gewebe in Tuch- oder Köperbindung mit verschiedenfarbigen Garnen in Kette und Schuß, die je nach Lichteinfall oder Blickwinkel zwei- oder mehrfarbig schillern. Voll-Changeant wird in Kette und Schuß vorgefärbt, Halb-Changeant nur in Kette oder Schuß; die zweite Farbe entsteht z. B. bei Futterstoffen aus Viskose/Acetat nachträglich durch Stückfärbung (→ *Überfärber*). – Der gleiche Effekt bei Fantasiebindungen heißt → *Glacé*. – Vgl. → *Additionsfärbung*, → *Faux uni*.

Chantilly-Spitze, schwarze → *Klöppelspitze* auf Tüllgrund, natürliche Pflanzendarstellungen mit Barock- und Rokoko-Ornamenten.

Chaps, ursprünglich umgeschnallte Beinschürzen aus Leder als Schutzbekleidung für Cowboys, in der → *Jeansmode* großflächige Belege an der Vorderfront von Jeans-Beinen.

Charge Mixte, Kombination von Gerbstoffen (→ *Végétal-Erschwerung*), die nur Volumen und Griff, nicht aber das Gewicht erhöhen, und von Metallsalzen zur → *Erschwerung* von Naturseide ohne Wasserglas.

Chargieren, → *Erschweren* (→ *Beschweren*) von Naturseide.

Charivari, mit Silbermünzen und amulettartigen Anhängern geschmückte Ketten als Halbgürtel am Rockbund von → *Trachtenkleidung*.

Charleston-Stil, Modestil der 20er Jahre, charakterisiert durch röhrenförmige Kleider mit tief angesetzten Saumvolants; modisch zum Teil abgewandelt mit blusigem Oberteil über tiefer Taille zu kniekurzen Röcken.

Charleston-Stil

Charmelaine, feinfädiger und weicher, wollener Kleiderstoff mit → *Abseite* in 5-bindigem, verstärktem → *Kettatlas*, der dem Stoff eine gekörnte Oberfläche und eine feine Diagonale (Scheinköpergrat) verleiht.

Charmeuse, → *mehrschienige* → *Kettenwirkware* aus zwei Fadensystemen, gegenlegige geschlossene → *Tuchlegung*, maschenfest, leicht elastisch, formbeständig, meist aus Synthetic-, selten aus Viskose- → *Filamenten*. Die beiden Warenseiten zeigen ein unterschiedliches Bild.

Chasuble, 1. Ärmellose, fast knielange Weste; seitlich geschlossen: **Chasuble-Kleid**.

Charmeuse. Links: rechte Warenseite, rechts: linke Warenseite.

2. frz. Ausdruck für kittelartige Kleiderröcke; oft mit Blusen oder Rollkragenpullis ergänzt.

Chasuble-Kleid zum (unsichtbaren) Mini-Oberteil und schmalen Hosen im Schichten-Look, Strick-Chasuble über Strickkleid, beide mit Strukturmuster.

Chasuble-Falte, **-Schulter**, über den Ärmelansatz oder die Schulter gezogene Hohlfalte oder Blende, die den Eindruck erweckt, es würde eine ärmellose lange Weste darüber getragen. → Abb. vgl. S. 136.

Ursprüngliche, von den Meßgewändern katholischer Priester abgeleitete Form des Chasuble als seitlich offene, hüftlange Überweste.

Mäntel mit Chasuble-Schulter. Von Links: Chasuble-Falte; Chasuble-Blende; pelzgefütterter Mantel mit eckig („kastig") geformter Schulter und einem unter die Chasuble-Falte eingeschobenen Ärmel; sportlicher Popelinemantel mit verdeckter Knopfleiste und Chasuble-Blende; Chasuble-Blende mit zusätzlichen Details (über die Schulter laufende Falten); nietenverzierte Chasuble-Schulter.

Chauffe-coeur, frz. Seelenwärmer, knapp oberhalb der Taille endendes, turnhemdartiges Top ohne Arm. – Vgl. → *T-Shirt*, → *Pullunder* (taillenlang), → *Vestover* (hüftlang), → *Camisol* (mit Knopfverschluß und Trägern), → *Bolero* (offen).

Chauffe-coeur

Check, (engl. Karo), kleine, meist vierekkige Musterungselemente, die durch verschiedene Farbgebung zu größeren Mustern zusammengestellt werden. – Vgl. → *Glencheck*.

Cheesecloth, im Zuge der alternativen Mode wieder häufiger anzutreffende handgewebte indische → *Scheindreher*-Gewebe aus hart gedrehten Baumwollgarnen, meist rohfarbig und manchmal noch mit Schalenresten durchsetzt. Wegen des kurzen Stapels der indischen Baumwolle sind die Garne (gewollt) ungleichmäßig. – Vgl. → *Indisch Krepp*, → *Indisch Leinen*.

Chemiefaser-Abkommen, aufgrund der weltweiten Überproduktion synthetischer Chemiefasern, die zum Verfall der Preise in einem Ausmaß geführt hat, das eine rentable Produktion in den Hochlohnländern nicht mehr zuließ, unter Aufsicht der EU-Kommission 1978–1980 abgeschlossenes, freiwilliges „Europäisches Faserabkommen zum geordneten Kapazitätsabbau" mit dem Ziel, die europäischen Kapazitäten für Chemiefasern in einer ersten Stufe um 30% abzubauen. Bereits 1986 war diese erste Stufe bei einer Kapazitätsauslastung von nur 83% abgeschlossen. Eine ausreichend gute Balance zwischen Angebot und Nachfrage in der EU war nicht erreicht worden, so daß 1985 ein weiterer Abbau um 10% vereinbart und Konventionalstrafen je nicht abgebaute Tonne zugesagt wurden. Da 1990 nach einem Abbau der Beschäftigtenzahlen von (1975) 200.000 auf (1990) 92.000 die Auslastung in Europa bei 18% der Weltproduktion abermals auf nur 80% gefallen war, wird nachhaltig eine Verlängerung des Verbotes von Subventionen zum Ausbau europäischer Chemiefaserkapazitäten angestrebt. Eine Reihe von Herstellern hat bereits ganze Chemiefaser-Gattungen, deren Produktion sich als unrentabel erwies, aufgegeben oder verkauft, wodurch sich auch die Zahl der Fasermarken stark verringert hat. Entsprechend dem Abkommen soll bei verbesserten Absatzchancen nicht die Produktion eines Anbieters durch Investitionen ausgeweitet, sondern bei schwächer beschäftigten Mitbewerbern zugekauft werden. Eine Reihe von Herstellern hat bereits Kooperationsabkommen geschlossen. Als Folge des Abkommens haben sich in den Entwicklungs- und Schwellenländern Schwerpunkte des Kapazitätsausbaus ergeben; in Europa wurden Niederlassungen errichtet. Der Fertigwarenimport der Industrieländer wird in steigendem Umfang auf der Chemiefaserproduktion der Entwicklungsländer beruhen. Auf der anderen Seite hat sich ab 1993 eine völlig neue Struktur der **Chemiefaser-Industrie** in Europa und in Amerika ergeben mit einer gattungsspezifischen und einer einsatzspezifischen Konzentrationsbewegung, mit erheblichem Arbeitsplatzabbau als Folge. Die Unternehmen tauschen ihre Produktlinien, geben sie auf oder strukturieren sie so um, daß entweder möglichst einheitliche Faser-

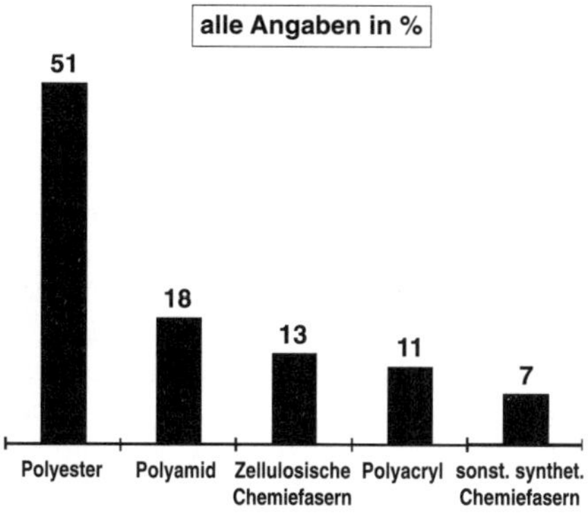

Weltproduktion Chemiefasern nach Gattungen in % (1994).

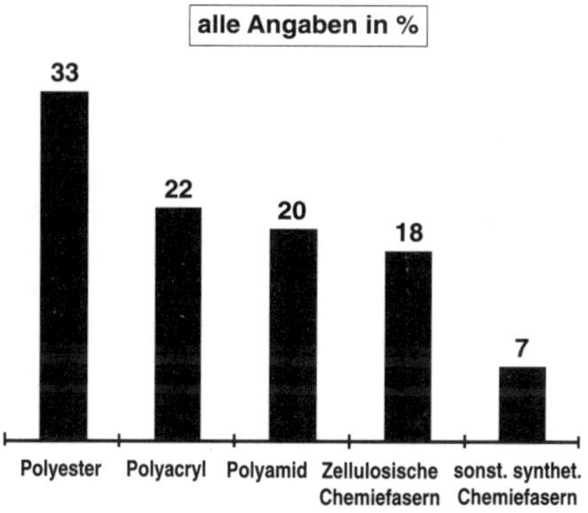

Chemiefaserproduktion in Deutschland nach Fasergattungen (982.000 Tonnen).

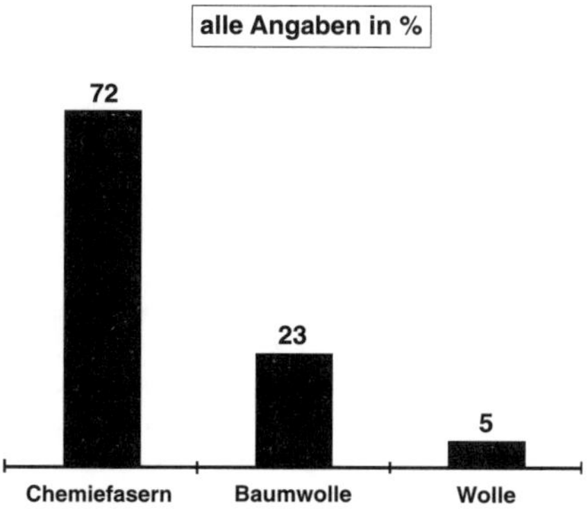

Verarbeitung von Chemiefasern nach Gattungen in Deutschland (915.000 Tonnen).

typen oder verschiedene Fasertypen mit einheitlichen Anwendungsbereichen hergestellt werden. So konzentrieren sich Courtaulds und Bayer auf Acrylfasern, Hoechst auf Polyester, DuPont und Nylstar (Gemeinschaftsgründung von Rhône-Poulenc und Snia mit Nordfaser) auf Polyamid und Akzo auf technische Fasern verschiedener Gattungen. Dies hat zur Folge, daß die Produktion nicht mehr Nationen, sondern Kontinenten zuzuordnen ist. – Vgl. → *Chemiefaser-Signet*. Inwieweit die europäischen Industriestaaten, die größten Verbraucher von Chemiefasern, als Produktionsstandorte erhalten werden können, bleibt abzuwarten.

Chemiefasern, → *Man made fibres* im Gegensatz zu den → *Naturfasern* (→ *God made fibres*), Sammelbegriff für alle nach chemisch-technischen Verfahren hergestellten Faserstoffe aus natürlichen oder synthetischen → *Polymeren*. **Einteilung** nach der Herstellungsform: → *Filamente* (Endlosfasern), → *Spinnfasern* (→ *Stapelfasern*), → *Kabel*, → *Monofile*, → *Flock(e)*, → *Bändchen*; nach ihrer chemischen Konstitution (**Gattungen**): Umgewandelte natürliche Polymere: → *Zellulosefasern*: → *Viskose*, → *Modal*, → *Lyocell*; → *Cupro;* Zellulose-Verbindungen: → *Acetat*, → *Triacetat*; → *Alginatfasern*, → *Proteinfasern*, → *Elastodien*. Aus organisch- synthetischen Polymeren: → *Acryl*, → *Chlorofasern*, → *Elastan*, → *Fluorofasern*, → *Modacryl*, → *Polyamid*, → *Polyester*, → *Polypropylen*, → *Polyurethan*, → *Trivinyl*, → *Vinylal*. Aus anorganisch-synthetischen Polymeren: → *Glasfasern*, → *Kohlenstoff-Fasern*, → *Metallfasern*. – **Generationen**: 1. Generation: → *Commodities*, Standardtypen, die den Eigenschaften der Naturfasern nachgebildet waren. – 2. Generation: chemisch-technische Modifizierungen, durch die Chemiefasern den Anforderungen ihrer Verarbeitung zu Garnen und Stoffen besser angepaßt wurden; mit diesen Fasern wurden erst die neuartigen Trage- und Pflegeeigenschaften der Stoffe aus Chemiefasern erreicht. Beispiele: Physikalische Modifikation: → *Hochnaßfeste Viskosefasern*; Fasern mit → *Titerschwankungen*; → *Bi-*

Faserart	Zahl der Hersteller					
	USA		Westeuropa		% Abbau	Japan
	1976	1985	1976	1985	Kapz. EG	1985
Polyamid:						
– Textil-Filament	12	8	31	25	35%	6
– Stapelfaser	8	7	15	12	16%	2
– BCF-Garn	7	5	18	14	28%	–
Polyester:						
– Textil-Filament	15	11	20	21	30%	10
– Stapelfaser	7	7	16	14	21%	6
Acryl-Spinnfaser	5	5	15	8	24%	7

Anmerkung: Auch Monsanto und DuPont, die sich dem Faserabkommen nicht angeschlossen hatten, haben beträchtliche Kapazitäten bis zur Aufgabe ganzer Faserarten in Westeuropa abgebaut.

Auswirkung der ersten Stufe des Chemiefaser-Abkommens zum Kapazitätsabbau auf die Zahl der Faserhersteller wichtiger Chemiefaser-Gattungen

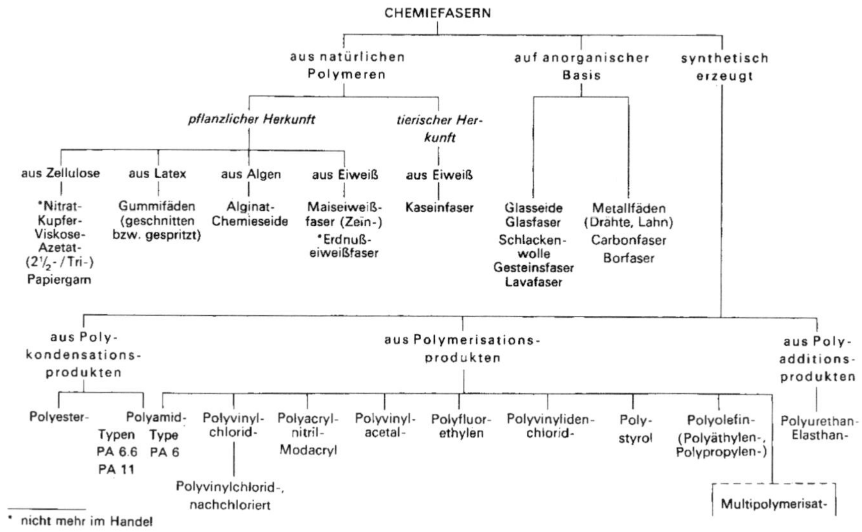

Einteilung der Chemiefasern nach P.-A. Koch.

komponentenfasern; → *Hochbauschfasern*, → *Hohlfasern*; Chemische Modifikationen: Veränderung der → *Farbaffinität*; → *Flammenhemmende Chemiefasern*; → *Pfropf-* und → *Multipolymerisatfasern*; → *Antistatische Fasern*, → *Pillarme Fasern*,

Faserart	physikalische Modifikationen	chemische Modifikationen
Viskosefasern	hochnaßfeste Typen Modalfasern	hochnaßfeste Typen Modalfasern sauer anfärbbar tiefer anfärbbar flammhemmende Typen Propfungen
Polyamide	Titerschwankungen Biko-Typen	antistatische Typen flammhemmende Typen basisch anfärbbar tiefer anfärbbar
Polyester	Hochbauschfasern, Hohlfasern	Hochbauschgarne basisch anfärbbar pillarm flammhemmend carrierfrei färbbar
Polyacryl	Hochbauschgarne	flammhemmende Typen sauer anfärbbar basisch anfärbbar
Polypropylen	Hochbauschgarne	anfärbbare Typen UV-stabile Typen
PVC		Mischpolymerisate

Beispiele für Chemiefasern der 2. Generation.

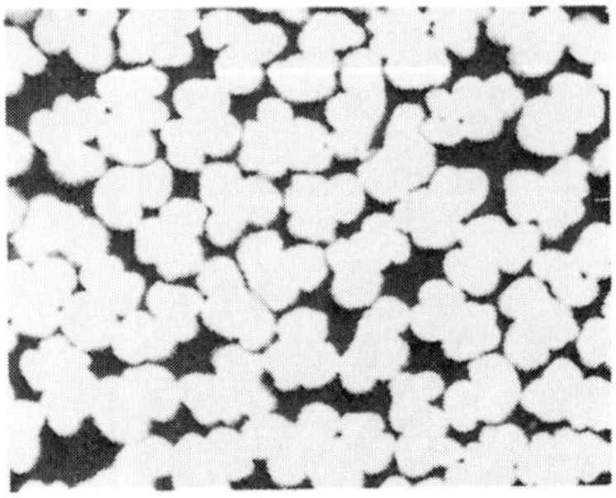

Acetatfaser mit gelapptem Querschnitt.

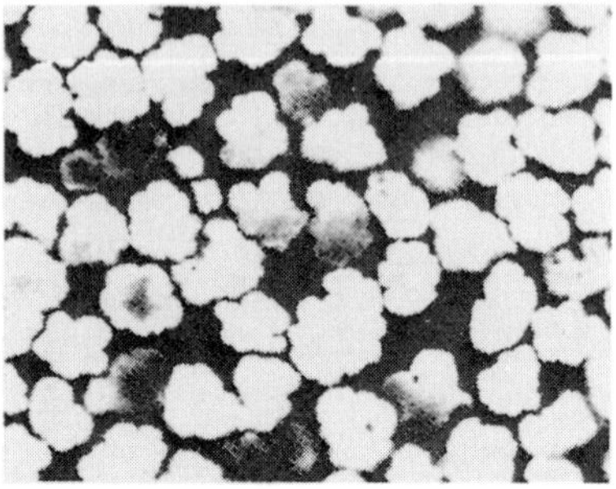

Acrylfaser mit grobgezähntem Querschnitt.

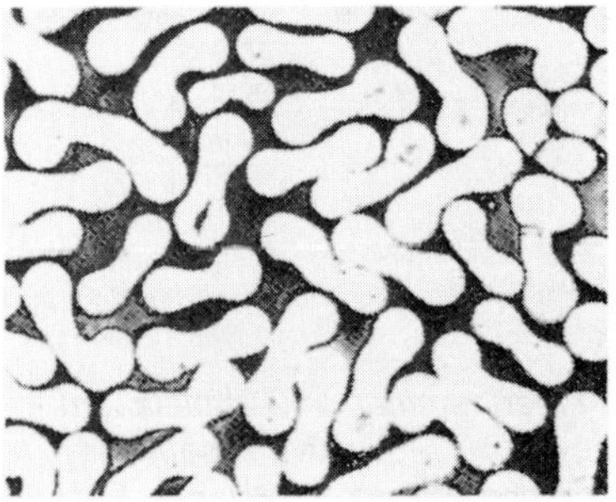

Acrylfaser mit gestreckt-hantelförmigem Querschnitt.

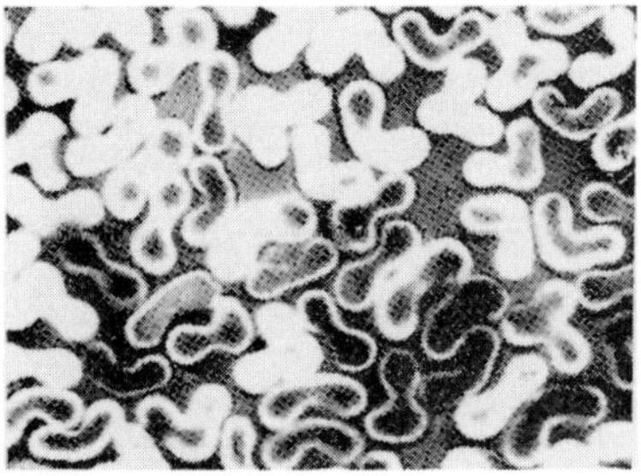

Acrylfaser mit hantel-, V- und Y-förmigem Querschnitt; Fasern teils transparent, teils porig.

Makroaufnahmen verschiedener Querschnittsformen von Chemiefasern.

UV-stabile Typen. – 3. Generation: Fasern, bei denen chemische und physikalische Modifikationen vorgenommen wurden, und/oder bei denen bereits das Polymer eine wesentliche Veränderung erfahren hat. Hierzu zählen vor allem → *Hochleistungsfasern* und die → *Absorbic-Fasern.* – 4. Generation: Fasern, die so stark verändert wurden, daß ein neues Bündel von Eigenschaften vorliegt: → *Sauberfasern*, → *Microfasern.* – Nach Art der Bildung der → *Kettenmoleküle*: → *Polymerisations-*, → *Polykondensations-* und → *Polyadditions-*Produkte. – Nach dem Herstellungsverfahren: → *Schmelzspinnen*, → *Trockenspinnen*, → *Naßspinnen*, → *Reaktivspinnen.* **Produktion**: Weltweit werden (1994) etwa 22,5 Mio t produziert, davon in Westeuropa 3,6 Mio t = 16%, etwa 20 Mrd DM (1970: 31%). Ausfuhr aus Westeuropa 3,8 Mrd DM, Einfuhr etwa 3 Mrd DM. Im Zuge des → *Chemiefaser-Abkommens* wurden in dieser Zeit die Kapazitäten ohne staatliche Beihilfen um etwa ein Drittel abgebaut und der Aufbau neuer Kapazitäten weitgehend verhindert. Von 1974 bis 1994 hat die Produktion weltweit um etwa 77%, (Faserproduktion insgesamt: 47%) zugenommen; dieser Zuwachs ist jedoch weitgehend den Entwicklungsländern zugeflossen, die ihren Anteil von 12% auf über 50% steigern konnten. Zuwachsraten werden in Westeuropa in der Zukunft vor allem bei den technischen Spezialfasern mit ihrem hohen Forschungsaufwand, z.B. für → *Vliesstoffe*, Förderbänder, Autoreifen, Filter, Deponie-Abdeckungen, Airbags und Verbundwerkstoffe gesehen.

Eigenschaften aller Chemiefasern: Kontinuierliche Entwicklung der Preise und der Produktion, da von der Witterung und vom Klima unabhängig; völlige Gleichmäßigkeit des Produkts durch genaue Überwachung der Produktion; Anpassungsfähigkeit an verschiedene Verwendungszwecke und an natürliche Fasern zum Zweck der gemeinsamen Verarbeitung (→ *Intim-Mischung*); → *Ultraecht-* und → *Düsenfärbung* (→ *Spinnfärbung*); Möglichkeit der Variation von Faser-Querschnitten; Möglichkeit der Qualitätsgarantie bis zum Endverbraucher.

Chemiefaserproduktion: Entwicklung weltweit

	1974	1994
	Anteile in %	
Industriestaaten	72%	43%
Osteuropa	16%	6%
Schwellen- und Entwicklungsländer	12%	51%
Weltproduktion in Mill. t	11,3	22,2

Quellen: CIRFS, IVC

Chemiefaser-Weltproduktion im Vergleich der letzten 20 Jahre.

Chemiefaserfilamente mit Faseroptik, → *Filamentgarne mit* → *Faseroptik.*

Chemiefaser-Signet, von der Industrievereinigung Chemiefasern (IVC) geschaffenes Wort/Bildzeichen, das ein neues, einheitliches Erscheinungsbild für Chemiefasern schaffen, den Namenswirrwarr eindämmen, das Qualitätsniveau der Markenfasern unterstreichen und das teilweise beim Verbraucher noch bestehende Negativ-Image der Chemiefasern abbauen soll. Da die Vergabe an das Vorhandensein einer Fasermarke mit entsprechender Qualitätskontrolle gebunden ist, soll eine qualitative Abgrenzung gegenüber anonymen Billig-Importen erreicht werden.

Chemiefaser-Signet mit Slogan.

Chemieschnittbändchen, → *Folienbändchen*, aus → *Polypropylen-* oder → *Polyethylen-* → *Folien* geschnittene, schmale Streifen, die vor oder nach dem Schneiden → *monoaxial* gestreckt werden. Es ergeben sich gestreckte Folienfilamente, die auch durch geringe mechanische Einwirkung in Längsfibrillen aufgespalten werden können (spleißfähige → *Folienfilamente*). – Vgl. → *Flachfäden*, → *Polital.*

Chemietexturierung, Zusammenführung verschiedener Polymere vor dem Spinnprozeß, wobei sich diese nicht in ihrem Grundtyp, sondern in einzelnen Eigenschaften, vor allem im Schrumpfverhalten, unterscheiden, in bilateraler Schichtung (→ *side by side-Typen*, → *S/S-Typen*) oder nach dem → *Mischstromverfahren* (→ *Bikomponentenfasern*). – Vgl. → *Multipolymerisate*, → *Heterofasern*, → *Heterofilfasern*; → *Acrilan*, → *Cantrece*, → *Acrilan*, → *Kanebo*, → *X 403*, → *Tapilon*, → *Pavanne*, → *Sideria.*

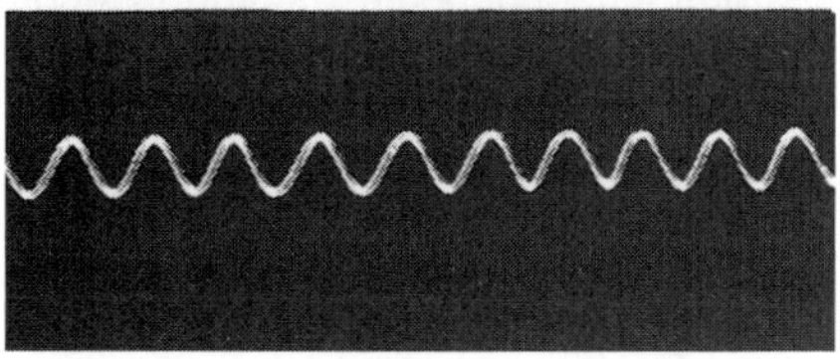

Schematische Darstellung der dreidimensionalen Kräuselung einer Bikomponentenfaser.

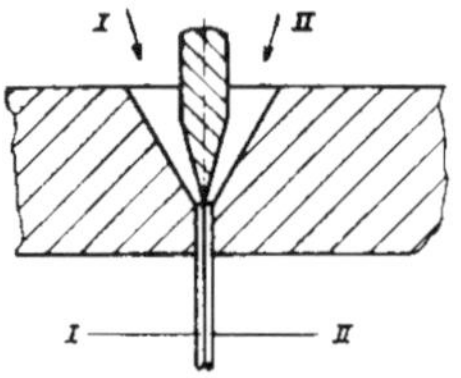

A

A: Die beiden Polymeren I und II werden wenig über der Düsenbohrung zusammengeführt und extrudiert (= durch eine Düse gedrückt und daher kontinuierlich in eine bestimmte Form gebracht).

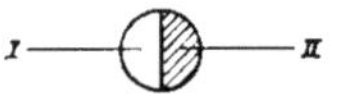

B

B: Querschnitt des unverstreckten Fadens.

C

C: Querschnitt des verstreckten Fadens.

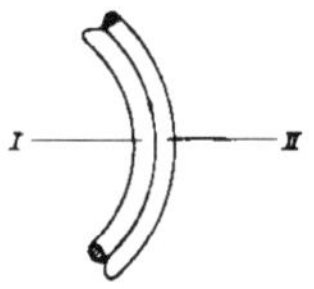

D

D: Komponente I schrumpft stärker als Komponente II.

Schematische Darstellung der Faserbildung einer Bikomponentenfaser des S/S-Typs.

Chemische Reinigung, schonende Reinigung von Textilien, die nicht gewaschen werden können, durch vollständige maschinelle Behandlung der in flüchtigen Lösungsmitteln schwimmenden Textilien in geschlossenen Systemen zum Herauslösen des fettgebundenen Schmutzes und zum Herausspülen fester Schmutzteilchen („Trockenreinigung"). Fett und Schmutz werden nicht, wie bei der Naßwäsche, verseift oder emulgiert. Man unterscheidet die → *Vollreinigung* (mit individueller Fleckenentfernung (→ *Detachur*, detachieren) und ggfs. auch Beseitigung farbloser Stellen (→ *Retuschieren*), Dämpfen und Bügeln); das → *Kleiderbad* (→ *Perawinbad*, → *Benzinbad*), vereinfachte Grundreinigung der vorsortierten Bekleidungsstücke zur Entfernung leicht zu beseitigender Flecken, und die → *Münzreinigung* in Automaten ohne Vorsortierung nach Rohstoff und Verschmutzungsgrad. Vorbehandlung mit heißem Wasser erschwert die Chemische Reinigung. Bei der Chemischen Reinigung findet kein Quellvorgang und damit keine Formveränderung und auch kein → *Filzen* statt, empfindliche Farben werden geschont. Die exakten Begriffsbestimmungen sind in RAL 990 A festgelegt. Zur Reinigung zugelassene Lösungsmittel in Deutschland sind seit 1993 nur noch → *Perchlorethylen* und durch Abtrennung der Bestandteile mit dem höchsten Siedepunkt relativ schnell trocknende Kohlenwasserstoffe (→ *KWL*), die frei von Benzol und anderen gesundheitsschädlichen Aromaten sein müssen. → *FCKW 113*, ein Fluorkohlenwasserstoff, ist in Deutschland auch für die höchste Reinigungsstufe „F" nicht mehr zugelassen. Die Trocknungszeiten sind jedoch länger als bei FCKW, so daß es nunmehr bei Textilien der Pflegeklasse „F", die nicht nur lösungsmittelempfindlich, sondern auch gegen Mechanik und Temperatur anfällig sind (besonders Polyamid und Modacryl), zu Schäden kommen kann. Zur Verhinderung der Freisetzung von Perdämpfen, die die Anwohner von Reinigungsanstalten schädigen oder belästigen könnten, darf die Abluft nur mehr 2 g/m^3 Perdämpfe enthalten, was zu einer längeren Verweildauer des Reinigungsgutes in den Maschinen und damit zu einer höheren mechanischen Beanspruchung des Reinigungsguts führt. Bei wattierten, → *laminierten* und → *kaschierten* Textilien kann die Trocknungszeit 30–100% länger sein als bei normalen Stoffen. Allerdings sind die gereinigten Teile nunmehr fast geruchfrei. 97–98% der Lösungsmittel werden aufgefangen und gereinigt wiederverwendet. Empfindliche Stoffe können sichtbare Aufrauhungen erhalten. Da häufig für die Nachbehandlung der Stoff und nicht der Rohstoff für den Zwang zur Reinigung ausschlaggebend ist, muß stets die → *Pflegekennzeichnung* beachtet werden. F (Flashpoint, Flammpunkt) ist immer dann vorzuschreiben, wenn das sehr hohe Lösungsvermögen von PER den Stoff oder die (→ *Pigment*-) Färbungen beeinträchtigen würde. – Behandlungskürzel: A: Intensive Behandlung mit Per oder KWL; P: Mittlere Behandlung mit Per oder KWL; F: leichte Behandlung nur mit KWL; X: Keine Chemische Reinigung. Symbol für die Reinigung der → *Pflegekennzeichnung* ist die Reinigungstrommel. – Vgl. → *Einfachreinigung*, → *Perawinbad*.

Chemise-Stil, Chemise-Kleid, Chemisier, → *Hemdblusenkleid*, Kleider meist aus Stoffen im Baumwollcharakter mit Hemdkragen, durchgeknöpft mit gesteppter Knopfleiste, aufgesetzten Taschen. Diese Kennzeichen wurden auch auf Mäntel und Jakken übertragen.

Chemisette, 1. Gestärkte Brust an Frack- und Smokinghemden; weiße Einsätze an Damenkleidern.
2. Damen-Unterhemd aus Maschenwaren mit vorne und hinten ausgeschnittenem Kragen, mit Trägern, Halb- oder Ganzarm.

Chenille, vorgewebtes Polmaterial in → *Dreherbindung*, in Kettrichtung aufgeschnitten, mit U-förmig hochgebogenen, abstehenden Faserenden für → *Axminster-Teppiche*, → *Tagesdecken*, samtartig dichte → *Vorhangstoffe* und → *Frottier-Velours-Gewebe* mit beidseitigem Flor; auch dekoratives Gestaltungselement an → *Jeansstoffen* (→ *Fancy-Denim*). Die Technik erlaubt fast unbegrenzte Farbkombinationen. Ausfall einzelner Faserbüschel im Gebrauch führt nicht zur Beeinträchtigung der Haltbarkeit.

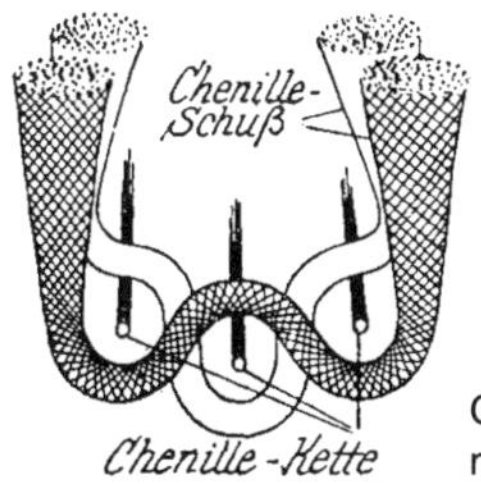

Chenille: Kettschnitt nach dem Biegen.

Chesterfield, streng geschnittener, einreihiger Herren-Stadt- und Besuchsmantel mit anzugartigem → *Fasson*, schrägen Pattentaschen, verdeckter Knopfleiste, mit gerade geschnittenem, über das Knie reichendem Vorderteil, meist mittel- oder hellgrau. – Vgl. → *Paletot*, → *Ulster*.

Variationen bei Chemise-Kleidern

Cheviot, im Griff relativ harte und rauhe, sehr strapazierfähige, aber keineswegs steife Wollstoffe in Gewichten bis unter 400 g (auch aus → *Crossbredwollen*) für Sportsakkos und Herrenmäntel (bis 550 g, **Cheviot-Mantel**), meist aus → *Mouliné-Zwirnen* in (gleichseitiger) → *Köperbindung* (**Cheviot-Bindung**) und → *kahl ausgerüstet*. Das Bindungsbild ist durch das → *Walken* kaum verdeckt. Leichtgewichte gleichen Charakters auch für Kostüme und Hosenanzüge. Unempfindlich gegen Blankscheuern. – Vgl. → *Melton*.

Cheviot-Wolle, wenig gekräuselte und nur dünn geschuppte → *Glanzwolle* mit einem Stapel von 170–400 mm für strapazierfähige Gewebe; vor allem für die → *Streichgarn*-Spinnerei geeignet. Die glatten, harten und kräftigen Kammgarne (→ *Twist*) sind wegen ihres hohen Gewichts für Bekleidungsartikel kaum noch anzutreffen. Hingegen spielen Cheviotwollen eine bedeutende Rolle bei der Herstellung von gewebten und → *Orient-Teppichen*. – Vgl. → *Merinowolle*, → *Crossbredwolle*.

Chevreau-Leder, → *Ziegenleder*, besonders feines, weiches, leichtes und geschmeidiges, hochwertiges Bekleidungsleder mit guter Reißfestigkeit und Zähigkeit; hohe Formbeständigkeit. Auch für Handschuhe und feines Schuhwerk.

Chevron, engl. Name für → *Fischgrat*, Wollstoff in abgeleiteter Köperbindung mit wechselnder Gratrichtung.

Chevron im Handwebcharakter ($1^1/_2$fach vergrößert).

Chi-Chi, → *Frou-Frou*.

Chiffon, feines, echtes → *Crêpe-Gewebe* (→ *Krepp*), aus Naturseiden- oder Polyester texturé-→ *Kreppgarnen* mit wechselndem Drall in Tuchbindung. Durchsichtig, mit leicht unregelmäßigem Oberflächenbild, schleierartigem Aussehen und sandigem Griff, modisch auch mit Satinstreifen und mit Glitzereffekt durch → *Sparkling-Nylon*. Feiner als → *Georgette* und etwas gröber als → *Kreppon*, für Schals, Tücher und leichte → *Flou-Kleider*. Für blickdichte Röcke auch doppellagig verarbeitet. – Vgl. → *Araigné*.

Naturseiden-Chiffon (2fach vergrößert).

Chiffonelles, feinfädige Gewebe aus texturierten Synthetic-Filamenten ohne die Verarbeitungsschwierigkeiten echter Crêpes aus Naturseide oder Viskose mit einem dem → *Chiffon* ähnlichen, durchschimmernden Charakter.

Chiffon-Samt, leichter, weicher, aber dichter → *Kettsamt* mit einer Spezialausrüstung, die den → *Flor* leicht in Kettrichtung legt (→ *Strich*), häufig mit Querrippung; in versetzter Bindung ohne Rippen, aber mit leichter In-sich-Musterung. – Vgl. → *Velours chiffon*, → *Seidensamt*.

Chinablue, Farbspezialität sommerlicher → *Flats* für → *Jeanswear*, Baumwollstoff ähnlich → *Kretonne*, in einer dunkelblauen Farbe, die sich nur wenig auswäscht, aber abfärben kann. Separat waschen.

Chinagras, → *Ramie*.

Chinakrepp, → *Crêpe de Chine*.

Chinaseide, Sammelbegriff für die durch Garnunregelmäßigkeiten gekennzeichneten Naturseidengewebe aus oder mit → *Wildseiden* wie → *Honan* oder → *Shantung*. Der Begriff wird nur mehr selten benutzt, weil die seit einigen Jahren aus China importierten Stoffe und Fertigtextilien glatte → *Pongé*- oder → *Habutai*-Gewebe sind.

China-Teppich, ursprünglich aus der Provinz Sinkiang, etwa seit 1900 aus Manufakturen in und um Peking stammende handgeknüpfte Teppiche aus Naturseide oder feinen, glänzenden Wollen, die wegen der abweichenden Musterung trotz vergleichbarem technologischem Aufbau nicht zu den → *Orient-Teppichen* gerechnet werden. Mit 10–16 mm sehr hoch geschoren, sind die in typischen, oft pastelligen Farbtönungen gehaltenen Teppiche sehr strapazierfähig; vielfach mit naturnahen Blumen und symbolischen Motiven wie Drachen, Vasen und Schachbrett; häufig mit Medaillon und einem durch Scheren erzielten Relief im Flor.

Chinchilla, bläulich-graues, seidenweiches und glänzendes, sehr wertvolles Fell einer dem Artenschutz unterliegenden südamerikanischen Kaninchenart, aus Zuchtfarmen stammend. Besonderheit: aus einer Haarwurzel wachsen bis zu 80 allerfeinste Härchen. Wegen des dünnen Leders vor allem für Abendpelze, Krägen und Besätze.

Chiné, → *Kettdruck*, Gewebe, bei denen die Kette teilweise mit Hilfsschüssen nach dem → *Schären* bedruckt und dann mit meist einfarbigen Schüssen verwebt wird. Durch die verschiedene Ketteinwebung wird das Muster leicht verzogen und wirkt

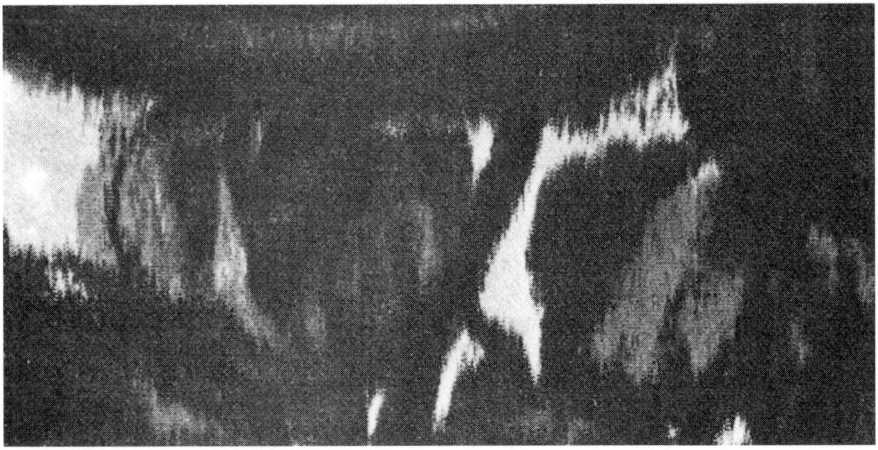

Echter Chiné auf Naturseidentaft.

wie ausgefranst; der Charakter ist schwer billig nachzuahmen. Ein gutes Bild entsteht nur bei sehr feinfädigen Garnen. Durch Druckmuster entstandener Imitat-Chiné ist an den gefärbten Schußfäden zu erkennen. – Vgl. → *Ikate.*

Chiné-Jacquard, → *Kettdruck* mit zusätzlichem Jacquard-Muster.

Chinette, → *Halbkrepp* aus Naturseide oder Chemiefaserfilamenten, bei dem im Gegensatz zum → *Crêpe de Chine* das scharf gedrehte Kreppgarn nicht im Schuß, sondern nur in der Kette liegt.

Chiné-Tweed, durch Web- und Bindungstechnik entstandene → *Tweed*musterungen, die in Schußrichtung in sanftem Farbverlauf wie ausgefranst wirken, meist aus dochtigen → *Bouclé-Zwirnen.* – Vgl. → *Home-spun.*

Chinon, japanisches → *Pfropfpolymer* aus Polyacryl, dem Kasein eingelagert ist (→ M/F-Type mit fibrillärem Einschluß), → *Bikomponentenfaser.*

Chino-Pants, **Chinos**, dem → *Casual-Stil* zuzurechnende Sport- und Freizeithosen aus kräftigen und strapazierfähigen Baumwollgeweben wie → *Gabardine* mit Gesäßtaschen und zwei Schubtaschen vorne, meist mit zwei Bundfalten, überwiegend in hellen Farben; mehr → *Sportswear* als → *Jeanswear*; Gegengewicht zur Dominanz des → *Denim.* Für Damen sportliche Hosen mit geradem Beinschnitt und häufig tiefer Taille aus hellen Stoffen im Baumwollcharakter.

Chintz, Stoffe mit einseitiger Glanzappretur und sehr geschlossenem Warenbild, die durch Einsatz von Kunstharzvorkondensaten auf Melaminbasis waschfest sein kann, meist aber als → *Kalander*-Glanz mit paraffin- oder Wachsemulsionen eine nur begrenzte Waschfestigkeit aufweist. Uni oder bedruckt; durch Bedrucken mit verdickten Pasten ist auch örtliches Chintzen möglich. Die spiegelglatte Ausrüstung eignet sich für Vorhang- und Steppdeckenbezugsstoffe sowie für Kleider- und Mantelstoffe. Für → *Jeanswear* wird waschfester Chintz vorgezogen. Durch vielfaches Waschen wird der Glanz matter, soll er erhalten bleiben, ist Chemische Reinigung vorzuziehen.

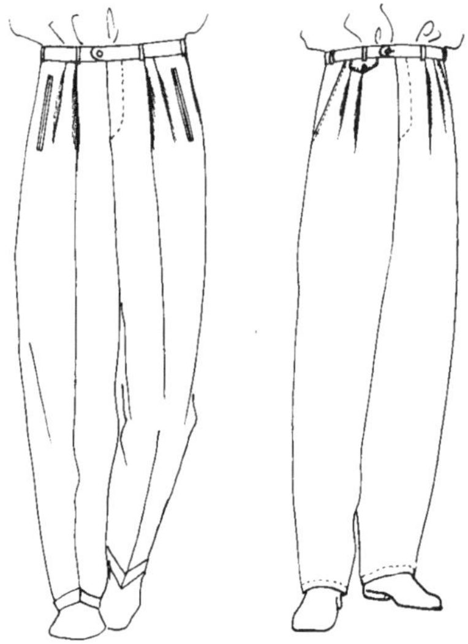

Chino-Pants mit und ohne Umschlag.

Chintzblumen, plastisch wirkende, leicht glänzende Blumen-Druckmuster. Gegensatz: → *Fleurs plats.*

Chlorbadewasserechtheit. Widerstandsfähigkeit von Färbungen und Drucken gegenüber der Einwirkung von aktivem Chlor in Konzentrationen, wie sie zur Desinfektion von Leitungswasser, aber auch von Wasser in Hallenbädern eingesetzt werden; wichtig für Badewäsche und Handtücher. – Vgl. DIN 54019, → *Chlorechtheit.*

Chlorbleiche, Oxidationsbleiche, aus ökologischen Gründen umstrittene und vielfach durch chlorfreie Verfahren ersetzte → *Bleiche* von zellulosischen Fasern mit Kalziumhypochlorit, Natriumhypochlorit (Chlorsoda-Lösung) oder Natriumchlorit (**Chloritbleiche**). Ermöglicht schnelles und faserschonendes Bleichen und erzielt ein sehr schönes Weiß. Die Bleichwirkung beruht darauf, daß sich während des Bleichprozesses Chlordioxid und Sauerstoff bilden. Noch (1995) ist es mit Sauerstoffbleichverfahren, die auf den Einsatz von Chlor verzichten, nicht möglich, ein wirklich reines Weiß zu erzielen; mithin ist der technisch mögliche Ersatz der Chlorbleiche eine Frage der Marktakzeptanz. Für viele Stoffdrucke ist ein hoher Weißgrad der Grundware von ausschlaggebender Bedeutung. – Vgl. → *Entchloren.*

Chlorechtheit, Hypochloritbleich-Echtheit, nicht identisch mit → *Chlorbadewasserechtheit.* Von Bedeutung für den Fabrikationsprozeß und bei Anstaltswäsche.

Chlorofasern, Gattungsbegriff für chlorierte → *Polyvinylfasern* mit mehr als 50% Gewichtsanteil von Chlor: → *Polyvinylchlorid*, → *Polychlorid*, → *Polyvinylidenchlorid.*

Chlorretention, Chlorrückhaltevermögen, Bindung von Chlor an zellulosische Faserstoffe, die mit Kunstharzen ausgerüstet und einer Chlorwäsche (Wäsche mit hypochlorithaltigen Waschmitteln) unterzogen worden sind. Die Kunstharze binden Chlorreste als Chloramin, das durch einfaches Spülen nicht mehr zu entfernen ist und bei späterer Hitzeeinwirkung (Bügeln, Sonnenbestrahlung) zu Vergilbungen und zu vorzeitigem Verschleiß wegen der Reduzierung der → *Reißfestigkeit* führen kann. Die Chlorretention hat erneute Bedeutung erlangt, seit → *Jeansstoffe* nicht nur mit Wasserstoff-Superoxid oder Kaliumpermanganat als Sauerstoff abgebende Chemikalien, sondern auch mit Chlorpräparaten ausgewaschen werden. Mögliche Chlorrückstände, die sich manchmal durch einen stechenden Geruch bemerkbar machen, können Hautreizungen und → *Allergien* verursachen. Den Kunden ist zu raten, die Jeans vor dem ersten Tragen durchs Wasser zu ziehen.

Chor, Gruppe gleich einbindender → *Pol*-Kettfäden bei buntgewebten, mehrfarbigen Teppichen; die zur Musterung jeweils nicht benötigten Kettfaden-Farbgruppen (= Chö-

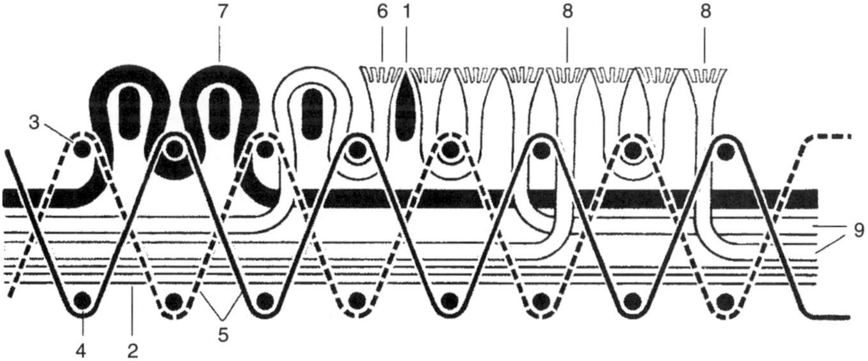

Dreichoriger Tournay-Teppich in einer schematischen Darstellung:
(1) Schnittrute,
(2) Füllkette,
(3) Oberschuß,
(4) Unterschuß,
(5) Bindekette,
(6) erstes Chor,
(7) zweites Chor,
(8) drittes Chor,
(9) „tote" Chore.

Schematische Darstellung eines dreichorigen Tournay-Teppichs. 1 Schnittrute, 2 Füllkette, 3 Oberschuß, 4 Unterschuß, 5 Bindekette, 6 erstes Chor, 7 zweites Chor, 8 drittes Chor, 9 tote Chore.

re) flotten auf der Rückseite oder im Innern des Teppichs. Je Chor wird ein Faden in jede Rietlücke eingezogen. Bei dreichoriger Musterung liegen demnach in jeder Rietlücke drei Fäden. Chorfäden können auch bunt sein (→ *Differential dyeing*), wodurch sich eine abwechslungsreiche Musterung ergibt. Bei toten Choren werden die in der Rückseite liegenden flottierenden Polkettfäden durch eine Bindekette verdeckt. – Vgl. → *Tournay-Teppich*.

Chrombeizenfarbstoffe, sehr echte → *Farbstoffe*, jedoch nur in gedeckten Farbtönen, die mit Hilfe von Chromsalzen auf der Faser in einen wasserunlöslichen Lack überführt werden, wobei zwei Farbmoleküle ein Chromatom binden; sie eignen sich vor allem für Wolle einschließlich Reißwolle und für Mischgewebe mit Synthetics. Es ist schwierig, vorgeschriebene Farbtöne genau zu treffen. Abwässer müssen sorgfältig gereinigt werden.

Chromeflex®, preiswertes amerikanisches → *metallglänzendes Effektgarn* mit einem transparenten metallisierten → *Mylar*film als Seele, der beidseitig von einem Farb-Schutzlack umhüllt wird. Nur wenn der Lack beim Web- oder Wirkvorgang unbeschädigt geblieben ist, ist das Material wasch- und reinigungsbeständig. – Vgl. → *Rexor*.

Chromleder, auf einfache Weise mineralisch mit Chromsalzen gegerbtes, helles Leder mit blau-grünen Schnittkanten. Auch für dünne Ledersorten ab 0,5 mm geeignet, weich und dehnbar, jedoch zäh, reißfest und widerstandsfähig, dabei sehr hitzebeständig; gut waschbar, pflegeleicht; das Leder verändert sich in kochendem Wasser nicht. Bügelfähig mit 1 Punkt in trockenem Zustand auf der linken Seite unter einem trockenen Tuch. Lichtechte, helle Färbungen sind möglich, wobei richtiges Fetten eine große Rolle spielt. Gegensatz: → *Kombinationsgerbung*, → *sämisch* oder → *vegetabilisch* gegerbtes Leder. – Vgl. → *Gerbeverfahren*, → *Glacéleder*.

Chromostyldruck, → *Mosaikdruck*.

CI-Berufsbekleidung, **C**orporate **I**dentity-Berufskleidung, nach Styling, Stoffart, Farbe oder auch nur durch ein Logo gekennzeichnete Modelle, die die Zugehörigkeit zu einem bestimmten Unternehmen unmißverständlich deutlich machen und ein positives Image hervorrufen sollen. Möglich sind Komplettlösungen für alle Mitarbeiter eines Unternehmens mit Ausstrahlung bis zum Verbraucher, aber auch betriebsintern für Teilbereiche oder bestimmte Arbeitsgruppen. Zum Teil werden Basismodelle nur durch farblich abstechende Besätze und Taschenpatten zur individuellen CI-Kleidung.

Beispiele für Basismodelle der Berufsbekleidung, die durch entsprechende farbliche Gestaltung zur CI-Kleidung für kleinere und mittlere Unternehmen werden.

Cifraline, leichtes → *Velourslederimitat*.

Cigogne, kurz gehaltener, wasserabweisender → *Strichvelours* mit lodenähnlicher Ausrüstung.

CIM, **C**omputer **I**ntegrated **M**anufacturing, computerunterstützte Fertigung, eine High-Tech-Entwicklung, die unabhängig von der

Betriebsgröße und vom Fertigungsprogramm eingesetzt werden kann. Der Rechner wird aufgrund vernetzter Schaltungen zur Unterstützung aller Entscheidungen, die die Fertigung betreffen, ebenso eingesetzt wie zur Optimierung der Lagerhaltung und zur Steuerung der Produktion. Dies kann einen Rationalisierungsschub vordem unbekannten Ausmaßes bringen, aber auch Investitionen, die je Arbeitsplatz doppelt bis dreifach so hoch sein können. Voraussetzung für den Erfolg ist die Heranbildung EDV-bewußter und motivierter Mitarbeiter. → *CAD*, → *CAP* und → *CAM* sind die einzelnen Stufen der flexiblen Produktionstechnologie, die durch Verkettung zur Gesamtlösung CIM werden; sie muß für jeden Betrieb von Grund auf erarbeitet werden. – Vgl. → *QRS*.

Cinch-back, Rückenriegel bei → *Jeanswear*.

Ciré, Stoffe aus Chemiefaser-Filamenten mit einer lackartig glänzenden Beschichtung; einseitig gewachste oder PVC-beschichtete Gewebe werden auf dem → *Friktionskalander* poliert. Mustermäßig ist dies auch durch Bedrucken möglich. – Vgl. → *Lackdruck*, → *Chintz*, → *Kautschuk-Ausrüstung*.

Cisélé, dem → *Mooskrepp* ähnliche, körnige, knirschende, gut drapierfähige Gewebe im Seidencharakter in uni, leicht zu verarbeiten, da durch die Ausrüstung knitterecht, wasserabstoßend und schrumpfecht.

Cisson, Abnäher an Brust und Taille, vor allem bei Herrenkonfektion.

City-Bekleidung, **Citywear**, **City-Look**, für Sport, Urlaub und zwanglose Freizeit weniger geeignete, im modernen Sinn korrekte Bekleidung für Damen und Herren,

City-Kleidung für Damen. Von links nach rechts: Poloshirt und weiche, kurze Jacke zur City-Bermuda; Hosenanzug mit Marlene-Dietrich-Hose und kurzem Jäckchen; Feinstrick-Ensemble mit langer Jacke; Blazer mit City-Bermuda aus gleichem Glencheck; damenhaftes City-Kostüm mit Spitzenbluse und schmalem Rock.

die anstelle von → *Straßenanzug* oder → *Stadtmantel* (**City-Anzug, City-Mantel**) trotz leicht sportlicher Note als geeignet empfunden wird, im täglichen Berufsleben getragen zu werden; nicht so streng wie → *Business-Kleidung*. Gegensatz: → *Casual-Look*, → *Sportswear*. – City-→ *Shirts*, → City-→ *Bermudas* oder → *Leggings* können in entsprechenden Stoffen und Schnitten zu **City-Sportswear** gerechnet werden, die gleichzeitig das modische Bindeglied zur klassischen Citybekleidung darstellt. – Vgl. → *Pulloversakko*, → *Blazeranzug*, → *Country-Look*, → *College-Stil*.

Moderne City-Kombis. Links: Superlanger, bis zum Oberschenkel reichender Blazer; rechts: Blazer zum bedruckten Catsuit mit futteralengen Hosen.

City-Hemd, Gegensatz zum → *Sporthemd*, → *Krawattenhemd* oder → *Semidreß-Hemd*, das das klassische → *Oberhemd* ablgelöst hat; kann bei dezenter Musterung mit oder ohne Krawatte zum Anzug getragen werden. – Vgl. → *Officehemd*, → *Oberhemd*, → *Tab-Kragen*, → *Picadilly-Kragen*, → *Button-down-Kragen*.

Citykleidung für Herren. Von links nach rechts: sommerliche Kombination, Sakko im Fensterkaro zur Baumwollhose; Sakko aus Cool Wool-Tropical zur Kammgarnhose.

City-Shirt, hochgeschlossenes Oberteil aus → *Maschenwaren* im Baumwollcharakter, mit oder ohne Ärmel, das unter dem → *Blazer* oder der → *Kostüm*jacke getragen werden kann.

Clan, Clankaro, meist großzügige, stets mehrfarbige, gewebte Karos schottischer Art, deren Farbkombinationen aus den Familienfarben der Clans stammen. – Vgl. → *Tartan*, → *Black-watch*.

Classics, → *Klassiks*.

Claudine-Kragen, kleiner, flach aufliegender, runder → *Bubikragen* ohne Steg.

Sportliches Sakko im Norfolk-Stil mit Karo-Hose, das Tuch ersetzt die Krawatte; dreiteilige Kombination, Weste mit aufgesetzten Pattentaschen aus gleichem Stoff wie die Hose, Sakko in kontrastreichem Karodessin.

City-Blouson, gekennzeichnet durch feines, elegantes, hochwertiges Material wie Naturseide oder Microfaser als Alternative zum Sakko.

Clean-Look, Sammelbegriff für eine nüchterne, saubere, korrekte, klare, jugendliche Damenmode mit zwar neuen, aber nicht aufdringlichen Details; häufig mit weißen Garnituren.

Cleantex, feines Baumwollgewebe mit 0,4% Carbonfäden und → *antistatischer Ausrüstung* für Reinstraum-Berufsbekleidung.

Clear Mylar, → *Mylar.*

Clever Wool, werblich geförderter Dachbegriff für Wollhosen mit Zusatznutzen wie → *Stretch*, Waschbarkeit, → *Fleckschutz*, permanente Bügelfalten.

Clevyl®, französische → *Polyvinylchloridfaser* mit erhöhter Hitzebeständigkeit und guter Anfärbbarkeit durch → *Dispersionsfarbstoffe* ohne Zusatz eines → *Carriers.* Auch Bedrucken ist möglich; die Farbstoffe müssen durch Dämpfen fixiert werden; vor allem für nicht entflammbare Vorhangstoffe. Schmelztropfen verursachen bei Hautberührung keine Brandwunden. Gutes akustisches Isolationsvermögen, verrottungsfest.

Climanit, → *Thermo*-Strickstoff für → *Langlaufbekleidung*, der seine Elastizität durch → *Elastan* (→ *Lycra*) erhält; häufig zur Verbesserung der Winddichtigkeit mit → *Ballonseide* verarbeitet.

Clima Guard, → *Klimastoff.*

Clip dyeing, → *partienweise Garnfärbung* durch vollständiges Eintauchen stellenweise abgebundener Garnstränge in das Färbebad. Auf diese Weise sind auch → *Ombré*-Färbungen erzielbar. – Vgl. → *Space dyeing*, → *Dip dyeing*, → *Tie dye.*

Clochard-Hose, nach den Pariser Stadtstreichern benannter, knöchel- oder wadenlanger Hosentyp, aus dem → *Jeanswear* stammend, hoch geschnitten und ohne Bund, in der Taille durch einen Gürtel oder eine Kordel gehalten. In ähnlichem Stil gibt es auch Latzhosen mit zum Teil abknöpfbarem Latz, und Röcke. Der Effekt kann durch eingelegte Falten am Bund imitiert werden. – **Clochard-Jeans**, Vorläufer von → *Anti-fit*, mit hoher Taille, großer Taillen-, Gesäß- und Oberschenkelweite, extreme → *Karottenform*, knöchellang, stets mit Gürtel und Hosenträger zu tragen.

In tragbare Mode übersetzter Clochard-Look. Links durch Kordel gehaltene, weit geschnittene Clochard-Hose aus fast durchsichtigem, weichem Stoff; rechts Hose im Clochard-Look, in der Gürtelpartie zwar gerafft, aber nicht zu weit. Abstehender Bund mit Kontrastfutter, knapp knöchellang.

Clogs, aus Skandinavien stammende, derbe, fersenfreie Schuhe, original mit Holzsohle, abgewandelt auch mit Plastiksohle.

Cloqué, → *Blasenkrepp*, → *Doppelgewebe* aus zwei webtechnisch durch Hohlschußbindung miteinander verbundenen Gewebelagen aus normalen und (überdrehten) → *Kreppgarnen*. In der Ausrüstung ziehen sich durch die Naßbehandlung die Kreppgarne des → *Georgette*-artigen Untergewebes zusammen, werden kürzer und wölben das meist taftartige Obergewebe blasenartig hoch; das Relief ist permanent. Der Schrumpfeffekt läßt sich auch durch thermoplastische Synthetics-Filamente erzielen, in dem man stark schrumpfende (z. B. nicht voll verstrecktes Polyester oder unfixiertes Polyamid) und nicht schrumpfende Fasertypen gemeinsam verarbeitet. Imitationen setzen bei Flachgeweben mustermäßig eingebundenes → *Elastan* ein, das durch Kontraktion nach Entspannung ähnliche reliefartige Aufwerfungen bildet, die aber nicht so ex-

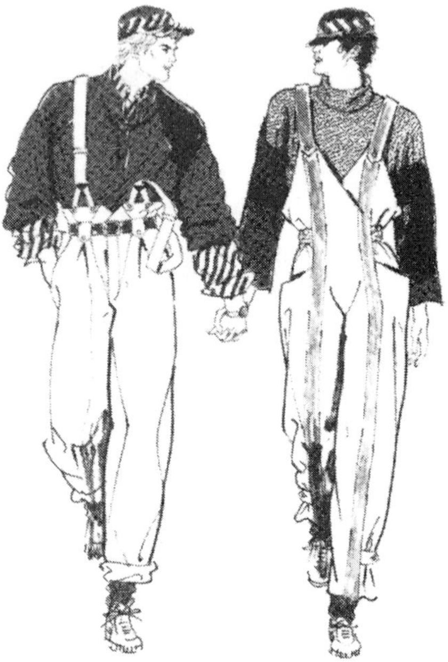

Designer-Jeanswear im Clochard-Look. Links Clochard-Hose mit Trägern und hochgekrempeltem Bein, rechts Salopette (Latzhose), in der Taille elastisch gefaßt, jedoch im ganzen überweit und mit geknöpften Fußlaschen.

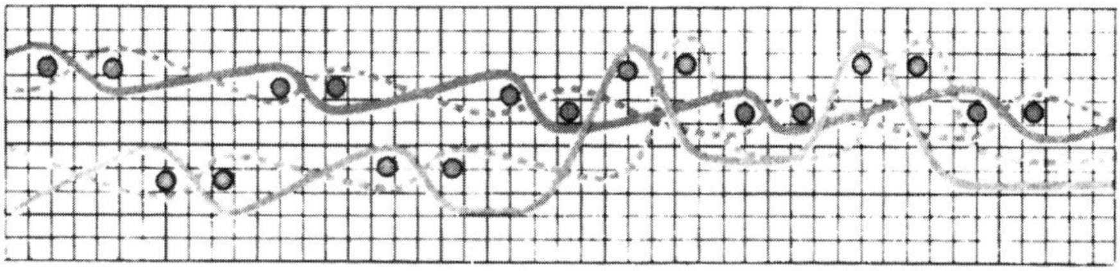

Schußschnitt durch einen gewebten Cloqué. Das Garn, das die Warenoberfläche beherrscht, ist normal gedreht, während das Untergewebe, das gleichzeitig für die webtechnische Verbindung der beiden Gewebe sorgt, Kreppdrehung aufweist oder aus stark schrumpfenden Synthetic-Filamenten besteht und bei feuchter Hitze stark und kontrolliert schrumpft. Grundbindung für Ober- und Untergewebe ist Tuchbindung.

akt zu positionieren sind wie bei Doppelgeweben (**Cloqué-Stretch, Falscher Cloqué**). Eine relativ preiswerte Möglichkeit der Imitation bieten → *Bondings* (**geklebter Cloqué**, → *Astrachin*). Ein im → *Filmdruckverfahren* bedruckter oder Uni-Taft als Obergewebe wird mit waschfesten, mustermäßig aufgedruckten Klebern mit einem Unterstoff, der eine preiswerte → *Kettenwirkware* sein kann, so verbunden, daß bei der anschließenden Heiß/Naßbehandlung die gewünschte plastische Struktur entsteht. – Vgl. → *Kräuselkrepp*, → *Matelassé*, → *Waschcloqué*.

Cloth, engl. Gewebe, Tuch; österreichische Bezeichnung für → *Zanella*.

Clubfarben, klare, leuchtende, wechselweise miteinander kombinierbare Farben; sodann die Zwei- und Dreifarb-Kombinationen, die früher den Clubs vorbehalten waren und nunmehr Eingang in die Mode gefunden haben.

Club-Stil, Bekleidungsstil mit strenger Note, vor allem Kombinationen von → *Blazer*, blazerartigen Mänteln zu Hosen und (karierten) Röcken, → *Schottenmuster* und echte → *Clankaros* sowie der → *Cardigan* sind wichtige Details; nicht zu verwechseln mit → *Clubwear*. → Abb. vgl. auch S. 154.

Clubstreifen, Diagonalstreifen in Kontraststreifen, vor allem auf → *Krawatten*.

Blazerkombinationen im Club-Stil.

Clubwear, weltweite, aus der Underground-Szene und der Disco-Musikwelt bestimmter Interpreten heraus gewachsene Bewegung (Club = Disco, Clubber = Disco-Besucher) eines sehr individuellen, völlig unkonventionellen Bekleidungsstils, zum Teil → *Jeanswear* fortführend und verfremdend; „Mode für Techno-Fans", die die Zugehörigkeit und Identifikation der Jugend symbolisiert; jedoch prinzipiell nicht für den Alltag, sondern zum „Ausgehen" bestimmt, auch mit Kapuzen-Sweatshirts oder Langarm- → *Shirts* und speziellen Logo-Drucken. Hauptsächlich von spezialisierten Herstellern und in Szene-Shops angeboten und durch bestimmte Diskjockeys gefördert. – Die Lifestyle-Präsentation im Handel muß für die zum Teil sehr markentreue Zielgruppe glaubwürdig und

Clubstil für Herren. Von links: Breit gestreifter Blazer zur Unihose, Hemd wird über der Hose getragen; zwei weich verarbeitete Sakkos mit neuen Karodessins, unten mit Polohemd.

mit entsprechender Musik verbunden sein; eine Integration in traditionelle Sortimente ist nicht möglich. – Vgl. → *Grunge,* → *Fashion Sport,* → *Streetwear.*

Coat, sportliche Kurzmäntel, bis zu Knie reichend oder das Knie gerade bedeckend,

Regen- und windfester Kurzcoat aus Klimastoff.

Drei klassische Sportcoats (links) mit großen, aufgesetzten Taschen im Vergleich zu zwei Jacken (rechts) aus rustikalen Stoffen.

für Damen und Herren; oft aus → *Homespun*-artigen Stoffen; etwas länger als Jakken.

Coaten, Oberflächenbehandlung von Fasern, Kohlebedampfung und Aufstäuben einer feinen, elektrisch leitenden Schicht (Kathodenzerstäubung), ohne die natürliche Faserstruktur zu überdecken, meist als Vorbereitungsarbeit für Makroaufnahmen angewandt.

Coating, tuchartiger, mittelschwerer → *Kammgarn*stoff für Mäntel in Köperbindung.

Cocktailkleid, erst nach dem Zweiten Weltkrieg entstandene Kleiderform für zwanglosere festliche Anlässe, gesellschaftlich zwischen elegantem Nachmittagskleid und großem → *Abendkleid* einzuordnen, nicht so streng wie das → *Dinnerkleid.* Aus festlichen Stoffen, höchstens wadenlang, kleines Dekolleté, eher beschwingte Linie. – Vgl. → *Anlaß-Kleid.*

Drei Cocktail-Kleider aus weich fließenden Stoffen; Crêpe Georgette mit Pailletten; Chiffon-Kleid mit Falten am Oberteil und Kimono-Arm; drapiertes Kleid mit Paillettengürtel.

Cocktailkleider. Links: zwei elegante Modelle, Plisseekleid mit Imprimé-Jacke; Chiffonkleid mit Schleife. - Rechts: Zwei Modelle mit beschwingten Röcken, mit Pierrot-Kragen und mit rüschenbesetztem Rocksaum.

Cocktail-Kostüme. Combiné-Druckdessin, positiv auf dem taillierten Jäckchen mit dem langgezogenen Revers, negativ auf dem geschlitzten Rock; Imprimé-Jacke zum Crêpe-Kleid.

Cocooning, „sich einspinnen", amerikanischer Begriff für die Gemütlichkeit zu Hause. In der Mode: Kuschelig-warme Mäntel und Jacken in → *Wickel-Formen* oder → *Capes,* mit runder Silhouette und oft mit großem, dekorativem Kragen, aus weichen, flauschigen Stoffen und → *Tierfell-Imitationen*, → *Innenstepper.* Cocooning hat mit seiner starken Hinwendung zum häuslichen Bereich auch → *Homewear* neu belebt. → Abb. vgl. S. 156.

Coco-Stil, sehr femininer, von Coco Chanel initiierter Modestil (→ *Chanel-Stil*) mit Samt- und Bändcheneinfaß an Kanten und

Jugendliche Cocktailkleider im Glamour-Look aus Stoffen mit mehr Stand wie Taft, Tüll und Matelassé, zweites und viertes von links mit Ballonrock, mittleres mit Ballonärmel, alle stark tailliert und mit schmalen Oberteilen.

Coco-Stil. Knappes, mit Reißverschluß zu schließendes Jäckchen aus großkariertem Bouclé-Tweed mit Samteinfaß am Kragen und an den Taschenpatten.

Kragen, Goldknöpfen und Goldkettchen-Dekor, Fantasie- → *Tweed* mit Effektgarnen, → *Pepita* und → *Hahnentritt.*

Codur, unelastischer → *Umspinnungszwirn*, → *Core-spun-Zwirn* mit Polyester-Kern und einer deckenden Umspinnung

Cocooning in der Mode. Designer-Modelle für Jacken und Mäntel; weiche „Hüllen" mit großen Schal- oder Reverskragen, ganz links und ganz rechts in ausgeprägter Ei-Form.

mit Baumwollfäden als Nähfaden für → *Permanent Press* und dichte Synthetics-(misch-)gewebe; der Baumwoll-Überzug schützt den Faden vor Überhitzung und zu starker Dehnung; die Codur-Nähfäden können ohne Veränderung der Maschineneinstellung wie ein Baumwollfaden vernäht werden. – Vgl. → *Polyfil.*

Codura®, → *hochfeste* → *Polyamid 6,6*-Faser (→ *Nylon*) für Airbags und Gewebe für Sport- und Reisetaschen (DuPont).

Coin-Verfahren, → *Bonding*, bis zum Endprodukt qualitätsüberwachte, verbesserte → *Kaschierung* unter Vermeidung des →

Sperrholzeffekts durch Punkt- oder Streifenauftrag des Spezialklebers Micro Meld (unterbrochener Klebefilm) in amerikanischer Lizenz zur Erzielung weichfließender Stoffe mit guter Elastizität und weichem Griff; die Luftdurchlässigkeit bleibt erhalten. **Coin-Therm**, Verbindung eines Oberstoffes mit einem → *Nadelfilz* als wärmendes Futter. – Vgl. → *Interbonding*, → *Eurobond.*

Colbond®, → *bikomponentes* Vlies (Kern Polyester, Mantel Polyamid) als Trägermaterial für → *Tufting-Teppiche* (Akzo). – Vgl. → *Bidim*, → *Cambrelle*, → *Lutradur*, → *Typar.*

Collant, frz. Strumpfhose, körperenges Trikotshirt, auch mit Rollkragen, zur Kombination mit Trägerröcken (Courrèges).

College-Blouson, schmuckloser Blouson mit Strickabschluß an Kragen, Ärmeln und Taille.

College-Bluse, → *Hemdbluse* mit kleinem, rundem Kragen.

College-Bluse

College-Kleid

College-Shirt, lockeres, amerikanisches → *T-Shirt* mit langen Ärmeln, überschnittener Schulter und lose liegendem Rundausschnitt.

College-Stil, → *Schulmädchen-Look*, streng geschnittene Schulkleider, wie sie in den amerikanischen Colleges getragen werden; junge und korrekte, etwas „biedere" Mode. Typisch sind kurzer Faltenrock, V-Ausschnitt-Pullover, → *Schottenkaros*, z.T. Trägerkleider, Club-Embleme, Kniestrümpfe und College-Schuhe oder schwere Schnürstiefel. – Vgl. → *Clean-Look.* → Abb. vgl. S. 158.

College-Stil

Col montant, halbhoher Stehbundkragen vor allem an Pullovern und → *Shirts.* – Vgl. → *Turtleneck.*

Col officier, Stehkragen ohne Kragenecken.

Col officier an Jacke und Mantel im Military-Look, der jedoch durch die typische Linienführung, Kragen, Taschenlösungen oder Stulpen nur angedeutet wird.

Blusen im College-Stil. Von links: Mit Eton-Krawattenschal, mit Doppelkragen, mit Schrägschleife, mit hohem Schleifenkragen, mit Napoleon-Kragen.

Colorcot®, Markenzeichen für chemisch unbehandelte Fertigtextilien aus farbig gewachsener → *Baumwolle*.

Color-Waschmittel, abgewandelte → *Buntwaschmittel*, wie diese ohne Bleichmittel und → *optische Aufheller,* mit zusätzlichen Verfärbungsinhibitoren (Polyvinylpyrrolidon) und Vergrauungsinhibitoren, die den von der Faser gelösten Schmutz in der Waschflotte in Schwebe halten und dadurch verhindern, daß der Schmutz und abgewaschene Farbpartikelchen erneut auf die gewaschene Wäsche aufziehen. Es handelt sich dabei um langsam abbaubare → *Polymere*, die gegenüber Menschen und Wasserorganismen unschädlich sind, deren Wirksamkeit aber auf → *zellulosische Fasern* beschränkt ist. Bevorzugt werden → *kationische Tenside* eingesetzt, die die Textilien weich und geschmeidig machen und die Farben auf der Buntwäsche zum Leuchten bringen, aber zusammen mit den → *Enzymen* (Lipasen und Proteasen) Wolltextilien, vor allem, wenn sie waschmaschinenfest ausgerüstet sind, und Naturseide bis zur Zerstörung angreifen können. Bei guter Faserschonung der Textilien aus Baumwolle, Leinen, Viskose und Modal entfernen die Color-Waschmittel den Schmutz besser als die Buntwaschmittel und erhalten die Farben besser als die → *Universalwaschmittel*, denen sie jedoch in der Entfernung von Flecken unterlegen sind. – Vgl. → *Waschvergrauung*.

Colour-blocking, kontrastreiche Farbgebung durch hartes Gegenüberstellen von „Blöcken" mit deutlich abgehobenen, stark unterschiedlichen, meist leuchtenden Farben. Gegensatz: → *Tonwertgleiche* → *Kolorits*.

Colour-blocking am Beispiel von Hemden mit Druckdessins und kontrastfarbiger Verarbeitung von Uni-Stoffen (rechts außen).

Colour-blocking in Streifenform am Beispiel eines Sportanzugs.

Coloured Denim, **Colour Denim**, besonders farbechter, in Kette und Schuß im Strang echtfarbig-garngefärbter Denim in Modefarben sowie in Weiß und in hellen Farben (→ *Naturell-Denim*); keine Gefahr des Abfärbens; teurer als stückgefärbter, einfarbiger Stoff oder Überfärber. → *Stonewashed*-Ausrüstung ist möglich. Durch → *Silikon-Ausrüstung* kann garnfarbiger Denim weicher gemacht werden. – Vgl. → *Black Denim*, → *Dark blue*. Verschiedentlich werden auch die → *Überfärber* zu Coloured Denim gerechnet.

Colvera®, porenlose → *Nässesperr-Membrane*, im unteren Preisbereich angesiedelte, nicht lizenzpflichtige Zweitmarke, die das Markenimage von → *Sympatex* im oberen Marktsegment absichern soll; hauptsächlich für Importe bestimmt. – Vgl. → *Dureta*.

Combed, engl. Bezeichnung für → *Gekämmte Baumwolle*.

Combi-colored, Kombination eines gemusterten Stoffes mit einem farblich passenden, aber hart abstechenden Uni in einem Bekleidungsstück. Gegensatz: → *Composé*. – Vgl. → *Colour-blocking*, → *Partnerstoffe*.

Combinable, → *Partnerstoffe*, Kombination zweier Stoffe gleichen Grundcharakters und gleichen Aussehens, aber mit verschiedenem Gewicht und unterschiedlicher Ausrüstung. Aus dem einen Stoff wird dann das Kleid, aus dem anderen der Mantel gearbeitet. – Vgl. → *Combiné*.

Beispiel für Combinable: Kleid über Kleid, darüber ein Mantel aus passendem, weichem Popeline in etwas schwererem Gewicht

Combidress, Kombinationsmode bei Kleidern mit farblich genau abgestimmten Einzelteilen (Blusen, Oberblusen, Pullover). – Vgl. → *Overdress*. → Abb. vgl. S. 160.

Beispiele für Combidress. Rock/Blusen-Kombinationen mit Westen im sportlichen Stil und in harmonisch abgestimmter Farbkombination.

Combi-Einlage, → *Mehrbereichseinlage*.

Combi-Mode, aus Einzelteilen, die auch separat gekauft werden können, zusammengestellte, als Einheit wirkende Bekleidung für Damen und Herren. Es werden meist verschiedene Oberteile mit Hosen und/oder Röcken abgestimmt, so daß sich mit verhältnismäßig wenigen Einzelteilen verschiedene Kombinationsvariationen ergeben. – Vgl. → *Ensemble*.

Combiné, → *Partnerstoffe*, Kombination zweier oder mehrerer verschiedener, aber nach Farbe, Materialauffassung und Modestil in sich gleichartiger Stoffe; vgl. → *Twin-Prints*, → *Sister-Prints*. Gegensatz: → *Composé*. – Vgl. → *Combinable*.

Combi-Short, → *Overall* mit Short.

Beispiele für die sich ständig erweiternde Vielfalt der Combi-Mode aus separat zu tragenden Einzelteilen auch mit jugendlichen Modellen. Von links: Streifen-Bermuda mit Umschlag und rockähnlicher Weite zum bedruckten V-Ausschnitt-Top, Kelchkragenbluse und zweireihigen Blazer mit steigendem Fasson und Knopfdekor; Chinos mit weitärmeligem Sweatshirt mit Badget und Textaufdruck; glockig geschnittener Uni-Rock zum Gilet mit Ziersteppnaht und zur Jacke mit Keulenärmel; Stufenrock mit Spitzensaum in der italienischen Länge zur Rüschenbluse und zum Trachtenjanker aus Leinen; lange, wie eine Palazzo-Hose weit geschnittene Hose zum Rundhals-Shirt und zum sportlichen Kurzblouson mit aufgesetzten Pattentaschen und Steppnaht-Verzierung; City-Bermuda mit bedruckter Polobluse zum Kurzarm-Blazer mit gefaßtem Ärmelabschluß; Karorock mit seitlichem Plissee, Knöpfen und dekorativem Gürtel zum kragenlosen, durchgeknöpften Top und zur kragenlosen Manteljacke; strenger Ladymini-Rock mit eingeschnittenen Paspaltaschen und Bluse im Miltary-Look.

Combi-Wollsiegel, Gütezeichen für Mischgewebe und -Maschenwaren aus Wolle mit anderen Textilfasern, wobei der Wollanteil stets über 50% liegen muß, und die Verarbeitung von → *Reißwolle* ausgeschlossen ist. Es darf nur mit genauer Angabe der Anteile der beigemischten Rohstoffe eingesetzt werden; Schurwollanteil bei Unterwäsche 80%, bei Socken, Strümpfen, Schlafdecken und Möbelstoffen 70%, bei Jersey, Kammgarngeweben, Hemden, Blusen, Kinderbekleidung und Nachtwäsche 60%.

70% Schur-Wolle
30% Baumwolle

Combi-Wollsiegel

Comeback-Schaf, Rückkreuzung der → *Crossbred-Schafe* mit ihrer gröberen und schlichten Wolle zu Schafen mit feineren, stärker gekräuselten, → *Merino*-artigen Wollen. Der kurze Zuchtweg ergibt Wollen mit B-Feinheit, der lange Zuchtweg unter Einbeziehung der Fleischschafrasse → *Lincoln*-, Merino- und Crossbred-Schafen C1-Feinheiten.

Comforel®, → *Schlafkugeln*, patentierte Faserbällchen aus einer speziellen → *Dacron*-Polyesterfaser (hydrophile, sich vernetzende und hoch elastische Vierloch- → *Hohlfaser*); schwer entflammbar. Die Qualitätsgarantie bis zum Verbraucher bezieht das Füllgewicht je Format, Mindest-Garnfeinheiten und das Flächengewicht des Bezugsstoffes mit ein. Die Luftdurchlässigkeit des Stoffes muß unter 20 l/m²/sec liegen. 40° → maschinenwaschbar, ohne daß die Füllkraft beeinträchtigt wird. – **Comforel Supreme**, waschmaschinen- und tumblerfestes Füllmaterial speziell für Kopfkissen auf Basis → *Dacron* 297, neigt auch nach langfristiger Dauerbeanspruchung nicht zum Verklumpen oder Verflachen.

Das aus winzigen, luftigen Bällchen bestehende Füllmaterial Comforel.

Comforteam, → *Zweischichtenstoff* aus einer eigens für diesen Zweck modifizierten → *Dacron*-Spinnfaser. – Vgl. *Comforto*.

Comfortiss, Stoff für → *Berufsbekleidung* (Lauffenmühle), Kombination von → *Intim-* und → *Systemmischung* aus Polyester/Baumwolle, die bei hoher Haltbarkeit und Pflegeleichtigkeit die hygienischen Eigenschaften deutlich verbessert. Wärme- und Wasserdampf-Transportvermögen sind denen der Baumwolle gleichwertig. – Vgl. → *Challenger*.

Comforto, → *Tergal-Comforto®*, → *Zweischichtenstoff*, laufmaschensichere → *Kettenwirkware* mit einer sehr feinfädigen Oberfläche, die auch → *Thermodrucke* zuläßt. Mischungspartner des feinfibrilligen Polyamid 6.6-Garns können Baumwolle und Naturseide sein. – Vgl. → *Comforteam*.

Comfort-Teppich, → *Gütesiegel* der Europäischen Teppichgemeinschaft für hochwertige Webteppiche mit vorgeschriebenem Polgewicht und Noppenzahl, die den Prüfnormen des Deutschen Teppichprüfinstituts entsprechen. Nach mathematischen Formeln werden Zahlenwerte geschaffen, die die Kennzahl „Comfort-Faktor" ergeben; die den Begriff „Teppich-Komfort" bestimmenden Eigenschaften wurden damit meßbar gemacht; in das → *Teppichsiegel* eingebaut; das Gütesiegel selbst ist kein Bestandteil des Teppichsiegels.

Comfort-Teppichsiegel

Commander-Parka, Phantasiebezeichnung für die den olivfarbigen soldatischen Kampfjacken nachgebildeten wetterfesten Kurzmäntel. – Vgl. → *Military-Look*, → *Field-Jacket*, → *Fighting-Suit*.

Commodity, -ties, vielseitig einsetzbare, dem Preiskampf am Weltmarkt besonders unterliegende Chemiefaser-Standardtypen (der 1. → *Generation*) im Gegensatz zu den → *Specials* (→ *Premium-Typen*).

Compak, Verpackungsgewebe und in → *Rascheltechnik* hergestellte Säcke aus → *monoaxial* gereckten → *Polyolefin*-Bändchen (→ *Polital*). – Vgl. → *Polytuft*.

Complet, Zusammenstellung von Rock oder Kleid mit einem Mantel oder einer hüftlangen Jacke zu einem einheitlich wirkenden, aber auch einzeln zu tragenden Oberbekleidungsstück, wobei Material und Farbe gut harmonieren müssen, aber nicht gleich zu sein brauchen. Der Modell-Charakter aller Teile muß jedoch exakt abgestimmt sein. – Vgl. → *Ensemble*, → *Trois-pièce*.

Complet mit Composé.

Complet-Mantel, in der Regel offen getragener, meist nur $^7/_8$-langer, zu Kostüm oder Rock passender → *City-Mantel*.

Composé, 1. Bei Stoffen: Zusammengehörige Stoffe, deren Musterung auf dem gleichen Grundgedanken und auf der gleichen Farbkombination aufbaut, und die deshalb problemlos gemeinsam verarbeitet werden können. Beispiel: Fil à Fil und

Composé-Kostüm

Composé-Kleid

Glencheck auf Fil à Fil. Gegensatz: → *Combiné*, → *Combicolored*. – Vgl. → *Partnerstoffe*.
2. In der DOB: → *Ensembles* oder → *Complets* aus verschiedenen, farblich genau aufeinander abgestimmten Stoffen, wobei sich der eine Stoff auf dem anderen Bekleidungsstück zur Betonung der Zusammengehörigkeit als Ausschmücker wiederfinden kann.

Composit, faserverstärkter → *Polymer-Werkstoff*.

Compositfasern, Sammelbegriff für → *Hochleistungsfasern* einschließlich der den technischen Zwecken vorbehaltenen → *Keramik-Fasern*.

Compositgarn, -Zwirn, Garne oder Zwirne aus zwei oder mehreren verschiedenen Komponenten. Speziell: Filamentgarne mit einem Kern aus Polyester oder Polyamid in variabler → *Falschdraht-Drehung* und einem Mantel aus Naturfasern (Wolle, Baumwolle, Ramie oder Leinen) mit Spinnfaser-Charakter. – Vgl. → *Core-spun*, → *Novacore*, → *Unruhiges Garn*, → *Pontella*, → *Spunlike-Garn*.

Compound, → *Teppichrücken*, Gesamtheit der (bodenseitigen) Rückenkonstruktion von → *Tufting-Teppichen*, bestehend aus Untergewebe, Verstärkung und Beschichtung. Aus Umweltgründen sind → *Schaumstoff*-Rücken zugunsten rein textiler Unterflächen rückläufig; sie bestehen nicht aus → *PVC* und enthalten deshalb auch keine Weichmacher, sondern sind zu 75% aus Styrol-Butadien-Schaum, aus Synthesekautschuk oder Polyurethan und aus diesem Grunde auch frei von gesundheitlichen Risiken. Teppichrücken deutscher Produktion oder mit dem ETG-Zeichen sind garantiert frei von dem in Deutschland seit 1986 gesetzlich verbotenen → *PCP* oder PCP-haltigen Produkten. → *Asbest* ist in keiner Rückenbeschichtung enthalten. – Vgl. → *Kompaktschaumrücken*.

Compound-Nadelsytem, aus mehreren zusammenwirkenden Teilen bestehende Nadelkombination zur Maschenbildung. - Vgl. → *Schiebernadel*.

Computer aided design, komputer-unterstützter Modell-Entwurf, → *CAD*.

Computer-Gradierung, Vergrößerung und Verkleinerung der für ein Modell in einer Basisgröße erarbeiteten Grundschablonen (→ *Gradierung*) mit Computerhilfe. Feuersichere Aufbewahrung der Reserveschab-

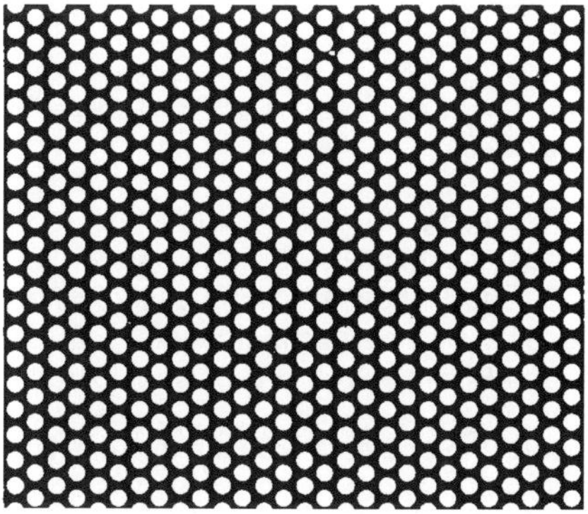

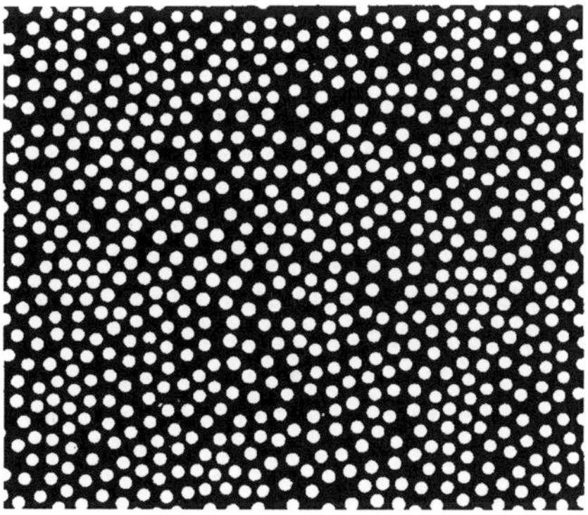

Computerpunkt. Links: Traditionelle Anordnung der Beschichtungspunkte im Gegensatz zur (rechts) unregelmäßigen, durch den Computer errechneten Punktanordnung. Die so angeordneten Punkte können sich niemals mit der Bindung eines gewebten oder gewirkten Oberstoffes addieren.

lonen entfällt bei entsprechender Aufbewahrung der Disketten; die Schablonen sind sehr exakt, der Modellmacher wird von zeitraubenden Routinearbeiten durch den ohne Freizeit arbeitenden Computer bis zur Herstellung ganzer Lagebilder entlastet. Auch durch Spezialunternehmen im Lohn durchführbar. – Vgl. → *Pegase*.

Computer integrated manufactoring, → *CIM*, computer-unterstützte Fertigung, revolutionierende Betriebsorganisation der Bekleidungsherstellung mit hohem Rationalisierungsschub, aber auch mit hohem Investitionsaufwand , faßt → *CAD*, → *CAP* und → *CAM* zusammen; erfordert „EDV-bewußte" Mitarbeiter.

Computermuster, -Design, grafische (Strich-) Motive in einer symmetrisch wirkenden Anordnung oder Kleinmuster (→ *Minimal-Dessin*), die mit Computerhilfe entwickelt worden sind, manchmal im → *Patchwork*-Charakter.

Computer-Punktbeschichtung® von → *Frontfixier-Material*, Beschichtung des Einlagevlieses mit der Haftmasse in statistisch errechneter Unregelmäßigkeit; verbessert den Hafteffekt und verhindert unerwünschte Moiré-Bildung nach dem Abbügeln.

Cone, Art der → *Aufmachung* von Garnen und Zwirnen; die trapezförmige Spule des Garnträgers gestattet es, den Faden „über Kopf" abzuziehen. Gegensatz: → *Bobine*.

Conger-Aal, bis zu 50 kg schwerer und über 3 m langer Aal aus der Tiefe des Atlantischen Ozeans. Seine Haut wird zu einem weichen, eleganten und sehr haltbaren Leder für luxuriöse Lederwaren zugerichtet. – Vgl. → *Fischleder*, → *Glattleder*, → *Reptilleder*.

Continue-Spinnverfahren, rationelles Verfahren zur Herstellung (zellulosischer) Chemiefasern; das Spinnen, Nachbehandeln und Trocknen, ggfs. auch das Zwirnen, erfolgen in ununterbrochenem Arbeitsgang. Den Transport übernehmen Gummibänder oder Rinnen mit strömender Flüssigkeit.

Contourette®, spitzenartige Jacquard- → *Raschelware* mit erhabener, klarer Konturierung der Einzelmotive; die Musterung ist stufenlos offen bis fein einstellbar und wird elektronisch gesteuert. Produktion etwa 15 m/h.

Contourette

Contouring, Damenfeinstrumpfhosen mit Miedereffekt im Slip-Bereich, der der Gesäß- und Hüftpartie einen besseren Halt verleiht, sie aber nicht einengt (→ *Bodyshape*-Effekt). – Vgl. → *Stützstrumpfhose*.

Contour-Schale, den Busen und das Dekolleté betonende → *Cup*-Verarbeitung an Miederwaren und Badewäsche mit der Möglichkeit variationsreicher Gestaltung der Optik.

Contractwool®, segmentspezifisches Markenzeichen in Verbindung mit dem Farn des neuseeländischen Verbandes Wools of New Zealand für besonders robuste Polsterbezugsstoffe (→ *Möbelstoffe*) im Objekt-, Flugzeug- und Kraftfahrzeugbereich aus 100% Schurwolle und einem Anteil von 60% an neuseeländischer Wolle oder mit mindestens 70% Schurwolle, wenn 60% des gesamten Rohstoffeinsatzes auf neuseeländische Schurwolle entfallen. Vorgeschrieben sind Mindestwerte für Pol/Schergewicht und Poldichte bei Florgeweben,→ *Scheuerfestigkeit*, Licht-, Reib- und Shamponierechtheit, → *Scheuerfestigkeit* und Pillinganfälligkeit. Die Marke wird auch eingesetzt für Teppichböden, die mindestens dem Standard „Mittlere Beanspruchung Objektbereich" entsprechen. – Vgl. → *Decorwool*, → *Isolana*.

Markenzeichen Contractwool mit dem Farn für hochwertige Polsterbezugsstoffe aus neuseeländischer Schurwolle.

Control Top, Damenstrumpfhosen mit leichtem Stütz- und Massageeffekt; engen nicht ein und dienen nicht gesundheitlichen Aspekten (Krampfadern). – Vgl. → *Contouring*, → *Stützstrumpfhose*, → *Bodyshaper*.

Converter, Konverter, Sammelbezeichnung von Maschinen und Verfahren zur Herstellung von Chemie-→ *Spinnfasern* direkt aus dem Kabel durch Reißen, Schneiden oder Quetschen; es entsteht ein Spinnband mit spinnfähigem Stapel-Diagramm, wobei die Parallel-Lage der Fasern und die inneren Fasereigenschaften erhalten bleiben. Der Zustand flockenförmiger Wirrfasern wie bei den natürlichen Rohstoffen wird dabei umgangen.

Coolmax®, Polyester-→ *Hohlfaser* (→ *Dacron*), Vierkanalfaser mit besonders großer Oberfläche zur Unterstützung des Abkühlungseffekts des Körpers und des wirksamen Abtransports der Körperfeuchtigkeit, speziell für Sportbekleidung und für Spezial-Socken mit der Funktion eines Innenfutters von Schuhen.

Cool Wool®, RAL-anerkanntes Gütezeichen des IWS für sommerliche Oberbekleidungsstoffe mit kühlem Aussehen und Griff unabhängig von Webart und Struktur, jedoch mit leichtem Gewicht (unter 220 g/m²) aus reiner (→ *Merino*-)Schurwolle. Mit Nm 52–80 liegen die Kammgarne im Bereich feiner Baumwollgarne. Ein Anzug wiegt weniger als 1 kg, ein Blazer etwa 500 g. Voraussetzung ist der Einsatz weicher und leichter Einlage- und Futterstoffe. Verarbeiter müssen → *Wollsiegel*-Lizenznehmer sein; die Qualitätsgarantie gilt für das Fertigprodukt. Bei so leichten Stoffen ist absolute Knitterfreiheit nicht möglich, der Verkauf mithin beratungsintensiv. Geworben wird mit den Argumenten temperaturausgleichend, schweißaufnehmend und luftdurchlässig; die früheren Vorurteile des Verbrauchers gegenüber Wollstoffen als Sommerkleidung sind weitgehend abgebaut.

Markenzeichen Cool Wool

Coordinate, Coordonné, 1. Damenmode: Englische bzw. französische Bezeichnung der → *Partnerstoffe* (ital. Coordinati); Stoffe für → *Ensembles*, die nach Konstruktion oder Musterung verschieden, aber in ihrem Charakter so ähnlich sind, daß ihre ge-

meinsame Verarbeitung zu einer geschmacklichen Einheit führt; die Basis-Bekleidungsstücke sind oft mehrfach kombinierbar. Themen der Variationen können sein: Jacquard/Druck, groß/klein, dreifarbig/zweifarbig, sodann Webware/Strickware, wollig/seidig, gerippt/glatt. Gegenüber modernen Formen des → *Mustermix* wirken Coordinates eher wie perfekt zusammengestellt. – Bei Bekleidungsstücken werden die Begriffe auch synonym zu → *Complet* verwendet. – Vgl. → *Combiné*, → *Sister-Prints*, → *Twin-Prints*; Gegensatz: → *Composé*, → *Combinable*.
2. In der Herrenbekleidung: Kombinationen aus Sakko/Weste/Hose, wobei mindestens eines der drei Teile aus passendem, aber nicht aus gleichem Stoff gearbeitet ist. - Vgl. → *Cross dressing*.
3. Allgemeinbegriff für → *Kombi-Mode*.
4. Nur Coordinate: Einheitliche Zusammenstellung der → *Dekorationsstoffe* für ein Fenster auf Basis der Musterung des undurchsichtigen Vorhangstoffs, dem sich das Dessin der → *Gardinenstoffe* oder → *Inbetweens*, wenngleich nach Größe und Farbe auch abgewandelt, unterordnet; oft im Dreierpack angeboten.

Coordonné

Coordonné. Sakko, Weste und Hose sind aus verschiedenen, aber genau abgestimmten Stoffen.

Coordonné in der Herrenkleidung. Links Sakko und Hose aus gleichem Stoff, Weste in Patchwork-Manier verarbeitet; Mitte Hose und Weste aus gleichem Stoff und in gleicher Farbe zum hellfarbigen Sakko.

Coordonné désaccordé, → *Désordonné*, dem jugendlichen Bekleidungsstil zuzurechnende Kombination von Stoffen, die nach Musterung und Farbe nicht zusammengehörig erscheinen, aber dennoch zusammen getragen werden.

Copolyester, → *Copolymerisat* von Polyesterfasern, bei dem durch Hinzufügen einer zweiten Dicarbonsäure (Isophthalsäure) in geringen Mengen die Neigung zur → *Pillingbildung* verringert, die Anfärbbarkeit verbessert und das Schrumpfverhalten variiert werden soll. Das Schrumpfvermögen kann auch durch Hinzufügen von Polyäther gesteuert werden. Verstärkte Bedeutung wegen des Umweltschutzes gewinnen → *Blockpolymerisate* mit Polyethylenoxid, weil sie unter Beibehaltung aller guten Gebrauchseigenschaften auch in tiefen Farbtönen → *carrier*frei mit → *Dispersionsfarbstoffen* anfärbbar sind.

Copolymerisatfasern, Copolymerfasern, Fasern mit Kettenmolekülen aus verschiedenen → *Monomeren* in statistischer Verteilung, die gemeinsam → *polymerisiert* worden sind. Dadurch lassen sich verschiedene Eigenschaften (→ *Farbaffinität*, → *Antistatik*, → *Thermostabilität*) gezielt beeinflussen. – Vgl. → *Modacrylfasern*, → *Copolyesterfasern*. → *Homopolymerisat*, → *Multipolymerisat*,

Corchorus, botanischer Name der → *Jute*-Pflanze.

Cord, Sammelbezeichnung für Gewebe mit erhabenen Längsrippen, die alle sehr haltbar, leicht elastisch und gegen Verschmutzung recht unempfindlich sind. Die Längsrippen können samtartig aufgeschnitten (→ *Cordsamt*) oder unaufgeschnitten (→ *Reitcord*) sein. – Vgl. → *Babycord*, → *Cotton-Cord*, → *Fancy-Cord*, → *Garantie-Cord*.

Cordbindung, zur Gruppe der → *Hohlstoffbindungen* zählende Bindungsart mit mehreren Fadensystemen (4 Schüsse), die in Kettrichtung deutliche Aufwölbungen in Streifenform über den auf der Abseite flottenden Schüssen bewirkt, für schwere, strapazierfähige (Woll-)Stoffe. Nicht zu verwechseln mit den für → *Cordsamt* üblichen → *Schußsamtbindungen*.

Corderito, südamerikanische (hauptsächlich Uruguay) Babylämmer, die in ihren ersten Tagen eines natürlichen Todes sterben. Wertvoll; Jahresanfall etwa 800.000.

Cordonnet, → *Zwirn* aus meist drei zweifädigen Vorzwirnen, wobei der Vorzwirn der Garndrehung entgegengesetzt, der Endzwirn entgegengesetzt zum Vorzwirn gedreht wird, so daß der Endzwirn sehr hart herauskommt. Meist mercerisiert, für Nähgarne, Fischernetze.

Cordsamt, Sammelbegriff für alle → *Schußsamte* mit Rippe (→ *Rippensamt*), wobei die Rippe durch den Flor gebildet wird. Einteilung nach der Rippenbreite: → *Millrayé*

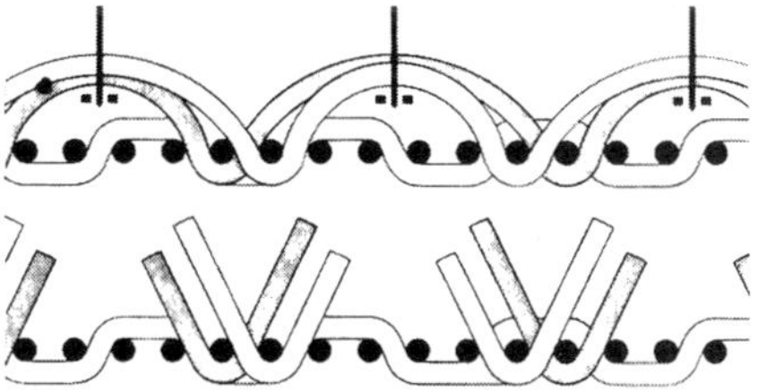

Kettschnitt durch einen Cordsamt. Die Kettfäden erscheinen als voller Punkt, der Grundschuß ist nur in Konturen gezeichnet. Oben: Unaufgeschnitten; die Stellen, an denen die Schneidscheiben schneiden, sind durch Striche gekennzeichnet. Unten: Aufgeschnitten.

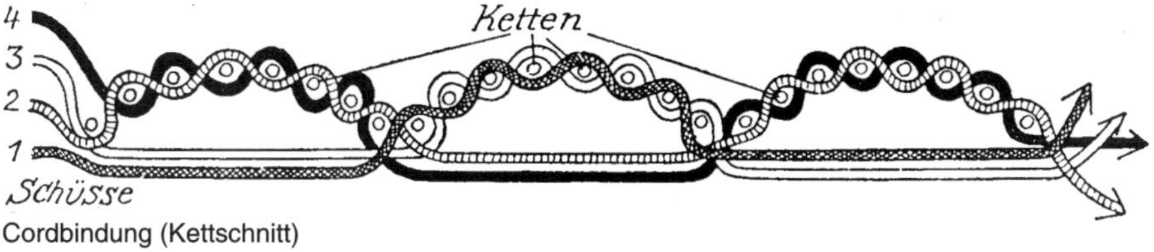

Cordbindung (Kettschnitt)

oder → *Babycord*, → *Mikrocord*, mehr als 50 Rippen/10 cm Warenbreite; → *Feincord* 44–50; → *Genuacord* oder → *Manchester* 24–43, → *Kabelcord* oder → *Trenkercord* (→ *Breitcord*) bis 23 Rippen. – → *Fancy-Cord* oder → *Fantasiecord* mit Wechselrippe. Das Aufschneiden der durch den Florschuß gebildeten Schleifen geschieht durch rotierende Rundmesser, deren Anzahl der Zahl der Rippen entspricht. – Vgl. → *Ribbless-Cord*.

Cordura®, lizenzierte Stoffe aus einer hochfesten → *Hochleistungsfaser* aus → *Polyamid 6,6* mit Qualitätsgarantie bis zum Endverbraucher für → *Activwear* (Ski-, Snowboard-, Arbeits-, Jagd- und Motorradbekleidung) sowie für Reisegepäck, Sporttaschen und Rucksäcke. Stabil und langlebig, weich, reißfest, wasserabstoßend und schnell trocknend.

Core-Garn, 1. Elastisches → *Kombinationsgarn*; durch die Ummantelung des Elastan-Kerns mit anderen Textilfasern können Griff und Aussehen, Verarbeitbarkeit und Scheuerbeständigkeit verbessert und das Ausmaß der Elastizität dem Verwendungszweck angepaßt werden. – Vgl. → *Core-spun*.

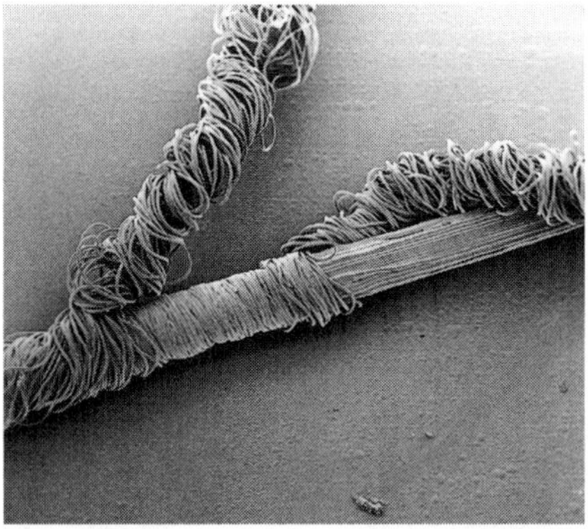

Core-Garn, Umwindungsgarn mit Dorlastan-Seele. Zwei Garne aus andersartigem Material werden kreuzweise um den definiert gedehnten Elastan-Kern herumgelegt.

2. → *Scheinzwirn*, bei dem das Filamentgarn und das Spinnfaser-Vorgarn bereits im Streckwerk miteinander vereinigt werden.

Core-spun, unelastisches oder elastisches → *Kombinationsgarn*; eine Seele (Stehfaden) ohne oder mit nur unausgeprägter Verdrehung aus unausgeschrumpften, thermisch verformbaren Chemiefaser-Filamenten oder aus Elastomer-→ *Kabel* wird in gestrecktem Zustand mit Naturfasergarnen oder Synthetic-Filamenten (also nicht mit einem Spinnvlies) so umsponnen, daß der Kern völlig eingehüllt wird und sich die verschiedensten Effekte und Verwendungszwecke ergeben. Unelastische Polyesterkerne von Nähfäden können so vor Nadelhitze und zu starker Dehnung geschützt werden. Die hygienischen Eigenschaften werden durch Umspinnung mit Wolle oder Baumwolle verbessert (→ *Kernelastisch*). – Das Färben von Core-spun-Garnen ist wegen der verschiedenen Faserarten sehr schwierig; → *Stückfärbung* wird vorgezogen. – Gegensatz: → *Umwindungsgarne*, → *Rotofilgarn*. – Vgl. → *Codur*, → *Core-Garn*, → *Covered yarn*.

Core-Taslan, → *Chenille*-artiges Effektgarn, entsteht im → *Düsenblasverfahren* durch gleichzeitiges Zuführen von zwei Fäden mit unterschiedlicher Geschwindigkeit.

Corkscrew, 1. Wollstoff in flach verlaufender, abgeleiteter Schrägripsbindung mit → *Drapé*-Charakter aus Kammgarnen mit weichem, leicht flusigem Oberflächencharakter. Pillingfrei ausgerüstete Synthetic/

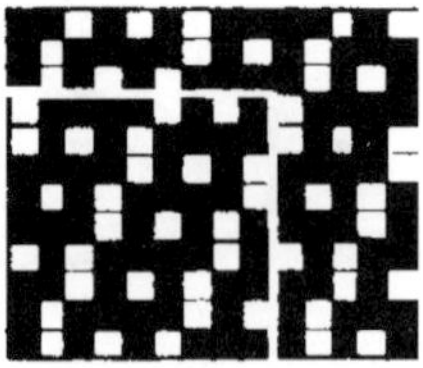

Corkscrew-Bindung, Rapport eingerahmt.

Schurwoll-Mischungen ergeben besonders saubere, knotenfreie Bindungsbilder.
2. Korkenzieherartige, mit wechselnder Garnstärke gesponnene → *Effektzwirne* (Spiralzwirne). – Vgl. → *Ondé*, → *Frisé*.

Schwerer Corkscrew, 3-fach vergrößert.

Cornat, glänzend graues, veredeltes → *Waschbärenfell*. – Vgl. → *Silbercornat*.

Corneta®, Marke für verschiedene → *metallglänzende*, nicht oxidierende → *Effektgarne*; hauptsächlich durch Bedampfen mit Aluminium metallisierte Polyesterfilme, glatt oder mit texturiertem Nylon verstärkt, auch als → *Frisé*-ähnliches → *Effektgarn* in verschiedener Schnittbreite; für Gewebe, Maschenwaren und zum Sticken. – Vgl. → *Lahn*, → *Lurex*, → *Leonische Fäden*, → *Metallfolie*, → *Mylar*.

Corriedale, südamerikanische, durch Kreuzung gezüchtete, dem → *Crossbred-Schaf* ähnliche Schafrasse. – Vgl. → *LaPlata-Wolle*, → *Montevideo-Wolle*, → *Punta-Wolle*.

Corsage, miederwarenähnliche, stützende und formende Ausarbeitung von trägerlosen, schulterfreien Oberteilen vor allem bei festlichen Kleidern.

Corsagenhose, Damenhose mit einem bis unter die Büste reichenden, angeschnittenen Oberteil, meist aus elastischen Stoffen und oft mit Biesen verziert.

Cocktailkleider mit Corsage, links mit Ballon-Rock.

Corsede, vollflächig → *PUR*-beschichtetes → *Lederimitat* im → *Velours*-Charakter auf Basis → *Kettenwirkware* 80/20% Viskose/Polyamid, auch mit wasch- und reinigungsbeständigem Python-Druck. – Vgl. → *Domy*, → *Napuco*.

Côtelé, frz. → *Cord*, feinfädige Damenkleider- und Blusenstoffe mit feinen, meist nur kordelartig angedeuteten Längsrippen, oft in → *Hohlstoffbindung* gewebt (→ *Cordbindung*). – Vgl. → *Bedford-Cord*, → Rayé.

Cotton-Cord, → *Gütezeichen* für Qualitätscord, der nach den Richtlinien der Gütezeichengemeinschaft Cord aus reiner Baumwolle hergestellt wird.

Cottonisieren, in Europa aus Gründen des Umweltschutzes nicht mehr praktizierte Zerlegung der Bastbündel von → *Flachs* oder → *Hanf* in baumwollähnliche Einzelfasern auf chemischem Wege. – Vgl. → *Flockenbast*.

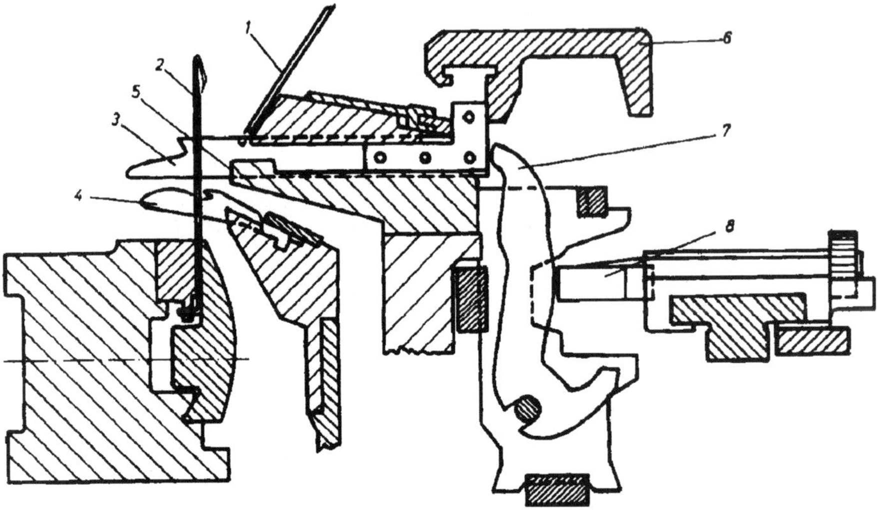

Anordnung der maschenbildenden Elemente einer Cottonmaschine. Die Nadeln sind senkrecht auf der horizontal und vertikal beweglichen Nadelbarre angeordnet. Die dazugehörige Preßkante ist meist fest und wird durch die Vorderkante der Platinenführung gebildet. Die Kulierplatinen für das Formen des Fadens in Schleifen um die Nadeln sind in den Schlitzen der Platinenführung geführt. Ihre Bewegung beim Vorformen der Schleifen erhalten sie von den Schwingen, die durch ein symmetrisches Schloßteil (Rößchen) alternierend rechts und links angetrieben werden. Die Rückwärtsbewegung aller Kulierplatinen wird gleichzeitig durch die Platinenschachtel gesteuert. 1 Fadenführer, 2 Spitzennadel, 3 Kulierplatine, 4 Einschließ/Abschlagplatine, 5 Preßkante, 6 Platinenschachtel, 7 Schwinge, 8 Kulierkurve (Rößchen).

Cottonmaschine, nach ihrem Erfinder (Cotton 1868) benannte Flachwirkmaschine zur Herstellung paßformgerechter Kulierwirkwaren für Oberbekleidung und von Damenfeinstrümpfen mit Naht (→ *Cottonstrumpf*). → *Eindecken* und → *Ausschlagen* geschieht automatisch. Moderne elektronisch gesteuerte Automaten können die verschiedensten Maschenbindungen der → *Kulierwirkerei* herstellen, hauptsächlich → *Fully fashioned*. Für Damenfeinstrümpfe sind die (relativ langsam laufenden) Cottonmaschinen praktisch bedeutungslos geworden, seit nahtlose Feinstrumpfwaren aus Polyamiden in Beinform thermofixiert werden können.

Cottonova®, → *Kunstharzfreie Pflegeleichtausrüstung*, waschbar und kochfest, Qualitätsüberwachung bis zum Endverbraucher, die Fasereigenschaften werden kaum beeinträchtigt.

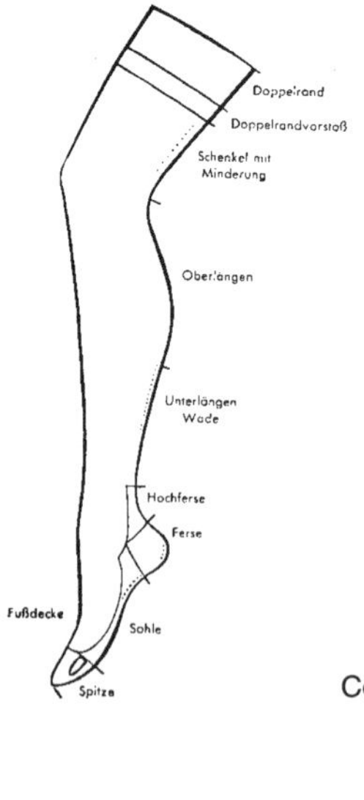

Cottonstrumpf

Cotton people, → *Öko-Label* für Konfektion in mittlerer Preislage für Kleinkinder.

Cottonstrumpf, formgerecht von der Fußspitze bis zum oberen Rand auf → *Cottonmaschinen,* am oberen Doppelrand beginnend, flach gewirkte und anschließend zusammengenähte Strümpfe.

Cotton Incorporated, Marketing-Organisation der amerikanischen Baumwollproduzenten mit der Aufgabe, bei der Weiterverarbeitung durch Spinnen, Weben, Stricken, Färben und Ausrüsten auch computergestützte Hilfestellung zu geben, durch Forschung neue Methoden zu entwickeln und Trendprognosen zu erarbeiten.

Cotton USA, → *Gütesiegel* des Cotton Council International für Stoffe aus reiner

cotton®
THE FABRIC OF OUR LIVES™

Signet von Cotton Incorporated

Baumwolle, die mindestens zu 50% aus amerikanischer Baumwolle (→ *Gossypium barbadense*) bestehen. Die hohe Reißfestigkeit der beworbenen Baumwolle macht sie besonders für Strapaziergewebe wie → *Denim* oder → *Cord* geeignet. Die Einhaltung der Bedingungen kann nur in der Spinnerei überprüft werden. – Vgl. → *Swiss + Cotton.*

Gütesiegel Cotton USA

Couché, gesammelte und wieder aufbereitete Altfedern; billiges Füllmaterial vor allem für Kopfkissen.

Country-Look, aus der Sehnsucht der Stadtbewohner nach dem urtümlichen Landleben heraus entstandene Stilrichtung sportlicher Herren- und Damenkleidung, die unter Verwendung vorzugsweise weicher englischer Stoffe im → *Handwebcharakter* (→ *Donegal*, → *Tweed*, → *Shetland*, → *Fischgrat*), aber auch → *Cordsamt*, dem Bekleidungsstil englischer Landedelmänner nachempfunden sein kann, aber auch auf die Vorbilder der rustikalen Kleidung von Holzfällern und Fischern zurückgreift und deshalb vielfach flauschige Pullover zum Kombinieren mit einbezieht. Auch bäuerliche → *Folklore* (→ *Trachtenkleidung*) kann Anregungen liefern. → *Billettasche* und → *Seitenschlitze* sind häufige Details für Herren. Ausstattung mit Leder spielt eine wichtige Rolle. Der Tragekomfort muß durch relativ weiche Stoffe und leichte Innenverarbeitung trotz der rustikalen Gesamtwirkung gewährleistet sein. – Vgl. → *Club-Stil*, → *Reiter-Look.*

Country-Look für Herren. Das Vorbild ist der Landedelmann; die Stoffe sind luxuriös wie Kaschmir oder praktisch wie Daunenstepp, die Optik jedoch rustikal und winterlich.

Couquet-Verfahren, Herstellungsverfahren für gepreßte Teppiche im Gegensatz zum → *Tufting*-Verfahren. Zwei mit einem Kleber beschichtete Gewebebahnen werden in einen Kanal eingeführt und das Polmaterial zickzackförmig durch zwei sich

Country-Look kann verschiedenen Vorbildern folgen. Von links: Reiter-Look im Dandy-Stil; Hunting-Stil (Jagd) für die City im Lagen-Look; flauschige, lange Jacke mit Holzfällerkaro zum grobgestrickten Struktur-Pulli und zur Breitcordhose; taillierter, figurfreundlicher Blazer aus Streichgarn mit großem Hahnentrittmuster zu einfarbiger Weste; Hemdbluse mit origineller Krawatte, Weste aus seidigem Jacquard zum zweireihigen Uni-Blazer.

abwechselnde Stößel in die beidseitigen Klebeschichten eingepreßt. Nach Trocknung des Klebers in einem Heizkanal wird das die beiden Grundwaren verbindende Polmaterial wie bei → *Doppelsamt* aufgeschnitten. Im Gegensatz zum → *Bartuft-Verfahren*, das stets Teppiche mit unaufgeschnittenen Schlingen ergibt, entsteht stets ein → *Velours*.

Courtelle®, Spinnfaser und Kabel aus Polyacryl von Courtaulds, besonders für → *Wirkplüsch* eingesetzt; auch nach einem Spezialverfahren (Neospun) spinngefärbt.

Coutil, → *Kettköper* 3/1.

Couture, Haute Couture, „Hohe Schneiderkunst", Gruppe Pariser Modeschöpfer, die viel zum Image der Mode generell beigetragen und deren Stil früher von Saison zu Saison die Damenmode der ganzen Welt inspiriert hat. Mit dem Wegfall der Privatkundschaft (1995 deutlich weniger als 2000 für Dutzende von Häusern, Preis für ein

1 Stößel
2 Messer
3 Unterlage
4 Kleber
5 Florgarn

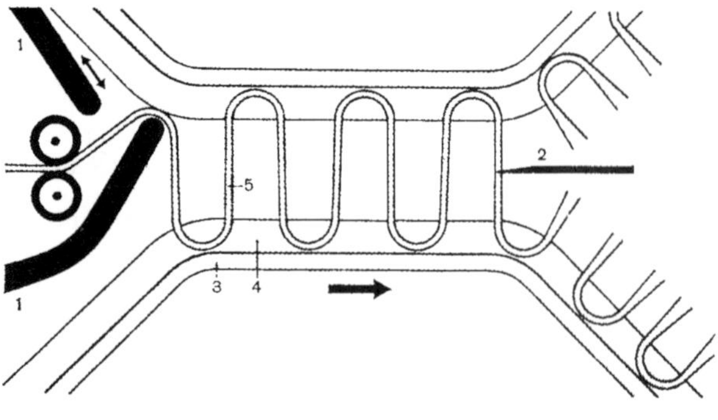

Couquet-Verfahren

maßgeschneidertes Kostüm zu dieser Zeit zwischen 30–50.000 DM bei einer Lieferzeit von drei Monaten), dem Vordringen der → *Designer* und dem verstärkten Einfluß der nachgeordneten Stufe → *Prêt à Porter* insbesondere auf die selbständig gewordene Junge Mode hat die Couture als Ganzes an modeanregendem Einfluß verloren, wenngleich besonders einfallsreiche Couturiers immer wieder modische Anstöße aufgrund der hervorragenden Publizität ihrer Schauen ins Gespräch bringen. Einzelne Couturiers haben mit ihren Zweitlinien, die die Modevorschläge der exklusiven Hauptkollektion in tragbare Eleganz umformen, beträchtliche Breitenwirkung. Manchem Traditionshaus wird zu Recht Ideenlosigkeit und mangelnde Kreativität vorgeworfen. Kennzeichnend für das Fehlen kreativen Nachwuchses ist, daß die Kollektionen von Fendi, Chloé, Lagerfeld und Chanel alle von Lagerfeld stammen. Die meisten Modemacher der Couture sind heute Angestellte, nicht die Inhaber ihrer Häuser, weil Weltklasse-Designer mit Unternehmersinn ganz selten sind. Die besten Chancen, wieder modefördernde Ideen mit Breitenwirkung hervorzubringen, hat die Couture immer dann, wenn weibliche Eleganz, figurnahe Schnitte und Stoffe mit bewegter Oberfläche im Zug der Zeit liegen. In der Entwicklung neuer Stoffideen haben einzelne Couturehäuser und Designer (Kenzo, Versace, Armani) auch noch in den 90er Jahren Vorbildliches geleistet. Welches Haus zur Couture zählt, ist von der Chambre Syndicale de la Couture genau definiert. Es müssen mindestens 15 Näherinnen beschäftigt werden; zweimal im Jahr ist eine eigene Kollektion von mindestens 60 Modellen zu erstellen. Diese Modelle müssen je Saison mindestens 45mal nach einem im voraus festgelegten Terminkalender vorgeführt werden. Wegen Verstoßes gegen diese Bestimmungen ist auch bekannten Häusern bereits zeitweise die Berechtigung, sich als Couturier zu bezeichnen, entzogen worden. Die Statuten wurden Anfang der 90er Jahre so abgeändert, daß nunmehr ein fließender Übergang vom Kreateur zum Couturier möglich wird. Die Preise sollen in der Couture bei 15–30.000.- DM, bei Prêt-à-Porter de Luxe bei 3–5.000.– DM und bei den Zweitlinien bei 1.000–2.000.– DM je Modell liegen. Um für die Zukunft bestehen zu können, versucht eine Gruppe von Couturiers mit Luxusroben, an denen 5 Näherinnen bis zu 1000 Stunden arbeiten, in verschwenderischer Stoffülle sich von den Designern abzuheben, während andere mehr auf das Fundament bodenständiger Schneiderkunst in der Nähe des Prêt-à-Porter setzen. Die Couture-Kollektion selbst wird vielfach nicht mehr als rentabler Umsatzträger angesehen, sondern soll mit ihrer weltweiten publizistischen Wirkung das Image des Hauses zum ertragreichen Verkauf von Accessoires oder kommerzieller Bekleidungskollektionen hochhalten. Wichtige Ertragsquellen, die die Kollektionen subventionieren, sind Lizenzen und die Erträge aus dem Parfümgeschäft. Um die Couture und damit einen Fundus von überlieferten und in langen Jahren ausgefeilten Techniken zu retten, wurden steuerliche Vorteile und andere staatliche Hilfen gefordert. Ein weiteres Zukunftsproblem ist die Überalterung der kreativen Chefs berühmter Häuser. Allein im Jahre 1996 wurde in drei maßgeblichen Häusern der Chefdesigner durch bereits erfahrene Nachwuchskräfte ersetzt. – Vgl. → *Alta Moda*, → *Mode von der Straße*.

Couvert-Decke, Steppdeckenbezug, der auf der Oberseite rautenförmig oder oval ausgeschnitten und mit → *Barmer Bogen* oder Spitze verziert ist; mit dem Vordringen der (ungemusterten) → *Einziehdecken* und durch die → *Leichtbettwäsche* nur mehr selten im Gebrauch.

Covercoat, hochwertiger und strapazierfähiger, mindestens in der Kette aus →

Mouliné-Zwirnen in einer → *Adriabindung* mit nur wenig ausgeprägter Steilköperrippe hergestellter, wetterfester Wollstoff. Der Name ist auf die daraus hergestellten, imprägnierten sportlichen Wettermäntel ($^3/_4$-langer Sport-→ *Paletot*) übergegangen.

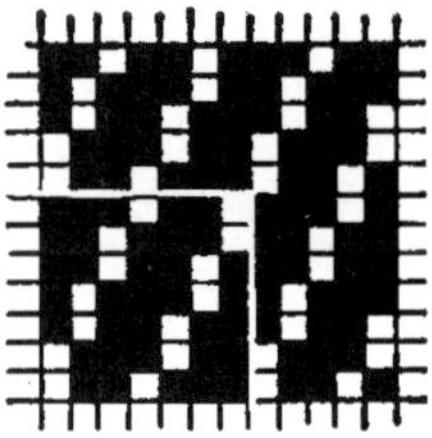

Für Covercoat geeignete Adriabindung mit mehr Letteffekt, aber weniger ausgeprägter Köperrippe als Gabardine. Rapport eingerahmt.

Covered Yarn, → *Spinnzwirn*, → *Scheinzwirn*. – Vgl. → *Core-spun-Garn*.

Coverjacke, geräumige Jacke, die über Anzug, Sakko oder Blazer getragen werden kann. – Vgl. → *Overjacket*, → *Pulloversakko*.

Cowsplit, preiswertes → *Spaltleder* aus der mittleren Hautschicht von Rinderhäuten (Mittelspalt); relativ schwer, sehr reißfest und rauh geschliffen, mit festem, trokkenem Griff. – Vgl. → *Rindleder*.

Craquant, → *Seidenschrei*, knirschender Griff von Naturseidenstoffen, die mit schwachen Säuren aviviert worden sind.

Craquélé, Kleiderstoff aus Viskose- oder Synthetic-Filamenten mit runzligem, narbigem Aussehen, das durch einen Prägeeffekt (→ *Gaufrage*), wechselnde Verarbeitung von ausgeschrumpften und hoch schrumpfenden Garnen, durch eine spezielle → *Hohlschußbindung* oder auf ein Vlies gebundete → *Ausbrenner* entstehen kann. – Vgl. → *Seersucker*, → *Kräuselkrepp*.

Crash, ursprünglich Allgemeinbezeichnung für alle Formen einer absichtlich hervorgerufenen Knitterwirkung; nunmehr eingeengt auf multidirektionelle, wahllos in Kett- und/oder Schußrichtung verlaufende Knitter auf feinfädigen Stoffen aus Synthetic-Filamenten oder Naturseide, manchmal auch aus Leinen. Auf Synthetics kann Crash durch → *Thermofixieren* der durch Stauchen oder thermisches Prägen hervorgerufenen Knitter sehr dauerhaft verankert werden. „Billig-Crash" wurde nicht thermofixiert, sondern nur mit warmer Lauge stabilisiert. Dauerhafte Effekte sind am besten auf Stoffen zu erreichen, die nicht zu dicht gewebt sind. – **Crash-Plissee**, stark plastisch in Kettrichtung gelegte, unregelmäßig geformte Falten auf feinfädigen Stoffen, die durch Pressen auf einem → *Kalander* zusammengeschoben und verformt worden sind. Nur bei einem Mindestanteil von 50% Polyester ist dauerhaftes → *Thermofixieren* der Knickstellen möglich; der plastische Effekt bleibt nach handwarmer Wäsche erhalten. Nicht bügeln. Viskosecrash muß zur Erhaltung der künstlichen Knitter in feuchtem Zustand gedreht werden. Hoher Stoffverbrauch bis zum Dreifachen der üblichen Menge für die Knitterplastik. – Vgl. → *Ananasschalen-Effekt*, → *Borkenkrepp*, → *Crinkle*, → *Crumble*, → *Froissé*, → *Second hand-Look*.

Creas, wegen seines hohen Gewichts kaum mehr hergestellter, strapazierfähiger, gebleichter, kräftiger Baumwollstoff in Tuchbindung für Bettücher. Gröber als → *Kretonne*. – Vgl. → *Dowlas*.

Crêpe, Sammelbegriff für Stoffe mit sandig-körnigem Warenbild, knirschendem Griff, guter Drapierfähigkeit und Knittererholung sowie einer gewissen Porosität. Dieser Effekt kann durch die → *Bindung* (→ *Kreppbindung*, → *Sablé*), durch hochgedrehte Garne oder Zwirne (→ *Crêpegarn*) mit wechselnder Drallrichtung (echter Crêpe, → *Garncrêpe*, → *Torsionscrêpe*) oder durch die Ausrüstung (→ *Kräuselkrepp*, → *Waschcloqué*) erzielt werden. Die deutsche Schreibweise → *Krepp* wurde früher nur für die unechten Bindungs- und Ausrüstungskrepps angewandt. Der Längen- und Seiteneinsprung bei echten Crêpes kann durch die Zusammenziehungen des überdrehten Garns bis 25 % betragen; deshalb ist der durch die → *Gaufrage* steuerbare Crêpe-Charakter erst bei der Fertigware erkennbar. Crêpe aus Polyester-Filamenten ist dimensionsstabil und problemlos ohne Beeinträchtigung des körnigen Effekts handwarm waschbar. – Vgl. → *Afghalaine,* → *Araigné,* → *Borkenkrepp,* → *Cheesecloth,* → *Cloqué,* → *Crespo,* → *Doppelkrepp,* → *Double-Crêpe,* → *Flamenga,* → *Georgette,* → *Halbkrepp,* → *Indisch-Krepp,* → *Jersey,* → *Marocain,* → *Mooskrepp,* → *Romain,* → *Triple-Crêpe,* → *Tropical,* → *Voile.*

Konstruktion echter Crêpes mit der Fadenfolge 2S/2Z unter Einsatz hochgedrehter Crêpegarne in Tuchbindung für Kreppon, Chiffon und Georgette. Selbst in der Zeichnung kommt die krause Oberflächenstruktur andeutungsweise zum Ausdruck.

Crêpe Caid, rippiger, tuchbindiger Kammgarnstoff mit unruhiger Oberfläche durch wechselnd 1S/1Z-gedrehtes → *Voilegarn* im Schuß.

Crêpe de Chine, hauchfeiner, durchsichtiger → *Halbkrepp* mit glattem Garn (→ *Organsin*) in der Kette und wechselnd 2S/2Z-gedrehtem → *Crêpegarn* im Schuß, mit etwas glatterer, nicht so körniger Oberfläche wie bei → *echten* → *Crêpes.* Aus Naturseide handwarm waschbar und unter einem feuchten Tuch von links mit Einstellung 1 Punkt zu bügeln. Häufig aus Polyester texturé. – Vgl. → *Crêpe Mongole,* → *Chinette,* → *Peau de Crêpe.*

Crêpe-Garn, hochgedrehte Garne aus Naturseide (→ *Grenadine*) oder Synthetic-Filament mit einer → *Torsion* von 1500–2500 t/m für → *Crêpe*-Gewebe. – Vgl. → *Kettgarn,* → *Voilegarn.*

Crêpe Georgette, echter → *Crêpe* (→ *Torsionscrêpe*) mit → *Crêpegarn* in Kette und Schuß, wechselnd 2S/2Z gedreht, in Tuchbindung mit körnig-sandigem Griff und guter Porosität aus Naturseide, Polyester texturé und Schurwoll-Kammgarn.

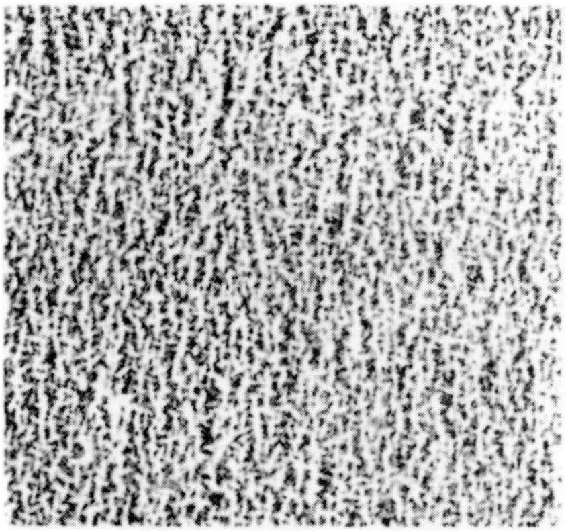

Dichter Georgette (zweifach vergrößert).

Crêpe Granulé, locker aufgebauter, körniger → *Halbkrepp* mit trikotartigem Warenbild in Tuchbindung. In Kette und Schuß wechseln → *Crêpe-Garne* mit normal gedrehten Garnen und mit wechselnder Drallrichtung in bestimmtem Rhythmus.

Crêpe Marocain, echter → *Crêpe,* etwas schwerer als → *Crêpe de Chine,* mit verringerter Kettdichte und (glänzendem) → *Voilegarn* (→ *Grège*) in der Kette, und abwechselnd 2S/2Z-gedrehten → *Crêpegarnen* im Schuß, wodurch sich eine deutliche Schußrippigkeit ergibt; im Gegensatz zum → *Mattkrepp* (Punktgaufrage) mit Würmchengaufrage. Aus Viskose in hochwertiger Konfektion als → *Futterstoff* eingesetzt; schmiegsamer, leichter und dünner als → *Serge* oder → *Satin*, schlüpft aber nicht so gut. – Vgl. → *Flamenga*, → *Flamisol*.

Crêpe Mongole, → *Crêpe de Chine*.

Crêpe Romain, schwerer, fein gekörnter und undurchsichtiger, echter → *Crêpe* mit → *Crêpegarnen* in Kette und Schuß, wechselweise 2S/2Z-gedreht, in → *Panama*- oder → *Tuchbindung*.

Crêpe sablé, → *Sandkrepp*, → *Sablé*, feinfädiger, meist leichter und weicher Bindungskrepp (→ *Kreppbindung*) aus zellulosischen Fasern und aus → *Merino*woll-Kammgarnen mit körnig-sandigem Griff.

Crêpe-Satin, → *Halbkrepp* mit normal gedrehten Naturseiden- oder Chemiefaserfilamenten in der Kette und abwechselnd 2S/2Z-gedrehten → *Crêpegarnen* im Schuß, in fünfbindigem Schuß-→ *Atlas* gewebt; beide Warenseiten, die körnige Kreppseite und die glänzend-glatte Abseite, können gleich gut als Oberseite eingesetzt werden (→ *Reversible*-Effekt). Die Satin-Abseite kann das Abfüttern ersparen. – Vgl. → *Peau d'Ange*.

Crêpe stabilisé, Sammelbegriff für Kreppgewebe, die nach Aussehen und Griff den echten → *Crêpes* nachgebildet sind, aber deren Dimensionsstabilität, Waschbarkeit und Zuschnittfestigkeit durch Einsatz von Synthetics (Polyester texturé) oder durch die Ausrüstung erzielt wird.

Creslan®, mit einem Acrylgehalt von 85% lt. → *TKG* zu den Acrylfasern zu rechnende → *Modacrylfaser*, → *Copolymer* mit 15% Vinylacetat, Spinnfaser und Filament.

Crespo, feinfädige, poröse, knitterarme und weich fließende Kammgarnstoffe mit → *Voilegarnen* in wechselnder Drallrichtung in Kette und Schuß ähnlich → *Tropical*, aber auch mit Bindungseffekten, die bei leicht körnigem Griff hohe Schiebefestigkeit garantieren. Die zuerst in Biella/Italien entwickelten Stoffe können im Gegensatz zu → *Cool Wool* nicht nur aus reinen → *Merinowollen*, sondern auch aus Polyester/Schurwoll-Mischungen bestehen.

Cretonne, → *Kretonne*.

Crewel, 1. → *Kräuselzwirn* mit perligem, wellenförmigem Aussehen aus zwei hart, aber mit verschiedener Drallrichtung gedrehten → *Kammgarnen*, die bei der Verzwirnung ungleich stark gespannt werden; das Garn, dessen Drallrichtung dem des späteren Zwirns entspricht, dreht sich zu und verkürzt sich, das Garn mit dem gegenläufigen Drall dreht sich auf und biegt sich wellenförmig aus.
2. Kleider- und Mantelstoffe aus diesen → *Effektzwirnen* mit perlig-noppigem, an → *Bouclé* erinnerndem Aussehen.

Crigalle®, farbloses → *Glitzergarn*, glasklarer, unbehandelter Polyesterfilm, das wie ein Cellophanbändchen aussieht, bis zur vierfachen Länge gedehnt werden kann und nur als Schußmaterial zu verwenden ist. Bügelfähig bis 2 Punkt. – Vgl. → *Metallfolie*.

Crin d'Afrique, vegetabilisches → *Roßhaar*, von einer niedrig wachsenden Zwergdattelpalme gewonnen, leicht gekräuselt, für Polsterzwecke.

Crinkle, deutlicher, hervorgehobener, bevorzugt in Kettrichtung verlaufender, plastischer Knittereffekt auf kräftigen Stoffen aus Spinnfasergarnen, der künstlich durch Waschen der bereits gefärbten, nach einem Faltvorgang in Längsrichtung in große Netze verpackten Stoffe in riesenhaften Schleudertrommeln hervorgerufen und bei hochwertigeren Qualitäten durch eine → *Kunstharzausrüstung* fixiert wird. Diese Veredlung überdauert zwar einige Wäschen und verträgt sogar leichtes Bügeln, läßt aber mit der Zeit nach. Bei schwereren und → *Doppelgeweben* kann eine dauerhafte Knitterbildung durch Einarbeitung von synthetischen Garnen mit hoher Schrumpffähigkeit erzielt werden, wodurch nach Erwärmung sehr haltbare und auch feinere Knitter entstehen. Crinkle-Stoffe dürfen nicht körpereng verarbeitet werden, da sie an Beugestellen zum Ausbeulen neigen, obwohl die Stoffe durch die künstlichen Knitter bis zu einem gewissen Grad elastisch geworden sind. – Vgl. → *Crash*, → *Crumble*, → *Froissé*.

Crinkled-Krepp, nach dem → *Strick-fixier-Verfahren* texturiertes, besonders elastisches Garn aus Polyamid-Filamenten, vor allem für den Doppelrand von Damen-Feinstrümpfen; wirkt verarbeitet bouclé-artig.

Crinkle-Verfahren, → *Strick-Fixier-Texturierung*, → *Knit-de-Knit*.

Cristallon-Veredlung, → *Prägeeffekt* mit ganz feinen Riffelwalzen auf Maschenwaren aus Chemiefasern, um deren manchmal als zu stark empfundenen Glanz mehr oder weniger abzumildern.

Crochet, in der Herrenoberbekleidung → *Kragenabstich*, Fortsetzung der → *Spiegelnaht*, die den Oberkragen mit dem Revers verbindet.

Crochteck, Crochetwinkel, der Winkel am Anzug- → *Fasson*, der durch Kragenabstich und Reversoberkante (in Verlängerung der → *Spiegelnaht*) gebildet wird.

Crochet-Handschuh, ganz oder nur an der Oberhand gehäkelter Handschuh, besonders aus Baumwolle. – **Crochet-Aufnaht**, → *Tambour-Aufnaht*, auf dem Tambour-Rahmen gestickte, sehr dekorative und wertvoll wirkende Verzierung der Oberhand von Lederhandschuhen.

Crochet-Stricktechnik, frz. Häkeln, Strickart in Häkeltechnik für Pullover, vielfach mit Durchbruchmustern.

Croisé, 1. gleichseitiger, deshalb effektloser → *Doppelköper* 2/2.
2. → *Futterstoff* aus Baumwolle für Westenrücken und Hosenbund (→ *Bundfutter*) in dieser Bindung.
3. Frz. Ausdruck für → *Crossbred-Wolle*.

Variationen am Anzugfasson durch Veränderung von Crochet und Crocheteck. Von links nach rechts: Zwei Arten des fallenden Fassons mit verschieden steiler Spiegelnaht; zwei Arten des gebrochenen C-Fassons mit verschieden weit geöffnetem Crocheteck; Haifischkragen und Campingkragen ohne Crocheteck.

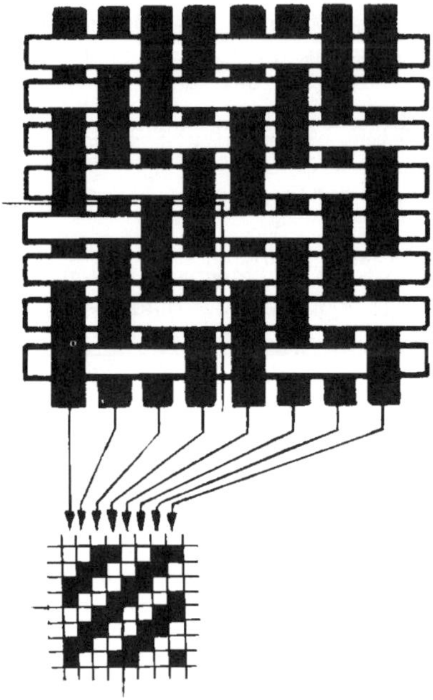

Croisé. Flechtbild (oben) und Patrone (unten) eines Doppelköper 2/2.

Croisé finette, einseitig gerauhter Baumwollstoff in → *Croisé*-Bindung, die durch dichte Kett- → *Einstellung* etwas Ketteffekt gewonnen hat. Die feinfädigen, fest gedrehten und haltbaren Garne liegen in der Kette, die weichen, gut rauhfähigen im Schuß. Für Damen-Nachtwäsche meist auf der glatten, kaum Schmutz aufnehmenden Ketteffektseite bedruckt. – Vgl. → *Finette.*

Crossbred-Wolle, Crossbred-Schaf, frz. → *Croisé*, → *Kreuzzuchtwolle*, von Schafen, die durch Kreuzung von → *Lincolnböcken* mit → *Merino*-Schafen zustande kamen; diese Schafe geben sowohl Fleisch als auch Wollen mit hohem Schurgewicht, verlangen aber bessere Weideböden als Merinoschafe. Nach Länge, Feinheit, Glanz und Kräuselung zwischen → *Merinowolle* und → *Cheviotwolle* gelegen, haben diese Wollen mit ihren zwischen AB und C gelegenen Feinheiten (24–30mg), früher weitaus am meisten verarbeitet, ab Mitte der 80er Jahre gegenüber den feineren und leichteren Merinowollen bei Bekleidungstextilien beträchtlich an Marktanteil eingebüßt, sind aber preislich relativ stabil geblieben. Sie werden hauptsächlich für Teppiche, Möbelstoffe, Decken und als Füll-

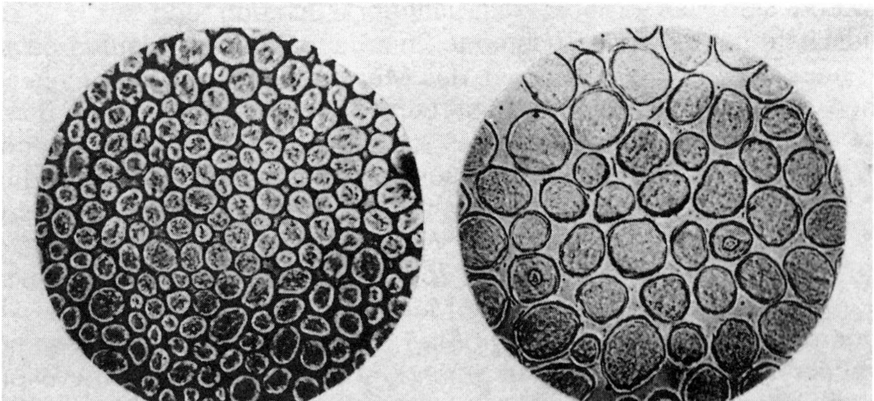

Merino-Wolle (links) und Crossbred-Wolle (rechts) im Querschnitt unter dem Mikroskop. Bei gleichem Querschnitt des Garns ist die Struktur durch den verschiedenen Einzeltiter der Fasern recht unterschiedlich. Bei einzelnen Crossbred-Haaren ist der Markkanal zu sehen

material von Steppdecken verwendet. Neben den hauptsächlich aus Neuseeland kommenden Wollen gibt es ähnliche Sorten aus Südamerika (→ *La Plata-Wolle*, → *Corriedale-Wolle*). – Vgl. → *Comeback-Schaf*, → *Romney-Schaf*.

Cross-dressing, Kombination verschiedenartiger Kleidungsstücke, die traditionell nicht zueinander gehören, oder die weder nach dem Schnitt noch in der Stoffart aufeinander abgestimmt sind, z.B. Naturseidenbluse zu Jeans, Harris-Tweed-Sakko zur Cordsamthose. Auch Kombinationen gemustert/gemustert können gemeint sein, wenn die Musterungen sich stark voneinander unterscheiden. Im Verkauf sehr beratungsintensiv. – Vgl. → *Broken Style*, → *Broken thinking*, → *Mix and match*.

Cross dyeing, gemeinsame Verarbeitung von Chemiefasern mit unterschiedlicher → *Farbaffinität* zur Erzielung von Mehrfarbeffekten bei Geweben und Maschenwaren nach → *Stückfärbung*. - Vgl .→ *Differential dyeing*, → *Bikomponentenfasern*, → *Multi-Krome-Verfahren*.

Cross-over, Herstellungstechnik für → *Tufting-Teppiche*, die es gestattet, vollflächig gewebeähnliche, farbige Musterbilder hervorzurufen; bei gleichzeitigem Einzug verschiedenartiger oder -farbiger Garne werden die Nadelriegel seitlich verschoben. – **Cross-over-Cut**, aufgeschnittener Cross-over, vor allem für das Objektgeschäft.

Crosta, 1. → *Veloursleder* mit aufkaschiertem → *Plüsch* zur Imitation der Optik des gewachsenen → *Pelvelours*.
2. Hochwertiges italienisches → *Spaltleder*.

Crotched Tweed, glatter → *Tweed* ohne Noppen- oder Loop-Effekt mit der Wirkung von Maschenstoffen für Kleider und Kostüme.

Croupon, Rückenpartie und somit dickster Teil des Tierfelles. Um das Leder durchgängig gleich dick zu machen, muß es → *blanchiert* oder gespalten werden (→ *Spaltleder*).

Crumble, → *Knautschausrüstung* mit sehr unruhigem, unregelmäßigem Bild. – Vgl. → *Crash*, → *Froissé*.

Crushlack, → *Knautschlack*.

Crylor®, Filament, Spinnfaser und Spinnkabel aus Polyacryl.

C/S-Type, engl. core/sheat, → *Bikomponentenfaser*, → *Kern/Mantel-Type*.

CTex, → *bielastische*, dichte → *Maschenware* aus → *spinngefärbtem* Nylon-Filament und → *Lycra* aus Australien; CTex-Sport → *stückgefärbt* und mit Baumwoll-Beimischung, für Schwimm-, Surf- und Radsportbekleidung sowie für Golf-, Tennis- und Freizeitshirts, die als Folge einer bestimmten Art und Reihenfolge der Produktionsabläufe ohne chemische Hilfsmittel naß und trocken eine sehr hohe Abschirmwirkung gegen UV-Strahlen garantiert.

Cuite-Seide, in neutraler Seifenlösung abgekochte und dadurch vollständig vom → *Seidenleim* befreite, d.h. entbastete (→ *degummierte*) → *Naturseide*; Gewichts- und Festigkeitsverlust um 20%. – Vgl. → *Chevellierte Seide*, → *Ecru-Seide*, → *Souple-Seide*.

Cup, Büstenschale am BH und am → *Korselett*.

Cupro, → *zellulosische* → Chemiefasern nach dem → *Kupferoxid-Ammoniak-Verfahren*, Filament und Spinnfaser. Während → *Spinnfasern* in Europa kaum noch wirtschaftliche Bedeutung haben, werden die → *Filamente* wegen ihrer naturseidenähnlichen Feinheit bei einem → *Einzeltiter* von 0,7–1,9 dtex für seidig schimmernde Kleiderstoffe wegen ihrer guten Waschbarkeit (bis 40° mit Feinwaschmitteln) und ihres weichen, fließenden Falls und des gegenüber Viskose festeren, naturseidenähnlicheren Griffs wieder beliebter; vielfach mit Viskose, Baumwolle oder Acetat zusammen verarbeitet. Bügeln mit 2 Punkt in leicht feuchtem Zustand, nicht im Tumbler trocknen.

Curlen, Verdrehen von → *Hühnerfedern* zwischen zwei schnell gegeneinander rotierenden Metallscheiben, wobei die Kiele deformiert werden und brechen können, Kiel und Feder aber zusammenbleiben. Dadurch wird die Füllkraft erhöht und die Hühnerfeder als preiswertes Füllmaterial für Bettwaren geeignet gemacht. – Vgl. → *Schleißen*.

Cut, Abkürzung für Cutaway, großer, offizieller Tages- und Besuchsanzug, wird als → *„Frack* des Tages" vor allem von Diplomaten, aber auch zu hochoffiziellen Hochzeiten getragen. Er besteht aus einem meist schwarzen oder silbergrauen Schoß-Sakko, das im Gegensatz zum Frack eine durchlaufend geschwungene Vorderkante zeigt, und einer Streifenhose ohne Umschlag. Dazu werden ein weißes Hemd und – ganz korrekt – ein → *Plastron*, der → *Zylinder* und weiße Glacé-Handschuhe getragen, das Revers-Knopfloch wird mit einer Chrysantheme geschmückt. Als **Turfcut** oder **Renncut** in Silbergrau dient er zusammen mit einem silbergrauen → *Zylinder* der großen Gesellschaft bei offiziellen Pferderennen.

Cut

Cut back, Begriff aus dem → *WTA*, Reduzierung der bisherigen Quoten um einen bestimmten Prozentsatz; insbesondere bezüglich der Verlängerungsprotokolle und der Bilateralen Verhandlungen zum WTA ab 1982.

Cuticula, 1. bei Wolle die dünne Außenschicht der Haare, auch Epicuticula, Oberhäutchen oder Epitelschicht genannt; für das unterschiedliche Verhalten der Wollfaser gegenüber von Wasser und Wasserdampf verantwortlich. Sie ist für die Mikroskopie das typische Kennzeichen zur Unterscheidung der Tierhaare gegenüber allen anderen natürlichen oder Chemiefasern.

2. Bei Baumwolle: In der Hauptsache aus Pektinen und wachsartigen Verbindungen bestehende, äußere Hülle der Faser, die schwer netzbar ist, und das gegenüber der → *Viskosefaser* erheblich geringere Quellvermögen der Faser bewirkt. Beim → *Mercerisieren* wird diese Außenhaut zerstört, die Faser quillt ohne Blasenbildung, erhält einen runden Querschnitt und eine glatte

Oberfläche und verliert weitgehend ihre Verwindungen.

Cutter, computergesteuerte Zuschneideanlage für präzisen und gleichmäßigen Zuschnitt auch von empfindlichen Stoffen und relativ hohen Lagen mit Fixierung der Stoffe auf dem Zuschneidetisch durch seitliches Vakuum; auch für Schlauchware geeignet. – Vgl. → *Jet-Cutting*.

Cut-loop, sehr Polmaterial-aufwendiges Verfahren zur Herstellung hochwertiger → *Tufting-Teppiche* mit Reliefstruktur durch abwechselnden Velours- und Schlingeneffekt; die Schlingen liegen tief, die aufgeschnittenen Polgarne stehen hoch.

Cyber-Denim, glanzreich beschichteter → *Denim*.

Cyber-Look, → *Space-Look*, Astronauten-Look, Mode im Stil von „Raumschiff Enterprise" aus Folienstoffen, metallisch beschichteten Stoffen oder aus silbrigen, glänzenden Chemiefaser-Filamenten, zum Teil durch Computer-Grafiken gemustert

Cyber- oder Space-Look, Stylisten-Modelle. Die Grenze der recht variationsreichen und stark saisonabhängigen Modelle zu Techno-Look ist fließend.

und durch Feinstrümpfe mit Silberschimmer durch → *Lurex* ergänzt, häufig als → *Overall*, aber vielfach abgewandelt. – Vgl. → *Esoterik-Look*, → *Techno-Look*, → *Wet-Look*.

Cymatik®, Technik der Übertragung von Tonschwingungen in optisch sichtbare Musterungen von praktisch unbegrenzter Vielfalt und Kolorierungsmöglichkei, für den Stoffdruck.

Cystin-Brücken, Molekularbrücken aus verschiedenen Aminosäuren, die die → *Kettenmoleküle* der spindelförmigen Faserzellen der Wolle in Querrichtung dreidimensional, spiralförmig verdreht und gitterförmig miteinander verbinden. Dieser Faseraufbau mit seinen sprossenartigen Querverbindungen, die die Faser nach einem Knick immer wieder in die alte Form zurückziehen, sorgt für die Knittererholung der Wolle. Beim Bügeln werden die Brücken unter Einfluß von Wärme, Feuchtigkeit und Druck erst gelöst und dann nach dem Erkalten wieder neu gebildet.

D

Dachkragen, modische Kragenform, wie ein Dach über Schulter und Vorderteil liegend, hinten rund verlaufend.

In ein langgezogenes Revers auslaufender, pelzbesetzter Dachkragen.

Dacron®, Polyester-Filament, Spinnfaser, → *Kabel* und → *Fiberfill* (DuPont), auch als → *Copolyester* mit Isophthalsäure zur Erzielung eines kontrollierten Schrumpfverhaltens, zur Verminderung der Pillingbildung und zur Verbesserung der Anfärbbarkeit. **Dacron-Fiberfill**: Füllmaterial für Bettwaren und wärmende Winterkleidung mit geringem Gewicht und hohem Volumen dank einer speziellen dreidimensionalen Spiralkräuselung; **Dacron-Aerelle**: blasbare Füllfaser, die auch kardiert werden kann; **Dacron-Comforel**: auf einer → *hydrophilen*, sich vernetzenden und hochelastischen Vierloch-→ *Hohlfaser* basierende → *Schlafkugel*, schwer entflammbar, hochwertiges Produkt als Alternative für → *Daunen*füllungen mit Qualitätsüberwachung bis zum Endprodukt, auch für Steppbetten einsetzbar. Vgl. Dacron-→ *Hollofil*, → *Quallofil*, → *Regular*. – **Dacron 242**: → *Filamentgarn* mit → *Faseroptik* mit achteckig-sternförmigem Querschnitt, basisch und dispers anfärbbares → *Copolymer*, ohne Speckglanz und auch in dunklen Farben. – Vgl. → *Comforteam*, → *Coolmax*.

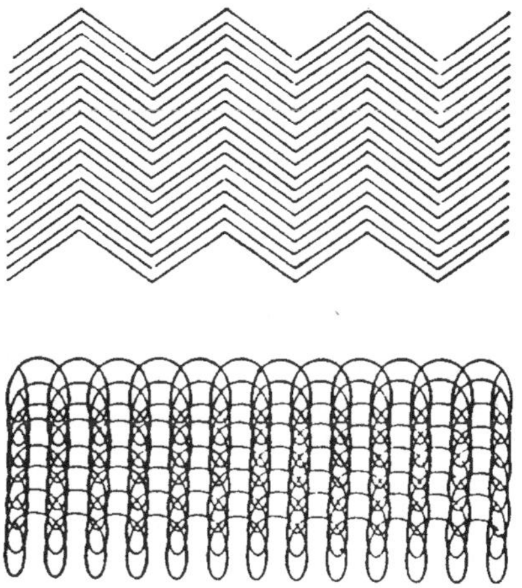

Unterschiedliche Kräuselung von Polyesterfiberfill.

Dahlemer Methode, Prüfverfahren (Kochwaschprobe) zur Feststellung von Maßveränderungen bei Geweben nach Einwirkung von Nässe.

Damassé, ein- oder mehrschüssig gewebtes → *Jacquard*-Gewebe aus Chemiefaser-Filamenten oder Naturseide für Krawatten, Steppdeckenbezüge, festliche Kleiderstoffe und als hochwertiger Futterstoff, häufig mit Matt/Glanz-Effekt.

Damast, meist großzügig gemusterte → *Jacquardgewebe* für Bettbezüge und Tischwäsche auf Basis fünfbindiger Schußatlas aus meist mercerisierten, gekämmten, mindestens aber kardierten Baumwollfeingarnen in Unifarben; die Musterung wird durch Lichtreflexe sichtbar. Bedeutung durch die Konkurrenz bedruckter → *Leichtbettwäsche* stark rückläufig. Hochwertige Qualitäten mit mindestens 88 Fäden/cm^2 wurden früher als → **Brokat-Damast** bezeichnet.

Damier, → *Falsches Uni*, kontrastreich kolorierte kleine Vierecke oder andere geometrische Muster mit uni-ähnlichem Charakter; auch kleine Schaftmuster in Unifarben mit Effektwechsel. – Vgl. → *Minimal-Dessin*.

Dämpfechtheit, Widerstandsfähigkeit von Färbungen und Drucken gegen die Einwirkungen von Dampf unter Druck; Prüfung nach DIN 54058. Von Bedeutung für die Ausrüstung und die Appretur sowie die Endbügelei in der Konfektion.

Dämpfen, Arbeitsprozeß der Textil-Veredlung, Behandlung von Stoffen mit Dampf ohne Einwirkung von Druck; der Dampf dient zur Erwärmung und zum Anfeuchten zwecks Quellung der Ware. Das Dämpfen bewirkt den Ausgleich latenter Spannungen im Stoff, macht das Warenbild von Maschenwaren gleichmäßiger, fixiert Farbstoffe, verbessert die → *Dimensionsstabilität* und macht Wollstoffe nadelfertig (→ *Dekatieren*).

Dandy-Look, → *Retro-Look* aus der ersten Hälfte des 19. Jahrhunderts, üppiger Bekleidungsstil des englischen Biedermeier;

Gemäßigter Dandy-Look für Herren. Kombination im Retro-Stil mit Zierweste aus glänzendem Jacquardsamt, Hemd mit langschenkeligem Kragen, Schleifenschal; Hose schmal, aber nicht eng.

Details zum Dandy-Look für Herren. Von links: Vatermörder mit Krawattenschleife; Jabot mit Zierweste; Mühlstein-Krause und Krausärmel.

Dandy-Look für Damen. In Gepflegtheit und attraktiver Linienführung mit viel Samt Fortsetzung des Reiter-Looks. Rechts Jacke im Gehrock-Typ mit einer Länge von 90 cm.

als Gegengewicht zur seelenlosen Techno-Welt erneut vorgeschlagene Mode mit viel Seide und Samt sowie romantischen Elementen wie Rüschen, → *Jabot* oder Spitzen; auch in der Herrenmode mit nur geringer Breitenwirkung wegen der Identifikationsprobleme mit diesem Stil. In abgemilderter Form mit schmaler Silhouette, durch Zierwesten (→ *Gilet*) ergänzt, aus streifenbetonten Stoffen, → *Velveton* oder → *Doppeltuch* und bevorzugt in Grautönen, zum Teil im → *Lagenlook* eher realisierbar. In die Damenmode werden mit dem Eindruck einer eher maskulinen, strengen und sachlichen Mode weiße Hemden mit auf-

Details im Dandy-Look. Links unten zwei Blusen mit Spitzenapplikationen und Samtbesatz, links oben Bluse mit geknoteter Künstlerschleife, rechts Bolero mit Kurbelstickerei und Jacke mit vielen Zierknöpfen.

fälligen Kragen, bunte Westen, stark antaillierte Jacken, Samtausputz, breite Krawatten oder Künstlerschleifen zu Hosenanzügen und Kostümen übernommen; geschmückte Accessoires dienen der Auflokkerung. Der Dandy-Look stellt auch wegen der bunteren Farbwahl einen direkten Gegensatz zu → *Casual* und → *Sportswear* dar. – Vgl. → *Glamour*, → *Frock Coat*.

Danex CS®, Spezialgewebe für feuersichere und hitzebeständige Schutzbekleidung aus einer durch Einlagerung von Fremdkörpern flammenhemmenden Viskosefaser mit guten hygienischen Eigenschaften in Mischung mit einer → *Aramidfaser*. Resistent gegen Perlen beim Schweißen, dimensionsstabil, knitterarm, relativ weicher Griff. – Vgl. → *Securtiss*, → *Danufil CS*.

Dänischleder, → *Suèdeleder*, weiches, mattes Leder vor allem für Handschuhe. Nach dem Gerben wird die Fleischseite abgeschliffen, gefärbt und nach außen verarbeitet. – Vgl. → *Chairleder*.

Danufil®, Viskose-Stapelfaser (Hoechst). – CS: flammenhemmend und hitzebeständig durch Einlagerung von Fremdkörpern; **Micro**: → *Microfaser*, 1 dtex.

Darkblue, sehr gleichmäßige, tiefe Dunkelblau-Färbung von Garnen für → *Jeansstoffe*, die bis ins Innerste durchgefärbt wurden. – Vgl. → *Loop-dyeing*, → *Tauchfärbeverfahren*.

Dark wash, Abwandlung von → *Stonewashed* bei → *Jeansstoffen* mit sehr dunklem Warenausfall. – Vgl. → *Old wash*, → *Authentic-Look*.

Dauerbiegefestigkeit, Kennzahl für die Biegestabilität von Textilfasern aller Art (→ *Knickbruchfestigkeit*); das Prüfstück wird bis zum Bruch hin- und hergebogen und die **Dauerbiegezahl** ermittelt. Beispiele: Viskose 14.000, Baumwolle 65.000, Schafwolle 260.000, Polyamid über 500.000.

Dauerbügelfalte, bleibende Fixierung von Bügelfalten durch → *partielle Formfestbehandlung* von Hosen aus Schurwolle mit Chemikalien, die für kurze Zeit die Molekülbrücken innerhalb der Wollfaser lösen und nach der Behandlung wieder neue, stabilisierende Brücken aufbauen. – Vgl. → *Immacula*, → *Measac*, → *Siroset*.

Daune, das zarteste, kielfreie Gefieder, das einen Daunenkern aufweist. Daunen besitzen große Füllkraft, speichern Wärme und wirken isolierend. Zur Füllung von Daunendecken, Deckbetten und Bekleidungsstücken sind Gänse- und Entendaunen gleich gut geeignet; die Farbe spielt qualitativ nicht die geringste Rolle; weiße Daunen sind teurer als graue oder mischfarbige, weil die begehrtere weiße Daune die Kosten der Sortierung tragen muß. Die Bezeichnungsgrundsätze für Bettfedern und Daunen sind auch dann zu beachten, wenn das Füllmaterial für Oberbekleidung bestimmt ist. 1000 g fedrige Daune sind für einen Herrenmantel sehr viel; zu viel Füllmaterial macht die Modelle zu wuchtig. Die Prozentangaben beziehen sich der Kontrollierbarkeit wegen auf Gewichtsprozente, die Bezeichnungen hingegen auf Volumenprozente. Reine Daune: 100% Daunen. Daune: bis 10% kleine Federchen; → *Fedrige Daune*: 50–89% Daunen; → *Dreivierteldaune*: 30–49% Daunen; → *Halbdaune*: 15–29% Daunen. Daunenhaltige Federn mit einem Daunenanteil von 9–14 % kommen in Bekleidungsstücken kaum vor, weil der geringe Daunenanteil die Qualität nicht fühlbar verbessert, den Preis jedoch deutlich erhöht. Schwanz- und Flügelfedern dürfen nicht enthalten sein; das Gütezeichen für Bekleidungsdaunen garantiert, daß keine Daunen von Tieren unter 7 Monaten enthalten sind (zu klein und zu minderwertig). – Daunen in Kopfkissen zu füllen ist nicht empfehlenswert. – Vgl. → *Eiderdaune*, → *Steppstoffe*, → *Down proof*.

Gütezeichen des Arbeitskreises Qualitätsdaune für Damenbekleidung; Gütezeichen der Werbegemeinschaft Inlettweber für daunendichte Gewebe deutscher Herkunft.

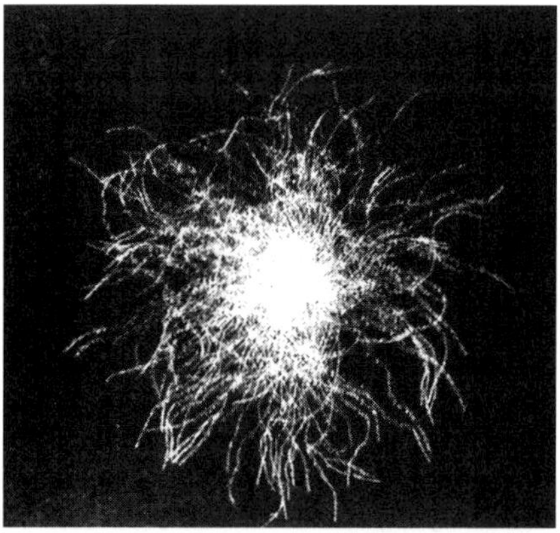

Makrofoto einer Daune. Die kleinen, strahlenförmig von einem punktförmigen Kern ausgehenden Flaumbüschel, die viel Luft speichern können, sind gut zu sehen. Gewicht: 0,001–0,002 g.

Daunenbatist, feinfädiges, daunendicht eingestelltes Baumwollgewebe in → *Tuchbindung*; → *Einschütte*. – **Daunenköper**, ähnliches, nur wenig schwereres Gewebe aus hochwertigen Baumwollsorten in → *Kettköperbindung*, für Federn wegen der Gefahr des Durchstechens von Kielen wenig geeignet, deutlich feinfädiger und leichter als → *Inlett*; beide nur in Unifarben. – Vgl. → *Daunenperkal*.

Daunendicht-Ausrüstung, waschfeste Ausrüstung von Baumwoll-Feingeweben durch vollständige Füllung der Gewebezwischenräume mit Polyacryl- oder Polyvinylharzen, die bei einer anschließenden Hitzebehandlung in einen schwer löslichen Zustand übergehen, und nachfolgendes Kalandern.

Daunendicht-Gewebe, → *Gütezeichen* der Werbegemeinschaft Inlettweber; die Gewebe dürfen nicht mehr als 10 Fehler auf 100 m² enthalten, müssen auf modernsten Anlagen produziert sein und einen gleichbleibend hohen Qualitätsstandard aufweisen.

Daunen-Look, winterliche Oberbekleidung mit dem Aussehen von daunengefüllten → *Steppstoffen*. Verschiedenartige Steppmuster und Füllung mit → *Fiberfill* sind möglich.

Daunenperkal, bedruckter → *Daunenbatist* zum Überziehen von Steppdecken ohne → *Einschütte*. – Vgl. → *Down proof*.

Deauville-Stil, → *Marine-Stil*.

Débardeur, kurzer, meist kastenförmig geschnittener Pullover ohne Arm, über Hemden oder Blusen zu tragen, manchmal seitlich offen. – **Débardeur-Gilet**, kurze Weste ohne Arm für Damen und Herren.

Débardeur-Gilet, über Kleidern oder im Layering-Stil über dem Hemd getragen.

Debordieren (frz. déborder = ausweiten), Arbeitsgang der Handschuhfertigung, Ausarbeitung und Ausrecken der Lederkanten beim Zuschnitt mit der Piquette, einem schneidelosen Messer.

Debrarieren, nachträgliches Egalisieren von kleinen Farbunterschieden bei Stoffen, auch an fertigen Bekleidungsstücken nach Spezialrezepturen der jeweiligen Ausrüstungsanstalt durchführbar.

Decitex, Dezitex, → *dtex*, $^1/_{10}$ tex, Maßeinheit der → *Garnsortierung* (→ *Titrierung*), Gewicht in Gramm für 10.000 m Faser oder Faden; wegen der Ähnlichkeit zu → *den* (1 g/9.000 m) seit der verbindlichen Einführung des → *Tex-Systems* besonders gerne zur Feinheitskennzeichnung von Chemiefaser-Filamenten, -Garnen und Fasern eingesetzt; Grenzwert für → *Microfasern*. – Vgl. → *Kilotex*.

Deckbett, wärmende Zudecke, bestehend aus federn- oder daunendichtem Stoff (→ *Inlett*, → *Einschütte*, → *Daunenbatist/köper*) und einer Füllung aus Gänse- oder Entenfedern bzw. → *Daunen*, auch kochfest ausgerüstet (→ *Briwasan*). – Vgl. → *Oberbett*, → *Flachbett*, → *Bettbezug*, → *Einziehdecke*, → *Rheuma-Einziehdecke*, → *Schlafdecke*, → *Wolldecke*.

Decke, voluminöse, beidseitig gerauhte, abgepaßte, langflorige → *Rauhgewebe* mit möglichst hohem Lufteinschluß; als → *Schlafdecke* oder → *Plaid* aus → *Edelhaar* (→ *Kamelhaar*), Wolle (→ *Streichgarn*) oder Acryl-→ *HB-* (→ *Hochbausch-*)Garn; als Pack- oder Bügeldecke aus Baumwoll- → *Dochtgarn*; als Auto- oder Viehdecke auch aus → *Reißwoll-*→ *Grobgarn*. Gerauht wird im Regelfall der Schuß; beliebte Bindungen, die es ermöglichen, ohne einen Bindungsgrat die meist feinfädige Kette im Innern des Gewebes zu verbergen, sind → *Doppelgewebe* sowie → *Kreuzköper* und *Atlas 6*. – Vgl. → *Flausch*, → *Hochflor-Raschelmaschine*.

Deckelputz, minderwertiger Abfall der Baumwollspinnerei vom Deckel der Karde mit geringem Anteil an Langfasern, stark mit → *Nissen* und mit Schalenteilen durchsetzt.

Deckfähigkeit, **Deckkraft**, Eigenschaft von Garnen, bei einer bestimmten Einstellung im Gewebe oder Gewirk die Oberfläche ganz zu bedecken, die Stoffe undurchsichtig zu machen. Bei → *Tufting-Teppichen* ist eine geschlossene Oberflächendeckung ohne allzu hohen Materialeinsatz nur mit voluminösen Garnen zu erreichen; die Deckkraft kann nachträglich durch Fixierung der Garndrehung am fertigen Teppich noch erhöht werden, was jedoch nicht zu einer Verbesserung der Strapazierfähigkeit beiträgt.

Decorwool®, lizenzpflichtiges Markenzeichen des neuseeländischen Verbandes Wools of New Zealand im Zusammenhang mit dem stilisierten Farn für maschinell hergestellte Teppiche und Teppichböden von handelsüblicher Qualität und guter Eignung für den vorgesehenen Verwendungszweck mit einem Mindestanteil von 80% an neuseeländischer Schurwolle, die die Umweltstandards von → *GuT* erfüllen. Vorgeschrieben sind Mindestwerte für Poldichte und Polgewicht, Strukturbeständigkeit der Oberfläche, Mottenfraßbeständigkeit, Noppenfestigkeit, Lichtechtheit, Wasser- und Shamponierechtheit, Reibechtheit und statische Belastbarkeit. Teppichböden (→ *Auslegeware*) müssen mindestens dem Standard „Mittlere Beanspruchung Wohnbereich", abgepaßte Teppiche „Leichte Beanspruchung Objektbereich" entsprechen. Die Produkte werden individuell geprüft und der Rohstoffeinsatz bis zum Ursprung zurückverfolgt. – **Decorwool Prestige**, Teppichböden von höchster Qualität und Wertanmutung aus reiner Schurwolle, die mindestens dem Standard „Mittlere Beanspruchung Objektbereich" entsprechen. – Vgl. → *Contractwool*, → *Isolana*.

decorwool™
PRESTIGE
WOOLS OF NEW ZEALAND

Markenzeichen decorwool Prestige mit dem Farn als Sinnbild für die hochwertige, fast weiße neuseeländische Schurwolle.

Découpé, Gewebe mit → *Schaft-* oder → *Jacquard-Musterung* in → *Lancé-Technik*; die zunächst auf der Rückseite flottenden, die Muster verbindenden Fäden werden nachträglich abgeschnitten. – Vgl. → *Broché*, → *Satin découpé*, → *Scherli*, → *Velours sabre*.

Deep dyeing, Form des → *Differential dyeing* vor allem für → *BCF*-Teppichgarne zur Erzielung eines → *Mouliné*-artigen Garncharakters unter Einsatz von tief und auch schneller anfärbbaren Synthetic-(Polyamid-)Modifikationen mit besonders hoher → *Affinität* zu Säurefarben.

Deferred-curing, → *Permanent-Press-Verfahren* mit Spät-Kondensation am fertigen Bekleidungsstück. – Vgl. → *Delayed-curing*, → *Post-curing*.

Dégradé, Art der Farbgebung schattierender Muster, wobei der Farbverlauf von ganz Hell bis Dunkel anschwillt, dann wie abgehackt abbricht und sodann übergangslos wieder ganz hell beginnt. Gegensatz: → *Ombré*. – Vgl. → *Ton in Ton*, → *Camaieux*.

Dégradé

Degummieren, Entfernen des im Bast der rauhen, glanzlosen Rohseide enthaltenen Farbstoffs mit der Wirkung einer → *Bleiche*. Der dabei entstehende Gewichtsverlust von etwa 25% kann durch → *Erschweren* wieder aufgefüllt werden. – Vgl. → *Entbasten*, → *Ecru-Seide*, → *Souple-Seide*, → *Cuite-Seide*. – Bei Ramie: Zerlegen des Bastes in einzelne Spinnfasern.

Dehnung, → *Substanzeigenschaft* von Textilfasern, bei Beanspruchung durch Zug länger zu werden. Elastische Dehnung (→ *Elastizität*) ist vorübergehend; nach Entlastung nimmt die Faser ihre alte Form wieder an. Bleibende Dehnung ändert die Länge der Faser für immer. Die Dehnung ist durch Zugversuche in trockenem und nassem Zustand meßbar (→ *Zugfestigkeit*, → *Bruchfestigkeit*, → *Naßfestigkeit*, → *Reißkraft*). Die → *Bruchdehnung* wird in Prozent der Ausgangslänge gemessen und ist nach Rohstoffgattungen sehr unterschiedlich. – Unabhängig vom Rohstoff beeinflußt die → *Bindung* von Geweben und Maschenstoffen die Dehnfähigkeit fertiger Stoffe. – Vgl. → *Stretch*, → *Elastizitätsmodul*.

Deichselstellung, Anordnung der Knöpfe am → *Zweireiher* mit mindestens drei Knopfpaaren, wobei die einzelnen Knöpfe nicht senkrecht übereinander, sondern nach oben in der Art eines „Y“ auseinanderstreben.

Dekatieren, **Dekatur**, Maschinelle Fixierung der → *Dimensionsstabilität* von Wollstoffen durch Einfluß von Wärme, Feuchtigkeit und Druck mit Dampf (Quellvorgang der Wollfaser in fester Lage mit dem Ziel eines tropffesten Seidenglanzes) oder heißem Wasser (zur Beseitigung der Einlaufneigung, stellt hohe Anforderungen an die Farbechtheit). Je nach Verfahren werden Ausrüstungseffekte wie → *Scheren*, → *Rauhen* oder → *Bürsten* fixiert und/oder der Griff und die Tragfähigkeit verbessert. – Vgl. → *Hochtemperatur-Dekatur*, → *Nadelfertig*, → *Dämpfen*, → *Flächenfixierung*, → *Shrinken*, → *Filzkalander*.

De-Knit, → *Jeanswear* im Strickwaren-Look.

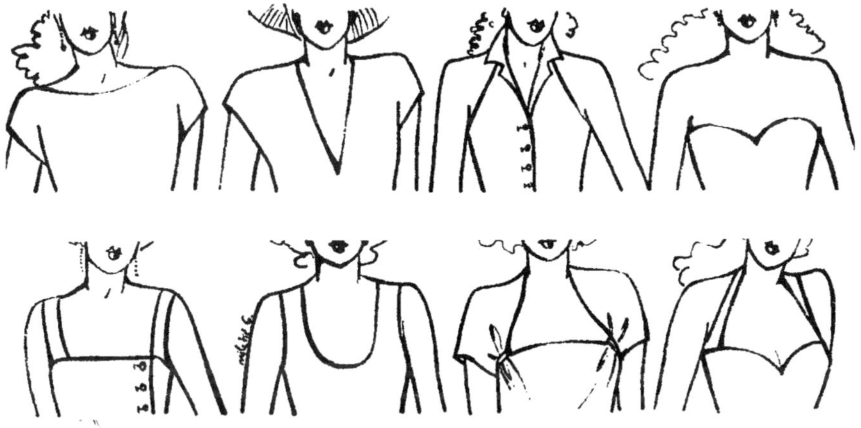

Dekolleté- und Schulterformen für Tops.

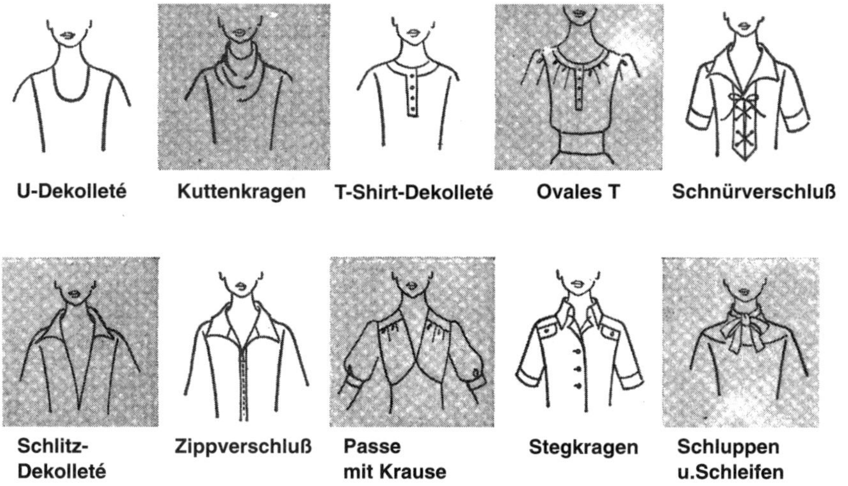

Beispiele für verschiedene Dekolleté- und Kragenformen.

Dekolleté, Ausschnittform von Strickwaren, Kleidern und Blusen an Hals, Schultern und am Rücken; im Zusammenhang mit dem → *Kragen* sehr variables Kennzeichen der jeweiligen Moderichtung. – Vgl. → *Ausschnitt*, → *Boots-Dekolleté*, → *Brigitte-Bardot-Dekolleté*, → *Carmen-Dekolleté*, → *Montana-Ausschnitt*, → *Nadelöhr-Dekolleté*, → *Sarong-Dekolleté*, → *Schlitz-Dekolleté*. → Abb. vgl. S. 189.

Dekorationsstoff, **Dekostoff**, Sammelbegriff für raumgestaltende Textilien aller Art wie → *Vorhangstoffe*, → *Gardinenstoffe*, → *Inbetweens* aus verschiedenen Rohstoffen und in unterschiedlicher Web- und Musterungstechnik, auch → *Samt*, → *Chenille*, → *Frottierstoffe* und → *Wandbespannungen*. Teilweise auch als Synonym für undurchsichtige Vorhangstoffe gebraucht. – Vgl. → *Coordinate*.

Delaminierung, vollständige oder teilweise Lösung der Bestandteile von → *Bondings*, meist verursacht durch fehlerhaftes → *Kaschieren* oder → *Laminieren*; manchmal auch durch verschiedenes Einlaufverhalten der Komponenten.

Délavé, Oberbegriff für alle Methoden, Stoffe (→ *Mill washed*) oder fertige Bekleidungsstücke (→ *Garment washed*) nach Beendigung der Herstellungsvorgänge, aber vor dem ersten Gebrauch, zu waschen, um einen besonderen Effekt zu erzielen. Alle diese Waschvorgänge haben den Vorteil, daß die Stoffe weicher werden, nicht mehr einlaufen (weil sie danach nicht mehr gespannt werden), und daß sie ungebügelt, künstlich gealtert, aussehen (→ *Used Look*, → *Aged-Look*). Zu unterscheiden sind vor allem im Bereich von → *Jeanswear* Waschvorgänge ohne Veränderung des Farbcharakters (→ *Prélavé*, → *Prewashed*) und Waschvorgänge mit dem Ziel der Farbveränderung (→ *Wash out*, → *Fade-out*), zum Teil mit Zusätzen, die die Farbveränderung beeinflussen (→ *Stonewashed*, → *Enzym wash*, → *Used washed*). – Vgl. → *Bio-Waschverfahren*, → *Jeanswear, Auswaschformen*.

Delayed-curing, Nachkondensierverfahren (→ *Post-curing*) für → *Permanent Press* mit verzögerter Kondensation; erst nach der letzten Behandlung des Bekleidungsstücks in der Bügelpresse unter hohem Druck und bei hoher Temperatur erhält das fertige Bekleidungsstück unter kontrollierten Bedingungen in einem Härteofen seine endgültige und dauerhafte, dreidimensionale Formstabilität. Der Effekt der gesamten Ausrüstung hängt von der Sorgfalt bei der Schlußkondensation ab. Es kann mit den üblichen Fertigungsmethoden genäht werden, die Zutaten müssen bügelfrei und waschbar sein. – Vgl. → *Koratron*, → *Deferred-curing*, → *Hot head-Presse*.

Delhi, dünnledriges, kleines → *Indisch Lamm*.

Delpage, dem → *Alcantara* ähnlicher → *Lederaustauschstoff* aus einem Polyester-Microfaser-Gewebe mit 5% → *PUR*-Beschichtung. Leicht, weich, edler Seidenglanz. Handwarm mit Feinwaschmitteln waschbar.

Demi-Texturé, 1. Stoffe aus texturierten Synthetics mit einem Anteil von 20% feinem Wollkammgarn. Die Synthetics geben den leicht zu verarbeitenden Stoffen einen kernigen, jedoch weichen Griff, aber keine Elastizität.
2. → *Kombinationsgarne* mit einer Seele aus texturierten Polyamid- oder Polyester-Filamenten, die von untexturierten Filamenten umgeben ist. Die Garne geben einen naturseidenähnlichen bis kreppigen Griff, aber nur mäßige Bauschigkeit; sie lassen sich leicht zu porösen Geweben verarbeiten. – Vgl. → *Core-spun*.

Denier, **den**, → *Legaltiter*, historische Maßeinheit zur → *Garnsortierung* (→ *Titrie-*

rung), durch das → *Tex-System* ersetzt, aber vor allem zur Feinheitsbestimmung von Polyamid-Filamenten für → *Feinstrumpfwaren* noch in Gebrauch. 9.000 m wiegen ein Gramm. Je kleiner die den-Zahl, desto feiner ist das Garn.

Denim, früher dichte → *Kettköper* in rohweiß, sodann kräftiger, blau-weiß gestreifter, tuchbindiger Baumwollstoff für Strand- und Gartenkleider; seit der beherrschenden Position von → *Jeanswear* fast synonym zu → *Blue Denim*, buntgewebter Kettköper mit viel Ketteffekt aus kräftigen → *OE-Rotor*-Baumwollgarnen mit farbiger Kette und hellem Schuß. Abarten: Wasserfester Denim, vorgewaschen, mit → *Teflon* oder → *Silikon* ausgerüsteter oder innen mit Nylon versiegelter, außen → *imprägnierter* Denim für Wintersportarten wie Snowboard; → *Soft-Denim* aus oder mit → *Modal* oder → *Lyocell* für Hemden, Blusen, Röcke und Kleider. → *Streaky Denim* mit einem betont streifigen Warenbild, → *Paper-Touch*, → *Brush-Denim*, → *Ring-Denim*, → *Lefthand-Ring-Denim*, → *Finweave-Denim*, → *Scrubbed-Denim*, → *Fancy-Denim* auch mit Lack- und → *Lurex*-Effekten, → *Thermo-Denim*, → *Coloured Denim*, → *Naturell-Denim*, → *Black-Denim*. – Vgl. → *Basic*, → *Flat*, → *Indigo*, → *Snow-Denim*, → *Stone free*, → *Stone-washed*.

Denim-Stretch, durch eine Beimischung von 2–5% → *Elastan*, das meist als → *Umwindungsgarn* mit Polyamid in → *Falschdrahttexturierung* umhüllt ist, kettelastischer → *Blue Denim*. Die Elastizität sorgt für hohe Bequemlichkeit und faltenfreien Sitz. Untere Preislagen enthalten kein Elastan, sondern nur falschdrahttexturiertes Polyamid. Querelastisch: → *Power-Stretch*.

Dentelle, frz. (Web-)Spitze, → *Ausbrenner* auf Basis → *Romain-Satin* mit atlasbindiger Kette und in der Mischung Polyester/Viskose mit spitzenartiger Musterung. – Vgl. → *Dévorant*.

Depolymerisation, Abbau von → *Polymeren* zu → *Monomeren*. Von Bedeutung für die → *Regranulation* als Vorstufe des Faser-→ *Recyclings*.

Depot, im → *Jeanswear*-Bereich: Ständige Warenverfügbarkeit von → *Basic-Modellen* im Geschäft, wobei die Erstausstattung zu Saisonbeginn festgelegt und in vereinbartem Rhythmus regelmäßig nachbestellt wird. – Vgl. → *Stock-Replenishment*.

Depsieren, Teil der Handschuhfertigung; Zuschneiden des ausgemessenen Leders, wobei Fehler im Leder weggeschnitten werden sollen, und der Handschuh seine richtigen Maße nach Weite und Länge erhält.

Déshabillé, eleganter → *Morgenrock*.

Design, engl. Zeichnung, Entwurf.

Designer, nach überwiegendem Sprachgebrauch Modemacher gehobenen Genres, die sich im Gegensatz zu den → *Stylisten* hauptsächlich mit der Gestaltung der Modelle befassen, d.h. der Auswahl geeigneter Stoffe, Kombination und Wahl von Farben sowie der Schnittentwicklung für die Modelle. Die Modelle sollen bei perfekter Verarbeitung auf guten Stoffqualitäten aufbauen und eine eigenständige, kreative Handschrift zeigen. Designer können freischaffende Künstler („Free lancer") oder ganz oder teilweise, z. B. über Lizenzen, mit Konfektionären verbunden sein (in Deutschland: branchenübergreifend etwa 1000 freischaffend, 5000 gebunden). Längerfristigen Erfolg haben Designerkollektionen dann, wenn sie den Zeitgeist richtig interpretieren, sich an den Bedürfnissen der Verbraucher orientieren und ihre Modelle den jeweiligen Tragegelegenheiten anpassen. Zweit- oder Drittkollektionen orientieren sich am Bedarf einer definierten Zielgruppe, spiegeln aber den Stil der

Hauptkollektionen zu einem deutlich niedrigeren Preis wider. Verschiedentlich haben Designer die frühere Rolle der → *Couture*, Leitlinien für eine publikumswirksame Mode für eine ganze Saison zu schaffen, übernehmen können. Der Beruf des Designers gilt als überbesetzt und konjunkturanfällig. – Zum Verkauf von avantgardistischen Modellen im ausgeprägten und markanten Modestil der Designer ist psychologisch geschultes, von der Ware überzeugtes Verkaufspersonal und ein glaubwürdiger Rahmen entsprechend gestalteter und nicht zu großer Geschäftsräume notwendig.

Desodorierende Ausrüstung, → *Hygienefördernde Ausrüstung.*

Désordonné, → *Coordonné désaccordé.*

Desorption, Feuchtigkeitsabgabe von Fasern und Textilien an ihre Umgebung. Gegensatz: → *Absorption*, → *Sorption.*

Dessin, gewebtes, gedrucktes oder geprägtes Muster mit seinen Farbflächen, Umrissen und Konturen, den Farbabstufungen und Überläufen. – Vgl. → *Kolorit.*

Dessin placé, → *Abgepaßter Druck*, Druckdessinierung, die auf bereits für die Konfektionierung zugeschnittenen Stoffteile aufgedruckt wird oder auf die Form des späteren Fertigteils abgestimmt ist. – Vgl. → *Engineering Print*, → *Eingepaßter Druck*, → *Programmierter Druck*, → *Placé-Print.*

Beispiele für Dessous. Von links nach rechts: Mit großen Stickereimotiven geschmückte Garnituren mit taillenkurzem, elastisch gezogenem Hemd; elegante Bustiers im Corsagen-Look mit Spitzen-Inkrustation oder Jacquardmuster.

Dessous, Sammelbegriff für alle Fertigtextilien, die unter der Oberbekleidung direkt auf der Haut getragen werden; hierzu zählen neben der Unterwäsche auch Miederwaren und Nachtwäsche, sofern sie hauchzart oder transparent und schmückend gestaltet ist. – Vgl. → *Body*, → *Bustier*, → *French Knickers.*

Destroyed Look, bis zur Zerstörung von Kanten und Nähten intensiv vorgewaschene → *Jeanswear*-Modelle.– Vgl. → *Stonewashed.*

Detachieren, **Detachur**, örtlich begrenzte → *Chemische Reinigung* zur Beseitigung vor allem öliger oder fettiger Schmutzstellen (Entflecken) nach der maschinellen

Destroyed Look, bei Männern.

Destroyed Look bei Frauen, Jeans-Short mit ausgefranster Kante.

Grundbehandlung mit Lösungsmitteln oder waschaktiven Emulgatoren, die auf die Art der Flecken abgestimmt sind; durchgeführt von Hand oder mit Hilfe spezieller Geräte.

Detergentien, → *grenzflächenaktive* Wasch- und Netzmittel, die → *Tenside* enthalten.

Deux-Pièces, zweiteiliges Kleid, bestehend aus Rock und Oberteil aus einheitlichem oder abgestimmtem Material und Schnitt, gefüttert oder ungefüttert, Oberteil mit leichter und weicher Innenverarbeitung; im Gegensatz zum → *Kostüm* stets so gestaltet, daß es auch ohne Bluse oder Pulli getragen werden kann. Kleider mit Jacke gehören zu den → *Ensembles*. – Vgl. → *Faux Deux-pièces*, → *Zweiteiler*.

Devinadruck, → *Mosaikdruck*, an einen bestimmten Maschinentyp gebundene Walzendrucktechnik (Farbmassenwalze); gedruckt wird auf nassen Stoff. – Vgl. → *Orbisdruck*, → *Chromostyldruck*, → *Englanderdruck*.

Deux-Pièces. Von links: mit Bordürendruck an Jacke und Rock; mit biesenartiger Kontraststepperei; im Hemdblusenstil mit abstechenden Besätzen; mit Polo-Jumper zum Plissee-Rock; kostümähnlich mit Tressen-Besatz.

Atypische Deux-Pièces. Von links: Leibchen mit Schößchen zum dreistufigen Rock im Lingerie-Stil aus Baumwoll-Batist, mit Stickerei garniert; Blusenjacke mit weiten Ärmeln zur Rockhose; diagonal betontes Oberteil zum weiten Rock aus Baumwoll-Webstreifen; an den Trachtenstil angelehnt mit ausschwingendem, saumbetontem Rock; aus Woll-Jacquard mit Feincord-Garnierung; mit Doppelkragen zum ausschwingenden, die Taille betonenden Rock.

Dévorant, → *Ausbrenner*. – Vgl. → *Ätzspitze*.

Dezitex, → *Decitex*.

Diabolo®, → *Microfaser* aus Polyamid 6,6 (→ *Tactel*) vor allem für → *Klimastoffe*.

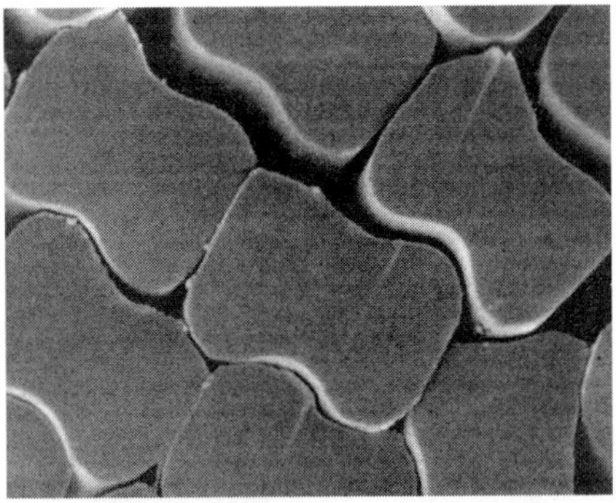

Microfaser Tactel Diabolo unter dem Rasterelektronenmikroskop.

Diacetat, $2^1/_2$- → *Acetat* im Gegensatz zu → *Triacetat*.

Diagonal, Mantel-, Kleider- oder Futterstoff meist aus → *Streichgarn* in farblich betonter Breitgrat- oder → *Mehrgrat-Köperbindung*, wobei der gut sichtbare Köpergrat nicht steil, sondern im Winkel von etwa 45° ansteigt; kompliziertere Mehrgrat-Bindungen machen den Stoff weicher. – Vgl. → *Home-spun*.

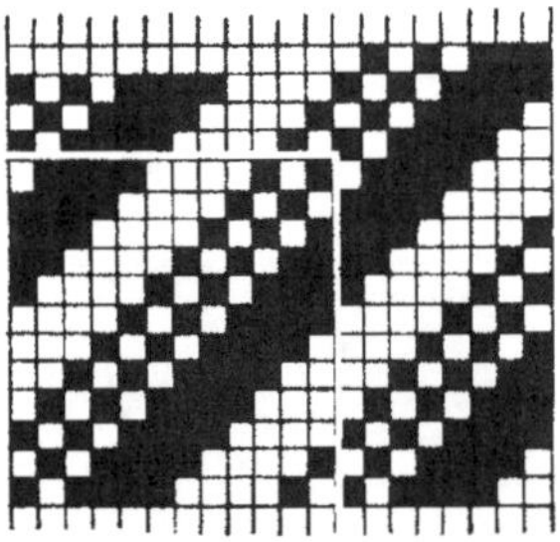

Beispiel eines für Diagonal geeigneten, komplizierten Mehrgratköpers mit beidseitig gleichem Bindungsbild und Wechsel von Kett- und Schußeffekt. Rapport eingerahmt.

Diagonaltasche, meist mit einer Leiste versehene Eingrifftasche an sportlichen Sakkos und Mänteln, die in einem Winkel von etwa 45° zur Waagrechten verläuft und meist etwas tiefer gesetzt wird. – Vgl. → *Flügeltasche*.

Diagonaltrikot, sehr strapazierfähiges, leicht querelastisches Gewebe mit Kammgarnkette und einem Schuß aus feinem Streichgarn in einer → *Hohlschußbindung* mit einem dem Köper ähnlichen Bindungsbild für Uniformen und Sportbekleidung. – Vgl. → *Trikot-Bindung*, → *Whipcord*.

Dialog Textil-Bekleidung, Firmenzusammenschluß der Textil- und Bekleidungsindustrie mit dem Ziel verbesserter Kommunikation zwischen den europäischen Industriepartnern und zur Entwicklung branchenübergreifender Qualitätssicherungssysteme sowie der → *Öko-Info* als Basis für Lieferbedingungen mit Parametern für humanökologisch einwandfreie und umweltschonend hergestellte Textilien. Die Info ist kein Zertifikat, sondern eine Hilfe bei der Erstellung eines Anforderungskatalogs für die verschiedenen Bekleidungstextilien bezüglich der Ökologie, die als Standortvorteil in Europa angesehen wird.

Diamantköper, unverzierter → *Flechtköper*, Fantasieköperbindung, bei der der Bindungsgrat sowohl in der Längs- als auch in der Querrichtung wechselt.

Diamantbindung, unverzierter Flechtköper auf Basis Croisé 2/2, zugleich als Beispiel für einen Fantasieköper mit geometrischer Anordnung.

Diaminfarbstoffe, besonders lichtechte Gruppe der → *Substantiv-Farbstoffe*. **Aromatische Diamine**, Oxidationsfarbstoffe, die auch zum Färben von Haaren benutzt werden; ihnen wird eine selten vorkommende, sensibilisierende Wirkung zugeschrieben, die zur Auslösung von → *Allergien* (→ *Strumpfekzem*) führen kann.

Diamond fibre, → *Mohair*-ähnlich feine → *Cashgora*-Type mit 23–36 Micron; zum Vergleich: feinstes → *Kaschmir*-ähnliches Cashgora: 18,5 Micron.

Diamond washed, Abart von → *Stonewashed*, wobei statt Bimssteinen sehr harte, kleine, kristalline Steine mitgewaschen werden; es ergeben sich sehr starke, mit ihrer Unregelmäßigkeit fast → *Mouliné*-artige Aufhellungen und beträchtliche Faserschädigungen, die die Haltbarkeit reduzieren.

Diazo-Farbstoffe, aufgrund ihres zweistufigen Färbeverfahrens (→ *Kupplung*) besonders naßechte, jedoch nicht sehr lichtechte Gruppe der → *Substantiv-Farbstoffe*, vor allem zur Vorfärbung von → *Ätzdrukken*.

Dicel®, $2^1/_2$-→ *Acetat* (Courtaulds), Filament und Kabel.

Dichte, 1. eines Stoffes: Geschlossenheit des Fadenverbandes, bei Geweben abhängig von der → *Einstellung*, dem Verhältnis der Fadenzahl von Kette und Schuß; bei Maschenwaren von der Maschenzahl je Flächeneinheit, jeweils im Zusammenhang mit der Garnstärke; von Bedeutung für die Beurteilung der Strapazierfähigkeit oder der Transparenz.
2. von Fasern: Masse je Volumeneinheit (g/cm²); je geringer die Dichte, desto fülliger ist das Erzeugnis bei gleichem Gewicht, desto leichter kann der Stoff sein. Beispiele für die Dichte: Baumwolle 1,54; Viskose 1,52; Leinen 1,43–1,52; Polyester 1,38; Rohseide 1,37; Wolle 1,32; Elastan 1,14–1,30; Acryl 1,14; Polyamid 1,08.

Dieldrin, → *Insektizid*, Kontaktgift, in Deutschland wegen der vergiftenden Wirkung auch auf andere Lebewesen zur Ausrüstung von Wolltextilien verboten, wohl aber zur Abtötung von → *Textilschädlingen* in Lagerräumen und Regalen anwendbar. Als → *Pestizid* zum Schutz gegen Parasitenbefall lebender Schafe in den Haupt-Wollexportländern Australien, Neuseeland, Südafrika, Uruguay und Brasilien nicht zugelassen; Pestizid-Restmengen auf Wollfasern werden routinemäßig kontrolliert.

Differential-dyeing, DD-Färbung, Verfahren zur einbadigen Stück- oder Garnfärbung in mehreren Farben unter Ausnutzung der Eigenschaft von Synthesefasern, bestimmte Farbchemikalien verschieden aufzunehmen (→ *Farbaffinität*), zur Erzielung von → *Ton-in-Ton*-Effekten oder → *Additionsfärbungen* für Kontrasteffekte. Vor allem bei Polyamiden ist die Variationsbreite der → *Affinität* oder des Ziehvermögens für Säurefarben durch Veränderung der Amino-Endgruppen (→ *Copolymere*) von nicht anfärbbar bis besonders dunkel anfärbbar sehr groß. Auch Acryl-, Polyester- und Polypropylenfasern können DD-gefärbt werden (→ *Cross-dyeing*). Die Entscheidung, welche Farbkombination gewählt werden soll, kann erst sehr spät gefällt werden. Die größte Bedeutung hat das Verfahren bei → *Tufting-Teppichen* erlangt (→ *Space-dyeing*). – Vor allem bezüglich ähnlicher Methoden der Wollfärbung vgl. → *Partienweise Garnfärbung*, → *BiPol-Färbeverfahren*, → *Maifoss-Verfahren*, → *Multi-Krome-Verfahren*. → *Spectral-Färbung*; → *Heather-Effekt*.

Differential-Schrumpfverfahren, Veränderung des Bauschverhaltens von Acrylgarnen auch am fertigen Gestrick unter Ausnutzung des verschiedenen Schrumpfverhaltens von ausgeschrumpften Normalfasern (Restschrumpf 1%) und unfixierten Sondertypen. Werden Garne mit→ *Intimmischungen* beider Fasertypen gekocht oder genügend heiß gedämpft, ziehen sich die Sondertypen um etwa 18–22% zusammen, und die Normaltypen werden zu → *Hochbauschgarnen* (→ *HB-Garnen*, → *Spinnfaserbauschgarn*) gekräuselt.

Diffusion, ohne Einwirkung äußerer Kräfte ablaufende Wanderung bzw. Vermischung von Flüssigkeiten oder Gasen untereinander oder in Festkörper, basierend auf dem Bestreben der Moleküle, sich im ganzen zur Verfügung stehenden Raum auszubreiten.

Dimensionsstabilität, zweidimensionale → *Maßstabilität* (→ *Einlauffestigkeit*) von Geweben und Maschenwaren im Gegensatz zur dreidimensionalen → *Formstabilität*. Veränderung in Länge und Breite nach Feucht-/Naß- oder Wärmebehandlung werden in Prozent zum ursprünglichen Meßwert ausgedrückt (DIN 53920 E). Zur Fixierung der Dimensionsstabilität vgl. → *Thermofixierung*, → *Flächenfixierung*, → *Permanent Press*, → *Antifilzkrumpf-Ausrüstung*, → *Dekatieren*, → *Sanfor*.

Dinnerkleider. Von links: Raffiniertes Schlauchkleid aus Cloqué-Stretch; kragenloses, zweireihiges Dinner-Kostüm; Kleid mit Samtausputz am Schlitz-Ausschnitt; geknöpftes Deux-pièces mit Künstlerschleife.

Dinner-Jacket, Sommersmoking oder Tropensmoking mit weißem Sakko und weißem Fasson, das auch aus dem Oberstoff des Sakkos bestehen kann. Stets mit schwarzer Hose getragen. – Vgl. → *Smoking*, → *Tuxedo*; → *Party-Anzug*.

Dinnerkleid, elegantes Kleid für die festlichen Gelegenheiten des Tages und für festliche Essen, zu dem der Herr den → *Stresemann* oder den → *Konferenzanzug* trägt. Eleganter und strenger als das → *Cocktailkleid*, hat es mindestens ellenbogenlange, meist aber $^{3}/_{4}$- oder ganz lange Ärmel. Der festliche Akzent kann durch glanzreiche Stoffe oder die Farbe Schwarz betont werden.

Diolen®, Polyesterfaser; seit der Einstellung der Spinnfaserproduktion (Akzo 1995) nur mehr Filament (Kuagtextil) für Bekleidungsstoffe, Heimtextilien und zur textilen Ausstattung von Autos. Auch die Spezialitäten Sportant dry und -Fleece werden nicht mehr hergestellt. Diolen-**Sedura**: → *Filament-Mischgarn* aus → *Einzelfilamenten* mit verschiedener Feinheit und unterschiedlichem → *Profil*, hauptsächlich für Dekorationsstoffe; Diolen **tipico**: Besonders leichter, taftähnlicher → *Futterstoff* (→ *Leichtfutter*) vor allem für den Legerbereich mit nur 70 g/150 cm mit glatten, runden, ungedrehten Filamenten in der Kette und texturierten → *Profilfasern* im Schuß, pflegeleicht, leicht verarbeitbar und sehr haltbar; geringer Feuchtigkeitstransport.

Dior-Falte, mit Stoff unterlegter, aufspringender Gehschlitz an Röcken.

Dioxin, Gruppe von über 200 verschiedenen Chlor-Kohlenwasserstoff-Verbindungen von unterschiedlicher Giftigkeit, die sich fast überall in der Luft finden und von denen 2 in → *Küpenfarbtsoffen* auf Chloranil-Basis (blau, blau-grün oder grün) enthalten sein können. Sie können in sehr seltenen Fällen ein untergeordnetes toxikologisches Risiko auch für den Menschen darstellen, falls diese Dioxine durch die Haut aufgenommen werden und lebende Zellen erreichen. Im Regelfall werden jedoch die minimalen Dioxin-Rückstände, die auf die Haut gelangen, beim Waschen weggespült.

Dip-Dyeing, → *Partienweises Färbeverfahren* für Garne (→ *Space-dyeing*) durch stufenweises Eintauchen von Garnsträngen in die Farbflotte (→ *Tauchfärbeverfahren*). – Vgl. → *Loop-dyeing*.

Dipolyon-Faser, amerikanischer Name für → *Heterofilfasern*.

Direktbeschichtung, Verfahren der → *Beschichtung* von Stoffen mit → *PUR*-Paste, wobei die Paste durch Rakel in mehreren, sehr feinen, dünnen Strichen auf ein Trägermaterial mit rauher Oberfläche aufgetragen wird. – Gegensatz: → *Umkehr-* oder → *Transferverfahren*. – Vgl. → *Pflatschdruck*.

Direktdruck, → *Druckverfahren*, bei dem die Farbstoffe auf einen vorgebleichten oder vorgefärbten Stoff (→ *Additionsdruck*, → *Überdruck*) direkt aufgedruckt werden; der vorgefärbte Farbstoff wird im Gegensatz zum → *Ätzdruck* dabei nicht zerstört, der Farbton aus Druck und Vorfärbung addiert sich. Direktdrucke sind leicht daran zu erkennen, daß das Druckmuster auf der rechten Warenseite deutlich zu erkennen ist, der Farbstoff auf die linke Warenseite aber nur undeutlich erkennbar durchschlägt. → *Pigmentdrucke* und → *Vigoureuxdruck* sind in aller Regel Direktdrucke. Doppelseitiger Direktdruck: → *Sandwichdruck*, → *Doppeldruck*. – Vgl. → *Druckart*, → *Pflatschdruck*, → *Schleifdruck*.

Direkt-Färbung, im → *Auszieh-* und im → *Foulard*-Verfahren mögliche → *Substantiv-Färbung* mit beschränkter Wasser- und

Wasch-→ *Echtheit*, die durch die Nachbehandlung etwas verbessert werden können, und unterschiedlicher → *Lichtechtheit*. Die Bindung des Farbstoffs an die Faser erfolgt durch zwischenmolekulare Kräfte; deshalb sind Direktfärbungen weitgehend den natürlichen Faserstoffen vorbehalten und nur mit Einschränkungen bei Polyamid möglich. Gegensatz: → *Reaktiv-Färbung*, → *Küpenfärbung*.

Direktspinnverfahren, 1. Verspinnen von Chemiefasern unmittelbar aus einer aus der (kontinuierlich arbeitenden) → *Polymerisation* zugeführten Schmelze oder aus einer Spinnlösung; Granulation, Trocknung und Wiederaufschmelzen entfallen.
2. Rationelles → *Kurzspinnverfahren* für Garne aus Chemie-Spinnfasern aus einem endlosen → *Kabel* in einem einzigen Arbeitsgang (→ *Tow-to-yarn-Verfahren*) durch Reißen, Strecken, Drahtgebung und Aufwinden unter Fortfall von → *Karde*, → *Streckwerk* und → *Vorspinnmaschine*. Mischungen mit anderen Faserarten sind nicht möglich. – Vgl. → *Konverter-Verfahren*.

Dirndl

Dirndl, Volkstracht-Kleid der Alpenländer aus buntgewebten oder bunt bedruckten Baumwoll- oder Wollstoffen, echte Salzburger Dirndl auch aus hochwertigem → *Damassé*, Pendant zum → *Trachtenanzug*. Charakteristisch ist die geschmückte, meist miederartig ausgearbeitete Ausschnittpartie und die Kombination mit der Dirndlschürze. Aus dem klassischen Trachtendirndl entwickelte sich unter Verwendung wertvoller seidiger → *Brokate* und → *Samte* das reich mit Borten und Litzen verzierte, häufig bodenlange Festtags-Dirndl, das nicht nur auf dem Land, sondern z.B. auch anläßlich der Salzburger Festspiele anstelle eines → *Abendkleids* getragen wird.

Dirty-Look, engl. „schmutziges Aussehen", extreme Form von → *Aged-Look* oder → *Used-Look*. - Vgl. → *Grunge*.

Discharge Print, → *Hightech*-→ *Drucktechnik*, bei der aus stückgefärbter Ware der Farbstoff durch Lasertechnik partiell entfernt und durch neue, aufgeschossene Farbstoffe ersetzt wird; erlaubt sehr klare Trennung der verschiedenen Farbflächen. Mehrfarbdrucke sind möglich. – Vgl. → *Ätzdruck*.

Disciplined fabrics, ungeschützte Sammelbezeichnung für → *Knitterarmausrüstungen*. – Vgl. → *No iron*.

Disco-Handschuh, Damenhandschuh mit halben Fingern aus Satin-Stretch in lebhaften Farben.

Disco-Look, sehr wandlungsreicher und vielfach kombinierbarer, jugendlicher Modestil für → *Party*- und Tageskleidung in meist unkonventioneller Modellgestaltung mit einer Vorliebe für transparente und schillernd glitzernde Stoffe, auch mit → *Pailletten* verziert oder bestickt. – Vgl. → *Brilli*.

Disco-Tasche, kleine, variabel gestaltete Damenhandtasche, die an schmalen Rie-

Kleider und Ensembles im Disco-Look. Typisch für diese Modelle sind deutlicher Glanz und leuchtende Farben.

men um den Hals und unter den Armen in Taillenhöhe oder gerade hängend getragen werden kann.

Dispersion, 1. feine Verteilung von kleinen, wasserunlöslichen, festen oder flüssigen Körpern in einer wässrigen Flüssigkeit. → *Suspension*: Fest in flüssig; → *Emulsion*: Flüssig in flüssig.
2. Zerlegung von weißem Licht in seine einzelnen Spektralfarben mit unterschiedlicher Wellenlänge (Regenbogen-Effekt).

Dispersions-Farbstoffe, wasserunlösliche Farbstoffe, vor allem → *Azo-* und Anthrachinon-Farbstoffe, die im Farbbad nicht gelöst, sondern nur ganz fein (kolloid) dispergiert sind und nur mit Hilfe von Zusätzen (Dispergiermittel) zur Stabilisierung der Flotte fleckenfreie und gleichmäßige Färbungen ergeben. Sie eignen sich für Fasern mit eng aneinandergepackten Molekülgruppen (Acetat, Triacetat, Synthetics), die kaum quellen und auch nur wenig Feuchtigkeit aufnehmen; sie lagern sich auf den Fasern an und müssen anschließend fixiert werden. – Bestimmte Dispersionsfarbstoffe werden mit dem → *Strumpfekzem* in Verbindung gebracht.

Dispersionsspinnen, Herstellungsverfahren für Synthesefasern (z. B. → *PTFE-Fasern*, → *Keramikfasern*), deren Ausgangs- → *Polymere* weder schmelzbar noch löslich sind. Sie werden in der Lösung eines Spinnvermittlers suspendiert oder emulgiert, der nach der Bildung des → *Filaments* durch Lösen, Zersetzen oder Ver-

Home-dress im Djellabah-Stil.

dampfen wieder entfernt wird; die Fasern werden durch Sintern verfestigt.

Distressed-Waschung, besonders starke, dem → *Stone washed* ähnliche Auswaschform von → *Jeanswear.* – Vgl. → *Jeanswear, Auswaschfornen.*

Djellabah-Kleid, ähnlich dem → *Kaftankleid* in der Schulter schmal geschnittenes, nach unten ausgestelltes, waden- bis bodenlanges Kleid mit stickereiumrandetem → *Schlitzausschnitt* und Trompetenärmeln. → Abb. vgl. S. 199.

DOB, Abk. für Damenoberbekleidung.

Dochtgarn, sehr grobe (über 200 tex), nur ganz wenig gedrehte, weiche und offene Garne für → *Maschenwaren* und → *Rauhwaren.* Als Handarbeitsgarn von geringer Haltbarkeit und nur für Effekte geeignet.

Doffer, fahrbare oder stationäre Vorrichtung zur halb- oder vollautomatischen Auswechslung eines Garnträgers in der Spinnerei mit computergesteuerten Greifern. – Vgl. → Spinnereimaschine (Abb.).

Dolan®, im → *Trocken-* und im → *Naßspinnverfahren* hergestellte → *Acryl-Spinnfaser* mit Qualitätsgarantie bis zum Endprodukt. Einsatz der trocken gesponnenen Fasern für → *Masachenwaren*, rein oder in Mischung mit Baumwolle oder Wolle, auch mit fixierter oder stabilisierter Kräuselung für → *HB-Garne* und in Grobtitern für → *Chenille* und → *Tufting-Teppiche*; modifizierte Fasern mit veränderter → *Farbaffinität.* Naß gesponnene, ausschließlich unter Einsatz von hoch wetterechten → *Pigment-*→ *Farbstoffen* → *spinngefärbte* Fasern für → *Outdoor*-Textilien wie → *Markisen*, Bootsabdeckungen und für Autoverdecke.

Dolanit, → *Hochleistungsfaser*, naß gesponnene, hochpolymere und → *hochfeste* Acrylfaser mit abgeänderten → *Polymeren* und einer gegenüber Standard-Acrylfasern dreimal so hohen Zugfestigkeit und gesteigerter Alkali- und → *Temperaturbeständigkeit* für technische Textilien. Spezialtypen als ungekräuselte Kurzschnittfasern für → *Composit-Werkstoffe* mit Beton, Mörtel und Kunstharzen. Textile Fasern für Garne, Gewebe und Filze; besonders für die Heißgasfiltration bei Dauertemperaturen bis 125°.

Dollieren, Arbeitsgang der → *Zurichtung* von Handschuhleder mit dem Ziel, es dünn und gleichmäßg dick zu machen; die Struktur des Leders wird gründlich ausgereckt. Mit Hilfe eines spachtelartigen Messers wird das Leder auf einer staubfreien, geschliffenen Marmorunterlage auf der unter Spannung stehenden Fleischseite gleichsam geschliffen.

Dolman-Ärmel, Kombination aus → *Raglan* und → *Kimono*; breiter, in das Oberteil eingeschobener Ärmel, der oben kugelig, unten aber oval oder eckig geschnitten ist. Zur Betonung sind die Nähte häufig gesteppt.

Dolman-Ärmel, links Bogendolman, rechts Ungaro-Dolman.

Domy®, → *Lederimitat* im Nappa-Charakter mit → *PUR*-Vollbeschichtung, Basis Kettenwirkware 80/20% Viskose/Nylon, 180 g/m², auch in der Art von → *Antikleder*.

Donegal, zu den → *Home-spun*-Geweben zu zählendes poröses und handwebartiges → *Streichgarn*gewebe in Tuchbindung, stark mit (farbigen) Noppen durchsetzt, mit deutlichen Unterschieden im Farbwert von Kette und Schuß. Die feinfädige und etwas gleichmäßiger gesponnene Kette ist heller als der füllige, ungleichmäßig gesponnene Schuß, das Gewebebild gewollt unruhig. Manchmal wird der Ausdruck auch für Maschenwaren mit ähnlichem Oberflächenbild gebraucht.

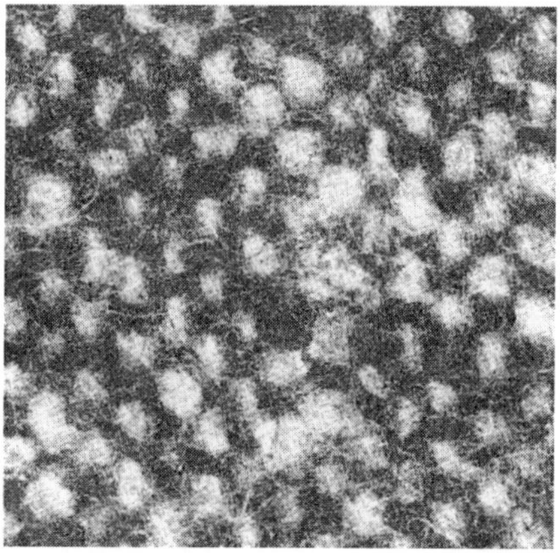

Gewebebild des Donegal.

Doppelbaum-Webmaschine, → *Webmaschinen*, die zwei Kettbäume tragen können, zur Herstellung von Geweben mit verschiedenen Garnarten in der Kette oder mit unterschiedlicher → *Einwebung* der Kettfäden. Bei → *Doppelgeweben* mit zwei Ketten kann ein Baum für das Obergewebe, der zweite für das Untergewebe eingesetzt werden. – Vgl. → *Thermo-Stoffe*, → *Tubic*, → *Steppgewebe*, → *Frottiergewebe*, → *Drehergewebe*.

Doppeldreher, → *Volldreher*.

Doppeldruck, doppelseitiger → *Direktdruck*, meist mit gleichartiger Musterung auf beiden Warenseiten zur Vortäuschung einer durchgewebten Ware. Bei doppelseitigem → *Pflatschdruck* haben die beiden Warenseiten meist eine verschiedene Farbe, bei → *Jeansstoffen* sogar mit verschiedenen Farbstoffgruppen. – Vgl. → *Sandwich-Druck*.

Doppelfärber, → *Jeansstoffe*, die zusätzlich zu einem dunkleren Ton noch mit Schwarz überfärbt werden, um auch nach → *Fade-out*-Behandlung noch relativ dunkle Töne zustande zu bringen und um die Gewebestruktur plastischer zur Geltung zu bringen. Gegensatz: → *Überfärber*, → *Funky stones*.

Doppelfixierung, Verarbeitungstechnik zur Ausstattung von Bekleidungsstücken mit formerhaltenden Einlagen, wobei auf ein auf die ganze Sakko-Front auffixiertes verformbares Einlagenmaterial ein ebenfalls verformbarer → *Plack* auffixiert wird, ohne daß der Plack durch den Zuschnitt seine endgültige dreidimensionale Form erhält. – Vgl. → *Formfixierung*, → *Frontfixierung*.

Doppelflächige Maschenware, → *Kulier-* oder → *Kettenwirkwaren*, die auf beiden Warenseiten rechte Maschen haben. Auch die doppelflächigen Kulierwaren können theoretisch aus einem Faden hergestellt werden (→ *Einfadenware*), rechte und linke Warenseite können gleich oder verschieden sein. Die Maschinen müssen über zwei sich gegenüberliegende Nadelreihen verfügen. Symmetrisch: → *Ränder-* oder → *Rippware*, → *Fang*, → *Interlock*; asymmetrisch: → *Perlfang*, → *Noppenmuster*, → *Jacquard*. – Doppelflächige Kettenwaren werden von zwei zusammenarbeitenden Nadelbarren gebildet. – Vgl. → *Simplex*. Abb. vgl. → S. 202.

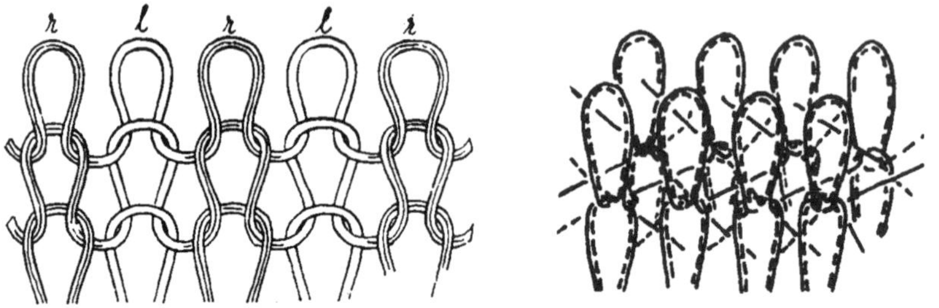

Doppelflächige Maschenware. Links: Doppelflächige Kulierware (Rechts/Rechts-Ware, 1/1-Rippware), rechte Stäbchen: verstärkte Linien. Rechts: Rechts/Rechts-Kettenware (Simplex).

Doppelfutterware, besonders schweres, dickes und relativ teures, nur wenig elastisches → *Bindefadenfutter* mit zwei Futterfäden je Maschenreihe, die nicht eingestrickt werden und deshalb auf der Warenoberseite nicht sichtbar sind; weil für → *Sweatshirts* bereits zu schwer und für Trainingsanzüge kaum mehr benötigt, von nachlassender Bedeutung. – Vgl. → *Chaineuse*, → *Futterware*, → *Zweischichtenstoff.*

Doppelgewebe, komplizierte Gewebe mit mindestens einem zweiten → *Fadensystem* in Kette und/oder Schuß; sowohl der höhere Materialverbrauch als auch die teurere Webtechnik führen zu veränderten Eigenschaften und zu höheren Preisen. Bei den Geweben mit mehreren Fadensystemen wird zwar ein Schuß nach dem anderen eingetragen, jedoch werden durch die Bindung die Fäden übereinandergeschichtet. Solche Bindungen werden eingesetzt, um feinfädige Gewebe dicker zu machen (→ *Einlagestoffe*), um der Oberfläche und der Rückseite einen völlig anderen Charakter zu geben (→ *Rauhgewebe* mit → *Abseite*, → *Thermostoffe*), um eine plastische Musterung herbeizuführen (→ *Cloqué*, → *Matelassé*, → *Hohlgewebe* mit Füllschuß, → *Pikee*, → *Steppgewebe*), um verschiedene Garnsorten zwischen Ober- und Untergewebe mustermäßig auszutauschen (→ *Warenwechseltechnik*, → *Schußdouble*), um Stoffe nur teilweise und nicht über die ganze Warenbreite webtechnisch zu mustern (→ *Lancé*, → *Broché*, → *Scherli*), um → *Hohlstoffe* und bindungstechnisch dehnfähige Stoffe herzustellen (→ *Cordbindung*, → *Trikotbindung*), um zwei Gewebe bindungstechnisch miteinander zu verbinden (→ *Multitextilien* , → *Doppelsamt*, → *Doppelteppich*, gewebter → *Gobelin*). Gegensatz: → *Bonding.*

Doppelgewebe in Warenwechseltechnik durch mustermäßigen Austausch der Fäden des Ober- und des Untergewebes. Links Warenabbildung, rechts Kettschnitt.

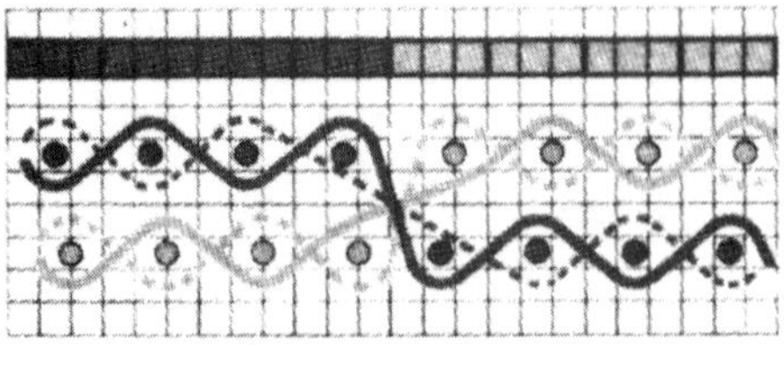

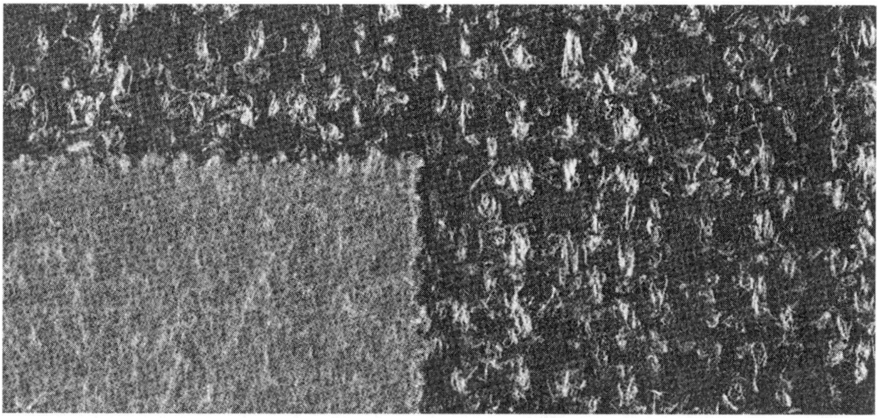

Tweedartiges Doppelgewebe mit drei Ketten und zwei Schüssen; Obergewebe und Abseite sind für sich selbständig und werden durch eine auf beiden Warenseiten unsichtbare Bindekette zusammengehalten. Links unten die Abseite.

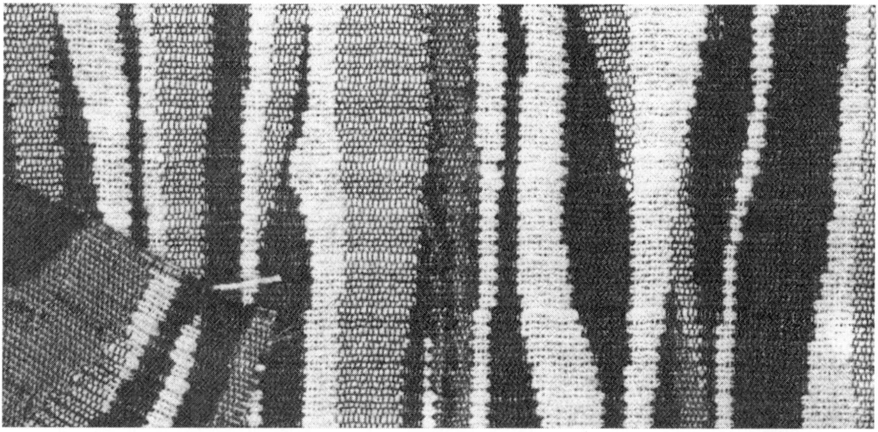

Doppelgewebter Jacquard (Schußdouble) mit einer Kette und zwei Schüssen (hell und dunkel). Der auf der Oberseite nicht zur Musterbildung benötigte Schußfaden bildet auf der Rückseite (links unten) ein entgegengesetztes Farbmuster, wobei die mustermäßig abwechselnd weiß und schwarz gezettelte Kette auf beiden Warenseiten zur Musterbildung beiträgt.

Doppelhose, Sommerhose aus festem Stoff mit einer darübergetragenen transparenten Überhose.

Doppelhub-Jacquard-, -Schaftmaschine, → *Webmaschinen* nach dem → *Offenfach-Prinzip*, die bei größeren Rapporten die Hubhöhe des Webgeschirrs und damit die Beanspruchung der Kettfäden möglichst niedrig halten. Bei Schaftmaschinen bleiben bei zwei gleichartig einbindenden Schußfäden nacheinander die Schäfte durch gegenläufig angeordnete Hubmesser angehoben; die Maschinen laufen schneller und sind besser steuerbar. Bei elektronisch gesteuerten Jacquardma-

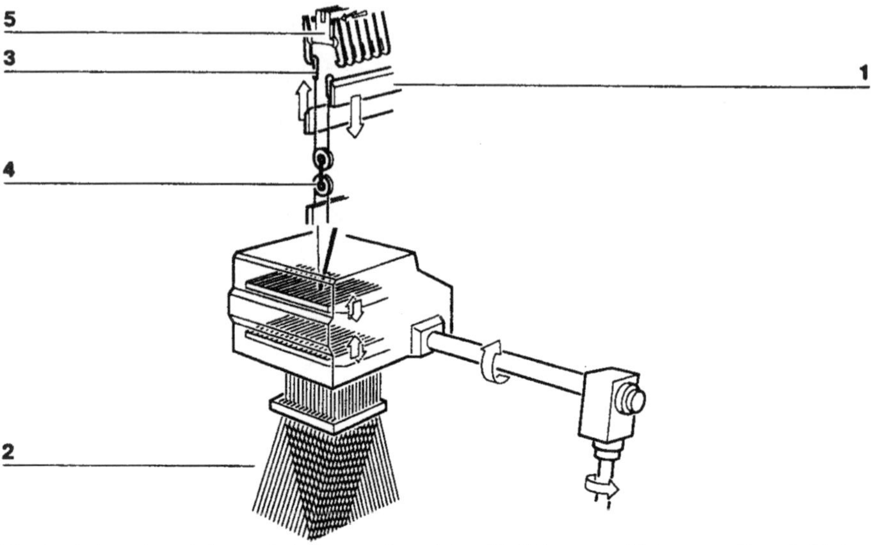

Elektronisch gesteuerte Doppelhub-Jacquardmaschine. Die Hubmesser (1) bewegen über die Platine (3) und den Seilrollenzug (4) je nach elektronischer Ansteuerung die Harnischschnüre (2) entsprechend der Bindung auf und ab.

schinen sorgen zwei Messer- und Platinensysteme bei Litzenaufhängung über Rollenzüge dafür, daß ein Kettfaden, der für mehrere Schüsse gehoben bleiben soll, in der oberen Stellung verbleibt und nicht nach jedem Schuß in die Grundstellung abgesenkt werden muß.

Doppeljersey, → *Doppelflächige Maschenstoffe* mit verhältnismäßig geringer Querdehnung für Oberbekleidung. – Vgl. → *Wevenit.*

Doppelköper, → *Gleichgratköper*, → *Gleichseitiger Köper*, effektloser → *Köper* mit

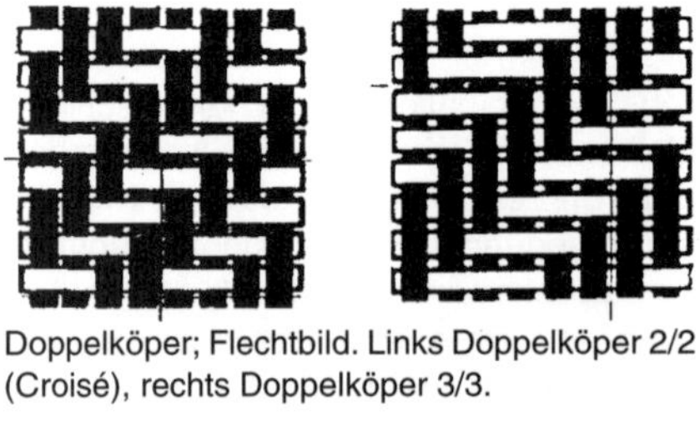

Doppelköper; Flechtbild. Links Doppelköper 2/2 (Croisé), rechts Doppelköper 3/3.

gleichviel Kette und Schuß und mit gleichem Bindungsbild auf jeder Warenseite. Durch die → *Einstellung* kann jedoch Ketteffekt auf der Oberseite (→ *Croisé finette*) hervorgerufen werden. – Vgl. → *Croisé*, → *Cheviotbindung*, → *Breitgratköper.*

Doppelkragen, modischer Kragen mit je zwei selbständigen, übereinanderliegenden Kragenecken an Trenchcoats, Blusen und Hemden für Damen und Herren.

Doppelkragen

Doppelkrepp, schwerer → *Crêpe* der → *Georgette*-Art, auch im Wollcharakter mit

300–350 g/lfm für Kostüme und bis 500 g für Mäntel.

Doppelrand, doppelt gewirkter Randabschluß an Damenfeinstrümpfen, aber auch an Pullovern, der zur Vermeidung von Nahtwülsten durch Umhängen der Maschen auf die Anfangsreihe gebildet wird.

Doppelripp, → *doppelflächige* → *Kulierware* mit mindestens zwei linken Maschenstäbchen zwischen den die Rippen bildenden rechten Maschenstäbchen. Gegenüber → *Feinripp* ergibt sich ein gröberes Maschenbild und erhöhte Dehnfähigkeit. – Vgl. → *Rechts-Rechts-Ware*, → *Ränderware*, → *Rippware.*

Doppelrücken, gewebter Zweitrücken an → *Tufting-Teppichen* zusätzlich zum Latexrücken (→ *Compound*), der zur Verbesserung der Stabilität und des Wärmedurchlaßwiderstands auf den Teppichrücken aufkaschiert wird.

Doppelsamt, → *Kettsamt*, bei dem zwei Gewebebahnen übereinander gewebt und noch auf dem Webstuhl durch besondere Messer voneinander getrennt werden. Ober- und Untergewebe sind durch die Polkette miteinander verbunden. – Vgl. → *Samt*, → *Schußsamt*, → *Doppelgewebe.*

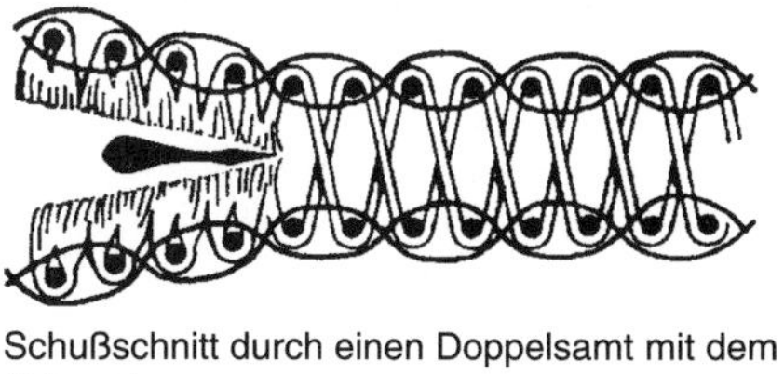

Schußschnitt durch einen Doppelsamt mit dem Schneidemesser.

Doppelteppich, hochwertiger, meist Jacquardgewebter Web(plüsch)teppich in → *Doppelsamt*-Technik meist aus gezwirnten Schurwoll-Kammgarnen; zwei Teppiche werden gleichzeitig spiegelbildlich übereinander gewebt und durch ein Messer so geteilt, daß sich auf beiden Hälften die gleiche Polhöhe ergibt. Anschließend wird geschoren, gebürstet und gedämpft. Nur Webteppiche mit einem Mindestpolgewicht von 915 g/m^2, → *Mottenschutz-Ausrüstung* und einem Restfettgehalt von höchstens 1,5% können das → *Wollsiegel* erhalten. Gegensatz: → *Greiferteppich*, → *Tufting-Teppich.*

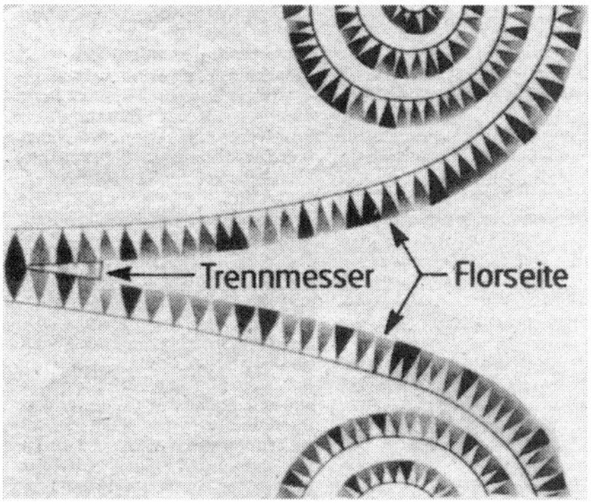

Schematische Darstellung der Herstellung eines Doppelteppichs.

Doppeltuch, sehr haltbarer, klassischer Kammgarn-Anzugstoff in einer → *Reformbindung* mit Kettverstärkung durch Ober- und Unterkette, die feine, elastische, kordelartige Oberflächeneffekte erlaubt; manchmal wechselnd S- und Z-gedreht. Wegen der hohen Gewichte um 500 g von rückläufiger Bedeutung.

Doppelzwirn-Gewebe, besonders haltbare Stoffe für → *Berufsbekleidung* mit Zwirn in Kette und Schuß, meist Polyester/Baumwoll-Mischungen, weich ausgerüstet und kochfest.

Doppelzylinder-Automat, Ausbauart der → *Rundstrickmaschine*, vor allem zur Herstellung von Strümpfen eingesetzt, die mit zwei übereinander angeordneten Nadelzylindern Rechts/Rechts, Links/Links und Rechts/Links im gleichen Gestrick arbeiten kann, da die Doppelzungennadeln steuerbar zur Maschenbildung von dem einen in den anderen Zylinder wechseln und auch Jacquardmuster bilden können. Auch Ferse und Spitze werden in einem besonderen Pendelgang gestrickt. – Vgl. → *Einzylinder-Automat.*

Doppi, Garne und Gewebe aus → *Maulbeerseiden* mit leichten Titerschwankungen oder von kranken oder mißgestalteten Kokons. – Vgl. → *Doupion*, → *Honan*, → *Shantung.*

Dorix®, Polyamid 6 (Bayer), Spezial-Grobtiterfaser mit 45–230 dtex, weiß und spinngefärbt, vorwiegend für → *Nadelfilz*-Objektbodenbeläge für höchste Beanspruchung und für neuartige Textiltechnologien.

Dorlastan®, im → *Trockenspinnverfahren* unter Verwendung des recycelbaren Lösungsmittels Dimethylacetamid durch Mehrloch-→ *Düsen* hergestelltes, multifiles → *Elastan* (Bayer) mit Adipinsäure-Kopolyester oder Polyether als Weichsegment;

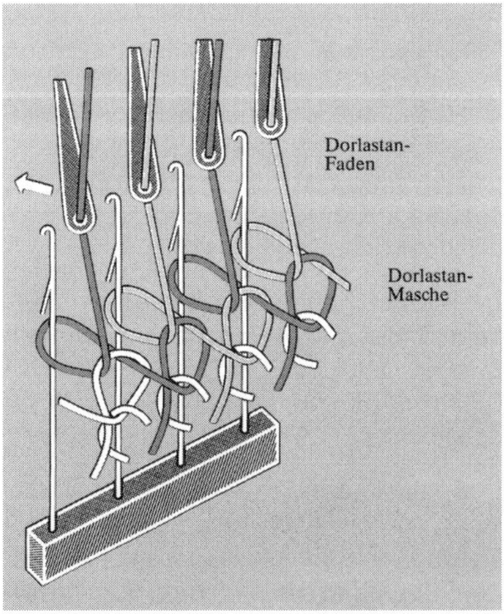

Dorlastan in Kettenwirkwaren. Der (fein gezeichnete) Dorlastan-Faden bildet als eigene Fadenschar abwechselnd mit dem unelastischen Material (kräftig gezeichnet) die Maschen.

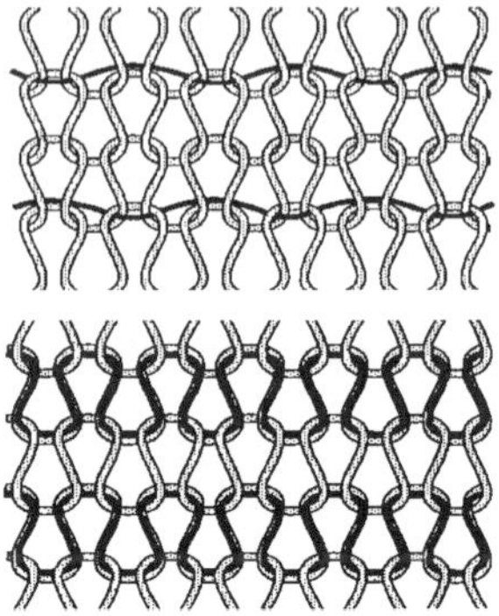

Möglichkeiten der Einarbeitung von Dorlastan-Feinsttitergarnen mit einer Dehnfähigkeit bis zu 500% in Feinstrümpfe. Oben: Einlegetechnik; unten: Plattiertechnik.

stets mit anderen Filament- oder Spinnfasergarnen zusammen verarbeitet. → *Einzeltiter* 17–1280 dtex. → *Kombinationsgarne* können → *Umwindungs-*, → *Umspinnungs-* (→ *Core-spun-*) oder → *Verwirbelungsgarne* sein. Einsatzgebiete: → *Bielastische* Maschenstoffe (→ *Single Jersey* → *plattiert*), als eigene Fadenschar in → *Kettenwirkwaren* eingebunden (vgl. → *Hochelastische Maschenstoffe*, → *Power-Stretch*), Strumpfwaren in → *Einlege-* und → *Plattier*technik, → *Miederwaren*, → *Badebekleidung*, → *Activwear*, Wäschebund, Bänder, Litzen und als → *Kombinationsgarn* in → *mono-* oder → *bielastischen* → *Stretchgeweben.* – Vgl. → *Duolastic*, → *Lycra.*

Dornier, → *Greifer-Webmaschine* mit beidseitigem Schußeintrag und Schußfadenübergabe in der Fachmitte. – Vgl. → *Sulzer*, → *Elitex*, → *Fatex-Mintiss*, → *Günne*, → *Draper.*

Dosenspinnmaschine, zur Herstellung grober → *Abfallgarne* geeignete Spinnmaschine, die ohne → *Verstrecken* dem vom → *Krempel* gelieferten → *Vorgarn* durch einen umlaufenden Spinntopf Drehung verleiht. Der mit Drall versehene Faden wird einem ortsfesten Trichter zugeführt, in dem eine Spindel rotiert.

Double, → *Doppelgewebe* mit zwei Schüssen (→ *Schußdouble*) oder zwei Ketten (→ *Kettdouble*).

Double-action, Einarbeitungsform von zwei Musterfäden in → *Bobinet*-Gardinenstoffe, die dichte und weniger dichte Musterflächen mit reliefartigem Bild oder schattenartigen Effekten erlaubt.

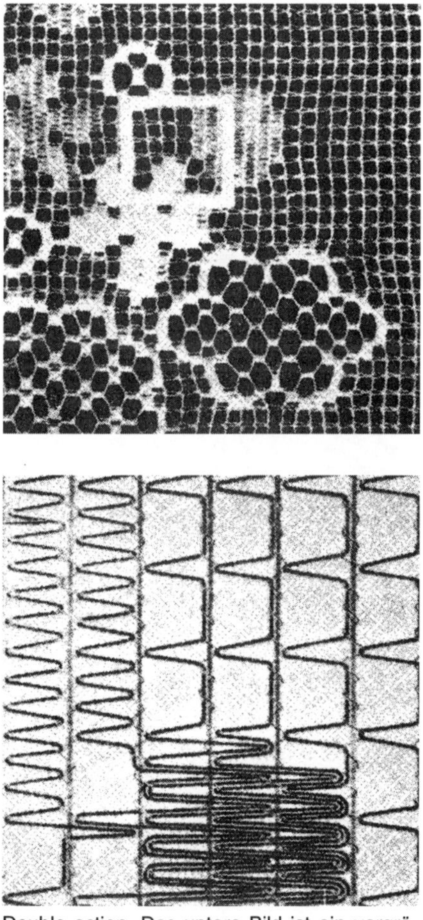

Double action. Das untere Bild ist ein vergrößerter Ausschnitt des oberen.

Double-check-System, nach → *WTA* doppelseitige Einfuhr- und Lieferkontrolle durch die Behörden des Liefer- und Bezugslandes mittels Exportlizenz und Einfuhrgenehmigung.

Double-Crêpe, Sammelbegriff für schwere, weich fließende Modegewebe, deren → *Crêpe*-Charakter in Warenbild und Griff kaum mehr zum Ausdruck kommt. – Vgl. → *Triple-Crêpe*.

Double-Curing, → *half and half*, Zweistufenverfahren, doppelte Kondensation zur Erzielung einer Kombination von → *Wash'n wear* und → *Permanent Press* unter größter Schonung der Baumwolle. Das Gewebe wird mit Vorkondensat oder durch → *Vernetzen* zusammen mit einem nicht reaktiven, hoch siedenden Zusatz imprägniert. Die erste Stufe entspricht → *Precuring* und bewirkt durch die Harzbildung → *Dimensionsstabilität*, gute → *Trocken*- und mäßige → *Naßknitterresistenz*. Nach der Konfektionierung und unter höheren Temperaturen, unter denen sich der Zusatz verflüchtigt, entsteht durch die → *Vernetzung* des Harzes mit der Zellulose die → *Formstabilität* und der verbesserte → *Naßknitterwinkel*. Eine vorangegangene → *Sanfor-Set*-Ausrüstung erhöht die Waschbeständigkeit. Gegensatz: → *Post-curing* mit verzögerter Kondensation (→ *Delayed-curing*).

Double dyeing, 1. besonders intensiv gefärbte Garne für → *Jeans-Stoffe* in vollen, satten Farben. – Vgl. → *Blue on blue*. – Manchmal werden auch doppelt überfärbte → *Jeansstoffe* als Double dyeing bezeichnet. - Vgl. → *Überfärber*.
2. → *Kombinationsfärbung*, bei der der Stoff zunächst mit echten Farbstoffen gefärbt und dann mit → *Pigmentfarbstoffen* überfärbt wird. Ein Teil der nicht voll fixierten Pigmentfarbstoffe wird bei nachfolgenden Waschvorgängen wieder ausge-

schwemmt, so daß sich ein marmoriertes Farbbild ergibt.

Double-face, beidseitig verwendbare Gewebe oder Maschenwaren, als → *Doppelgewebe* mit gegensätzlicher Musterung durch → *Warenwechseltechnik* oder als → *Abseitenstoff*, schließlich durch verschiedenfarbiges Anfärben oder Bedrucken der beiden Warenseiten. Vielfach ist die andere Warenseite als Futter oder als Kontrasteffekt an Kleidungsstücken einsetzbar. – Vgl. → *Reversible*, → *Zweischichtenstoffe*, → *Ausrüstungs-Double*.

Double-face-Bettwäsche, → *Wendebettwäsche*.

Double-face-Fade-out, → *Jeansstoffe*, die auf den beiden Warenseiten mit verschiedenen Farbstoffgruppen in verschiedenen Farben, z. B. durch → *Pflatschdruck*, eingefärbt wurden; oft kommt einseitig noch → *Oil-Finish* hinzu. Durch Waschen erhalten sie den erwünschten → *Second-hand-Look*. Durch entsprechende Wahl der Farbstoffgruppen wird verhindert, daß die jeweils andere Warenseite beim Waschen angefärbt wird. Fertigteile dürfen nur im Schongang gewaschen werden, um marmorartige Scheuerstellen zu vermeiden. Nicht schleudern.

Double-face-Loden, → *Loden* in → *Doppelgewebe*-Technik mit → *Abseite* und zusätzlicher Bindekette in abwechslungsreicher Gestaltung, auch in Leichtgewichten unter 450 g.

Double-face-Fade-out (Canvas). Beim Hochkrempeln der Hose oder durch entsprechende Verarbeitung des Taschen ergeben sich interessante Kontrasteffekte durch die verschiedenen Farben der beiden Warenseiten.

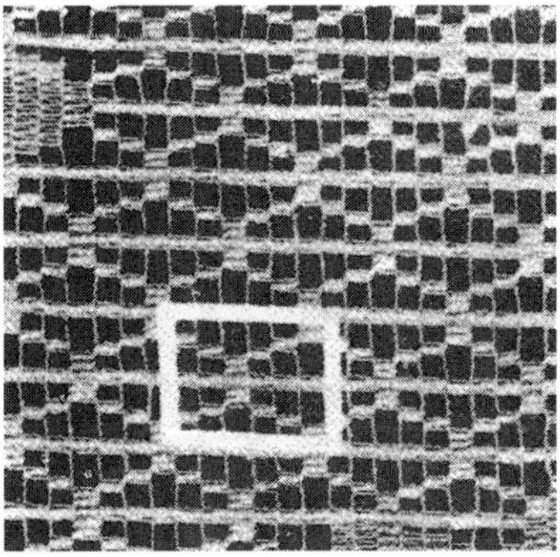

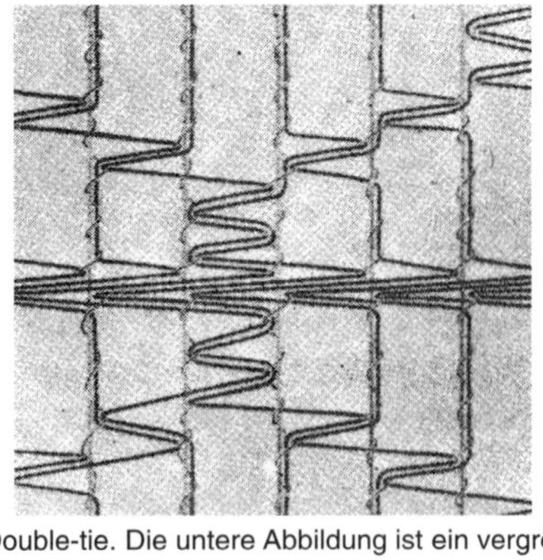

Double-tie. Die untere Abbildung ist ein vergrößerter Ausschnitt aus der oberen.

Double-knit, → *Doppelflächige Kulierware.*

Double-tie, Einarbeitungsform des Musterfadens in → *Bobinet*-Gardinenstoffe, wobei im Gegensatz zu → *Single-tie* der Musterfaden über zwei oder drei Kettfäden in beiden Richtungen abgelenkt werden kann. – Vgl. → *Double-action.*

Doublieren, 1. In der Spinnerei: Zusammenführern mehrerer Faservliese, -Bänder oder → *Vorgarne* gleicher Art und Stärke vor einem → *Streckwerk*; die Einzelfasern werden sodann gemeinsam gegeneinander verzogen und in Längsrichtung geordnet. – Vgl. → *Fachen.*
2. Arbeitsgang der Gewebeaufmachung vor allem für den Ausschnitt, Falten breiter Gewebebahnen zum Zweck des erleichterten Transports und der Lagerung. Die Konfektion wünscht meist undoublierte Stoffe, weil diese zuschnittfertig sind.

Doupion, frz. Ausdruck für → *Shantung*, Naturseidengewebe mit → *Japanseide* in der Kette und → *Wildseide* oder → *Bourette* im Schuß sowie die entsprechenden Nachbildungen aus Chemiefaser-Filamenten, im Schuß mit Titerschwankungen.

Dowlas, kräftige Baumwollgewebe in Tuchbindung, meist gebleicht, für Bettücher. Wegen des hohen Gewichts kaum mehr hergestellt. – Vgl. → *Creas.*

Down-proof, imprägnierte, daunendichte Baumwollgewebe für sportliche Jacken und Mäntel, auch mit → *Fiberfill* gefüllt.

Draht, 1. Grobes → *Monofil* mit einem Durchmesser von mehr als 0,1 mm aus synthetischen Fasern für Spezialzwecke (Angelschnüre, Tennisschlägerbespannungen, Bürsten).
2. → *Drall.*
3. → *Drehung*srichtung von Garnen und Zwirnen. Bei → *Zwirnen* wird die Drehungsrichtung des → *Garns* mit kleinen Buchstaben (s, z), die des Zwirns mit Großbuchstaben (S, Z) angegeben. – Vgl. → *S-Draht*, → *Z-Draht.*

Drall, Anzahl der → *Drehungen* je m von Garnen und Zwirnen. – Vgl. → *Torsion.*

Dralon®, trocken oder naß gesponnene Acrylfaser (Bayer), Spinnfaser und Kabel; Filament: → *Ultrapan*; mit einem Titerbereich von 1,3 dtex–17 dtex für alle Spinnsysteme (→ *OE*, → *Ringspinnmaschine*, → *Streichgarn*, → *Kammgarn*) geeignet. Durch Reißen des Kabels Dralon X 800 lassen sich Normalgarne und → *HB-Garne* herstellen. Dralon X und L: für Heimtextilien (Schlafdecken, Dekorationsstoffe, Teppiche, Möbelstoffe) und Bekleidung, Flachstrick, Rundstrick, Handstrickgarne, gestrickte und gewebte Fellstoffe (→ *Tierfell-Imitationen*); K: → *bikomponent*; A: sauer anfärbbar; U: tiefziehend; C: schwer entflammbar; Acryl → *Microfaser.*

Drap de laine. frz. „Wolltuch", weiches, feines und hochwertiges Kammgarn-→ *Tuch*, manchmal mit feinem Streichgarnschuß, in einer höherbindigen Köper- oder Atlasbindung mit der Wirkung eines → *Scheinköpers*, d.h. mit flachem Köpergrat.

Drapé, 1. Eleganter, edler Wollstoff für → *Gesellschaftskleidung* in einer Kett-→ *Adriabindung*, meist mit Kammgarnkette und feinem Streichgarnschuß, mit flach verlaufender Köperdiagonale und matt glänzender, tuchähnlicher Ausrüstung.

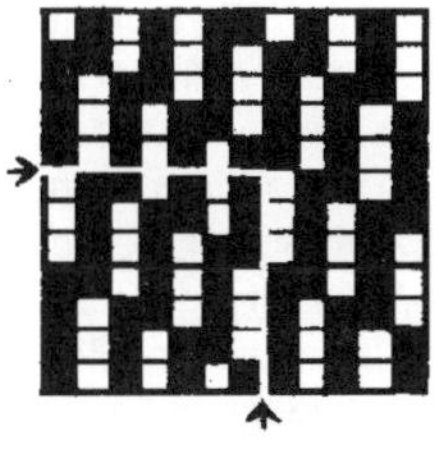

Für Drapé geeignete Kettadriabindung; Rapport durch Pfeile und weiße Linien markiert.

Drapé, Drapierung. Von links: Zwei Kleider mit drapiertem Kragen und asymmetrisch drapierter Schulter; Wickelkleid mit drapiertem Ausschnitt; drapierte Taschen; Drapé-Einsatz; asymmetrische Oberteilbetonung durch Drapierung.

2. **Drapierung**, Kennzeichen eines damenhaft-eleganten Kleidungsstils mit weichen Raffungen und kantenlosem Faltenwurf in gefälliger Anordnung als Modedetail an femininen Kleidern, Blusen und Mänteln.

Draper, schützenlose → *Greifer-Webmaschine* mit beidseitigen Greifern in Form biegsamer Stahlbänder. Der zu einer Schlaufe gebogene Faden wird in der Fachmitte an einen Haken übergeben; eine Webkante durch Schußumkehr, eine Dreherkante. – Vgl. → *MAV*, → *Sulzer*, → *Elitex*, → *Fatex-Mintiss*, → *Günne*, → *Dornier*.

Drapierfähigkeit von Stoffen, Weichheit und Schmiegsamkeit, die Stoffe für → *Drapés* geeignet macht; abhängig und gefördert durch eine weichmachende Ausrüstung (→ *Avivage*, → *Sanding*), feinen → *Einzeltiter* der verwendeten Garne, nicht zu dichte → *Einstellung*, die Wahl einer geeigneten Bindung (→ *Köper*, → *Atlas*) und die → *Torsion* oder → *Texturierung* der Garne. Auch → *Elastan* in niedriger Beimischung kann die Drapierfähigkeit verbessern. Unter den → *Rohstoffen* eignen sich Naturseide, Viskose, Merinowollen, Edelhaare und Synthetics besonders für drapierfähige Stoffe; Leinen ist kaum, Baumwolle weniger geeignet.

Draw-Verfahren, → *Simultan-Verfahren* der → *Strecktexturierung*.

Dreamball, Schweizer → *Schlafkugel*, die nicht auf eine bestimmte Fasergattung festgelegt ist, jedoch vor allem aus Polyester oder Wolle angeboten wird; aus Polyester bis 60° waschbar und schleuderfest, tumblerfähig.

Dream Cotton, Baumwollgewebe aus hoch gedrehten, bis zu 5fachen → *Zwirnen* aus langstapeligen, hochwertigen Baumwollsorten mit besonders guter → *Dimensions-* und → *Formstabilität*, flusenfrei und pillingarm, brillant zu färben, für sportliche Oberbekleidung.

Dream-finish, Modewort für voluminöse, weichgriffige Baumwollstoffe für Hosen mit → *Schmirgel*-Ausrüstung.

Dref-Spinnverfahren, → *Friktions-Spinnverfahren*, das ohne Rotor auskommt, mit Fangfläche und Eindrehwalze als Siebtrommeln, die sich gegenläufig bewegen und in dem keilförmigen Spalt, an dem sie aufeinandertreffen, ohne die Vorstufe eines Vlieses direkt den Faden rollen. Der Garnaufbau erfolgt von innen nach außen durch Übereinanderlagern und Eindrehen der Einzelfasern. Das Prinzip ist auch mit hohen Produktionsgeschwindigkeiten in der → *Streichgarn-Spinnerei* anwendbar. Mit besonderen Vorrichtungen sind auch → *Umwindungsgarne* möglich.

Drehbein, reklamationsfähiger Schaden an → *Jeans*-Hosen; nach der Wäsche haben die Hosenbeine die Tendenz, nach außen zu drehen. Ursache ist Schrägverzug des Gewebes nach der Naßbehandlung in der Ausrüstung auf dem Spannrahmen; der Schuß kreuzt die Kette nicht mehr exakt rechtwinklig. Häufig bei schwerem (14 oz) → *Denim*, kommt nicht bei → *Fineweave-Denim* oder → *Broken-Twill* vor. Auch bei Maschenwaren kommt es vor, daß T-Shirts, Hosen oder Pullover nach der Wäsche, Temperaturwechsel oder Kondensfeuchtigkeit drehen. Ursache ist mangelnde Entspannung von hochgedrehten Garnen, die auf schnellaufenden Maschinen verarbeitet worden sind. Durch Ruhezeiten zwischen den Produktionsschritten kann das **Drehshirt** verhindert werden.

Drehergewebe. Gewebe, bei denen nicht alle Kettfäden völlig parallel laufen, sondern gruppenweise verschlungen oder verdreht sind. In jeder Gruppe wird eine Grund- oder Steherkette von einer Dreherkette umschlungen; die Schüsse werden dadurch auch bei poröser → *Einstellung* schiebefest eingebunden. Die Technik erfordert zwei Kettbäume und eine eigene Vorrichtung an der Webmaschine, die auch an den modernen → *Schützenlosen Webmaschinen* zur Verfestigung der Kanten anzutreffen ist. Es gibt glatte (ungemusterte), → *Schaft*- und → *Jacquard*-Dreher. Nach der Drehertechnik unterscheidet man → *Leinwanddreher* (nur jeder zweite Schußfaden wird umschlungen), → *Halbdreher* und → *Volldreher* (Polnischer Dreher). – Vgl. → *Marquisette*, → *Etamine*, → *Marly-Etamin*. → *Scheindreher*.

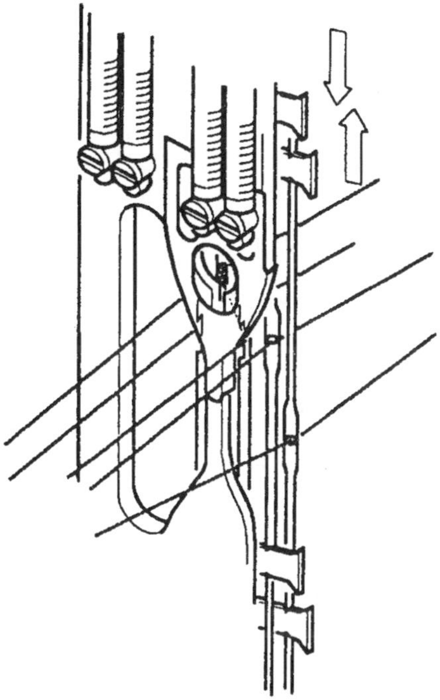

Drehervorrichtung. Dreherfaden und Stehfaden werden zunächst wie bei einem normalen Gewebe durch das Webgeschirr gezogen. Der Dreherfaden kommt zusätzlich noch durch ein zweites Geschirr (Pfeile), das seine Lage zum Stehfaden zwischen den einzelnen Schußeinträgen verändert, d.h. auf und ab und gleichzeitig seitlich bewegt werden kann.

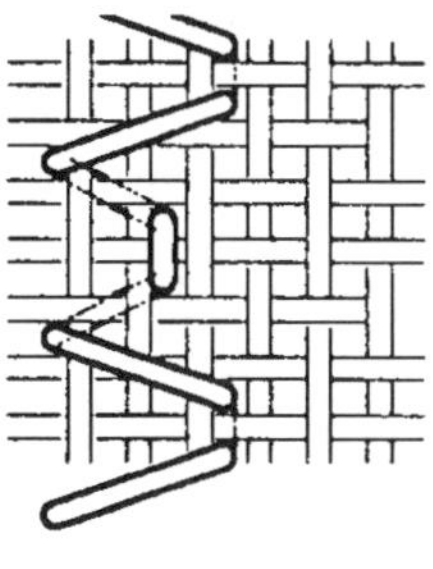

Gewebedraufsicht mit einem eingebundenen Dreherfaden, dessen Funktion ein plastisches Längsmuster und die schiebefeste Fixierung der Schußfäden ist.

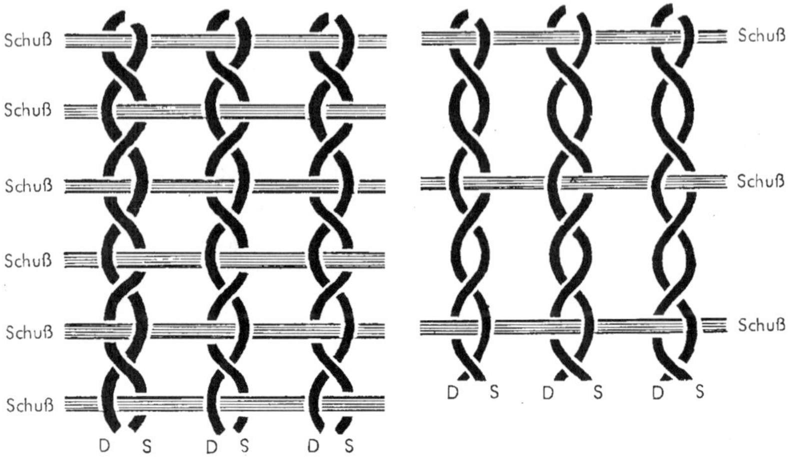

Gewebedraufsicht auf Drehergewebe. Die Dreherkette D umschlingt die Stehkette S; links Halbdreher, rechts Volldreher.

Blusenstoff mit kordelartigen Dreherauflagen auf Batist-Fond, durch Façonnéstreifen getrennt (2fach vergrößert).

Drehung, → *Drall*, → *Draht*, → *Torsion*, Verwindung, die jedem → *Garn*, → *Zwirn* oder den aus der Spinndüse kommenden Chemiefaser-→ *Filamenten* mitgegeben wird (ungedreht: → *Kabel*). Die Stärke der Drehung (Zahl der Drehungen auf ein bestimmtes Längenmaß, → *T/m*) beeinflußt die technologischen Eigenschaften eines Gespinstes und seine Verwendungszwecke. – Vgl. → *S-Draht*, → *Z-Draht*, → *Abfallgarn*, → *Dochtgarn*, → *Mulegarn*, → *Mediogarn*, → *Kettgarn*, → *Voilegarn*, → *Crêpe-Garn*, → *Fil d'Ecosse* → *Watergarn*, → *Genappe*, → *Grenadine*, → *Einzwirnen*.

Dreivierteldaune, Mischung von Daunen und Federn mit einem Gewichtsanteil von 30–49% → *Daunen*, einem Volumenanteil von 75% vergleichbar. – Vgl. → *Halbdaune*, → *Fedrige Daune*, → *Daunenhaltige Feder.*

Dreizylinder-Garn, technische Bezeichnung für normale bis feine Garne aus Baumwolle oder Viskose-Spinnfaser von der → *Ringspinnmaschine* (→ *Feingarn*), die nach dem → *Krempeln* verschiedene → *Streckwerks*passagen durchlaufen haben. Gegensatz: → *OE-Rotor-Garne*, → *Zweizylinder-Garne* (→ *Grobgarn*). Nach der Feinheit unterscheidet man normal (50–20 tex), → *kardiert* (20–12 tex) und → *gekämmt* (12–3 tex).

Drell, Sammelbegriff für dichte und strapazierfähige Schwergewebe in → *Köper-* und → *Fischgratbindung* aus Leinen, Halbleinen oder Baumwolle für → *Markisen*, als Bezug für → *Matratzen* und für → *Berufsbekleidung*. – Vgl. → *Drill.*

Dress, engl., sportliche Bekleidung.

Dress down, Lockerung des Spielraums des für gehobene Büroberufe die ganze Woche über akzeptierten Bekleidungsstils, ausgelöst durch → *Fridaywear* und → *Casual-wear* (Casual office-wear) in Amerika vor allem für Herren. Einigermaßen korrekte Gesamtwirkung, z. B. → *Chinos* mit → *T-Shirt* ist gefordert, „schlampiges" Aussehen verpönt.

Dressieren, 1. in der Schneiderei: Formgebung des Bekleidungsstücks aus Wolle oder mit hohem Wollanteil durch feuchtes Bügeln oder Pressen unter gleichzeitigem Strecken der entsprechenden Stoffpartie. 2. In der Handschuhfertigung: Zurechtformen nach dem Nähen der auf eine elektrisch beheizte Metallhand aufgezogenen oder in ein feuchtes Tuch eingeschlagenen Handschuhe durch Drücken, Ziehen oder Walzen des Leders.

Dressing-gown, langer, dem Schlafrock ähnlicher → *Morgenrock* für Herren (und Damen) aus → *Flanell* oder → *Foulard-Seide* mit Schal- oder Reverskragen ohne Knöpfe, der mit einem Gürtel aus gleichem Stoff geschlossen wird. – Vgl. → *Hausmantel.*

Drill, → *Kettköper 2/1*, → *Drell.*

Druckart, die Form, in der die Farbe beim → *Stoffdruck* auf den Stoff aufgebracht und das Druckmuster erzielt wird. – Vgl. → *Direktdruck*, → *Ätzdruck*, → *Reservedruck*, → *Batikdruck*, → *Konversionsdruck*, → *Pflatschdruck*, → *Schleifdruck*; → *Umdruckverfahren.*

Druckelastizität, Fähigkeit zur Erholung und zur Wiederaufrichtung textiler Flächengebilde und Fasermassen nach wiederholter Druckbelastung.

Drucken, örtlich begrenztes, mustermäßiges Färben von → *Stoffen*, → *Ketten* (→ *Chiné*, → *Kettdruck*), → *Garnen* (→ *Strangdruck*), → *Kammzügen* (→ *Vigoureux*), → *Teppichen* (→ *Tapestry*). Die → *Druckverfahren* werden unterschieden nach dem → *Druckvorgang* in → *Handdruck* und → *Maschinendruck*; nach der → *Druckart* in → *Direktdruck*, → *Ätzdruck*, → *Reservedruck*, → *Schleifdruck* und → *Pflatschdruck*, nach der → *Drucktechnik* in → *Hochdruck*, → *Tiefdruck* (→ *Rouleauxdruck*); → *Schablonendruck* (→ *Flach-* und → *Rotations-Filmdruck*, → *Siebdruck*, → *Spritzdruck*); → *Transferdruck* (→ *Umdruckverfahren*, → *Thermodruck*); → *Mosaikdruck* (→ *Devina-*, → *Orbis-* oder → *Englanderdruck*); → *Schaum-* oder → *Cameodruck*, → *Rubberprint*, → *Gummidruck*, → *Düsendruck* und → *Flockdruck*. - Vgl. → *Prägedruck*, → *Kantendruckmaschine*, → *Konversionsdruck*, → *Planche-Druck*, → *Discharge-Print*, → *Engineering Print*, → *Programmierter Druck*, → *Foliendruck*, → *Luminat-Druck.*

Druckfeste Ausrüstung, Erzielung oder Verbesserung der → *Druckelastizität* bei →

Samt, wobei die einzelnen aufrechtstehenden Florfäserchen durch Kunstharzeinlagerung elastischer gemacht werden, damit sie nach Entlastung in ihre senkrechte Stellung zurückkehren und das unerwünschte „Bildern" an den Druckstellen vermieden wird.

Druckknopf, aus zwei ineinandergreifenden Teilen bestehender Schnellverschluß-Knopf aus rostfreiem Edelstahl, der in Bekleidung oder Wäsche meist verdeckt eingenäht wird und wegen seiner Härte oft zum Stoffverschleiß führt. Der Knopf darf weder bei Hitzeeinwirkung noch bei Druck brechen oder sich verformen.

Druckstoff, → *Stoffdruck.*

Drucktechnik, Methode oder Werkzeug, um die Farbe mustermäßig auf den Stoff zu übertragen; → *Drucken.*

Druckverfahren, Sammelbegriff für alle technischen Möglichkeiten, ein Druckmuster zu erzielen: → *Druckvorgang,* → *Druckart,* → *Drucktechnik.* – Vgl. → *Zwei-Phasen-Druckverfahren,* → *Drucken.*

Druckverfahren, indirektes, → *Umdruckverfahren,* bei denen das Druckmuster zunächst auf einen Zwischenträger aufgebracht und dann erst durch → *Sublimation* auf den Stoff übertragen wird.

Druckvorgang, Technisierungsgrad des → *Druckens;* → *Handdruck* oder → *Maschinendruck.*

Drumdyeing, → *Faßfärbung,* → *Anilinfärbung,* → *Tauchfärbeverfahren* der Leder-→ *Zurichtung* für → *Glattleder* in großen Trommeln mit Anilinfarbstoffen; das gesamte Leder wird durch das vollkommene Eintauchen von der Farbe durchzogen und dabei gleichzeitig weicher; auch die Schnittkanten sind gefärbt. Durch die durchscheinenden Farbstoffe wird die Narbenstruktur nicht abgedeckt, bei helleren Farben, nicht bei Schwarz, werden Oberflächenbeschädigungen des Leders sichtbar. Gegensatz: → *Sprühverfahren.*

Dschungelmuster, Druckdessins mit großzügigen, stilisierten Darstellungen des tropischen Urwalds mit exotischen Blumen, Blättern und Tieren.

DS-Verfahren, → *Direkt-Stabilisierung.*

dtex, Abkürzung von → *Decitex.*

DTY, draw textured yarn, → *Strecktexturiertes Garn.*

Dual action, Verbindung von → *Anti-soiling* und → *Soil-release* bei → *Fleckschutzausrüstungen.*

Duchesse, hochwertiger, meist 8- oder 12-bindiger → *Kettatlas* aus Naturseide, Viskose- oder Polyester-Filamenten mit glattem, geschlossenem Warenbild und reichlichem Glanz dank hoher Kettdichte für festliche Kleider und als wertvoller → *Futterstoff* in Unifarben. Die besten Qualitäten sind nicht stück-, sondern stranggefärbt; Jacquards auf Duchesse-Basis für Brautkleider lassen sich mit befriedigendem Warenausfall nur strangfarbig herstellen.

Duckbindung, zwei- oder mehrfädige → *Tuchbindung,* um bei dicht eingestellten Geweben mehr Fäden unterbringen zu können. Im Gegensatz zu → *Panama* nicht porös.

Düffel, beidseitig stark gerauhtes, schweres Baumwollgewebe; wird kaum mehr hergestellt.

Dufflecoat, sportlicher, kurzer Mantel für Damen und Herren mit Kapuze, Knebelknöpfen aus Leder, Holz oder Horn mit (Kordel-)Bändern und großen, aufgesetzten Taschen, oft mit markanten Steppnähten und Lederbesatz. Nach Feldmarschall

Montgomery auch „Monty" genannt. – Vgl. → *Caban.*

Dufflecoat. Links mit den typischen Stilelementen Lederknebel und Kapuze, rechts in abgewandelter Form als sportlicher Autocoat, der mit seiner Kragenform, der Knopflasche und der Kapuze Elemente des Dufflecoat aufnimmt.

Moderner Dufflecoat mit doppeltem Knebelverschluß, großen Rahmentaschen, Seitenschlitz mit Lederlasche aus Wollvelours.

Dunova®, ursprünglich → *Absorbic-Faser*, Abwandlung der Acrylfaser → *Dralon* (Bayer), seit Einstellung der Faserproduktion 1994 Qualitätsgarn aus einer Mischung Baumwolle 65/35% mit einer Spezialtype → *Dacron*-Polyesterfaser (→ *Copolymer*, mit → *basischen* und → *Disperionsfarbstoffen* bei niedrigen Temperaturen anfärbbar, mit ovalem Querschnitt und Vierkanal-Oberfläche, pillarm), wobei angestrebt wurde, ein Produkt mit möglichst den gleichen Eigenschaften und Einsatzbereichen der alten Faser Dunova mit ihrem großen Bekanntheitsgrad im Wäsche- und Sportbekleidungsbereich zu schaffen. Die Transportfähigkeit von flüssiger Körperfeuchtigkeit bei nur geringer Quellung und die Trocknungszeit sind annähernd gleich geblieben, Atmungsaktivität und Farbpalette vor allem mit dunklen Farben konnten verbessert werden, während die Acrylfaser in bezug auf hautsensorischen Tragekomfort und im Tragekomfort insgesamt überlegen blieb. Herausgestellt werden die hohe Ventilation und die kurze Trocknungszeit am Körper bei sportlicher Betätigung und bei Nachtwäsche während des Schlafs sowie die Pflegeleichtigkeit (maschinenwaschbar bis 60°). Die formbeständigen Garne filzen nicht. Die Marke schützt das Erzeugnis bis zum Endverbraucher.

Duo-Jersey, zweifädiger → *Single-Jersey* aus Baumwolle, mit 25% (→ *Rhonel-*) → *Helanca* plattiert, für hochelastische Bettwäsche, vor allem für → *Spannbettücher*. Formbeständig (Einlauf 3%) und knitterfrei.

Duolastic®, → *bielastische*, laufmaschensichere und nahtsichere → *Maschenware* vom → *Magazinschuß-Kettenwirkautomaten*. Der unter leichter Vorspannung den Wirkwerkzeugen über einen Schußlegewagen zugeführte → *Dorlastan*-Faden wird von allen Nadeln einer Reihe gleichzeitig zu Maschen geformt und mit einer → *Kettenwirkware* aus → *Multifil-Filamenten* oder → *Spinnfasergarnen* verbunden. Auf die Laufrichtung der Ware braucht beim Zuschnitt keine Rücksicht genommen zu werden. Wegen der geringen Restdehnung von nur 2,5–4,5 % gibt es auch kein Aus-

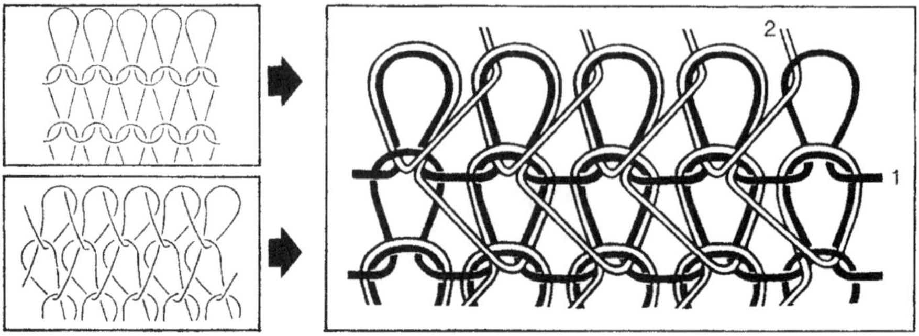

Maschenbild von Duolastic. Am linken Rand ist oben eine einflächige, glatte Kulierware, darunter eine Rechts/Links-Kettenware dargestellt, die zu dem rechts groß herausgezeichneten Maschenbild vereinigt werden. 1. Kulierähnlich verlegte, als Masche eingebundene Dorlastan-Fäden; 2. der unelastische Faden von der Legebarre.

beulen der Bekleidungsstücke nach Entspannung. Bei Einsatz synthetischer Garne kann Duolastic für Miederwaren thermisch verformt (gemoldet) werden. Da das Dorlastan als Schuß zugeführt wird, entfällt das Schären zu einer eigenen Kette.

Durable Press®, → *Permanent Press-Verfahren*, nur → *Pre-curing*, für Gewebe aus Baumwolle und mit Polyester.

Duraliced, → *Mercerisier*-Verfahren für Einfachgarne mit fast völlig zurückzugewinnendem, flüssigem Ammoniak.

Durchbrochene Bindung, Durchbruchmuster, Bindungstechniken, bei denen mustermäßig bewußt hervorgerufene kleine Löcher (Durchbrüche, → *Ajour*) oder mehr oder weniger große Öffnungen im Stoffbild entstehen.
1. → *Gewebe*: → *Dreher*, → *Scheindreher*, → *Aidabindung*, → *Stramin*.
2. → *Maschenwaren*: Bindungen, bei denen ganze Maschen oder Maschenteile umgehängt werden (DIN: Rechts/Links-Durchbrochen); vgl. → *Petinet*, → *Knüpftrikot*, → *Werfmuster*.

Durchbruch-Stickerei, vgl. → *Hohlsaum*, → *Hardanger-*, → *Teneriffa-Stickerei*.

Durchgrifftasche, ohne Taschenbeutel gearbeitete Tasche in Mänteln und Jacken; im Regelfall Einschnitt mit → *Untertritt*, mit gleichem Stoff eingefaßt. Man kann durch das äußere Kleidungsstück durch die Tasche in die Sakko- oder Hosentasche durchgreifen.

Durchzug, farblich abgehobene Kettfäden aus besonders feinem Material, z.B. Naturseide, die in Herrentuchen eine nur angedeutete Streifenmusterung ergeben. – Vgl. → *Nadelkopfmuster*.

Dureta®, porenlose → *Membrane* als Zwischenlage zwischen Matratze und Bettlaken für das Hotelgewerbe und Kliniken.

Duron®, englisches → *Polypropylen*-Filament.

Duron-Antischock®, Antistatikum zur Verhinderung der elektrostatischen Aufladung, auch nachträglich im Haushalt einsetzbar.

Düse, in der Chemiefaserherstellung feine Plättchen mit einem Durchmesser von 1–8 cm aus Metall (Tantal, Nickel, Edelstahl sowie aus Legierungen mit Rhodium, Gold oder Platin) oder Glas/Keramik, die eine einzige Bohrung (→ *Einloch-Düse*; → *Monofil*, → *Bikomponentenfasern*) oder eine Vielzahl (15–120, für Viskose bis 10.000, für Acryl-Spinnfasern bis 250.000) von feinen Bohrungen (Ø 0,05–0,12 mm) aufweisen, durch die die Spinnmasse gedrückt und in Fadenform überführt wird. Es entstehen so viele Einzelfilamente, wie Bohrungen vorhanden sind. Die Form des Bohrloches (kreisrund, kleeblattförmig, sternförmig oder eckig) ist für den Querschnitt von → *Profilfasern* verantwortlich.

Düsenblasverfahren, → *Luftdrucktexturierung*, → *Verwirbelung*, auch für thermoplastisch nicht verformbare → *Synthetic-Filamente* (→ *Glasfasern*) geeignete → *Texturierung*, die eine deutliche Bauschung, aber keine über die → *Substanzeigenschaft* der Faser hinausgehende Elastizität bewirkt. Ein → *multifiler* Faden wird unter Voreilung mechanisch durch eine Düse mit turbulenter Strömung von Preßluft (3–5 atü; → *Air Jet*, → *Taslanverfahren*) oder überhitztem Wasserdampf (→ *Stream Jet*, ausschließlich für Polyamide) verwirbelt und verschlungen. Bei hohen Arbeitsgeschwindigkeiten ist es möglich, den Vorgang so zu beeinflussen, daß ein Teil der Faserkapillarschlingen nicht mehr endlos ist (→ *Filamentgarne mit Faseroptik*). – Vgl. → *Luftdüsenbauschung*, → *BCF-Garn*.

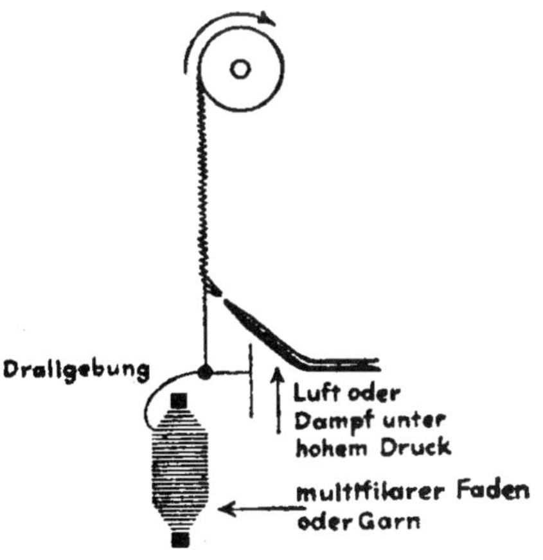

Düsenblasverfahren

Düsendruck, selten und nur bei Maschenwaren angewandte → *Drucktechnik*, bei der ein direkter Farbauftrag mittels Düsen erfolgt, an denen der Stoff vorbeistreift; nur für Streifen, Bordüren und Karos.

Düsenfärbung, 1. → *Spinnfärbung* durch Zusatz von Farbstoff- → *Pigmenten*, die für → *Schmelzspinnverfahren* auch in konzentrierter Form in einer Trägersubstanz dispergiert sein können, in die → *Spinnlösung* oder → *Spinnschmelze*. Besonders waschecht und lichtecht (→ *ultraecht*); da die Farbstoffe in die Faser selbst eingelagert sind, lassen sie sich durch kaum einen chemischen oder physikalischen Vorgang bei der Herstellung oder im Gebrauch der Textilie mehr entfernen. Nur Standardfarben sind wirtschaftlich zu färben. Keine Abwasserprobleme in der Färberei; spinngefärbte Fasern sind besser verspinnbar als in der → *Flocke* gefärbte und ergeben ein im Farbton absolut gleichmäßiges Garn. → *Polypropylenfasern* werden überwiegend spinngefärbt. – Vgl. → *Mass-dyeing*. 2. → *HT-Färbetechnik*, bei der der Stoff spannungsfrei durch die aus Düsen gepreßte Farbflotte, also nicht mechanisch, bewegt wird. – Vgl. → *Jet-Färbetechnik*.

Düsenwebmaschinen, → *Webmaschinen*, bei denen der Schußeintrag ganz ohne einen im Fach bewegten Körper nur durch einen Luft- oder Wasserstrahl erfolgt; während des Anschlagens der Lade wird der Schußfaden von der anderen Seite durch Ansaugen gestrafft. Beim hydraulischen Schußeintrag (→ *Elitex*, Draper, Nissan) wird das Gewebe naß, so daß es direkt nach dem Webvorgang getrocknet werden muß; der Einsatz beschränkt sich auf Fasern, die unter Feuchtigkeit nicht leiden, wie → *Synthetics*, → *Glasfasern* und → *Folien*. Jedoch ist ein Wasserstrahl viel leichter zu bündeln und bleibt über weite Strecken geschlossen, er trägt den Faden problemlos über 200 cm. Von der

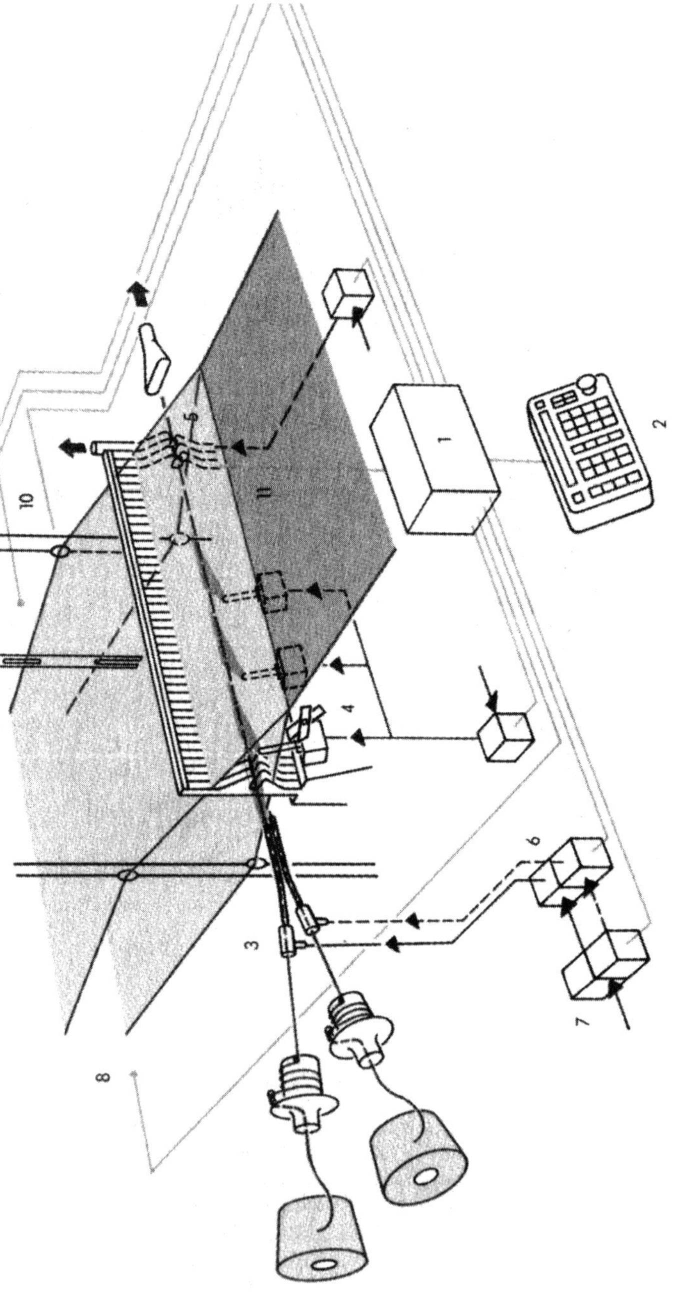

Aufbau und Funktionsweise einer Luftdüsenwebmaschine nach dem Staffetten-Prinzip (Sulzer-Rüti). 1. Zentralprozessor, der den gesamten Webvorgang steuert und kontrolliert; 2. Bedienungsterminal, in den die gewebetypischen Daten eingegeben und verändert werden können; 3. Hauptdüse; 4. Staffettendüsen, die nach und nach abwechselnd mit Druckluft versorgt werden und den Transport des Schußfadens durch das Fach besorgen; 5. Streckdüse, die den Schußfaden bis zur Einbindung unter Spannung hält; 6. Steuerventile der Lufttanks; 7. Druckregeleinheit; 8. Kettablaß; 9. Sensor für die Kettspannung; 10. elektronisch gesteuerte Fachbildung; 11. Schußfadenwächter; 12. Kettfadenwächter.

Wasserstrahl-Hochdruckdüse werden je Schuß zwischen 0,5 und 2,5 cm^2 Wasser bei einem Druck von 10–25 atü verbraucht. Stark saugfähige oder quellende Rohstoffe können nur mit der zukunftsreichen Technik der pneumatischen Düsenwebmaschinen verarbeitet werden. Bei etwa 950 U/min und einer Eintragsleistung von 1800 m/min ist die Produktionsgeschwindigkeit sehr hoch; die Maschinen laufen wesentlich geräusch- und schwingungsärmer als alle übrigen Systeme, da der Schußeintrag mit nur wenigen bewegten Teilen erfolgt. Die zentrale Versorgung mit Luft erfordert hohe Investitionen; an den Maschinen befinden sich getrennte Lufttanks für die Haupt-, die Streck- und die Staffettendüsen. Beim Schußeintrag mit nur einer Hauptdüse (Bonas Superjet, Pneumo-Rapier) müssen im Webfach Vorrichtungen (Lamellenkämme oder Rohre) vorhanden sein, die verhindern, daß sich die Druckluft nach außen hin zerstreuen kann. Bei zusätzlichen Luftdüsen im Fach dient die Hauptdüse nur mehr zur Beschleunigung des Fadens zum Eintritt ins Fach; die Weiterbeförderung im Fach wird durch die → *Staffettendüsen* (Sulzer-Rüti, → *Airtronic PAT*, → *Air Jet 2000*, Günne, Picanol, Saurer) übernommen. Eine Besonderheit stellt das → *Air-Missile*-System mit zusätzlichem, 5 cm langem Projektil dar, das durch Druckluft durch das Fach geschleudert wird. Der außerordentlich schonende Schußeintrag macht die Düsenwebmaschinen für empfindliches Material (z. B. → *texturierte* Filamente) bei verbesserter Gewebequalität besonders geeignet.

Duvet, frz. Daune, Flaumhaare der → *Kaschmirziege*, Unterwolle, mit 14,5–19 Micron etwa in der Feinheit von AAAA-→ *Merinowolle*, feiner als die Oberwolle; als → *Kaschmirwolle* für Bekleidungstextilien verwendet.

Duvetine, → *Affenhaut*, → *Unechter Samt*, Gewebe in verstärkter Schußatlasbindung, die durch → *Schmirgeln* eine stumpfgriffige, samtartige Oberfläche erhalten haben, auch mit Strich und bedruckt. – Vgl. → *Velveton*, → *Wildlederimitation*. Nicht zu verwechseln mit → *Pfirsichhaut*, → *Aprikosenhaut*, → *Sanding-Ausrüstung*: Hierbei handelt es sich um leichtere, weichere Stoffe in Tuch- oder Köperbindung, die durch feines Schleifen oder Schmirgeln eine leicht flusige Oberfläche oft im → *Aged-Look* erhalten haben.

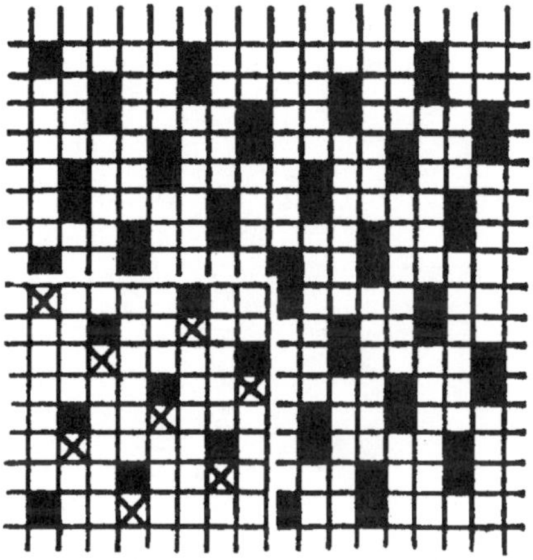

Für Duvetine verwendbarer verstärkter Schußatlas 8. Innerhalb des Rapports (eingerahmt) sind die hinzugefügten Bindungspunkte durch Kreuzchen gekennzeichnet.

Dylan, → *Antifilzausrüstung*, subtraktives Verfahren, Oxidation mit Kaliumpermanganat und anschließende Behandlung mit Natriumbisulfit bis zur völligen Beseitigung der Schuppen der Wollfaser.

E

EAN-Code, genormter Strichcode mit verschlüsselten Artikelinformationen.

Easy, Zusatz zu Fachausdrücken und Modebegriffen; engl. lose, locker, bequem, ungezwungen, lässig, nachgiebig.

Easy-life-stil, zwangloser Modestil mit unkompliziertem Chic bei unkonstruierter, leichter Verarbeitung, weitgehend identisch mit → *Casual-wear.*

Easy Wool, Ergänzung zum → *Wollsiegel.*

Echarpe, frz. Schärpe, großer Schal, meist mit Karo- oder figürlicher Musterung.

Echtdrahtverfahren, kaum mehr angewandtes, klassisches → *Texturierverfahren*: hochdrehen, fixieren, rückdrehen, jeweils in S- und Z-Richtung wechselnd, sodann im Gegensatz zum dominierenden → *Falschdrahtverfahren* diskontinuierlich Schutzdrall geben. – Vgl. → *Torsionsbauschung.*

Echtheit, Widerstandsfähigkeit von Färbungen und Drucken auf Geweben und

Easy-life-Stil. Von links: Zwei Kombinationen von Hosen mit Blousons, die zweite mit Norweger-Hose; drei Kombinationen mit Shorts: Jacke mit Composé-Popeline und Taillenzug, im Safari-Stil mit weitem, knöpfbarem Rock, Short mit Torero-Bund; zwei herbstliche Kombinationen Sweatshirt zur Hose mit miedergürtelähnlicher Bundverarbeitung und abknöpfbarem Norweger-Fußabschluß, Bluse mit „Doppel-Effekt" zur geraden Hose.

Maschenwaren gegen mechanische und chemische Einflüsse aller Art, national und international durch Echtheitsnormen geregelt. Eine absolute Echtheit gibt es nicht; die Echtheit wird unter Berücksichtigung der → *Fasergattung* auf den jeweiligen Verwendungszweck durch die Wahl der Farbstoff-Chemikalie abgestimmt, wobei auch gleiche Farbstoffgruppen je nach dem erwünschten Farbton und der Farbhöhe oder Farbtiefe unterschiedliche Echtheiten aufweisen. Die Echtheitsanforderungen und damit der Preis, der für eine Färbung be-

Easy of care, Easy care, im englischen Sprachraum Sammelbezeichnung für → *Pflegeleichtausrüstungen* auf Kunstharzbasis; umfaßt → *Wash'n wear*, in Kombination mit → *Scotchgard* oder → *Teflon* auch → *schmutzabweisende* und fleckenabweisende Eigenschaften ebenso wie → *Pilling*freiheit und Widerstandsfähigkeit gegen Insektenbefall sowie gute Knittererholung und faltenfreies Trocknen nach Wäsche. – Vgl. → *Disciplined fabrics.*

Easy wash, → *Soil release.*

zahlt werden kann, sind recht unterschiedlich. Etwa 70 DIN-Normen behandeln ausschließlich Farbechtheiten. Die für den Handel wichtigen Normen (54003–54015, 54020–54024) enthalten Vorschriften über die Tages- und Kunstlichtechtheit (→ *Lichtechtheit*), → *Wassertropfenechtheit*, → *Meerwasserechtheit*, → *Wasserechtheit*, → *Waschechtheit* hinsichtlich Temperatur und mechanischer Beanspruchung während der Wäsche, → *Schweißechtheit* (einschließlich Widerstandsfähigkeit gegen Sprays und Deodorants), → *Bügelechtheit* und Heißwasserechtheit (Bügelautomaten), Lösungsmittelechtheit, Trockenreinigungsechtheit und Peroxidechtheit als Basis für die → *Pflegekennzeichnung*. Die Echtheit von Drucken ist nur von den → *Farbstoffen* und von der Nachbehandlung, nicht aber von der → *Drucktechnik* abhängig. Die Prüfung der Echtheiten erfolgt nach Empfehlungen der → *ISO*, wonach bei der Lichtechtheit 8 Stufen, bei den übrigen Echtheiten 5 Stufen von sehr gering bis sehr gut angegeben werden. – Vgl. → *Chlorbadewasserechtheit*, → *Dämpfechtheit*, → *Farbechtheit*, → *Pottingechtheit*, → *Reibechtheit*, → *Säureechtheit*, → *Sodakochechtheit*, → *Wetterechtheit*, → *Überfärbeechtheit*.

Eckenband, schmales, fest gewebtes Band mit Leinenkette und Baumwollschuß zum Sichern der Kanten und Taschen an Bekleidungsstücken.

Eckenkragen, Kragen des Frackhemdes mit steifer Brust im Gegensatz zum Umlegekragen des normalen → *Oberhemdes*.

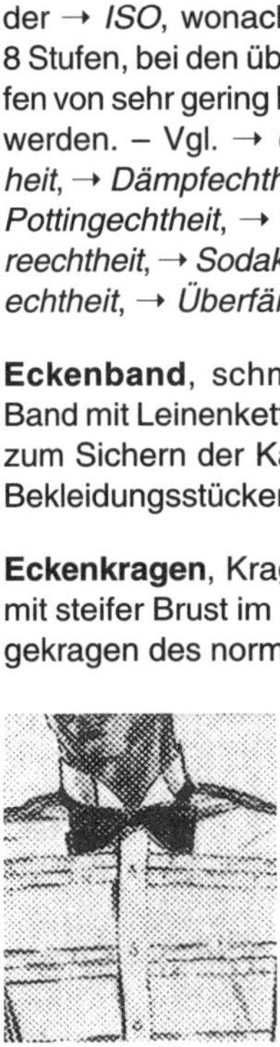

Eckenkragen am Frackhemd.

Eco-Label, → *Öko-Label*, Konzeption der EU-Kommission zur Kennzeichnung umweltfreundlicher Textilien von der Fasergewinnung über das Design bis zur Entsorgung; strebt keine Totallösung, sondern realisierbare Anforderungen an. Ziel ist es, das Labeling bis zum Jahr 2000 in allen Mitgliedsländern der EU durchzusetzen. – Vgl. → *Euro-Label*.

Ecolog® Recycling, System vollkommen recycelbarer, sortenreiner Berufs-, Sport- und Freizeitkleidung aus 100% Polyester, auch mit → *Membranen*, einschließlich der Zutaten. Trennen und Sortieren ist nicht nötig. Getragene Bekleidungsstücke werden ohne großen technischen Aufwand und mit nur geringen Ernergiekosten komplett geschreddert oder zermahlen und zu Granulat aufgeschmolzen, das einer neuen Verwendung auch im textilen Bereich zugeführt werden kann. Träger ist ein netzwerkartiger Zusammenschluß von Unternehmen der Textil-, Bekleidungs- und Zubehör-Industrie sowie des Handels. Voraussetzung ist die Mitarbeit des Handels und von Behörden (Uniformen) zur Rückführung gebrauchter Produkte.

Signet für Ecolog Recycling.

Ecopell, pflanzlich gegerbtes → *Leder* aus ungesalzten Rinderhäuten, nicht, wie üblich, hart, sondern weich und geschmeidig; in → *Nappa* und in → *Nubuk*- → *Zurichtung*, biologisch abbaubar. Bei der Gerbung wird auf schwer zu entsorgende Chemikalien verzichtet und mit schwermetallfreien Farben gefärbt. Für sportliche Bekleidung, etwas teurer als → *Chromgegerbtes Leder*.

Ecoproof, Umweltsiegel (TÜV Rheinland), das alle Kriterien des Umwelt- und Verbraucherschutzes in der textilen Kette erfassen soll, also nicht nur das Endprodukt. In einer lückenlosen Dokumentation sollen in einem umfangreichen Kriterienkatalog die Belastungen der Umwelt von der Fasergewinnung über die Garn- und Stoffherstellung bis zur Konfektion, den Transportmitteln, dem Arbeits- und Kinderschutz in der Dritten Welt zusammengefaßt werden. Nach Stichproben durch Experten erhält der Konfektionär einen Warenpaß, der den Werdegang und die Beschaffenheit eines Textilprodukts bestätigt.

Ecossais, frz. → *Schottenkaro.*

Eco-tex®, Warenzeichen für schadstoffminimierte Textilien, die auch modisch-ästhetischen Ansprüchen genügen. Erteilt wird eine Positivdeklaration über die Vorbehandlung, Farbgebung (auch mit → *Naturfarbstoffen*) und die Ausrüstung entsprechend der erfolgten Beratung. Dreiteilung nach „Traditional", „Human" und „Natural"; bei dieser höchsten Stufe werden etwa die Grenzwerte von → *Öko-Tex Standard 100* erreicht. Die Schwachstellenanalyse bei den Herstellerbetrieben wird von eco-tex selbst durchgeführt; die Prüfung der Erzeugnisse (Lizenzgebühr 0,5% des Warenwertes) wurde weltweit einem Spezialunternehmen der neutralen und unabhängigen Warenkontrolle übertragen. Die Verteuerung der zertifizierten Produkte gegenüber vergleichbaren aus konventioneller Produktion liegt bei 10–15%. Ziel ist die Einbeziehung auch der Billig-Exporteure in fremden Ländern in eine ökologisch optimierte Produktion von der Faser bis zum fertigen Bekleidungsstück einschließlich Verpackung, Transport und → *Recycling.* – Vgl. → *Öko-Label.*

Eco-Trend, Eco-Style, Ecology-Look, → *Öko-Mode.*

Eco wash, → *Antifilzausrüstung,* kombiniertes Verfahren für waschmaschinenfeste Wolle ohne → *Wollsiegel* ähnlich → *Superwash*, aber ohne dieses die Qualität garantierende Etikett.

Ecru-Seide, nicht entbastete, glanzlose → *Rohseide.*

Edelhaar, Sammelbezeichnung für die nicht vom Schaf stammenden, edlen und hochwertigen Tierhaare. Lt. → *TKG* dürfen sie mit oder ohne den Zusatz „Wolle" oder „Haar" mit dem betreffenden Tiernamen bezeichnet werden. – Vgl. → *Alpaka,* → *Lama,* → *Guanako,* → *Vikunja,* → *Kamelhaar,* → *Kaschmir,* → *Cashgora,* → *Mohair,* → *Angora-Wolle.* – Gegensatz: → *Tierhaare.*

EDI, elektronischer Austausch von Daten auf Basis → *EAN-Code* auch zum Zweck der Nachdisposition von Standardwaren.

Edsor-Knoten, → *Ascot-Knoten.*

Effekt, Veränderung der Struktur der Gewebeoberfläche mit Mitteln der Bindungstechnik durch das Überwiegen eines der beiden Fadensysteme. Bei → *Köper* (Ausnahme: → *Gleichseitiger Köper*) und bei → *Atlas* beherrscht immer entweder die Kette (→ *Ketteffekt*) oder der Schuß (→ *Schußeffekt*) die Gewebeoberfläche. Bei **Effektwechsel**, d.h. mustermäßigem Übergang von Kett- zum Schußeffekt bei → *Schaft*- oder → *Jacquardbindungen*, ent-

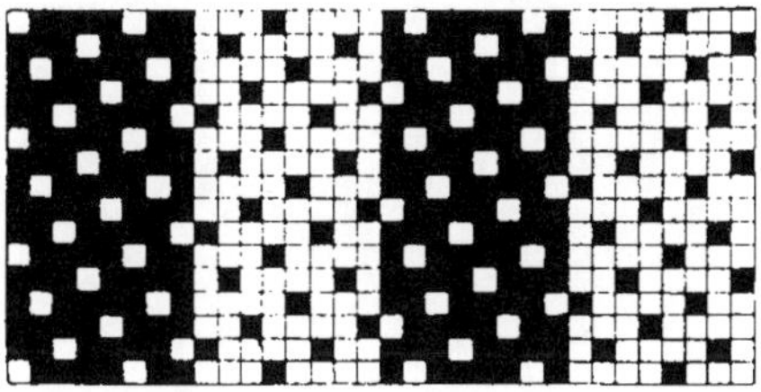

Effektwechsel bei Atlas 5. Die Gegenbindung ist deutlich sichtbar.

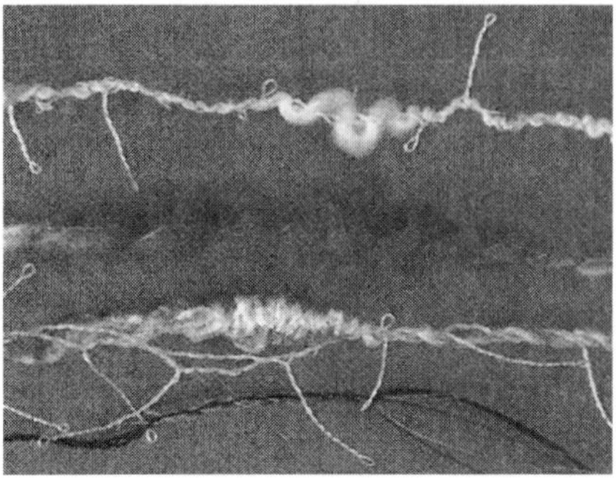

Vor allem als Handarbeitsgarn verwendete Effektzwirne. Von oben nach unten: Abrißflamme in Kombination mit Vrillé; Flammenzwirn; Moustache als Mehrfachzwirn, wobei der Kreuzfaden nur partiell mit dem Grundfaden durch Einzwirnen verbunden ist und nachträglich aufgeschnitten wird, damit er absteht.

steht eine durch den Lichteinfall verursachte In-sich-Musterung.

Effektdruck, → *Druckverfahren*, bei denen die Musterung nicht oder nicht nur durch die Farbe gebildet wird. – Vgl. → *Flockdruck*, → *Lackdruck*, → *Prägedruck*.

Effektfolie, farbloses → *Glitzergarn*.

Effektgarn, Zier- und Fantasiegarne, als → *Handarbeitsgarn* für sich allein verarbeitbare Garne, bei denen aus optischen oder qualitativen (→ *Beilaufgarn*) Gründen wesentliche Veränderungen vorgenommen worden sind. Dies kann durch ungleiches Spinnen (Garne mit → *Titerschwankungen*), durch → *Titermischungen* oder durch Einarbeiten von Fremd-Effekten (→ *Flammen-*, → *Noppen-* oder → *Knotengarne*), Fremdfasern (→ *Zibeline*, → *Stichelhaar*, → *Jarré*) sowie durch → *Glanzeffekte* geschehen. Bei Strickwaren aus oder mit wesentlichem Anteil an Effektzwirnen ist die → *Pflegekennzeichnung* sorgfältig zu beachten. – Vgl. → *Effektzwirn*.

Effektlose Bindung, gleichseitige Bindungen mit gleich viel Ketthebungen und -senkungen im → *Rapport*. Sie sind durch Buntweben gut zu mustern, weil die Bindung die gewünschte Farbfolge nicht beeinträchtigt.

Effektzwirn, → *Zwirne*, bei denen die Oberflächenstruktur durch Zusammenführen ungleichen Basismaterials einen eigenartigen oder typischen Charakter erhalten

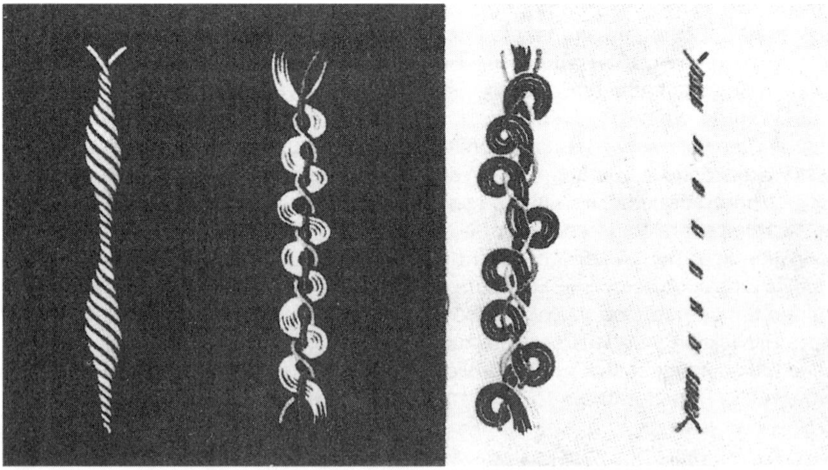

Schematische Darstellung verschiedener Effektzwirne. Von links nach rechts: Knotenzwirn, Bouclézwirn, Schlingenzwirn (Loop), Flammenzwirn.

hat. Ein Grundfaden bildet das Skelett, mindestens ein zweiter Faden (Umschlingfaden, Kreuzfaden) ist für den Effekt verantwortlich. – Vgl. → *Schlingenzwirn*, → *Kräuselzwirn*, → *Vrillé*, → *Bouclé*, → *Loop*, → *Chenille*- → *Effektgarn*.

Effiloché, → *Reißbaumwolle*.

Egalisieren, 1. Breitstrecken auf eine bestimmte Fertigbreite und Geraderichten der Ränder von Textilbahnen nach Einwirkung von Feuchtigkeit in der Ausrüstung auf Spannrahmen.
2. Erzielung eines gleichmäßigen Farbausfalls durch Einsatz von Hilfsmitteln (→ *Carrier*) oder längere Färbedauer.

Egrenieren, maschinelles Entkörnen der Baumwolle, Abtrennen der Samenhaare von den Körnern. Dies geschieht besonders faserschonend mit dem Förderkorb-Entkörner (→ *Cage ginning*). Abfall: → *Linters*.

EG-Umwelt-Label, → *ELTAC-Label*, → *Euro-Label*, → *Eco-Label*.

Eichenspinner, in China und Indien beheimatete Seidenraupe, die nicht gezüchtet wird und sich von Eichenblättern ernährt; Lieferant eines hühnereigroßen, bis 5 cm langen → *Kokons*, dessen äußere Hülle aus losen Fadenstückchen besteht. In China kann die Seide teilweise wie die des → *Maulbeerspinners* abgehaspelt werden. Die Seide der größeren und härteren Kokons indischer Sorten (→ *Eri*, → *Muga*) mit geringerer Elastizität muß versponnen werden. – Vgl. → *Tussah*, → *Wildseide*.

Eiderdaune, zartester Brustflaum der Eiderente, einer isländischen, besonders kräftigen Entenart. Die → *Daune* ist sehr groß und dennoch besonders leicht, hat zahlreiche Verästelungen und Widerhaken, die die Daunen zu regelrechten Trauben zusammenketten. Mengenmäßig ohne Bedeutung; der Seltenheit wegen angemessen hohe Preise.

Einarbeiten, → *Einwebung*.

Einbahnstraßenprinzip, Basis der Funktionsweise von → *Nässesperr-Membranen* und → *Klimastoffen*. Man macht sich die unterschiedliche physikalische Struktur von Wasser einerseits und Wasserdampf andererseits zunutze. Ein normaler Wassertropfen von 0,3 g Gewicht besteht aus einer Trilliarde von Molekülen, einer Zahl mit 21 Nullen. Diesen großen Molekülpaketen ist das Eindringen in die Membranen, ähnliche → *Beschichtungen* oder in die Faser-Zwischenräume der Klimastoffe wegen ihrer Größe absolut unmöglich. Hingegen besteht die dampfförmige Körperfeuchtigkeit aus Einzelmolekülen, die 5000mal kleiner sind als die Poren und Zwischenräume der Membranen oder Klimastoffe, trotz deren geringen Größe von nur $^{1}/_{2000}$ mm.

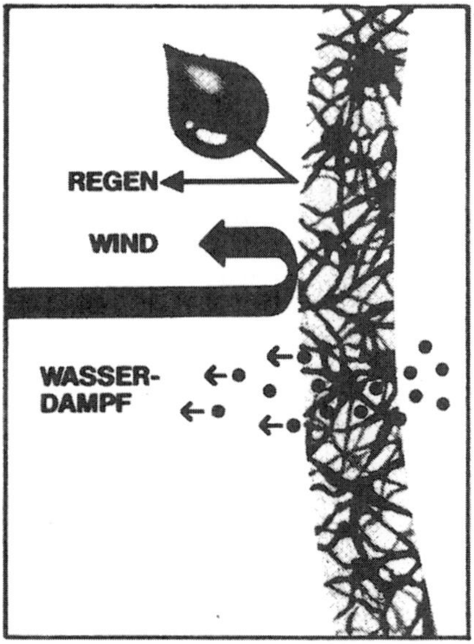

Schematische Darstellung des Einbahnstraßenprinzips. Wind und Wassertropfen können Klimastoffe oder Membranen nicht durchdringen, wohl aber der Wasserdampf.

Eindecken, → *Mindern*, Verringerung der Maschenzahl einer Reihe durch Übertragen der äußeren Maschen auf die innen daneben liegenden Maschen. – Vgl. → *Ausschlagen*, → *Regulär-Waren*, → *Fully fashioned*.

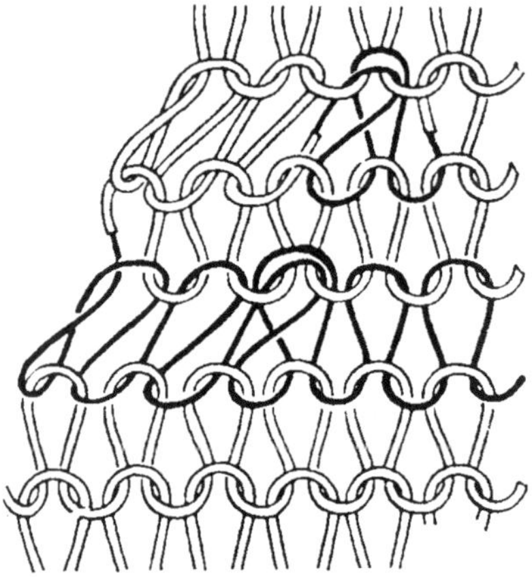

Eindecken (linke Warenseite).

Einfachreinigung, → *Benzinbad*, → *Kleiderbad*, Grundbehandlung der → *Chemisch Reinigung* mit Lösungsmitteln (→ *KWL*, → *Perchlorethylen*); umfaßt weder die Durchsicht auf verbliebene Verunreinigungen und Flecken noch die → *Detachur*. Preisgünstig, aber nur für allgemein und gleichmäßig verschmutzte Kleidungsstücke, nicht aber für stark verfleckte, geeignet. Kein abschließender Bügelvorgang.

Einfadentechnik, gleichbedeutend mit → *Kulierwaren*, bei denen wie beim Handstricken eine Masche nach der anderen aus nur einem Faden gebildet wird. Auch → *doppelflächige Kulierwaren* können theoretisch aus nur einem einzigen Faden gebildet werden. Nicht zu verwechseln mit den → *einfädigen Maschenwaren*. Gegensatz: → *Kettenwirkwaren*, → *Raschelwaren*.

Einfaden-Umkehrschuß-System, Einarbeitungsform nicht abgebundener Schüsse in → *Kettenwirk-* und → *Raschelwaren*; der Schuß wird von einer Spule abgezogen und entweder über die ganze Warenbreite (Vollschuß) oder über eine Teilbreite (Teilschuß) verlegt und eingebunden. Der Schußfaden kehrt am Ende seiner Legung um und wird dann in die andere Richtung verlegt. Bis zu 6-farbiger Schußwechsel ist möglich. Bei Vollschuß entsteht eine feste Warenkante. – Vgl. → *Magazinschuß-Stoffe*, → *Mehrfaden-Magazinschuß-System*, → *MS-Verfahren*.

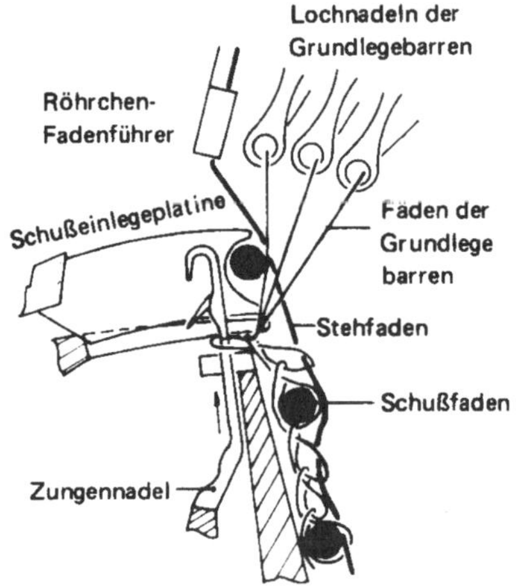

Einfaden-Umkehrschuß-System in Verbindung mit Legebarren-Schußlegung. Bei Vollschuß wird ein einzelner Schußfaden von einer Spule abgezogen und von einem Fadenführer quer über die Arbeitsbreite der Maschine gelegt. An der anderen Warenseite kehrt er um, so daß er endlos in der Ware liegt und sich beidseitig eine feste Warenkante ergibt.

Einfädige Maschenwaren, unterste Preis- und Qualitätsstufe von → *Kulierwaren*; bezogen auf das verarbeitete Garn und nicht auf den Maschenverlauf (→ *Einfadentechnik*). Nur ein einziger, nicht gezwirnter Faden wird zu Maschen verarbeitet. Bricht dieser Faden, läuft sofort die Masche. Gegen das Licht gehalten, ist deutlichere → *Wolkenbildung* sichtbar als bei → *zweifädigen Maschenwaren*.

Einflächige Kulierware, → *Maschenware*, die mit nur einem Nadelbett gebildet werden kann und deshalb nur auf einer Warenseite rechte Maschen zeigt, also auch die → *Links/Links-Ware*. Nicht alle Maschen müssen voll ausgearbeitet sein. Auch Rechts/Links- → *Kettenwaren* sind einflächig. Gegensatz: → *Doppelflächige Kulierware*. – Vgl. → *Glatte Kulierware*, → *Preßmuster*, → *Hinterlegmuster*, → *Knüpftrikot*, → *Futterware*, → *Plüschtrikot*, → *Chaineuse*, → *Challengerware*, → *Single Jersey*.

Eingepaßter Druck, Druckdessin, das genau in die Zwischenräume eines Webdessins, z. B. Streifen, Farbkaro oder Dreherstreifen, eingefügt ist. Es gibt auch eingepaßte → *Façonné*-Dessins. – Vgl. → *Abgepaßter Druck*, → *Dessin placé*.

Eingepaßter Druck zwischen Dreherstreifen.

Eingratköper, regulär aufgebaute Grundköperbindung mit gleichmäßiger Verteilung der den Grat bildenden Bindungspunkte. Gegensatz: → *Mehrgratköper*.

Einheitskonditionen, „Einheitsbedingungen der deutschen Textilwirtschaft" (Textil- und Bekleidungsindustrie), zur Verbesserung des Verhältnisses zwischen Lieferant und Abnehmer und zur Beseitigung eines „Konditionenwirrwarrs" vereinbart und seit dem 1.1.1960 beim Bundeskartellamt angemeldet; ihr Inhalt wird nur dann zur Basis aller abgeschlossenen Kaufverträge, wenn Lieferant oder Kunde Mitglied der die Kartellkonvention bildenden Berufsverbände sind. Strittig ist, ob die Einheitsbedingungen als „Handelsbrauch" anzusehen sind. Deshalb ist es sinnvoll, die Einheitsbedingungen für jeden Vertragsabschluß ausdrücklich zu vereinbaren; ein deutlicher Hinweis auf den Auftragsformularen genügt im Inlandsgeschäft, der genaue Wortlaut ist nicht nötig. Verschiedene Bestimmungen, vor allem das Verbot des Fixgeschäfts, gelten im Hinblick auf die sich innerhalb der Saison rasch wandelnde Mode als unzeitgemäß und sind deshalb umstritten. – Text der Einheitsbedingungen im → Anhang am Schluß des Buches.

Einhub-Schaft-, -Jacquardmaschine, → *Webmaschinen*, bei denen alle Maschinenelemente nach jedem Schußeintrag wieder in die Ausgangsstellung zurückgehen müssen. Bei diesen → *Jacquardmaschinen* werden genau so viele Platinen benötigt wie verschieden einbindende Kettfäden vorhanden sind. Beide werden mehr und mehr von den → *Doppelhub-Maschinen* verdrängt.

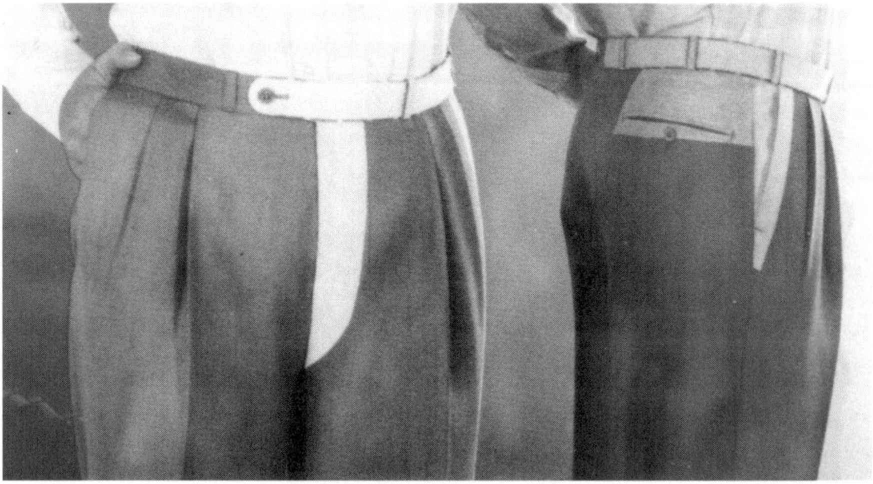

Anwendungsbeispiel für siegelbare Vliesstoffe (Vlieseline) zur Formgebung, Formerhaltung und zur Erleichterung des Nähvorgangs an Sakkos und Hosen.

Einlagestoff, Sammelbegriff für alle → *Gewebe* (18% Anteil), → *Vliese* (70%) und → *Maschenwaren* (einschl. → *Raschelwaren* 12%) zur Innenverarbeitung und Innenausstattung von Bekleidungsstücken (DOB 60 %, HAKA 40%); sie werden meist zwischen Oberstoff und Futter angebracht. Sie dienen der dauerhaften Erhaltung der Form und der Paßform, der Verhinderung ungewollter Falten, zur Verbesserung der Funktion (→ *Wärmende Zwischenfutter*, → *Nässesperr-Membranen*) und zur Unterstützung einer figurbetonten Silhouette, wobei der weiche, fließende Charakter der Oberstoffe unterstrichen und die schneidermäßige Verarbeitung dauerhaft sichtbar gemacht werden muß. Sie dürfen nicht zum Wärmestau oder zur Schweißbelästigung führen, müssen also einschließlich der → *Haftmasse* luftdurchlässig sein. Unerläßlich sind Einlauffestigkeit und Wasch-, Pflege- und/oder Reinigungsbeständigkeit. Die dauerhafte Stützwirkung muß dem Charakter des Bekleidungsstücks angepaßt sein (→ *Outdoor*- und → *Indoor*-Oberbekleidung; Hemdenkragen und -manschetten); universell einsetzbare Einlagestoffe gehören der Vergangenheit an. Ihre Qualität und damit ihr Preis richtet sich nach der voraussichtlichen Tragedauer (Kinderbekleidung!). Die Tendenz geht im Zuge des → *Casualwear* zur zwanglosen, unversteiften Verarbeitung. Man unterscheidet sie nach ihrer Verarbeitungsform in nähfähige, → *siegelbare* sowie → *hängend* einzuarbeitende (→ *Liner*) Einlagestoffe; nach ihrer Lieferform in breite Meterware zum individuellen Zuschnitt, schmale Meterware (→ *Bänder*, gelocht und ungelocht), → *Stanzlinge* (relativ kleine, vorgeformte Teile) und → *Formteile* (große, vorgeformte Teile); nach ihrer Erscheinungsform (glatt, geprägt, strukturiert, flauschig oder gerauht); nach ihrer Flexibilität und Dehnbarkeit: steif als Versteifungsmaterial für Hosenbund und Gürtel, stoffähnlich-flexibel, softig-weich und dennoch stabil, auch für Hemdkragen, → *mono*- oder → *bielastisch* und mit schwankender Dichte (→ *Mehrbereichseinlagen*); nach ihrer Funktion: formgebend und formerhaltend, Erleichterung oder Rationalisierung der nachfolgenden Produktionsvorgänge, wärmend, wind- und wetterdicht; nach der Art ihres Fixieraufstrichs: Deckend aufgestrichen, unterbrochen (punkt-, rasterförmig, microfein) aufgestrichen, einseitig oder beidseitig fixierbar, Spezialkleber für schwer fixierbare Stoffe wie → *Crash*, → *Beschichtungen*, Stoffe mit oder aus → *Microfasern*, Strukturgewebe, → *Crêpe*, → *Cool Wool*, → *Naturseide*, → *Kaschmir*, bei denen keine Fixierraster durchschlagen dürfen, oder für spezielle Ausrüstung des Oberstoffes z.B. mit → *Silikon* oder → *Teflon*, sodann für → *Leder* und → *Pelze*. In Deutschland gelten umweltfreundliche Produktionsbedingungen (Abluft- und Abwasser-Reinigung) als selbstverständlich; annähernd alle Einlagestoffe deutscher Produktion entsprechen dem → *Öko-Tex-Standard 100* und sind deshalb frei von gesundheitsgefährdenden Chemikalien. Probleme gibt es wegen der → *Entsorgung*, da die meisten Einlagestoffe nicht verrotten. Arbeitsgruppen beschäftigen sich deswegen ausschließlich mit Abfallvermeidung und Resteverwertung. – Vgl. → *Steifleinen*, → *Klötzelleinen*, → *Wollwattierung*, → *Roßhaar*, → *thermoflexible Einlagestoffe*, → *Schulterpolster*, → *Ganzteil*, → *Plack*, → *Frontfixierung*, → *Warmeinlagen*. – Vgl. → *Futterstoffe*, → *Unconstructed Look*.

Einlage-Vliese, mit wechselnder Dicke und Dichte, aus verschiedenen Rohstoffen und Herstellungstechniken sowie durch variable → *Haftmassen* so gut wie allen Verwendungszwecken anzupassende, bedeutendste Gruppe der → *Einlagestoffe*. Sie können zu den elastischen und zu den versteifenden Einlagen gehören, → *hydrophob* und → *antibakteriell* ausgerüstet werden. Verlangt werden → *Reißfestigkeit*, →

Krumpffestigkeit, Wasch- und Reinigungsbeständigkeit, Nähbarkeit, Sprungelastizität, gute Zuschnittfähigkeit und wasserabweisendes Verhalten. Mit ihrem niedrigen Warengewicht und ihrer hohen Porosität kommen sie den modernen Anforderungen entgegen. – Vgl. → *Bio-Einlagevlies*, → *Thermo-Vlies*, → *Leichteinlage*, → *Zweikomponenten-Kleber*, → *Computer-Punkt*.

Einlaufen, Eigenschaft von Geweben und Maschenwaren aus zellulosischen Fasern, ihre Breiten- und Längendimension unter Einwirkung von Feuchtigkeit oder Nässe zu verkürzen, wobei sie etwas dicker werden. Ursache ist einmal die Notwendigkeit, die Stoffe in der Veredlung durch Druckeinwirkung flach zu pressen und nach Naßbehandlung in der Länge und auch in der Breite (möglichst schonend) zu spannen, zum anderen, daß die nassen Fasern quellen, dabei ihren Umfang vergrößern, dadurch wieder rund werden und den Weg, den die Fäden in Geweben und auch in dichten Maschenwaren machen müssen, um sich gegenseitig zu umschlingen oder zu verschlingen, verlängern. Der Vorgang ist im Regelfall unumkehrbar. → *Maschenwaren* laufen grundsätzlich in der Längsrichtung ein. → *Krumpfecht*- und → *Tumblerfest-Ausrüstungen* (→ *Relax-Finish*) nehmen das Einlaufen vorweg. – Vgl. → *Dimensionsstabilität*, → *Sanfor*, → *Progressive Schrumpfung*.

Einlauffestigkeit, → *Dimensionsstabilität*, Eigenschaft von Stoffen, unter Einwirkung von Feuchtigkeit nicht einzulaufen. Gewebe aus → *Synthetics* laufen wegen der mangelnden Fähigkeit der Fasern, zu quellen, nicht ein; Beimischung von Synthetics und auch von → *Modal* zu zellulosischen Fasern verringert die Neigung zum Einlaufen, desgleichen der Einsatz von zweifachen Zwirnen aus gekämmten, → *gasierten* und → *mercerisierten* Baumwollgarnen z.B. bei → *Jersey-Bettwäsche* und Strekken der Ware in Querrichtung mit Fixierung. – Vgl. → *Krumpfecht-Ausrüstung*, → *Tumblerfest-Ausrüstung*.

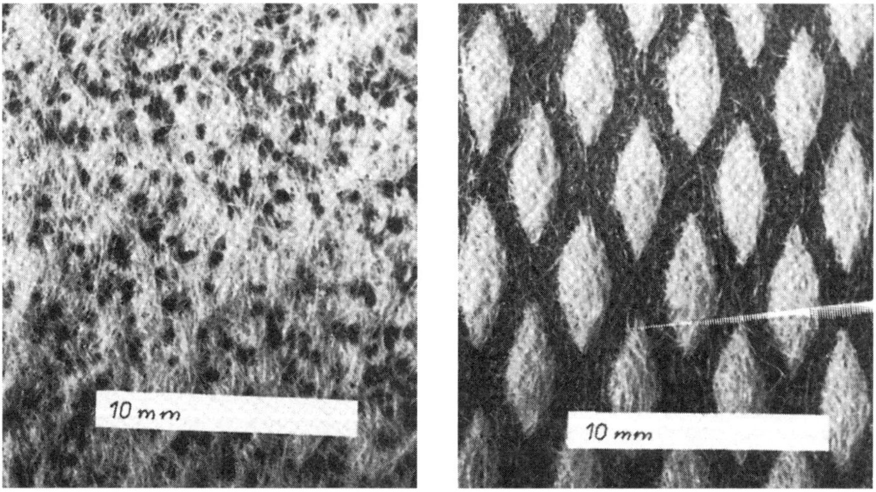

Beispiele für Einlagenvliese mit unterbrochener (diskontinuierlicher) Verteilung des Bindemittels; links wahllos punktförmig, rechts rautenförmig. Das nicht vollständige, flächig gesteuerte Durchtränken mit Bindemitteln soll die Biegeeigenschaften der Einlagevliese günstig beeinflussen.

Einlegekante, Kante bei Geweben, die in mehreren Bahnen nebeneinander von → *schützenlosen Webmaschinen* (→ *Sulzer Webmaschine*) gewebt und mit Hilfe eines → *Trennleistenlegers* voneinander getrennt worden sind. Das überstehende Ende des abgeschnittenen Schußfadens wird durch Leistenlegernadeln in das neu gebildete Webfach eingelegt Es entsteht kein Abfall.

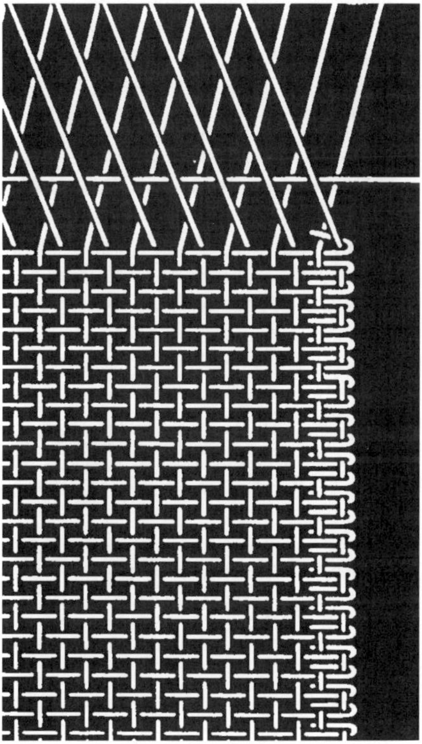

Einlegekante bei der Sulzer Webmaschine.

Einlegetechnik, Technik der → *Systemmischung* bei → *Kulierwaren*, wobei der zweite Faden (z.B. → *Elastan*) einem nicht maschenbildenden System so zugeführt wird, daß er nur von jeder zweiten Nadel erfaßt wird. Im darauf folgenden System wird er vom Grundfaden eingebunden. Bei einem viersystemigen Strumpfautomaten flottet z. B. der Faden in jeder dritten Reihe.

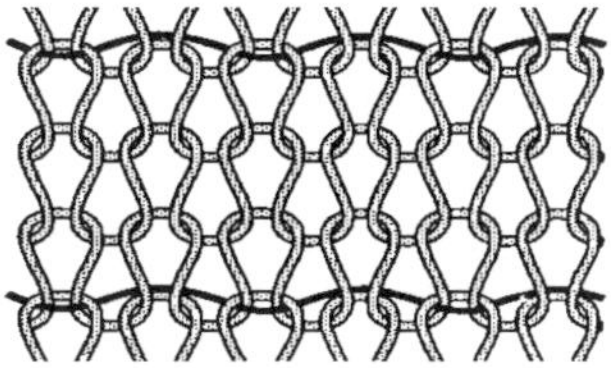

Einlegetechnik mit 4 Systemen.

Einloch-Düse, → *Düse* zum Spinnen von Chemiefaser-Filamenten mit nur einer Bohrung für → *Monofile* oder mit besonderer Gestaltung für → *Bikomponentenfasern*.

Einnadelköper, **Einnadelpikee**, → *Einflächige Kulierware*, → *Preßmuster*; eine 1/1-Preßreihe wechselt sich, jeweils um eine Nadel versetzt, mit einer glatten Reihe ab; Bindeweise für → *Polo-Pikee*; auch bei → *Jersey-Bettwäsche* anzutreffen.

Einreiher, Sakko, das auf eine Knopfreihe schließt; bietet gegenüber dem → *Zweireiher* breiteren Spielraum für modische Varianten. Die Veränderung der Knopfstellung erzwingt eine völlig neue Modellgestaltung. Variationen von → *Abstich*, Taschenlage und Taschenart sowie meist vom → *Fasson* beeinträchtigen die Paßform nicht. Einreiher mit verdeckter Knopfleiste: → *Fly-Front*. → Abb. vgl. S. 232.

Einschlagtuch, → *Überschlaglaken*, glattes, meist mit Stickereien verziertes → *Oberleintuch* zum einseitigen Beziehen von → *Stepp-* und → *Wolldecken*, das mit Knöpfen befestigt wird. Die Oberseite wird nur am oberen Rand mit einem etwa 50 cm breiten Stoffstück abgedeckt; oft durch gleichartig bestickten → *Kopfkissenbezug* zur → *Bettwäsche-Garnitur* ergänzt. Seit dem Vordringen der → *Flachbetten* weitgehend durch den → *Bettbezug* verdrängt.

Einschleppschuß, moderne, rationelle Form des Schußeintrags durch Abrollen von einem stationär an der Seite der → *schützenlosen Webmaschine* angebrachten Garnträger mit Hilfe von → *Projektilen*,

→ *Greifern* oder durch Luft- oder Wasserdruck (→ *Düsenwebmaschine*). – Gegensatz: → *Ablageschuß*.

Einschütte, dicht gewebter, daunendichter, sehr feiner Einfüllstoff in Tuchbindung für → *Steppdecken* und → *Einziehdecken*, auch bedruckt, aus Baumwolle, selten aus Naturseide. – Vgl. → *Daunenbatist*, → *Inlett*.

Einspeisflammen, → *Abrißflammen*.

Einstellung, Art, in der die Kett- und Schußfäden eines Gewebes miteinander kombiniert sind. Die → *Fadeneinstellung* (Zahl der Kett- und Schußfäden je Flächeneinheit) bestimmt die → *Dichte*; die → *Substanzeinstellung* (Gewichtseinstellung) drückt das Verhältnis der Garnstärke von Kette und Schuß zueinander aus und bewirkt das Volumen des Stoffes. Definiert wird die Einstellung durch die Angabe der Kett- und Schußfadenzahl je cm^2 und der Garnstärke in → *tex*. Eine Einstellung gilt als „rund", wenn die Werte für Kette und Schuß annähernd gleich sind. Bei großen Unterschieden nach Fadenzahl und Garnfeinheit in Kette und Schuß (im Regelfall ist die Kette feiner und dichter gestellt) können sich die Gewichtsanteile von Kette und Schuß im Gewebe deutlich verschieben, einen → *Ketteffekt* (→ *Croisé finette*) oder eine → *Ripsbindung* (→ *Taft*, → *Popeline*) vortäuschen oder eine gut rauhfähige Abseite mit fülligem Schußmaterial ergeben. → *Homespun*-Gewebe erhalten ihren handwebartigen Charakter durch lockere Einstellung in Verbindung mit weich gedrehten Garnen. – Vgl. → *Bodenfeine*.

Einteilige Matratze, ohne Kopfpolster in einem Stück gearbeitete → *Matratze* aus → *Schaumstoff* oder mit → *Federkern*, ven-

Variationen beim Einreiher mit moderner Soft-Verarbeitung. Von links: Sportsakko mit Samtkragen, mit Weste ohne Krawatte getragen; winterliches Sakko auf drei Knopf, oberster Knopf zu schließen; Pullover-Jacke mit aufgesetzten Taschen, Lederbesatz am Ärmel und Lederknöpfen zum Strickpulli mit Hemd; zwei Superleicht-Sakkos im easy-Stil auf drei und auf zwei Knopf und mit verschieden langem Revers, mit cutähnlichem und (ganz rechts) mit viereckigem Topper-Abstich, beide im Öko-Look aus Leinenmischungen.

tiliert sich durch die Bewegungen des Schlafenden selbst. – Vgl. → *Futon.*

Einverwirbelung, → *Verwirbelung.*

Einwebung, → *Einarbeitung*, durch die Art der Garne (→ *Feinheit*, → *Elastizität*, → *Drehung*), die → *Fadendichte*, die Kettspannung und die → *Bindung* beeinflußte Verkürzung der Kett- und Schußfäden durch das gegenseitige Umschlingen beim Webvorgang, in Kettrichtung 3–10%, in Schußrichtung 4–9%; bestimmt die nötige Fadenmenge. Kett- und Schußfäden müssen innerhalb des Rapports gleich oft einbinden; bindet ein Faden öfter ein, bricht er oder bleibt als Spannfaden sichtbar. Die Einwebung hat Einfluß auf den Einsprung und die Restkrumpfwerte bei der → *Veredlung.*

Einwegtextilien, aus ökologischer Sicht zunehmend kritisch beurteilte → *„Wegwerf"-Textilien*, die, zum Teil aus hygienischen Gründen, nach Verwendung gar nicht oder nur ein- oder zweimal gewaschen und sodann beseitigt werden. Wegen der hohen Kosten der ständigen Wiederbeschaffung und der aufwendigen Entsorgung wird Einweg-Arbeitsschutzbekleidung sowie Einweg-Bett- und Tischwäsche in Gaststätten und Hotels, auf Campingplätzen und in Wochenendhäusern sowie in Kliniken mehr und mehr durch Baumwollartikel verdrängt. In geringem Umfang werden Einweg-Tücher noch im OP-Bereich und als Unterlage in Krankenhäusern eingesetzt. Auch **Einweg-Party-Sets**, bestehend aus Tischdecke, Tellern und sogar der Kleidung der Hausfrau haben mit der Sensibilisierung der Bevölkerung hinsichtlich der Müllvermeidung und gegen die Rohstoffverschwendung stark an Bedeutung verloren. – Vgl. → *Kurzlebige Bekleidungstextilien.* – Vgl. → *Papier-Textilien.*

Einzelfaseruntersuchung, Verfahren zur Feststellung der Faserzusammensetzung in Mischgespinsten durch Herauslösen der einzelnen Rohstoffe, indem man dem Stoff mindestens je einen Kett- und Schußfaden entnimmt und das Garn oder den Zwirn aufdreht, so daß man die einzelnen Fasern herausziehen kann. – Vgl. → *Stapelprobe*, → *Netzprobe*, → *Brennprobe*, → *Schuppenprobe*, → *Reißprobe*, → *Neocarmin-Probe*, → *Lösungsmittel-Verfahren*, → *Schuppendicke-Methode*. → *Rasterelektronenmikroskopische Faseranalyse.*

Einzeltiter, Feinheit der Einzelfasern im Garnverband. Ein Garn mit einem bestimmten Querschnitt kann aus vielen Fasern mit feinem oder aus wenigen Fasern mit grobem Einzeltiter bestehen. Griff und Fall, Schmiegsamkeit und Warenbild eines Stoffes werden durch die Konstruktion des Garnes ebenso beeinflußt wie die → *Feinheitsfestigkeit.* Je feiner der Einzeltiter, desto feiner kann auch ein → *Spinnfaser*-Garn ausgesponnen werden und desto gleichmäßiger wird das Garn (vgl. → *Kammgarn*, → *Kardiertes Garn*); davon können die Festigkeit und der Farbausfall des Stoffes abhängen. Bei Chemiefaser-→ *Filamenten* werden zur Feinheitsbestimmung zwei Zahlen angegeben: die erste nennt die Stärke des Garnes, die zweite die Zahl der Filamente im Querschnitt; die Division ergibt den Einzeltiter (Beispiel: 120/24 dtex = ein Garn mit 120 dtex besteht aus 24 Filamenten zu je 5 dtex). Bei Spinnfasergarnen muß der Einzeltiter durch Messung ermittelt werden. Dem besonders feinen

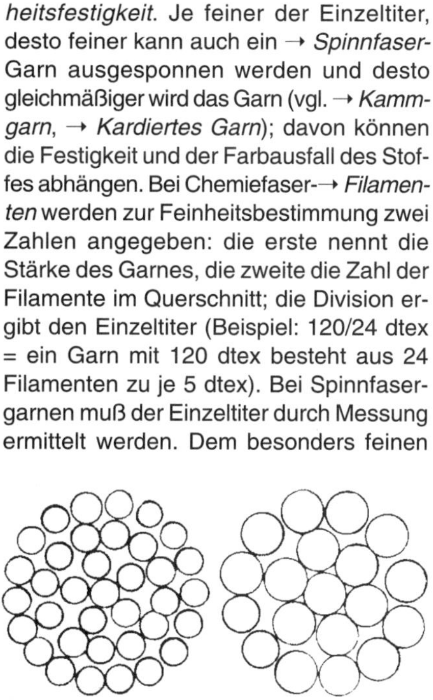

Einzeltiter. Der gleiche Garnquerschnitt wird links von vielen Fasern mit feinem, rechts von wenigen Fasern mit grobem Einzeltiter gebildet.

Einzeltiter verdanken Stoffe aus → *Microfasern* ihre besonderen Eigenschaften.

Einziehdecke, zur vollkommenen Umhüllung mit einem → *Bettbezug* bestimmtes, durch Steppen oder eingearbeitete Stege im Gegensatz zum → *Deckbett* flach gehaltenes → *Oberbett*. Füllung mit → *Federn*, → *Daunen*, → *Fiberfill*, → *Schlafkugeln*, → *Schurwolle* (→ *Rheuma-Einziehdecke*). – Vgl. → *Flachbett*.

Einzonenverfahren, → *Sequentialverfahren*, → *Strecktexturierverfahren*.

Schäften und Blatt in nur 10 min durch eine einzige Arbeitskraft.

Einzug-Elastic, → *monoelastischer Stretchstoff*.

Einzwirnung, Verkürzung des aus mehreren Garnen bestehenden Fadens beim Zwirnvorgang. – Vgl. → *Einweben*.

Einzweckmaschine, Maschine (der Bekleidungsindustrie), die nur nur einen einzigen, definierten Arbeitsgang ausführen kann, diesen aber meist durch Computersteuerung besonders gut oder schnell, so daß der Übergang von → *Universal*- zu Einzweckmaschinen den ersten Schritt der Rationalisierung der Näharbeit darstellt. Ziel der Verbesserungen ist es, die Nähautomaten durch zusätzliche Aggregate oder durch die elektronische Steuerung flexibler und vielfältiger zu machen; die computergesteuerte Vernetzung (→ *CIM*) integriert die Einzweckmaschinen auch horizontal. – Vgl. → *Blindstich-Nähmaschine*.

Computergesteuerter Nähautomat (Juki) mit eigenprogrammierbaren Eingabefunktionen und Mehrfachnutzen; dank der größeren Nähfläche können mehrere Kleinteile gleichzeitig genäht werden.

Einzug, Einziehen der Kettfäden in das Webgeschirr zum Zweck der Fachbildung beim Weben. Jeder einzelne Kettfaden wird durch ein Auge an der Litze des → *Schaftes* (→ *Maillon*) gezogen; die Zahl der Schäfte ist von der Bindung und von der Kettdichte abhängig. Werden nacheinander mehrere Ketten mit gleichartig eingezogenem Webgeschirr abgewebt, läßt man einen Rest der Kettfäden der abgewebten Kette im Geschirr und knüpft die Fäden des neuen Kettbaums mit einer Anknüpfmaschine an den Kettenrest an. Kettenschnellwechsel-Systeme ermöglichen den Wechsel von Kette, Kettwächtern,

Einzylinder-Automat, Ausbauart der → *Rundstrickmaschine* zur Herstellung von Strumpfwaren in → *einflächigen* Maschenbindungen von der Ferse bis zur Spitze in einem Arbeitsgang, gegenüber dem → *Doppelzylinder-Automaten* mit eingeschränkten Musterungsmöglichkeiten.

Eisengarn, durch → *Lüstrieren* geglättetes, steifes und glänzendes Baumwollgarn für Strapazierlitzen, Futterstoffe und technische Zwecke. Weitgehend durch Synthetics verdrängt.

Eiskrepp, weißer → *Sandkrepp*.

Eiweißfasern, im weitesten Sinn alle natürlichen und chemischen Fasern aus tierischem oder pflanzlichem Eiweiß, also auch → *Wolle*, → *Tierhaare* und → *Naturseide*. Im engeren Sinn nur die wirtschaftlich unbedeutenden → *regenerierten* → *Proteinfasern*.

Ekzem, juckende, nässende oder trockene Erkrankung der Hautoberfläche, die zu einem aus Bläschen oder Schuppen zusammengesetzten Hautausschlag führt. – Vgl. → *Photoallergisches Ekzem*, → *Bikini-Dermatitis*.

Elastan, schwierig herzustellende, eigene → *Chemiefaser-Gattung*, ohne jede Nachbehandlung wie → *Texturieren* von sich aus wie → *Gummi* dehnfähige, synthetische Filamente aus mindestens 85% → *segmentiertem Polyurethan*; meist → *multifile* Garne von 11 bis 2000 dtex, laut → *TKG* mit einer rücksprungkräftigen → *Dehnfähigkeit* von mindestens der dreifachen, in der Praxis bis zum Achtfachen der Ausgangslänge. Es sind durch → *Polyaddition* im → *Trockenspinnverfahren* gebildete → *Blockpolymere* mit einem kristallinen Hartsegment aus kurzkettigem, erst unter hohen Temperaturen schmelzenden → *Polyurethan*, und einem amorphen Weichsegment aus langkettigen, beweglichen → *Makromolekülen* mit niedrigem (30–40°) Schmelzpunkt; bei → *Lycra* ist dies ein spezieller → *Polyether*, bei → *Dorlastan* ein Adipinsäure-Kopolyester oder Polyether. Die Moleküle der Weichsegmente sind

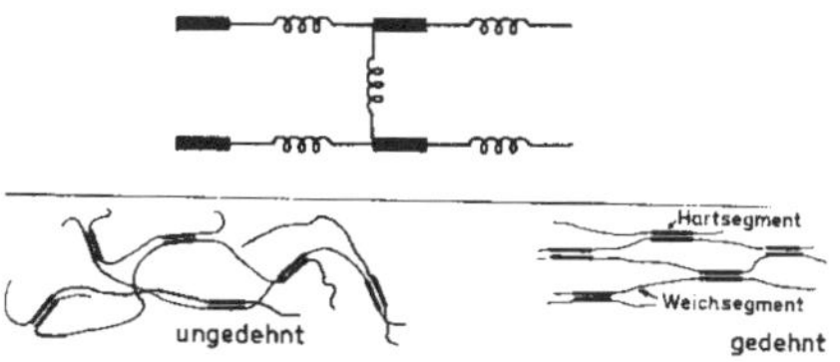

Elastan. Schematische Darstellung der Anordnung der Hart- und Weichsegmente mit der Querverknüpfung in ungedehntem und in gedehntem Zustand.

bestrebt, in ihrer ungeordneten Knäuelform zu bleiben; bei Zugbeanspruchung werden sie in einen geordneten Zustand überführt. Zur Verhinderung einer bleibenden Dehnung sind die Hartsegmente ein Knotenpunkt im makromolekularen Netzwerk und durch eine Art von Querversteifung aneinander gebunden, die das Bestreben der Weichsegmente, in ihre Knäuelform zurückzukehren, unterstützt. Unter minus 38° frieren die Weichsegmente ein; die Faser wird starr; zwischen plus 5° und 45° erfolgt keine Veränderung des Dehnungsverhaltens. Bei höheren Temperaturen schrumpft die Faser, ab 165° wird sie thermisch ver-

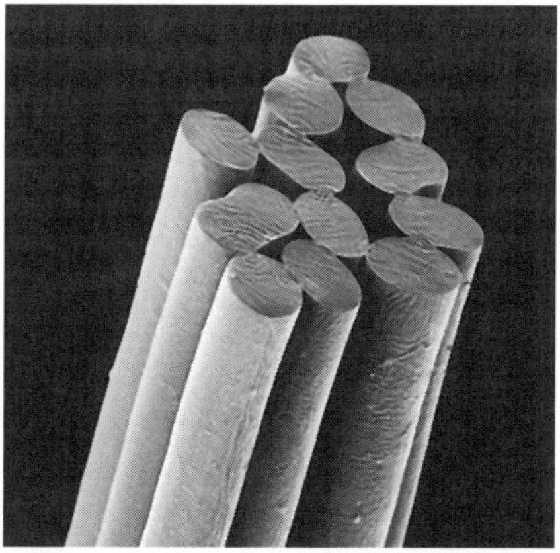

Makroaufnahme von trockengesponnenem Elastan (Dorlastan); die beim Spinnen leicht miteinander verschmolzenen Faserbündel mit der optischen Wirkung eines Monofils mit ihrem lokkeren Gefüge und den Lufteinschlüssen zwischen den einzelnen Fibrillen sind gut zu sehen.

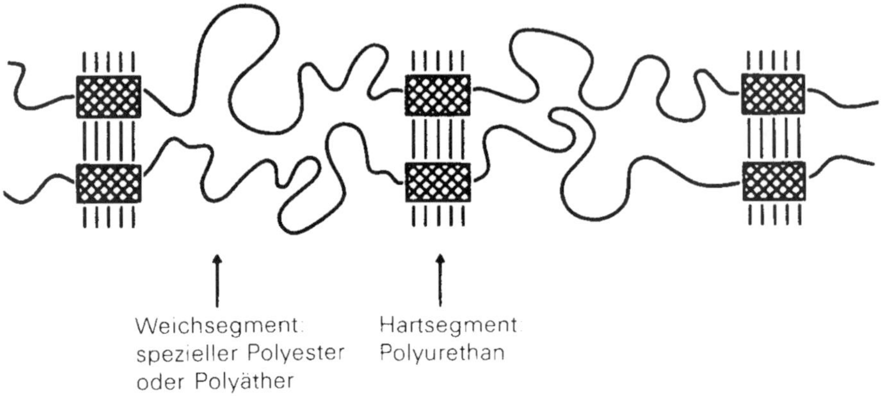

Struktur der Blockpolymerisat-Ketten von Elastan. Amorphe (ungeordnete) Weichsegmente aus Polyester oder Polyether wechseln mit kristallinen Hartsegmenten.

formbar, die Verformung ist fixierbar (→ *Miederwaren*!). Zwischen 275° und 300° liegt der Schmelz- und Zersetzungsbereich. – Elastane sind die einzigen Textilfasern, die wegen der mäßigen → *Scheuerfestigkeit* selten „blank" oder allein und meist in Kombination mit anderen Fasern zu Textilien verarbeitet werden (→ *Kombinationsgarn*, → *Core-Garn*, → *Umspinnungszwirn*, → *Umwindungsgarn*). Sie sind gut anfärbbar, oxidations- und alterungsbeständig, werden durch Öle, Fette, Kosmetika, Schweiß, Meer- und Chlorwasser, Lösungsmittel der → *Chemisch Reinigung*

Kettenwirkware (Charmeuse) für Badebekleidung mit Dorlastan-Filament dtex 45 in gedehntem Zustand; links die (technische) Vorderseite, rechts die meist nach außen verarbeitete Rückseite (stark vergrößert). D = Dorlastan-Filament, P = Polyamid-Filament.

Irrtümlicherweise wurde auf Seite 236 nachfolgende Abbildung nicht berücksichtigt:

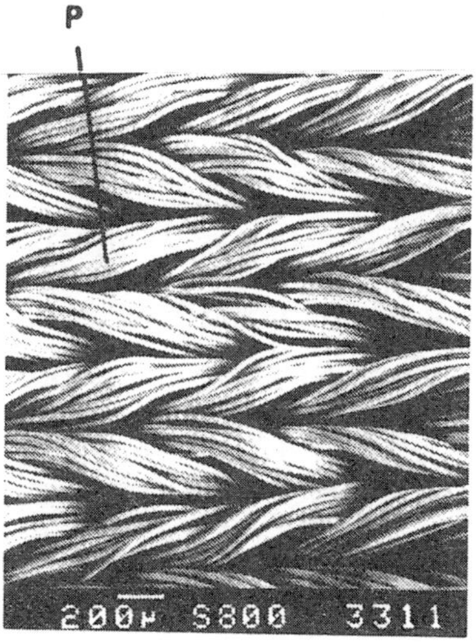

Kettenwirkware (Charmeuse) für Badebekleidung mit Dorlastan-Filament dtex 45 in gedehntem Zustand; links die (technische) Vorderseite, rechts die meist nach außen verarbeitete Rückseite (stark vergrößert). D = Dorlastan-Filament, P = Polyamid-Filament.

Die unter dem Stichwort „Baby-Doll" auf Seite 55 rechts stehende Abbildung wurde dort irrtümlicherweise plaziert.

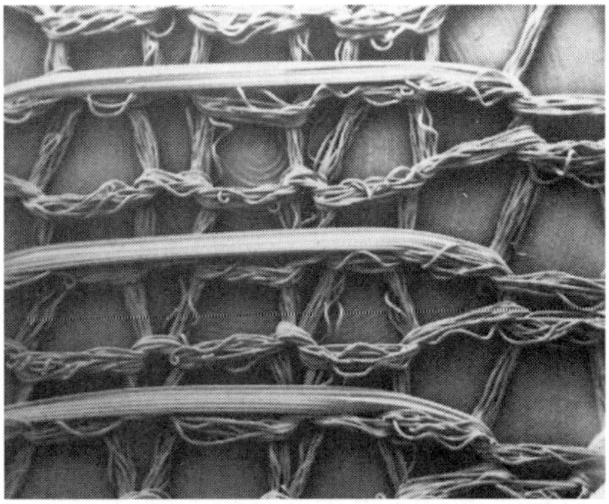

Einarbeitung eines Elastan-Filaments (Dorlastan V820 mit einer Dehnfähigkeit bis 600%) 1:3 hinterlegt zu Polyamid-mousse in den Bund einer Damenstrumpfhose.

und Sonnenlicht nicht angegriffen, sie sind sehr fein ausspinnbar und haben deshalb → *Gummifäden*, und wegen des über die Faserkonstruktion steuerbaren, angenehmen, gleichmäßig über den gesamten Zugbereich wirksamen, nur wenig Kraft erfordernden Zugverhaltens trotz des deutlich höheren Preises auch die → *falschdraht-texturierten* Polyamide für Textilien fast völlig verdrängt. Bei guter Waschbarkeit ist die Feuchtigkeitsaufnahme mit nur 1,0–1,3 % gering. Die Wasch- und Pflegeanleitung richtet sich nach den anderen Materialien. Elastane können in Gewebe und Maschenwaren eingearbeitet werden. Verwendung nicht nur für → *Stretchstoffe* und → *Hochelastische Maschenwaren*, sondern auch in dimensionsstabilen Stoffen vor allem für sommerliche Bekleidung in Beimischungen unter 5% zur Verbesserung der → *Knitterresistenz* und der rascheren → *Knittererholung*. Zu den Einsatzgebieten vgl. → *Opaque*, → *Stützstrumpfhosen*, → *Satin Sheer*, → *Control Top*, → *Leggings*, → *Mieder*, → *Badebekleidung*, → *Lycra Sensations*, → *Stretch-Stoffe*, → *Cloqué Stretch*, → *Hochelastische Maschenwaren*. Für medizinische Zwecke ist Elastan koch- und sterilisierbar. – Vgl. → *Elastic*, → *Vyrene*, → *Modifiziertes Elastan*.

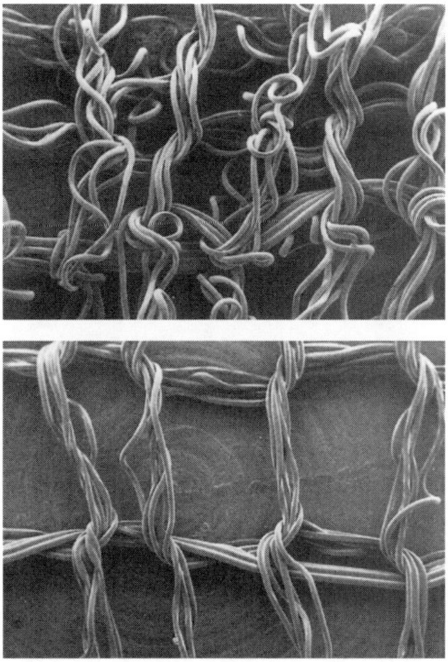

Einarbeitung von Elastan (Dorlastan) in die Beinlänge von Feinstrumpfhosen zur Erzielung eines absolut faltenfreien Sitzes mit hohem Tragekomfort als blankes Filament in Einlegetechnik 1:1 nach jeder zweiten oder dritten Maschenreihe. Wird Elastan in jedem zweiten System plattiert, können ein- oder zweistufig mit Polyamid umwundene oder luftverwirbelte Garne eingesetzt werden. Oben ungedehnt, unten gedehnt.

Elastic, ursprünglich für alle rücksprungkräftig-elastischen Stoffe mit elastischen Garnen gleich welcher Herkunft übliche Bezeichnung; neuerdings nur mehr für elastische Gewebe und Maschenwaren gebraucht, die ihre → *Elastizität* den → *texturierten* → *Falschdrahtgarnen* verdanken. Für Stoffe mit → *Elastan* oder mit → *Hochleistungsfasern* (→ *bikomponente* Spezialfasern, Dehnfähigkeit maximal 25%) benutzt man nunmehr die Bezeichnung → *Stretch(-Stoff)*. Trotz des günstigen Preises wurden die Elastics wegen der nur bis 15% reichenden elastischen Dehnfähigkeit und der angenehmen Trageeigenschaften für Oberbekleidung weitestgehend durch die Stretchstoffe (Dehnfähigkeit: Gewebe bis 25%, Maschenwaren bis 200%) ersetzt. Falschdrahtgarne werden vor allem aus Preisgründen weiterhin bei → *Jersey-Bettwäsche* und bei → *Jeans-Stretchstoffen* eingesetzt. Stoffe, die durch die → *Bindung* oder durch hochgedrehtes → *Kreppgarn* eine gewisse Elastizität erhalten haben, zählen weder zu den Elastics noch zu den Stretch-Stoffen. – Vgl. → *Elastische Stoffe*.

Elastikrand, elastischer Abschluß von Kniestrümpfen und Socken, durch Plattieren mit → *Elastan*-Fäden gebildet; wegen der Alterungsanfälligkeit nur mehr selten und hauptsächlich in den unteren Preislagen mit → *Gummifäden*.

Elastische Binde, Spezial-Schmalgewebe in poröser Webart oder -Maschenwaren in besonderer → *Legung* aus scharf hochgedrehten Baumwoll-Kreppzwirnen in der Kette mit und ohne Einarbeitung von → *Elastan* für medizinische Zwecke.

Elastische Dehnung, → *Elastizität*, vorübergehende Dehnung; nach Entlastung nimmt die Textilie ihre ursprüngliche Dimension (Form und Länge) wieder an. Gegensatz: bleibende → *Dehnung*, die Dimension ändert sich für immer.

Elastische Stoffe, Gewebe oder Maschenwaren, die rücksprungkräftig dehnfähig sind und bleiben. Nicht alle Stoffe, die dehnfähig sind, sind auch elastisch. → *Monoelastische* Stoffe sind entweder nur längselastisch (bei Geweben: kettelastisch) oder querelastisch (schußelastisch); → *Bielastische* Stoffe sind in beiden Richtungen (multidirektional) elastisch. Je nach der Technik, den Stoffen eine deutliche und dauerhafte → *Elastizität* zu verleihen, unterscheidet man fünf Gruppen, die sowohl im Ausmaß der Elastizität als auch im Preis sehr verschieden sind:

1. → *Maschenstoffe* in entsprechenden Bindungen und Einstellungen. → *Rippware* 2/2 und 1/1 kann auch bei Einsatz klassischer Garne eine Elastizität von 30%, im Maximum sogar bis 50%, erreichen, jedoch ist der Rücksprung je nach Bindung und Material sehr verschieden und nach mehreren Wäschen nicht mehr exakt kontrollierbar.
2. Gewebe aus → *Kreppgarn* oder in → *Hohlstoffbindungen*. Die Elastizität ist begrenzt, der Rücksprung nicht exakt meßbar oder kontrollierbar.
3. Stoffe aus → *bikomponenten Spezialfasern* oder aus → *Hochleistungsfasern*. Die Fasern werden auf thermischem Wege auf die Hälfte geschrumpft und gekräuselt; bei einer Dehnfähigkeit bis 25% ist der Rücksprung (1996: noch) nicht voll gesichert. → *Hochleistungsfasern* (→ *Trevira ESP*) werden zunächst vor allem für → *Möbelstoffe* und → *Wandbespannungen* eingesetzt; ihre leichte Verarbeitbarkeit in Spinnerei und Weberei eröffnet gute Chancen für Bekleidungstextilien, sofern keine allzu hohen Ansprüche an die Exaktheit des Rücksprungs gestellt werden.
4. → *Elastics*, Stoffe mit → *Falschdrahttexturierten* Polyamid-Filamenten (selten: Polyester). Häufig ist die Elastizität durch das → *Scragg-Verfahren* reduziert (→ *Rhonel*-→ *Helanca*). Da sie deutlich billiger sind als die Elastane, werden sie für große Quantitäten einheitlicher Stoffe eingesetzt, bei denen der Preis eine wichtige Rolle spielt und der milde und gleichmäßige Zug und die beträchtlich höhere Dehnfähigkeit der Elastane nicht zum Tragen kommt (→ *Jersey-Bettwäsche*, → *Jeans-Stretchstoffe*).
5. Stoffe mit → *Elastan* (→ *Stretch*), Gewebe und Maschenwaren von meist hoher Qualität und im gehobenen Preissegment. Die Fasern → *Lycra* und → *Dorlastan* werden in nur geringen Anteilen von nur 2–5% mit bereits recht guten Elastizitätswerten, über 10–15 %, schließlich von 20% und mehr eingesetzt und bewirken

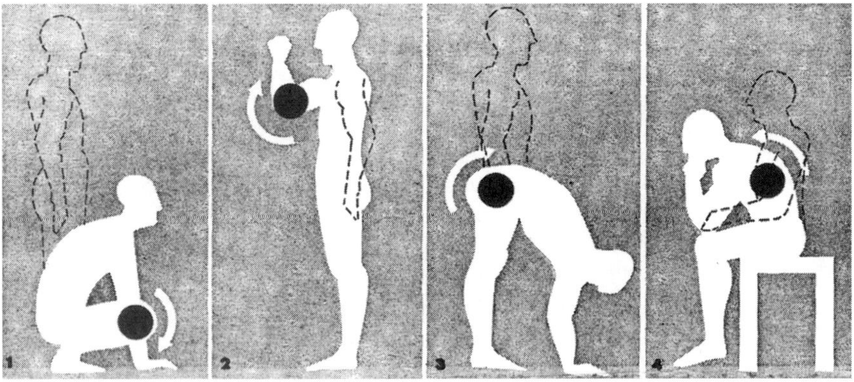

DuPont hat in einer Grundlagenstudie die vier markantesten und kritischsten Dehnungspunkte der menschlichen Haut, denen sich die ideale Bekleidung anpassen sollte, aufgezeigt. Beim horizontalen Bewegungsablauf ergibt sich im Rücken eine Dehnung bis 28%, bei den Ellenbogen in vertikaler Richtung bis 50% und in horizontaler bis 25%. Am Gesäß reicht die Dehnung horizontal bis 47%, am Knie sind es bis zu 52%. Dies bedeutet, daß der nötige Komfort bei Sportbekleidung erst bei einer Dehnfähigkeit der Gewebe von 35–50 % erreicht wird, während man bei Freizeitkleidung schon mit 25–35% auskommt.

eine Elastizität zwischen 25 und 35%, in der Spitze bis 200%, wobei der Rücksprung voll gewährleistet ist. Die bleibende Dehnung darf 3% keinesfalls übersteigen.
Die Probleme der Fertigung von Bekleidungstextilien aus Elastics und Stretch liegen bei Schwierigkeiten in der Stückfärberei, in einer gewissen Unsicherheit bezüglich der Maßhaltigkeit wegen des höheren Bügel- und Waschschrumpfs, in der schwierigeren Verarbeitbarkeit in der Konfektion, dem Fehlen geeigneter Futterstoffe (außer elastischem Wirkfutter) und der Gefahr eines Ausbeul-Effekts beim Tragen. Die Konfektion bevorzugt schußelastische Gewebe (die auf dem Webstuhl 15–20 % breiter gewebt werden), weil die Stoffe vor dem Zuschnitt absolut spannungsfrei gelegt werden und mehrere Stunden ruhen müssen. Genäht wird auf dem ungedehnten Stoff. Kettelastische Gewebe sind in der Produktion billiger und zur Erzielung eines straffen Sitzes der Bekleidungsstücke (Hosen) günstiger, jedoch ist das Einsetzen von Ärmeln sehr schwierig, weil der Ärmel in verschiedenen Richtungen elastisch ist. Wird wegen des hohen Preises auf Stretchfutter verzichtet, muß man durch breite Falten versuchen, dem Futter genügend Spielraum zu geben. Bei zu geringer Schußdichte besteht die Gefahr verstärkter → *Pillingbildung.*

Elastizität, rücksprungkräftige → *Dehnfähigkeit*, Fähigkeit eines Materials, die Folgen einer durch äußere Einwirkung hervorgerufenen, mechanischen Spannung wieder rückgängig zu machen. Das konstante Verhältnis zwischen Spannung und Deformation bezeichnet man als → *Elastizitätsmodul.*

Elastizitätsgrad, Verhältnis der → *elastischen Dehnung* zur Gesamtdehnung unter einer bestimmten Belastungsstufe.

Elastizitätsmodul, Verhältnis von feinheitsbezogener Zugkraft und Dehnung, Kennziffer, die das Ausmaß des Bestrebens eines Textilmaterials darstellt, eine durch Einwirkung von Zug, Druck, Verdrehung, oder Krümmung erfolgte Formänderung nach Beendigung der Einwirkung dieser Kraft wieder rückgängig zu machen. Gemessen wird das Verhältnis aus angreifender Kraft und erzeugter → *Dehnung* in kp (Kilopond). Je geringer die Dehnung, desto höher ist der angegebene Wert, und desto besser ist die zu erwartende → *Formbeständigkeit*; je niedriger, desto elastischer ist das Textilgut. – Vgl. → *Knitterwinkel*, → *Knittererholung*, → *Naßmodul*, → *Selbstglättung*.

Elastodien, lt. → *TKG* elastische Fasern aus natürlichem oder synthetischem Polyisopren; nur noch → *Gummifäden*.

Elastolan, stark bauschige, nach geschütztem Spinnverfahren gesponnene Garne für Maschenwaren aus Schurwolle mit geringem Synthetic-Anteil.

Elastomere, seit Einführung des → *TKG* Sammelbegriff für alle von Natur aus rücksprungkräftig dehnfähigen Textilfasern, umfaßt die → *Elastodien* und → *Elastan*, nicht aber elastische → *Hochleistungsfasern* oder texturierte Synthethic-Filamente.

Electronic Fusing Process, amerikanisches Verfahren zur Verschmelzung mehrerer Stofflagen von → *Stretchstoffen* unter Hitzeeinwirkung auf elektronischem Wege; es ergeben sich Nähte und nahtlose Verformungsmöglichkeiten und eine hervorragende Formbeständigkeit bei guter Elastizität.

Elektrostatische Aufladung, Bildung eines elektrostatischen Spannungsfeldes auf Grund mangelnder Möglichkeit des Abfließens einer positiven oder negativen Ladung, Aufladung von Textilien mit faserbedingt schlechter elektrischer Leitfähigkeit und geringer Feuchtigkeitsaufnahme durch statische Elektrizität, gefördert durch starke Reibung und geringe relative Luftfeuchtigkeit unter 45%. Die Aufladung, die bei Synthetics, Angorawolle, Naturseide und Wolle auftritt, äußert sich durch Kleben, Knistern und Funkenbildung der am Körper getragenen Kleidungsstücke beim Ausziehen, begünstigt das Anschmutzen und führt bei Teppichböden ohne leitfähige Rückenbeschichtung und bei Möbelbezügen, vor allem mit Polyamid-Anteil, bei Berührung eines geerdeten Metallteils zu schlagartiger Entladung. Die Spürbarkeitsgrenze liegt bei etwa 2000 Volt. Dies ist nicht gefährlich, aber oft recht lästig. Positiv ist die Linderung rheumatischer Leiden durch die Aufladung zu beurteilen. Unter den → *Futterstoffen* zeigt Polyester bezüglich der Reibungselastizität günstige Werte, Viskose die mit Abstand besten; Polyamid auch in Mischungen und Acetat laden stärker auf. In der Verarbeitung macht die Aufladung Schwierigkeiten, wenn die Einzelfäserchen sich im geladenen Zustand gegenseitig abstoßen. Man versucht, durch Erdung der Maschinen, Aufbringen von → *Avivagemitteln* und durch Ionisierung der Luft die Aufladung in Grenzen zu halten. Bei Fertigtextilien beruhen die Methoden zur Verhütung oder Verringerung der Aufladung auf verschiedenen Prinzipien: Verringerung der Reibung durch Erhöhung der Gleitfähigkeit, rasche Verteilung der Aufladung auf der Faseroberfläche und Einsatz → *antistatischer Fasern*. – Vgl. → *Antistatische Ausrüstung*.

Elementarfarben, Primärfarben, Rot (warme Farbe), Blau und Gelb (kalte Farben); durch paarweise Mischung der Elementarfarben entstehen die → *Sekundärfarben*.

Elementarfasern, längliche, an ihren Enden spitz zulaufende Zellbündel bei → *Bastfasern* und → *Blattfasern*, die durch eine leimartige Interzellularsubstanz zur → *Bündelfaser* zusammengeklebt sind. Trennung ist durch → *Cottonisieren* möglich.

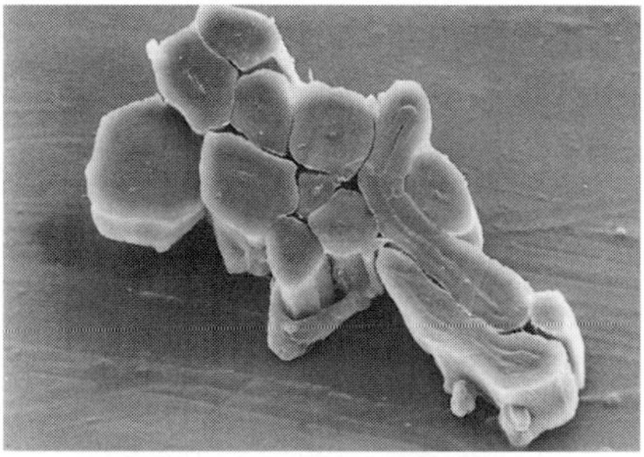

Querschnitt einer Hanffaser mit den zusammenhängenden Faserbündeln aus polygonen und bandförmigen Elementarfasern unter dem Elektronenmikroskop.

Elementenspinnverfahren, → *Kurzspinnverfahren*, moderne → *Feinspinnverfahren*, bei denen die → *Vorspinnerei* entfällt, weil die Spinnmaschinen mit festigkeitslosen Streckbändchen beliefert werden. Der Faden wird durch fortwährendes Aneinanderfügen von möglichst vollständig aufgelösten Büscheln von Einzelfasern an die offenen Fadenenden des fertigen Garns ohne Ring und ohne Läufer gebildet. Die Auflösung des Faser-Rohmaterials in einzelne Elemente kann mechanisch, elektrostatisch, pneumatisch oder hydraulisch erfolgen. Jede Spinnstelle hat ein eigenes Spulwerk, das große, voll verarbeitungsfähige → *Kreuzspulen* liefert. Bei Spinngeschwindigkeiten von 150–200 m/min (Ringspinnen: 20m/min) ergeben sich beträchtliche Rationalisierungseffekte. Der Aufbau der Garne weicht mit einem eher lockeren Kern, der durch fest darumgeschlungene Fasern zusammengehalten wird, deutlich von dem der Ringgarne ab, was zu anderen Garneigenschaften führt. Festigkeit und Feinheit der Fasern sind wichtiger als deren Länge. Sie sind nicht für alle Garnfeinheiten und bei allen Rohstoffarten anwendbar. Zu den Elementenspinnverfahren gehören die → *Offen-End* (→ *Rotor-* und → *Friktions-*)-Verfahren, die → *Luftdüsen-Spinnverfahren* und → *Scheinzwirn-Spinnverfahren.*

Elitex, 1. → *Düsenwebmaschine* mit Schußeintrag durch Wasserstrahl.
2. → *Offen-End-Spinnmaschine* mit → *Spinnturbinen.*

ELS-Baumwolle, Extra Long Staple, hochwertige, besonders langstaplige Baumwollsorten vor allem aus den USA und Ägypten (Gossypium barbadense) mit einem → *Stapel* über 33,4 mm bis 50 mm, Jahresproduktion etwa 3 Mio Ballen zu je 480 lb.

ELTAC-Label, (European Largest Textile and Apparel Companies), vor allem von südeuropäischen Ländern geplantes → *Euro-Label* mit Schadstoffparametern bezüglich einer Kombination von → *humanökologischen* Eigenschaften, Produktions- und Qualitätsstandards.

Geplantes ELTAC-Label (1995) (EG-Umwelt-Label).

Emba®, amerikanische Züchtergemeinschaft für Qualitäts-Mutations- → *Nerz* in verschiedenen Farbvarianten. – Vgl. → *Blackglama*, → *Saga.*

Embros, relativ preiswertes und sehr haltbares Fell eines italienischen → *Merino-*Lammes, ergibt gut wärmende und nur wenig auftragende Kleidungsstücke. – Vgl. → *Lamm*, → *Toscana-Lamm.*

Emera®, hochelastischer, vor Wind und Kälte schützender, atmungsaktiver, aber wasserdampfdurchlässiger → *Windliner* (Akzo) auf Basis geschlossener hydrophiler Polyester. Homogen (also nicht porös), farblos, transparent, leicht opak, auch mit → *Maschenstoffen*, → *Fleece*, → *Steppstoffen*, → *Leder* sowie mit Stoffen im Leinen- oder Naturseidencharakter, nicht aber auf beschichteten Stoffen verarbeitbar. Auf Oberstoffe direkt auflamierbar, als Futter- oder → *Liner*-→ *Laminat*. → *Kaschierung* zweier Stoffe mit Emera als Zwischenschicht ist möglich. Die → *Membrane* eignet sich auch für → *Activwear*, Funktionsbekleidung, → *Overshirts* und → *Jacken*. Bis 40° waschbar und reinigungsbeständig. Qualitätsgarantie bis zum Endprodukt.

Emission, die von einem Aggregat ausgehenden festen, gasförmigen oder flüssigen Körper, die in die Atmosphäre oder ins Wasser gelangen; auch Geräusche, Erschütterungen und Strahlungen.

Empire, (sprich: Ampihr, nicht Empeier), der von der Antike beeinflußten, klassizistischen Stilepoche aus der Zeit Napoleons nachempfundene, sparsam ornamentierte Moderichtung mit hochgeschobener Taille, deutlich betonter Büstenpartie, häufig mit tiefem Ausschnitt und kurzem Oberteil; breite Gürtel, gerundete Hüften, nach unten schmaler werdender Rock. Die Linie kann durch einen einzigen, in Brusthöhe plazierten Knopf betont, durch eine unter der Brust angeordnete Quernaht und/oder Bändchen markiert und bei → *Layering* mit kurzen Jäckchen oder Tops vorgetäuscht werden, die über langen Hemden getragen werden.

EMS-System, Einarbeitungsform nicht abgebundener Schüsse in → *Kettenwirk*- und → *Raschelwaren*, Einfaden-→ *Magazinschuß-Verfahren*, bei dem im Gegen-

Empire-Linie. Von links: Weit ausgeschnittener Reverskragen mit nur einem in Brusthöhe angeordnetem Knopf; doppelte Quernaht unterhalb der Brust; nach oben strebender Gesamtschnitt, nur der oberste Knopf wird geschlossen; Empire-Stil im Layering-Look mit kurzem, zweireihigem Jäckchen oder mit hoch geschlossenem Hemd und langer, darüber zu tragender Jacke.

satz zum → *MSU-Verfahren* kein Umkehrschuß, sondern einzelne, abgelängte Fadenstrecken den Wirkwerkzeugen zugeführt werden. Der Randabfall bei den Schußfäden wird um etwa 60% auf nur mehr 80-100 mm/Eintrag reduziert. Die Magazinschuß- und Stehfäden liegen absolut gerade und rechtwinklig zueinander im Gewirk. Die optimale Verankerung der Schuß- und Stehfäden im Warengrund wirkt sich besonders vorteilhaft bei → *Gardinenstoffen* aus. – Vgl. → *Gewebeähnliche Maschenstoffe*, → *Mehrfaden-Magazinschuß*, → *Einfaden-Umkehrschuß-System*.

Emulgatoren, Emulgiermittel, → *grenzflächenaktive Substanzen*, deren Moleküle einen → *hydrophilen* und einen → *hydrophoben* Rest aufweisen. Mit ihrer Hilfe kann man zwei nicht mischbare Flüssigkeiten (z.B. Wasser und organische Lösungsmittel) in eine relativ stabile, innige Mischung bringen.

Emulsion, feine Verteilung von mindestens zwei nicht oder nur geringfügig ineinander lösbaren Flüssigkeiten, von denen eine in Form feiner Tröpfchen in der anderen verteilt ist. Beispiele: Öl-in-Wasser-Emulsion, Wasser-in-Öl-Emulsion. – Vgl. → *Dispersion*, → *Suspension*.

Endelnaht, → *Überwendlingnaht*.

End' in End, deutliche → *Fil à Fil*-Dessinierung.

Endlos-Fasern, nach DIN 60000 „linienförmige Gebilde von praktisch unbegrenzter Länge, die sich textil verarbeiten lassen". In der → *Chemiefaser*-Terminologie durch die Bezeichnung → *Filamente* ersetzt; die einzige natürliche Endlos-Faser ist die → *Naturseide*. Das → *TKG* unterscheidet nicht zwischen → *Stapelfasern* (→ *Spinnfasern*) und Endlos-Fasern.

Endo-stat®, → *antistatische Ausrüstung* für Socken und Strümpfe (Burlington) mit dem Ziel, das Haften und Kleben von Socken aus synthetischem Material an den Beinkleidern zu verhindern, das Fusseln und das Ansetzen von Staubringen am Bein zu vermeiden und der Haut Atmungsfreiheit zu geben. Der Effekt ist waschfest und dauerhaft.

Endzwirn, aus mehreren Garnen oder Zwirnen gewonnener → *Zwirn*. **Endzwirnfeinheit**: Die Berechnung der Fadenstärke des Endzwirns geschieht ohne Berücksichtigung der → *Einzwirnung* durch einfache Addition der → *tex*-Werte der eingesetzten Garne oder Zwirne.

Engineering, ingenieurmäßiges Planen. Basis-Engineering: Verfahrenstechnik einschließlich der chemischen, physikalischen und maschinellen Voraussetzungen; Detail-Engineering: Umsetzung auf die entsprechende Anlage unter Berücksichtigung der Kapazität.

Engineering Print, Druckdessins, vor allem im Stil der → *Panneaux*- und → *Tücherdrucke*, die in der Art der Anlage des Musters und im → *Rapport* bereits auf den Zuschnitt in der Konfektion abgestimmt sind, so daß sie ohne viel Verschnitt verarbeitet werden können. Teilweise werden

Beispiele für großflächige Motivdrucke. Von links: Tücherdruck; zwei Kleider mit Engineering Prints; das Muster verläuft vom unteren Saum aus zuschnittgerecht nach oben und betont die Nähte. Ganz rechts ein nach Art einer Bordüre angelegter Panneauxdruck.

passende Abwandlungen für Ärmel mit angeboten. Im Gegensatz zum → *programmierten Druck* ist Zuschnitt in Lagen möglich. – Vgl. → *Eingepaßter Druck*, → *Dessin placé*.

Englanderdruck, → *Mosaikdruck-Verfahren*.

Englische Baumwollnummer, Kürzel Ne oder NeB, historisches → *Numerierungssystem*, Garnlänge in hanks (840 Yards = 768,1 m) je 1 englisches Pfund (lbs, = 453,59 g). Generell durch das System → *tex* ersetzt, jedoch noch für handelsüblich aufgemachte Nähfäden und -zwirne sowie für Handarbeitsgarne im Gebrauch.

Englischer Besatz, gedoppelte Schulter bis Kollerhöhe und Frontbesetzen aus Oberstoff bei leichten Herrenmänteln.

Englische Stoffmusterung, Sammelbegriff für Webmusterungen, die vor allem bei → *Home-spun*-Geweben anzutreffen sind und die für den → *Country-Look* neue modische Bedeutung gewonnen haben: → *Fischgrat*, → *Tweed*, → *Donegal*, → *Irish-Tweed*, → *Harris-Tweed*.

Englische Tuchausrüstung, → *Shrunk*, → *London-Shrunk*.

Englisch Tüll, → *Bobinet-Gardine*.

Enka®, Vorsatz-Marke (Akzo), bei Chemiefasern nur noch für → *Viskose*-Filamente angewandt. – Vgl. → *Viscose Circle of Quality*.

Enkalon®, Polyamid 6, nur → *Filament*.

Ensemble, Kombination von zwei oder mehreren, nach Modestil, Stoffart und Verarbeitung genau aufeinander abgestimmten Kleidungsstücken; z.B. Kleid mit Jakke, Kleid mit Mantel. – Vgl. → *Complet*, → *Deux-pièce*, → *Separate*, → *Set*, → *Zweiteiler*. – **Ensemble-Look**: Elegante Version der sportlichen Kombinationsmode unter Einbeziehung abgestimmter → *Accessoires*.

Hosen-Ensembles. Links androgyn in herrenmäßigem Stil, Jacke zweireihig mit trapezförmiger Knopfstellung, Ärmel mit geknöpfter Manschette, Gilet-artiges Top; rechts sportlich mit Kurzjacke zur Gürtelhose mit weich gelegten Bundfalten aus gesandetem, weich fließendem Baumwollpopeline.

Entbasten, → *Degummieren*.

Entchloren, Entfernen der aus der → *Chlorbleiche* stammenden Chlor-Rückstände durch Chemikalien, die, wie Wasserstoff-Superoxid, Natrium-Bisulfit oder Natrium-

Sportliche Ensembles. Von links: Wendeponcho aus Tweed und Popeline zum Tweed-Kostüm mit Satin-Bluse; kurze Popeline-Jacke, gefüttert mit dem Wollkaro des falschen Hosenrocks; mit dem Stoff des echten Hosenrocks gefütterte Jacke im Hemdstil; Ensemble im Trachten-Stil; Kleid-Jakken-Ensemble mit ausgestelltem, kurzem Rock und einer Taillierung nach Art von Schnittkleidern mit vorgetäuschtem Top zur kleinen, offen zu tragenden Jacke.

Ensemble-Look mit Strick. Von links: Klassische Strickensembles aus Twinset mit Rock aus gleichem Stoff gehören zum festen Bestandteil der Mode; Kombination von Trägerrock aus Wollstoff und Strickkleid mit hohem Rollkragen; das Kleid aus Viskosekrepp mit floralem Druckmuster wird durch ein vorne geknotetes Angora-Strickjäckchen mit Halbarm im gleichen Grundfarbton ergänzt; Strickensemble mit Kleid im Lingerie-Stil zum Lurex-geschmückten Schlupfjäckchen.

Thiosulfat, das Chlor chemisch binden und sich anschließend gut ausspülen lassen.

Entenfeder, solide Gebrauchsfeder zur Füllung von → *Deckbetten* und → *Steppdecken*, kleiner als → *Gänsefedern* und stark gebogen, deshalb auch von besserer Füllkraft; läuft nach oben spitz zu oder strahlenförmig aus. Das Brechen eines Kiels wirkt sich auf die Füllkraft kaum aus, jedoch müssen Betten mit Entenfedern-Füllung länger und kräftiger aufgeschüttelt werden.

Entflammbarkeit, Entzündbarkeit, basiert auf der Temperatur- und Wärmemenge, die zur Entzündung eines Stoffes von bestimmter Zusammensetzung notwendig ist. Die Entflammungszeit von der Berührung mit einer Flamme bis zur Bildung einer eigenen Flamme ohne weitere Einwirkung der Zündflamme ist nicht nur nach Rohstoffen, sondern auch nach der Art der Textilie sehr unterschiedlich. Stoffe, die geschlossen, dicht, volumenarm und nicht mit leicht brennbaren Hilfsstoffen gefüllt sind, sind bei einem Gewicht von über 250 g/m^2 nicht leicht in Brand zu setzen. → *Antiflamm-Ausrü-*

stungen werden kaum bei Bekleidungstextilien, wohl aber bei Ausstattungsstoffen für öffentliche Verkehrsmittel und Gebäude mit starkem Publikumsverkehr angewandt. Die Temperaturen für die Selbstentzündbarkeit von Fasern liegen bei Baumwolle bei 400°, bei Synthetics zwischen 500° und 520°, bei Wolle bei 590°. – Vgl. *Flammenhemmende Fasern*, → *Hitzebeständige Spezialfasern*.

Entlaubungsmittel, ökologisch kritisch zu beurteilende Chemikalien (Phenoxylcarbonsäure), die bei Baumwollpflanzungen in Monokultur zur Erleichterung der maschinellen Ernte aufgebracht werden und dafür sorgen, daß die Blätter abfallen; der Boden und das Grundwasser können bis zur Verseuchung mit abgeschwemmten Chemikalienresten verunreinigt werden. - Vgl. → *Pestizide*.

Entrant, → *Nässesperr-Beschichtung*.

gend durch Hydrolyse, besonders faserschonend aber teuer unter Mitwirkung von → *Enzymen*, oder bei sorgfältiger Überwachung des Vorgangs durch Tränken mit schwacher Schwefelsäure in lösliche Bruchstücke (Dextrin, Zucker) überführt. Seltner ist ein Stärkeabbau durch Oxidation (z.B. mit Natriumbromit). - Die abwasserfreundliche Eiweiß- und Zellulosederivat-Schlichte ist im allgemeinen wasserlöslich und recyclingfähig. Entschlichten mit gleichzeitiger Rückgewinnung der Schlichte gelingt nur im zeitlichen und räumlichen Zusammenhang in dem Betrieb, der die Schlichte aufgebracht hat. Das Entschlichten kann auch im Kontinue-Verfahren zusammen mit der → *Bleiche* durchgeführt werden. Der Entschlichtungsgrad kann mit einem Jod-Test kontrolliert werden. Zurückgebliebene Schlichte kann die → *Farbaffinität* des Stoffes verändern. Bei Jacquards aus (Chemiefaser-) Filamenten kann die Schlich-

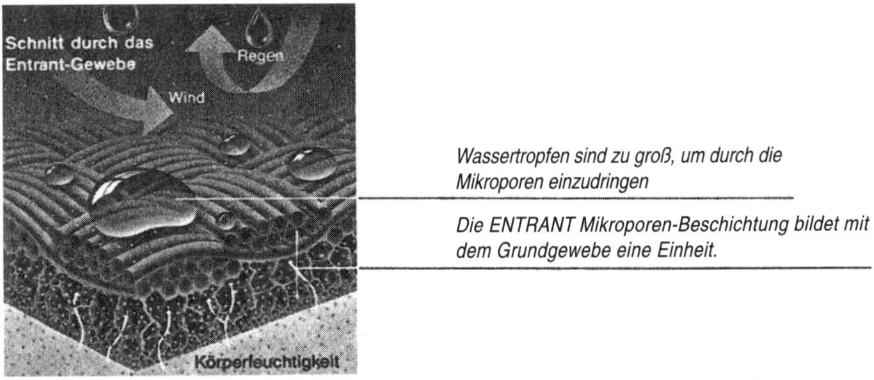

Nässesperrbeschichtung Entrant. Die Poren, kleiner als $^{3}/_{1000}$ mm, strukturieren die Beschichtung wabenförmig. Die Körperfeuchtigkeit kann das Gewebe durchdringen.

Entrefinos-Pelzvelours, → *Pelzvelours* von einer spanischen, → *Merino*-ähnlichen Schafrasse.

Entschlichten, nachträgliche Beseitigung der beim → *Schlichten* in das Gewebe eingelagerten Schlichtemittel, bei Baumwolle meist stärkehaltig. Die Stärke wird vorwie-

te Teil der Ausrüstung sein; es wird nicht entschlichtet; das Kleidungsstück darf jedoch nicht gewaschen, sondern muß chemisch gereinigt werden.

Entsorgung, → *ökologisch* einwandfreie Beseitigung gebrauchter Textilien und Bekleidung, die nicht einer der Formen des

→ *Recycling* zugeführt werden können. Textil-Abfälle haben zwar am Hausmüll nur einen Anteil von 2%, am Sperrmüll von 3%; ihr Anfall zeigt jedoch wegen der aufgrund des Verbraucherverhaltens und auch aus modischen Gründen immer stärker auseinanderklaffenden Differenz zwischen der technischen Gebrauchsdauer und der praktischen Nutzungsdauer steigende Tendenz. Sammel-Aktionen von Alttextilien verlagern nur das Problem der Beseitigung. Natürliche Rohstoffe und vor allem zellulosische sind zwar verrottbar, aber nicht ohne weiteres kompostierbar; faservernetzende Ausrüstung behindert die Verrottbarkeit. Neben den recycelbaren Fasern (Wolle, Polyester) und den ökologisch problemlos zu entsorgenden zellulosischen Fasern fallen jedoch auch Textilabfälle an, für die es (1995) noch keine Aufbereitungs- oder Verwertungsmöglichkeiten gibt und die bis zur erfolgreichen Beendigung der zahlreichen Forschungsvorhaben die Müllhalden belasten. Vom gesamten Volumen an Textil/Bekleidung werden 44% über Deponien, 37% durch Lieferungen an das Ausland und 19% durch Verbrennung entsorgt. Deshalb wird zu Recht eine **Entsorgungsökologie** gefordert, die bereits bei der Herstellung auf die Recycelbarkeit oder die umweltgerechte Entsorgung achtet.

Entwässern, im Vergleich zur → *Trocknung*, die unter Zuführung von Wärme erfolgt und 40mal so viel Energie erfordert, energiesparende, mechanische Entfernung der Feuchtigkeit aus naß veredelter Meterware durch Zentrifugen, Quetschwerke, Wasserkalander (ausschließlich für Zellulosefasern) und, speziell für Chemiefasern, Absaugmaschinen. Zurück bleibt leicht zu entfernendes Haftwasser, mechanisch nicht zu beseitigendes Quellungswasser und Kapillarwasser.

Entwicklungsfarbstoffe, aus zwei verschiedenen Chemikalien gebildete → *Farbstoffe*, die nacheinander oder einbadig auf den Stoff aufgebracht und auf der Faser durch → *Kuppeln* oder Diazotieren vereinigt werden. Brillant, licht- und waschecht. Auch Polyesterfasern können gefärbt werden. – Vgl. → *Diazo-Farbstoffe*, → *Naphthol-Farbstoffe*; → *Indrarot*.

En vogue, (sprich an vohg), frz. Ansehen, Ruf; „sehr beliebt“, „in Mode“ sein.

Enzym, Wirkstoff lebender Organismen, die die Stoffwechselvorgänge steuern und beschleunigen; Ferment, spezieller Eiweißkörper, als eiweißspaltender Biokatalysator wirksam; in → *Wasch-* und in → *Entschlichtungsmitteln* hierfür eingesetzt. Bei Temperaturen zwischen 40° und 60° bauen die Enzyme Verschmutzungen aus organischen Stoffen ab und spalten sie auf; bleiben solche eiweißhaltigen Flecken länger auf Textilien, denaturieren sie und sind wegen dieser Veränderung ihrer chemischen Konstitution nur mehr sehr schwer entfernbar. Zur Unterstützung der Waschleistung eingesetzte **Arten**: → *Proteasen* (in Pulverwaschmitteln, zur Lösung eiweißhaltiger Flecken wie Blut, Milch und Soßen); → *Lipasen* (zur Beseitigung von Fettflecken wie Kosmetika, Körperfett oder Soßen); gentechnisch hergestellte → *Amylasen* (vor allem in flüssigen Waschmitteln, zur leichteren Beseitigung von stärkehaltigen Flecken wie Schokolade, Stärke oder Haferbrei; auch Entschlichtungsmittel). In Waschmitteln eingesetzte Enzyme lösen keine Allergien aus. Teure Enzyme wie Lipasen und Cellulasen (zum Abbau be-

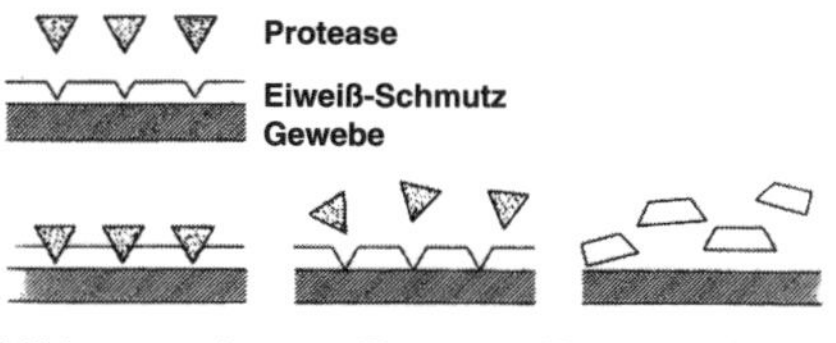

Wirkungsweise von Enzymen (Proteasen). Die Enzyme spalten Eiweiß in Bruchstücke auf, die dann durch die Tenside in der Waschlauge abgeschwemmt werden können.

schädigter Baumwollfasern wie Fusseln oder Knötchen) konkurrieren zu sehr in ihrer Funktion mit den Tensiden und werden deswegen nur selten eingesetzt. Bei gentechnisch hergestellten Enzymen wird der die Enzyme produzierende Mikroorganismus verändert, nicht das Enzym selbst. Jedoch sind diese Enzyme bei besonders hoher Ausbeute sehr rein. Die Fähigkeit zur Spaltung von Eiweißmolekülen kann dazu führen, daß → *Proteinfasern*, wie Wolle oder Naturseide, bis zur Zerstörung angegriffen werden. Besonders gefährdet sind → *Superwash*-ausgerüstete → *Schurwoll*-Maschenwaren, wenn sie in → *Alltemperatur*- oder → *Color-Waschmitteln,* die Proteasen in höherer Konzentration enthalten, gewaschen werden.

Enzym wash, umweltfreundliches, wenngleich teures Waschverfahren für → *Jeanswear* mit der Wirkung einer Bleiche zur Aufhellung der Stoffe oder Fertigteile. – Vgl. → *Stone-washed.*

Enzymwolle, minderwertige Naturwolle, die in zeitsparenden Verfahren mit nur geringer Faserschädigung aus den Häuten toter Tiere durch enzymatisch angereicherte Laugen herausgelöst wird. – Vgl. → *Schwitzwolle*, → *Mazamet-Wolle*, → *Schwödewolle.*

Epauletten, harte Schulterstücke, bei Uniformen meist mit → *Leonischen Gespinsten* verziert. Davon abgeleitet: Schulterbetonende Riegel z.B. am → *Trenchcoat.*

EPEA-Öko-Label, von der Steilmann-Gruppe entwickeltes, mit Produkthaftung ausgestattetes Qualitätssiegel. Die Schadstoffparameter sind nicht genau definiert und von Produkt zu Produkt verschieden, aber weltweit gleich; das nicht auf Textilien beschränkte Label folgt mit seinen Umweltstandards für Produktion und Produkt dem Lebensmittelrecht. – Vgl. → *Öko-Label.*

Epicuticula, feines, wie eine → *Membrane* wirkendes Häutchen, das die Schuppenschicht der Wollhaare überdeckt und für das unterschiedliche Verhalten der Wolle gegenüber Wasser und Wasserdampf verantwortlich ist. – Außenhaut (Epidermis) der Baumwollfaser, die die → *Fibrillen* umgibt: → *Cuticula.*

Epinglé, 1. Gezogener (Ruten-) → *Samt* (→ *Velours frisé*) in → *Kettsamt*-Technik für Möbelstoffe.
2. Schwerer → *Rips* mit Wechselrippe (mustermäßig verschieden breit), für Kleider- und Möbelstoffe. – Vgl. → *Cannélé.*

Epitropic®, → *antistatische Faser* (Polyamid) mit dauerhafter → *Antistatik* durch Einlagerung von Kohlenstoff oder Graphit mit dunkler Eigenfarbe; Beimischung nur mit 1–2%.

Epoxidharz, schmelzbare feste oder flüssige Kunstharze (→ *Reactantharz*) mit reaktionsfähigen Epoxid-Endgruppen.

Erbstüll, grober, ungemusterter → *Bobinet-Tüll* mit geringer Kettdichte und mit wabenförmigen Zellen; als → *Gardinenstoff* selten geworden.

Erdnußfaser, regenerierte → *Proteinfaser* mit geringer Trockenfestigkeit (Ardil, Sarelon). Ohne wirtschaftliche Bedeutung.

Eri, indische → *Wildseide*, → *Tussah-Seide*, recht steif, in natürlichen Beige- oder Grau-Tönen. – Vgl. → *Muga.*

Erschweren, → *Beschweren*, → *Chargieren*, Arbeitsvorgang der → *Naturseiden*-Strang- oder Stückveredlung, Auffüllen des durch das → *Entbasten* eingetretenen Masse- und Gewichtsverlustes durch Metallsalze (Zinnchlorid, Zinnphosphat, Natriumphosphat) und anschließendes Wasserglasbad sowie mit organischen Salzen oder anorganischen Gerbstoffen (→ *Vé-*

gétal-Erschwerung). Da die Erschwerung mit Gerbstoffen wohl das Volumen erhöht und den Griff verbessert, nicht aber das Gewicht, verbindet man sie manchmal mit Metallsalzen ohne Wasserglas (→ *Charge mixte*). Erschwerung unter Pari bis 10–60% über Pari bringt kaum einen Qualitätsverlust, wohl aber die weit (bis 300%) über das ursprüngliche Gewicht hinausgehende Überpari-Erschwerung. – Der Vorgang ist energieaufwendig und belastet die Abwässer. – Vgl. → *Pari-Erschwerung*.

Erstlingswolle, → *Hogget*, Wolle von der ersten Schur nach der Lammwollschur (des halbjährigen Lammes; → *Lambswool*) oder aus klimatischen Gründen von der ersten Schur überhaupt zum gleichen Zeitpunkt nach einem Jahr (→ *Jährlingswolle*). Länger als Lambswool, sehr weich, nicht gleichmäßig dick; da schwer verspinnbar, vor allem für → *Steppdecken*füllungen.

Erweichungsbereich, unter dem Schmelzpunkt von → *Synthetics* liegender Temperaturbereich zwischen dem Beginn der Plastizität und dem effektiven Erweichen, innerhalb dessen die Faser → *thermoplastisch* ist und verformt werden kann. – Vgl. → *Texturieren*.

Escher-Dessin, nach dem Namen des zu Beginn des zwanzigsten Jahrhunderts tätigen holländischen Grafikers Maurits Cornelius Escher, dem ersten Gestalter sogen. → *Verwandlungsmuster*, bezeichnete → *Evolutive Muster*.

Esoterik-Muster, Druckdessins, die von der Vorstellung von Dämonen oder von der Mystik des Mittelalters, von geheimen okkulten Lehren oder von Bildern aus der Welt der Astrologie beeinflußt sind sowie solche, die die silbrige Harmonie von Mond und Kosmos ausdrücken sollen. – Vgl. → *Space-Look*.

Espadrillas, aus der Gegend von Biarritz stammende, flache Bast- oder Segeltuchschuhe mit oder ohne Kordelschnürung oder Knöchelriemen. Auch: modischer, großer Schal, der um Taille und Hüfte drapiert werden kann.

Ester, chemische Verbindungen von Alkoholen und Säuren unter Wasseraustritt. – Vgl. → *Polyester*.

Esterházy, österreichischer Ausdruck für → *Glencheck*.

Estremadura, sechsfach gezwirntes, sehr weiches Baumwollgarn zum Handstricken.

Etagen-Look, Bekleidungsstil, bei dem kürzere und längere Oberteile übereinander getragen werden; weitgehend ersetzt durch → *Lagen-Look*, → *Layering*. – Vgl. → *Zwiebel-Look*.

Etamine, gazeartig durchsichtige, gitterartig durchbrochene → *Dreher*- oder → *Scheindrehergewebe*, meist mit Tuchbindeflächen gemustert, für Scheibengardinen und für Blusen. – Vgl. → *Marly-Etamine*.

Eta Proof®, funktionelles Baumwollgewebe mit dem → *Cotton-USA*-Zeichen aus doublierten Garnen in → *Tuchbindung* mit besonders dichter → *Einstellung* und hoher Strapazierfähigkeit mit einem speziellen wasserabweisenden → *Finish*, der den Stoff in drei Gewichten auch winddicht und pflegeleicht macht, ohne die Atmungsaktivität zu behindern; die Werte von → *Klimastoffen* werden nicht erreicht (→ *Wassersäule* 750). Für → *Sportswear* und → *Berufsbekleidung*.

Etchprint®, Fortentwicklung des → *Transferdrucks* mit unbegrenzten Farb- und Musterungsmöglichkeiten. – Vgl. → *SABA-Druck*.

Ethnik, Ethno-Muster, variationsreiche und in abgeänderter Form stets wieder erneuerbare, oft recht farbenfreudige, volks-

Ethnic für Herren. Von links: Von asiatischer oder orientalischer Baukunst inspiriertes, multikulturelles Druckdessin (Culture mix für die junge Mode); grafisch aufgebautes, von orientaler Ornamentik beeinflußtes Ethnik-Dessin in Kelimfarben; klares, grafisches Dessin im Stil der Stoff- und Teppichdessins der Andenvölker.

Ethnik. Links ein afrikanisch inspiriertes Druckmuster („African style") auf dem Rock, rechts wie ein Kachelmuster aufgebautes Dessin persisch-indischen Ursprungs in Patchwork-Manier.

tümliche Musterungen, Farben und typische Bekleidung, die der historischen oder der gegenwärtigen Volkskunst oder Kultur der verschiedensten, auch fremdländischen Völker entnommen sind. Beispiele: Ghandi- und Nehru-Look, maurische Ornamente, indonesische → *Batik*, → *Paisley-Dessins*, → *Inka-Muster*, → *Norwegermuster*, → *Provence-Muster*, → *Türken-Muster*, → *Mexiko-Stil*. – Vgl. → *Heraldische Muster*, → *Folklore*.

Eton-Schleife, als Krawatte gebundener, nicht zu breiter Schal.

Etuikleid, Schnittkleid, Kleid mit betont körpernahem Schnitt oder aus → *Stretchstoffen*, das den Körper wie ein Etui oder Futteral eng umschließt. Erfordert ideale Figuren. – **Etuimantel**, körpernah antaillierter Mantel, meist mit wuchtigem → *Fasson*. – Vgl. → *Futteralkleid*.

Etuikleid mit betont körpernaher Silhouette (links), Etuimantel mit schwungvollem Kragen, Brusttuch, stoffbezogene Knöpfe, tiefsitzende, schräge Pattentaschen.

Eton-Schleife

Eulan®, geruch- und farblose Chemikalien verschiedener Zusammensetzung auf Basis Halogen-Sulfonamide, die sich hauptsächlich bezüglich der Waschbeständigkeit und im Preis unterscheiden. Sie machen die Keratinsubstanz der Wolle für die Larven von → *Motten* und anderen Textilschädlingen ungenießbar und unverdaubar (Fraßgifte). Der dauerhafte Mottenschutz, der kaum bei Bekleidungstextilien und hauptsächlich auf Teppiche aufgebracht wird, ist für Menschen und Haustiere unschädlich. Aussehen und Griff werden nicht beeinflußt. Die Ausrüstung kann nicht nachträglich aufgebracht werden. – Vgl. → *Mitin*, → *Mottenkugeln*.

Eulan-asept®, Mottenschutzausrüstung mit → *bakteriostatischem* Effekt, fäulnishemmende, desodorierende und → *antimikrobielle Ausrüstung* vor allem für Strümpfe, → *Matratzen*, → *Federbetten* und Dekken.

Euroacril®, italienische Acrylfaser (EniChem), Spinnfaser und Kabel.

Eurobond® , Warenzeichen, das nur nach Qualitätstests vergeben wird, für Verbundstoffe mit Oberstoffen aus Polyamid, Polyester und Triacetat, auch mit Acetat-Trikot-Futter. – Vgl. → *Bonding*.

Euro-Label, → *EG-Umwelt-Label*, → *Eltac-Label*, wegen seines sehr gemäßigten Anforderungskatalogs, der deutlich unter dem des → *Öko-Tex-Standards* liegt, umstrittenes → *Öko-Label* der Europäischen Union, das (1996) für T-Shirts und Bettwäsche aus Baumwolle auch in Mischungen mit Polyester nach Genehmigung durch das Umweltbundesamt, Berlin, angewandt werden kann. Der Kriterienkatalog des branchenübergreifenden Zertifikats umfaßt neben → *humanökologischen* auch produktionsbezogene Anforderungen (Einschränkungen für die Arbeitsschritte Vorbehandlung, Weben, Färben und Ausrüstung sowie Verbot verschiedener Hilfsmittel) und gilt zunächst für drei Jahre; die Überprüfung kann durch frei wählbare Prüfinstitute nach einem festgelegten Verfahren vorgenommen werden. Bei Bekleidung sind Grenzwerte für Pestizide, Antimon, → *PCB* und ein Minimum an Gebrauchstauglichkeit vorgeschrieben. Der Rohstoffanbau ist nicht erfaßt. Geplant ist eine Ausweitung der Produktgruppen auf Wollwaren, Unterwäsche und Strümpfe. – Vgl. → *Eco-Label*.

Eutrophierung, starker bis vollständiger Entzug des Sauerstoffs aus natürlichen Gewässern mit der Folge des Absterbens von Wasserpflanzen und -tieren durch zu hohe Anreicherung der Gewässer mit Nährstoffen, z.B. von → *Phosphaten*, die seit der Erfindung und Durchsetzung → *phosphatfreier Waschmittel* hauptsächlich aus den Düngemitteln und Nutztierexkrementen der Landwirtschaft und nur zu geringen Prozenten aus den Spülmitteln für Geschirrspülmaschinen stammen. Die Einleitung von Phosphaten führt zu einer Überdüngung der Wasserpflanzen; das Überangebot an Nährstoffen bewirkt vor allem in stehenden oder nur langsam fließenden Gewässern ein übermäßiges Pflanzenwachstum (Algen) und ein enormes Anwachsen des Sauerstoffverbrauchs auch durch den Abbau abgestorbener Pflanzen.

Die Folge ist das Auftreten von Fäulnisbakterien und ein „Umkippen" des Wassers; Faulschlamm lagert sich ab. Durch Einbau von Phosphat-Fällungsstufen in Kläranlagen kann der Phosphatanteil im Abwasser reduziert werden.

Everglaze®, waschfeste und dauerhafte Prägeausrüstung von Stoffen aus zellulosischen Fasern (Bancroft) mit Hilfe von aufgelegten, also nicht quervernetzten Kunstharzen.

Everlasting, → *Strichnet*, Bindungstechnik von → *Bobinet-Gardinen* mit verhältnismäßig dichtem Grund und schiebefester Musterung, wobei eine relativ feine Zusatzkette die Querverbindung zwischen den unabgelenkten Ketten über die gesamte Warenbreite herstellt.

Everprest®, → *Pre-curing*, → *Permanent Press-Verfahren* für Mischgewebe Polyester/Baumwolle zur Erzielung von → *Dimensionsstabilität*.

Evlan®, modifizierte Viskose-Spezial-Teppichfaser (Spinnfaser) von Courtaulds.

Evolutives Muster, → *Verwandlungsmuster*, → *Escher-Dessin*, das auf Vorbilder des Graveurs Escher zurückgeht. Bei oft bordürenartiger Anordnung wird ein Mustermotiv nach und nach bei zusammenhängender Dessinierung in ein anderes überführt (z.B. Fische in Vögel, diese in Bienen usw.). Die Grundidee läßt sich für → *falsche Unis*, → *Dégradé*, aber auch für *Panneaux* oder Saumbordüren verwenden.

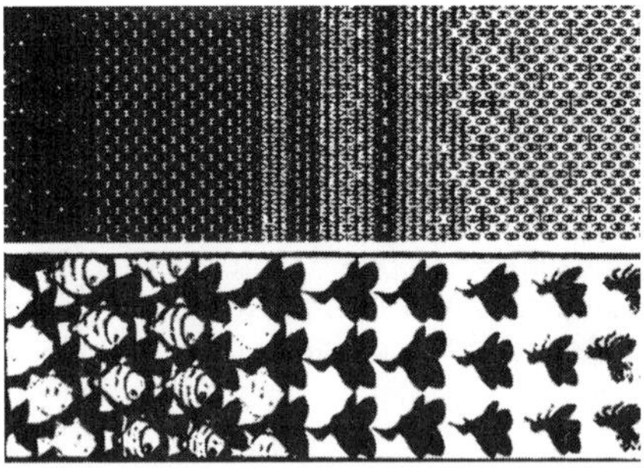

Evolutives Muster im Charakter einer Dégradé-Bordüre, unten vergrößert. Aus Fischen werden zuerst Vögel und dann Bienen.

Exklusiv-Dessin, → *Spezial*, „gesperrtes" Dessin, das kein anderer Abnehmer mehr erhält. Oft sind Exklusivs wegen der geringeren Auflage teurer; der höhere Preis wird bezahlt, wenn die Gestaltung von erlesenem Geschmack zeugt. Die Mindestmengen für reservierte Dessins unterschei-

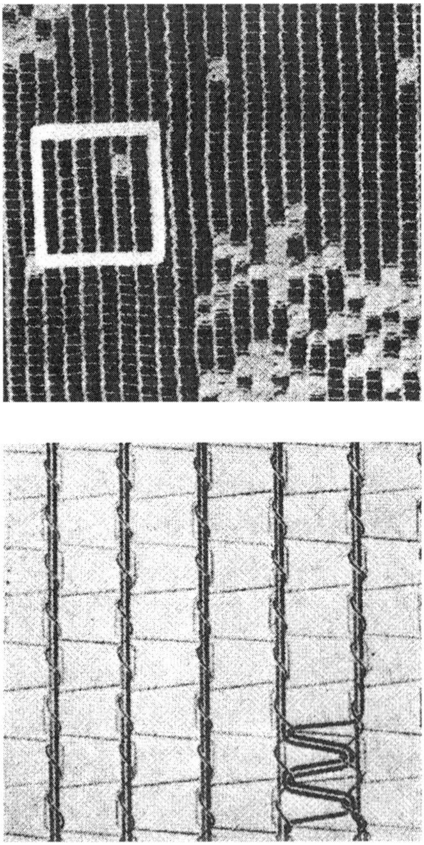

Everlasting (Strichnet); im unteren, stark vergrößerten Ausschnitt ist die Zusatzkette deutlich von den Musterfäden zu unterscheiden.

Exotic-Druck auf sommerlichem Rock und Rockhose, links eher grafisch, rechts im Dschungel-Look zu einfarbigem Jäckchen.

den sich je nach dem Maschinenpark des Herstellers, der Stoffart und der Besonderheit der Nachbehandlung oder der Ausrüstung (mindestens 200 m bei Sonderfarben stückgefärbter Ware, 400 m bei Buntgeweben auf vorhandener Kette, zwischen 2000 und 3000 m bei Druckstoffen). Gegensatz: → *Omnibus-Dessin.*

Exlan, japanische Acryl-Spinnfaser.

Exotic-Dessin, überseeischen (Südsee, Lateinamerika) und orientalischen Vorstellungen folgende Dessinierungen mit recht üppigen, oft verschlungenen, sehr eigenständigen Mustern, vor allem in intensiven Modefarben und in warmen, satten Gewürzfarben. – Vgl. → *Ethnik*, → *Folklore.*

Expressionismus, Kunstrichtung zu Beginn des Zwanzigsten Jahrhunderts (Cézanne, van Gogh, Gaugin, Nolde, Kokoschka) mit übersteigernden Ausdrucksformen und Überbetonung der Farben.

Extraktwolle, zu den → *Reißwollen* zählende → *regenerierte* Wolle, aus Wollmischgeweben durch → *Karbonisieren* gewonnen, wobei die pflanzlichen Bestandteile zerstört werden. Bei einer Faserlänge von meist über 20 mm von geringem Wert. Mißverständlicherweise auch als Alpa*kk*a bezeichnet.

Extrudieren, Verarbeitung von → *thermoplastischen* Kunststoffen und von geschmolzenen Spinnlösungen (→ *Schmelz-*

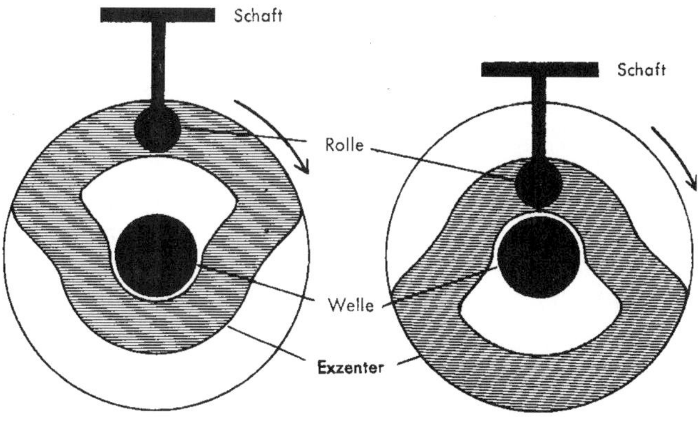

Schematische Darstellung der Wirkungsweise des Exzenters.

spinnverfahren) im **Extruder** durch kontinuierliches Zuführen und Auspressen durch → *Düsen*, wobei die Masse in eine bestimmte Form, z. B. Rohr, Folie, Platte oder Fadenform, gebracht wird. Eine schraubenartige Spindel (dem Fleischwolf vergleichbar) macht die auf eine vorgegebene Temperatur gebrachte Masse gleichmäßig und fördert sie unter Druck. – Von den Synthetics werden Polyamid, Polyester und Polypropylen sowie → *Mehrkomponentenfasern* nach dem → *Mischstromverfahren* extrudiert.

Extrusionsbeschichtete Garne, Ummantelung von → *Glasfasern*, → *Polypropylen-Garnen* oder von → *Aramidfasern* mit unterschiedlichen → *thermoplastischen* → *Polymeren*, wobei die Ummantelung verschiedene Stärken (0,4–2,3 mm) haben kann, für → *Technische Textilien*.

Exzenter, kreisförmig bewegte Vorrichtung an Webmaschinen, die durch eine besonders geformte Kehlung entsprechend der gewünschten Bindung das Heben und Senken der Schäfte bewirkt. Abb. vgl. → S. 253.

F

Fabric washed, → *Mill washed*, vorgewaschene Meterware.

Fabrikwäsche, gründliches, schonendes und zuverläßiges, maschinelles Waschen der Rohwolle im Verarbeiterland mit einem Restfettgehalt von 0,5–1% und einem Restgehalt an → *Pestiziden* von maximal 0,05 mg/kg. Die Kosten werden weitgehend durch die Verwertung des herausgewaschenen Wollfettes (→ *Lanolin*) für kosmetische Zwecke und zur Herstellung von Druckerschwärze sowie von Cholesterin für medizinische Zwecke getragen. – Vgl. → *Wollwäscherei*.

Fach, der in der → *Webmaschine* durch das Heben und Senken der → *Kettfäden* vor dem → *Riet* gebildete Raum (Vorderfach vom Anschlag bis zu den Litzen des Webgeschirrs), durch den der Schußfaden eingetragen wird. Das Hinterfach reicht von den Litzen bis zu den Kreuzstäben, die die einzelnen Kettfäden voneinander trennen.

Fachen, 1. Zusammenführen (→ *Doublieren*) von zwei oder mehreren parallel laufenden Fäden (Filament, Garn oder Zwirn) auf einer Spule ohne Verdrehung oder Verzwirnung, Vorbereitungsarbeit in der → *Zwirnerei*. Gefachte Schußgarne ergeben eine voluminösere Ware. – Vgl. → *Kabel*.
2. Bildung eines → *Wirrfaservlieses* bei der Herstellung von → *Filzen*.

Fächerfalte, Faltengruppe an Röcken, die von einem Punkt aus fächerförmig aufspringen, vor allem als Gehfalte an engen Röcken.

Façonné, Gewebe mit kleinfigurierter → *Schaftmusterung*, also mit gewebter Insich- oder Farbmusterung. Gegensatz: → *Jacquard*. Entsprechende Schaftmuster sind, da technisch einfacher, billiger als gleichwertige Jacquard-Dessins. Im frz. Sprachraum häufig auch für Jacquard gebraucht; kleine Bindungsmuster: → *Armure*. – Vgl. → *Figurierte Gewebe*, → *Minimal-Dessin*.

Factory Outlet, Fabrikverkauf auf der Grünen Wiese; **-Center**, aus Amerika stammende Art von Großverkaufsflächen ab 1000 m² bis 15.000 m² auf der grünen Wiese, wobei der Betreiber die Räume, die Organisation und das Personal sowie die Werbung an Hersteller zum Verkauf von Fabrikware an den Konsumenten zur Verfügung stellt und die Auszeichnung übernimmt, wofür eine Provision bezahlt werden muß. Meist bleibt die Ware im Eigentum des Produzenten, der sie notfalls zurücknehmen muß. Die Preise sollen zwischen 30% und 70% unter den im regulären Einzelhandel üblichen liegen. Werden unter dieser Bezeichnung lediglich eigene Importe ohne Markenstatus verkauft, kann es zu Abmahnungen wegen Irreführung kommen. – Vgl. → *Offprice-Center*.

Faden, nach DIN 60900 linienförmige textile Gebilde, ein die Erscheinungsform, nicht aber den Verwendungszweck kennzeichnender Begriff, der für → *Vorgarne*. einfache → *Garne* oder für → *Zwirne* verwendet werden soll, nicht aber für endlose Chemiefäden: → *Filamentgarn*. – → *Nähfäden* sind immer Zwirne.

Fadenbruch, Abreißen eines Fadens, vor allem während des Webprozesses.

Fadendichte, auf einer bestimmten Fläche vorhandene Anzahl von Kett- oder Schußfäden; Qualitätsmerkmal von Textilien, das die Geschlossenheit eines Gewebes charakterisiert. – Vgl. → *Einstellung*, → *Bodenfeine*.

Fadeneinstellung, Verhältnis der Zahl der Kett- und Schußfäden je Flächeneinheit.

Von ihr ist die Dichte eines Stoffes abhängig. – Gegensatz: → *Substanzeinstellung*, → *Gewichtseinstellung*.

Fadenflottung, → *Flottung*.

Fadenführer, feststehendes oder bewegliches Maschinenteil mit der Aufgabe, die Richtung laufender Fäden zu bestimmen, Fäden zu bündeln, einer Arbeitsstelle (Nadeln an Strickmaschinen) oder einer Aufnahmevorrichtung (Spule) zuzuführen. Das Material muß angemessen hart sein, damit der Faden nicht einschneidet.

Fadengelege, textile Flächengebilde mit relativ großen Durchbrüchen oder Hohlräumen, bei denen die Fadensysteme aus Spinnfasern oder Filamenten nicht mechanisch verbunden werden, sondern sich lediglich kreuzen und an den Kreuzungspunkten thermisch oder mit Bindemitteln adhäsiv aneinander haften. Bei zwangsläufig geordneter (→ *Bafa*) oder zufälliger Fadenlegung (→ *Uvutan*) entstehen poröse und flexible Stoffe, die zur Verstärkung in der Papier- und Folienindustrie sowie für → *Vliesstoffe* und → *Nadelvliese* eingesetzt werden. Hauptsächliche Rohstoffbasis sind synthetische → *Monofile* oder → *Multifilamentgarne*. – Vgl. → *Fadenverbundstoffe*, → *Non woven fabrics*, → *Textilverbundstoffe*.

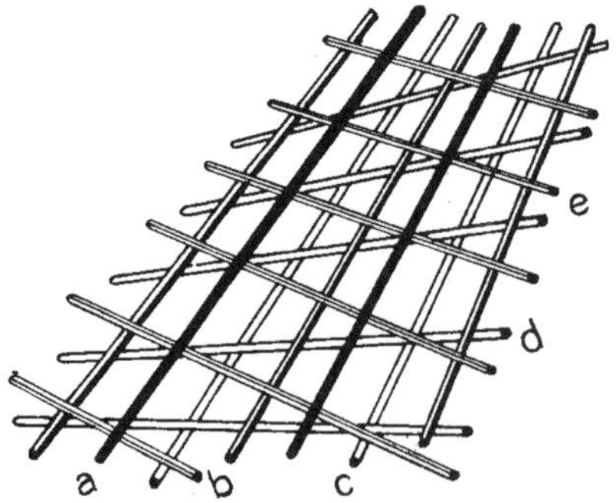

Draufsicht auf ein zwangsläufig verlegtes Fadengelege (Bafa). Die Kettfäden sind durch a, b und c, die Querfäden durch d und e gekennzeichnet.

Fadengerade, 1. Teilen von Stoffen im Ausschnitt: Hilfen: Herausziehen eines Schußfadens und Schneiden in der Fadenlücke oder Reißen (alle tuchbindigen Stoffe aus Baumwolle und bei entsprechender Übung auch feine Damaste und Inlett). Bei groben Geweben kann man auch nach einem abgehobenen Faden schneiden. – Bedruckte Vorhangstoffe werden auch dann, wenn das Muster schräg zum Fadenverlauf gedruckt ist, nach dem Muster geschnitten.
2. Erfordernis in der Veredlung nach Naßbehandlung, durch Spannen den Schuß im Stoff exakt rechtwinklig zur Kette zu fixieren. Bei → *Jeansstoffen* (→ *Denim*) kann ein → *Drehbein* entstehen, wenn der Schuß nicht fadengerade liegt.

Fadenkaro, 1. Fein-liniertes, meist zweifarbig buntgewebtes Karo. – Vgl. → *Fineliner-Karo*.
2. Leicht erhabenes, meist kleinfiguriertes Muster, das durch entsprechende Anordnung dickerer Fäden in Kette und Schuß oder durch entsprechende Bindeweisen entsteht; als In-sich- oder → *Ton-in-Ton-Muster* erlaubt es das → *Überfärben*.

Fadenkreuzdessin, buntgewebtes, meist zweifarbiges → *Kleinmuster* (→ *Minimal-Dessin*) mit einem Rapport von 2–3 mm,

Fadenkreuzdessin (nicht vergrößert).

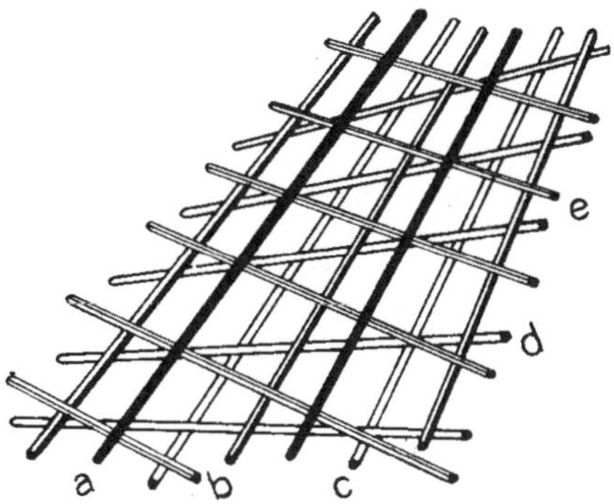

Auf Panama-Bindung aufgebautes Fadenkreuzdessin ($1^1/_2$fach vergrößert).

das nur von wenigen Fäden in Kette und Schuß auf Basis Tuch- oder → *Panamabindung* gebildet wird, etwas größer als das → *Nadelkopfmuster*. Es kann bereits als Element für eine größere Gesamtmusterung auftreten. – Vgl. → *Fil à Fil*, → *Kaviardessin*, → *Pfeffer und Salz*.

Fadenlagen-Nähgewirk, → *Nähwirkstoffe*, bei denen kreuzweise, aber unverkreuzt übereinander gelegte Kett- und Schußfadenlagen oder nur Schußfäden durch Nähwirken miteinander verbunden werden. – Vgl. → *Malimo*.

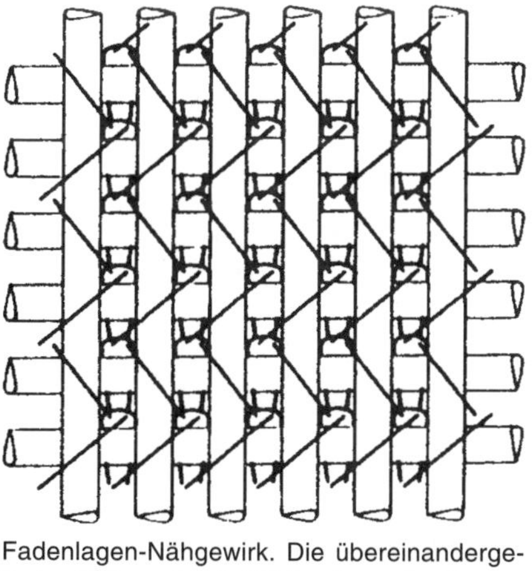

Fadenlagen-Nähgewirk. Die übereinandergelegten Kett- und Schußfäden liegen im Gegensatz zu Geweben in gestrecktem Zustand übereinander und werden durch Trikotlegung miteinander maschenrehengerecht verbunden. Die Festigkeitseigenschaften werden bei Belastung voll wirksam.

Fadensystem, Gruppe gleichartig positionierter Fäden in einem Gewebe; → *Kette* und → *Schuß* bilden je ein Fadensystem. Bei Geweben mit mehreren Fadensystemen wird eine Gruppe von Kett- und/oder Schußfäden, obwohl nacheinander eingetragen, durch die Bindungstechnik übereinandergeschoben, liegen also nicht mehr in einer Ebene (→ *Doppelgewebe*).

Fadenmoleküle, **Fasermoleküle**, auch bei natürlichen Rohstoffen stets → *polymere* → *Makromoleküle* (→ *Kettenmoleküle*), die bei → *Chemiefasern* aus → *Monomeren* durch → *Polyaddition*, → *Polymerisation* oder → *Polykondensation* aufgebaut werden.

Fadenverbundstoffe, nach DIN 60000 „flexible, poröse Flächengebilde aus Fäden (Fadenlagen), die durch Vernähen, Verkleben oder Anlösen verfestigt werden"; → *Textil-Verbundstoffe*. Garnlagen mechanisch verfestigt: → *Nähwirktechnik* (→ *Fadenlagen-Nähgewirk*, → *Malimo*, → *Malipol*, → *Maliwatt*); → *adhäsiv* verfestigt: → *Fadengelege*. – Gegensatz: → *Faserverbundstoffe*.

Fadenwächter, Vorrichtung an → *Webmaschinen*, die sowohl die → *Kett*- als auch die → *Schußfäden* mechanisch oder elektronisch überwacht und bei → *Fadenbruch* die Maschine abstellt.

Fadenzieher, durch äußere Einwirkung aus Maschenwaren herausgezogene Fäden, die aber nicht gerissen sind; die betroffenen Maschen werden dadurch zusammengezogen. Eine Herabsetzung der Zieherempfindlichkeit ist vor allem bei → *Feinstrumpfwaren* durch → *Antisnag-Ausrüstung* möglich.

Fadenzugmuster, Musterungsart bei → *Rechts-Rechts-Waren* durch mustermäßiges Abziehen von Nadeln auf einer Seite, so daß die rechte Masche ausfällt und eine längsverlaufende Rinne entsteht.

Fade-out, → *Jeans-Stoffe*, vor allem → *Flats* mit bedingt waschechter Färbung durch → *Pigmentfarben*, bei denen bereits die Vorwäsche (→ *Mill washed*) eine deutliche Aufhellung der Farben bezweckt. Im Gegensatz zu → *Pre-washed* bei echtfarbigen Stoffen hält der (örtliche) Farbverlust bei den weiteren Wäschen im Gebrauch weiter an. – Nicht chemisch reinigen oder mit Fleckenentfernern behandeln, Hosenbeine zur Vermeidung von marmorähnlichen Flecken vor der 30- bis 40°-Wäsche mit → *Feinwaschmitteln* auf links drehen, nur vorsichtig schleudern. – Vgl. → *Wash-out*, → *Délavé*, → *Used-Look*.

Fahnentuch, licht- und wasserecht stückgefärbter, tuchbindiger Baumwollstoff, selten aus Synthetics, für Fahnen und Besatzzwecke verwendet.

Faille, taftähnliches Gewebe mit hoher Kettdichte im Seidencharakter mit deutlichen Querrippen, auch in → *Ripsbindung*, Grundware für → *Moiré*. – Vgl. → *Bengaline*, → *Poult de soie*.

Falbel, verschieden breit abgenähte Falten zur Verzierung von Kleidern und Blusen.

Fällbad, → *Spinnbad*, Spinnlösung beim → *Naßspinnverfahren* von Chemiefasern, in der der feste Rohstoff der Spinnlösung durch → *Koagulieren* in Fadenform erstarrt.

Fallblechmuster, durch Musterfäden, die auf der Warenoberfläche liegen, plastisch wirkende Musterungen mit oft stickereiähnlichem Charakter auf durchbrochenen → *Gardinenstoffen*, nach dem Steuerungsmechanismus benannt. Das Fallblech gestattet auf → *Raschelmaschinen* mit → *Zungennadeln* die Bildung von unausgeformten Maschen (→ *Henkel*), die sich über die Maschenköpfe der vorhergehenden Maschenreihe legen. Es ist möglich, im gleichen Arbeitsgang eine Grundware aus sehr feinen Garnen und eine Musterung aus sehr grobem Material herzustellen. – Vgl. → *Stickstore*, → *Strukturgardine*, → *Brodésette*.

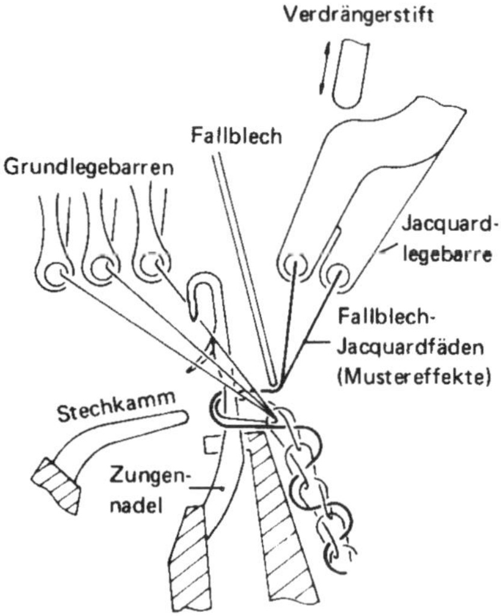

Funktionsskizze der Einbindung von Musterfäden in Jacquardbindung mit Fallblech zur Erzielung reliefartiger Effekte. Der Warengrund wird von mehreren Grundlegebarren gebildet; die von der Jacquard-Legebarre zugeführten Musterfäden werden von den Steuerungselementen ausgewählt, wobei die Verdrängerstifte durch Verdrängen der Jacquardnadeln die Legung mustermäßig verändern.

Fallschirmseide, dichtgeschlagene Feingewebe aus Polyamid- oder Polyesterfilamenten; federleicht und regenabweisend imprägniert. – Vgl. → *Ballonseide*.

Falschdrahtgarn, nach dem → *Falschdrahtverfahren* texturierte Garne aus Synthetic-Filamenten, vorwiegend Polyamid, wenn hohe Elastizität gewünscht wird,

Spinnbrause im Fällbad für Viskose-Spinnfaser. Tausende von kleinen Viskosesträngen treten aus der Düse in das Fällbad aus und vereinigen sich zum Spinnkabel.

auch mit → *trilobalem* Querschnitt, vor allem für Damen-→ *Feinstrumpfwaren* (→ *Velluto*, → *Rhonel-Helanca*, → *HE-Garne*); für Bekleidung hauptsächlich Polyester (mit guter Bauschkraft und verringerter Elastizität, → *Set-Garne*); in geringen Mengen Polypropylen. Polyester- → *Stretchgarne* werden auch als Schußmaterial in → *querelastischen* → *Denim* für → *Jeans* eingesetzt.

Falschdrahtverfahren, einstufiges, mechanisch-thermisches → *Texturierverfahren*, kontinuierliches → *Torsionskräuselungs-*

verfahren nach dem Prinzip Hochdrehen - Fixierung des Dralls – Rückdrehen. Die glatten, → *kabel*förmigen, → *multifilen* Synthesefäden (auch aus → *Microfasern*) werden z.B. mit → *S-Draht* auf 2000-4000 T/m hochgedreht und durchlaufen gleichzeitig das geheizte Fixieraggregat. Mit Hilfe des Drehröhrchens (Drallgeber, Falschdraht-Magnetspindel, 1 Mio U/min) wird das weiterlaufende Garn an der Drehungsumkehr festgehalten und sodann in Gegenrichtung (z.B. → *Z-Draht*) gezwirnt, wodurch die Drehung wieder aufgehoben wird. Die Zuführungswalzen laufen etwas schneller als die Abzugswalzen, so daß sich das Filamentgarn durch eine gewisse Stauchung öffnen kann und sich Bogen und Schlingen bilden (→ *Helanca*, nunmehr ausschließlich Polyamid 6,6 → *Rhonel*). Durch die → *Torsionsbauschung* entsteht ein spiraliger Elastizitäts- und Kräuseleffekt. Es lassen sich Spinngeschwindigkeiten von 300 m/min erreichen. – Da für Oberbekleidung und Wäsche häufig keine hohe Elastizität, sondern nur ein gewisses Bauschvermögen erforderlich ist, kann durch eine zweite Fixierung (Nachfixierung) die Elastizität verringert werden (→ *Set-Garne*). – Vgl. → *Friktions-Texturierung*, → *Echtdrahtverfahren*, → *Stretch*, → *Hochelastische Maschenwaren*.

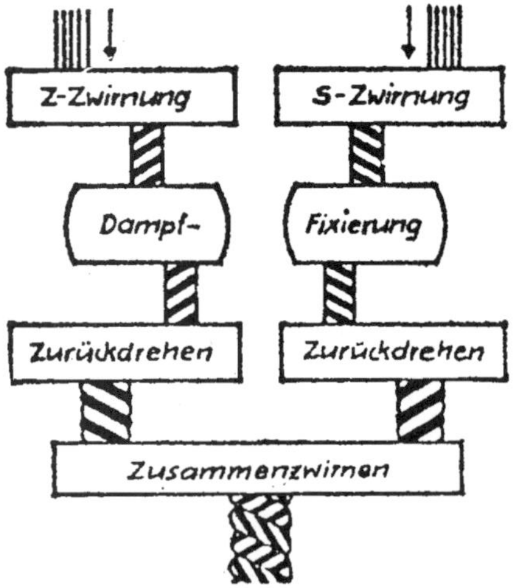

Zusammenstellung der einzelnen Phasen des Falschdrahtverfahrens.

Detailzeichnung der Garnbehandlung beim Falschdrahtverfahren. Das Drehröhrchen als Falschdrahtspindel bewirkt die Drehungsumkehr.

Falschdrallgarn, Sammelbegriff für → *Garne*, die unter Drallgebung texturiert worden sind (→ *torsionsgebauschte* Garne); umfaßt → *Falschdrahtgarne* (→ *HE-Garne*, → *Set-Garne*), und nach dem → *Trennzwirnverfahren* texturierte Garne. Auch beim → *Air-Jet-Spinnen* wird den Garnen durch den Luftwirbel ein Falschdrall mitgegeben, der sich im fertigen Garn nicht durch eine Verdrehungstendenz bemerkbar macht.

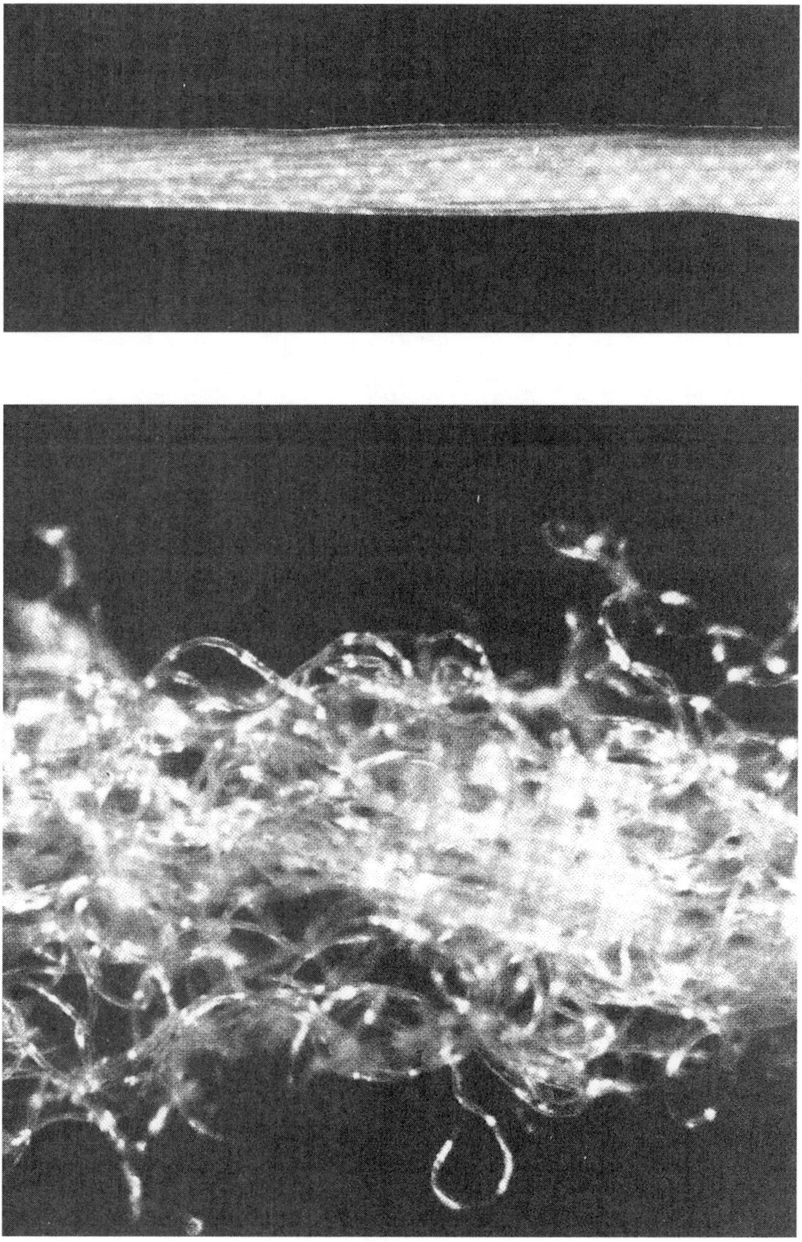

Falschdraht-Zwirn (Helanca). Oben: Synthetic-Kabel ohne jede Verdrehung vor dem Texturieren; unten: Falschdraht-Zwirn in Makro-Aufnahme. Die Schlingenbildung ohne deutliche Verdrehung ist deutlich zu erkennen.

Faltenröcke. Von links: Unterhalb des Sattels eingelegte Falten; mit Tascheneingriffen unter der Rockfalte; Gehfalten mit der Wirkung eines Hosenrocks, bogenförmige Paspeltaschen; kiltartiger Rock mit hüfthoch abgesteppten Falten; zwei Faltenröcke mit Schnurbund, ganz rechts als Plissee.

Faltenrock (links) mit Schößchenjacke im Vergleich zum Plisseerock (rechts).

Falscher Rips, → *Rips*.

Falsches Broché, → *Lancé découpé*.

Falsches Uni, → *Faux uni*.

Falschzwirn-Texturierung, → *Falschdraht-Verfahren*.

Falte, durch Nähte fixierte, umgebogene Stoffpartien bei Fertigkleidung. – Vgl. → *Blousonfalte*, → *Diorfalte*, → *Fächerfalte*, → *Golffalte*, → *Kellerfalte*, → *Prevotfalte*, → *Quetschfalte*, → *Scherenfalte*, → *Plissee*.

Faltenrock, schmale oder weite Rockform, bei der → *Falten* den Übergang von engen zu weiten Partien vermitteln und eine erhöhte Bequemlichkeit gestatten oder um eine besondere Stofffülle im Rock unterzubringen.

Faltentasche, bei Sportkleidung übliche Tasche mit eingefalteten Seitenstreifen, die für ein vergrößertes Fassungsvermögen sorgen. – Vgl. → *Blasebalgtasche*.

Falzen, Arbeitsgang der → *Zurichtung* von → *Leder* mit dem Ziel einer gleichmäßigen Dicke, die durch einen Stärkemesser überprüft werden kann.

Fancy, beidseitig gerauhter, dichter Flanell in Tuch- oder Köperbindung, bei dem die Kette durch den Rauhflor des Schusses ganz überdeckt wird, meist meliert.

Fancy-Cord, → *Cord* oder → *Cordsamt* mit Wechselrippe; entweder mit verschieden breiten oder mit versetzt aufgeschnittenen Rippen. – Vgl. → *Epinglé*, → *Fantasie-Cord.*

Fancy-Cord, Cordsamt mit Wechselrippe.

Fancy-Cord, Cordsamt mit schachbrettartig versetzten Rippen.

Fancy-Denim, Gegensatz zum → *Basic-* → *Denim* (→ *Blue-Denim*), durch die Farbgebung, die Oberflächengestaltung, durch Bindungsmuster, Bedrucken oder durch Sonderformen der Nachbehandlung mit einem abweichenden Charakter versehen; wegen seiner modischen Kurzlebigkeit meist recht teuer. Für Drucke eignen sich nur Gewichte von 11–12 oz. Die verschiedenen Formen des Auswaschens gehören nicht zu diesen Modifikationen. – Vgl. → *Flat.*

Fancy-Garn, kaum mehr benutzter Ausdruck für wenig wertvolles, fülliges → *Grobgarn* aus Baumwoll-Abfällen. – Vgl. → *Abfallgarn*, → *Imitatgarn*, → *Vigogne-Garn.*

Fancy-Muster, Musterungsart durch Bedrucken, Schaft- oder Jacquarddessins mit kleinen, ineinander verschränkten, zum Unibild tendierenden Motiven, die auch aus Tupfen, Kringelchen oder steinchenartig aufgelösten Figuren recht lustig abgewandelt sein können.

Fancynet-Tüll, durchbrochener → *Gardinenstoff*, Webtüll, bei dem drei → *Fadensysteme*, die exakt senkrecht verlaufende Kette, die Musterfäden und die Schlingen- oder Bobinen-(Binde-)Fäden, zusammenarbeiten. Die Kettfäden werden durch die mustermäßig pendelnden Musterfäden zusammengehalten; die Bindefäden winden sich stets um die gleichen Kettfäden und sorgen für die Schiebefestigkeit. – Vgl. → *Bobinet*, → *Tüll.*

Fang, → *rechts-rechts*-gestrickte, einnädelige → *Preßware*; eine Masche wechselt mit einem → *Henkel*, in der nächsten Reihe um ein Stäbchen versetzt. Beide Warenseiten sind gleich. Von Hand gestrickt wird Fang als „Patent" bezeichnet. Es müssen stets zwei Reihen gestrickt werden, bis auf jeder Warenseite eine rechte Masche sichtbar wird. Dies erfordert einen erhöhten Materialverbrauch, macht die Ware aber auch dichter und schwerer. Die Ware schließt sich in der Breite nicht zusammen und behält annähernd die Breite der Strickmaschine. Im Gegensatz zur 1/1-Rechts-Rechts-Ware bildet sich jedoch zwischen den rechten Maschenstäbchen eine Gasse, in der die Henkel fischgratartig sichtbar werden. → Abb. vgl. S. 264.

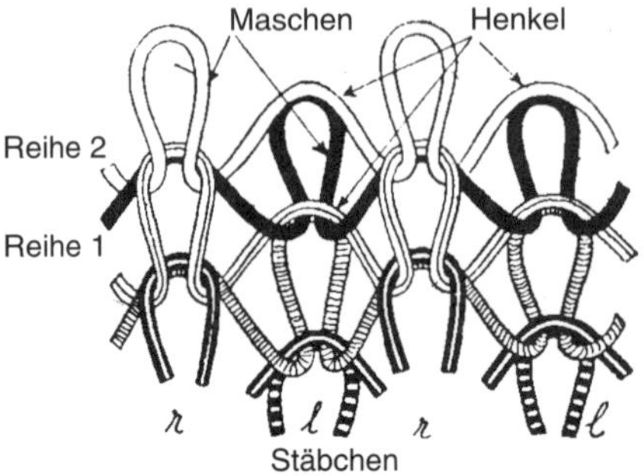

Fang. Maschenverlauf der rechten Warenseite. Ein rechtes Stäbchen wechselt mit einem linken, in jeder Reihe (Fangreihe) werden abwechselnd Maschen und Henkel gebildet.

Fang; Warendraufsicht. Die Gasse zwischen den rechten Stäbchen ist nicht geschlossen; die Henkel werden sichtbar.

Fangreihe, **Fangtechnik**, → *Preßmuster*, in einer Maschenreihe wechseln sich nicht zu Maschen ausgeformte → *Henkel* mit Maschen ab. Die Henkel liegen hinter den Maschen als Verstärkung. Von den → *Einflächigen Kulierwaren* enthalten → *Polo-Pikee*, → *Petinet* und → *Noppenmuster* Fangreihen, bei den → *Doppelflächigen* → *Fang* und → *Perlfang*. Bei geripptem Fang können die Henkel über zwei oder mehrere Maschenköpfe laufen. – Vgl. → *Micro-Mesh*, → *Webstrickware*.

Fangversatz, von → *Fang* abgeleitete Stricktechnik, bei der durch seitliches Verschieben von einer der beiden Nadelreihen die Maschen schräg, seitlich verzogen, eingebunden werden und ein → *chevron*artiges, ein- oder beidseitig sichtbares Muster bilden.

Fantasiewesten (Gilets), als selbständiges Bekleidungsstück aus wertvollem Brokat, links zum Stehkragenhemd (Col officier) mit Schalkragen zur Bundfaltenhose, rechts mit fast U-förmigem V-Ausschnitt zum Denim-Hemd mit am Krempelarm sichtbarer Abseite zur Cordhose.

Fantasiebindung, → *Bindung* ohne systematischen Aufbau, deren Ausgestaltung keinen direkten Zusammenhang mit einer → *Grundbindung* erkennen läßt oder die dem Stoff mit bindungstechnischen Mitteln eine plastische Struktur verleiht. Alle Kett- und Schußfäden müssen jedoch im → *Rapport* gleich oft einbinden. – Vgl. → *Kreppbindung*, → *Dreherbindung*, → *Broché* → *Lancé*, → *Doppelgewebe*, → *Waffelbindung*.

Fantasie-Cord, → *Fancy-Cord*.

Fantasiegarn, → *Effektgarn*, → *Handarbeitsgarn*.

Fantasieweste, Weste, die unabhängig vom → *Anzug* getragen werden kann oder die aus andersartigem und/oder andersfarbigem Stoff als der Anzug besteht; zeigt oft eine aufgelockerte Anordnung der Zierknöpfe. – Vgl. → *Gilet*.

Fantasie-Zwirn, → *Effektzwirn*.

Fantasy-Fashion, → *Fun-Fashion*.

Farbaffinität, → *Affinität*, → *Affinitätsgrenze*.

Farbauszug, Zerlegung eines Druckmusters in die einzelnen Farbbestandteile, für die jeweils ein eigener Druckträger erstellt werden muß. Für die Farbe Schwarz müssen je nach der Feinheit der Farbfläche oft mehrere Auszüge gemacht werden.

Farbaufnahmevermögen, → *Affinität*.

Farb-Designer, Computer(programme), die sich zum Skizzieren und farbigen Ausgestalten auch dreidimensionaler Modellzeichnungen eignen und in kürzester Zeit beliebig viele Formen, Farbkombinationen und andere Entwurfsdetails darstellen und abrufbar speichern können.

Farbe, durch die auf das Auge einfallenden Lichtstrahlen bewirkter Sinneseindruck aller Spektralkomponenten, von denen jede einzelne durch eine bestimmte Wellenlänge charakterisiert ist. Weißes Sonnenlicht wird durch ein Prisma in seine Spektralfarben (Regenbogen) aufgefächert. Ultraviolette und Infrarot-Farben sind für das menschliche Auge nicht sichtbar. Ein Körper wirkt dann „farbig", wenn er nur einen Teil des auftreffenden Lichts reflektiert, den anderen Teil absorbiert. Die Definition einer (bunten) Farbe geschieht durch die Angabe von Farbton, Sättigung (Grad der Buntheit) und Helligkeit. Unbunte Farben (Weiß, Grau und Schwarz) haben weder Farbton noch Sättigung und unterscheiden sich nur durch die Helligkeit. Die Art der Beleuchtung verändert die Farben (→ *Metamere Farben*). – Vgl. → *Monochromfarben*, → *Nicht-Farben*, → *Farbgenauigkeit*, → *Färben*, → *Farbenlehre*.

Farbechtheit, → *Echtheit*. Da es eine absolute Farbechtheit nicht gibt, sind die Anforderungen an die Farbechtheit von Textilien produktbezogen: → *Futterstoffe*: Schweißechtheit; → *Gardinen*: Lichtechtheit; → *Markisen*: Wetterechtheit; Bademoden: Chlor- und Jodechtheit. Die erzielbare Echtheit hängt ab vom verwendeten → *Farbstoff*, der Art des Färbevorgangs (→ *Färberei-Technik*), der Sorgfalt bei Färbung und Nachbehandlung, von der Verarbeitungsstufe, in der gefärbt wird und von dem zu färbenden Rohstoff.

Färben, chemisch-physikalischer Arbeitsvorgang der → *Veredlung* zur Farbgebung von Textilien aller Art und in jedem Verarbeitungszustand. Behandlung von → *Flocke*, → *Garn*, → *Zwirn*, → *Band*, → *Litze*, → *Gewebe*, → *Maschenware* oder → *Vliesstoff* in wäßrigen → *Farbstoff*lösungen mit Zusätzen wie Salze, Alkalien, Säuren und von → *Färberei-Hilfsmitteln* oder durch Aufbringen mit Bindern (bei wasserunlöslichen → *Pigmenten*). Das Färben erfolgt je nach Zustandsform und Spinnstoff auf verschiedenen → *Färbereimaschinen* und mit Hilfe unterschiedlicher → *Färberei-Techniken*. Je nach Faserart und Echtheitsansprüchen werden verschiedene Farbstoffklassen und Färbeverfahren gewählt, die auch unterschiedliche Kosten verursachen. – Vgl. → *Farbgenauigkeit*, → *Ausbluten*, → *Bleichen*, → *Drucken*.

Farbenlehre, Wissenschaft von der Entstehung und Ordnung der Farben und ihrer Wirkung auf das Auge. Der 24teilige Farbkreis (Oswald) und die Farbordnung (Hickethier) sowie physikalische Ordnungssysteme mit 1000 und mehr numerierten Farben werden jedoch von der Praxis wegen der schwer erlernbaren Bezeichnungen und den meist in den Tafeln nicht exakt dargestellten Modefarben einer Saison als zu theoretisch und schwer anwendbar empfunden.

Färberei-Hilfsmittel, Chemikalien, die zum → *Färben* von Textilien benötigt werden, aber zur Faser keine → *Affinität* besitzen. Bei ihrer Auswahl werden verstärkt → *ökologische* Gesichtspunkte wie Umweltverträglichkeit sowie Art und Geschwindigkeit ihrer Abbaufähigkeit in Betracht gezogen. Im einzelnen handelt es sich um Farblöse- und -dispergiermittel, Öle, Netzmittel, Egalisier- und Stabilisierungsmittel, → *Carrier*, Hilfsmittel für die Nachbehandlung, Aufhellungs-, Abzieh- und Beizmittel.

Färbereimaschinen für die Stückfärberei: → *Haspelkufe*, → *Jigger*, → *Foulard*, Halbkontinue-Anlagen wie → *Pad-Roll*, Vollkontinue-Anlagen mit dem Ziel eines kontinuierlichen Ablaufes aller Prozesse mit oder ohne Zwischentrocknung sowie → *Jet-Färbemaschinen* für die → *Düsenfärberei* (→ *Differential-dyeing*).

Färbereitechnik, nach der Art der Aufbringung des Farbstoffs: Diskontinuierliche Verfahren (→ *Ausziehverfahren*), kontinuierliche Verfahren (→ *Foulard*, → *Klotzen*, → *Imprägnier*verfahren). Nach der Beschaffenheit der Farbstoffe: → *Adsorption* ohne Nachbehandlung in wasserlöslicher (→ *Direkt-F.*, → *Säure-F.*) oder wasserunlöslicher Form (→ *Dispersions-F.*); mit Nachbehandlung (→ *Diazo-* und → *Beizen-F.*); von wasserunlöslicher in lösliche Form überführt: → *Küpenfarbstoffe*; Entwicklung auf der Faser: → *Naphthol-* und Phtalogen-F.; chemische Reaktion von Farbstoff und Faser: → *Reaktiv-F.*; mechanische Fixierung (→ *Pigmentfarbstoffe*). – Vgl. → *Spinnfärbung*, → *Gelfärbung*, → *Flockefärbung*, → *Garnfärbung*, → *Stückfärbung*, → *Drucktechnik*, → *Faserkerntiefe Färbung*, → *Foamdyeing*, → *Magic-wash*, → *Carp-o-roll-Verfahren*, → *Doppelfärber*, → *Injektions-Färbeverfahren*, → *Maifoss-Verfahren*, → *Überfärber*, → *Garment dyeing*, → *Air Blow dyeing*, → *Loop-dyeing*, → *Differential-dyeing*, → *Techno-finish*. → *Zweibadverfahren*. – **Wasserlose Färbetechnik** unter Anwendung von Kohlendioxid (CO_2) als Prozeßgas und der Nutzung des überkritischen Zustands dieses Gases bei Maximaldrücken über 300 Bar (Amann) zur Färbung von Polyester und anderen Synthetics mit → *Dispersions-Farbstoffen* in speziellen Apparaturen unter Fortfall von → *Färberei-Hilfsmitteln* mit den gleichen → *Echtheiten* wie bei konventioneller Technik. Da zum Färben von Polyester ein hoher Aufwand an Wasser (40–140 l/kg) und Energie (130° Prozeßtemperatur) nötig ist, werden die wirtschaftlichen Aussichten positiv beurteilt.

Farbfamilie, Gesamtgruppe an Farben einer bestimmten Farbcharakteristik, z.B. alle Rottöne einschließlich der gelb- und blaustichigen; verschiedene Farben einer Saison, die sich harmonisch zu → *Sets* zusammenstellen lassen. Meist liegt der Gruppe der Farben ein Thema („Polarfarben“) oder eine Inspirationsquelle („Kelimfarben“) zugrunde. Die Kombination von Web- und Maschenwaren auch aus verschiedenen Rohstoffen ist möglich, da die einzelnen Farbtöne nicht absolut gleich zu sein brauchen.

Farbgarn, zum Buntweben benötigtes Garn, das in der → *Flocke* (→ *Melange*), im → *Kammzug* (→ *Vigoureux*), im → *Vorgarn* (→ *Jaspé*), als Garn (→ *Mouliné*) oder mit → *partienweisen Färbeverfahren* (→ *Space-dyeing*) gefärbt sein kann. – Vgl. → *Mantelfärbung*, → *Loop-dyeing*.

Farbgenauigkeit, exakte Reproduzierbarkeit eines Farbtons bzw. das → *Färben* genau nach Muster, Vermeidung auch von nur geringen Farbtonabweichungen, erschwert durch die fehlende Möglichkeit, einen Farbton genau zu messen, und durch das unterschiedliche Farbsehen des Betrachters; besonders problematisch bei Textilien aus Rohstoffen mit deutlich abweichender → *Affinität*. Unterschiedliche Lichtquellen ergeben verschiedene Farbreflexionen; bei Geweben mit → *Effekt* spielt auch der Lichtauftreff- und Blickwinkel beim Vergleich des Farbausfalls mit der Vorlage eine Rolle. Farben verändern auch beim Trocknen ihre Nuance und brauchen Stunden bis Tage, bis der Farbton sich stabilisiert hat, besonders bei → *Schwefel-* und → *Küpenfarbstoffen*. Diese Einschränkungen gelten auch für die einzelnen Partien aus der gleichen Farbstoffrezeptur. Selbst bei identischen Rezepturen ist eine vollkommene **Farbgleichheit** häufig nur durch mehrfache Nachbearbeitung oft mit Zusätzen zu erreichen, was die Färbedauer verlängert und die Abwässer stärker belastet; aus Gründen der → *Ökologie* wird daher eine erhöhte **Farbtoleranz** gefordert.

Farbstoffe, Chemikalien, die die Lichtbrechung so verändern, daß sie vom menschlichen Auge als definierbarer Farbton wahrgenommen werden. Verschiedene Faserarten und Echtheitsanforderungen bedingen den Einsatz verschiedener Farbstoffklassen: → *Säure-* und → *Metallkomplex-F.* für Wolle, Seide und Polyamide; → *Küpen-* und → *Direkt-F.* (→ *Substantiv-F.*) für Baumwolle, Leinen und zellulosische Chemiefasern; → *Dispersionsfarbstoffe* für Polyesterfasern, → *Basische* (kationische) Farbstoffe für Acrylfasern. Die Verarbeitungsstufe (Flocke, Garn, Stoff) beeinflußt nicht die Wahl des Farbstoffs, wohl aber die der → *Färbereimaschine*. Auch die beim → *Drucken* eingesetzten Farbstoffe sind weitgehend gleich. – Vgl. → *Naturfarbstoffe*, → *Chrombeizen-F.*, → *Reaktiv-F.*, → *Pigment-F.*, → *Diamin-*, → *Dispersionsfarbstoffe*, → *Diazo-*, → *Illuminationsfarbstoffe*, → *Indocarbon-*, → *Kondensations-*, → *Telogen-*, → *Naphthol-*, → *Variogen-*, → *Sirius-Farbstoffe*. → *Indigo*, → *Indigosole*.

FAS, Fettalkoholsulfat, aus nachwachsenden Rohstoffen gewonnenes → *anionisches* → *Tensid* vor allem für → *Flüssig-Waschmittel*. In heißem und besonders schonend in kaltem Wasser wirksam, bei jeder Wasserhärte schäumend, keine Bildung von schmieriger Kalkseife; unter allen Umweltbedingungen, mit und ohne Sauerstoff, schnell, vollständig und rückstandsfrei biologisch abbaubar. – Vgl. → *LAS*.

Faser, 1. Längenbegrenzte, schmiegsame textile Gebilde in Flockenform, die sich textil verarbeiten lassen, von Pflanzen, Tieren, aus Mineralien oder technologisch erzeugt, kleinste Einheit eines textilen Spinnstoffes, die zur Gewinnung eines Fadens versponnen werden muß; Gegensatz: → *Filament*. – Vgl. → *Flocke*, → *Faserstoff*, → *Microfaser*, → *Thermochrome Fasern*, → *Thermo-Faser*.
2. Im → *TKG:* Sammelbegriff für Textil-Rohstoffe, meist im Zusammenhang mit der Rohstoff-Gattung gebraucht.

Faseranalyse, 1. Qualitative Bestimmung der Faserart bei einheitlichem Material und

von Mischgespinsten. – Vgl. → *Einzelfaseruntersuchung.*
2. Quantitative Ermittlung der Zusammensetzung von Mischgespinsten nach genormten Verfahren. – Vgl. → *Analysenrichtlinie.*

Faserband-Spinnverfahren, Verspinnen von Baumwolle oder Viskosespinnfaser auf der → *Ringspinnmaschine* unter Umgehung des → *Flyers* direkt aus dem Streckenband ohne Bildung eines → *Vorgarns* (→ *Kurzspinnverfahren*). Das Streckenband muß sehr fein bearbeitet sein. Da alle Maschinen der → *Elementen-Spinnverfahren* mit Streckbändchen ohne Festigkeit beliefert werden, handelt es sich dabei ebenfalls um Faserband-Spinnverfahren.

Faserbündel, → *Bündelfaser.*

Fasereigenschaften, alle artspezifischen Eigenschaften der verschiedenen Faserstoffe, die für ihren Einsatz, das Verhalten bei der Verarbeitung und im Gebrauch sowie zu ihrem Nachweis von Bedeutung sind. – Vgl. → *Substanzeigenschaft*, → *Aufbaueigenschaft.*

Faser-Engineering, zielgesteuerte Entwicklung und Konstruktion neuer und spezieller Fasertypen durch physikalische oder chemische → *Modifizierung* vorhandener Fasern zum Zweck der Schaffung bestimmter Eigenschaften in optimaler und gezielter Anpassung an definierte Verwendungszwecke. Verändert werden → *Feinheit*, → *Kräuselung*, Länge, Glanz, Oberflächenbeschaffenheit, Art des Querschnitts (→ *Profilfasern*), → *Festigkeit* (→ *Hochleistungsfasern*), → *Elastizität*, → *Formbeständigkeit*, → *Dimensionsstabilität*, → *Temperaturbeständigkeit* (→ *Flammenbeständige Fasern*), → *Lichtbeständigkeit*, Verminderung der → *Pillingbildung* oder der → *elektrostatischen Aufladung* (→ *Antistatische Fasern*). Neue Forschungen suchen nach Chemikalien, die sich gut entsorgen lassen, und nach physikalischen Methoden (Laserstrahlen), die die chemischen Verfahren der Oberflächenbehandlung ersetzen. Bei der Plasma-Technologie wird die Faseroberfläche der Wolle zur Erhöhung der Färbegeschwindigkeit, zum

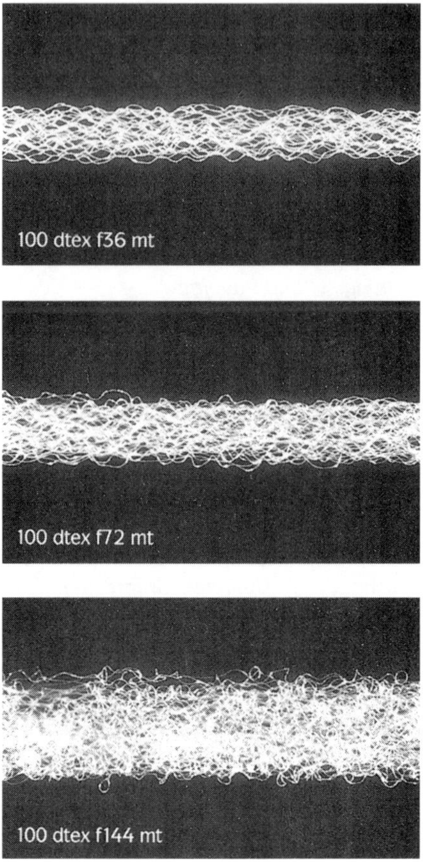

Faserfeinheit. Makroaufnahmen von drei Garnen mit einer einheitlichen Stärke von 100 dtex aus normalen Filamenten (oben), Feinfilamenten (mitte) und Microfaser (unten). Die Angaben f36, f72 und f144 sagen aus, aus wievielen Einzelfasern das Garn gebildet wurde. Daraus läßt sich ein Einzeltiter von 2,77, 1,38 und 0,69 dtex errechnen. Bei gleichem Gewicht ist das Volumen des hochkapillaren Garns wesentlich größer.

besseren Farbauszug aus der Flotte und zur Erzielung eines günstigeren Filzfreiverhaltens nicht nur physikalisch, sondern auch chemisch behandelt. Die Summe der Modifikationen führt zur Einstufung als Faser der 1., 2., 3. oder 4. → *Faser-Generation*. – Vgl. → *Fasern nach Maß*.

Faserfeinheit, gemessen in → *dtex*, → *Einzeltiter*, wesentliches Kennzeichen einer Faser, die den Preis und die Eigenschaften, vor allem die → *Drapierfähigkeit* der Fertigerzeugnisse und die Möglichkeit der Mischung chemischer Fasern mit natürlichen maßgeblich bestimmt. Die Feinheit ist kein absoluter Vorzug und nur dann erstrebenswert, wenn der Zusatznutzen die hohen Kosten der Gewinnung besonders feiner Fasern rechtfertigt. Einteilung: Über 7,0 dtex: → *Grobfasern*; 7–2,4 dtex: mittelfeine Fasern; 2,4–1 dtex: Feinfasern; 1,0–0,3 dtex: → *Microfasern*; unter 0,3 dtex: → *Supermicrofasern*. Zum Teil werden die Fasern zwischen 1,1 und 1,7 dtex, die noch zu den → *Specials* zu rechnen sind, auch als → *Feinstfasern* bezeichnet. Microfilamente mit weniger als 0,5 dtex bieten für Bekleidungstextilien keinen ihrem Preis entsprechenden qualitativen Vorteil mehr.

Faserfüllung, Füllung von → *Bettwaren* und → *Steppstoffen* mit → *Füllfasern* (→ *Fiberfill*) oder Faserflocken (→ *Comforel*) im Gegensatz zur Füllung mit → *Federn* oder → *Daunen*, meist mit dem Ziel, die Erzeugnisse waschbar und pflegeleicht sowie antiallergisch zu machen.

Fasergarn-Spinnmaschine, Apparatur zur Herstellung von → *Kombinationsgarnen* (→ *Umspinnungszwirnen*) mit → *Elastan* als Seele, die mit einer Faserlunte (nicht voll ausgesponnenes Garn) umsponnen wird; die Zwirne zeichnen sich durch einen besonders weichen Griff aus.

Faser-Generation, Klassifizierung von → *Modifikationen* bei Chemiefasern (→ *Faser-Engineering*) zur wesentlichen Veränderung des Aufbaus oder Erscheinungsbildes. 2.Generation: Änderung durch chemische *oder* physikalische Methoden oder Anwendung modifizierter Herstellungsverfahren; physikalisch: → *Modal*, → *Hoch-*

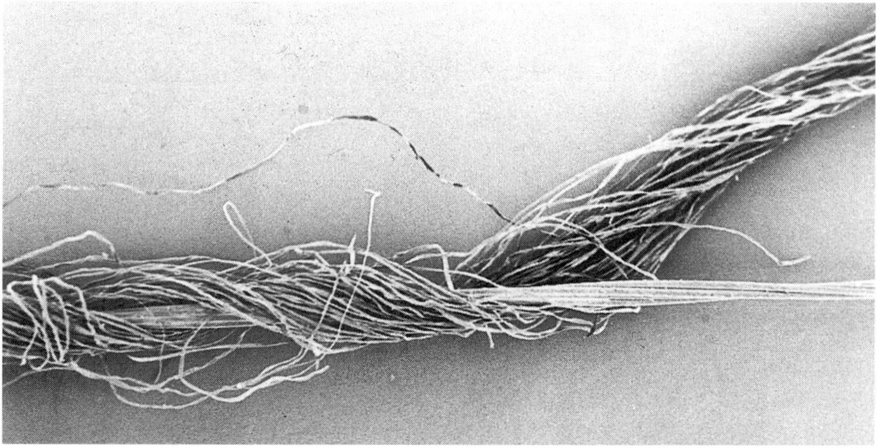

Kombinationsgarn (Umspinnungszwirn) von der Fasergarn-Spinnmaschine. Der Kern aus vorgedrehtem Dorlastan-Filament wird unter nochmaliger Drallgebung mit einer Lunte aus andersartiger Spinnfaser verbunden.

naßfeste Viskosefasern, → *Lyocell-Fasern*, Fasern mit → *Titerschwankungen*, → *Bikomponentenfasern*, → *Hochbausch-Fasern* und Garne, → *Hohlfasern*; chemisch: Veränderung der → *Farbaffinität*, → *Flammenhemmende Fasern*, → *Pfropf-* und → *Multipolymerisate*, → *Antistatische Fasern*, → *Pillarme Fasern*, UV-stabile Typen. 3. Generation: Chemische *und* physikalische Modifikationen sowie Fasern, bei denen bereits das → *Polymer* eine wesentliche Veränderung erfahren hat; bestimmte → *Hochleistungsfasern* und hochfibrillige Filamente mit variablem Querschnitt. 4. Generation: Mit zusätzlichen Veränderungen z.B. des kristallinen Aufbaus (→ *Microfasern*) oder mehreren unterschiedlichen Fertigungsprinzipien (→ *Sauberfasern*), sodann die → *HLMS-Fasern*.

Faserkennwerte, meßbare, für die Verarbeitung oder den Gebrauch wichtige Eigenschaften von Fasern, die für alle Verarbeitungsarten oder nur für einen Bereich von Bedeutung sind: → *Faserfeinheit*, → *Höchstzugkraft*, → *Dehnung*, → *Feuchtigkeitsaufnahmevermögen*, → *Feuchtigkeitstransportvermögen*, → *Farbaffinität*, → *Scheuerfestigkeit*, Beständigkeit gegenüber Temperatur, Licht, Atmosphäre und Chemikalien, Dichte, Knitter- und Pillingverhalten, Glanz.

Faserkern-Matratze, Matratzen, deren Kern nur aus der Vierloch-→ *Hohlfaser* (→ *Fiberfill*-Faser) → *Quallofil* (DuPont) besteht. Das langlebige Füllgut sorgt für eine hohe Dichte und trotzdem eine gute Luftzirkulation, den Abtransport der Feuchtigkeit und eine hervorragende Ableitung überschüssiger Körperwärme. Der feste Faserkern ist beidseitig zum Zweck einer guten Verteilung des Körpergewichts mit einer Faserauflage versehen. Da staubfrei, wird sie Allergikern empfohlen. Die Herstellung nach vorgeschriebenen Qualitätsstandards wird bis zum Endverbraucher garantiert. – Vgl. → *Vollpolstermatratze*.

Faserkerntiefe Färbung, nicht allgemein durchgesetzte Bezeichnung für Flockefärbung mit besonderen, tief in das Fasergefüge eintretenden → Pigment-*Farbstoffen*, die nicht nur die Faseroberfläche erfaßt und eine Veränderung der Lichtbrechung bewirkt, sondern auch eine besonders gute Reflexion der UV-Strahlen zuläßt. Marke: → *Secuflex®*.

Faser-Legierung, → *Intimmischung* unter Beteiligung von Synthetics.

Fasermischung, Zusammenführung verschiedener Rohstoffe oder Faserarten vor dem Spinnen zu einem Mischgarn (→ *Intimmischung*) oder bei der Herstellung des Stoffes (→ *Systemmischung*).

Faser-Modifikation, → *Modifizierte Fasern*.

Fasern nach Maß, Chemiefasern, die durch Konstruktion, → *Texturierung* oder → *Modifikation* möglichst ideal an die Ansprüche und Bedingungen ihres Verwendungszwecks oder an die Erfordernisse einer Mischung mit bestimmten natürlichen Fasern angepaßt sind. Die Tendenz hierzu führt zu einem schier unübersehbaren Reichtum an Variationsmöglichkeiten bei Fasern, vor allem Synthetics. Die wenigsten Spezialitäten sind durch Marken abgedeckt und bekannt geworden; die Differenziertheit des Faserangebots nach Typen ist meist nur Spinnereitechnikern bekannt. – Vgl. → *Faser-Generation*, → *Faser-Engineering*.

Faseroberfläche, neben der Faserform (→ *Faserquerschnitt*) wichtigstes Strukturelement von Textilfasern, → *Aufbaueigenschaft*, die maßgeblich die Verspinnbarkeit ebenso beeinflußt wie den Charakter des Fertigerzeugnisses („Leinencharakter", „Seidencharakter"). Sie kann glatt, korkenzieherartig gewunden, profiliert, rauh, geschuppt, gerillt oder wellig sein. – Vgl. → *Profilfaser*, → *Cuticula*, → *Epicuticula*.

Faseroptik, Fasergarnoptik, → *Spun-like-Garn*, → *Filamentgarne*, vor allem aus Polyester, die aufgrund einer → *Modifikation* unter Erhaltung ihres feinen Titers und ihrer leichten Verarbeitbarkeit bei erheblich verbesserter Anfärbbarkeit Griff, Warenbild, Struktur und Volumen von Fasergarnen erhalten haben (→ *Unruhiges Garn*). Gegenüber von → *Spinnfasergarnen* sind die guten Laufeigenschaften und die geringe Anfälligkeit gegen Fremdfaserflug hervorzuheben. Es ergeben sich Gewebe mit hervorragenden Trageeigenschaften, relativ hohem Volumen, niedrigem → *Flächengewicht* und guter → *Formstabilität*. Die Garne entstehen durch → *Texturieren* von → *Profilfasern* und Mischen von Fasern mit unterschiedlichem Profil (→ *Dacron 2-4-2*, → *Trevira 6-6-0*), als → *Compositgarn* mit einem Kern aus zwei Filamentgarnen aus Polyester oder Polyamid mit variabler → *Falschdraht-Drehung* und einem Mantel aus reinen Naturfasern (→ *Novacore*, Tergal- → *Pontella*) oder durch → *Verwirbeln* nach dem → *Taslan-Verfahren* mit zusätzlichem Schutzdrall. – Vgl. → *Bishrink*.

Faserpelz-Maschenware, → *Fleece*.

Faserprotein, Skleroprotein, im Wasser völlig unlösbare Eiweißkörper mit kristallin strukturierten Polypeptidketten, die in der Faser entweder gestreckt-zickzackförmig oder schraubenförmig gewunden angeordnet sind; gemeinsamer Baustoff von Tierhaaren (Wolle) und Naturseide.

Faserquerschnitt, Form der rechtwinklig zum Faserverlauf durchschnittenen Faser, von Bedeutung bei Chemiefasern; auch die naß oder trocken gesponnenen Fasern mit ursprünglich runder Form ändern die Querschnittsform, die dadurch zum Charakteristikum der Herstellungstechnik wird, bei der Verfestigung in bohnenförmig, nierenförmig, hundeknochenförmig, gelappt oder gezackt. Im → *Schmelzspinnverfahren* (Polyamid, Polyester, Polypropylen) kann durch abweichende Gestaltung der Düsenöffnung der Querschnitt willkürlich gestaltet werden (→ *Profilfasern*); Änderungen der ursprünglichen Form sind während der Verarbeitung (→ *Texturieren*) möglich. Die Querschnittsform hat Einfluß auf die Gestaltung der Faseroberfläche und die Charakteristik der Faser: Optisch: Glanz; physiologisch: Feuchteleitfähigkeit; textil: Griff. Besonders häufig anzutreffen sind → *trilobale* und → *multilobale* (kleeblattförmige) Querschnitte. Die Glätte der Oberfläche und damit die Gefahr der → *Pillingbildung* wird verringert, es entsteht ein naturseidenähnlicher Mattglanz.

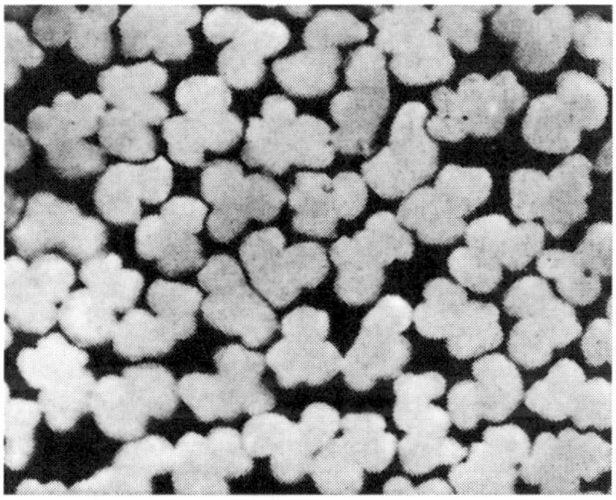

Acetatfaser mit gelapptem Querschnitt.

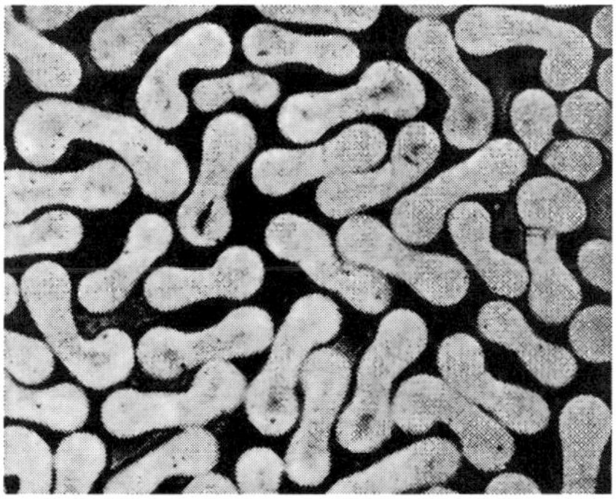

Acrylfaser mit gestreckt-hantelförmigem (Hundeknochen-) Querschnitt.

Faserschaden, Beeinträchtigung der Qualität von Fasern, die während des natürli-

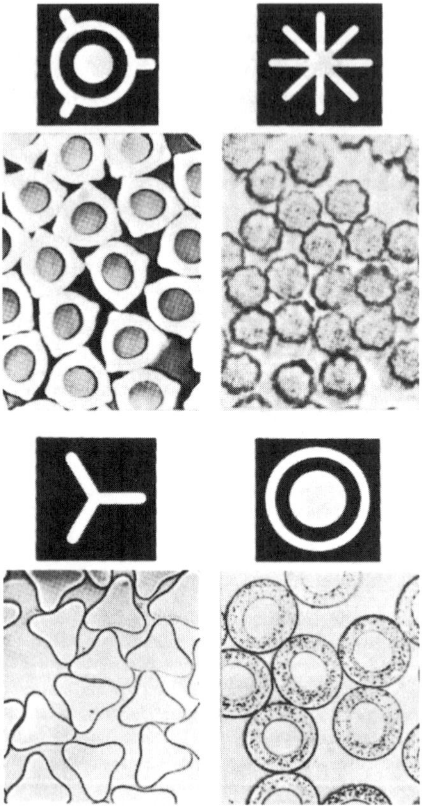

Profilfasern (Polyamid) mit modifiziertem Querschnitt, oben die Düse, unten der Faserquerschnitt. Oben links: Hohlfaser mit gezackt-unrundem Querschnitt; oben rechts: Vielzackig-sternförmiger Querschnitt für snag-unempfindliches Garn für Feinstrümpfe; unten links: Trilobaler Querschnitt; unten rechts: Hohlfaser mit rundem Querschnitt.

chen Wachstums (durch die Witterung, Bakterien, Pilze, Chemikalien, Hitze und Licht), anläßlich der Gewinnung oder im Zusammenhang mit der Produktion (bei Chemiefasern) eingetreten sind. – Vgl. → *Faserverunreinigung*, → *Tote Baumwolle*, → *Unreife Baumwolle*.

Faserstoff, nach DIN 60000/01 linienförmige Gebilde, die sich textil verarbeiten lassen; in begrenzter Länge (→ *Faser*, → *Spinnfaser*) oder als Endlosfaden (→ *Filament*); Oberbegriff für Natur- und Chemiefasern. Das → *TKG* ersetzt den Begriff Faserstoff durch → *Faser*. – Vgl. Kurzzeichen (EDV-Schlüssel) im Anhang.

Faserstruktur, innerer Aufbau einer Faser; homogen (aus gleichartigen → *Makromolekülen*: → *Zellulosische Fasern*, monokomponente → *Synthetics*); organisiert, d.h. nicht aus einer einheitlichen Masse in Schichten (Wolle, Edelhaare); aus kristallinen und amorphen Bereichen (→ *Elastan*). – Die Strukturforschung klärt bei Synthetics die quantitativen Hauptmerkmale wie Anteil der kristallinen Bereiche, Orientierung der Moleküle zur Faserachse, Größe der Bereiche und Zahl der verbindenden Moleküle mit dem Ziel, die Fasereigenschaften aus der chemischen und übermolekularen Struktur abzuleiten.

Faserverbundstoffe, → *Non woven fabrics*, textile Flächengebilde, die unter Umgehung eines Spinn- oder Webprozesses und ohne Bildung von Maschen entstehen. → *Textilverbundstoff*, bei dem Fasern (nicht: Fäden; → *Fadenverbundstoffe*) durch Nadeln (→ *Nadelfilz*, → *Nadelvlies*), durch Einwirkung von Reibung, Wärme, Feuchtigkeit und Druck (→ *Filz*), oder → *adhäsiv* durch Verkleben mittels eines Bindemittels, durch Anlösen oder ther-

Faserverbundstoff, Vliesstoff (Makro-Aufnahme), bei dem die Vliesbildung durch filmbildende Dispersionen oder Lösungen entstanden ist.

misch durch Verschweißen (→ *Vliesstoffe*) dauerhaft miteinander verbunden werden.

Faserverunreinigung, Fremdkörper auf Naturfasern, die aus der Aufzucht, Gewinnung oder dem Transportschutz stammen. Die Chemikalienmenge, die nach Verarbeitung zur Bekleidung zurückbleibt, ist abhängig von der Fixierung der Verunreinigung auf der Faser und davon, mit welchen Mitteln und Verfahren die Chemikalien während der Verarbeitung von der Faser abgelöst werden können. Baumwolle: Beizmittel (Captan) zum Schutz des Saatguts vor Pilzen und Bakterienbefall; Düngemittel; → *Insektizide*; Wachstumsregulatoren zur Vereinheitlichung der Reifezeit und → *Entlaubungsmittel* zur Erleichterung der maschinellen Ernte. Wolle: Pestizide. – Vgl. → *Naturbelassene Rohstoffe*, → *Handgepflückte Baumwolle*, → *Baumwolle: Ökobaumwolle*.

Faservlies, nach DIN 61210 Flächengebilde aus Textilfasern, deren Zusammenhalt im allgemeinen durch die den Fasern eigene Haftung gegeben ist. Sie können mechanisch, aerodynamisch, hydrodynamisch oder als → *Spinnvlies* gebildet werden. Nach der Faserlage werden unterschieden: Orientierte Vliese, bei denen die Fasern vorzugsweise in einer Richtung liegen, Kreuzlagenvliese mit nach zwei Richtungen orientierten Fasern und → *Wirrfaservliese* ohne eine bevorzugte Richtung der Fasern.

Faservlies-Nähwirkmaschine, → *Maliwatt*.

Fashion, engl. „Mode".

Fashion Sport, → *Modern Sports*, nicht zu verwechseln mit → *Sport Fashion*, aus der jugendlichen „Subkultur" hervorgegangene, schnellebige → *Unisex*-Moderichtung (→ *„Mode von der Straße"*), mit einer eigenen Philosophie, an die → *Funktions-Kleidung* von Sportarten („Fun-Sportarten"), die Spaß machen und auf der Straße („Walking", „Biking", „Skating") ausgeübt werden können, stark angelehnt, zwischen → *Sportswear*, → *Jeanswear* und → *Streetwear* einzuordnen. Unerheblich ist, von welcher Sportart (auch Snowboarding und Montainbiking) die Kleidung abgeleitet ist; wichtig sind überweiter Schnitt (→ *Baggy*), schlichte Schnittführung, → *Sweatshirts* mit plastisch-farbenfrohem Rückendruck, „cooler" Gesamteindruck und typgerechtes Verkaufspersonal; zum Teil von „In-Marken" mit Sub-Labels für in-

Beispiele für Fashion Sport in gemäßigter Ausführung; Knielange, weite Baggy-Shorts, lose fallende Hemden und Windbreaker mit offenem Bund, supergroße Oberteile über knallengen Unterteilen, Bauchtaschen, Stoffe mit Techno-finish oder gummiert.

dividuelle Ansprüche und restriktiver Vertriebspolitik (→ *Verweigerungsmarken*) beherrscht. Problematisch ist die Präsentation im Handel, ob im Rahmen des Gesamtsortiments oder separiert. – Vgl. → *Clubwear*, → *Skaterwear*, → *Snowboard-Look*.

Faßfärbung, → *Drum dyeing*, → *Tunkfärbung* für → *Glattleder*.

Fasson, 1. Die Fasson, allgemeiner Schnitt eines Bekleidungsstücks.
2. Das Fasson, in der Herrenbekleidung bestimmendes Modeelement der Vorderfront des Anzugs oder Mantels, aus → *Kragen* und → *Revers* gebildet, vor allem durch die → *Spiegelnaht* und den → *Kragenabstich* (→ *Crochet*) zu variieren. – Vgl. → *C-Fasson*, → *Spitzfasson*, → *Kleeblattfasson*, → *Slipon-Fasson*, → *Schalkragen*.

Fasson-Matratze, → *Matratze*, bei der die Form durch das von Hand aufgetragene Polstermaterial entsteht. → *Vollpolstermatratzen* sind immer Fassonmatratzen, → *Federkernmatratzen* nur dann, wenn sie von Hand garniert sind.

FAS-Tenside, Fettalkoholsulfat, aus nachwachsenden Rohstoffen gewonnene, vollkommen biologisch auch unter Sauerstoff-Ausschluß abbaubare und umweltfreundliche → *anionische* → *Tenside*, deren Waschkraft kaum geringer ist als bei → *LAS*; vor allem für → *Flüssig-Waschmittel*, aber auch in → *Waschpulver* einsetzbar. Bei jeder

Anzugfasson. Von links: Zwei Varianten des fallenden Fassons mit verschieden steiler Spiegelnaht; zwei Arten des gebrochenen C-Fassons mit verschieden weit geöffnetem Crochet-Eck; Haifischkragen; Campingkragen.

Mantelfasson. Von links: Slipon-Kragen geschlossen und offen; Sport-Kragen; anzugähnliches Mantelfasson; Ulster-Fasson; Trenchcoat-Kragen.

Wasserhärte schäumend, kraftvoll im heißen, schonend im kalten Wasser wirksam, keine → *Kalkseifenbildung.*

Fatex-Mintiss, → *Greifer-Webmaschine* mit beidseitigen Greifern und Schußfadenübergabe in der Fachmitte.

Fäulnisbeständigkeit, Unangreifbarkeit durch Mikroorganismen, die im Erdreich vorkommen und die Verrottung (enzymatischer Abbau der Zellulose) bewirken, nicht identisch mit → *Schimmelfestigkeit.* Aktiver Schutz von Textilien vor allem für Campingausrüstung und Zelte ist möglich durch → *Fungizide* (→ *Antibakterielle*) *Ausrüstung.* Vor der Ausrüstung müssen die Gewebe entschlichtet werden, da stärkehaltige Schlichte einen guten Nährboden für Fäulnisbakterien darstellt.

Faux bouclé, Gewebe mit → *Schlingen-* oder → *Knotenzwirnen*, die aber nicht die Oberflächenstruktur verändern, sondern nur im Griff wahrnehmbar sind.

Faux camaieux, Kombination verschiedener Farben aus einer → *Farbfamilie*, auch von kalten und warmen Tönen einer Farbe ohne auffällige Tonwertdifferenz. Beispiel: Kombination von Tannengrün mit Jagdgrün und Blattgrün. – Vgl. → *Camaieux.*

Faux deux-pièces, einteilige Kleider mit der Wirkung von zweiteiligen. Von Links: Schößchenkleid mit Raglan-Ärmel, Oberteil geknöpft, mit großer Schmuckblume; Schnittkleid mit einer originellen Stehkragen-Abwandlung und gesteppten Nähten, die den Zweiteiler vortäuschen; Kleid mit Volantschößchen und hüftrundem Rock.

Faux Deux-pièce, einteiliges Kleid, dessen Schnitt ein → *Deux-pièce* vortäuscht.

Faux Gilet, vorgetäuschter Westeneffekt durch steppereibetonte Nahtführung oder Kontrasteffekte durch eingesetzte oder aufgenähte Stoffstücke.

Faux uni, → *Falsches Uni*, Stoffe, die durch die Bindung, durch das Garn oder durch die Farbgebung ganz klein und unauffällig gemustert sind, mit uni-artiger Gesamtwirkung. – Vgl. → *Monochrom*, → *Chambray*, → *Changeant*, → *Glacé*, → *Brillantcolor*, → *Caméléon*, → *Melange*, → *Mouliné*, → *Vigoureux*, → *Nadelkopfmuster*, → *Minimal-Dessin*, → *Grisailles.*

FD-Texturtierung, → *Falschdraht-Texturierung.*

FDY, engl. fully draw yarn, vollverstrecktes Garn. → Vgl. → *Schnellspinnen*, → *FOY.*

Feder, → *Bettfeder.*

Federkernmatratze, → *Matratze*, die in ihrem Innern einen von Polstermaterial oder Schaumstoff umhüllten und mit einem Feinpolster aus Wolle, Wollfilz, Seide oder Baumwolle abgedeckten Federkern enthält. Das Wollsiegel wird nur dann zuerkannt, wenn mindestens 500 g/m² Schurwolle eingearbeitet sind. Die seitliche Garnierung besteht oft aus porösem Material, vor allem aus dem zähen und grobporigen, dauerhaft elastischen Polyäther-Schaum. Der Federkern stellt ein geordnetes System von rostfreien, meist zum zusätzlichen Schutz gegen verdünnte Säuren (Körperschweiß!) feuerverzinkten Metallfedern dar, die durch ein Geflecht von Stahlbändern oder -Drähten miteinander verbunden sind, sich einzeln und unabhängig voneinander bewegen können und an einem umlaufenden Rahmen befestigt werden. Die Anzahl der Federkerne ist kein sicheres Qualitätszeichen. Zur gleichmäßigen Verteilung des auf den Federkern einwirkenden Drucks wird häufig direkt unter dem Oberstoff ebenfalls eine Matte von Schaumstoff aufgelegt. Ein- und zweiteilige Matratzen sollten seitlich Ventilationslöcher aufweisen. – Vgl. → *Taschenfederkern-Matratze.*

Aufbau einer Federkernmatratze mit Polstermaterial als Außenabdeckung, Hohlraum-Schaumstoff, Federkernabdeckung.

Federnsiegel, RAL-→ *Gütezeichen* mit dem Ziel, die korrekte Deklaration der Füllung von → *Bettwaren* aus neuem, ungebrauchtem Material (kein → *Couché*) zu sichern. Vorgeschrieben und überprüft wird die ausgewiesene Füllqualität, die Korrektheit des angegebenen Füllgewichts und die Qualität des auf die Füllung abgestimmten Bezugsstoffes. Markenlose, nicht mit dem Siegel versehene Importware: „Nacktes Bett“. Kritisiert wird die nicht genügend klare Definition der → *Bettfedern* und → *Daunen.* Beanstandungen führen zu einem Bußgeld für den Hersteller, nicht aber zur Veröffentlichung seines Namens. – Vgl. → *Gütezeichen Daune,* → *Gütezeichen Inlettweber.*

Federn von Pelzen, → *Gefederte Pelzverarbeitung.*

Fedrige Daune, Gemisch, das neben Federn zwischen 50 und 89 → *Gewichtsprozent* → *Daunen* enthält. – Vgl. → *Volumenprozent.*

Feh, hochwertiger Pelz einer ostsibirischen Eichhörnchenart in Farbschattierungen von Hellgrau bis Anthrazit mit kurzem, aber seidigem und dichtem Haar, vor allem als Futterpelz verarbeitet.

Fehler, aus dem Spinnstoff, dem Garn, der Stoff- und Bekleidungsherstellung oder der Veredlung stammender, physikalischer oder chemischer Mangel bei Textilien aller Art. Bei Fertigkleidung verteilen sich die Fehlerursachen zu 27% auf die Wäsche beim Verbraucher, zu 6% auf die Chemisch Reinigung, zu 19% auf die Konfektionierung, zu 43% auf die Stoffherstellung; zu 5 % sind sie in der Warenannahme des Handels entstanden. Die Fehlerquote in der Weberei hat steigende Tendenz, vor allem in den unteren Preislagen. Zur **Fehlerkennzeichnung** hat ein Arbeitskreis Empfehlungen ausgearbeitet, um die Verarbeitung und den Verkauf von Stoffen im Ausschnitt zu fördern. Webfehler sollen an der rechten Warenseite beidseitig, Kettfehler am Anfang und am Ende des Stoffballens gekennzeichnet werden. Hinweise auf Vergütungen und Teilstellen werden auf dem Warenetikett vermerkt. Die Markierungen müssen an laufenden Maschinen angebracht und die Daten von Rechnern gelesen werden können.

Feinbiber, moderne, feine → *Biber,* gewebeschonend gerauht mit kurzem, dichtem Flor, der auch bei der ersten Wäsche nicht flust, für → *Leichtbettwäsche.* Meist einlauffest, mit feingezeichneten Mustern gut zu bedrucken; muß kaum gebügelt werden.

Feincord, → *Cordsamt,* mit 44–50 Rippen/ 10 cm etwas gröber als → *Babycord*; meist mit geringer Florhöhe, dichter und lückenloser Decke, Zwirnkette und langstapeligem Schußmaterial. Auch bedruckt. – Vgl. → *Microcord,* → *Millrayé,* → *Rippensamt.*

Feinfädig, Garne und Zwirne mit weniger als 150 dtex; Chemiefasern mit einem → *Einzeltiter* von 2,8–1,7 dtex. **Feinstfädig** sind Einzelfilamente unter 1,7 dtex.

Feinfasern, → *Spinnfasern,* die mit ihrer Feinheit und Kräuselung den Verarbeitungsbedingungen der → *Ringspinnerei* und der → *Kammgarnspinnerei* für Baumwolle (1,0–2,4 dtex) oder gemeinsam mit feinsten → *Merinowollen* (1,3–2,4 dtex) entsprechen. Gegensatz: → *Grobfasern.* – Vgl. → *Microfasern,* → *Faserfeinheit.*

Feingarn, früher als → *Dreizylindergarn* bezeichnete Baumwollgarne von der → *Ringspinnmaschine*: → *Watergarn,* → *Kerdiertes* und → *gekämmtes Garn.* Manchmal wird auch → *Mediogarn,* das auch → *OE*-gesponnen sein kann, zu den Feingarnen gerechnet. – **Feinstgarne**, Garne mit weniger als Nm 100 (100 dtex). Industriell verwertbare Feinstgarne, die alle für den Webprozeß benötigten Qualitätsmerkmale aufweisen, können bis zu einer Feinheit von Nm 300 (33 dtex, 52 Fasern im Garnquerschnitt) ausgesponnen werden. Für → *Feinstrumpfwaren* sind bereits Garne mit Nm 500 (20 dtex, 17 Fasern im Garnquerschnitt) gesponnen worden. Gegensatz: → *Grobgarn.*

Feinheit, 1. von Natur- und Chemiefasern: → *Faserfeinheit.*

2. Bei → *Wirk-* und → *Strickmaschinen* Maß für die Anordnungsdichte der Nadeln oder der auf andere Weise maschenbildenden Werkzeuge; E-Teilung = Zahl der Nadeln je engl. Zoll (25,4 mm). – Vgl. → *Gauge.*

Feinheitsfestigkeit, in N/tex (Newton = 100 p [Pond] je tex Faserfeinheit) gemessene → *Reißfestigkeit* von Textil*fasern.* - Vgl. → *Reißkilometer.*

Feinjersey-Bettwäsche, → *Jersey-Bettwäsche* aus → *gekämmten* und → *supergekämmten* Baumwollgarnen, wenig knitteranfällig, besonders geschmeidig und mit langlebigem Glanz durch → *Mercerisieren.*

Feinleder, Sammelbegriff für edle Ledersorten: → *Chairleder,* → *Dänischleder,* → *Lackleder,* → *Reptilleder,* → *Fischleder,* → *Saffianleder.*

Feinripp, → *Rippware* (→ *Rechts-Rechts-Ware* von der → *Rundstrickmaschine,* vor allem 1/1) in feiner Maschinenteilung (E14 und feiner) und aus feinen, oft → *kardierten* oder → *gekämmten* und → *zweifädig* verarbeiteten → *Feingarnen* für Damen-, Herren- und Kinderunterwäsche und → *T-Shirts.* Elastisch, liegt gut an, trägt nicht auf; kaum schwerer als → *Single Jersey,* aber für körperanliegende Schnitte gut geeignet; dominierende Qualität für geschlossene Herrenslips. – Vgl. → *Grobripp.*

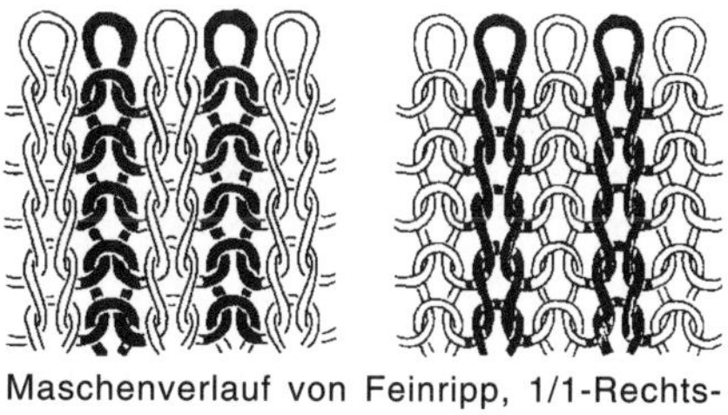

Maschenverlauf von Feinripp, 1/1-Rechts-Rechts- oder Rippware, links: Rechte Warenseite, rechts: Linke Warenseite.

Feinspinnerei, 1. Sammelbezeichnung für alle Spinnereitechniken bis zu Garnen mit etwa 600 dtex, schließt → *Ring-,* → *Luft-,* → *Rotor-* und → *Friktionsspinnerei* ein; Ge-

gensatz zur → *Grobgarn-* (→ *Zweizylinder-*), → *Streichgarn-* und → *Schappespinnerei.*
2. Letzte Bearbeitungsstelle der → *Dreizylinderspinnerei* (→ *Ringspinnerei*), → *Fertigspinnerei* im Gegensatz zur → *Vorspinnerei.*

Feinstfasern, oft aus funktionellen Gründen eingesetzte Synthetic-Fasern/Filamente mit 1,0–1,7 dtex, aus denen sich hochfeine Garne mit etwa 100 dtex spinnen lassen, für sehr feine, wind- und wetterdichte Stoffe für Sportbekleidung (→ *Activwear*) und für → *Feinstrumpfwaren* (→ *Satin Sheer*) sowie für bestimmte → *Vliesstoffe.* – Vgl. → *Hochleistungsfasern.*

Feinstrumpfwaren, Damenstrümpfe und Strumpfhosen, fast ausschließlich aus Polyamid-→ *Feinstgarnen* mit oder ohne Elastan, auf feinen → *Rundstrickautomaten* E 400 und höher sowie → *Cottonstrümpfe* ab 51gg. – Vgl. → *Nahtlose Feinstrümpfe,* → *Halterlose Strümpfe;* → *Antisnag-Ausrüstung,* → *Sandalett-Ferse,* → *Satin-Sheer,* → *Seamless,* → *Sherness-Effekt,* → *Snag,* → *Zierferse.*

Feintüll, → *Wabentüll* aus → *Feingarnen.*

Feintwist, vierfädige, weiche Baumwollzwirne für Handarbeiten, feiner als → *Spaltgarn.* – Vgl. → *Flachstickgarn.*

Feinvelours, 1. → *Tufting-Teppich* mit aufgeschnittenen Florschlingen und einem Nadelabstand von mindestens $^{1}/_{10}$ Zoll = 2,54 mm bis $^{1}/_{20}$ Zoll mit einem dem gewebten Teppich-Velours sehr ähnlichen Oberflächenbild; feine Ausspinnung der dominierenden Polyamid-Teppichgarne und relativ niedrige Florhöhe, mit 230.000 Polnoppen/m^2 sehr dicht, gute Farbwirkung, seidiger Gesamtcharakter.
2. → *Samtvelours*, Variation der Ausrüstung von → *Schlafdecken* mit geschlossener, sehr dichter und samtartiger Oberfläche.

Feinwaschmittel, → *Buntwaschmittel*, vielseitig im Temperaturbereich von 30–65° einsetzbare → *Waschmittel*-Gattung ohne → *Bleichmittel* und → *optische Aufheller* mit niedrigem pH-Wert („alkalifrei"), bei deren Anwendung Pflege und Schonung der Textilie im Vordergrund steht; wegen der geringen Beanspruchung und der niedrigen Waschtemperatur (niedrige Energiekosten!) für bunte Wäsche aus allen Fasergattungen und für feine Wäsche und Gardinen gut, für Wolle und Naturseide aber nicht geeignet. Gegenüber → *Universalwaschmitteln* geringere Waschkraft, jedoch bessere Erhaltung der Farben; für stark verschmutzte Wäsche wenig geeignet. Neutral reagierend, hartwasserbeständig. - Wegen des niedrigeren Einsatzes von milderen Chemikalien weniger umweltbelastend; bei geringer Gefahr von Ablagerungen in der Waschmaschine ist die Wäsche billiger als mit → *Vollwaschmitteln.* → *Wollwaschmittel* sind eine Untergruppe der Feinwaschmittel. – Vgl. → *Alltemperatur-Waschmittel,* → *Color-Waschmittel.*

Feinwolle, Wollsorten von 80's bis etwa 65's (AAAA-A, 16–22 micron), die sich sehr fein ausspinnen lassen; fast ausschließlich → *Merinowollen* überwiegend australischer Herkunft. Stoffe aus Wollen mit weniger als 16 micron werden zur Rechtfertigung hoher Preise oft als → *Supercento* (100's) oder → *Novanta* (90's) bezeichnet. Zum Vergleich: die Feinheit der feinsten → *Kaschmirwolle* liegt mit 14,5–19 micron etwa auf gleicher Ebene.

Feld, großes, von Bordüren umgrenztes Innenteil der Musterung von → *Orient-Teppichen.*

Fell, zur Gerbung geeignete Oberhaut von Kalb, Ziege und Schaf; Oberhäute von Roß, Rind und Schwein sowie von Fischen, Schlangen und Krokodilen werden in der Gerbereitradition als → *Haut* bezeichnet.

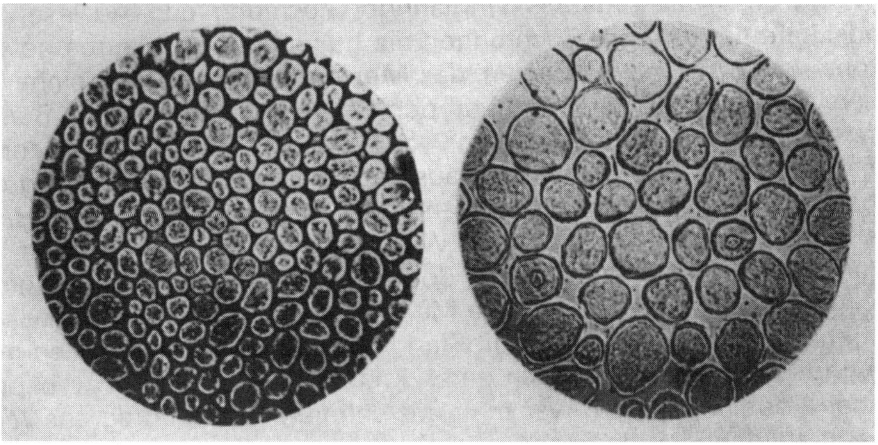

Querschnitt von Feinwolle (Merinowolle) links und Crossbredwolle (rechts) unter dem Mikroskop zum Vergleich.

Feltine®, speziell für modische Damenbekleidung entwickelter → *Filz* aus reiner Schurwolle, der der scharfen Qualitätsüberwachung einer Gütezeichengemeinschaft unterliegt; leicht, unempfindlich gegen Knittern, krumpfecht, wärmeisolierend, imprägniert und echt gefärbt. Wie bei allen → *Non woven fabrics* brauchen die Nähte nicht versäubert zu werden.

Female, internationale Bezeichnung für die (leichteren) Felle weiblicher Pelztiere. – Gegensatz: → *Male*.

Fensterkaro, → *Window-Check*, großflächige, durch gerade gezogene, relativ schmale Striche gezeichnete Karos.

Fente, Schlitz zwischen den Fingern von Handschuhen.

Fertigspinnen, Arbeitsgang der → *Ringspinnerei*; Verziehen der Vorgarnlunte auf die endgültige Garnnummer, Vermittlung der erwünschten → *Drehung* und Aufwinden auf möglichst große Garnträger.

Fertigstore, nach Standardmaßen konfektionierte und abgepackt verkaufsfähige, durchbrochene → *Gardinen*. – Vgl. → *Store*, → *Raffgardine*.

Fesselsocke, kurze Herrensocke mit elastischem oberen Rand, knapp über den Knöchel reichend; erübrigt den Sockenhalter.

Festigkeit, Widerstandskraft, die Garne, Gewebe oder Stoffe einer Zugbeanspruchung (→ *Dehnung*) bis zum Bruch entgegensetzen; unterteilt in → *Reißfestigkeit*, → *Bruchfestigkeit* und → *Biegeelastizität*.

Feston, Abschlußband mit Bogenkante oder rankenförmiger Verzierung. – Vgl. → *Barmer Bogen*, → *Bourdon-Kante*.

Feuchtfühlgrenze, Grenze, bis zu der eine Faser, ein Garn oder ein Stoff Feuchtigkeit aufnehmen kann, ohne sich naß anzufühlen. Nicht identisch mit der → *Feuchtigkeitsaufnahme*; diese liegt in der Regel wesentlich höher, besonders bei → *Wolle*.

Feuchtigkeitsaufnahme, generelle Fähigkeit eines Rohstoffes, Feuchtigkeit aufzunehmen. Die Feuchtigkeitsaufnahme einer Fasergattung ist um so geringer, je dichter die kristalline Struktur der → *Kettenmoleküle* ist und je stärker diese parallel zur Faserachse orientiert sind. Man unterscheidet die absolute (bis zur → *Sättigungsgrenze* mit Wasser), und die relative (aus der Luft, abhängig von klimatischen Bedingungen, → *Hygroskopizität*). Sie wird in Prozent des Trockengewichts bei 20 °C und einer relativen Luftfeuchtigkeit von 65% gemessen. → *Hydrophile* Fasern mit hoher Feuchtigkeitsaufnahme haben gute → *hygienische Eigenschaften*. Fasern oder Ausrüstungsmaßnahmen, die die Feuchtigkeit abstoßen (→ *Imprägnierung*), sind → *hydrophob*. Von der Fähigkeit der Feuchtigkeitsaufnahme hängt auch das → *Quellvermögen* und das Ausmaß des → *Einlaufens* ab. Bei → *pflanzlichen Fasern* nimmt die → *Festigkeit* mit steigender Feuchtigkeit zu, bei → *Synthetics* bleibt sie tendenziell gleich und bei den → *tierischen Faserstoffen* und → *Viskose* fällt sie ab. – Vgl. → *Feuchtfühlgrenze*, → *Feuchtigkeitsgehalt*, → *Konditionierung*, → *Feuchtigkeitszuschlag*, → *Quellvermögen*, → *Wasserrückhaltevermögen*, → *Feuchtigkeitstransportvermögen*.

Feuchtigkeitsgehalt, natürlicher Gehalt an Feuchtigkeit von Textilfasern: Elastan 0,5–1,5%; Polyester 0,2–0,5%; Acryl 1,0–2,0%; Triacetat 2,0–5,0%; Polyamid 3,5–4,4%; Acetat 6,0–7,0%; Rohbaumwolle 7,0–11,0%; entbastete Naturseide 9,0–11%; gewaschen 15,0–17,0%; Modalfasern 12,5 %.

Feuchtigkeitstransportvermögen, Fähigkeit einer Faser oder eines Stoffs, die Körperfeuchtigkeit von der Haut aufzunehmen und an die Außenluft abzuführen; bei Maschenstoffen generell höher als bei Geweben (→ *Zweischichtenstoffe*). Durch → *hygienefördernde Ausrüstung* wird das Transportvermögen erhöht. → *Synthetics* haben trotz ihrer geringen Fähigkeit, Feuchtigkeit aufzunehmen, ein gutes Ableitvermögen. – Vgl. → *Netzfähigkeit*.

Feuchtigkeitszuschlag, Handelszuschlag zum Trockengewicht von Textilfasern (→ *Konditionierung*). – Vgl. Tabelle nach → *TKG* im Anhang am Schluß des Buches.

Feuchtvernetzungsverfahren, Methode zum Aufbringen → *Kunstharzfreier Pflegeleichtausrüstungen* auf Viskose oder Modal sowie für Polyester/Baumwoll-Mischungen; bewirken Festigkeitsverluste bis 35%, erreichen keinen guten → *Naßknitterwinkel* und keine befriedigende → *Dimensionsstabilität*. – Vgl. → *Trockenvernetzungsverfahren*.

Feuerhemmende Ausrüstung, → *Antiflamm-Ausrüstung*.

Feuersicher, für spezielle → *Schutzbekleidung* erforderliche Eigenschaft von → *Berufsbekleidung*; wird gleichzeitig → *Hochhitzebeständigkeit* gefordert, nimmt man → *Aramidfasern*, kaum mehr → *Glas-* oder *Asbestfasern*. – Vgl. → *Flammensichere Textilien*.

Fewofil, engl. few = wenige, → *Filamentgarn* aus wenigen → *Filamenten*; Gegensatz: → *Monofil*, → *Multifil*.

ff, → *feinfädig*.

Fiber, 1. Amerikanische Bezeichnung für → *Faser*.
2. Im → *TKG* nicht erwähnte Pflanzenfaser der mexikanischen Agave, als Polsterung für preiswerte → *Matratzen* verwendet.

Fiberfill, auf hohen und stabilen Bausch mit geringem Bauschverlust und gute Wiedererholung auch nach der Wäsche konstruierte → *Füllfaser*, Chemiefaser-Spezialtypen, meist Polyester und häufig → *Hohlfaser*, mit hoher Schmiegsamkeit und dauerhafter Luftdurchlässigkeit, als → *Flocke* oder zur Herstellung von Füllvliesen für → *Bettwaren* (→ *Stepp-* und → *Einziehdekken*, → *Flachbetten*), → *Steppstoffe* und winterlich ausgestattete Oberbekleidung,

Morgenmäntel oder → *Schlafsäcke*. Gute Wärmehaltung, leichtes Gewicht, gutes Schlafklima durch → *Feuchtigkeitstransport*, hoher Reinheitsgrad bei der Erstfüllung (staub- und flusenfrei) und daher keine Gefahr für Allergiker, pflegeleicht und waschbar, langlebig und filzfrei. → *Silikon-Ausrüstung* macht die Füllfasern besonders glatt und weich und verhindert das Verklumpen. Daunendichte Bezugsstoffe sind nicht nötig. → *Daunen* wärmen besser, nehmen mehr Feuchtigkeit auf, sind aber um ein mehrfaches teurer. Normalfasern sind etwa 30% billiger, aber auf gute Laufeigenschaften der Garne bei der Weiterverarbeitung sowie auf gute färberische Eigenschaften konstruiert und würden ihren Anfangsbausch bald verlieren. – Vgl. → *Hollofil*, → *Quallofil*, → *Dacron*, → *Faserfüllung*, → *Bonafill*, → *Comforel*, → *Lindfill*, → *Schlafkugeln*, → *Thermo-Steppstoffe*.

Fibranne, frz. → *Viskose-Spinnfaser*, wie das it. → *Fiocco* nach → *TKG* nicht zulässig.

Fibrafinn MS, finnische → *Lyocell-Faser*.

Fibrillen, zur übermolekularen Faserstruktur gehörende, strangförmige, in Faserrichtung verlaufende und schichtweise übereinanderliegende Gebilde aus → *Makromolekülen*; sie bilden die spindelförmigen Zellen der Hauptschicht (Cortex) tierischer Haare. Bei zellulosischen Faserstoffen bil-

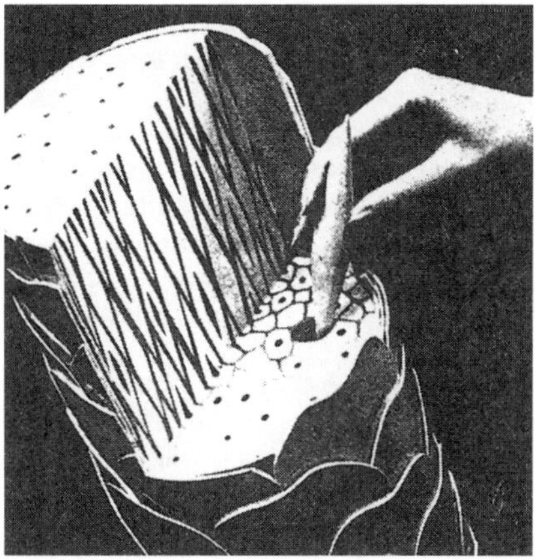

Aus Fibrillen zusammengesetzte, spindelförmige Zellen im Innern der Wollfaser; die Schuppenschicht ist ebenfalls gut sichtbar.

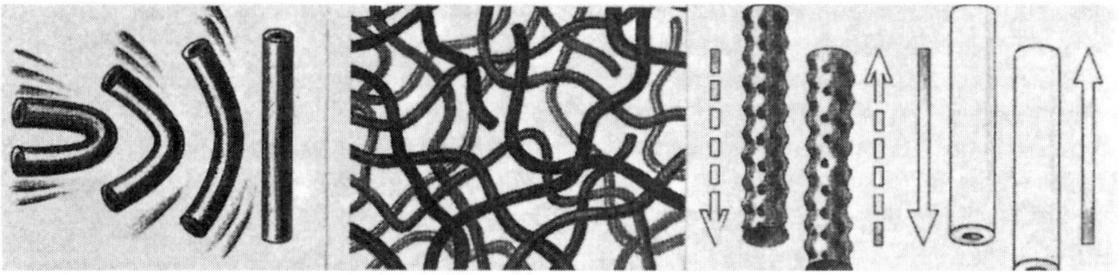

Fiberfill. Links: Die Fähigkeit, nach Belastung die alte Lage wieder einzunehmen (Rückstellkraft), bestimmt die dauerhafte Bauschkraft der Füllfaser. Mitte: Die elastischen Fasern bilden Millionen von Luftkammern. Rechts: Silikonisierte Fasern (Trevira Fill) sind im Gegensatz zu den unbehandelten extrem glatt und weich; die Behandlung verhindert das Verklumpen.

Fibrid, 1. spezielles Bindemittel zur Herstellung von → *Non woven fabrics* nach dem Schwemmverfahren auf der Papiermaschine. Fertigerzeugnis: → *Textryl*.
2. Kurze, nicht verspinnbare, hoch aufgesplittete → *Polyolefin*-Fasern mit besonders großer Oberfläche als Bindefaser für → *Composit*-Werkstoffe.

den die in kristallähnlich geordneter Struktur zusammengefügten, langen Glukoseringe die Fibrillen als Baueinheit der Pflanzenzellen. – In der Schweiz manchmal gleichbedeutend mit → *Filament* gebraucht.

Fibrillierte Garne, aus → *Folienfasern* bestehende, faserige → *Filamentgarne* aus mechanisch an Sollbruchstellen gespleißten, → *monoaxial gereckten* Polyethylen- oder Polypropylenfolien für → *Outdoor-Tufting-Polgarne*, → *Möbelstoffe* und als Ersatz für → *Sisal* und → *Hanf*. – Vgl. → *Spaltfasertechnik*, → *Polital*.

Fibroin, aus 20 verschiedenen Aminosäuren bestehender Eiweißkörper (→ *Protein*, → *Skleroprotein*); hornartiger, wasserunlöslicher Hauptbestandteil des Faserkörpers der → *Naturseide*. Die in der Spinndrüse der Seidenraupe in Wasser gelösten und gefalteten Polypeptidketten werden beim Austritt des Seidenfadens parallel gelegt und kristallin geordnet. – Vgl. → *Serecin*.

Fichu, großes Brusttuch, dessen Enden vorne gekreuzt und im Rücken verknüpft werden; nicht identisch mit → *Jabot*. - **Fichukragen**, flache, breite und geschwungene Kragen, die ähnlich wie ein Tuch vorne in einer gebundenen Schleife enden. – Vgl. → *Frou-frou* (mit Abb.), → *Plastron*.

Fichukragen

Fidion®, italienische Polyesterfaser (EniChem), → *Kabel*, → *Spinnfaser* und → *Kammzug*, auch → *Fiberfill* und → *flammenhemmend*.

Field-Jacket, originalgetreue Nachbildung der Kampfjacken des Heeres als → *Freizeitkleidung* aus kräftigem → *Popeline* oder → *Gabardine* in den olivgrünen Tönen des Vorbilds. – Vgl. → *Commander-Parka*, → *Fighting-Suit*, → *Military-Look*.

Fighting-Suit, → *Field-Jacket*.

Figuré, großzügige → *Schaft*- und → *Jacquardmuster* mit Figurenschüssen, die eine → *Gobelin*-ähnliche, leicht erhabene Zeichnung hervorrufen.

Figurierte Gewebe, als Gegensatz zu kleinen Bindungsmustern (→ *Façonné*) gebrauchte Allgemeinbezeichnung großflächiger → *Schaft*- oder → *Jacquard*-Bindungsmuster. – Vgl. → *Brokat*, → *Damassé*, → *Maxi-Dessin*.

Fil, frz. → *Faden*, → *Garn*.

Fil-à-Fil, → *Pfeffer und Salz*, treppchenförmige kleine Farbmusterung auf → *Doppelköper* 2/2 (→ *Croisé*), hervorgerufen durch 1/1 wechselnde, helle und dunkle → *Schuß*- und → *Kettfäden*. Bei Pfeffer und Salz sind die Farbkontraste nicht so ausgeprägt.

Wollkammgarnstoff mit Fil-à-Fil-Musterung mit ausgeprägtem Farbkontrast.

Filament, internationale Bezeichnung für Textilfasern mit praktisch unbegrenzter Länge als Bestandteil von → *Kabel* und → *Garnen.* – **Filamentgarn**, aus mehreren Filamenten (meist entsprechend der Zahl der Düsenöffnungen) bestehende Garne mit oder ohne → *Drehung* (→ *multifil*, → *fewofil*, → *minifil*), ungekräuselt (glatt) oder → *texturiert* (gekräuselt, → *verwirbelt*). - Vgl. → *BCF-Garne*, → *Intermingled-Garne*, → *POY-Garne*, → *Filament-Mischgarn*.

Filamentgarn mit Faseroptik, → *Faseroptik*.

Filament-Mischgarn, → *Heterogarne*, Garne aus Mischungen von Filamenten mit unterschiedlicher chemischer oder physikalischer Konstitution. Die Komponenten können sich durch das → *Schrumpfverhalten* (→ *Qiana*, → *Bauschgarne*), durch verschiedene → *Farbaffinität* (für → *Bicolor-Effekte*), durch die Querschnittsform (→ *Profilfasern*) oder den → *Einzeltiter* (für → *Feinstrumpfwaren*), schließlich durch verschiedene → *Verstreckung* und → *Texturierung* (zur Erhöhung des Volumens bei gleichem Gewicht) unterscheiden. – Vgl. → *Bishrink*.

Fil cardé, frz. → *kardiertes Garn*; auch: → *Streichgarn*.

Fil d'Ecosse®, hochwertiger, → *gasierter*, → *mercerisierter*, zweifädiger Baumwollzwirn (Sartel) aus → *gekämmter*, langstapeliger Baumwolle vor allem für sommerliche Strickwaren, formbeständig und relativ weich im Griff.

Filet, frz. (Fischer-)Netz, 1. In der → *Bobinet-* und → *Rascheltechnik*: Netzgrund.
2. In der Handarbeit: Musterung durch Stopfen, Sticken oder Steppen auf einem quadratischen Netzgrund.

Filetarbeit, Handarbeit, die mit Hilfe einer Filetnadel und verschieden breiter Holzstäbchen durch Knüpfen entsteht, für Deckchen und Handschuhe, aus relativ harten, weißen oder naturfarbigen Leinen- oder Baumwollzwirnen.

Filethäkelgarn, leinenähnlicher, hartgedrehter Zwirn aus Baumwolle oder → *Ramie* in Weiß oder Ecrue, für Spitzen, Deckchen, Bettwäscheeinsätze; gefärbt auch für Netze und Handschuhe.

Filieren, 1. Vordrehen (→ *Doublieren*) von Garnen, um besser deckende Mehrfachgarne zu erhalten.
2. Erstes gemeinsames Verdrehen mehrer → *Grègefäden* bei der Aufbereitung von → *Naturseide*, einem Zwirnvorgang ähnlich. Ergebnis: Filierte Grège.

Filigrandessin, einfarbige, feinziseliert abgehobene Druckmotive.

Filmbildung, in der → *Ausrüstung* Gegensatz zur → *Vernetzung*; das Ausrüstungsmittel dringt nicht in die Faser ein und bildet auch keine chemische Verbindung mit ihr, sondern lagert sich auf der Faser ab und hüllt sie ein.

Filmdruck, → *Drucktechnik*, → *Schablonendruck*, als → *Tischdruck* moderne Fortsetzung des → *Handdrucks* mittels kastenförmiger, meist auf fotochemischem Wege hergestellter Schablonen, die mit einem feinen Gazegewebe aus Metall, Polyamid oder Polyester bespannt sind, auf dem das Muster frei und farbdurchlässig bleibt, während die nicht musternden Partien mit einer wasserunlöslichen Lackschicht überzogen werden (→ *Flachfilmdruck*). Für den weitaus häufiger angewandten → *Rotationsfilmdruck* werden die Schablonen zu einem Zylinder gebogen. Für jede zu druckende Farbe ist eine Schablone nötig. Die Übertragung der Farbe auf den Stoff erfolgt durch die durchlässigen Stellen der Schablone, durch die der Farbstoff mit Ziehbrettern (→ *Rakel*) gedrückt wird. Haupteinsatzgebiete sind modische Stoffe mit großen → *Rapporten*, geringer Auflage, komplizierte Dessins mit vielen Farbüberläufen sowie plastischer Durchzeichnung der Kolorits, oder Drucke auf besonders feinen oder elastischen Stoffen, die in Kettrichtung keiner großen Zugbeanspruchung ausgesetzt werden dürfen. Am fertigen Stoff sind keine Unterschiede zwischen Flach- und Rotationsfilmdruck zu erkennen. – Vgl. → *Flachfilmdruckmaschine*, → *Siebdruck*, → *Spritzdruck*, → *Flockprint*.

Filmtex-Verfahren, Verfahren der → *Spaltfasertechnik* zur Gewinnung von → *Bändchenfasern* aus spleißfähigen → *Folien*. Die → *Chemieschnittbändchen* werden über rotierende Nadelwalzen geführt, die durch ihre Einstiche die Folienbändchen spalten.

Fil peigné, frz. → *Kammgarn*, → *Gekämmtes Garn*.

Filtertuch, → *technisches Gewebe*, → *Filz* oder → *Vlies* zur Reinigung von Luft oder Wasser. Die Stoffe werden meist gerauht, durch Krumpfen verdichtet und zum Teil mit Chemikalien (z.B. Kupferoxidammoniak, Magnesiumchlorid) getränkt.

Filz, textiles Flächengebilde aus einem wirren, schwer zu trennenden Fasergut; nicht gewebte Textilie (→ *Non woven fabric*). Filz aus → *Synthetics* und theoretisch auch aus pflanzlichen Fasern entsteht trokken durch Vernadeln (→ *Nadelfilz*), Filz aus Wolle ist ein Walk- oder Preßfilz; → *Webfilz* und → *Filztuch* werden zu den Geweben gerechnet. Die dem Verwendungszweck angepaßten Eigenschaften der Walkfilze werden weitgehend durch die Art der Mischung verschiedener Wollsorten mit oder ohne → *Tierhaar* (Kamel-, Ziegen-, Kanin- oder Hasenhaare) bestimmt, die sich in Feinheit, Kräuselung und Schuppenschicht unterscheiden. – Walkfilz besteht aus zusammenhängenden und miteinander verriegelten Einzelfasern, die unter Einfluß von Wärme, Feuchtigkeit, Bewegung und Druck oder durch Walken mit walkfördernden Zusätzen ohne ein Binde- oder Klebemittel verfestigt sind und ohne daß die Fasern miteinander verknüpft, verknotet oder vernadelt werden. Festigkeit, Druckelastizität und Dichte können sehr hoch sein. – Vgl. → *Faser-Verbundstoff*, → *Feltine*, → *Textil-Verbundstoff*, → *Nadelvlies*.

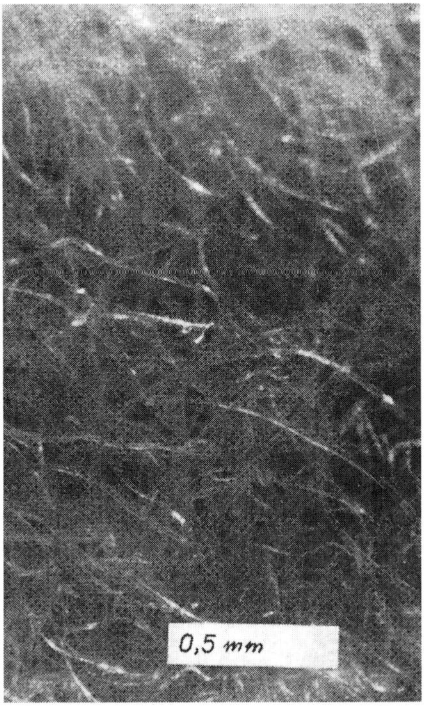

Makroaufnahme der Faseranordnung eines Wollfilzes.

Filzen, auf der Schuppenstruktur beruhende Eigenschaft tierischer → *Stapelfasern*, sich unter Einfluß von Wärme, Feuchtigkeit, Reibung und Druck wirr miteinander zu einem regellosen Durcheinander zu verschlingen. Ursache ist der „gerichtete Reibungseffekt"; infolge des unterschiedlichen Reibungskoeffizienten in und gegen die Schuppenrichtung wandert das Wollhaar nur in Richtung des Wurzelendes

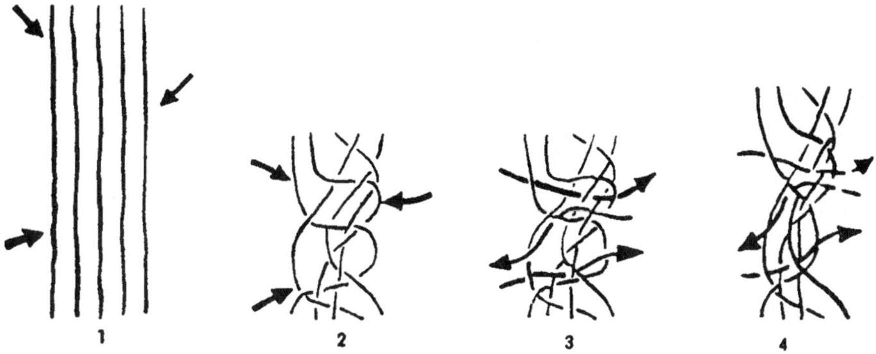

Theorie des Filzvorgangs nach Martin. Werden viele Wollfasern zusammengedrückt, werden die Fasern im Garn zu Schlingen gebogen. Lose Fasern (Pfeile) wandern mit dem Wurzelende voran und dringen bei wiederholtem Zusammendrücken allmählich in diese Schlingen ein. Schließlich bilden sich Knoten oder Verschlingungen, das Garn kann nicht mehr zu seiner ursprünglichen Länge zurückkehren. – 1. Fasern im ursprünglichen Zustand; 2. Zusammengepreßte, verschlungene Fasern; 3. Fasern wandern in Richtung Wurzelende; 4. Verschlungene Fasern fest verknotet (verfilzt).

(„Regenwurmtheorie"). Seife und alkalische Laugen fördern den Filzvorgang, geringe Beimischung von Polyamiden (bei Handstrickgarnen) heben ihn weitgehend auf. – Vgl. → *Antifilzausrüstung.*

Filzfrei-Ausrüstung, → *Antifilzausrüstung.*

Filzkalander, Ausrüstungsmaschine zum Trocknen und → *Dekatieren* wollener Kleiderstoffe.

Filztuch, → *Webfilz*, technische Preßfilze auf Gewebebasis; ein- oder mehrlagige Gewebe aus Streichgarnen, die ihren Filzcharakter in der Ausrüstung durch Walken erhalten haben. Verwendung als Filtertuch, Kalander- und Walzenbelag.

Fineliner, aus ganz feinen, zwei- bis höchstens vierfädigen Streifen gebildete Webmusterung; auch durch Stoffdruck imitiert. – Vgl. → *Fineliner-Karo.*

Fineliner-Karo, → *Fadenkreuzdessin.*

Finette, → *Croisé-Finette.*

Fineweave-Denim, feinfädiger → *Denim*, dichter → *Jeansstoff* für sommerliche Damenbekleidung in Gewichten von 10–11,5 oz (350–420 g/m^2): keine Gefahr des → *Drehbeins.* – Vgl. → *Light-Denim.*

Finish, abschließender Arbeitsgang in der Textilveredlung, früher auf nicht waschfestes „Verkaufsfähig-Machen" (Bügeln, Mangeln) bezogen. In der Oberbekleidungsmode Allgemeinbezeichnung für Stoffausrüstungen, die die Optik, die Oberfläche und den Warengriff maßgeblich beeinflussen, wie Waschverfahren (→ *Délavé*) vor allem zur Erzielung des → *Used-Look*, → *Schmirgel-* und → *Sanding*-Ausrüstungen, → *Beschichtungen* sowie bestimmte Färbetechniken wie → *Techno-Finish.* Teilweise wird auch völliger Verzicht auf Nachbehandlung (→ *Authentic-Finish*) und sogar → *Superwash* zum Finish gerechnet. – Vgl. → *Bio-Finishing*, → *Oil-Finish*, → *Finissage*,

Finisher, sogen. „Aufbereiter", verhältnismäßig junge, Lagerflächen-intensive und hohe Flexibilität erfordernde Sparte der Textilveredlung vor allem für Importe, Auslandsproduktion und Passive Lohnveredlung. Vielfach handelt es sich um Subunternehmer oder Betriebsteile von Speditionen, die auf Hängeversand spezialisiert sind. Kerngeschäft ist meist eine Wäscherei, die auch das Umrüsten von Liege- zum Hängeversand und die damit zusammenhängenden Bügelarbeiten (auch von Hand) übernimmt. Häufig ist eine Qualitätskontrolle und notwendige Nachbearbeitung sowie das Etikettieren und Verpacken entsprechend den Abnehmerwünschen eingeschlossen. Komplettlösungen haben nicht nur wegen des überwiegend saisonalen Geschäftsanfalls enorme logistische Probleme zu lösen.

Finissage, frz. → *Appretur*, → *Ausrüstung*; umfaßt sowohl die Technik und Durchführung als auch das Ergebnis der Endausrüstung. – Vgl. → *Finish*.

Finnenbaumwolle, in Finnland gewebter und bedruckter → *Kretonne* oder → *Renforcé* für Kleider und → *Home-wear*, in der Zusammensetzung 85% Baumwolle, 15% Viskose-Filament.

Finnenkleid, von der frz. Couture übernommener Kleiderstil; Hängekleid, das bei weit geschnittenem Oberteil an einer Passe gereiht oder in Falten gelegt wird und abnäherlos gerade fällt. Knie- oder bodenlang, werden diese Kleider in Skandinavien generell am Abend auf der Straße, zu Hause und vor allem nach der Sauna getragen. – Vgl. → *Shift-Linie*.

Finnraccoon, in Skandinavien gezüchteter Seefuchs mit dickem Fell (falscher → *Waschbär*), vor allem als Ausputz für sportliche Mäntel und als Kapuzenfutter eingesetzt.

Fiocco, it. → *Viskose-Spinnfaser*.

Fireman-Coat, Mäntel nach dem Vorbild der amerikanischen Feuerwehr-Mäntel; typisch ist der Verschluß mit Karabinerhaken.

Fireman-Coat

Fischerhose, meist eng anliegende oder gerade fallende, $^{3}/_{4}$-lange Hose mit Schlitzen unter dem Knie; besonders enge Formen mit seitlicher Schnürung werden auch → *Piratenhose* genannt. – Vgl. → *Korsarenhose*, → *Kulihose*.

Fischer-Pulli, → *Troyer*.

Fischertuch, stark gewalkter, derber Wollstoff mit → *Meltonausrüstung* und niedrigflorigem Strich, gröber als → *Kutschertuch* (→ *Kabik*).

Fischgrat, gebrochener → *Köper*, meist durch verschiedenfarbige Garne im Hell-Dunkel-Kontrast unterstützte Gewebemusterung in einer abgesetzten Köperbindung mit wechselnder Gratrichtung im Kett-Rapport und Versatz der Bindungspunkte. Nicht identisch mit → *Spitzköper* (unversetzte Bindungspunkte). – Vgl. → *Chevron*, → *Herringbone*.

Fischotter, → *Otter*.

Fisherman-Jacke, wetterfeste, lange und gerade geschnittene Jacke aus geöltem,

Fischerhose (rechts) im Vergleich zur Korsarenhose.

gewachstem oder PU-beschichtetem Baumwollstoff. – Früher auch gestrickte, → *outdoor*-taugliche Jacken aus dochtigen Garnen. – Vgl. → *Barbour-Jacke.*

Fitness-wear, → *Activwear*, das zur Ausübung von Fitness-Sportarten bestimmt ist mit vielen unterschiedlichen Artikeln vom Sport-BH bis zum → *Warm up-Anzug*, wobei es nicht nur auf eine funktionsgerechte Gestaltung, sondern auch auf optische, die Figur betonende oder korrigierende Effekte ankommt. – Vgl. → *Gymnastik-Anzug.*

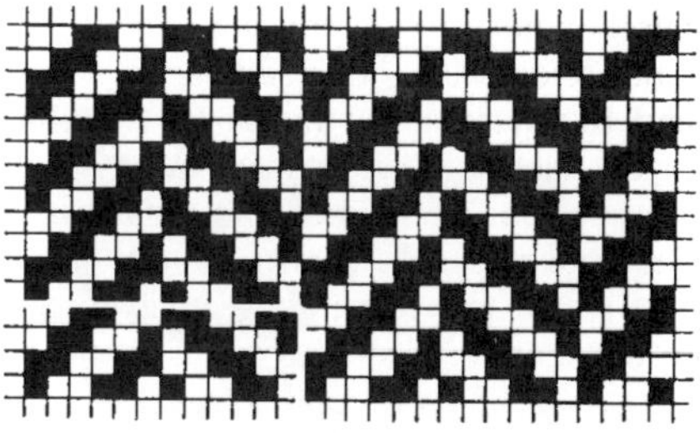

Fischgrat-(Chevron-)Bindung auf Basis Croisé 2/2; Rapport eingerahmt.

Klarer Fischgrat entsprechend der Patrone (auf die Hälfte verkleinert). Der Wechsel in der Gratrichtung erfolgt in der Patrone nach jedem sechsten Schußfaden, im Stoffmuster nach jedem zwölften.

Beispiele für Fitness-wear, z.T. mit Flatlock-Nähten in Kontrastfarbe.

Fitness-Bekleidung mit kurzem Bein aus hochelastischen (Stretch-) Maschenwaren.

Five-Pocket-Jeans, klassische → *Jeans* (und sportliche Hosen) mit fünf Taschen: Zwei Gesäß- (→ *Patch-Pocket*), zwei Eingriff- (→ *Swing-Pocket*) und Kleingeldtasche (→ *Watch-Pocket*) vorne rechts (→ *Westerntasche*). - Kennzeichen des Gesamtschnitts sind kräftige und markante Stepp- und → *Kappnähte*, Leder-→ *Label* auf der Gesäßtasche oder am hinteren Bund, Nieten und genieteter Bundkopf.

Fixaform®, → *Permanent Press*-Verfahren (→ *Pre-curing*) für Gewebe aus Baumwolle und mit Polyester; der letzte Ausrüstungsgang erfordert eine spezielle Apparatur, die Behandlung fertiger Bekleidungsstücke ist mit normalen Bügelpressen möglich.

Fixapret®, Ausrüstungs-Chemikalie zur kochwaschbeständigen Hochveredlung (BASF), die gleichzeitig die Knitterneigung herabsetzt und die Quellfähigkeit verringert. Geringer → *Formaldehyd*-Gehalt; das freie Formaldehyd ist im Vorkondensat durch Harnstoff oder durch Ethylenharnstoff gebunden. Wegen hoher Chlorbeständigkeit vielfach für weiße Oberhemden angewandt.

Fixbettuch, → *Formbettuch*, → *Spannbettuch*. → *Bettuch* mit nähtechnischer Gestaltung, die das Tuch auf der Matratze verankert.

Fixieren, Stabilisieren von Fasern, Garnen oder Stoffen zur Vermeidung einer späteren Formveränderung und zur Absicherung der → *Dimensionsstabilität* sowie von Eigenschaften, die durch die → *Veredlung* hervorgerufen worden sind, meist durch Einwirkung von Wärme und/oder Feuchtigkeit und vielfach durch Zusatz von Chemikalien.

1. Fixierung von Wollstoffen: → *Flächenfixierung*, → *Vorsensibilisierung*, → *Dekatieren*.

2. Fixierung von Baumwollstoffen: → *Permanent Press*. - Krumpffest machen: → *Sanfor*, → *Tumblerfest*.

3. Fixierung von Synthetics: → *Thermofixierung*. – Bleibendes Dehnen von Synthetics-Filamenten: → *Verstrecken*, → *Strecktexturierung*. – Vgl. → *Setting*.

4. Fixierung der Form von Bekleidungsstücken: → *Frontfixierung*. Fixieren von Falten: → *Plissieren*.

5. Fixieren von Färbungen und Drucken zur Schaffung einer innigen Verbindung von Farbstoff und Textilfaser zur Erzielung von ausreichenden Gebrauchseigenschaften: Behandlung mit Chemikalien, Heißluftbehandlung, → *Dämpfen*.

Flachbett, fertig konfektioniertes → *Deckbett* mit Stegen, durch die der mit → *Federn*, → *Daunen* oder → *Fiberfill* zu füllende Hohlraum in Zellen unterteilt wird; ein Drittel der Füllmenge wird eingespart, das Füllmaterial kann nicht verrutschen. Füllen ist von einer Öffnung aus möglich. Nicht klumpende, leichte Vliesfüllungen machen Flachbetten voll waschbar (→ *Einziehdecke* etwa 1300 g). Das flache, leichte → *Oberbett* paßt sich modernen Schlafzimmermöbeln besser an. – Vgl. → *Karo-Step*, → *Kassettendecke*.

Flächenfixierung, (IWS-Finish MS), Hochtemperatur-→ *Dekatur* unter zusätzlicher Verwendung von Basen und Reduktionsmitteln; nicht nachträglich durchführbarer Ausrüstungsprozeß für Wollstoffe mit dem

Ziel erhöhter Pflegeleichtigkeit, Verbesserung der → *Naßknitterechtheit* und des → *Knittererholungsvermögens*, des Warengriffes und des Mattglanzes sowie zur dauerhaften Sicherung der → *Dimensionsstabilität*. Die Anfälligkeit gegen Knittern in völlig trockenem Zustand wird nicht beeinflußt, die Verarbeitung in der Schneiderei (→ *Dressur*) wird erleichtert. Das Verfahren eignet sich besonders für Stoffe, die mit sehr naßfesten Farbstoffen gefärbt sind. Im Gegensatz zur → *Vorsensibilisierung* erhält der Stoff durch die Ausrüstung bereits seine beständige Form. – Vgl. → *Antifilzausrüstung*, → *Partienweise* → *Formfestbehandlung*, → *London-Shrunk*.

Flächengebilde, Oberbegriff für alle zweidimensionalen Textilerzeugnisse unabhängig von ihrer Herstellungstechnik (→ *Stoffe*, → *Gewebe*, → *Maschenwaren*, → *Filz*, → *Teppiche*, → *Tufting-Teppiche*, → *Vliesstoffe*, → *Bobinet*, → *Netz*, → *Geflecht*, → *Multitextilien*, → *Nähwirkwaren*).

Flächengewicht, genormte Maßeinheit; Gewicht von textilen → *Flächengebilden* geteilt durch die bedeckte Fläche (m^2 oder lfd.m, meist 150 cm breit). – Vgl. → *Metergewicht*, → *Quadratmetergewicht*.

Flachfäden, → *Bändchen*, einachsig orientierte (→ *monoaxial gereckte*), schmale Flachfolien meist aus → *Polyethylen*- oder → *Polypropylen*-Thermoplasten (selten aus Viskose), die entweder aus Breitschlitzdüsen als etwa 60 cm breite → *Folie* oder durch Ringdüsen röhrenförmig gesponnen werden. Die Folien werden in Streifen von 6-20 mm geschnitten, verstreckt und im Heißluftkanal fixiert. Dadurch nimmt die axiale Festigkeit (in Längsrichtung) stark zu, die Querfestigkeit hingegen ab, so daß die Bändchen in Längsfibrillen aufspleißen. Diese können auch lose zu → *Grobgarnen* zusammengedreht werden. Verarbeitung zu bastfaserähnlichen Bindfäden, Teppich-Grundgeweben (→ *Teppichrücken*), Verpackungsmaterial und für → *Technische Textilien*. – Vgl. → *Polital*, → *Chemie-Schnittbändchen*, → *Folienfilamente*.

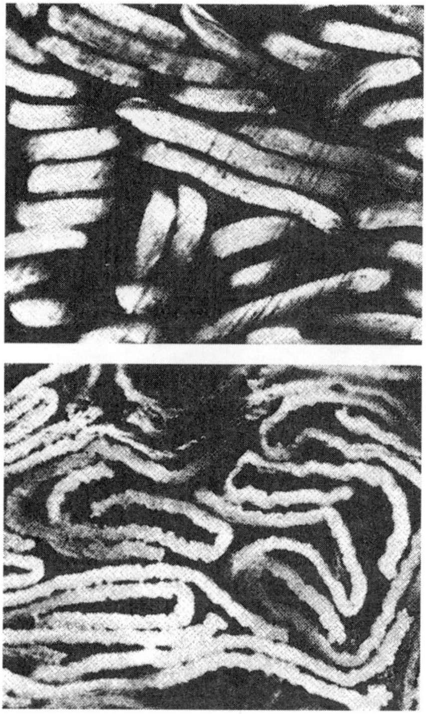

Flachfäden (Bändchenfasern) aus Viskose; oben geschnitten, unten gesponnen.

Flachfilmdruck, → *Schablonendruckverfahren*, → *Filmdruck*, bei dem die auf einem Mitnehmertuch unverrückbar befestigte Stoffbahn taktförmig unter den Filmdruckschablonen hinweggleitet; Gegensatz zum → *Tischdruck* und zum → *Rotationsfilmdruck*. Alle Farben (maximal 20) des Rapports werden „naß in naß" nacheinander gedruckt und erst anschließend getrocknet. Das Auf- und Absetzen der Schablonenkästen und der Rakelstrich sind automatisiert. Einsatz für Tücher, schwierig zu druckende Dessins mit vielen und vor allem wasserfarbenähnlichen Farb-

Flachfilmdruckanlage. Im Gegensatz zum Tischdruck, bei dem die Ware auf langen Drucktischen liegt und der Drucker die Schablone, zum Trocknen immer einen Rapport überschlagend von Rapportstift zu Rapportstift weiterführt, wird der Stoff unter ortsfesten Schablonen vorbeigeführt und nach jedem Druckvorgang automatisch um einen Rapport weitergezogen.

überläufen (→ *Aqua tinta*) sowie kleinere Metragen. Am fertigen Stoff ist kein Unterschied zum manuellen Tischdruck zu erkennen.

Flachfixierung, übliche Form der → *Frontfixierung*, Fixierung bei offenem Brustcisson; Gegensatz: → *Formfixierung*. Die Einlage wird auf die zugeschnittenen Vorderteile flach heißfixiert; das Schließen der Nähte (→ *Abnäher*) erfolgt hinterher. Auf diese Weise ist die korrekte Ausarbeitung der den einzelnen Größen angepaßten Brustmodellierung leichter zu realisieren.

Flachgeflecht, → *Litze*, schmales, geflochtenes Band; Gegensatz: → *Rundgeflecht* (→ *Kordel*). – Vgl. → *Geflecht*.

Flachgewebe, → *Gewebe* mit kompakter Fläche, deren Volumen durch die Bindungstechnik nur in geringfügigem Umfang verändert werden kann; Gegensatz: → *Polgewebe*. Unstrukturierte → *Jeansstoffe* als Flachgewebe: → *Flats*.

Flachprägung, → *Prägeeffekt* (→ *Riffelmuster*), wobei die prägende Stahlwalze mit einem feinen Muster, das im fertigen Stoff keinen → *Rapport* erkennen läßt, überzogen ist. Manchmal wird die Gegenwalze durch eine dritte Walze nach jeder Umdrehung geglättet. Ziel ist eine Veränderung der Glanzwirkung. – Vgl. → *Cristallon-Veredlung*.

Flachs (Lein), alljährlich neu aus dem Samen gezogene Pflanze mit geringen Ansprüchen an Boden und Klima bei ausreichendem Niederschlag (Linum usitatissimum), aus deren Stengelbast das → *Leinen* gewonnen wird. Garnfeinheiten, wie sie für Bekleidungstextilien gebraucht werden, lassen sich nur aus hochgezüchteten

Langfaser-Sorten, die zur Ölgewinnung kaum geeignet sind (L. u. vulgare), mit einer Stengeldicke von 1–2 mm und einer Höhe von 60–120 cm bei einer Faserausbeute von 12–18 % gewinnen. Hauptanbaugebiete: GUS (Weltmarktanteil zwei Drittel), baltische Länder, Irland; Langfaserflachs: Frankreich, Holland und Belgien. - Der Flachsstengel besteht aus der Oberhaut, der Rinde, in der die Faserbündel (Bastzellen) liegen, dem Holzkern und dem Mark, die durch Pflanzenleim fest miteinander verbunden sind. Die Gewinnung der Spinnfaser, die zu 70 % aus Zellulose mit Beimischungen von Pektin und Holzsubstanz sowie anorganischen Verbindungen und Wasser besteht, erfordert umfangreiche und zeitraubende Aufbereitungsvorgänge: → *Röste* (→ *Warmwasserrotte*, → *Taurotte*, → *Kaltwasserrotte*), → *Brechen*, → *Schwingen*. – Vgl. → *Flasin*, → *Slanetz*, → *Motchenez*.

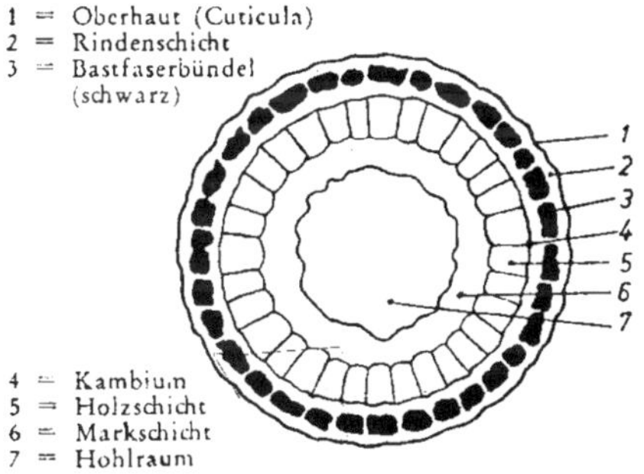

Querschnitt durch einen Flachsstengel.

Flachsgarn, qualitativ hochwertiges, mittelstarkes, fest gedrehtes → *Leinen*garn, vor allem für Bettücher. Gegensatz: → *Kettgarn*, → *Werggarn*.

Flachstickgarn, → *Sticktwist* für die Weißstickerei, ähnlich dem → *Vierfachstickgarn*. – Vgl. → *Feintwist*, → *Spaltgarn*.

Flachstrickmaschine, ein- oder doppelbettige Strickmaschinen mit linear angeordneten Nadelreihen; die Maschenbildung erfolgt durch Hin- und Hergehen des „Schlittens“. Sie können innerhalb ihrer Arbeitsbreite beliebige Warenbreiten herstellen. Gegensatz: → *Rundstrickmaschine*. → *Rechts/Rechts*-Doppelbettmaschinen haben zwei dachförmig angeordnete Nadelbetten, bei → *Links/Links*-Maschinen sind sie in der selben Ebene waagrecht angeordnet. Die → *Feinheit* wird durch die Angabe der Nadelzahl/Englisch Zoll (E) = 25,4 mm angegeben. Die Maschinen können vollautomatisch, maschinell oder von Hand bewegt und mit → *Jacquard*-Einrichtungen sowie mit elektronischer Nadelauswahl versehen werden. Die Elektronik ermöglicht vielfältige und neuartige Musterungen bei sinkenden Rüstzeiten. – **Flachwirkmaschine**: → *Cottonmaschine*.

Flachwebmaschine, übliche Form der Webmaschine mit linearem Schußeintrag in einer Ebene. Gegensatz: → *Rundwebmaschine*.

Flaggenfarben, → *Buntstift*- oder → *Primärfarben*, sehr bunte und kräftige Farben, die auch kontrastreich (→ *Opposé*, → *Colour blocking*) kombiniert werden. – Größter Gegensatz: → *Nicht-Farben*.

Flamenga, leicht quergerippter → *Futterstoff* mit Spinnfaser-→ *Crêpegarn* 2S/2Z im Schuß und glänzender Filamentkette in Tuchbindung. – Vgl. → *Flamisol*.

Flamisol, → *Futterstoff* in gleicher Konstruktion wie → *Flamenga*, aber mit matter Kette.

Flammé, Kleider- und Dekorationsstoffe mit → *Effektzwirnen*, die verdickte Stellen aufweisen oder durch Farbeffekte einen Flammencharakter erhalten haben.

Flammenbeständige Fasern, → *Hochleistungsfasern*, die, wie → *Glasfasern*, → *Kohlenstoff-Fasern*, → *Metall*- oder → *Aramidimid-Fasern* praktisch unbrennbar sind,

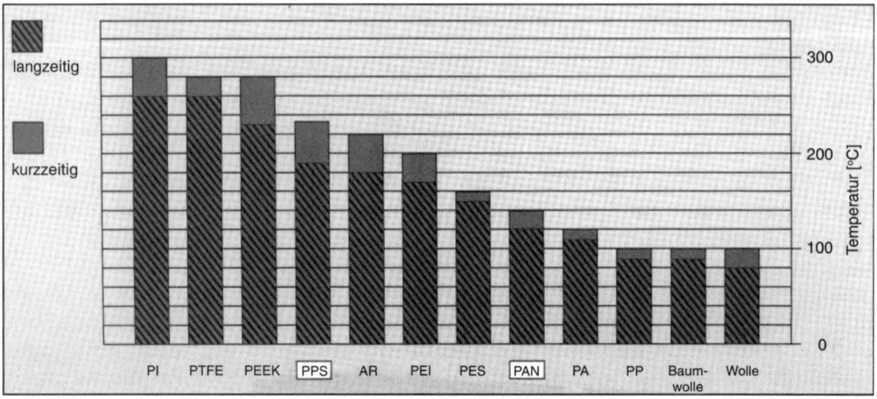

Temperaturbeständigkeit bestimmter Fasergattungen im Vergleich. – PI: Polybenzimidazol; PTFE: Fluorethylen-Fasern; AR: Aramidfasern; PEI: Polyetherimid-Fasern; PES: Polyester-Fasern; PAN: Polyacrylnitril-Fasern; PA: Polyamid-Fasern; PP: Polypropylen-Fasern.

oder die durch eine → *Modifikation* eine Schwerentflammbarkeit erhalten haben, die den feuerpolizeilichen Auflagen für den Objektbereich entspricht. Der Effekt muß waschfest und reinigungsbeständig sein, weder im täglichen Gebrauch noch im Brandfall darf die Gefahr von → *Allergien* oder toxischen (giftigen) Reaktionen gegeben sein. Verlangt werden auch textiler Griff, gute Anfärbbarkeit, Knitterresistenz, eine gewisse Schmiegsamkeit und Formbeständigkeit sowie Beständigkeit gegen Sonneneinstrahlung. Die Modifikation kann durch eine Veränderung des Polymers (Polyamid, Polyester, Acryl-Vinylidenchlorid-Copolymer), durch Konstruktion und Ausstattung (→ *Quintesse*, → *Velicren FR*), oder durch Einlagerung von Fremdkörpern (in Viskose- und Modalfasern) bewirkt werden. Speziell entwickelte, neue → *Polymere* können sein: Melaninharz (→ *Basofil*), → *PEI* (Akzo), → *PBI-Faser* oder Silizium-Dioxid (→ *Silica-Faser*). – Vgl. → *Aramid-Faser*, → *Polyacrylatfaser*, → *Hochtemperaturbeständige Fasern*.

Flammengarn, 1. → *Effektgarn* mit unregelmäßigen Verdickungen, wobei die unregelmäßige Fadenstärke wesentlich deutlicher ausgeprägt ist als bei den → *Garnen mit Titerschwankungen*. Die Verdikkungen können durch periodisch veränderten Verzug im Streckwerk beim → *Feinspinnen*, durch Aufbringen von leicht angerissenen Noppen auf das Krempelband oder durch Einspeisen von dochtigen Garnen beim Zwirnvorgang (→ *Abrißflammen*, → *Einspeisflammen*) entstehen.
2. → *Effektgarn* mit unregelmäßiger Farbmusterung durch stellenweises Abbinden vor dem Färben. – Vgl. → *Space-dyeing*, → *Clip-dyeing*, → *Partienweise Garnfärbung*, → *Chambray*.
3. → *Teppichgarne* für Feintufting mit Flammeneffekten durch eine Spezial- → *Texturierung*.

Flammenschutzausrüstung, → *Antiflamm-Ausrüstung*.

Flammensenge, für Stoffe aus Baumwolle und andere Naturfasern sowie für Synthetics geeignete Methode des → *Gasierens*, wobei mit genau zu regulierenden Temperaturen (Baumwolle 1200–1300°) gearbeitet wird.

Flammensichere Textilien, Textilien, die dem Feuer widerstehen, unbrennbar und

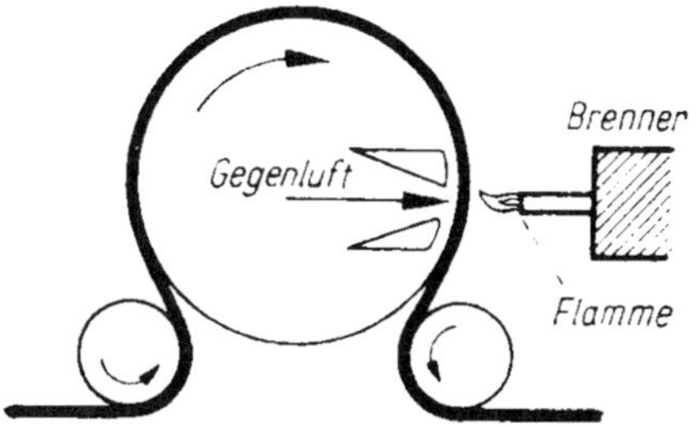

Flammensenge mit nicht leuchtender Gasflamme (Bunsenbrenner-Prinzip); Contre-Air-Flammensenge für spannungsempfindliche Stoffe mit abgeänderter Warenführung über eine Trommel mit Breithaltern, die das Rollen der Kanten verhindern. Die Gegenluft läßt eine besonders schonende Behandlung zu.

unentflammbar sind, können aus Fasern bestehen, bei denen die Unbrennbarkeit und die Unentflammbarkeit eine → *Substanzeigenschaft* darstellen (→ *Flammenbeständige Fasern*), oder die nachträglich mit → *Flammschutzmitteln* ausgerüstet sind (→ *Antiflamm-Ausrüstung*). Gegenüber der nachträglichen Ausrüstung hat der Einsatz der → *Hochleistungsfasern* den Vorteil der Dauerhaftigkeit vor allem bezüglich häufiger Waschbeanspruchung; Viskose ist allerdings körperfreundlicher. Wolle ist aufgrund des hohen Stickstoffgehalts (16%), ihrer mit 560°–600 °C hohen Entzündungstemperatur und ihres natürlichen Feuchtigkeitsgehalts von Natur aus schwer brennbar, kann aber eine zusätzliche Ausrüstung erhalten (→ *Zirpro-Ausrüstung*). - Die Zumischung von 15% Glasfasern hat den Zweck, ein Gerüst zu bilden, das die verkohlenden Textilreste lange zusammenhält. - Gegen Bestrebungen, auf gesetzlichem Wege die Unbrennbarkeit von Polstermöbeln nicht nur für den öffentlichen, sondern auch für den privaten Bereich vorzuschreiben, werden wegen der in den Ausrüstungsmitteln enthaltenen, hautunverträglichen Chemikalien (Chrom-Chlor- und Phosphorverbindungen) Bedenken geltend gemacht.

Flammpunkt, niedrigste Temperatur, bei der eine → *Faser* bei Annäherung an eine Zündflamme aufflammt. – Vgl. → *Selbstentzündungstemperatur.*

Flammverfahren, → *Kaschierverfahren* vor allem für leichtere Gewebe und Gewirke, die Stand und vollen Griff erhalten sollen, durch kontinuierliches Verbinden zweier Textilbahnen mittels → *Schaumstoff*-Folien, deren Oberfläche durch Vorbeiführen an Gasbrennern durch Anschmelzen einer dünnen Schicht des → *Polyurethan* Klebekraft erhält. Durch das Anschmelzen verdünnt sich die Folienschicht. Mit 25 m/min höhere Arbeitsgeschwindigkeiten als beim → *Klebeverfahren* (6–10 m/min). – Vgl. → *Laminieren.*

Flammschutzmittel, Chemikalien für → *Antiflamm-Ausrüstungen*; sie bezwecken die Herabsetzung der Entflammbarkeit sowie des Nachglimmens vor allem bei zellulosischen Fasern: Organische Salze (Mono- und Diammonphosphat), aus Umweltgründen bedenklich, preiswert, aber nicht wasser- und waschfest, für Heimtextilien aus Zellulosefasern; halogenhaltige Produkte (chlorierte Kohlenwasserstoffe), mit relativ guter Wasch- und Reinigungsbeständigkeit, phosphorfrei, Anwendung auch zusammen mit wetterfesten → *Imprägnierungen* und fäulnishemmenden Präparaten (→ *Fungizide Ausrüstung*); Phosphorsäure-Amine, organische Phosphor-Stickstoff-Verbindungen und Phosphor-Halogen-Verbindungen sind wegen der Entsorgungsprobleme generell rückläufig, werden aber in den USA noch vielfach angewandt. Von erheblicher Bedeutung vor allem bei Heimtextilien ist → *Pyrovatex.*

Flanell, einseitig oder doppelseitig gerauhte Gewebe aus Baumwolle, Viskose-Spinnfaser oder Wolle in unterschiedlichen Gewichtsklassen und für die verschiedensten Verwendungszwecke; erhebliche Qualitätsunterschiede sind möglich und üblich. **Baumwollflanell** zeigt gegenüber → *Biber* einen etwas längeren und meist etwas im Strich liegenden Flor und verwendet ring- oder OE-gesponnene (→ *Dreizylinder-*) Garne; wegen ihrer Feinfädigkeit gewinnen die Garne durch das Rauhen nur unwesentlich an Volumen, werden aber temperaturausgleichend, saugfähig und schmiegsam. Tuchbindiger Flanell ist etwas stabiler, Köperflanell weicher. **Wollflanell** kann ein Kleiderflanell sein, gekennzeichnet durch einen weichen Griff und einen deutlichen, meist im Strich liegenden, relativ langen Flor, der nicht fest angewalkt ist und das Bindungsbild erkennen läßt. **Kammgarnflanell** wird für Hosen, Blazer, Kostüme und Röcke, verschiedentlich für hochwertige Anzüge verwendet und gehört mit seiner kurzflorigen Decke der gehobenen Preisklasse an; mittlere Qualitäten sind neu optisch kaum von hochwertigen zu unterscheiden, tragen sich aber schneller ab. – **Streichgarnflanell**, als 450–600 g schwere Mantelware deutlich leichter als → *Melton*, zeigt eine nur locker verfilzte Decke. – Vgl. → *Leichtflanell-Bettwäsche*, → *Finette*, → *Foulé*, → *Loden*, → *Rauhgewebe*, → *Radikalwalke*, → *Feinbiber*, → *Reliefflanell*, → *Oxford*.

Flapperstil, Moderichtung bei Kleidern mit tief angesetzten Röcken, oft mit farblich abgehobenen Oberteilen, wobei der Rockansatz durch breite, derbe Gürtel überdeckt wird.

Flaptasche, Brusttasche mit Patte an Herrensakkos.

Flared Leg, ausgestellte Hosenlänge bei → *Jeans*. – Vgl. → *Bell Bottom*, → *Strait Leg*, → *Tube*.

Flaschenhals, plötzliche Verjüngung des → *Perlon*-Fadens beim → *Verstrecken*, die den Übergang von Verstreckt zu Unverstreckt sichtbar markiert.

Zwei Kleider im Flapperstil, rechts Deux-pièce aus Seiden-Jacquard, links Tanzkleid mit Schärpeneffekt.

Flash spinning, spezielles → *Trockenspinnverfahren* für (Polyethylen-) → *Spinnvliese*. – Vgl. → *Tyvek*.

Flasin, patentiertes Verfahren zur kostengünstigen Aufbereitung von Fasern aus → *Flachs*, das auch für Wirrlagen, die bei der Ernte entstehen können, geeignet ist; die Faser wird trocken in einem der Baumwollspinnerei nachgebildeten Verfahren versponnen. Den Erzeugnissen daraus wird hohe → *Abriebfestigkeit* und gute Anfärbbarkeit auch für → *Melange*-Garne bei hoher Schweiß- und Wasseraufnahmefähigkeit sowie feine Ausspinnbarkeit zugeschrieben. Mischungen mit Wolle sind möglich.

Flat, Sammelbegriff für die zu den → *Basics* zählenden unstrukturierten Flachgeweben im Baumwollcharakter für → *Jeans*, die auch für andersartige sportliche Bekleidung verwendet werden: → *Popeline*, → *Toile*, → *Gabardine*, → *Canvas*, → *Chambray*, → *Broken-Twill*. - → *Fancy-Denim* zählt zu den Flats, nicht aber zu den → *Basics.* – Vgl. → *Winter-Flats.*

Flatterkleid, weit geschnittenes Sonnenkleid aus zarten, feinen und weichen Stoffen. – Vgl. → *Flou-Mode.*

Flatlock-Naht, aus neun Fäden bestehende, flache und elastische, weiche Mehrfachnaht zum Nähen dehnfähiger Gewirke, umgebogener Säume, elastischer Bünde und aneinanderstoßender Stoffstücke sowie zum Zusammennähen der Oberteile von Strumpfhosen. – Vgl. → *Mauser Lock.*

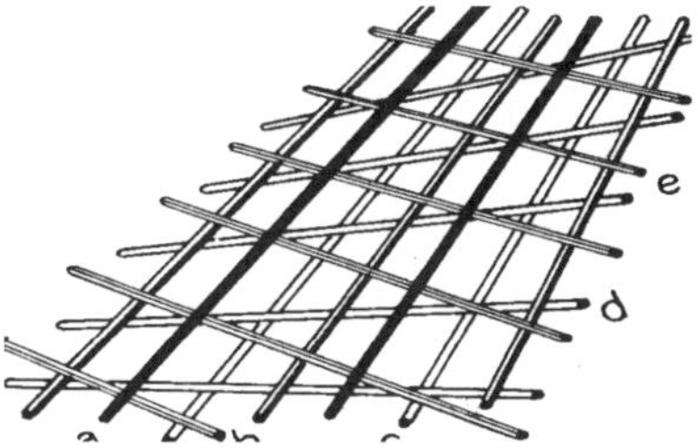

Skizze der Flatlock-Naht. 1–4 Nadelfäden, a–d Greiferfäden, x Legefaden. – Nahtbreite 6 mm.

Flausch, winterlich-wolliges, voluminöses Streichgarngewebe mit einem gegenüber → *Velours* viel höheren, lockeren, wolliggriffigen Flor aus gröberen, weniger gekräuselten Wollsorten bis etwa 600 g für Mäntel, Jacken und Schlafdecken. Häufig durch eine Bindekette zusammengehaltene → *Doppelgewebe.* – Vgl. → *Rauhgewebe,* → *Arraché,* → *Ondulé,* → *Brossé,* → *Hochflauschausrüstung,* → *Loden,* → *Stehvelours.*

Flechtköper, Fantasieköper mit vielfachem Gratwechsel oft in windmühlenähnlichem Versatz und oft mit einer Kombination aus S- und Z-Grat, die sich gegenseitig neutralisieren.

Unverzierter Geflechtköper auf Basis Croisé 2/2 mit einem nur 16 Faden umfassenden Rapport, gleichzeitig Beispiel für einen Fantasieköper mit geometrischer Anordnung.

Flechtmaschine, Maschine, die mehrere Fäden in Arbeitsrichtung durch abwechselndes Über- und Unterflechten fortschreitend verschränkt (verkreuzt), für → *Flachgeflechte* (→ *Litzen,* → *Tressen*), → *Rundgeflechte* (→ *Kordeln*), → *Hohlgeflechte* (→ *Gimpe*), durchbrochene Jacquardgeflechte (→ *Flechtspitze*). Die Fäden verlaufen zur Webkante diagonal.

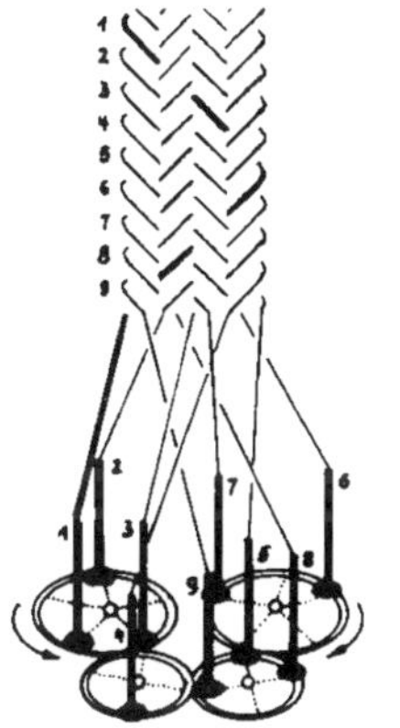

Vereinfachtes Schema der Arbeitsweise einer Flechtmaschine. Die jeweils mit zwei Fäden bestückten Klöppelräder werden zur Bildung der Fadenverflechtung eines Rundgeflechtes in wellenförmigen Gleitbahnen geführt. Jede Maschine ist nur für eine einzige Verkreuzungsweise geeignet.

Flechtspitze, durchbrochenes Jacquard- → *Geflecht* mit spitzenartiger Wirkung.

Fleckenblocker, schmutzabweisende → *Anti-Stain-Ausrüstung* durch Umhüllung von → *Teppichfasern* mit Fluor-Karbon-Chemikalien. Dadurch wird die Faser gegen Feuchtigkeit abgeschirmt und verhindert, daß ölhaltige oder nasse Verschmutzungen in die Faser eindringen; die Faser wird glatter und schwerer anfärbbar. Die Ausrüstung wird häufig mit → *Silikon* zur leichteren Entfernung angetrockneter Flekken kombiniert, wodurch auch eine Stabilisierung der Polfäden bewirkt und die Bildung von → *Laufstraßen* hinausgezögert wird. – Vgl. → *Baygard*, → *Lammfelleffekt*, → *Antron Stainmaster*, → *Sauberfasern*.

Fleckensalz, auf aktivierten→ *Bleichmitteln* aufgebautes → *Waschhilfsmittel*, mit dem in Kombination mit einem → *Waschmittel* die Entfernung hartnäckiger Verschmutzungen, vor allem von bleichbaren Verfleckungen, unterstützt wird.

Fleckschutzausrüstung, Nachbehandlung von Textilien mit dem Ziel, unerwünschte Fremdkörper fernzuhalten und/oder ihre Entfernung zu erleichtern. Sie haben die größte Bedeutung bei Heimtextilien und Teppichen. Abweisung von trockenem Schmutz auf trockenen Textilien: → *Anti-soiling-Ausrüstung*, → *Soil-repellent-Ausrüstung*. Abweisung von Nässe und nassem Schmutz von trockenen Textilien: → *Hydrophobierung*, → *Wetterfest-Imprägnierung*. Abweisen von nassem Schmutz bei nassen Textilien (in der Wäsche, naß wirksam), Verhinderung der → *Waschvergrauung*: → *Soil-redeposition*. Erleichterung der Entfernung von Schmutz, trocken und/oder naß wirksam: → *Soil-release-Ausrüstung*. Zum Schutz von Bekleidungstextilien spielen die Marken → *Scotchgard* und → *Teflon* die größte Rolle.

Fleck-weg-Garantie, Vekaufsförderungsmaßnahme von Monsanto für Teppiche und Auslegeware aus → *Acrilan*; innerhalb von zwei Jahren wird die Entfernung von Flecken bzw. der Ersatz eines Minderwertes garantiert.

Fledermausärmel, weiter, oben angeschnittener und tief, fast an der seitlichen Taillenweite eingesetzter Ärmel, der im Gegensatz zum → *Kimonoärmel* zum Arm oder zum Handgelenk schmal ausläuft.

Kleider mit Fledermausärmeln.

Fleece, engl. → *Vlies*, im Zusammenhang mit einer Rohstoffangabe (Polyester, z.B. → *Trevira*, Polyamid, z.B. → *Tactel*, Acryl überwiegend als → *Filament*, → *Wolle*) definierte, leichte, voluminöse, stark gerauhte Faserpelz-Maschenware; → *Henkelplüsch* mit → *Umkehrplattierung*. Schutzfähig ist der Begriff Fleece (→ *Polarfleece*) nur im Zusammenhang mit einem anderen Markenzeichen. Wegen ihres hervorragenden Wärmeisolationsvermögens wurde → *Microfaser*-Fleece zunächst in den USA etwa 1980 für extreme Klimabedingungen und Sportarten konstruiert, für die die Kombination Kälteschutz-Pflegeleichtigkeit-Strapazierfähigkeit von besonderer Bedeutung ist. Mit der Übernahme in die Alltags-Straßenbekleidung wurde Fleece zum Massenartikel, wenn nicht sogar zum Ausdruck eines Lebensgefühls. Für den Sommer werden den Microfasern – hauptsächlich Polyester – bis zu 50% Baumwolle beigemischt. – **Konstruktion**: Um auf beiden Seiten gut rauhfähige → *Einfaden*-Gestrikke (→ *Kulierwaren*) zu erhalten, müssen die → *Polfäden* auf beiden Warenseiten auf der Oberfläche liegen. Die Grundware liegt im Innern, wird beim Rauhen nicht erfaßt und behält so ihre Stabilität. Der Henkelfaden (Polfaden) bildet auf der Warenvorderseite die → *Henkel* und liegt auf der Rückseite durch das → *Plattieren* außen. Die Abschlagplatinen werden durch Umkehrplatinen ersetzt, deren Nase und Einschlußkehle die Polfäden zuverlässig in dieser Position halten, während die vorgezogene Nase der Henkelplatinen für eine

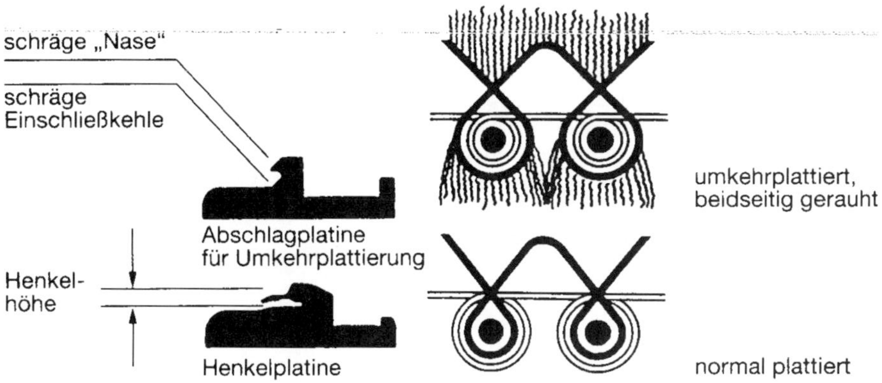

Fleece: Henkelplüsch mit Umkehrplattierung. Links: Abschlagplatine (oben) mit der schrägen Formung der Nase und der Einschlußkehle; Henkelplatine zur exakten Einhaltung der vorgegebenen Henkellänge. Rechts: Umkehrplattierung im Vergleich zur Normalplattierung. Oben: Umkehrplattiert und beidseitig gerauht; der Polfaden (durchgezogener Strich) liegt auf der Rückseite außerhalb des Grundfadens. Unten: Normal plattiert. Der Grundfaden (Doppelstrich) umschlingt den Polfaden und verdrängt ihn nach außen.

exakt gleich lange Formung der Henkel sorgt, um den Materialeinsatz in Grenzen zu halten. Je länger die Henkel, desto fülliger und schwerer ist der Warenausfall. Der auf beiden Seiten rauhfähige Plüschfaden wird vom Grundfaden fest eingebunden, bildet die Henkel und deckt die Warenrückseite zuverlässig ab. Das Aufreißen der Henkel beim Rauhen wird zur Verdichtung der Ware ausgenutzt. Gefärbt wird im Schlauch, fixiert nach dem Rauhen. Durch Scheren erreicht man einen gleichmäßigen Ausfall; durch tiefes Scheren verhindert man → „*Verzottelung*" und → *Pillingbildung*. Fleece aus Spinnfasergarnen benötigt mehrere Rauhpassagen. Der Pelzcharakter entsteht durch das Bündeln der unzähligen vorstehenden Faserenden (→ *Verlammen*); die beim Gebrauch entstehende Lammfelloptik kann durch „Vorlammen" vorweggenommen werden. Variationen sind durch Rohstoffkombinationen, Fantasiestrukturen, Musterungen durch Jacquard und Druck, verschiedene Bauschkraft, verschiedene Gewichte von 150 bis über 350 g/m^2 und → *Finish*-Versionen möglich und üblich. – **Eigenschaften**: Hoher Lufteinschluß, gute → *hygienische Eigenschaften*, → *Elastizität*, angenehmes Tragegefühl, reklamationsfreie Reiß- und Scheuerfestigkeit, → *Formstabilität*, → *Pflegeleichtigkeit*, kleines Packmaß und niedriges Volumengewicht, hohes Volumen bei günstigem Materialeinsatz und geringem Scherverlust. – Speziell Microfaser-Fleece: Dichte Oberfläche mit hervorragender Isolation sowohl gegen Wärme als auch gegen Kälte und Außenluft bei ständigem

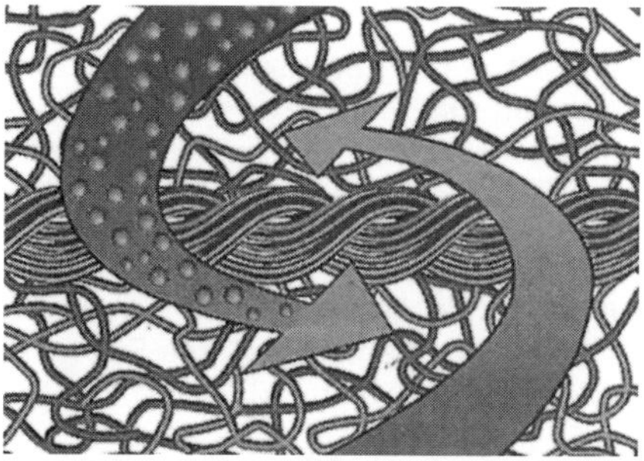

Die vielen Luftkammern in Trevira-Fleece sorgen für guten Temperaturausgleich, großflächige Ableitung der Nässe zur Verdunstung und kontrollierten Austausch von Körperwärme und Außenluft.

Luftaustausch auch in feuchtem Zustand, Verdunstung der Körperfeuchtigkeit ohne Kältegefühl dank gutem → *Feuchtigkeitstransport*, geringe Feuchtigkeitsaufnahme, scheuerfest, handwarm maschinenwaschbar. Kein Nässeschutz, aber mit → *Membranen* zusammen verarbeitbar. Gewichte 150–350 g/m². Für Thermowäsche, warme Innenfutter, → *Warm-up-Kleidung*, → *Jogging-Anzüge*, → *Sweatshirts*, funktionelle Sport- und Alltagskleidung. – Vgl. → *Stretch-Fleece*, → *Woll-Fleece*, → *Polartec*.

Flexibilitätsregel, Begriff aus dem → *WTA*: Möglichkeit der Lieferländer, im Durchschnitt 5% der Jahresquote als „Vorgriff" oder als nicht ausgenutzte Quote von einem zum anderen Jahr oder von einer zu einer anderen → *Kategorie* zu übertragen; gilt nur für Länder, nicht für Einzelfirmen.

Fliege, 1. Querbinder.
2. Auf Oberbekleidungsstücke gesticktes oder aufgenähtes kleines Emblem vor allem in Dreiecksform; dient als Riegel auch zum Zusammenfassen von Falten.

Fliese, → *Tufting-Teppich* in Kleinaufmachung 50x50 bis 100x100 cm; abfallarm und somit wirtschaftlich zu verlegen und leicht wieder zur Neuverlegung aufzunehmen.

Fling-Strumpf, → *Stützstrumpf* mit nur eingelegtem → *Elastan*-Faden, der spiralförmig das Bein umschließt und auf die Anatomie des Beines abgestimmte Stützkreise bildet.

Floche-Seide, geringwertiges → *Organsin* aus zwei Z-gedrehten → *Grège*-Fäden, in S-Richtung verzwirnt.

Flock, auf kurze Längen unter 10 mm geschnittene, nicht zur Verspinnung vorgesehene Viskose- und Synthetic- → *Filamente* oder gemahlener Faserstaub zum → *Beflocken*, für → *Flockprint* und → *Flock-*

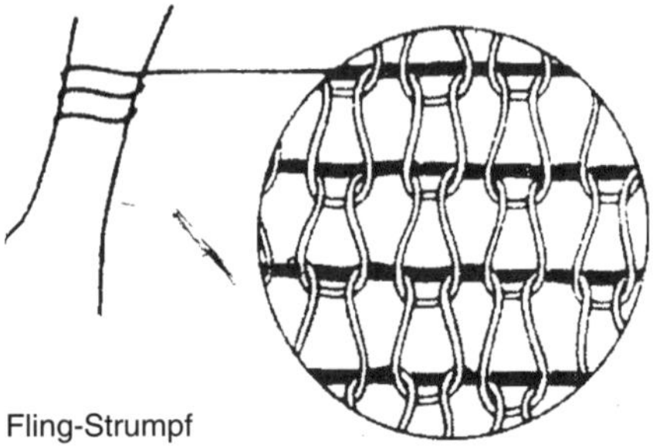

Fling-Strumpf

Transferdruck. Notwendige Eigenschaften: Einheitlicher Schlankheitsgrad, Vermeidung von Schmelzköpfen beim Schneiden, gute Rieselfähigkeit.

Flockchenille, elektrostatisch beflocktes Garn, → *Chenille-Imitation* für Gardinen und Dekorationsstoffe.

Flockdruck, → *Flockprint*.

Flocke, loses (ungeformtes), nur durch die eigene Haftung zusammengehaltenes Spinnmaterial aus natürlichen oder chemischen → *Stapelfasern*.

Flockefärbung, bei allen Rohstoffen mögliche, sehr dauerhafte Färbung der Einzelfasern vor dem Verspinnen. Teurer als → *Garnfärbung*, da gefärbte Fasern schwerer zu verspinnen sind. Notwendig für → *Melangen* und → *Marengo*. Große Mengen von Fasern können in einem Arbeitsgang eine absolut einheitliche Färbung erhalten. Die Farbe kann ungehindert in das Innere der Faser einziehen. – Vgl. → *Düsenfärbung*, → *Spinnfärbung*.

Flockenbast, bei → *Bastfasern* durch Entfernung des Pflanzenleims aus der → *Bündelfaser* gewonnene Einzelfasern (→ *cottonisiertes Leinen*); in Deutschland aus Umweltschutzgründen nicht mehr hergestellt.

Flockprint, → *Flockdruck*, vollflächiges (→ *Beflocken*) oder partielles Überziehen eines Stoffes (→ *Effektdruck*) mit einem samtartigen Flor aus (elektrostatisch) aufgerichteten Kurzfasern (→ *Flock*), die exakt gleich lang sein müssen und mit Klebern (Kunstharzdispersionen oder lösungsmittelhaltig) fixiert werden; plastische Musterung mit der sparsamsten Ausnutzung von Textilmaterial. Gedruckt wird der Kleber. Es entstehen reliefartig erhabene, oft spitzenartige, waschechte und überwiegend reinigungsbeständige Dessinierungen, meist im → *Filmdruckverfahren*. Für abgegrenzte Dessins auf → *Sweatshirts* werden nach dem Karussellprinzip arbeitende Rundschablonen eingesetzt. Kombination mit → *Prägeeffekten* ist möglich. – Elastische Stoffe für Miederwaren und Wäsche können durch ein abgewandeltes Verfahren partienweise unelastisch gemacht und zur Einsparung von Nähten in einem Stück zugeschnitten werden.

Flock-Transferdruck, → *Granulatdruck*, z. T. fälschlicherweise als → *Gummidruck* (→ *Rubberprint*) bezeichnete Abwandlung des → *Transferdrucks* zum Druck erhabener und vielfarbiger, abgegrenzter Muster mit oft ineinander laufenden Farben auf → *Sweatshirts* und → *Jogging-Anzüge* mit Textilflocken und einem Schmelzkleber-Granulat. Im → *Siebdruckverfahren* werden bis zu sechs Farben auf Trägerpapiere mit Viskose-Flock übertragen, sodann mit dem Granulat beschichtet, das beim Aufpressen auf den Stoff unter Hitzeeinwirkung den farbigen → *Flock* dessingerecht, dauerhaft und plastisch fixiert. Reib- und scheuerfest, bis 40° waschbar. – Vgl. → *Schaumdruck*, → *Cameodruck*.

Jogginganzug aus Zweischichtenstoff mit mehrfarbigem, plastischem Flocktransferdruck.

Floconné, schwerste und hochwertigste Mantelvelours-Qualität (bis 1000 g), Doppelgewebe mit langen, aber fest verankerten Schußflottungen, die gerauht und → *ratiniert* werden. → *Fischgrat* und → *Diagonal*-Musterungen entstehen als Furchung. Einfacher aufgebaut und nicht so hochwertig ist → *Schnittvelours*.

Flokati, gewebte griechische Hirtenteppiche, die ihr flauschiges, schaffellartig zottiges Warenbild traditionell durch Waschen und Walken in natürlichen Wasserfällen und Trocknen an Luft und Sonne erhalten. Aus reiner Schurwolle, bevorzugt in natürlichen Wolltönen, Gewicht 1000–2700 g/m^2, neuerdings auch mit → *Space-dyeing*-Färbung. – Vgl. → *Hirtenteppich*.

Floor price, garantierter Mindestpreis der Australian Wool Corporation beim Ankauf australischer Rohwolle; von erheblichem Einfluß auf den Marktpreis hochwertiger Merinowollen.

Flor, 1. Glatter und leicht glänzender Zwirn (und hochgedrehtes Garn) aus langstapeliger Baumwolle, → *gasiert* und → *mercerisiert*. – Vgl. → *Fil d'Ecosse*.
2. Abstehende Fäserchen nach dem Aufschneiden der Polfäden bei → *Florgeweben*; Gehfläche von → *Teppichen*.
3. Vorprodukt der → *Spinnerei* und bei der → *Filz*herstellung, nach DIN 60021 eine

aus einer bis zur einzelnen Faser aufgeteilten Fasermasse hergestellte, dünne, durchscheinende Schicht, die infolge natürlicher Haftung lose zusammenhält. – Vgl. → *Vlies*.

Florales Muster, Muster aus Blumen, Blättern und Pflanzen.

Floran, → *Lederimitat*, Allwetterqualität mit Doppelbeschichtung PUR auf speziellem Baumwoll-Grundgewebe für sportliche Bekleidung, mit mattschimmernder, trockengriffiger Oberfläche und Nappacharakter. Gute hygienische Eigenschaften; permanente Narbung ist möglich.

Florence, hochwertiger, leichter Futtertaft aus Naturseide.

Florentiner Tüll, glatter → *Bobinet-Tüll* für Gardinen, maschinell bestickt.

Florentiner Tüll

Florettseide, → *Schappeseide*, vor allem für Nähgarne.

Florettspinnerei, → *Schappespinnerei*.

Florfestigkeit, für den Gebrauchswert von → *Florgeweben* entscheidende Eigenschaft, abhängig vom verarbeiteten Material, der Dichte des Grundgewebes, der Dichte der Polnoppen und der Art der Einbindung des Flors in das Grundgewebe. Bei → *Tufting-Teppichen* kann die Florfestigkeit durch → *Kaschieren* erhöht werden.

Florgewebe, Sammelbegriff für Gewebe mit → *Pol*, deren Oberfläche durch fest in ein Grundgewebe eingebundene Noppen oder unaufgeschnittene Faserenden beherrscht wird: → *Schußsamt*, → *Ruten-* und *Doppelsamt*, → *Plüsch*, im weiteren Sinne auch → *Frottiergewebe*. Zu den **Florwaren** zählen zusätzlich → *Maschenwaren* mit Pol (→ *Wirkplüsch* und → *Wirkfrottier* als → *Einfadenware* (→ *Nicki*) oder von der → *Raschelmaschine* (→ *Nähwirkplüsch*), → *Tufting-*, gewebte und geknüpfte → *Teppiche* und geklebte Erzeugnisse wie → *Flockprint*.

Flotte, Behandlungsflüssigkeit, in der Textilien bei der Herstellung oder im Haushalt gewaschen, gebleicht, gefärbt, veredelt und imprägniert werden können.

Flottung, Fadenstrecke, die waagerecht, senkrecht oder diagonal über mindestens zwei Fäden uneingebunden in einem Gewebe oder in einer Maschenware liegt; mustermäßiges Freilegen von Fäden zur Bildung von → *Fantasiebindungen* mit dem Ziel der Veränderung der Warenoberfläche.

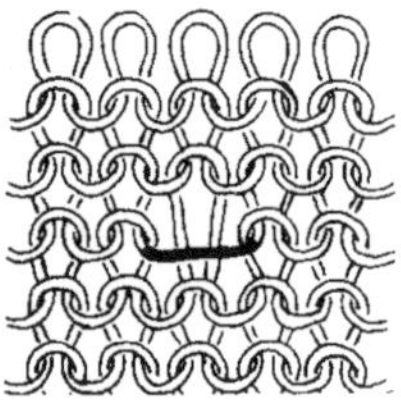

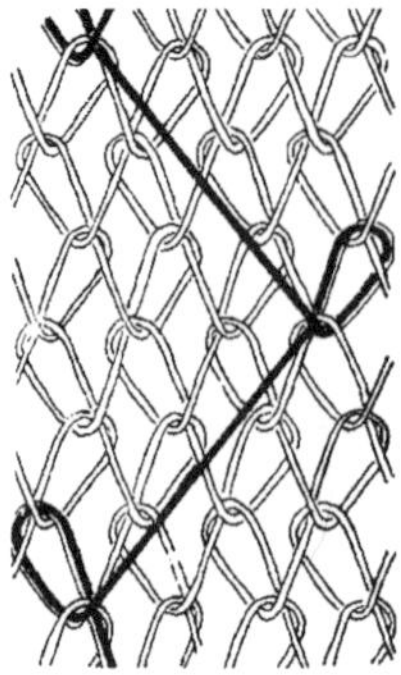

Flottung bei Maschenwaren, links Kulierware, rechts Kettenware.

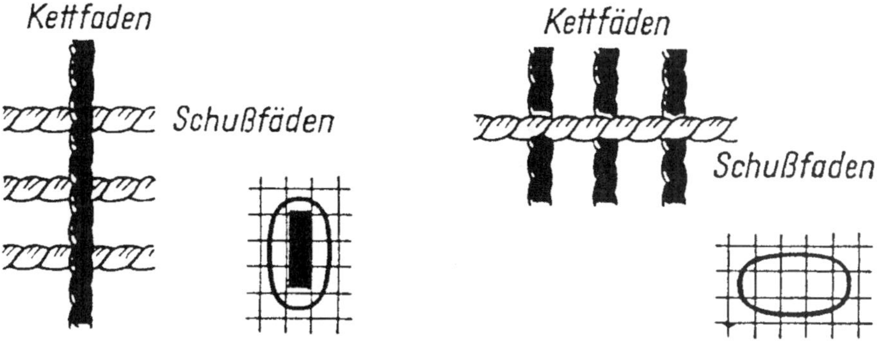

Flottung bei Geweben, links des Kettfadens, rechts des Schußfadens. Daneben klein jeweils die Darstellung der Flottung in der Patrone.

Flou-Look, sehr femininer Modestil mit hauchzarten, gut drapierfähigen, weich fließenden, häufig durchsichtigen Stoffen in lockerer, bauschiger oder flatternder Verarbeitung; hoher Stoffverbrauch je Kleid. Schwierig für größere Größen als 40. – Vgl. → *Flatterkleid*, → *Sommernachts-Stil*, → *Mozart-Stil*.

Röcke im Flou-Look aus wehenden, transparenten Crêpe-Geweben.

Flow Replenisment, automatische Nachlieferung verkaufter Modelle durch kontinuierliche Übermittlung der Verkaufsdaten an den Lieferanten. Unterschreitung eines Sollbestandes oder Überschreitung eines programmierten Fehlbestandes kann den Bestellvorgang automatisch auslösen. – Vgl. → *EDI*, → *EAN*, → *Stock Replenishment*.

Flügelärmel, jugendlicher, unter der Achsel offener, kurzer Ärmel, meist glockig fallend. Manchmal als glockiger Volant oder einfache Blende ausgeführt. – Vgl. → *Pelerinenärmel*, → *Mancheronärmel*.

Flügelspinnmaschine, Spinnmaschine mit rotierenden Flügeln, zur Herstellung grober Leinengarne oder von Handstrickgarnen sowie → *Vorspinnmaschine* (→ *Flyer*). → Abb. vgl. S. 302.

Flügeltasche, vor allem an umschlaglosen Gürtelhosen übliche, paspelierte Eingrifftasche mit geschwungen oder abgewinkelt geschnittenem Eingriff im Gegensatz zur → *Diagonaltasche* mit gerade verlaufendem Eingriff. Der Taschenflügel kann auch mit einem blinden Knopf verziert oder mit Knopf und Knopfloch zu schließen sein. → Abb. vgl. S. 302.

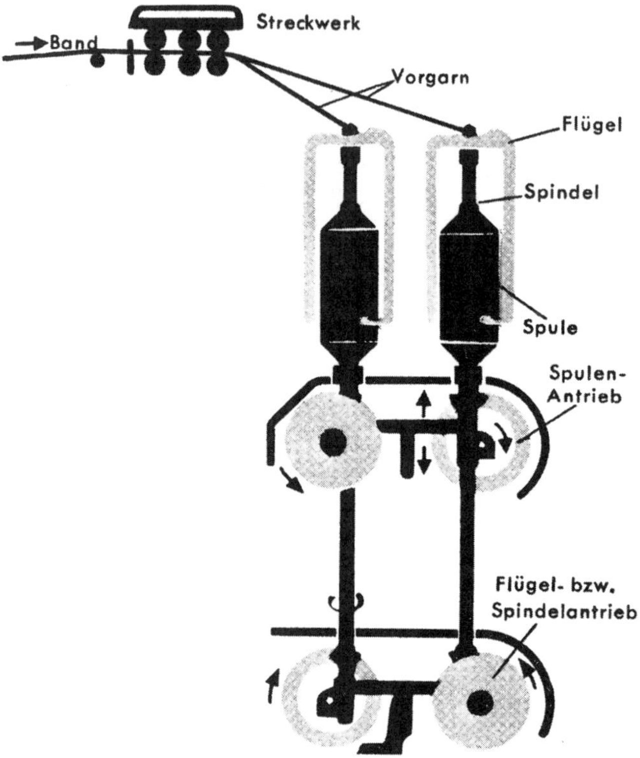

Flügelspinnmaschine als Vorspinnmaschine mit Streckwerk. Je nach der angestrebten Feinheit des Garnes werden die Faserbänder oder Lunten in zwei oder drei Durchgängen im Streckwerk verfeinert und erhalten durch die umlaufenden Flügel eine leichte Drehung, die die für die weitere Verarbeitung benötigte Festigkeit vermittelt.

Fluor, zu den Halogenen gehörendes, gasförmiges Element, bereits bei Zimmertemperaturen stark reaktionsfähig; Bestandteil von Fasern (→ *Fluorethylenfaser*), →

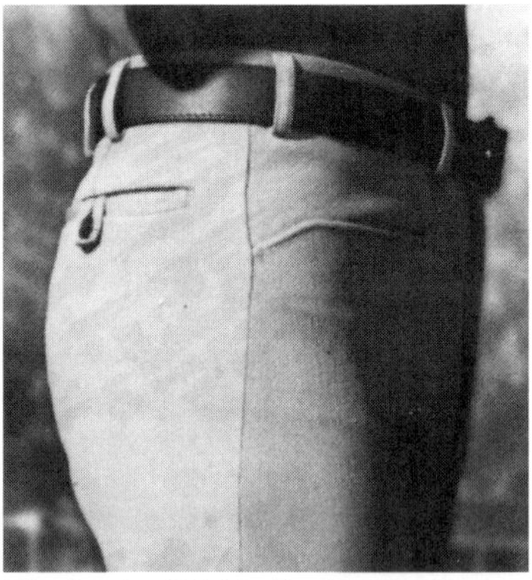

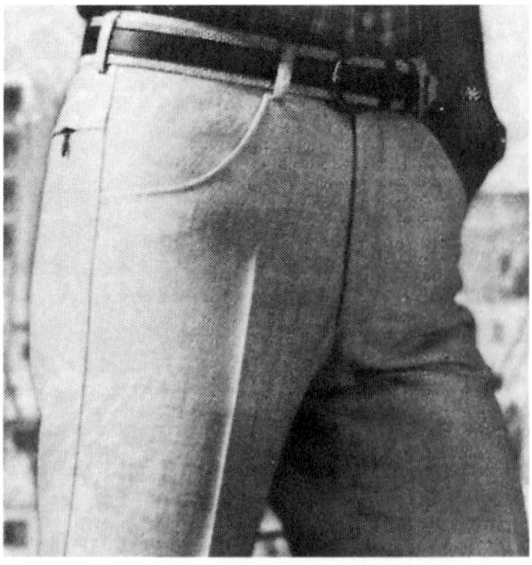

Flügeltasche (links) im Vergleich zur Diagonaltasche mit bogenförmig geschnittenem Eingriff (rechts).

Fleckschutzausrüstungen (→ *Teflon*) und von → *Nässespermembranen* (→ *GoreTex*). FCKW, (Fluor*chlor*kohlenwasserstoff), dem klimaschädigende Eigenschaften zugeschrieben werden, werden bei der Herstellung von Textilien außer als Blähmittel von Schaumstoffen nicht eingesetzt.

Fluoreszenz, Verwandlung unsichtbarer ultravioletter Strahlen in sichtbares Licht, wodurch bestimmte Substanzen zum Mitleuchten („kaltes Leuchten") veranlaßt werden. – Fluoreszierende Farbstoffe (→ *Pigmentfarbstoffe*) wandeln bei Belichtung einen Teil der absorbierten Energie in Licht ihrer eigenen Farbe statt in Wärme um (Leuchtpigmente). Dadurch wird mehr Licht der eigenen Farbe abgestrahlt, als auf sie fällt. – Vgl. → *Optische Aufheller.*

Fluorfasern, **Fluorethylenfasern**, Gattungsbegriff für → *Polytetrafluorethylenfasern*; unlöslich, schmelzen nur bei Zersetzung, Feuchtigkeitsaufnahme wegen hoher Dichte 0%, gutes elektrisches Isoliervermögen und hervorragende Wetter-, Hitze- und Chemikalienbeständigkeit, wegen der dunkelbraunen Eigenfarbe schwer zu färben. Niedrigster Reibungskoeffizient aller Textilfasern, daher schlüpfriger, fettiger Griff. Für → *Technische Textilien* (Schutzanzüge, Filter, Isolationen).

Fluoridized, → *Fleckschutzausrüstung* mit → *Fluor*-Chemikalien (→ *Scotchgard*, → *Teflon*, → *Zepel*).

Fluorkohlenwasserstoff, in Deutschland verbotenes Lösungsmittel für besonders schonende → *Chemisch Reinigung.*

Flusen, Faserenden oder Verdickungen, die aus einem Garn oder Gewebe herausstehen, Entfernung durch → *Gasieren.* Leinen neigt im Gegensatz zur Baumwolle kaum zum Flusen.

Flüssig-Waschmittel, → *phosphatfreie* → *Universal-* oder → *Buntwaschmittel* in flüssiger Form mit → *Zeolith A* oder → *Seife* als → *Builder*, Gegensatz: → *Waschpulver.* Wegen ihres höheren → *Tensid*-Gehalts (→ *FAS-Tenside*) besonders gute Waschergebnisse bei fettigem Schmutz mit Leistungsschwerpunkt zwischen 30° und 60°; in ihrer Waschkraft allgemein auch wegen der fehlenden → *Bleichmittel* gleichartigem Waschpulver vor allem bei weißer Wäsche meßbar unterlegen. Eingetrocknete Flecken von Obst, Gemüse, Kaffee oder Tee sind nur schwer entfernbar. Automatisch dosierbar, bei Handwäsche gut auflösbar; → *Kompaktwaschmittel* und → *Buntwasch*-Pulver sind umgerechnet auf den einzelnen Waschgang billiger. – Vgl. → *Wollwaschmittel.*

FLW-Gewebe, engl., fiber look weave, mit einem Polyamid-Faservlies benadelte Flachgewebe aus → *Polypropylen* als Trägermaterial für → *Tufting-Teppiche.* Das Polyamid-Vlies nimmt beim Färben und Drukken die Farbe auf, so daß das Trägermaterial nicht mehr durchscheinen kann (Amoco).

Flyback, → *Freeback*, Rückenlösung am Oberteil von → *Bikini* und Badeanzügen mit sich kreuzenden, breiten oder schmalen Trägern, auch mit Guckloch in der Mitte; das Schulterblatt bleibt frei. – Vgl. → *Halterneck.*

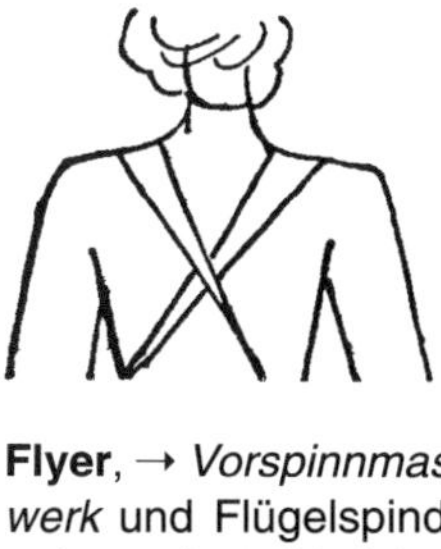

Flyback

Flyer, → *Vorspinnmaschine* mit → *Streckwerk* und Flügelspindeln in der → *Ringspinnerei* zum Verfeinern und leichten Verdrehen der vorgelegten Streckbänder (→ *Lunte*) nach mehrmaligem, bis zu 20fachem Doppeln und Verstrecken. Ergebnis ist ein → *Vorgarn* für die → *Ringspinnma-*

schine. Für → *gekämmte* oder → *kardierte* Garne sind mehrere Flyerpassagen notwendig. – Vgl. → *Flügelspinnmaschine*.

Fly-Front, verdeckte Knopfleiste beim (offiziellen) Sakko.

Fly-Front

Foam-backs, Sammelbegriff für Textilien, deren Rückseite mit einem → *Schaumstoff* kaschiert ist. Durch das → *Kaschieren* leiden die → *hygienischen Eigenschaften*, der Stoff wird brettiger und steifer, Formgebung durch → *Dressieren* ist nicht möglich. Beim Nähen müssen Maschinen mit Rollfuß eingesetzt oder Papierstreifen eingelegt werden. Für Oberbekleidung weitgehend durch die leichteren → *Steppstoffe*, → *Nässesperrmembranen* und → *Klimastoffe* verdrängt.

Foam-dyeing, wasser- und energiesparendes →*Continue*-Färbeverfahren („Schaumfärben") für → *TuftingTeppiche* aus Wolle; schont Garn und Pol. – Vgl. → *Periloc-Verfahren*.

Fohlen, mengenmäßig unbedeutender Bekleidungspelz, Fell von frisch geborenen Pferde-Jungtieren vor allem aus Rußland mit einer Größe von 60–110 cm; das dünne, leichte Leder und die moiréartige Fellzeichnung verändern sich mit dem Wachstum der Tiere, das Fell wird strapazierfähiger, bleibt kurzhaarig und naturfarbig braun oder schwärzlich; gefärbt und auch bedruckt für sportliche Modelle.

Folie, blattdünne, in der Regel durchscheinende, zellglasartige, in sich homogene, aber undurchlässige Flächengebilde vor allem aus Polyethylen und Polypropylen, seltner Polyvinylchlorid; Ausgangsmaterial für → *Folienfasern*; als Kaschiermaterial im Heimtextilienbereich benutzt. Da nicht porös, zählen Folien nicht zu den → *Stoffen*. – Gegensatz: → *Membranen*.

Folienbändchen, aus Polypropylen- oder Polyethylen-Folien geschnittene schmale Streifen (→ *Chemie-Schnittbändchen*, → *Flachfäden*) für Teppichträgergewebe und Seilereiwaren.

Foliendruck, mustermäßiges → *Kaschieren* von feinen Stoffen mit Gold- und Regenbogenfolien, oft in Kombination mit → *Ätzdruck* vor allem für Dekorationsstoffe. – Vgl. → *Lumitat-Druck*.

Folienfasern, **Folienfilamente**, durch Zerfasern (Fibrillieren) von → *Folien* oder → *Folienbändchen* durch → *Spaltfasertechnik* gewonnene Spleißfasern (→ *Bändchenfasern*) mit netzartiger Struktur und deutlich variierendem Titer; billiger als durch Spinnen gewonnene Garne. – Vgl. → *Chemie-Schnittbändchen*, → *Flachfäden*.

Folklore, Volkskunst, Volkstracht, deren zum Teil auch historische Elemente vielfältig und abwechslungsreich von der Mode übernommen werden. – Vgl. → *Ethno, Ethnik*; → *Bauern-Look*, → *Carmen-Look*, → *Caribic-Stil*, → *Gipsy-Look*, → *Inka-Motive*, → *Indian-Look*, → *Norweger-Dessin*, → *Mexiko-Stil*, → *Provence-Muster*, → *Türkenmuster*, → *Tracht*.

Fond, 1. Stoffgrund, von dem sich eine Musterung oder eine Stickerei abhebt. Der

Folklore-Kleider. Von links: Folklore-Look durch Druckbordüre; abgewandeltes Hemdblusenkleid mit Passe und Spitzengarnitur, ganz links mit paspeliertem Bolero; drei Blusen/Rock-Kombinationen im Pionierstil, rechts mit V-betonter Bluse und Patchworkrock; drei Folklorekleider in recht zwangloser Auffassung als Dreiteiler mit Gilet.

Norwegermuster als Beispiel für Folklore-Muster, die direkt aus der Volkskunst übernommen worden sind. Links Fleece-Jacke mit Norweger-Druck, Veloursleder-Sattel und Lammfellkragen; rechts unten pastelliges Norweger-Dessin auf winterlichem Jacquard-Pullover mit Polo-Kragen, darüber patchworkartiges Folklore-Dessin, mittelamerikanischen Vorbildern nachempfunden.

Fond kann einfarbig oder z.B. durch → *Raster*, → *Marmoré* oder einen → *Konterfond* gemustert sein. Die Gestaltung des Fond kann insbesondere bei → *Druckmustern* sehr abwechslungsreich den Gesamtcharakter einer bestimmten Dessinierungstendenz abwandeln und zum tragenden Element des gesamten Musters werden.
2. Beherrschende Mittelfläche einer Musterung bei Teppichen und abgepaßten Stoffen.

Fond de Robe, breite, meist → *festonierte* oder spitzenartig ausgearbeitete Träger an Unterwäsche und Nachtwäsche für Damen; das Spitzenmuster setzt sich meist in der Büstenverarbeitung fort. → Abb. vgl. S. 306.

Fonturenbreite, Breite, Durchmesser oder Umfang der Halterung der Nadeln (Nadelbarren, Nadelbett oder Nadelkranz) an Strick- und Wirkmaschinen zur Angabe der Nadelzahl und deren Dichte.

Footless Pants, Strumpfhosen ohne Fuß, meist rippengestrickt. – Vgl. → *Leggings*.

Forlion, italienisches Polyamid-Filament auf Basis Caprolactam (Fortex).

Formaldehyd, farbloses, auch in geringen Mengen stechend riechendes Gas (CH_2O),

Fond-de-Robe-Unterkleider

das vor allem bei Verbrennungsvorgängen organischer Stoffe sowie beim Abbau natürlicher Nahrungsmittel im Körper entsteht. Ausgezeichnetes Desinfektionsmittel, auch zum Räuchern von Fleischwaren ausgenutzt, und wichtiger Baustein für eine Vielzahl von organischen Verbindungen, die auch in der Textilveredlung für Spezialausrüstungen eingesetzt werden. Ein Formaldehydgehalt von mehr als 0,15% (1500 ppm) ist kennzeichnungspflichtig, 500 ppm sind auch bei kosmetischen Artikeln erlaubt. Die bei Textilien gemessenen Werte liegen alle unterhalb dieser Grenze. - Die Ursache der in der medizinischen Literatur beschriebenen Fälle von → *Kontaktallergien* aufgrund zu hoher Formaldehyd-Konzentrationen und der Abgabe größerer Mengen von *freiem* Formaldehyd beruhen nicht auf dem für → *Pflegeleicht-Ausrüstungen* eingesetzten Kunstharz selbst, sondern auf dessen fehlerhafter Anwendung. Die meisten Bekleidungsstücke aus deutscher Herstellung enthalten nur ganz wenig oder gar kein Formaldehyd mehr oder setzen nur allergologisch unbedenkliche Spuren von Formaldehyd frei; ungefährliche, aber sehr unangenehme Erkrankungen von hochgradig sensiblen Personen können, vor allem bei Importware, jedoch nicht ausgeschlossen werden. Der Verdacht, Krebs zu erregen, der sich auf Tierversuche stützt, deren Konzept von den meisten Forschern abgelehnt wird, hat sich nicht bestätigt. – Stoffe aus → *Microfasern* sind garantiert formaldehydfrei, Teppichböden mit dem → *GUT*-Siegel geben keine Formaldehydemissionen ab. – **Formaldehydfreie Hochveredlung** mit bifunktionellen, heterozyklischen Chemikalien kann gute → *Trockenknittererholung*, erhöhte Scheuerfestigkeit, reduziertes → *Einlaufen* und verbessertes Selbstglättungsverhalten bewirken. – Vgl. → *Rottapret*. – Neuesten Messungen zufolge (1995) gibt es in Textil- und Bekleidungsgeschäften in der Raumluft keine den → *MAK*-Höchstwert von 0,5 → *ppm* überschreitenden Formaldehydgehalt; in 60% der Fälle lag der Wert unter einem Fünftel dieser Menge.

Formaldehyd-Gerbung, synthetisches → *Gerbeverfahren* mit stark keimtötenden und konservierenden Chemikalien zur Herstellung von → *Waschleder*.

Formbeständigkeit → *Formstabilität*.

Formbettuch, → *Spannbettuch*.

Formelle Kleidung, Sammelbegriff für Bekleidungsstücke vor allem für den Herrn, die nach strenger, konventioneller Auffassung offiziellen Gelegenheiten angepaßt sind (→ *Business-Anzug*, → *Konferenzanzug*). Stoffe für formelle Kleidung mit Farbe zu beleben erfordert viel Geschmack. Gegensatz: → *Informelle Kleidung*, → *Gesellschaftskleidung*.

Formen von → *Feinstrumpfwaren*, → *Thermofixierung* des Polyamids von fertig gewirkten, nahtlosen Strümpfen und Strumpfhosen auf (der Beinform entsprechenden) Metallkörpern mit Hitze, Druck und Feuchtigkeit im geschlossenen Raum.

Formfest-Behandlung, 1. Bei Schurwolle, alle Maßnahmen, die unter dauernder Umbildung der Moleküle die → *Dimensionsstabilität* und die → *Formstabilität* schurwollener Erzeugnisse erhöhen (→ *Vorsensibilisierung*, → *Flächenfixierung*, → *Dekatur*). → *Partienweise Formfest-Behandlung* zur dauerhaften Erhaltung der Bügelfalten (→ *Siroset*) wird nur noch sehr selten angewandt. Neu ist eine vor allem in Japan angewandte Ausrüstung → *Shape Retention*, die dafür sorgt, daß → *Anzüge* aus Schurwoll-Kammgarn auch nach Durchnässung die Form behalten.
2. Bei Baumwolle und Baumwoll-Mischgeweben: → *Permanent Press*, → *Mill-curing*, → *Perma-curing*.

Formfixieren, 1. Dreidimensionale Fixierung nach dem → *Permanent Press*-Prinzip durch → *Double-curing*.
2. → *Frontfixierung*, bei der nicht nur das Vorderteil der Bekleidung behandelt wird, sondern auch die Schulterpartie eine → *siegelbare Einlage* erhält; verformbare Fixierung von Oberstoff, Einlage und → *Plack*. – Vgl. → *Doppelfixierung*.

Formstabilität, dreidimensionale Stabilität des gesamten Oberbekleidungsstücks oder Wäscheteils (→ *Spannbettuch*); bei Hemden und Blusen normalerweise nicht nötig oder angestrebt. Die dem Bekleidungsstück während der Herstellung gegebene Form bleibt dauerhaft erhalten. Gegensatz: → *Dimensionsstabilität*. – Vgl. → *Formfixieren*, → *Permanent Press*, → *Double-curing*.

Fortafil®, amerikanische → *Kohlenstoff-Faser* für technische Zwecke.

Fortrel, Polyester-Spinnfaser, -Filament und -Kabel (USA, Kanada), auch → *POY*-Faser für Maschenwaren.

Fortschreitungszahl, zusammen mit der → *Steigungszahl* Konstruktionselement der → *Atlasbindung*.

Fotodruck, **Fotoprint**, Druckdessinierung mit richtigen Fotos oder wie fotografiert wirkenden Figuren- und Landschaftsdarstellungen, zum Teil freistehend oder in → *Medaillon*-Form, oft von Uniflächen oder anderen Druckmustern umgeben, in der Regel → *Filmdruck*.

Großzügiger Fotodruck auf T-Shirt.

Fotogravur, Übertragung von Musterzeichnungen auf Druckwalzen mit Hilfe lichtempfindlicher Schichten, vor allem für kompliziertere Farbabläufe durch Gravur verschieden großer oder unterschiedlich tiefer

Rasterpunkte. – Vgl. → *Molettengravur*, → *Pantographen-Gravur*, → *Rouleaux-Druck*.

Foulard, 1. Maschine der Textilveredlung mit mindestens zwei chemikalienfesten Walzen, über die der Stoff faltenfrei geführt wird, zum Färben, Imprägnieren, Mattieren, Appretieren und Abquetschen des Flotten-Überschusses. Die Anordnung der Walzen und ihr Härtegrad ist dem Verwendungszweck angepaßt. Der Druck der Walzen gegeneinander wird mechanisch über Hebel oder pneumatisch gesteuert. – Vgl. → *Jigger*.
2. → *Krawattendessin*, kleine, klar gezeichnete, orientalischen Vorbildern entlehnte Motive in Stoffdruck und Jacquardweberei.
3. Leichtes, weiches, geschmeidiges Gewebe meist in 5 bindigem Schußatlas oder in abgewandelter Schußköperbindung aus Naturseide oder Chemiefaser-Filamenten, meist bedruckt, für Schals und Tücher.
4. Im frz. Sprachgebrauch Vierecktuch (Seidenschal).

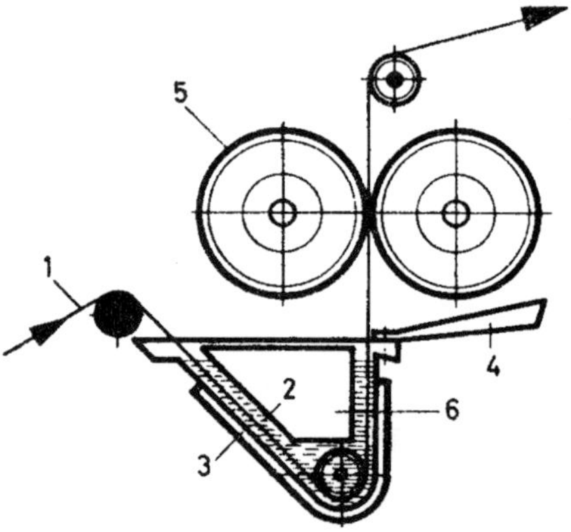

1 = Warenbahn
2 = Farb- oder Imprägnierflotte
3 = indirekte Trogbeheizung
4 = Auffangwanne mit Ablaufblech
5 = Quetschwalze
6 = Verdrängungskörper

Färbefoulard

Foulard-Färbung, mechanischer Auftrag einer konzentrierten Farbstofflösung durch Einführen des breit gespannten Stoffes in einen Trog und Abquetschen der überflüssigen Farbstofflösung; stellt hohe Anforderungen an die Löslichkeit der Farbstoffe.

Foulé, feiner und edler, → *meltonierter* Kleider- und Anzugstoff aus → *Merino-Wollen* (→ *Kammgarn*, → *Streichgarn*, → *Halbkammgarn)* in gleichseitiger Köperbindung, weicher im Griff als → *Tuch* und mit gegenüber → *Flanell* kürzerem Faserflor; das Bindungsbild wird nicht voll überdeckt. – Vgl. → *Anstoßen*.

Fournisseur (frz. Lieferant), für konstante Fadenspannung sorgender Fadenzubringer an → *Rundstrickmaschinen*.

FOY, fully oriented yarn, durch → *Schnellspinnen* oder → *Spinnstrecken* voll orientiertes Garn aus Synthetic-Filamenten (vor allem Polyester, auch aus → *Microfasern*) mit höherer Orientierung und geringerer → *Bruchdehnung* als → *HOY*. Dehnungswerte: 20–30%.

FR-Viskosefaser, FR = flame retardant, schwer entflammbare Viskosefaser (Lenzing). – Vgl. → *Flammenbeständige Fasern*.

Frack, → *Gesellschaftsanzug* für hochoffizielle Gelegenheiten, gesellschaftlich dem großen → *Abendkleid* der Dame entsprechend, mit Schoß und seidenbelegtem → *Revers* (→ *Spiegel*), Hose mit seitlicher Garnierung (→ *Galon*), im Gegensatz zum → *Smoking* aus zwei parallelen Seidenbändern bestehend. Dazu werden das Frackhemd mit gestärkter Brust und steifem Kragen mit umgebogenen Ecken sowie weißer Querbinder, weiße Handschuhe aus → *Wasch*- oder → *Glacéleder* und schwarze Lackschuhe getragen. Ergänzt durch weiße → *Pikee*- oder fantasiefarbene Weste mit stets V-förmig spitzem Aus-

Frack

schnitt. Schwarzer → *Zylinder* und Lackschuhe. Der U-förmige runde Ausschnitt und der schwarze Querbinder kennzeichnen den Berufsfrack des Kellners.

Frackspenzer, → *Frack* ohne Schoß.

Franse, 1. Kantenverzierung von Stoffen, die bei Geweben durch Verflechten oder Verknoten der heraushängenden Kettfäden bzw. auf Häkelgalon- oder auf → *Raschelmaschinen* mit entsprechend großem Hub der Fransen-Legeschiene entsteht, als Abschluß von Bettwäsche, Teppichen, Vorhängen oder Tüchern sowie für → *Posamenten*.
2. → *Grundlegungsart* der → Kettenwirkerei, wobei jeder Faden stets auf die gleiche Nadel gelegt wird. Seitliche Verbindungen mit den benachbarten Nadeln bestehen nicht; sie können nur durch Kombination mit anderen → *Legungen* hergestellt werden. Durch Fransenlegung allein kann kein textiles Flächengebilde entstehen. Bei → *Raschelgardinen* arbeitet ein Kettsystem auf Franse und gibt dem Stoff Stabilität, andere Ketten führen → *Schußlegungen* aus.

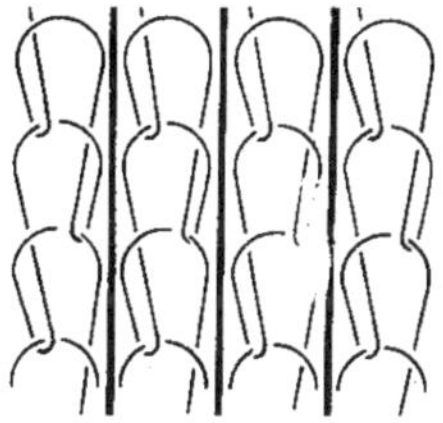

Franse (offene Legung). Die stark durchgezogenen senkrechten Striche zwischen den Maschenstäbchen machen deutlich, daß keine seitlichen Verbindungen zu Nachbarnadeln bestehen.

Französische Fütterung, → *Halbfütterung* (Rückenfütterung von der Schulter bis zum Koller und breite Frontbeläge) aus dem Oberstoff bei sportlicher Herrenbekleidung. – Gegensatz: → *Amerikanische Fütterung*. → Abb. vgl. S. 310.

Französisches Bein, Schnittform bei modischen Damenslips, Shorts und Badewäsche, wobei der Beinausschnitt vorne und auf der Seite etwa der Leistenlinie folgend ausgeschnitten ist; das Bein wird optisch verlängert, der Beinansatz ist sichtbar. – Vgl. → *Retro-Slip*, → *Rio-Slip*.

Französisches Bein

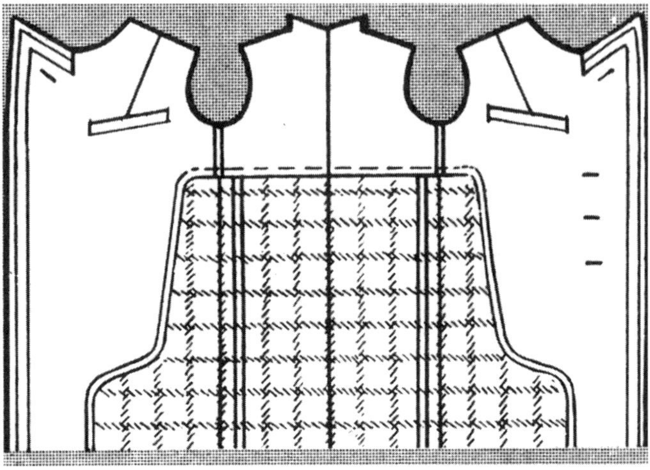

Französische Fütterung mit breiten Besetzen aus Oberstoff und paspelierten Schnittkanten; zur besseren zeichnerischen Darstellung wurde ein Oberstoff mit Karo-Abseite gewählt.

Französisches Bett, zweischläfriges Bett mit einer einteiligen Liegefläche von mindestens 150 cm Breite; auch bei Breiten bis 2 m wird für beide Schläfer nur ein Bettuch und eine Zudecke verwendet.

Französisches Kostüm, → *Tailleur*, → *Kostüm* mit taillierter Jacke, das ohne Bluse getragen werden kann. Gegensatz: → *Schneiderkostüm*. – Im frz. Sprachraum heißen alle Kostüme Tailleur.

Französische Tasche, bei → *Jeanswear* → *Slash Pocket*, → *Italian Pocket*.

Freeback, → *Flyback*.

Freizeitmode, durch fremdsprachliche Ausdrücke mit spezieller Bedeutung weitgehend ersetzter Begriff für einen saloppen Bekleidungsstil vor allem für Herren, dem teilweise auch → *Jeanswear* zugerechnet wird, der sich von der konventionellen Kleidung der 70er und 80er Jahre abhob und neue Bedürfnisse im Sinne einer Differenzierung geschaffen hat. Gekennzeichnet durch Wandlungsreichtum der Modellgestaltung, höhere Bequemlichkeit im Tragegefühl, neue Stoffarten und leichtere Verarbeitung. Mittlerweile haben sich diese Grundgedanken auch für die Bekleidung im beruflichen Alltag durchgesetzt, wodurch der Begriff weitgehend seinen Sinn verloren hat (vgl. → *Leger-Kleidung*; → *Casualwear*, → *Fashion Sport*, → *Sportswear*, → *Easy-life-Stil*). – Gegensatz: → *City-Kleidung*, → *Business-Look*, → *Activwear*. – Vgl. → *Leisure-wear*, → *Jakko*, → *Fun-fashion*, → *Fantasy-Fashion*, → *Military-Look*, → *Camouflage-Look*.

French Knickers, taillenhohe, relativ weit geschnittene, lose und z. T. auch glockig fallende, oft mit Spitze verzierte, modisch-jugendliche Damenschlüpfer mit halblangem Bein; manchmal zur Komplettierung von Hemdhöschen. – Vgl. → *Teddy*.

Fresko, sehr strapazierfähiges und poröses, schweres Gewebe in Tuchbindung aus zwei- und dreifachen Kammgarn-Zwirnen in Kette und Schuß, wechselweise S- und Z-gedreht, mit körnig-sandigem Griff. Gleiche Konstruktion, jedoch wesentlich leichter: → *Tropical*. – Vgl. → *Cool Wool*, → *Crespo*.

Freskozwirn, → *Kammgarn*zwirn meist aus → *Crossbread*-, seltener aus → *Me-*

French Knickers

Schwerer Fresko, Kette und Schuß dreifach gezwirnt (2fach vergrößert).

rinowollen, der entweder mit einem einfachen Faden oder mit einem zweiten Zwirn zum zweiten Mal verzwirnt ist.

Freso, → *Antimykotische Ausrüstung*.

Fricon, pergamentartig verklebtes, innerstes Stück des → *Naturseiden*-Fadens, der vom → *Kokon* nicht mehr abgehaspelt werden kann; je nach Länge der Faserstücke Grundmaterial für die → *Schappe*- oder → *Bourette*-Spinnerei.

Fridaywear, Kombination von → *City*- und → *Freizeitkleidung*, „business"- und „weekend"-taugliche Kombination, die an den Freitagen mit nachmittags verkürzter Arbeitszeit gestattet, ohne die Notwendigkeit, sich zu Hause umziehen zu müssen, direkt von der Arbeitsstätte in das verlängerte Wochenende zu fahren. Der Stil der Bekleidung darf nicht zu zwanglos sein; auch zu → *Chambray*-Hemden wird z.B. das Tragen einer Krawatte empfohlen. Meist zur Gruppe des → *Casualwear* und nicht zum ausgeprägteren → *Sportswear* gehörig, setzt diese Bekleidung die Lockerung des im beruflichen Alltag vorgeschriebenen oder gerade noch akzeptierten Bekleidungsstils und insbesondere die Befreiung vom Zwang zum Anzug mit Krawatte voraus. Damit muß auch eine psychologische Wandlung des zum Teil an die Äußerlichkeit des → *Business-Looks* gebundenen Verhältnisses zwischen Vorgesetzten und Mitarbeitern und umgekehrt einhergehen, was den Trend zum Teamgeist fördern soll. – Vgl. → *Dress down*.

Fries, schwerer → *Schußdouble* mit → *Strich*- oder → *Velours*ausrüstung aus → *Streichgarn* (auch → *Reißwolle*) vor allem für Tür- und Fensterabdichungen, Auto- und Hundedecken. – Fries aus nicht walkfähigem Material (Baumwolle, Viskose-Spinnfaser) erhält durch Rauhen und Klopfen einen beidseitig dichten Flor.

Friktionskalander, → *Kalander*, bei dem die beheizten Stahlwalzen schneller laufen als die weich belegten Gegenwalzen; vor allem für Hochglanzausrüstungen (→ *Chintz*, → *Ciré*). – Vgl. → *Rollkalander*.

Friktions-Spinnverfahren, → *Elementen-Spinnverfahren* nach dem → *Offen end*-

Prinzip. Ein Faser-Luftgemisch wird einer perforierten Fangfläche zugeführt, auf der die Luft abgesaugt und damit von den Fasern getrennt wird; es bildet sich ein Faservlies. Eine Eindreh-Walze rollt das Vlies rein mechanisch zum Garn. Der Garnaufbau erfolgt von innen nach außen durch Übereinanderlagern der eingedrehten Fasern, wodurch ein guter Zusammenhalt der Fasern im Garn erzielt wird. Das Verfahren wird mit hohen Spinngeschwindigkeiten auch in der → *Streichgarnspinnerei* angewandt und ermöglicht in abgewandelter Form auch → *Umwindungsgarne*, deren aus → *Stapelfasern* gebildete Oberfläche den Kern völlig abdeckt. – Vgl. → *Dref-Spinnverfahren.*

Friktions-Texturierung, nur für feine Titer geeignete → *Falschdraht-Texturierung* mit rotierenden Scheibenaggregaten als Drallgeber, die die Drehung auf das Garn durch Reibung aufbringen; Arbeitsgeschwindigkeiten von 1000 und mehr m/min gegenüber nur 300 m/min beim klassischen → *Helanca*-Verfahren.

Frisé, 1. Möbelstoff oder Teppich mit unaufgeschnittenen Noppen (→ *Velours frisé*, → *Bouclé*, → *Brüssel*). – Vgl. → *Kräuselvelours.*
2. Feiner, → *bouclé*-artiger → *Effektzwirn* mit sehr feinen Schlingen.
3. Damenkleiderstoff mit feinen, nicht aufgeschnittenen Schlingen- → *Effektzwirnen*, deren Schlingen nicht auf der Warenoberfläche sichtbar sind, sondern sich nur im Griff bemerkbar machen.

Frivolité, frz. → *Klöppelspitze*; auch für (unnötiges) modisches Beiwerk, wie Blumen, Modeschmuck, Schleifen usw.

Frock-Coat, moderne Version des → *Gehrocks* im → *Dandy-Look.*

Froissé, frz. für → *Crinkle* und → *Crash.*

Frontfixierung, formgetreue Ausstattung der Brustpartie von Anzügen, Mänteln, Kostümen und Sakkos durch spezielle → *Einlagestoffe* mit einer Oberfläche aus schmelzfähigen Substanzen, die mit Hilfe von Fixierpressen durch ein thermisches Schweißverfahren dauerhaft mit dem Oberstoff verbunden werden. Der Fixierprozeß findet bei Temperaturen zwischen 120 und 150 °C, einem Aufpreßdruck von 100–450 g/m² bei Preßzeiten von 6–25 sec statt. Oberstoff und Einlage sollen zu einer harmonischen Einheit werden. Gute und dauerhafte Formgebung ist auch bei leichten Oberstoffen möglich, das → *Pikieren* und das Unterschlagen der Wattierung entfällt. Die Methode, die auch einen erheblichen Rationalisierungseffekt bringt, bewirkt leichten und weichen Griff und ist bei Einsatz reinigungsbeständiger, die Spannungsdifferenzen zwischen Oberstoff und Einlage voll ausgleichender, hochwertiger Einlagen mit gleichem Krumpfverhalten wie der Oberstoff auch im Modellgenre anwendbar. Wenn auch die Schulterpartie eine → *siegelbare Einlage* erhält, spricht man von → *Formfixierung.* Werden beide Seiten der Einlage mit → *Haftmasse* beschichtet, lassen sich zwei Stoffe ohne Beeinträchtigung der Qualität voll miteinander verbinden, was das Durchnähen ersparen kann (Kragenecken, Rückenschlitz). – Vgl. → *Doppelfixierung*, → *Hochfrequenz-Fixiertechnik*, → *Direkt-Stabilisierung*, → *Lamellendruck*, → *Mehrbereichseinlagen.*

Frotté, **Frottee**, nicht identisch mit → *Frottier*, Damenkleiderstoff mit → *Frotté-Zwirnen,* mit stumpfgriffiger, unebener Oberfläche.

Frottee-Stretch, korrekt, aber ungebräuchlich: Frottierstretch, meist → *Wirkplüsch* von der → *Rundstrickmaschine*, selten → *Kettenwirkware*, mit Baumwollpol (hochwertig: → *kardiert*) und einem Grundgewirk aus hochelastischen → *Falschdrahtgarnen* (Polyamid); → *Elastan* wäre bei diesem Massenartikel zu teuer. – Vgl. → *Frottier-Spannbettuch.*

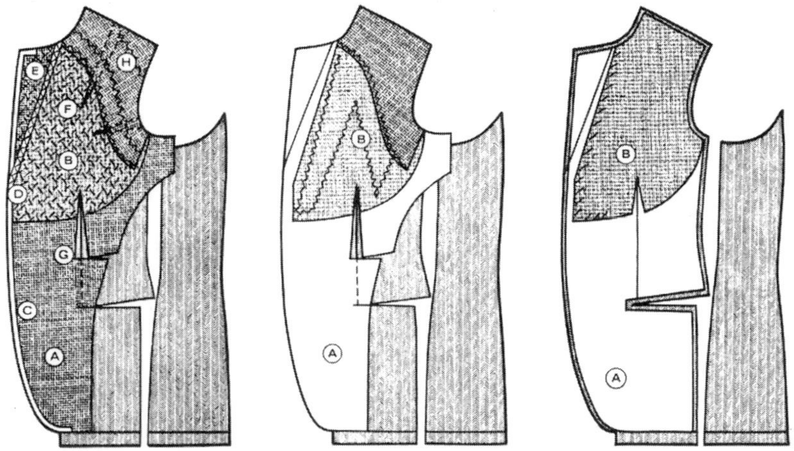

Gegenüberstellung von zwei verschiedenen Variationen der Frontfixier-Technik zu der nähtechnischen Innenausstattung mit Ganzteil und Plack. A Gewebe-Ganzeinlage; B Gewebe-Plack; C Kantenband; D Eggenband; F dichte Pikierung des Plack; G wegen des Schrägzugs großer Abnäher-Spielraum; H Gewebe-Schulterstütze mit mehreren Zick-Zack-Nähten. – Abb. Mitte und rechts: A Ganzeinlage (Frontfixierung); B Gewebeplack. Bei der mittleren Abbildung wurde der Gewebeplack nähtechnisch auf die frontfixierte Ganzeinlage aufgebracht; zum Pikieren sind nur wenige Zick-Zack-Nähte notwendig, die Gewebe-Schulterstütze wird nur mit einer Naht befestigt. Rechts: Der Gewebeplack wurde ebenfalls fixiert und nur mit einer Blindstichnaht an der vorderen Plackkante befestigt. Bei beiden Arten wird das fixierte Ganzteil nicht zurückgeschnitten, sondern mitgenäht. Abnäher in Oberstoff, Einlage und Plack sind gleich groß, beim Fixieren auch des Placks können die Abnäher in Oberstoff und Einlage in einem Arbeitsgang geschlossen werden.

Frotté-Zwirn, → *Effektzwirn* mit abwechselnd Knötchen und Schlingen; ein straffer Grundfaden wird zunächst mit einem schneller zulaufenden und die feinen Schlingen bildenden Effektfaden verzwirnt. Dieser Vorzwirn wird dann in entgegengesetzter Richtung in einem zweiten Zwirnprozeß mit einem Gegen- oder Haltefaden verzwirnt, der die Struktur fixiert. Für Frotté-Stoffe und feine, modische Strickwaren.

Frottier, **Frottiergewebe**, nach RAL 304 Web-Frottierware, Gewebe mit ein- oder beidseitigen Schlingen und mindestens zwei Kettsystemen (Grundkette und schlingenbildende Florkette), die auf speziellen Webmaschinen mit Knicklade oder mit Gewebesteuerung hergestellt werden. **Zwirnfrottierwaren** müssen Florketten aus gezwirnten Garnen enthalten; sie haben einen kräftigen, kernigen Griff und einen stärkeren Massageeffekt. **Walkfrottierwaren** haben Florketten aus ungezwirntem Garn, wurden aber einer Koch-Naßbehandlung unterzogen und laufen nicht mehr ein; ihre Schlingen liegen unregelmäßig. Sie saugen die Feuchtigkeit besser auf als Zwirnfrottier. Frottiertücher sind mit Ausnahme besonders dunkler Töne in der Regel kochecht gefärbt, Bademäntel nur bis 60°; sie sollen nicht mit Heißluft oder im → *Tumbler* getrocknet werden, da sie leicht hart werden (→ *Trockenstarre*). Die ersten beiden Male soll man Frottierhandtücher separat mit 60° waschen, da die Abgabe überschüssiger Farbe normal ist. Mit Weichspülern ist vorsichtig umzugehen; er kann sich auf der Faser ablagern und die Saugfähigkeit beeinträchtigen. Nicht mit Energie-Sparprogramm oder verkürzter Flotte

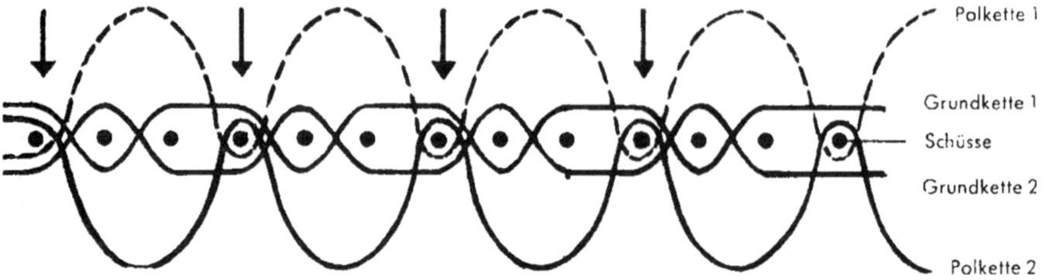

Schußschnitt durch ein Frottiergewebe. Die beiden straff gespannten Grundketten 1 und 2 bilden zusammen mit dem Schuß das Grundgewebe. Die lose gespannte Florkette wird beim vollen Anschlag der Knicklade nach oben oder unten ausgebogen, je nach dem, ob die Florkette oberhalb oder unterhalb eines Schußfadens eingebunden hat. Dabei gleiten die Schußfäden an den straff gespannten Grundketten entlang. Die Pfeile bezeichnen die Schüsse, bei denen voll angeschlagen wurde.

waschen. – Vgl. → *Frottier-Velours*, → *Trokkenstarre*.

Frottierbettwäsche, → *Bettwäsche* aus → *Wirkfrottier* (→ *Plüschtrikot* von der → *Rundstrickmaschine*; → *Raschelware*), Bettücher meist aus → *Frottee-Stretch*, mit hohem Baumwoll-Anteil, hochwertig auch mit → *Modal*. 10–15% schwerer als Bettwäsche aus glattem Gewebe, bei Zwirnflor teurer und auch hochwertiger. Weich, angenehm und behaglich, pflegeleicht (Bügeln nicht nötig), hautsympatischer Griff, hohe Saugfähigkeit, stark wärmend.

Frottier-Spannbettuch, → *Plüschtrikot* oder → *Wirkplüsch* (→ *Kettenwirkware*) mit exakt kalkulierter Dehnung durch einen Anteil bis 20% an elastischen Garnen, meist → *falschdrahttexturiertes* → *Polyamid*-Filament, das das Grundgewirk bildet. Die Dehnung muß das problemlose Aufziehen auf die Matratze gestatten, das aufgespannte Bettuch muß beim Schlafen formstabil bleiben. Die Wärmehaltung ist der von Biberbettüchern vergleichbar, jedoch strapazierfähiger; dank der Vielzahl von Schlingen gute → *hygienische Eigenschaften*, im Sommer jedoch relativ kühl. Im Regelfall bei 60 °C waschbar; Mangeln oder Bügeln entfällt.

Frottierwaren, atypische, → *Liropol*, → *Wirkfrottier*, → *Frottee-Stretch*, → *Malipol*, → *Henkelplüsch*, → *Wirksamt*, → *Magazinschuß-Frottier*, → *Nicki*.

Frottierwebmaschine, Webmaschine mit zwei Kettbäumen, die Schüsse wie bei jedem anderen Gewebe dicht aneinander einschlagen kann, aber auch imstande ist, zwischen einer dicht angeschlagenen

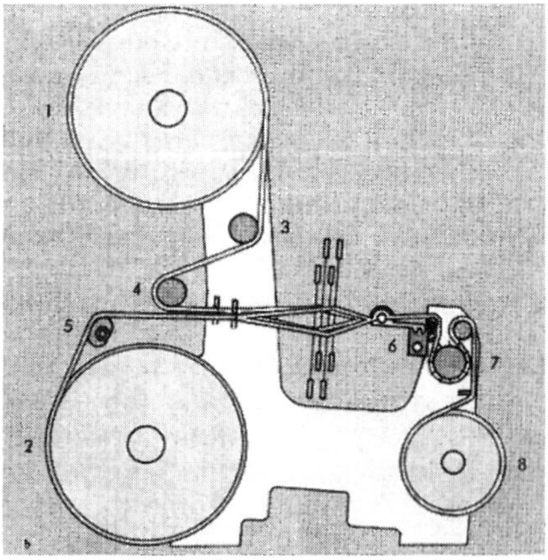

Kettfadenverlauf an der Frottierwebmaschine mit Gewebesteuerung. Der Baum für die Grundkette ist platzsparend oberhalb der Webmaschine angebracht. Die Grundkette läuft über den Umlenkbaum (3) und den Spannbaum (4) für die Grundkette in das Webgeschirr ein. Die lose gespannte Florkette (2) kommt über den Spannbaum (5) ins Webfach. – 6: Beweglicher Brustbaum, 7: mit Nadeln besetzter Schaltbaum, 8: Warenbaum.

Schußgruppe und den folgenden Schüssen auf den Kettfäden einen definierbaren Abstand zu lassen, der genau der doppelten Höhe der Frottierschlinge des lose gespannten Kettfadens entspricht. Bei der → *Ladensteuerung* geschieht dies über die → *Knicklade* (Abb.), die in gestreckter Normalstellung den Schuß ganz dicht an den vorangegangenen heranbringt, in zurückgeknickter Position dem Schußfaden beim Anschlag aber den vorgesehenen Abstand mitgibt. Die modernen schützenlosen Webmaschinen arbeiten nach dem Prinzip der Gewebesteuerung. Lade- und Webblattbewegung bleiben gegenüber Normal-Webmaschinen unverändert, der Abstand der Schußfäden zur Schlingenbildung wird durch eine horizontale Bewegung des Brustbaums erzielt, der mit den Breithaltern nach vorne von der Webblatt-Anschlagstelle weggezogen wird. Für den Vollanschlag befindet sich der Brustbaum mit dem fertigen Gewebe an der Anschlagstelle der Lade.

Frottier-Velours, zur Erhaltung der Saugfähigkeit oft speziell ausgerüsteter → *Frottier* mit auf der Schermaschine aufgeschnittenen Polschlingen; sehr angenehmer, weicher Griff. Hochwertig mit → *Chenille*. – Vgl. → *Nicki*.

Frou-Frou, → *Chi-Chi*, Sammelbegriff für verspielte Verzierungen an Kleidern und Blusen wie Wasserfall, Rüschen, → *Falbeln*, → *Fichu*, → *Jabot*, → *Plastron*; bevorzugt werden weiche, schmiegsame, halb durchsichtige Stoffe wie → *Chiffonelles*, → *Georgette* und → *Organza*.

Fruchtfaser, → *Hartfaser* von Früchten, → *Kokosfaser*.

Frühkondensation, → *Permanent Press*-Verfahren, → *Pre-curing*.

Fuchs, Pelz mit sehr dichtem und langem Haar in verschiedenen Farbvarietäten: → *Polarfuchs*, → *Kreuzfuchs*, → *Platinfuchs*, → *Silberfuchs*, → *Blaufuchs*, → *Weißfuchs* → *Kitfuchs*, → *Palmera*.

Fulgurant, Seidenatlas für festliche Kleider, als hochwertiges Mantelfutter und als Maskenstoff eingesetzt und mit noch mehr Glanz versehen als → *Duchesse*. – Vgl. → *Merveilleux*.

Füllappretur, außer für Spezialgewebe wie Buchbinderleinen nur mehr selten an-

Frou-Frou: Fichu, Plastron, Jabot.

gewandte, nicht oder nur beschränkt waschfeste → *Appretur* für Baumwollstoffe (Bettwäsche) durch Tränken mit Lösungen, die feste Körper wie Stärke, Fette und (mineralischen) Chinaclay feinverteilt zur Vortäuschung einer höheren Warenfülle im Gewebe ablagern. Die Körper gehen keine chemische Verbindung mit der Faser ein.

Full colored, → *Kolorit* bei Druckstoffen, das die ganze Fläche bedeckt und bei dem aus einem verhältnismäßig dunklen Fond motivlos kräftige Farben herausleuchten.

Füllfaser, zur Füllung von → *Bettwaren* und → *Steppstoffen* geeignete, lose Fasern, Filamentbündel ohne Verdrehung (Füllkabel) oder Faservliese. – Vgl. → *Faserfüllung*.

1. Unversponnene, lose → *Fasern*: → *Fiberfill*, synthetische Spezialfasern mit hohem und stabilem Bausch meist auf Polyester-Basis sowie Naturseide, Wolle und → *Edelhaare*. Unversponnene Naturseide (Füllmenge 800–1200 g) für leichte → *Steppdecken*, die im Sommer als angenehm kühl empfunden wird, muß sorgfältig aufbereitet und gereinigt sein, um Milbenbefall und → *Allergien* zu verhindern, die Asthmaanfälle hervorrufen können. → *Wildseide* muß entbastet sein. – Unversponnene Schurwolle als Füllfaser muß von hoher Qualität und für diesen Verwendungszweck aufbereitet sein; für → *Rheuma-Decken* werden leichte Bezüge aus Baumwolltrikot bevorzugt. – Vgl. → *Schlafkugeln*.

2. Zur leichteren Verarbeitung thermisch leicht vorverdichtete Fiberfill-Vliese. Die Steppung muß ganze Fächer bilden, da diese Vliese nicht fest zusammenhalten und im Gebrauch ihre Lage verändern können.

3. Feste Vlies-Bahnen: Sehr leichte → *Vliese* ab 40 g/m², deren Oberfläche leicht mit einer klebenden Substanz besprüht ist, wobei der Griff nicht brettig werden darf, oder im Tauchbad silikonisierte und damit wasserabweisend gemachte Vliese mit glattem Griff. Synthetic-Vliese für → *Bettwaren* und → *Steppstoffe* sind feuchtigkeitsausgleichend und backen bei längerer Einwirkung von Feuchtigkeit nicht zusammen; damit besonders geeignet für Ferienwohnungen, Camping, Zelt und Bootsausstattung. Bakterienfeindlich, staub- und flusenfrei, voll waschbar und pflegeleicht. – Vgl. → *Füllvlies*.

Fülligkeit von Fasern, Garnen oder Stoffen, Verhältnis des Raumbedarfs zum Gewicht. Hohe Fülligkeit mit Lufteinschluß ist wichtig für wärmende Kleidungsstücke.

Füllschuß, dicker, meist lose gedrehter Schußfaden, der im Gewebe zur Abstützung plastischer Musterungen dient, für Struktur sorgt oder einen → *Rips*-Charakter hervorruft, manchmal auch hochwertiges Material einsparen soll.

Füllvlies, als → *Warm-Einlage* in → *Thermo-Kleidung* dienende, voluminöse → *Vliesstoffe*, z.T. multifunktionell mit auflaminierten → *Hydro-Membranen*, aus verschiedenem Material und in verschiedener Konstruktion in ihren Eigenschaften variabel dem Verwendungszweck anzupassen. Übliche Einarbeitungsform sind → *Innenstepper* mit von außen nicht sichtbaren Steppnähten sowie nicht vollflächig vernäht oder verklebt als → *Hängevlies* nur an den Nähten mit Bändern aufgehängt, was die Wärmehaltung des Bekleidungsstücks verbessert und Energie bei der Herstellung spart. – Vgl. → *Thinsulate*.

Fully fashioned, auf → *Flachwirkmaschinen* (→ *Cottonmaschinen*) hergestellte, durch → *Mindern* und → *Ausschlagen* paßformgerechte → *Maschenwaren*, die ohne Zuschnitt so, wie sie von der Maschine kommen, zum Bekleidungsstück zusammengenäht werden können. – Vgl. → *Geschnittene Maschenwaren*, → *Regulär-Waren*.

Fun-Fashion, → *Fantasy-Fashion*, Mode, die Freude macht, unkonventionelle und abwechslungsreiche, gleichzeitig schmückende, jedoch nicht „ausgeflippte" Mode für den zwanglosen Abend in der Stadt oder im Urlaub.

Fungizide Ausrüstung, zu den hygienefördernden Ausrüstungsarten zählende → *Antimikrobielle Ausrüstung*, die aber im Gegensatz zu der die Entwicklung der Mikroorganismen auf der Haut nur hemmenden → *Bakteriostatischen Ausrüstung* aktiven Schutz gewährt und die Organismen abtötet. Sie kommt nicht infrage für Textilien, die direkten Kontakt mit dem menschlichen Körper haben, hingegen wohl als → *Fäulnisfest-Ausrüstung* für Camping-Ausstattungen, Zelte, Planen. Aus Gründen der → *Ökologie*, vor allem des Arbeitsschutzes (Aufbringen der giftigen Chemikalien) stark rückläufig.

Funktionelle Gruppen, Atomanordnungen an den beiden Enden von (kleineren) Molekülen bei organischen Verbindungen, die unter bestimmten Umständen reaktionsfähig sind und bei → *Kettenmolekülen* die Verbindung der Einzelmoleküle (→ *Monomere*) zu Molekülketten (→ *Polymere*) ermöglichen (bifunktionelle Moleküle).

Funktionskleidung, auf die Gebrauchsanforderungen bestimmter Einsatzgebiete exakt abgestimmte Bekleidung wie → *Activwear*, → *Berufsbekleidung*, Tropenkleidung, Uniformen der öffentlichen Organe vom Militär bis zur Feuerwehr. Häufig werden Ideen und Details davon in die Alltagskleidung übernommen. Beispiele: → *Pilotenjacke*, → *Rallye-Jacke*, → *Military-Look*, → *Field-Jacket*, → *Fighting-Suit*, → *Buschhemd*, → *Safari-Stil*, → *Workman-Look*. Der Begriff wurde erweitert auf spezielle Bekleidungsstücke des Alltags mit besonderen Gebrauchsvorzügen, z.B. **Funktionsmantel** als Wettermantel, der aus → *Klimastoffen* genäht oder mit → *Nässesperr-Membranen* ausgestattet ist. Angestrebt werden Modelle, die für verschiedene Verwendungszwecke oder für Sommer und Winter gut geeignet sind, weil sie dafür sorgen, daß unabhängig von der Außentemperatur die Körperwärme möglichst innerhalb des Wohlfühl-Bereiches zwischen 36,8° und 37,5 °C bleibt und sowohl Verdunstungskälte nach Schweißausbrüchen als auch Frostzittern vermieden werden. Dies wird jedoch im Regelfall nur durch mehrere übereinander getragene Schichten (→ *Zwiebelprinzip*) erreicht. – Vgl. → *Fleece*.

Funky-Stones, → *Überfärber*, identisch mit → *Overdyed*. - Vgl. → *Jeanswear*.

Funny paper, gehärtetes und feuerfest ausgerüstetes Spinnvlies auf Zellulosebasis.

Furniereffekt, → *Sperrholzeffekt*, Erscheinung beim → *Kaschieren* Stoff auf Stoff, Stabilitätsgewinn durch Schichtwechsel der Materialien, Versteifung nach dem Prinzip des Sperrholzes; die kaschierten Gewebe können brettig hart werden. – Vgl. → *Sandwich-Kaschierung*.

Fusant, → *Kolorierung* von Druckstoffen, bei der die Farben Aquarellfarben-artig ineinander verfließen, also nicht voneinander abgegrenzt sind. – Gegensatz: → *Camaieux*.

Fustian, grober, gerauhter und geschorener Baumwollköper. – Vgl. → *Duvetine*.

Futon, japanisches, schmucklos-funktionelles Bett, in seiner reinen Form nur eine zusammenlegbare Matratze, die mit mehreren, durch Baumwollfäden fixierten Lagen Baumwolle gefüllt ist, und die das Einsinken der Schultern und der Hüftpartie zuläßt, aber die Wirbelsäule stützt; teilweise mit einfachem Holzrahmen und Holzrost kombiniert. In europäisierter Form auch mit verstellbarem → *Lattenrost* und

→ *Latex*-Auflage Symbol einer unkonventionellen Schlafkultur mit neuer Optik, das dem Hang zum Meditativen und der Selbsterfüllung mancher Tagträume entgegenkommt. – Vgl. → *Vollpolstermatratze.*

Futteralkleid, → *Etuikleid*, figurzeichnend eng geschnittenes Kleid, bevorzugt aus → *Maschenwaren.*

Futteralkleid mit Godet-Falten.

Futterfadenfell, → *Strichvelours*-artiger → *Hochflor-Maschenstoff* nach neuer Technologie mit verbesserter Einbindung und Stabilisierung des → *Flors* in Längs- und Querrichtung für Oberbekleidung und Möbelbezüge (Eybl). – Vgl. → *High-Pile-Fellstoff.*

Futterpelz, zur meist austrennbaren Innenausstattung winterfester Mäntel geeignete Pelzarten, vor allem → *Maihamster*, weil die im Mai geschlagenen Tiere noch ihren dichten Winterpelz haben und nicht abhaaren. Angewachsenes Fell (→ *Gewachsenes Fell*, → *Pelzvelours*) ist kein Futterpelz, weil bei meist offenkantiger Verarbeitung die geschliffene Fleischseite anstelle eines Oberstoffes nach außen

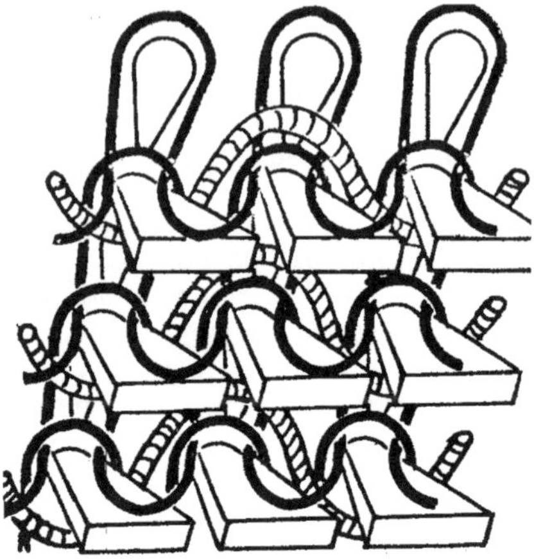

Konstruktionsskizze des Futterfadenfells. Der Futterfaden ist gestrichelt.

getragen wird. – Vgl. → *Hamster*, → *Marder*, → *Susliki*, → *Wiesel.*

Futterstoff, Sammelbegriff für Stoffe der verschiedensten Herstellungstechnik (→ *Gewebe*, → *Maschenwaren*, → *Raschelwaren*, → *Nähwirkwaren*, → *Vliese*), die als → *Leibfutter*, → *Ärmel-*, → *Taschen-* oder → *Bundfutter* als Innenausstattung von Oberbekleidungsstücken zur Erhöhung des Gebrauchswertes dienen oder als → *Westenrückenfutter* Oberbekleidungsstoffe ersetzen. Sie sind nach Rohstoffkombination, Konstruktion und Ausrüstung unter Berücksichtigung eines angemessenen Preises dem Einsatzgebiet angepaßt. Ihre Aufgabe ist der Schutz der Oberbekleidungsstoffe vor Schweiß, Reibung und Schmutz; manchmal soll auf der Rückseite eine geringere Güte des Oberstoffes verdeckt werden. Sie decken die → *Einlagestoffe* ab und sind insbesondere bei sportlicher Bekleidung ein wesentliches Merkmal des modischen Gesamtkonzepts (→ *Kontrastfutter*). Verlangt werden Luftdurchlässigkeit, Bügelfestigkeit, guter Feuchtigkeits- (Schweiß-) Transport, Scheuer- und Schiebefestigkeit, Glätte zum besseren Schlüpfen, Einlauffestigkeit, Hautverträglichkeit, Unterstützung des Wärmeaustauschs, geringe elektrostatische Aufladbarkeit; bezüglich der → *Farbechtheiten* sind vor allem → *Schweißechtheit* und → *Reibechtheit* von Belang. Der winterlichen Ausstattung dienen wärmende → *Zwischenfutter*. – Vgl. → *Kniefutter*, → *Netzfutter*, → *Plüschfutter*, → *Borgfutter*, → *Duchesse*, → *Fulgurant*, → *Merveilleux*, → *Liberty*, → *Milanaise*, → *Pocketing*, → *Moleskin*, → *Plaidfutter*, → *Bougram*, → *Cloth*, → *Cimbria-Serge*, → *Waschtaft*, → *Nahtschiebefestigkeit*, → *Amerikanische Fütterung*, → *Französische Fütterung*, → *Liner*, → *Nässesperr-Membrane*, → *Viscose Circle of Quality*.

Futtertrikot, **Futterware**, → *Sweatshirtstoff*, auf → *Rundstrickmaschinen* mit Spezialeinrichtung aus zwei unterschiedlichen Fadensystemen hergestellte → *Kulierwaren*. Der die Oberfläche bildende Grundfaden ist fein und fest gedreht, der weich gedrehte, füllige, gut rauhfähige Futterfaden liegt auf der dem Körper zugewandten Innenseite. Um zu verhindern, daß der Futterfaden auf der Oberseite sichtbar wird (→ *Chaineuse*), setzt man vielfach einen (→ *plattierten*) Bindefaden ein (→ *Bindefadenfutter*, rechts/links-plattiert-Futter). Er verbindet Grund- und Futterfaden an bestimmten, meist diagonal versetzten Stellen, wobei der Futterfaden nur Henkel bildet. Man erreicht eine strapazierfähigere Innen- und ein feineres Bild der Außenseite. – Vgl. → *Doppelfutterware*, → *Zweischichtenstoff*, → *Jogging-Anzug*,

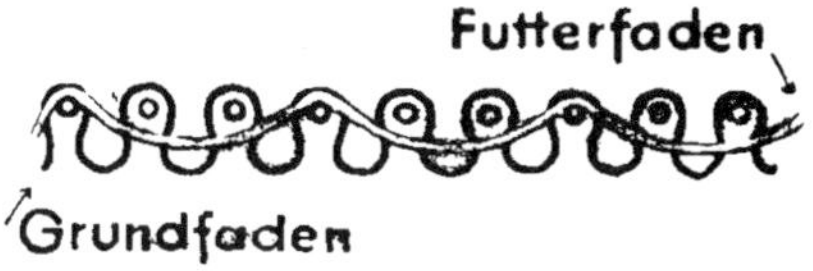

Futterware. Draufsicht während der Maschenbildung.

Future-Boy, jugendlicher Käufertyp mit viel Sinn für die Welt der Computer, → *High Tech*- und → *Techno-Look*, einer Vorliebe für Synthetics, Plastik, Beschichtungen und Gummierungen sowie für klare, kräftige Farben und Kontraststreifen bei schmaler, jedoch nicht zu enger Silhouette. Gegensatz: → *Nerd*.

Fuzzy-Logik, Sensortechnik in der Bekleidungsindustrie, die die gesamte Prozeßregelung bis zu den Organisationsabläufen beherrscht. Optoelektronische Sensoren können z.B. Fehlertypen detektieren oder Farbabläufe feststellen.

G

Gabardine, kettbetont eingestellte, dichte und feinfädige → *Kettköper* im Baumwollcharakter oder aus kahl ausgerüsteten Schurwoll-→ *Kammgarnen* auch mit Synthetic-Beimischung für Kostüme, Röcke, Hosen, Sakkos, Mäntel, Blazer und sportliche Bekleidung in Unifarben oder aus → *Moulinézwirnen*. Wichtig ist die dem → *Popeline* ähnliche → *Einstellung* mit etwa doppelt so vielen Kett- wie Schußfäden, die Steilgrat, Griff, Bild und Gebrauchseigenschaften des echten Bindungsgabardine, der mit weniger dicht eingestellter Kette auskommt (→ *Gabardinebindung*), auf den Stellungsgabardine überträgt. Hochwertige Gabardine verwenden gekämmte Baumwollgarne und Zwirnkette zur Verbesserung der Haltbarkeit und zur Erzielung eines besonders sauberen Warenbildes. Bei → *Jeanswear* zählt Gabardine zu den → *Flats*. – Vgl. → *Tricotine*, → *Whipcord*, → *Granité*.

Gabardinebindung, aus einem → *Mehrgratköper* durch Neuordnung der Kettfäden entstandene → *abgeleitete Köperbindung* zur Erzielung eines Steilköpers ohne extrem dicht eingestellte Kette mit weicherem Warengriff.

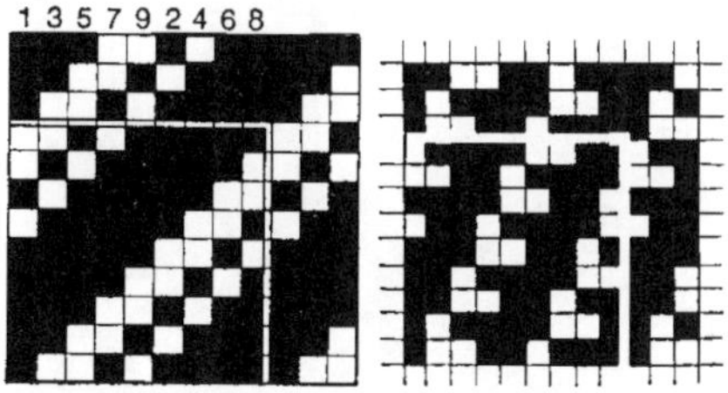

Konstruktion der Gabardinebindung. Links Mehrgratköper mit viel Ketteffekt. Für die Gabardinebindung (rechts) werden die Kettfäden entsprechend den Ziffern neu angeordnet, wodurch sich ein wesentlich steilerer Köpergrat ergibt. – Rapport eingerahmt.

Gabardine-Mantel

Gae-Wolf, einheitlicher Name für die auch als „Sobahi" oder „asiatischer Schakal" bezeichneten Felle ostasiatischer Windhunde, die auch als Haustiere gehalten werden. Mit ihrer attraktiven Zeichnung der langhaarigen Pelze, die auch gefärbt werden können, sehr preiswert.

Galalith, Kunsthorn für Knöpfe als Ersatz für Elfenbein, Schildpatt oder Horn, in seiner Polierfähigkeit kaum von einem anderen Werkstoff übertroffen. Nach häufiger Wäsche können Galalith-Knöpfe blind werden. – Vgl. → *Bakelit*.

Galette, angetriebene Rolle an Spinn-, Spul- und Zettelmaschinen, die den Faden zuführt und abzieht, und dabei für eine gleichmäßige Geschwindigkeit sorgt.

Galon, 1. Spitzen und Einsätze mit beidseitigem Bogenabschluß von der Spitzenhäkelmaschine (Galonmaschine). – Vgl. → *Garnitur.*
2. Seidig glänzende Borten an den beiden Seitennähten der Hosen zum → *Frack* oder → *Smoking.*

Galonierte Pelzverarbeitung, Zusammennähen der Felle mit Lederstücken, die am fertigen Bekleidungsstück sichtbar bleiben. – Vgl. → *Ganzfellige,* → *Gefederte,* → *Ausgelassene Pelzverarbeitung.*

Gamasche, kaum noch modisches Attribut der Herrenkleidung in Form knöpfbarer Überzüge aus Tuch oder Leder zum Anzug; meist reines Zweckbekleidungsstück für Bergsteiger und Skiläufer, das das Eindringen von Nässe zwischen Hose und Stiefel verhindert. Meist steglos, aus Polyamid oder Baumwoll-Gabardine, mit Gummizug.

Gammel-Look, → *Anti-Mode,* aus Protestgefühlen der Jugend entstanden und zunächst durch → *Jeanswear* (Krempel-Jeans) realisiert, fortgeführt durch den → *Destroyed-Look* und einen bewußt schlampigen Bekleidungsstil wie → *Grunge,* mit nachhaltigem Einfluß zur Auflockerung eines den starren Konventionen folgenden Bekleidungsstils vor allem im Berufsleben durch variationsreiche Modellgestaltung und Stoffwahl. – Vgl. → *Grunge,* → *Casualwear,* → *Fashion Sport,* → *Streetwear.*

Gänsefeder, bevorzugtes füllkräftiges und langlebiges Füllmaterial für Deckbetten und Kopfkissen. Größer und kräftiger als → *Entenfedern,* stark gebogen, am unteren Ende flaumig bewachsen, am oberen wie abgeschnitten aussehend, matt.

Ganzfellige Pelzverarbeitung, hochwertigste Kürschnerarbeit. Die Felle müssen so ausgewählt werden, daß sie in ihrer Zeichnung ohne Zerschneiden gut zueinander passen. – Vgl. → *Ausgelassene,* → *Galonierte,* → *Gefederte Pelzverarbeitung.*

Ganzteil, Grundlage der formerhaltenden Innenausstattung von Anzügen, Sakkos und teilweise auch von → *Schneiderkostümen* (→ *Wattierung*); elastisch und mit → *Cissons* versehen, die die spätere plastische Form ermöglichen. Bei schneidermä-

Schneidermäßige Verarbeitung mit Ganzteil und Plack (Wattierung). Die gestrichelten und punktierten Linien zeigen die Nahtstellen an, die schwach punktierten die Form des Ganzteils.

ßiger Verarbeitung (Gegensatz: → *Frontfixierung*) wird der → *Plack* auf das Ganzteil aufpikiert, es ist mit dem Oberstoff an der Vorderkante, der Schulternaht, am Armloch, mit wenigen Stichen am Brustcisson und am Taschenriegel festgenäht.

Gandourakleid, kaftanähnliche Kleidform, modisches Pendant zum → *Zeltmantel*, in Trapezform geschnitten, oft aus glitzernden Stoffen und mit → *Pailletten*-Verzierung an Manschetten und Verschlüssen.

Garantiecord, → *Gütezeichen* für → *Cotton-Cord*-Gewebe, deren vorgeschriebene Eigenschaften von einer Gütezeichengemeinschaft überwacht werden.

Garde-Stil, nur mehr selten angewandte Bezeichnung für einen strengen Stil der Damenmode, vor allem bei Mänteln und Kostümen mit modischen Effekten der Uniformen, wie Epauletten, betonten Kappnähten und entsprechendem Fasson. – Vgl. → *Military-Look*, → *Uniform-Stil*.

Gardinenband, Hohlband mit eingewebter Zugborte, mit dem die Gardine an der Schiene aufgehängt wird, meist Universalbänder, die gleichzeitig als → *Kräuselband* dienen. Damit Gardine und Band gleichartig → *Einlaufen*, erfordern Gardinen aus synthetischen Fasern auch synthetisches Band und Nähgarn.

Gardinenstoff, Sammelbegriff für alle lichtdurchlässigen, durchbrochenen Fensterbehänge; Gegensatz: dichte und lichtundurchlässige → *Vorhang*- und → *Dekorationsstoffe*. Die früher marktbeherrschenden → *Drehergewebe* aus → *kardierten* oder → *gekämmten* Baumwollgarnen (→ *Marquisette*) sind weitgehend durch → *Kettenwirkwaren* von der → *Raschelmaschine*, die den Kettenwirkautomaten in der Vielfalt der Musterungsmöglichkeiten weit überlegen ist, aus → *Polyester*-Filamenten ersetzt worden; sie fallen schöner als Polyamid. Um eine hervorragende Längen-→ *Dimensionsstabilität* und eine ausreichende Querstabilität zu gewährleisten, und dabei der Optik des Marquisette nahezukommen, wählt man eine Kombination aus → *Fransen*- und → *Schußlegung*. Polyester-Gardinen dürfen zur Vermeidung schwer zu beseitigender Thermofixierung von Falten nur 30° warm in reichlich Flotte gewaschen und kalt gespült werden, sie werden tropfnaß und ungebügelt wieder aufgehängt. Die Musterung der gewebten, gewirkten oder in → *Bobinet-Technik* hergestellten Gardinenstoffe kann direkt bei der Herstellung, aber auch nachträglich durch Besticken, Bedrucken, Beflocken oder → *Ausbrennen* erfolgen. Verlangt wird neben → *Pflegeleichtigkeit* und → *Dimensionsstabilität* → *Schiebefestigkeit*, hohe → *Lichtbeständigkeit* auch bei direkter Sonneneinstrahlung und Unempfindlichkeit gegenüber ultravioletten Strahlen. – Vgl. → *Architektentüll*, → *Bobinet*, → *Englisch Tüll*, → *Etamin*, → *Fallblechmuster*, → *Gittertüll*, → *Grobtüll*, → *Inbetween*, → *Langschußgardine*, → *Madrasgardine*, → *Scherli*, → *Spannstoff*, → *Strukturgardine*, → *Stickstore*, → *Voile*, → *Brodésette*.

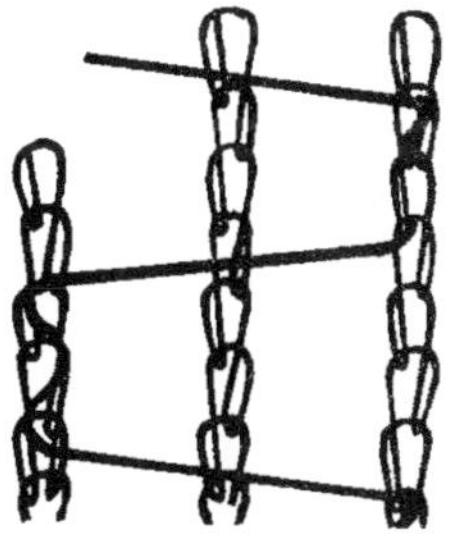

Fadenverlauf bei einem durchbrochenen Gardinenstoff von der Raschelmaschine, Kombination von Fransen- und Schußlegung, einer versetzten Querverbindung zwischen zwei Maschenstäbchen.

Garment dyeing, Färbung des fertigen Bekleidungsstücks, üblich vor allem bei → *Feinstrumpfwaren*. Generell stellt die Technik hohe Anforderungen an die hierfür spezialisierten → *Einlagestoffe*, die den chemischen, thermischen und mechanischen Einflüssen der nachträglichen Färbung gewachsen sein müssen.

Garment washed, Oberbegriff für alle Formen des Waschens fertiger Bekleidungsstücke (→ *Jeanswear*, → *Sportswear*) mit oder ohne Einfluß auf die Farbe des Stoffes; Gegensatz: → *Mill washed*. Generell soll dem Kleidungsstück ein getragenes Aussehen (→ *Aged Look*, → *Used Look*), aber auch ein typischer Farbcharakter (→ *Stone washed*) oder auch nur ein besonders weicher Griff und ein an → *Crash* erinnernder leichter Knittereffekt (→ *Gewaschene Naturseide*) vermittelt werden. – Vgl. → *Délavé*, → *Secondhand-Look*.

Garn, endloses, linienförmiges Gebilde, das in der → *Spinnerei* aus (endlichen) → *Stapelfasern* ersponnen (→ *Spinnfasergarn*) oder aus mehreren endlosen Fäden (→ *Chemiefaser-*,→ *Filamente*, → *Haspelseide*) durch oft nur leichtes Verdrehen hergestellt wird. Gegensatz: → *Zwirn*, → *Kabel*. **Arten**: Nach Art und Herkunft der Fasern: → *Abfallgarn*, → *Imitatgarn*, → *Schappe-Garn*, → *Fancygarn*; nach der Art der Fertigung: → *Ringgarn* (→ *Dreizylindergarn*), → *OE-(Rotor-)Garn*, → *Kardiertes Garn*, → *Gekämmtes Garn*, → *Kammgarn*, → *Halbkammgarn*, → *Streichgarn*, → *Untersponnenes Garn*, → *Vorgarn*, → *Zweizylindergarn*; nach der Art der Garndrehung: → *Watergarn*, → *Mediogarn*, → *Mulegarn*, → *Voilegarn*, → *Crêpe-Garn*, → *Twist*, → *Kettgarn*, → *Schußgarn*; nach der Art der Veredlung: → *Gasiertes Garn*, → *Mercerisiertes Garn*, → *Eisengarn*, → *Flor*, → *Fil d'Ecosse*, → *Genappe*, → *Lüstriertes Garn*; aufgrund einer speziellen Farbgebung oder Konstruktion: → *Melange*, → *Effektgarn*, → *Mouliné*, → *Jaspé*, → *Vigoureux*, → *Flammengarn*, → *Core-spun-Garn*, → *Texturiertes Garn*, → *Bauschgarn*, → *Set-Garn*. – Vgl. → *Garnfärbung*, → *Garndruck*, → *Garnsortierung*, → *Spunlike-Garn*, → *Filamentgarn mit Faseroptik*, → *Filament-Mischgarn*, → *Composit-Garn*, → *Intermingled-Garn*, → *Umwindungsgarn*, → *Stretch-core-Garn*, → *Teppichgarn*, → *Fachen*.

Garndrehung, nach Verwendungszweck und Feinheit bestimmte → *Drehung* (→ *Drall*, → *Draht*, gemessen in → *Torsion/m* (t/m). Weichgedrehte Garne: bis 1000 t/m, hartgedrehte bis 1500 t/m. Nach der Drehrichtung unterscheidet man → *S-Draht* und → *Z-Draht*. – Vgl. → *Voilegarn*, → *Crêpe-Garn*.

Garndruck, → *Drucktechnik*, bei der nicht das → *Vorgespinst* (→ *Vigoureux*), sondern das Garn bedruckt wird: → *Strangdruck*, → *Kettdruck*. Punktförmiger Strangdruck: → *Perldruck*. - Gegensatz: → *Partienweise Garnfärbung*.

Garnfärbung, Färbung mit hohem Automatisierungsgrad von Garnen im Strang (→ *Loop dyeing*, ergibt füllige Garne von hoher Gleichmäßigkeit), auf Kreuzspulen (vor allem für Mehrfarbzwirne), als Spinnkuchen (nur Chemiefaser-Filamente) oder als ganzer → *Kettbaum*. Garnfärbung ist nötig zur Herstellung mehrfarbiger Zwirne und für alle Formen der Buntweberei. Gegensatz: → *Flockefärbung*, → *Stückfärbung*. In der Durchfärbung ist die Garnfärbung der Flockefärbung unterlegen, und der Stückfärbung überlegen.

Garnierung, Arbeitsgang der Polstermöbel- und → *Matratzen*-Herstellung, wodurch eine formgerechte Verteilung der Polsterung erzielt wird (→ *Fasson-Matratze*). Gegensatz: Einschlagen des Federkerns wie ein Paket in eine vorgefertigte Polstermatte.

Garnitur, 1. Zusammenstellung passender Einzelteile zu einer Verkaufseinheit (z.B. Bettwäsche-Garnitur aus Einziehdecken- und Kissenbezug, Wäschegarnitur aus Hemdchen und Schlüpfer).
2. (frz. einfassen, verzieren): bei Oberbekleidung Rüschen, Stickereien, Paspeln, Besätze, Zierkragen, bei Hüten Federn, Blüten oder Clips.

Garnituren an Mänteln. Links: Zwei Mäntel mit langen, unkonventionellen Schalteilen als Kragen-Garnitur; Mitte: Zwei Mäntel mit Pelz-Garnitur (Blende, Besatz und „Bommel"); rechts: Drei Mäntel mit besonders markanten Garnituren: Raglan mit Kontrastblende, Wettermantel mit Plüschbesatz am Kragenaufschlag und an der Manschette, Popelinemantel mit Manteltuch als Futter, das am Kragen und am Ärmelabschluß als Besatz wiederkehrt.

Garnituren an Blusen und Kleidern. 1 und 3 verschiedene Formen von Jabots; 2 Plastron; 4 Galon-Besatz; 5 Languetten als Saumverzierung; 6 Valentinokragen aus Spitzentüll.

Garnkrepp, → *Crêpe*, klassischer → *Krepp*, der durch den Einsatz stark gedrehter Garne und Zwirne (→ *Crêpegarn*) mit wechselnder Drallrichtung entsteht. Gegensatz: → *Bindungskrepp*.

Garnsortierung, Kennzeichnung der → *Feinheit* von Garnen durch die Angabe des Verhältnisses von Länge und Gewicht, seit 1967 ausschließlich durch das → *tex-System,* das internationale Maßsystem zur Feinheitsbezeichnung von Fasern, Garnen, Spinnkabeln und Faserbändern, unabhängig von ihrem Rohstoff. Tex ist ein → *Titrierungssystem* (das Gewicht in g mal 1000 wird durch die Länge in Metern geteilt) und ersetzt die vordem üblichen, rohstoffbezogenen → *Numerierungssysteme* (Anzahl der Längeneinheiten je Gewichtseinheit). – Vgl. → *Decitex*, → *dtex*, → *Englische Baumwollnummer*, → *Denier*, → *Metrische Nummer*, → *Internationaler Seidentiter*, → *Bodenfeine*. – Umrechnungstabelle im Anhang.

Garnveredlung, Nachbehandlung von Garnen: → *Garndruck*, → *Garnfärbung*, → *Mercerisieren*, → *Gasieren*, → *Sengen*, → *Bleichen*, → *Lüstrieren*, → *Texturieren*. Das → *Zwirnen* zählt nicht zur Garnveredlung.

Gasieren, → *Sengen*.

Gasse, 1. Fabrikationsfehler bei der Gewebeherstellung: Lücken in Kettrichtung oder schlechter Rapport mit Streifenbildung beim Stoffdruck.
2. Ausgezogene Naht (Schiebenaht) vor allem an der Rückennaht von Hosen bei nicht genügend schiebefesten Stoffen (zu leicht eingestellt oder von der Konstruktion her der Zugbeanspruchung nicht gewachsen). Empfindliche Stoffe (z. B. → *Gewaschene Naturseide* in Billigpreislagen) dürfen nicht zu knapp anliegend verkauft werden. – Vgl. → *Nahtfehler*, → *Maschensprengschaden*, → *Slipping-Effekt*.
3. Flornoppen-Zwischenraum bei → *Tufting-Teppichen* im groben Teilungsbereich durch geradliniges Tuften; Abhilfe durch zickzack-förmigen Versatz der Tuftingnadeln.

Gaucho-Hose, 1. Für Damen: Rund gebügelte, dreiviertellange, weit und gerade geschnittene, rockähnliche Hose aus Feingeweben und seidigen Stoffen, oft nach unten zu weiter werdend, nach dem Vorbild der Hosen südamerikanischer Viehhirten. – Vgl. → *Rockhose*, → *Korsarenhose*, → *Fischerhose*, → *Capri-Hose*.
2. Für Herren: Hosen mit nach hinten abgesenktem, schrägem Fußabschluß. Die Hose wirkt länger und läßt den Träger größer erscheinen.

Gaucho-Hose

GATT, General Agreement of Tariffs and Trade, nach 47 Jahren ab dem 1.1.1995 in der neugebildeten → *WTO* (World Trading Organization) mit dessen erweiterten Aufgaben aufgegangene, dritte wirtschaftliche Säule im Weltmaßstab neben Weltbank und Internationalem Währungsfonds mit dem Ziel des Abbaus von Hindernissen im internationalen Austausch von Waren und Dienstleistungen. Letzte, weit in die Zukunft wirkende Aufgabe war das 1993 nach achtjährigen Beratungen der Uruguay-Runde fertiggestellte und am 1.1.1995 in Kraft getretene Welthandelsabkommen von Marrakesch mit 115 Mitgliedsländern (darunter die EU als ganzes), das durch weitere Liberalisierung des Welthandels und einen stufenweisen Zollabbau um 40% auf künftig weltweit 6–7%, in der EU zwischen 3 und 4%, eine Steigerung des Welthandelsvolumens um 15% und einen deutlichen Wachstumsschub bewirken soll, der ab dem Jahr 2002 in der EU auf 180 Mrd ECU, in der OECD auf 270 Mrd Dollar beziffert wird, und weltweit ab dem Jahr 2005 rd. 510 Mrd Dollar jährlich betragen soll. Kernpunkt des neuen Abkommens sind die Ausweitung der GATT-Regeln auf weitere Wirtschaftssektoren (Dienstleistungen wie Versicherungen, Tourismus), ein verbesserter Schutz des geistigen Eigentums (Patente, Urheber-

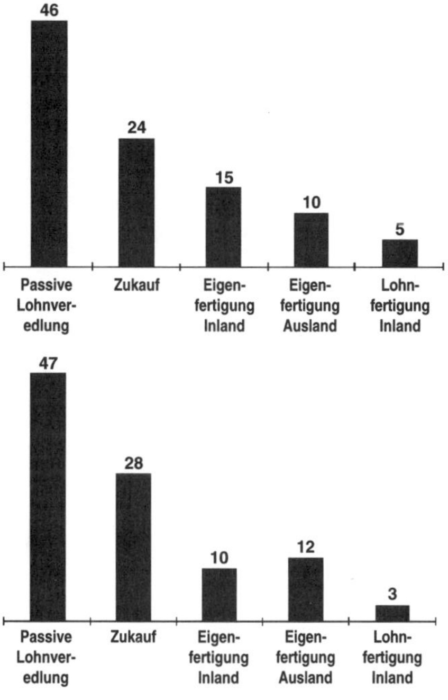

Produktions- und Beschaffungsstruktur der deutschen Bekleidungsindustrie, gewichtet nach Umsatzgröße; Beschaffungsvolumen in Prozent. Oben: 1994; unten: 1997.

rechte, Marken), die Verbesserung des Schlichtungsverfahrens, stufenweiser Abbau der staatlichen Subventionen im Agrarsektor und eine Reform der Organisation. Für den Dienstleistungssektor wird die neue Organisation **GATS** gegründet (General Agreement on Trade in Services); Textilien sind nunmehr voll in das WTO eingebunden. Dies bedeutet, daß das → *WTA* mit dem 1.1.1995 endgültig ausläuft, was durch eine zehnjährige Übergangsfrist mit wachsender Liberalisierung der Mengenbegrenzungen (Quotenzuwachs bis 1998: 16%) bei gleichzeitigem Abbau der Zölle der Exportländer (auch der USA) unter Berücksichtigung des Sensibilitätsgrades und von Sozialklauseln sowie der Beachtung bestimmter Umweltschutzstandards und der Reduzierung der Exportsubventionen abgefedert wird. Der Industrie wird langfristig die Produktionsverlagerung in kostengünstigere Drittlandsstandorte (vor allem in Osteuropa) erleichtert. Gleichzeitig entfallen alle Handelsbeschränkungen zwischen den alten und neuen EU-Mitgliedern. Negativ-Auswirkungen auf die Auslastung der Industrie in den westlichen Nationen wie wachsende Arbeitslosigkeit und hohe Steuereinbußen können durch den Aufbau modernster Produktionsanlagen und hohe Produktivitätszuwächse in den Niedriglohnstaaten unter voller Ausnutzung von deren Wettbewerbsvorteilen entstehen. Aus diesem Grund wurde für eine effektivere Abwehr des Preisdumpings durch Vereinfachung und Verkürzung der Antidumpingverfahren gesorgt; mengenbeschränkende Maßnahmen gegen einzelne Länder bleiben auch weiterhin möglich. Der Finanzbereich, die Stahlproduktion und der Medien- und audiovisuelle Bereich waren zur Sicherung des rechtzeitigen Inkrafttretens ausgeklammert worden. → Abb. vgl. auch S. 328.

Gaufrage, Einpressen von Musterungen in glatte Gewebe oder Maschenstoffe auf dem Präge- oder Gaufrierkalander (→ *Prägedruck*), wobei der Stoff zwischen einer gravierten Stahlwalze und einer weicheren Gegenwalze hindurchläuft. Die Prägeeffekte können bei Synthetics durch Thermofixieren haltbar gemacht und bei natürlichen Rohstoffen durch Kunstharzausrüstungen waschfest fixiert werden, was jedoch nur mehr selten geschieht. Bei echten → *Crêpe*-Geweben wird die gewünschte Oberflächenstruktur (→ *Borkencrêpe*) durch die Vorgaufrage der Rohgewebe programmiert, die die Art des Einkreppens bei der nachfolgenden spannungslosen Naßbehandlung maßgeblich bestimmt. Unkontrolliertes Kräuseln kann aber auch erwünscht sein (→ *Ananasschalen-Effekt*). Bei Wirkwaren aus Synthetics kann zu starker Glanz durch Gaufrage mit einem fei-

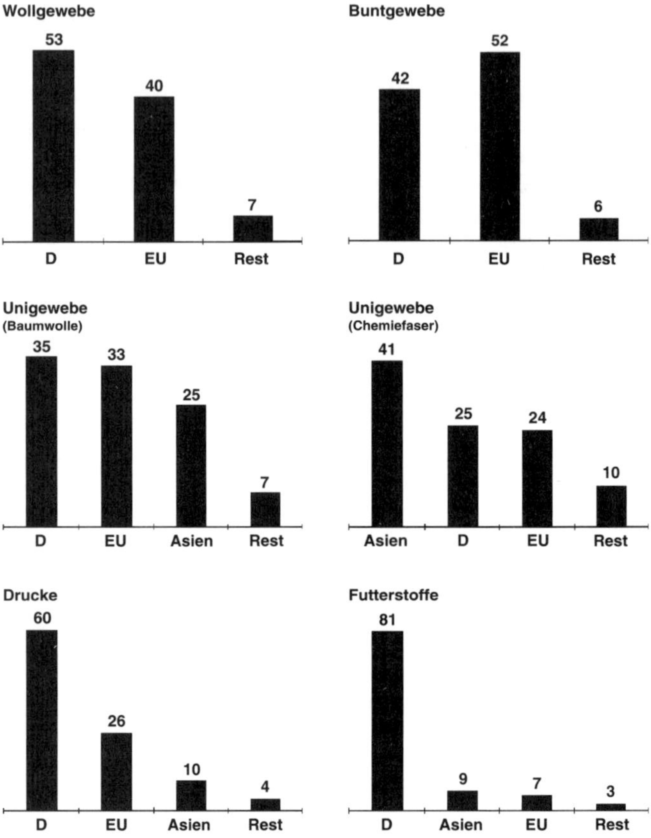

Wichtige Beschaffungsregionen der deutschen Bekleidungsindustrie 1994 nach Stoffarten, nach Beschaffungsvolumen gewichtet, in Prozent.

nen Riffel-Muster (→ *Riffel-Finish*) mattiert werden (→ *Cristallon-Veredlung*). – Vgl. → *Everglaze*, → *Givrine*, → *Moiré*, → *Givré*, → *Gaufré*.

Gaufré, erklärender Zusatz zu Handelsnamen von Stoffen, deren Oberfläche durch oft nicht waschfeste, mechanisch hervorgerufene Preßeffekte (→ *Gaufrage*) oder feine Prägemuster verändert worden ist.

Gauge, Abkürzung gg, Feinheitsbezeichnung für den Nadelstand von → *Cottonmaschinen*; Zahl der Nadeln auf $1^1/_2$ engl. Zoll = 38,1 mm. → *Feinstrumpfwaren* werden nicht mehr auf Cottonmaschinen hergestellt.

Gavroche-Tüchlein, bunt bedrucktes Tuch in Taschentuchgröße, das nach Art der Pariser Straßenjungen um den Hals geknüpft wird.

Gaze, schleierartig dünne Baumwollstoffe in Tuchbindung, häufig nicht schiebefest, für Verbandstoffe und Siebgewebe, mit entsprechender Ausrüstung als Müllergaze und aus Synthetics auch als Schablonenträger für den → *Filmdruck* verwendet.

Gazellen-Fell, wegen des empfindlichen, dünnen Leders nur für Sommerpelzwaren verwendbares Fell einer afrikanischen Antilopenart, 40–50 cm groß, mit glattem, flachem (etwa 3 cm hoch), seidigem Haar, hellbraun, meist gefärbt und geschoren.

Gebetsteppich, kleinere, zwischen 60x120 cm und 100x160 cm große, brückenartige → *Orient-Teppiche*, die eine Nachbildung der Gebetsnische in Moscheen (Mihrab) aufweisen.

Gebildgewebe, würfelartig durch die Bindung gemusterte Gewebe mit flächigem Kontrast von Ketteffekt und Schußeffekt, der durch partienweisen Geschirreinzug erzielt wird, für Tischwäsche und Handtücher. – Vgl. → *Grubenhandtuch*.

Gebrauchsnutzen, auf der Summe verschiedener Eigenschaften beruhende Anpassung von Stoffen und Fertigtextilien an den Verwendungszweck, umfaßt neben der → *Strapazierfähigkeit*, die durch die physikalischen Werte der → *Reißfestigkeit* (naß und trocken), der → *Scheuerfestigkeit*, der → *Knitterfestigkeit* und der → *Farbechtheit* charakterisiert wird, auch das Trageverhalten (→ *Elastizität*, → *Porosität*, → *Wärmehaltevermögen* und → *Feuchtigkeitsaufnahme*) und das → *Pflegeverhalten* (→ *Einlauffestigkeit*, → *Waschbarkeit*, → *Hitzeverträglichkeit*, Verhalten bei der → *Chemisch Reinigung*). Wetterfestigkeit und andere Verwendungszweck-typische Eigenschaften erhalten die Textilien durch die → *Veredlung*. Gegensatz: Kaufmotive, wie Geltungsnutzen, modischer Anspruch, Paßform, Kombinierbarkeit sowie immaterielle (z. B. ökologische) und individuelle Werte, wie Aussehen, Form- und Farbgebung, Musterung, Oberflächenstruktur, Griff und Glanz.

Gebrochene Spiegelnaht, → *Broken Lapels*, Form der Verbindung von Kragen und Revers beim Herrenanzug, bei der der obere Reversabstich in einen meist nach oben zeigenden Winkel zur (geraden) → *Spiegelnaht* verläuft. – Vgl. → *Fasson* (Abb.).

Gefederte Pelzverarbeitung, besonders bei Langhaarpelzen übliche Kürschnerarbeit, wobei die Felle in schmale Streifen geschnitten und mit äußerlich unsichtbaren Lederstreifen dazwischen wieder zusammengesetzt werden. Je Fertigteil werden einige der teuren Felle gespart und gleichzeitig ein gutes Bild und ein figurgünstiger Schnitt des Bekleidungsstücks bewirkt, da die Felle nicht so stark auftragen. Wegen des hohen Arbeitsaufwands entsteht aber keine Verbilligung. – Vgl. → *Ausgelassene*, → *Ganzfellige*, → *Galonierte Pelzverarbeitung*.

Geflecht, textiles Körper- und → *Flächengebilde* mit regelmäßiger Fadendichte und geschlossenem Warenbild, das durch die Verkreuzung zweier Fadensysteme diagonal zur Warenkante auf der → *Flechtmaschine* entsteht. Man unterscheidet → *Flachgeflechte* (→ *Bänder*, → *Litzen*), → *Rundgeflechte* (→ *Kordeln*) und durchbrochene Geflechte (→ *Flechtspitze*) sowie Handgeflechte aus Bast und Hanf für Körbe und Hüte. → Abb. vgl. S. 330.

Geflechtköper, → *Flechtköper*.

Gefrästes Leder, ursprünglich glänzendes → *Glattleder*, dessen Oberflächenstruktur durch Ausfräsen mit kleinen, stumpfen, aufgerauhten Flächen versehen ist.

Gegenbindung, in Tuchbindung arbeitende Zeile in Geweben mit Schwerpunkt weit flottender Bindungsarten mit dem Ziel, daß die sonst mustermäßig flottenden Fäden an vorgegebenen Stellen alle verschieden einbinden. Durch Einsatz des Rietstabes und entsprechende Steuerung des Warenabzugs kann man in Kett- und Schußrichtung eine Gasse hervorrufen, was bei → *Scheindreherbindungen* genutzt wird. Auch der → *Effektwechsel* vom Kett- zum Schußeffekt bei Atlas- und Jacquardgeweben beruht auf Gegenbindung. → Abb. vgl. S. 331.

Geflecht. Vergleich von Flachgeflecht (links senkrecht), Litzenflechtung (rechts oben) und Kordelflechtung (rechts unten). Ein Faden ist zur Verdeutlichung des Fadenverlaufs verstärkt gezeichnet.

Gegenbindung bei einem Jacquarddamast auf Basis 8-bindigem Schußatlas. Die Gegenbindung ist vor allem im Innern des Blattes beim Wechsel vom Ketteffekt zum Schußeffekt deutlich sichtbar, sie ist bei genauem Hinsehen aber auch an den Rändern erkennbar.

Gegenstrom-Waschanlage, Maschine der → *Veredlung* zum kontinuierlichen, wassersparenden Auswaschen der Stoffe in einem einzigen spannungsfreien Durchgang durch mehrmaliges Eintunken in die Waschflotte in der dem Strom der Flotte entgegengesetzten Richtung.

Gehrock, festlicher, figurnah geschnittener Herren-Tagesanzug mit vorne gerade fallenden Kanten im Gegensatz zu den geschweiften Schößen des → *Cut*, manchmal mit Gürtelteil im Rücken; Standeskleidung der Geistlichen. Im Zuge der Nostalgie-Welle modisch zumindest in Anklängen wiederbelebt und als gerade Jacke mit langem Vorderteil, Schoßteil im Rücken und Rückenriegel auch in die Alltagskleidung integriert. – Vgl. → *Fock-Coat*.

Moderner Designer-Gehrock.

Gekämmte Baumwolle, → *Fil peigné*, → *Peigniertes Garn*, zur Erzielung eines besonders glatten und feinen, → *ringgesponnenen* → *Garns* nach dem → *Kardieren* zusätzlich gekämmtes Baumwoll-Spinnband (mehrfach: supergekämmt), das von Kurzfasern fast völlig befreit ist. Unerläßlich für Feinstgarne ab Nm 85 (12 tex), ausspinnbar bis Nm 300 (33 dtex), Zwirne bis Nm 270/2fach (dtex 37/2). Voraussetzung sind hochwertige Baumwollsorten mit einem → *Stapel* von mindestens 29 mm. Die Kämm-Maschine kann als eigener Arbeitsgang zwischen den Vorwerks-Streckwerken und dem → *Flyer* eingeschoben werden. Das Garn, das hohe Drehzahlen zuläßt und dadurch sehr fest wird, weil die einzelnen Fasern oft von den Windungen erfaßt werden, zeigt keinerlei Verdickungen oder Dünnstellen, an denen es leicht reißen könnte. Meist → *gasiert* und → *mercerisiert*.

Gekrispeltes Leder, geschmeidig bearbeitetes Leder mit leicht gekräuselter oder plissierter Oberfläche, weniger robust als → *Glattleder*.

Gelspinnen, Verfahren zur Herstellung hochfester → *Polyethylenfasern* aus einer hochmolekularen, verdünnten Polymerlösung, in der sich die Verschlingungen der Kettenmoleküle auflösen können, bevor sie

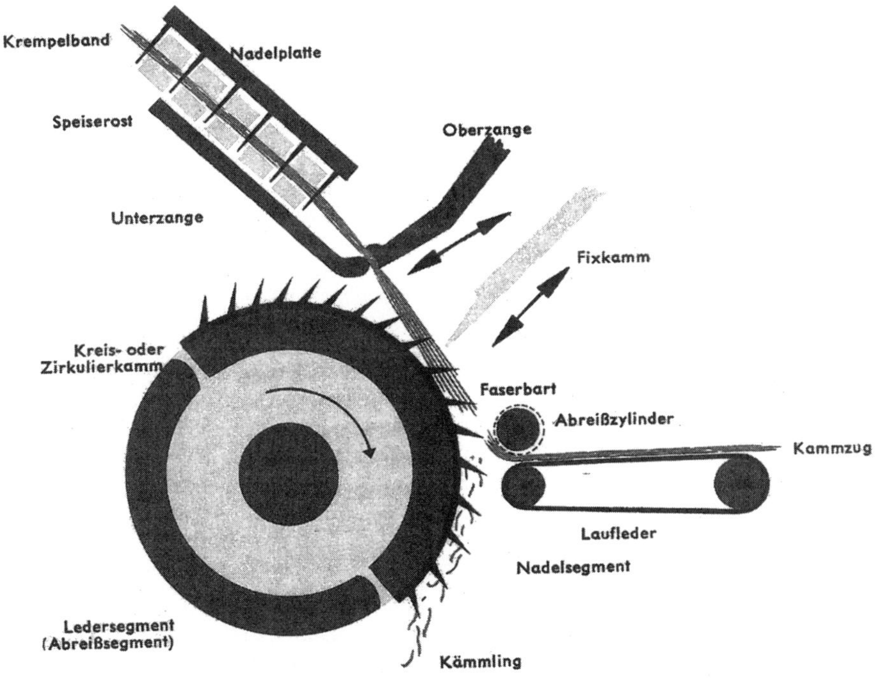

Schematische Darstellung der Funktionsweise einer Kämm-Maschine. Das Kämmen erfolgt diskontinuierlich bei Arbeitsgeschwindigkeiten von 80–100 Umdrehungen/min. Das Krempelband, das auf zwei Nadelstab-Streckwerken nochmals besonders gleichmäßig gemacht worden ist, wird über den Speiserost den beiden Zangen zugeführt und von diesen festgehalten. Die herausragenden Fasern werden durch den kreisförmigen Zirkulierkamm vorgekämmt, dann vom Abreißzylinder übernommen und am hinteren Ende nochmals durch den Fixkamm bearbeitet.

durch die Spinndüse gepreßt werden. Im Fällbad bildet sich der Gelzustand in den Filamenten aus, die zur Orientierung und Kristallisation anschließend verstreckt werden.

Gemsenleder, durch → *Sämisch-Gerbung* sehr weiches und geschmeidiges, aber wasserdurchlässiges und nicht sehr festes → *Wildleder* aus Gemsenhäuten.

Genappe, scharf gedrehter, → *gasierter* Zwirn mit glatter Oberfläche aus → *gekämmten Baumwoll*garnen.

Generation von Synthetics, → *Faser-Generation*.

Genre, Zuordnungsgruppe der Fabrikate eines Herstellers nach der Gesamtheit der verschiedenen Wertmerkmale der Erzeugnisse: Stapelgenre (unterste Preislage), Mittelgenre, Modellgenre. Wertmerkmale bei Bekleidung können sein: Güte der Stoffe, Exaktheit der Nadelarbeit, Paßform, Ausstattung und Innenverarbeitung, Ausmaß und Sorgfalt der Endkontrolle, modische Einstellung, Geschmack und Exklusivität.

Gentilini, → *Greifer-Webmaschine* mit einseitigem Schußeintrag durch röhrchenförmige Greifer, wobei die Fachbildung über einer größeren Trommel erfolgt. Nur Tuchbindung.

Genuacord, → *Manchester*, schwerer → *Rippensamt*, Strapazier-→ *Cordsamt* mit brettiger Ausrüstung, sehr fest und wenig schmiegsam, auch für Arbeits- und → *Berufsbekleidung* kaum mehr hergestellt, mit 21–43 Rippen/10 cm sehr breitrippig.

Geometric, **Geometrische Musterung**, Sammelbegriff für nicht gegenständliche Darstellungen, deren Elemente aus der Geometrie stammen (Punkte, Streifen, Würfel, Karos), auch Nachbildungen von Werken der modernen, abstrakten Kunst (Kubismus). Geometrics können auch durch entsprechendes Zusammenfügen von Uni-Flächen beim fertigen Kleidungsstück entstehen. – Vgl. → *Colour-Blocking*.

Georgette, → *Crêpe Georgette* (Abb.), leichtes, transparentes, echtes → *Crêpe-Gewebe* mit unregelmäßig gekräuselter Oberfläche und trockenem, relativ hartem Griff, aus stark überdrehten Naturseiden-→ *Crêpe-Garnen* mit wechselweise 2S/2Z-Draht in Kette und Schuß oder entsprechend → *texturierten* Polyester-Filamenten (weniger Glanz, formbeständig, plissierecht, pflegeleicht). Georgette ist schwerer als → *Chiffon*. Viskose-Georgette kann bis zu 10% unregelmäßig einlaufen und muß deshalb chemisch gereinigt werden. Aus hochwertiger Viskose (→ *Viscose Circle of Quality*) unter Verwendung hoch gleichmäßig gedrehter Garne und einer der Garnstärke entsprechenden → *Torsion*szahl, bei ausgewogener Abstimmung von Kett- und Schußfadenzahl sowie spannungsarmer Veredlung bei einem Maximalschrumpf von 5% mit 40° im Schongang maschinenwaschbar. Aus → *Merino-* → *Kammgarn*: → *Wollgeorgette*; mit ähnlichem Oberflächenbild und Griff, jedoch dichter und kaum durchsichtig, jedoch sehr porös und hochwertig.

Gerben, Behandlung tierischer Häute mit Gerbstoffen mit dem Ziel, die Haut fäulnisunfähig zu machen und zu bewirken, daß die Haut in heißem Wasser nicht mehr in Leim übergeht und beim Trocknen nicht mehr durchscheinend oder hornartig spröde wird. Das → *Leder* entsteht aus den für den Transport durch Entzug von Wasser, durch Salzen oder Trocknen konservierten, als Abfall der Fleischgewinnung gewonnenen, in diesem Zustand harten und brettigen Häuten durch Gerben und das nachfolgende → *Zurichten*. Zur Vorbereitung der Gerbung wird die Haut von Blut,

Geometrisch gemusterter Brokat.

Geometrische Anordnung von Uni-Farbflächen bei Kleidern. Von links: Zwei Kleider mit Farbflächen-Effekten durch aufgesteppte, abstechend farbige, streifenartige Stoffteile; Kleid mit kontrastierender Stoffkombination in Dreiecksform an Rock und am Ausschnitt; geometrische Kontrasteffekte, links asymmetrisch, rechts symmetrisch; Hosenanzug mit Tunika und schmales Kleid mit wirkungsvollen geometrischen Farbflächen.

Konservierungsmitteln, Restfett, Haaren, Borsten, Wolle und Schmutz befreit, gewaschen und aufgeweicht sowie zur Ablösung der für Leder unbrauchbaren Oberhaut und Unterhaut geäschert und, wenn nötig, durch Spalten auf Bandmesserspaltmaschinen in mehrere horizontale Schichten getrennt. Das in den Hohlräumen verbliebene Fett muß zur Vermeidung von unterschiedlichem Farbausfall entfernt werden. Gegerbt wird nur die Mittelschicht, die „Lederhaut". Durch die Gerbung werden die Eiweißfasern der Haut in Lederfasern umgewandelt. Methoden: → *Mineralgerbung* (→ *Alaungerbung*, → *Chromgerbung*), → *Vegetabilische Gerbung* mit natürlichen Rohstoffen aus Pflanzen sowie verschiedene synthetische Gerbeverfahren, wie → *Sämischgerbung*, → *Kombinationsgerbeverfahren*, → *Formaldehydgerbung* (→ *Waschleder*).

Gerberwolle, mengenmäßig nicht bedeutende minderwertige Naturwolle, die aus den Fellen geschlachteter Tiere als Nebenprodukt in der Gerberei mit Ätzkalk oder

Natriumsulfit aus der Tierhaut gelöst wird. Sie besitzt die ganze Haarwurzel, ist aber versprödet und brüchig. Besser als → *Sterblingswolle*; → *Schwitzwolle* (→ *Schwödewolle*, → *Mazametwolle*) ist hochwertiger. – Vgl. → *Kalkwolle*.

Gerstenkorn, grobkörnige, mit Schußflottungen durchsetzte, → *abgeleitete* → *Tuchbindung* vor allem für Küchenhandtücher mit narbiger, gut gegliederter, frottierender Oberfläche.

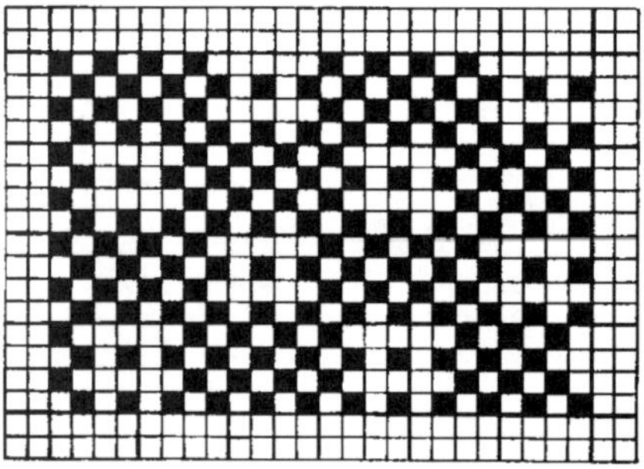

Gerstenkornbindung

Geruchabsorbierende Ausrüstung, nicht identisch mit der desodorierenden → *Mikrobiellen Ausrüstung*, japanische Ausrüstung (Asahi, Toyobo), die die Gerüche, vor allem Zigarettenrauch und Säuren, nicht überdeckt; die Ausrüstungssubstanz wirkt wie Aktivkohle oder enthält Ionen, die das Nikotin absorbieren bzw. in 30–60 sec vernichten; die Stoffe können bis zu fünfmal gewaschen werden. Für Gardinen und Autositzbezüge; bei Bekleidung werden die desodorierenden Substanzen in das Futter eingearbeitet.

Gesandet, → *Sanding-Ausrüstung*.

Gesäßfutter, Futter für die Hinterhose, → *Jaconet*.

Geschliffenes Leder, → *Leder*, bei dem die Narbenschicht durch leichtes Schleifen auf Schmirgel- oder Blanchierwalzen teilweise entfernt worden ist, um eine abwechslungsreiche Oberflächengestaltung zu erreichen. – Vgl. → *Nubukleder*.

Geschlossene Legung, → *Legung* in der → *Kettenwirkerei* zur Bildung von Maschen, bei denen sich die Maschenfüße überkreuzen. Gegensatz: → *Offene Legung*.

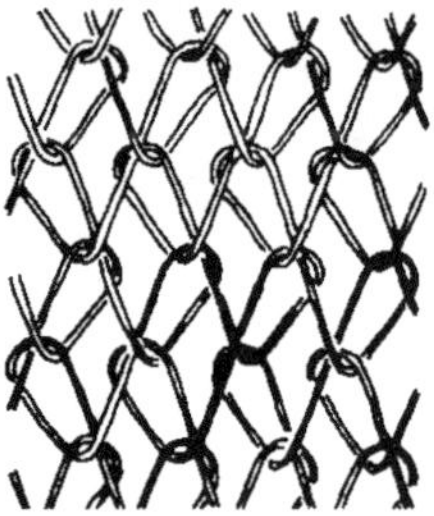

Geschlossene Legung. Die kleinste sich wiederholende Einheit erstreckt sich nur über eine Reihe.

Geschnittene Maschenware, auf der → *Rundstrickmaschine* in Schlauchform hergestellte → *Maschenwaren*, die im Gegensatz zu → *Fully fashioned* und → *Regulärer Maschenware* zur Konfektionierung zugeschnitten und genäht werden muß. Teilweise muß sich der Maschinendurchmesser nach der Größe des Fertigteils richten.

Gesellschaftskleidung, Sammelbegriff für Herren- und Damenkleidung für hochoffizielle und festliche Anlässe, unabhängig davon, ob sie sich am Tag oder am Abend abspielen; in der jungen Mode haben sich diese Grenzen längst verwischt, da Silber, Samt und Glanz durchaus rund um die Uhr getragen werden. Mit dem Vordringen der → *Kombi-Mode* wurden die früher typischen festlichen Stoffe mit der Tendenz zur Unauffälligkeit so weit zurückgenommen, daß die Modelle ganztags geeignet sind. Wichtiger ist für die Auswahl, daß die Bekleidung dem Anlaß entspricht, da das gesellschaftliche Leben kaum noch von hochoffiziellen Einladungen, sondern mehr durch Familienfeste, Theater- und Konzertbesuch oder „Feten“ bei guten Freunden geprägt wird. Bereits das „Kleine

Langes Abendkleid mit Pailetten-Applikationen auf Naturseiden-Chiffon mit zwei Party-Anzügen als spenzerförmige Smoking-Variante und als zweireihiger Schalkragen-Sakko, beide mit Zierweste aus Seidenjacquard.

Schwarze", entweder als oft figurbetonendes Schnittkleid oder als moderne Variante des Hosenanzugs, und das wiederbelebte männliche Gegenstück „schwarzer Anzug", bevorzugt mit steigendem Fasson, zählen wie früher zur Gesellschaftskleidung. Besonders wichtig sind schmückende Einzelteile geworden, die es gestatten, Tageskleidung ohne Mühe auf den Abend einzustellen, wenn das Umziehen aus Zeitgründen entfallen muß. Gesellschaftskleidung im engeren Sinn: für den Tag: → *Cut*, → *Stresemann* (→ *Bonner Anzug*), → *Dinnerkleid*; für den Abend: → *Frack*, → *Smoking*, → *Abendkleid*, → *Cocktailkleid*, → *Party-Anzug*, → *Party-Kleid*, → *Dinner-Jacket*, → *Tuxedo*, → *Abendmantel*, → *Havelock*, → *Robe habillée*. – Vgl. → *Schwarzer Anzug*, → *Disco-Look*.

Gesperrtes Fasson, Anzug-→ *Fasson* mit besonders weitem, stumpfwinkligem → *Crochet-Eck*. Gegensatz: → *C-Fasson*.

Gesellschaftskleidung für den Abend, die, z.B. von Hochzeitsgästen, auch am Tage getragen werden kann. Cocktailkleid mit gesmokter Corsage, mit Lurex durchzogen und mit Volantrock aus Seiden-Changeant, umgeben von zwei Party-Anzügen als Smoking-Variante mit paspelbesetztem Schalkragen und in Spenzerform mit passender Weste.

Gespinst, Produkt der → *Spinnerei* und → *Zwirnerei*: → *Garn*, → *Zwirn*. Auch: → *Spinnfasergarn* als Gegensatz zum → *Filament*-Garn.

Gesundheitswäsche, Leibwäsche aus Fasern, die sich stark elektrostatisch aufladen, mit rheumalindernder Wirkung; vor allem → *Angorawolle*, kaum mehr modifiziertes → *Polyvinylchlorid*.

Gewachsenes Fell, -Leder, → *Pelzvelours*. – Vgl. → *Mouton rétourné*. Abb. vgl. S. 336.

Gewaschene Naturseide, → *Pongé* und → *Habutai* (selten und hochwertig) aus Naturseide meist chinesischer Herkunft, die

Wie ein Dufflecoat ausgestattete Jacke aus gewachsenem Lammfell mit aufgesteppten Taschen und wulstig betonten Nähten.

als Gewebe oder als fertiges Bekleidungsstück in der Fabrik vorgewaschen worden sind (→ *Délavé*), mit getragenem Aussehen und einem an → *Crash* erinnernden, unregelmäßigen Knittereffekt; manchmal auch mit → *Sanding-Ausrüstung*. Sind dadurch Kappnähte, Ärmel- und Hosenkanten beschädigt worden, ist dies gewollt und kein Reklamationsgrund. Leichtes Gewicht kann Kennzeichen einer leichten → *Einstellung* mit der Folge geringer Strapazierfähigkeit sein; auch korrekt angebrachte Nähte sind dann nur beschränkt schiebefest. Nicht körpernah verkaufen. Schwere Gewichte können mit wetterfester Imprägnierung zu → *Outdoor-Kleidung* (Blouson) verarbeitet werden und Baumwollstoffe ersetzen. – Vgl. → *Pfirsichhaut*, → *Peach-Finish*.

Gewaschener Loden, im Zuge des → *Aged-Look* als Stoff (→ *Mill washed*) vorgewaschener → *Loden* meist der unteren Qualitätskategorie mit bewußt lappigem Griff und getragenem Aussehen.

Gewebe, textiles → *Flächengebilde*, das durch das rechtwinklige Verkreuzen von mindestens zwei Fadensystemen gebildet wird, von denen das eine, die → *Kette*, parallel zur Webkante, das andere, der → *Schuß*, quer verläuft. – Vgl. → *Stoff*, → *Maschenware*, → *Geflecht*, → *Tüll*, → *Non woven fabrics*, → *Nähwirkwaren*, → *Textil-Verbundstoffe*, → *Folie*, → *Bindung*, → *Einstellung*, → *Webmaschine*.

Gewebedraufsicht, Darstellungsweise des Fadenverlaufs von → *Geweben* durch Sichtbarmachen der Lage von Kett- und Schußfäden im Stoff in perspektivischer, stark vergrößerter Zeichnung zur Förderung der räumlichen Vorstellung; hilfreich vor allem bei der Darstellung von → *Doppelgeweben*, bei denen sich Kett- und Schußfäden übereinanderschieben können. – Vgl. → *Patrone*, → *Gewebeschnitt*.

Gewebedraufsicht (Gewebebild) auf eine Tuchbindung.

Gewebeschnitt, Darstellungsweise des Fadenverlaufs im Gewebe durch vergrößerte Aufzeichnung der Schnittfläche parallel zu Kette oder Schuß (Kettschnitt bzw. Schußschnitt). Ein System erscheint nur als Punkt oder kleiner Kreis, das andere als Schlangenlinie entsprechend der Verkreuzung. Hilfreich dann, wenn es zum Verständnis nur auf die Lage eines Systems ankommt. – Vgl. → *Patrone*, → *Gewebedraufsicht*.

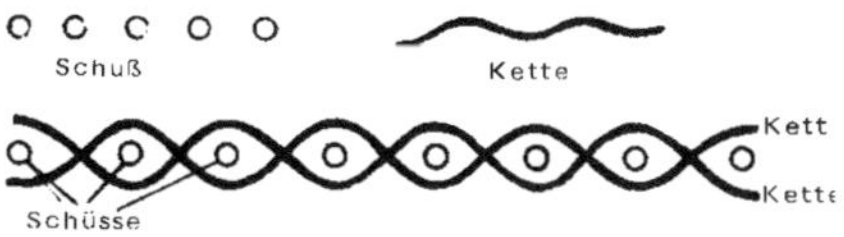

Gewebeschnitt (Schußschnitt) durch eine Tuchbindung.

Gewirk, → *Wirkware*.

Gewichtsprozent, Anteil eines Teils eines Gemischs nach dem Gewicht in Relation zum Gesamtgewicht. Von Bedeutung bei den Bezeichnungsgrundsätzen für → *Federn* und → *Daunen*; Gegensatz: → *Volumenprozent*.

Gewichtssystem, Art der → *Garnsortierung*; Definition der Garnfeinheit durch die Anzahl der Gewichtseinheiten auf eine festgelegte Längeneinheit (→ *Titrierung*); das internationale Kennzeichnungssystem → *tex* beruht auf dem Gewichtssystem. Gegensatz: → *Längensystem*. – Vgl. → *Grex*, → *Internationaler Seidentiter*, → *Denier*.

gg, Abk. → *Gauge*.

Ghiordes, kleinasiatischer → *Orient-Teppich*, meist → *Gebetsteppich*, sehr fein und eng geknüpft und kurz geschoren. - **Ghiordes-Knoten**, → *Senneh-Knoten*, → *Teppichknoten* (Abb.), der von allen Turkvölkern benutzt wird; die kurzen Fadenenden umschlingen die zwei Nachbarketten, wobei die Schlinge den Kettfaden von oben umfaßt. Gegensatz: → *Smyrna-Knoten*, → *Perserknoten*. – Vgl. → *Berberknoten*.

Ghom, Khum, Quom, hochwertige → *Orient-Teppiche*, die in Mittelpersien nach alten künstlerischen Motiven mit überwiegend floralen Mustern in freundlichen, hellen Pastellfarben in Manufakturen geknüpft werden; auch mit Jagdmotiven, Vögeln, Ranken und Arabesken. Wolle auf Baumwollkette; 200–300.000 Knoten/m². Wolle mit Seide auf Naturseidenkette bis 500.000 Knoten, Naturseide in Kette und Flor bis 1.000.000 Knoten. – Vgl. → *Perserknoten*.

Gilet, frz. jede Art von Weste, im deutschen Sprachraum nur höchstens taillenlange, eng anliegende, ärmellose Zierwesten für Damen und Herren.

Gilets für Damen. Von links: Eng anliegende Steppweste mit Blumendruck zur Bluse mit Manschette und Hemdkragen; Zierweste mit Rückenspange und tiefem V-Ausschnitt, der die Frontdekoration der Bluse sehen läßt; abstechend-farbige Zierweste mit asymmetrischem Druckmuster zum Hosenanzug mit Blusenhemd und Binder.

Gimpe, → *Posament* zur plastischen Einfassung von Konturen; mit → *Chemiefaser-Filamenten* oder → *Metallgarnen* übersponnene, leicht zusammengedrehte Baumwollfäden als Seele, als Besatzmaterial oder für → *Guipure-Spitzen*. Der Umhüllungsfaden ist stets aus hochwertigerem Material als die Einlage. **Gimpen-Knopfloch**, Knopfloch, bei dem zur Erhöhung der Festigkeit und zur plastischen Hervorhebung eine äußerlich nicht sichtbare Gimpe in die Umfassungsnaht eingelegt ist.

Gingham, Modewort für buntgewebte, gestreifte oder fein karierte, kräftige Baumwollstoffe in Tuchbindung für Sommer- und Strandkleider; ursprünglich geflammte, melierte oder kleinkarierte, strapazierfähige Schürzenstoffe.

Ginster, wegen der schwer zu beseitigenden Verunreinigungen und dem unregelmäßigen Garnausfall nur in Notzeiten als Ersatz verwendete → *Blattfaser* aus dem Mittelmeerraum.

Gipsy-Look, der → *folkloristischen* Bekleidung der Zigeuner nachempfundener, jugendlicher Bekleidungsstil mit Zipfel- und Stufenröcken, Volants und Rüschen, bauschigen Röcken in großer Farbenpracht der Druckmuster oft auf Schwarzfond, auch im → *Patchwork*-Charakter; unter der Brust geknotete Blusen oder Tücher, Silberschmuck und Klimperketten.

Girlie-Look, von „Girl", bei → *Jeanswear* Abkehr von der → *Unisex-Mode* durch eine typisch feminine Silhouette mit figurbetonenden, in der Taille und am Bein körpernahen Schnitten (→ *Slim-fit*, → *Tight fit*) bei Einsatz von → *Stretch-Stoffen*, zum Teil in pastelligen Farben, aber auch bunt, immer aber sexy. **Girlie**, Allgemeinbezeichnung für die zielstrebige, selbstbewußte Generation der Mädchen. Männliches Gegenstück: → *Nerds-Look*. – Vgl. → *Clubwear*.

Giroud-Verfahren, Herstellungsverfahren für beflockte → *Klebepolteppiche*; von einem Spinnkabel werden Florfasern in der gewünschten Florhöhe durch eine Messer/Stößel-Kombination abgeschnitten und durch einen Führungskanal dem mit einem Kleber bestrichenen Tägermaterial zugeführt.

Gitterkaro, Kariermusterung, die durch feine Streifen in größerem Abstand gebildet wird, und einen farbigen, jedoch nur wenig gemusterten Fond gitterartig überzieht.

Gittertüll, 1. → *Bobinet-Tüll* mit quadratischer Lochform; der Schuß umschlingt zwei benachbarte Kettfäden. Dadurch entsteht im Gegensatz zum → *Erbstüll* oder zum → *Wabentüll* eine kräftige Längsrippe. Neigt zum starken Einlaufen in Schußrichtung.

Gipsy-Look mit betonter Taille, weitem, gebauschtem Rock in buntem Blumenmuster im Patchwork-Stil zum schwarz gestreiften Oberteil.

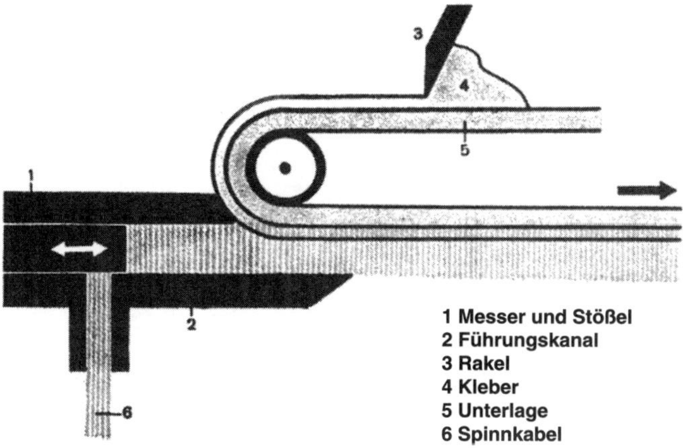

Funktionsskizze des Giroud-Verfahrens.

2. Durchbrochener → *Gardinenstoff*, → *Kettenwirkware* (→ *Raschelware*) mit gitterartigem Fadenverlauf, manchmal durch zusätzliche Kettfäden verstärkt und dadurch mit erhabener Längsstruktur.

Givré, einseitiger Prägeeffekt auf seidigen Stoffen vor allem aus Viskose-Filament mit feinkörnig-schillernder Wirkung durch → *Gaufrage*. – Vgl. → *Vibrene*, → *Kristallgewebe*.

Givrine, falscher → *Rips*, feinrippiges, taftähnliches Gewebe für festliche Kleider in Tuchbindung mit Viskose-Filament-Kette und einem Füllschuß aus Wolle oder Viskose-Spinnfaser mit einer nicht waschfesten → *Givré*-Prägung für sanften, gebrochenen Glanz. – Vgl. → *Rips givré*.

Giza, hochwertige, oberägyptische Baumwollsorte mit einem → *Stapel* von 30–34 mm.

Glacé, 1. → *Falsches Uni*, zweifarbig schillerndes Gewebe durch verschiedenfarbige Kett- und Schußfäden in weiter flottenden und → *Fantasie-Bindungen*, wobei die changierende Wirkung teilweise verstärkt, teilweise abgeschwächt wird. – Vgl. → *Changeant*.

2. Durch Kalandern hoch glänzend gemachtes Westenfutter.

Glacéleder, feines,weiches, dünnes und elastisches, mit einer Mischung aus → *Alaun*, Mehl und Eigelb gegerbtes Ziegen- oder Lammleder vor allem für feine Handschuhe. Die Farbe wird mit einer Bürste nur auf die Oberfläche aufgetragen. Durch eine Nachgerbung mit Chrom kann das Leder waschbar gemacht werden. – Vgl. → *Leder*.

Glamour-Gürtel, sehr schmaler Gürtel mit langgezogener Schnalle, der nicht auf der Hüfte, sondern in der Taille getragen wird.

Glamour-Look, durch → *Glanzeffekte*, transparente Stoffe, figurbetonende Modelle oft mit Rückendekolleté und kurzen, das Bein freigebenden Röcken gekennzeichneter, sehr weiblicher Modestil, manchmal mit → *Straß* oder → *Pailletten* verziert; keineswegs nur für festliche Gelegenheiten, sondern in abgemilderter Form mit nur zart irisierendem Schimmer auch für den Alltag bestimmt. Gut konzipierter Glamour-Look versucht, „Geschmückt sein" mit Geschmack zu verbinden. Eine wichtige Rolle, auch zur Vermeidung eines „billig" oder kitschig wirkenden Gesamteindrucks spie-

Designer-Modelle als Beispiele der Übertragung des Glamour-Looks auf den Alltag.

Glamour-Look für den Abend. Von links: Figurformendes Kleid mit asymmetrischer Spitzen- und Paillettenverzierung; Fransenkleid aus Polyester-Chiffon mit blattartigen Zipfeln, Deuxpièce mit einseitigem, großem, Pailletten-besetztem Kragen; vorne einfach gestaltetes Etuikleid mit Rücken-Dekolleté und Affenschaukel.

len die → *Accessoires*. Gegensatz: → *Anti-Mode*, → *Dirty-Look*, → *Casualwear*, → *Sportswear*. - Vgl. → *Metallglänzende Effektgarne*, → *Grisé*, → *Vamp-Stil*, → *Brilli*, → *Retro-Look*.

Glanzeffekt, Erzielung einer hohen Lichtreflexion bei Stoffen durch farblose → *Glitzergarne*, → *metallglänzende Effektgarne*, Aufnähen von → *Pailletten*, Einsatz von glanzreichen → *Viskose-Filamenten* oder modifizierten Polyamiden mit dreikantigem Querschnitt (→ *Sparkling Nylon*), etwas dezenter auch durch → *Mohair* oder durch → *Prägeeffekte* wie → *Gaufré* (→ *Givré*). Baumwollgewebe können durch → *Mercerisieren* einen waschfesten, milden Glanz erhalten. – Vgl. → *Leonische Gespinste*, → *Brokat*, → *Lamé*, → *Grisé*, → *Chintz*.

Glanzhäkelgarn, hart gedrehte, sechsfache, mercerisierte Baumwollzwirne mit waschfestem Glanz.

Glanzkroko, → *Krokodil-Leder* aus nicht verhornten Häuten.

Glanzwolle, Schlichtwolle, wenig gekräuselte, spärlich geschuppte, glanzreiche → *Cheviot-Wolle* vor allem für → *Orient-Teppiche*.

Glasbatist, ungemusterter, meist weißer → *Transparent*, feinfädiger → *Batist*, der durch eine waschfeste Kombination aus Mercerisieren und Behandlung mit konzentrierter Schwefelsäure glasartig-durchscheinend geworden ist. – Vgl. → *Organdy*, → *Organza*, → *Opal*.

Glasfaser, im → *Schmelzspinnverfahren* aus geschmolzenem, alkalifreiem Spezialglas durch Düsen gesponnene, anorganische → *Chemiefaser*, einzige Textilfaser, die nicht aus → *Kettenmolekülen* besteht. Sehr dicht, nicht brennbar und unentflammbar, Erweichungsbereich 500–700°, Schmelzpunkt 900–1300°, mit nur 0,1–0,4% sehr geringe Feuchtigkeitsaufnahme und deshalb schwer zu färben; Druckdessins können durch beheizte Walzen in Glasfasergewebe eingesintert werden. Spröde, kaum dehnfähig, verrottungsfest, schmutzempfindlich, aber geruchssicher; unempfindlich gegen dauernde Sonnenbestrahlung, nicht sehr scheuerfest. Von Hand im großen Behälter mit viel Flotte mit → *Feinwaschmitteln* gut waschbar, einlauffest, schnell trocknend, nicht chemisch zu reinigen; Flecken können örtlich mit Seifenlauge ausgewaschen werden. Bei hoher Faserfeinheit und guter Ausrüstung ergeben sich → *Gardinenstoffe* mit gutem textilem Griff und Fall, die auf Anhieb kaum von synthetischen zu unterscheiden sind, aber nur in Schußrichtung zugeschnitten werden dürfen. Geringe Biegestabilität; Glasfäden können nur geklebt oder geschweißt, aber nicht geknotet werden. Chlorhaltige Bleichmittel zerstören die Ausrüstung. Glasfaserstoffe zeigen eine hohe akustische und Wärmedämmung, sie geben bei Hitzeeinwirkung keine giftigen Gase ab. Weitere Verwendungszwecke: Bodenbeläge, Wandbespannungen und vor allem glasfaserverstärkte → *Verbundwerkstoffe*. – Vgl. → *Vetrolon*, → *Refrasil-Faser*, → *Silica*, → *Silanisieren*.

Glatte Garne, → *Spinnfasergarne*, → *OE-Rotor-* oder im → *Ringspinnverfahren* gesponnene → *Dreizylinder-Garne*, die durch höhere Drehung verfestigt sind, und deren glatte Oberfläche oft durch → *Sengen* oder → *Lüstrieren* verbessert worden ist: → *Watergarn*, → *Mediogarn*, → *Kettgarn*, → *Kammgarn*, → *Gekämmtes Garn*, → *Kardiertes Garn*, → *Flor*, → *Genappe*. → *Monofile* oder → *multifile*, nicht → *texturierte* → *Filamentgarne*.

Glatte Kulierware, → *Single Jersey*, → *einflächige* Maschenware in → *Einfadentechnik* (→ *Rechts/Links-Kulierware*) aus lauter gleichen Maschen, die auf einer einzigen Nadelreihe gearbeitet werden. Auf der rechten Warenseite findet sich die rechte Seite aller Maschen, die eine geschlossene Oberfläche bildet. Besonders anfällig gegen Laufmaschen.– Vgl. → *Doppelflächige Kulierwaren*, → *Plattieren*, → *Nadelzugmuster*, → *Striemenmuster*, → *Einfädige Maschenstoffe*, → *Zweifädige Maschenstoffe*, → *Heavy-Jersey*.

Glattleder, Sammelbegriff für alle Ledersorten mit glatter Oberfläche, die nicht → *gefräst*, → *geprägt* oder → *gekrispelt* ist. Gegensatz: → *Veloursleder*, → *Wildleder*. Schwere Glattleder: → *Nappa*, → *Nappalan*, → *Bastard-Nappa*, → *Schweinsleder*, leichte Glattleder: → *Cabretta*, → *Saffian-Leder*, → *Glacé-Leder*, → *Fischleder*, → *Schlangenleder*.

Gleichseitige Bindung, → *effektlose* → *Bindung* mit gleich viel Ketthebungen und Kettsenkungen in einem → *Rapport*, wobei das Aussehen auf beiden Warenseiten nicht gleich zu sein braucht. Auch die Anteile von Kett- und Schußfäden brauchen nicht identisch zu sein, sondern können durch die → *Einstellung* variiert werden. Vgl. → *Tuchbindung*. **Gleichseitiger Köper**, → *Doppelköper*, Gleichgratköper, effektloser Köper mit beidseitig gleichem Bindungsbild, einfachste Form der erweiterten Köperbindung mit gleich langen → *Flottungen* auf beiden Warenseiten. – Vgl. → *Croisé*.

Glencheck, → *Prince de Galle*, → *Esterházy*, Überkaro, in seiner klassischen englischen Form auf Basis → *Doppelköper* 2/2 durch die Veränderung der Farbfolge der Musterfäden aus Kleinmustern (→ *Check*) gebildet und modisch vielfach durch Bindungsart und Kolorit abgewandelt. Kettbetonte Glenchecks sind im Schuß farblich milder gezeichnet, so daß die Karos auf dem kleingemusterten Fond den Charakter großzügiger Streifen annehmen.

Aus einem Pepita und zwei weiteren Kleinmustern entwickeltes Glencheck-Dessin der englischen Art.

Glitzergarn, → *Einschichten-Effektgarn* mit besonders hohem Lichtreflexionsvermögen; farblose oder gefärbte Cellophan-Bändchen, Transparent-Folie auf Viskosebasis oder glasklare Polyesterfilme (→ *Mylar*) zur Erzielung eines perlmuttähnlichen → *Irisé*-Glanzes – Vgl. → *Chemie-Schnittbändchen*, → *Kristallgarn*, → *Crigalle*, → *Sparkling-Effekt*, → *Glanzeffekt*, → *Leonische Gespinste*, → *Metallglänzende Effektgarne*.

Globalquote, Begriff aus dem → *WTA*, mengenmäßig festgelegte Einfuhren in die EU insgesamt aus Drittländern, die nicht der EU angehören. Die EU-interne Quotenregelung, die Aufteilung der Quoten der einzelnen EU-Länder erfolgt untereinander nach Referenzmengen, wobei nur die Zuwachsraten nach dem Schlüssel der → *Lastenteilung* verteilt werden. Betroffen sind nur die → *hochsensiblen* → *Kategorien* der Gruppe I.

Global sourcing, weltweite Beschaffung (von Textilien und Bekleidung) durch die Industrie durch Direkt-Importe, → *Lohnveredelungsverkehr* oder → *Auslandsproduktion*.

Glockenärmel, weiter, lose fallender, kurzer Ärmel, nicht so stoff- und faltenreich wie der → *Wasserfallärmel*.

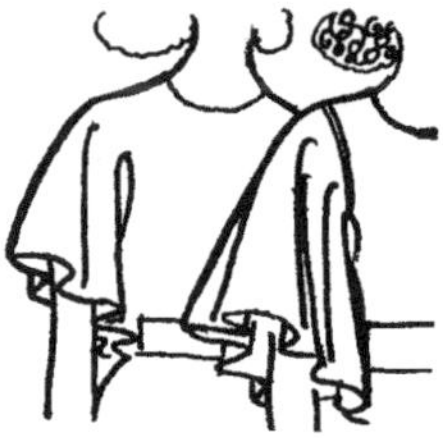

Glockenärmel (links) im Vergleich zum Wasserfallärmel.

Glockenfuß, → *Bell bottom*, knieenge → *Jeans* mit ausgestelltem Bein.

Glockenlinie, Kleider und Mäntel mit nach unten weit ausschwingenden Röcken ohne gebügelte Falten; markierte Taille, aber insgesamt bequem weit geschnitten.

Glockenlinie. Links Glockenkleid, rechts Glokkenredingote.

Glockenrock, zum unteren Saum hin weiter → *Rock* mit kreisrundem Zuschnitt (Tellerrock) oder mit aneinandergesetzten,

Glockenrock. Links eingelegte Vollglocke, rechts Halbglocke.

glockig geschnittenen Bahnen bei anliegender Hüfte; ungeeignet für Figuren mit starker Hüfte.

Glore Valcana®, gut drapierfähiger → *Lederaustauschstoff* im Velours-Charakter, im Tauchverfahren mit → *PU* gefülltes → *Nonwoven*-Vlies aus Microfasern.

Glukose, $C_6H_{12}O_5$, als Einzelmolekül in der Stärke anzutreffen, kleinster Baustein der → *Zellulosefasern*.

Goa-Look, der indischen Mystik zugewandter Bekleidungsstil mit Emblemen von Hindu-Göttern und Shiva-Bildern und mit → *Batikdruck* auf → *Flatterkleidern* mit wehendem Rock oder auf Shirts und kurzen → *Tops*; im Extrem ergänzt durch entsprechende Hautmalereien (Bodypainting) und Silbergeschmeide.

Gobelin, florloser Bildteppich, Wandbehang mit einer Vielzahl von verschiedenfarbigen, mustermäßig in Handarbeit eingeflochtenen bunten Schüssen ohne verbindenden Grundschuß. Die in die waagrecht gespannte Baumwoll- oder Leinenzwirnkette (selten und teuer: Wolle) eingezogenen Wollschüsse folgen einer untergelegten Bildvorlage mit den Musterkonturen und umschlingen im Gegensatz zur → *Kelim*-Technik die Kettfäden von beiden Seiten, so daß kleine Schlitze zwischen den einzelnen Farbfeldern entstehen. Imitationen als → *Jacquard-Gewebe* enthalten mehrere Kett- und Schußsysteme, um die Farbenvielfalt der echten Gobelins und deren feine Zeichnung annähernd zu erreichen. Preiswerte Kopien im Stoffdruck. Die für Gobelins typischen stumpfen Farben werden auch zur Stoffmusterung verwendet. – Vgl. → *Partialgewebe*. → Abb. vgl. S. 344.

Gobelin-Muster, sanft kolorierte, dekorative Dessins in stumpfen Farben in der Art der → *Gobelin*-Wandteppiche; Jacquard-Gewebe im Woll-Charakter oder gedruckt.

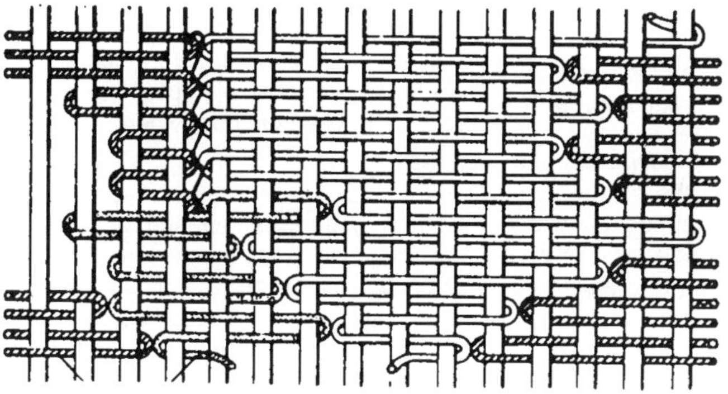

Fadenverflechtung beim echten Gobelin (Draufsicht) ohne verbindenden Grundschuß; die Kette bleibt unsichtbar.

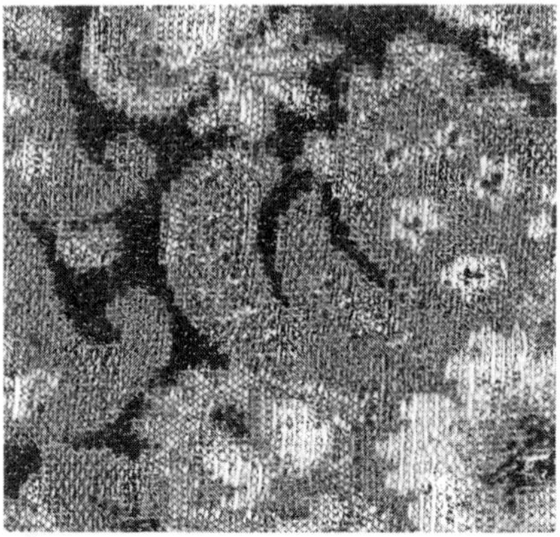

Gobelinähnlicher Wolljacquard.

Godet, keilförmig in gerade, hüftschmale Röcke eingesetzte Stoffteile oder Falten, die für schwingende Weite am Saum sorgen.

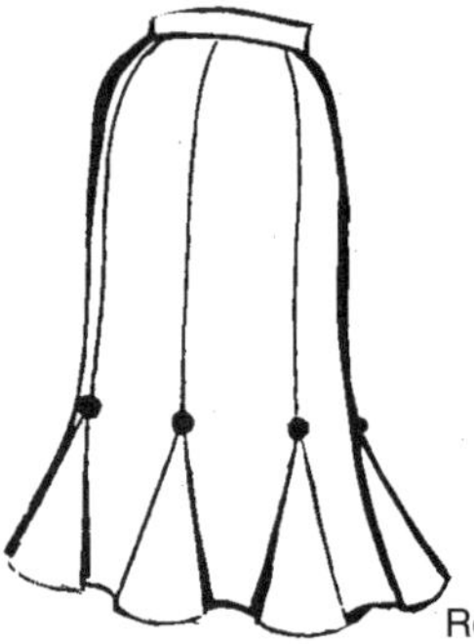

Rock mit Godets.

God-made fibres, von den Anhängern der → *Naturtextilien* geschaffener Ausdruck für → *natürliche Fasern* als Gegenstück zu dem international für → *Chemiefasern* gebrauchten Begriff → *Man-made fibres.*

Goldene Plombe, → *Gütezeichen* für maschinell hergestellte Teppiche, die das vom → *Wollsiegel* vorgeschriebene Mindest-Polgewicht von 915 g/m^2 oder einen Restfettgehalt von max. 1,5% (der verhindern soll, daß die Wolle spröde wird) nicht erreichen, und/oder nicht mottengeschützt sind. Voraussetzung ist der Einsatz von reiner → *Schurwolle* oder → *Naturseide* oder einer Mischung aus beiden und das Überschreiten des Komfortwerts 70 des deutschen Teppich-Forschungsinstituts. Es soll den gegenüber von → *Teppichböden* viel höheren Komfortwert zum Ausdruck bringen. – Vgl. → *Teppich-Siegel*, → *Comfort-Teppich.*

Goldene Plombe

Golden Tower, → *Zweischichten-Maschenstoff* mit modifiziertem Polyester innen und Baumwolle außen.

Golffalte, → *Prevotfalte*, seitliche Bequemlichkeitsfalte am Rücken von Sakkos, die oben beginnt und nach unten ausläuft; die lockere Falte läßt den Rücken breiter erscheinen. Gegensatz: → *Blousonfalte.* - Vgl. → *Norfolk*, → *Guardscoat-Falte.*

Golfhose, Kniehose ohne Überfall und ohne Weite an der Kniegelenkhöhe. – Vgl. → *Knickerbocker*, → *Kniebundhose*, → *Caddy-Hose*, → *Gaucho-Hose.*

Golfjacke, relativ schmal geschnittene Jacke mit ein bis zwei tiefen Quetschfalten im Rücken, die bis zu einem aufgesetzten Rückengurt oder einem Rundgurt reichen.

Golfrock, sportlich eleganter, oft mit Gürtel versehener Kostüm- oder Einzelrock mit einer deutlichen, hohen, oft umsteppten Vorderfalte (→ *Dior-Falte*), die bereits knapp unter dem Bund oder nur wenig tiefer aufspringt. Lehnt sich an den → *Hosenrock* an.

Sakko mit Golffalte, ergänzt durch Golfhose.

Gollub-Test, Methode zur Unterscheidung von → *Reißwolle* und → *Schurwolle* mit Hilfe eines Projektionsapparates, der anhand von 20 bis 30 Proben aus einem Garnmeter die Zahl der Faseranbrüche (Semi ruptures) ermitteln hilft. Der Anwendung des Tests geht eine quantitative Analyse voraus, um festzustellen, ob die wegen der synthetischen Spinnträger zulässige Höchstmenge von 0,3% anderer Fasern überschritten wird. In diesem Falle liegt die Vermutung nahe, daß das Gespinst Reißwolle enthält. Ergibt der Test einen Anteil von mehr als 30% Semi ruptures, gilt Reißwollbeimischung als sicher.

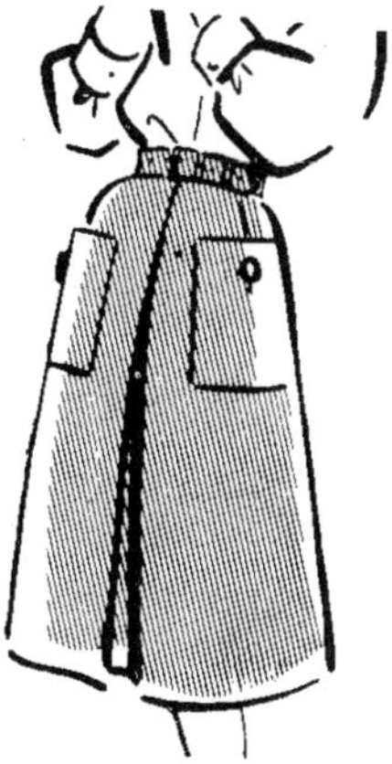

Golfrock mit Kellerfalte.

GoreTex®, Vorreiter für die Membranen-Technik, lizenzpflichtige → *Nässesperr-Membrane*, → *Hydromembrane* mit microfeinen Poren aus Tetrafluorethylen (→ *Teflon*), eine extrem wasserabstoßende (→ *hydrophobe*) Chemikalie, die zwar Fluor, jedoch keine Halogene wie FCKW enthält, und deswegen auch keine Klimaschäden verursacht. Weder beim Tragen noch bei der Verarbeitung werden irgendwelche Feinpartikel oder Gase frei, die für den Menschen oder die Umwelt schädlich sein könnten. Die 0,025 mm starke Membrane hat durch definiertes Recken (Expandieren) etwa 1,4 Mio Poren je cm^2 erhalten; ein Wassertropfen ist etwa 20.000mal größer, ein Wasserdampfmolekül etwa 700mal kleiner als die Poren (→ *Einbahnstraßenprinzip*). Die Körperfeuchtigkeit kann bei voller Winddichtigkeit durch die Poren nach außen dringen, wobei die Wasserdampfdurchlässigkeit bei Regen noch zunimmt, jedoch kann das Regenwasser nicht nach innen dringen. Einsatz als → *Laminat* oder als → *Liner*, als → *Thermo Dry®* ist es, auf ein Spezial- → *Thinsulate*-Vlies kaschiert, auch ein als → *Insert*-Material einzuarbeitendes → *Warmfutter*. Die Thermo-Versi-

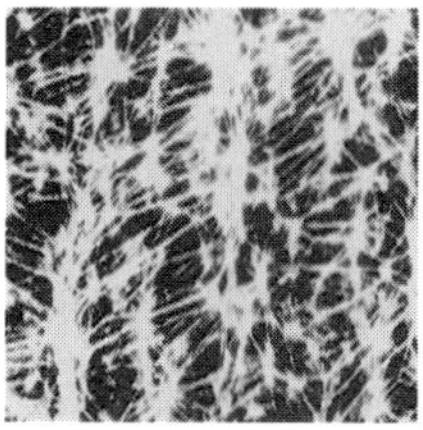

Schnitt durch die GoreTex-Membrane in 1200facher Vergrößerung.

on, auch direkt als dreilagige → *Multitextilie* zwischen Oberstoff und Futter laminiert, garantiert bei geringem Volumen eine hohe Wärmeisolation und ist gut für Wintersportbekleidung einsetzbar. Die Membrane ist besonders geeignet für hoch funktionelle Spezialbekleidung (Auto- und Motorradsport, Behördenbedarf für dem Wetter ausgesetzte Beamte wie Polizei, Berufsbekleidung für Müllwerker). Light fashion kann auf sehr dünne Stoffe für sommerliche Bekleidungsstücke kaschiert werden. Die Wasserdichtigkeit ist, wie bei allen Membranen, nur dann gewährleistet, wenn sie nicht durch Risse, Löcher oder Nadelstiche zerstört ist. Laminate werden mit dem Oberstoff verschweißt, Nähte werden durch aufgeschweißte → *Tapes* gesichert. Die Zweilagen-Laminate können auch als daunendichter Oberstoff eingesetzt werden. Zur Ausnutzung der Winddichtigkeit bedarf es auch bei Straßenkleidung der schnittechnischen Unterstützung, z.B. durch schließbare Kragenverarbeitung. Qualitätsgarantie für Fertigkleidung bis zum Endverbraucher. → *Windstopper®* ist eine Membrane ohne Nässeschutz auf Basis GoreTex, als Liner vor allem für Pullover und als Dreilagenlaminat zwischen

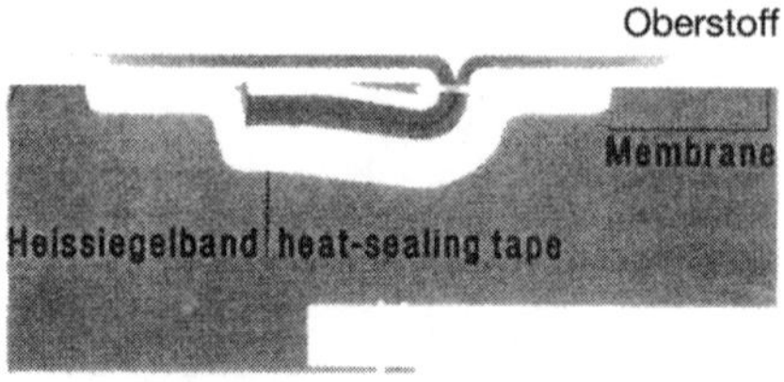

Einarbeitungsbeispiel eines zweilagigen Oberstoff-Laminats (GoreTex). Der Oberstoff (oben, dunkler) wird zusammen mit der aufkaschierten Membrane genäht, zurückgebogen und mit dem Heißsiegel-Tape (breit, weiß) vollkommen überdeckt. Unterhalb des dunkel erscheinenden Zwischenraums zwischen Oberstoff und Innenausstattung das separat doppelt gesteppte Futter.

zwei Lagen → *Fleece*, die bei voller Erhaltung der Atmungsaktivität absolut winddicht ist und durch die Kleidung die Gefahr der Auskühlung des Körpers verhindert. Gleiche Funktion hat **Gore XCR** als Futterlaminat im oberen Preissegment für feinste Oberstoffe wie Naturseide oder Kaschmir. Die Kennzeichnung der Fertigkleidung erfolgt funktionsgerecht mit Garantie-Anhängern „Universal" für Allround-Einsatz und „Extreme Wet Weather" für extreme Anwendungen. - Obwohl Membranen kein Sondermüll sind, weil sie auf der Deponie

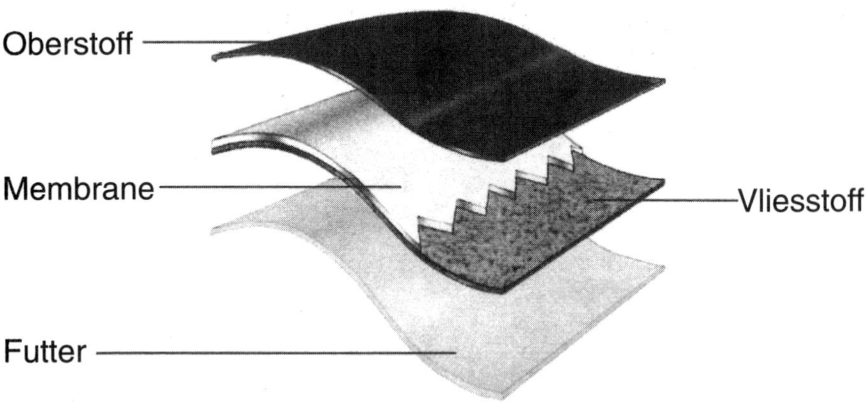

GoreTex Thermo Dry mit zusätzlicher Wärmeisolation durch aufkaschiertes Thinsulate-Vlies wird mit der Membranenseite zum Oberstoff hin als Insert-Material eingearbeitet.

keine belastenden Stoffe abgeben und mit dem Hausmüll entsorgt werden können, hat Gore zusammen mit führenden Sportbekleidungsherstellern und herstellerunabhängig mit → *Ecolog* ein Recyclingkonzept ausgearbeitet, das auf sortenreinen Ausgangsmaterialien beruht, um bei einheitlicher Logistik die Membrane zurückzugewinnen und z. B. Polyester in den Rohstoffkreislauf wieder einzugliedern. – Vgl. → *Aditex*, → *Sympatex*, → *Mikroporöse Beschichtung*, → *Klimastoff*.

Gossypium, botanischer Name der → *Baumwolle*; Unterarten: arboreum, baumartig, in Indien angebaut; barbadense, in den USA, für die feinsten Baumwollfasern (→ *Sea Island*); herbaceum, krautartige, wichtigste und am weitesten verbreitete Sorte, die bei künstlicher Bewässerung und in subtropischen Zonen gezüchtet werden kann.

Gotland-Lamm, strapazierfähiger und gut zu färbender, gut wärmender und relativ preiswerter → *Pelz* nordischer Lämmer.

Gradieren, Vergrößern oder Verkleinern der für ein Modell in einer Basisgröße erarbeiteten Schnitte mit Hilfe von Körpergrößen- und Sprungwert-Tabellen oder über einen Computer, der mit Hilfe eines Konturen-Lesegerätes die Daten der Basisgröße erfaßt und die Kurven der übrigen Größen konstruiert. – Vgl. → *Computergradierung*.

Graffiti-Muster, Kritzelmalerei, Druckdessins im Stil von (Spray-)Straßen- und Wandmalerei; typisch sind einfache Zeichen und Schriften, fantastische Kritzel, auch Tanzfiguren.

Grain-Bindung, zweischüssiger → *Rips*, → *Querrips* mit dem kleinstmöglichen Bindungsrapport; jeweils zwei Schüsse liegen in einem Fach. Vielfach für Webkanten verwendet. – Vgl. → *Kettrips*, → *Gros-grain*.

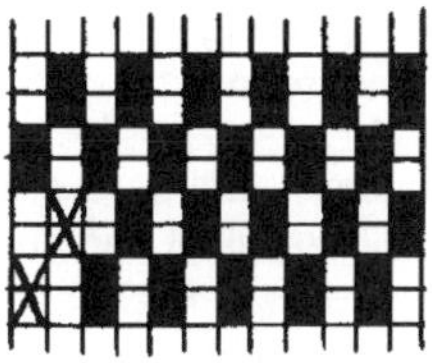

Grain-Bindung, zweischüssiger Kettrips; Rapport: Kreuzchen.

Grain de blé, blé (frz.) = Getreide, → *Granité*-artige Gewebeart mit getreidekorngroßer Struktur.

Grain d'orge, frz. Gerstenkorn, feines Strukturgewebe der → *Granité-Art* mit streichholzkopfgroßem Korn.

Grain de poudre, Strukturgewebe mit ganz fein gekörnter, leicht sandiger Oberfläche. – Vgl. → *Sablé*.

Granité, → *kahl appretierter* Kammgarnstoff in → *Mehrgratköper-Bindung* mit gebrochenem Bindungsgrat, die ein perliges Bild und eine gekörnte Oberfläche hervorruft. Mit geringerer Kettdichte gegenüber → *Gabardine* ist Granité weicher und schmiegsamer, aber doch recht strapazierfähig. – Vgl. → *Grain de blé*, → *Grain d'orge*, → *Gros-grain*.

Granitkrepp, → *Bindungskrepp* mit grobem Korn. – Vgl. → *Sandkrepp*.

Grannenhaare, grobe, markhaltige Tierhaare mit einem der Spitze zu verstärkten Haarschaft; glatt, glanzreich und kaum gewellt. Der Markstrang besteht aus luftgefüllten Markzellen und ist oft unterbrochen. Nicht verspinnbar; bei → *Edelhaaren* müssen die Grannen ausgesondert werden, bei Pelzen werden sie oft ausgeschoren.

Granulat, kleine Körner und Schnitzel von möglichst gleicher Größe aus organischen Substanzen und Faserpolymeren.

Granulat-Druck, → *Flock-Transferdruck*.

Granulé, Kleiderstoff, feinfädiger → *Bindungskrepp* der → *Sandkrepp*-Art.

Grasleinen, glanzreiches, tuchbindiges Gewebe von hoher Reißfestigkeit und guter Porosität aus feinen → *Ramie*-Garnen für Sommer- und Tennisschuhe.

Grat, leicht erhabene Diagonale, die bei → *Köperbindung* durch den Versatz der Bindungspunkte entsteht, in S- oder Z-Richtung.

Gratté, der modischen Belebung dienender Langfasereffekt bei seidigen Stoffen mit einem zweiten Schußsystem aus versponnenen Chemiefasern oder → *Bourette*, das mustermäßig gerauht oder → *Zibeline*-artig angerissen wird, auch in → *Jacquard-Bindung*. – Vgl. → *Moustache*.

Gratwechsel, Umkehr des Bindungsgrates in die Gegenrichtung (z.B. von S- auf Z-Grat) bei köperbindigen Stoffen. – Vgl. → *Fischgrat*, → *Spitzköper*.

Grège, gehaspelte Naturseide, bestehend aus 5–10 gemeinsam abgezogenen, gereinigten und leicht miteinander verdrehten, jedoch nicht verzwirnten → *Kokon*-Doppelfäden. Sie kann zu Maschenwaren direkt verarbeitet werden und zeigt nur geringe Neigung zur → *Pillingbildung*. – Vgl. → *Filieren*, → *Moulinieren*, → *Organsin*, → *Trame*, → *Webgrège*.

Green-Cotton®, weltweit erste, 1988 mit dem europäischen Umweltpreis ausgezeichnete dänische Marke für Baumwollerzeugnisse, die von der Fasergewinnung bis zur Entsorgung hohen ökologischen Anforderungen entsprechen. Die Baumwolle ist umweltfreundlich ohne Pestizide und Entlaubungsmittel angebaut, handgepflückt, als → *Schlichte* und → *Bleichmittel* (Wasserstoff-Peroxid) werden nur chlorfreie, „biologisch optimale" Chemikalien eingesetzt und mit speziellen, schwermetallfreien Farbstoffen gefärbt, wobei Produktionsverfahren mit minimalem Wassereinsatz Anwendung finden. Die Veredlung verzichtet zugunsten spezieller mechanischer Verfahren (mechanisches Vorkrumpfen) auf chemische Prozesse, vor allem auf → *Formaldehyd*; bei der Konfektionierung wird bei Einsatz von Bio-Nähfäden und Verzicht auf thermofixierbare Einlagen auf staubarme Produktion und geringen Energieverbrauch geachtet. Die Verpackung ist auf das Notwendigste beschränkt, die Entsorgung der voll verrottungsfähigen, biologisch abbaubaren Erzeugnisse erfolgt ohne jede Umweltbelastung. Auch für federn- und daunendichte Stoffe, die mit den → *Federn* von artgerecht und natürlich aufgezogenen Gänsen (keine Massentierhaltung) unter Verzicht auf Lebendrupf gefüllt werden. – Vgl. → *Öko-Label*.

Green world, nicht identisch mit → *Green Cotton*, Markenzeichen für Maschenware aus Naturfasern, die unter verbesserten ökologischen Bedingungen produziert wird und versucht, Ökologie mit Mode zu verbinden. – Vgl. → *Öko-Label*.

Greifer, 1. Bei → *schützenlosen Webmaschinen* stangen-, röhren- oder harpunenförmige Werkzeuge, die den Schußfaden ein- oder beidseitig in das Webfach einlegen. - Vgl. → *Greifer-Webmaschine*.
2. Bei → *Teppich-Knüpfmaschinen* (→ *Greifer-Teppich*, → *Banyai*) Zangen, die das Polfadenstück den Knüpfzangen reichen.
3. Bei → *Tufting*-Maschinen Haken, die den von der Nadel durch das Grundgewebe eingestochenen Polfaden in der gewünschten Schlingenform festhalten.

Greiferschützen, Projektil, das keine Schußspule trägt, sondern den Schußfaden von einem außerhalb der Webmaschine plazierten → *Kops* übernimmt, durch das

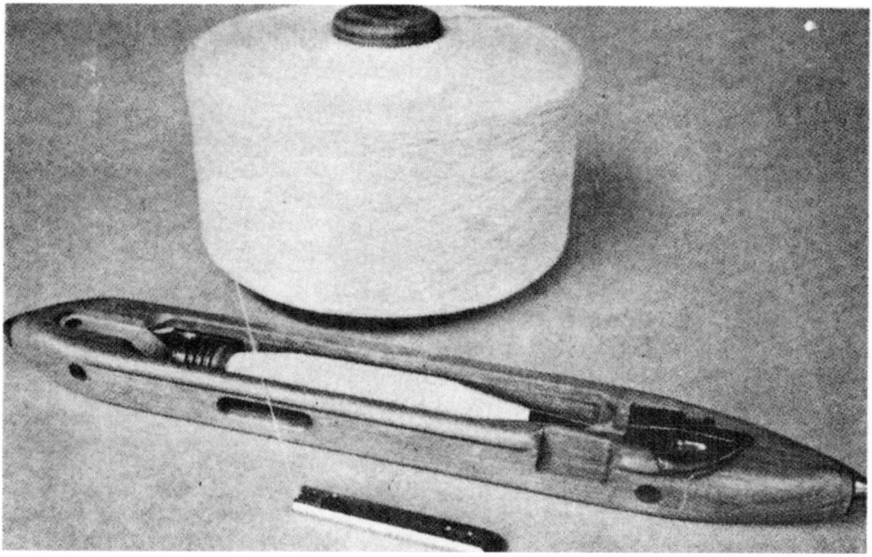

Kops, Schützen und Greiferschützen im Größenvergleich.

Webfach trägt und auf anderem Wege auf die Eintragseite zurückkehrt. Das nächste Projektil folgt ohne Wartezeit. Wegen der geringen Größe des Greiferschützen genügt ein kleines Webfach. – Vgl. → *Schützenlose Webmaschine*, → *Sulzer Webmaschine*.

Greifer-Teppich, aus England stammender → *Webteppich*, bei dem wie beim Handknüpfen jede Polnoppe einzeln durch → *Greifer* gebildet wird. Die zangenartigen Greifer erfassen die einzelnen, senkrecht versetzbaren Polfäden, die dann in der gewünschten Länge abgeschnitten werden, und halten sie so lange fest, bis sie durch einen Schuß in die Bindekette eingebunden sind. Die Steuerung der Farbauswahl erfolgt durch eine → *Jacquard*-Vorrichtung. Bevorzugt werden fülligere Garne aus Wolle oder Acryl eingesetzt, die eine den kaukasischen Nomadenteppichen (→ *Kasak*) ähnliche, körnige Oberfläche ergeben. Durch die Größe der Greifer bedingt, sind max. 120.000 Knoten/m² möglich. Anschließend wird geschoren, gebürstet und gedämpft. Gegensatz: → *Doppelteppich*. – Vgl. → *Axminster-Teppich*.

Greiftex, → *Greifer-Webmaschine* mit beidseitigen Bandgreifern und Schußfadenübergabe in Fachmitte. Eintrag bis 400 m/min, 120–375 cm breit.

Greifer-Webmaschine, → *schützenlose* → *Flachwebmaschine*, bei der das Schußgarn von Fadenklemmen durch das Fach geführt wird, die durch zwangsläufig gesteuerte Bänder oder Stangen bewegt werden. Der Greiferträger kann einseitig positioniert sein und ganz eintragen (→ *Iwer* mit Stab, → *Ballbé* und → *Greiftex* mit Band); das am häufigsten anzutreffende Konzept setzt beidseitig Greifer ein, wobei der Schußfaden in Fachmitte übergeben wird (→ *MAV-Fluggreifer-Webmaschine*, → *Sulzer-Rüti*, → *Elitex-Acutis*, → *Fatex-Mintiss*, → *Günne*, → *Dornier*, → *Draper*). Von geringerer wirtschaftlicher Bedeutung sind → *Zweiphasen-Greifer-Webmaschinen*, bei denen der Schußeintrag von der Maschinen-Mitte aus erfolgt (→ *Bi-Phasen-Webmaschine*, Bandgreifer: → *Kiene*, Stabgreifer: → *Saurer*, → *MLS* von Mackie). Vorzüge sind höhere Produktion je Zeiteinheit, geringe Fehleranfälligkeit, geringe Beschleunigung und damit eine geringe mechanische Beanspruchung des Schußfadens in der Startphase, was sich bei der Verarbeitung von → *Streichgarn* und von spannungsempfindlichen, texturierten Garnen vorteilhaft auswirkt. Erschütterungsarm, geringer Platzbedarf, lärmarm, der Greifer berührt die Kettfäden nicht. Mit 30° sehr niedriger Fachwinkel. Eintrag bis 1100 m/min.

Grelonda®, dichte, rutschfeste (→ *Slide stop)* Stoffqualität für Skianzüge aus luftdrucktexturierten Synthetic-Filamenten, vor allem Polyamid.

Grelot, frz. Schelle, aus Knötchen und kleinen Schlingen bestehende → *Posamenten*stickerei für Randverzierungen und Kleiderbesatz im → *Folklore-Look*.

Grenadine, dem → *Voile*- und dem → *Crêpe-Garn* der Baumwollspinnerei entsprechendes, mit 1000-1500 t/m recht hart verzwirntes Chemiefaser-Filamentgarn oder Naturseiden-→ *Organsin*.

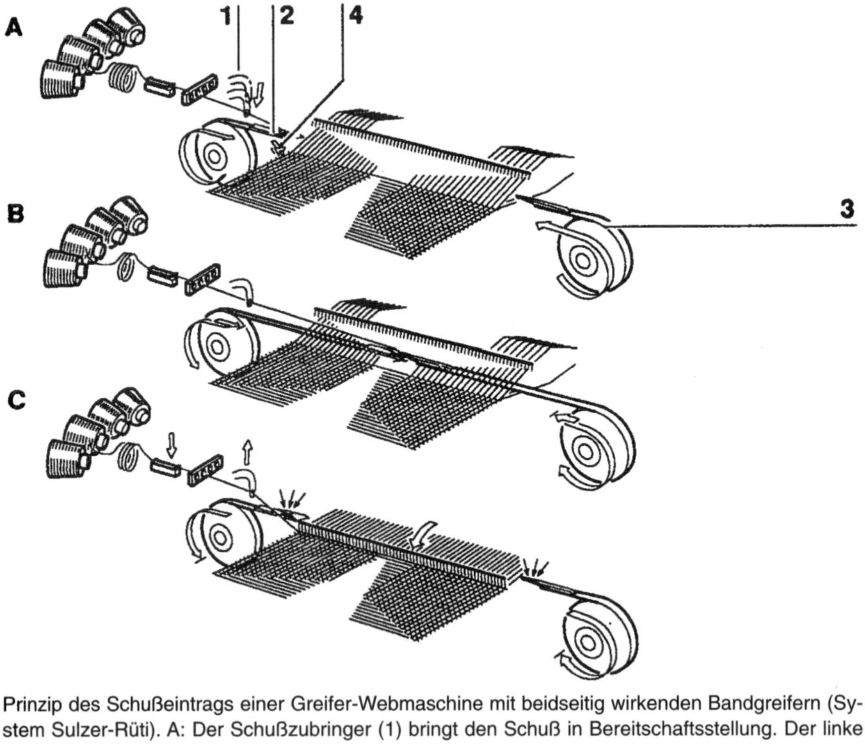

Prinzip des Schußeintrags einer Greifer-Webmaschine mit beidseitig wirkenden Bandgreifern (System Sulzer-Rüti). A: Der Schußzubringer (1) bringt den Schuß in Bereitschaftsstellung. Der linke Greifer (2) erfaßt den Schuß, klemmt ihn ein, die Schußschere schneidet den Schuß vorne, d.h. am Ende des vorher eingetragenen Schusses, ab. B: Der linke Greifer übergibt den Faden in der Mitte des Faches an den rechten Greifer. C: Der rechte Greifer zieht den Schuß aus und gibt ihn frei. Nun kann das Blatt den eingetragenen Schuß an das fertige Gewebe anschlagen.

Grenzflächenspannung, → *Oberflächenspannung*, Kapillaraktivität, Bestreben von Flüssigkeiten, aufgrund der Kohäsionskraft die Oberfläche möglichst klein zu halten. Wird ein Fremdkörper in die Flüssigkeit gebracht, wird er unter Vergrößerung der Oberfläche nur dann benetzt, wenn die → *Adhäsion* zu ihm größer ist als die Grenzflächenspannung. **Grenzflächenaktive Substanzen**, anionaktive, kationaktive oder nicht ionogene → *Netzmittel*, die die Adhäsionskraft verstärken und dadurch die Durchfeuchtung beschleunigen. – Vgl. → *Waschmittel*, → *Tenside*.

Grex, in den USA übliches → *Gewichtssystem* zur Feinheitskennzeichnung von Fasern und Garnen, 1 Grex = 1 → *dtex*.

Griff, die bei der Berührung von Textilien durch den Tastsinn feststellbare, unterschiedliche subjektive Empfindung auf der Haut; abhängig von Faserart, Garnstruktur, → *Bindung*, → *Einstellung*, Gewebegefüge, → *Ausrüstung*, Ausmaß und Art der → *Texturierung*, Weichheit und → *Elastizität*, die durch Eigenschaftsworte beschrieben werden muß. Japanische Versuche einer meßbaren Typisierung haben sich in Westeuropa (1995) noch nicht durchsetzen können.

Grilene®, schweizer → *Polyester*-→ *Spinnfaser*, auch → *Copolymerisat* mit einer zweiten Dicarbonsäure in kleinen Mengen (Kopolyetheresterfaser); mit 0,4% sehr niedrige Feuchtigkeitsaufnahme, variables Schrumpfvermögen.

Grilon®, schweizer → *Polyamid 6*, → *Spinnfaser* und → *Monofil*.

Grisailles, → *Faux uni*, schwarz/weißes → *Minimal-Dessin* mit der Wirkung von Grau.

Grisé, mit ganz feinen, unregelmäßigen, punktartigen Gold- und Silber-Effekten versehener → *Crêp de Chine* oder → *Georgette*.

Grisuten®, → *Polyesterfaser* und Filament (Märkische Faser).

Grobfasern, Textilfasern mit einem Einzeltiter von mehr als 5 den (nach P. A. Koch) bzw. 7,5 den (nach DIN 60800), vor allem → *Tierhaare*, → *Bast*- und → *Hartfasern* sowie entsprechende Chemiefasern und Synthetics als → *Spinnfaser* und → *Filament*. Ihre Bedeutung für Bekleidungs- und Gebrauchstextilien ist gering und rückläufig; für Seilerei, Verpackungsmaterial, Fußbodenbeläge und als Untergewebe für → *Tufting-Teppiche* werden die natürlichen Grobfasern immer stärker von den synthetischen verdrängt. Bei modernen Verwendungszwecken wie → *Technische Textilien*, Sportrasen, Autoauslegeware und verformbaren Autoauskleidungen dominiert → *Polypropylen*, das den natürlichen Grobfasern in der hohen Gleichmäßigkeit und → *Dimensionsstabilität* und der absoluten Beständigkeit gegen Verrottung überlegen ist. Hochwertige Grobfasern (Polyamid, → *Dorix*) bilden die Basis für → *Non woven*, → *Nadelfilz*, Polvlies, → *Nadelflor*-→ *Tufting* und für moderne Technologien. Weitere Einsatzgebiete sind Füll- und Poltermatten, kurz geschnitten als Armierungsfaser für den Gebäudeputz, Putztapeten und Effektmaterial in der Papierindustrie.

Grobgarn, Garne, die gröber sind als Nm 12 = 830 dtex; in der **Grobgarnspinnerei** entfallen die Vorgänge nach dem ersten Krempelgang, die das Fasergut parallel legen und glätten. Verarbeitet wird hauptsächlich kurzstapeliges Material sowie → *Reißbaumwolle* und → *Reißwolle*. Weiche und moosige Grobgarne, in denen die Einzelfasern auch ungeordnet durcheinanderliegen können, eignen sich als preiswerter Rauhschuß. – Vgl. → *Feingarn*, → *Feinstgarn*.

Grobripp, → *doppelflächige* → *Kulierware*, vor allem → *Ränderware* 2R/2L, aus gröberen Garnen und in grober Maschinenteilung; bei geeigneter Konstruktion dehnfähig bis 100%. Gegensatz: → *Feinripp.* – Vgl. → *Doppelripp.*

Grobtiter-Viskosespinnfasern, 1. als → *B-Type* mit 2,4–3,1 dtex, rohweiß, spinngefärbt, glänzend oder matt, vor allem für Heimtextilien; vermitteln einen „kernigen" Griff.
2. Als → *W-Type* bis 50 dtex und einer Schnittlänge von 60–200 mm häufig als → *Titermischung* versponnene Spezial-→ *Teppichfasern*, meist mantellos und unregelmäßig gekräuselt.
3. Als → *Bändchenfaser* (→ *Chemie-Schnittbändchen*) Beimischung für modische Glanzeffekte im Garn nach Art von → *Mohair* oder → *Grannen* für → *Stichelhaar*-Effekte.

Grobtüll, durchbrochener → *Gardinenstoff*, bei dem zu Schnüren vereinigte Fadengruppen die Kettfäden aus ihrer senkrechten Richtung drängen, so daß sich große mustermäßige Durchbrüche ergeben. – Vgl. → *Architektentüll.*

Gros-grain, 1. In der Wollweberei aus dem → *Granité* entwickelte, getreidekorngroße Strukturen.
2. In der Seidenweberei taftähnliches Gewebe mit einer Rippenbreite zwischen → *Bengaline* und → *Ottoman.*

Größe, an die durchschnittlichen menschlichen Körperproportionen angepaßte und in Tabellen zusammengefaßte Maße für die Herstellung von Oberbekleidung und Wäsche; bei Kinderbekleidung auf der Körperlänge basierend, wobei die Altersangabe nur eine Hilfsfunktion besitzt. Für Damen und Herren wurden aufgrund von Reihenmessungen Größenschemata mit einheitlichen Bezeichnungen erarbeitet, deren Urheberrecht bei den Verbänden der Bekleidungsindustrie liegt. Ihre Anwendung variiert jedoch von Hersteller zu Hersteller sowohl in der Paßform als auch in der mo-

Prinzip des Größenaufbaus bei Damenbekleidung, ausgehend von den drei Frauentypen Normalgröße (bis 168 cm Körperhöhe, Größen 32–60 im Doppelsprung), kleine Frauen (160 cm, Halbierung: Größe 16-26 im Einersprung) und große Frauen (176 cm, Verdoppelung: Größe 72-100 im Vierersprung). Für alle drei Reihen werden Spezialgrößen mit Variationen in der Hüftweite angeboten, wobei bei den Schmalhüftigen eine 0, bei den starkhüftigen eine 5 vorangestellt wird.

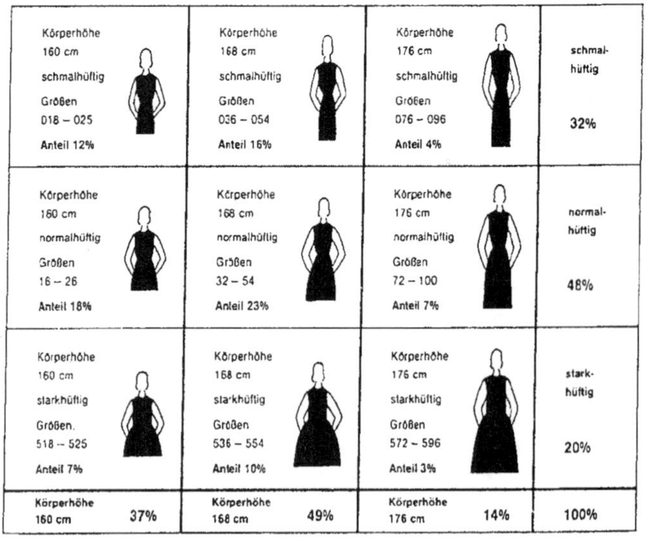

dischen Ausgestaltung, wobei die jeweils gültige → *Modelinie* zusätzlich für die Notwendigkeit der Abänderung der Grundschnitte (körpernah, körpereng) sorgt. Davon abweichend, gibt es vereinfachte Größen für Bekleidung wie → *T-* und → *Sweatshirts*, → *Jogging-Anzüge* und Nachtwäsche, die den Körper nur lose einhüllen und nach amerikanischem Vorbild auf exakte Paßform keine Rücksicht nehmen, wie S, M, L und XL (EL), die jeweils 2–3 Konfektionsgrößen umfassen (z.B. S = 34/36, manchmal bis 38), was den Zwang zur Lagerhaltung im Einzelhandel eindämmt. Schwierig ist die Sortimentsgestaltung bezüglich der weniger gebrauchten Randgrößen für kleine oder besonders große sowie für überschlanke und sehr füllige Proportionen, für die es Spezialgrößen gibt. Die Grundschnitte für Normalgrößen lassen sich durch → *Gradieren* nicht ohne weiteres und paßformgerecht auf die Spezialgrößen übertragen. Bei der klassischen **Herrenkonfektion** sind die Größen vom Brustumfang abgeleitet; man unterscheidet zwischen den Normalgrößen und den Spezialgrößen, deren Abwandlungen nach Körpergröße und -weite bemessen sind. Auch für **Damenstrumpfwaren** wurde ein einheitliches europäisches Größensystem vereinbart, das von XS (Körpergröße 150–160 cm, 45–60 kg Gewicht) bis XXXL (mehr als 180 cm Körpergröße, 80–95 kg Gewicht) reicht. Den Größen für **Miederwaren** liegen die Körpermaße der Trägerin zugrunde; die Unterbrustmaße werden in cm angegeben, die über der Brustspitze gemessenen Überbrustmaße werden durch die die Körbchentiefe charakterisierenden Buchstaben A,B,C definiert. Für **Damen-**

Proportionen der Herrengrößen. Normalgröße (48); untersetzte Größe (24), kürzer und unten weiter; athletische Größe (48) mit größerer Rückenbreite, hüftschlank; schlanke Größe (98) mit erheblich größeren Längenmaßen auch bei den Ärmeln und in der Schrittlänge; Bauchgröße (49), gegenüber den untersetzten Größen mit erheblich erweiterten unteren Rundummaßen, wobei die Weite nach vorne verlagert ist. Zur Verdeutlichung der Proportionen wurde eine Schneiderbüste in Gr. 48 eingestrichelt.

wäsche werden entweder Konfektionsgrößen oder die amerikanischen Größen von S–XXL angegeben.

Grubenhandtuch, im Garn gefärbtes Gebrauchshandtuch mit dunkel/heller Würfelmusterung; aus → *Abfallgarnen* mit öligem Griff und geringer Strapazierfähigkeit. – Vgl. → *Gebildgewebe*.

Grundbindung, → *einflächige* → *Bindung* mit selbständigem und unverwechselbarem, klar abgrenzbarem Charakter, bei der jeder Kettfaden, wenngleich oft nach einem bestimmten System versetzt, stets die gleiche Verkreuzungsweise ausübt: → *Tuchbindung* (Leinwandbindung, Taftbindung, Hessianbindung), → *Köperbindung*, → *Atlas*- oder → *Satinbindung*. Alle → *Abgeleiteten Bindungen* können auf eine Grundbindung zurückgeführt werden. Gegensatz: → *Fantasie-Bindung*, → *Spezial- Bindung*, → *Jaquard-Bindung*.

Grunge, ohne Zutun von → *Couture* oder → *Designer* entstandene, bahnbrechende „Mode von der Straße" (→ *Anti-Mode*), die zwar als solche schnell überholt war, jedoch die Richtung aufgezeigt hat, wie sich eine dauerhafte Moderichtung entwickeln kann. Als Gegenbewegung zu Glitzer und → *Glamour*, Purismus und Luxus entstandener, lässig-schlampiger Bekleidungsstil, asexuell und bewußt häßlich, mit dem Ziel der Disharmonie durch Zusammenführung von nicht zusammengehörigen Elementen. Zum Teil als Rückgriff auf die Hippies der 70er Jahre und gefördert durch den „ethnischen Schmelztiegel der multikulturellen Gesellschaft", soll die Kleidung jede Perfektion (Sinnbild: Bügelfalte) vermissen lassen und das „Elend zum Kultobjekt verklären"; die Bekleidung in „Flohmarkt-Ästhetik" spiegelt die Ratlosigkeit und die von Hoffnungslosigkeit gekennzeichnete Flucht aus dem Alltag der heranwachsenden Generation wider. Dauerhafte Trends wie → *Layering* und → *Lagen-Look*, → *Dress down*, lässige Linienführung, superweiche Stoffe sowie Details wie nach außen gestülpte Nähte, aber auch die Sehnsucht der Frauen nach einer Mode, die schöner macht, wurden durch Grunge initiiert und nachhaltig gefördert. Grunge hat auch gezeigt, daß die junge Generation die Mode in Verbindung mit dem Lebensstil sieht und daß die

Beispiele für Grunge.

Töchter den Kaufentschluß der Mütter maßgeblich mitbestimmen. – Vgl. → *Casualwear*, → *Dirty-Look*, → *Fashion Sport*, → *Destroyed Look*, → *Gammel-Look*.

Guanaco, südamerikanische Schafkamelrasse, von der → *Lama* und → *Alpaka* abstammen; fast völlig ausgerottet, das → *Edelhaar* ist ohne wirtschaftliche Bedeutung.

Guardscoat, winterlicher, eleganter Straßen- und Stadtmantel im englischen Stil mit → *Paletot*-artiger Front und schrägen Taschen, auf zwei Knopf geschlossen, ein Knopf blind; Rundgurt und Kellerfalte im Rücken.

Guardscoat-Falte, Quetschfalte in der Rückenmitte von Sakkos und Mänteln bis zur Kollerhöhe, die zum unteren Saum hin durchläuft und unter dem Rückengurt meist durch eine Riegelnaht zusammengehalten wird. – Vgl. → *Norfolk*, → *Golffalte*.

Guipure-Spitze, Spitze ohne Fond, → *Ätzspitze*, → *Luftspitze*, mit Relief wertvoll wirkend. Plastische Schnur-Guipure: aus → *Gimpe* geklöppelte Besatzspitze mit Relief.

Gummiband, dehnfähige Bänder mit umsponnenen → *Gummifäden*. Im Gegensatz zu → *Elastan* alterungsanfällig.

Gummifaden, → *Elastodie*, nach Schneid-, Spritz- oder Preßverfahren aus der Latex-Milch gewonnene Fäden, die blank oder versponnen verarbeitet werden können. Alterungsanfällig, müssen daher kühl und lichtgeschützt bei normaler Luftfeuchtigkeit aufbewahrt werden. Ultraviolette Strahlen, trockene Hitze und Luftsauerstoff machen Gummi vor allem im gespannten Zustand brüchig, Öle, Fette und Chemikalien der Chemisch Reinigung schädigen oder zerstören ihn. Bei Bekleidungstextilien und Wäsche weitgehend durch → *Elastan* verdrängt. – Vgl. → *Elastomer*, → *Falschdrahtgarn*, → *Stretchgarn*.

Gummidruck, → *Rubberprint*, → *Flock-Transferdruck*.

Gummierte Gewebe, volldeckend und wasserundurchlässig, einseitig oder beidseitig mit einem Auftrag von Kautschuklösungen versehene Gewebe. Nicht identisch mit → *Beschichtung*.

Gummistrumpf, nahtloser medizinischer → *Stützstrumpf* mit hoher Kompression gegen Krampfadern und andere Venenerkrankungen von der → *Rundstrickmaschine* aus einem → *Spinnfaser*- oder → *Filamentgarn* und starken → *Gummi*- oder → *Elastanfäden*, die nur eingelegt oder mit eingestrickt sein können.

Günne, → *Greifer-Webmaschine* mit beidseitigen Greifern und Schußfadenübergabe in der Fachmitte.

Gurtband, Verstärkungsband für Röcke, die in der Taille ganz eng anschließen. Patentgurtbänder mit → *Schaumstoff-Schnittfäden* verhindern das Herausgleiten der Bluse.

Gürtel, taillenumschlingende oder taillenbetonende Stoff- oder Lederbänder in verschiedener Ausführung, Breite und Stabilität, unterschieden durch ihre eigene Form oder durch die Form, in der sie am Kleidungsstück angebracht sind. – Vgl. → *Martingale*, → *Rundgurt*, → *Schaubengürtel*, → *Glamour-Gürtel*, → *Kabelgürtel*. Abb. vgl. S. 356.

Gürteldornschlaufe, kleine Schlaufe am Hosenbund oberhalb des Reißverschlusses, in die der Dorn am Gürtel eingeschoben wird, verhindert das Verrutschen des Gürtels.

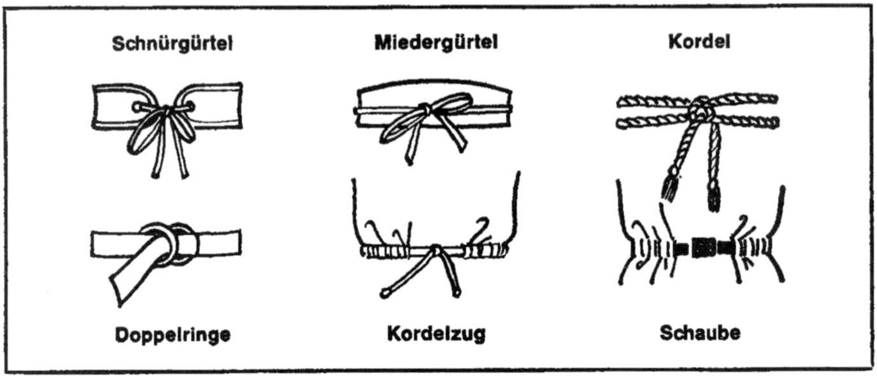

Gürtelformen als modisches Detail.

Gürtelhose, durch die Taschenlage, Taschenform sowie Art und Anzahl der → *Bundfalten* variationsreich gestaltbare sportliche Hosenform als Einzelhose, zum Sportsakko oder zum Anzug, deren Bundverarbeitung das Einziehen eines Gürtels durch Schlaufen gestattet. Gegensatz: → *Rundbundhose.* – Vgl. → *Bundfaltenhose.*

Gürtelhose für Damen mit betonten Schlaufen und Doppeltasche mit Eingriff und blasebalgähnlicher Rahmentasche.

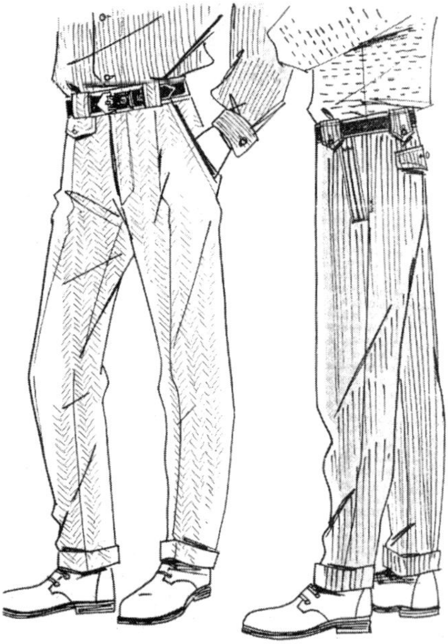

Gürtelhosen, Designermodelle

Gütezeichen, Wort- und/oder Bildzeichen aufgrund einer Vereinbarung zwischen einer Vielzahl verschiedener Hersteller, bestimmte Vorschriften bei der Produktion des betroffenen Erzeugnisses einzuhalten und sich der Nachprüfung durch eine neutrale Stelle zu unterwerfen. Im Zeichenbild müssen die Worte „Gütezeichen“ und „RAL“ enthalten sein; sie sind in der Warenzeichenrolle des Patentamts eingetragen. Träger sind Verbände oder eigene Gemeinschaften. Die Gütemerkmale müssen objektiv meßbar sein. Gütezeichen sind deshalb nicht identisch mit → *Qualitäts-Zertifikaten* nach DIN ISO 9000 ff., da sich diese auf die nicht exakt meßbaren Dienstleistungen konzentrieren und auf Programmen basieren, die der Antragsteller selbst entwickelt hat. Gegensatz: Bis zum Verbraucher qualitätskontrollierte Handels- oder Herstellermarken, bei der die Bestimmung des Qualitätsniveaus in den Händen des Markeninhabers liegt. Wichtige Gütezeichen im Textilbereich: „Baumwolle", „Leinen" , „Mohair", „Reine Seide", → *„Wollsiegel"*, → *„Viscose Circle of Quality"*, → *„Cotton-Cord"*, „Daunendichtes Gewebe", → *Federnsiegel*, → *„Garantie- Cord"*, → *„Goldene Plombe"*, „Trocknergeeignet", „Decken", → „*GuT*-Teppichsiegel", „→ *„GZ-Haargarn"*, → *Chemiefaser-Signet*,→ *Dekoplus*.

Beispiele von Wort-/Bildzeichen als Gütezeichen.

GuT, ältestes → *Öko-Label* auf dem deutschen Markt, → *Gütezeichen* für umweltfreundliche Teppiche mit der Zielsetzung, den textilen Bodenbelag und seinen Produktionsablauf umweltgerecht zu optimieren, nach Kriterien und unter Überwachung des Teppich-Forschungsinstituts, die auch Vorschriften über Schadstoffe und geruchsbildende Substanzen nach einer Verbotsliste enthalten, und umweltfreundliche Produktion unter Schonung von Wasser und Luft vorschreiben. Die Verbotsliste enthält z.B. FCKW, → *Azo-Farbstoffe*, → *Formaldehyd* und → *Pestizide*. Maßstab auch für die ökologische Entsorgung ist jeweils der Höchststand der technischen Entwicklung. Marktanteil bei Teppichböden (1995) über 80%. Auch in anderen europäischen Ländern existieren Prüfinstitute. Die Kosten setzen sich aus einem nach der Zahl der Produktionsstufen gestaffelten Grundbetrag je Jahr zwischen 20.000 und 50.000 DM (1996) und zwischen DM 1000 und 2000 je Prüfmuster zusammen.

GuT-Teppichsiegel

Gutsherren-Mantel, **Gutsherren-Stil**, → *Country-Look*, → *Landlord-Stil*, Herrenkleidung aus derb wirkenden, wenngleich angenehm weichen Streichgarnstoffen im → *Handwebcharakter* oder ähnlich → *Shetland*, aber weicher; vielfach mit Lederapplikationen. Die Mäntel sind lässig weit geschnitten und haben Lederknöpfe.

Gymnastik-Kleidung, aus der → *Aerobic-Kleidung* hervorgegangene und durch die Fitness-Welle geförderte, eng anliegende, aber durch → *Elastan* hochelastische, direkt auf der Haut getragene Sportkleidung, die den durchtrainierten Körper zeigt und volle Beweglichkeit vermittelt. Häufig ist Baumwolle die (hygienisch einwandfreie) Hauptfaser. Kennzeichen sind ein tiefer Ausschnitt auch am Rücken, das hohe → *französische* Bein, in größeren Größen auch blusige Oberteile mit weiten Ärmeln und in der Mehrzahl lustige und farbenfrohe Druckmuster. Teilweise werden die Modelle sichtbar in die Oberbekleidung integriert; die Übergänge zur → *Disco-Mode* sind fließend. – Vgl. → *Leggings*, → *Body*, → *Fitness-wear*, → *Leotard*, → *Velo-Pant*.

GZ-Haargarn, → *Gütezeichen* Haargarn, für → *Haargarn*-Teppiche, vor allem → *Bouclé* in den oberen Preislagen, denen Robustheit, Haltbarkeit und Strapazierfähigkeit bescheinigt wird.

H

Haargarn, aus → *Tierhaaren* (von Rindern, Hasen, Rehen und Ziegen) im → *Streichgarnspinnverfahren* meist zusammen mit einer Trägerfaser (Wolle, Chemiespinnfaser) gesponnene, grobe Garne, vor allem als Polmaterial für → *Teppiche*, kaum mehr für → *Einlagestoffe* eingesetzt. Der Woll- und Haar-Anteil am gesamten Fasermaterial des Teppichs muß bei einer Toleranz von 6% mindestens 70% betragen. – Vgl. → *Brüssel*, → *Bouclé*, → *GZ-Haargarn*.

Habutai, mittelschwere → *Japanseide* in Taftbindung mit taftähnlichem Griff, meist hochwertig, feiner als → *Toile*, schwerer als → *Pongé*.

Hachur, feine, nebeneinander liegende und schräg zur Laufrichtung des Stoffes angeordnete Rillen innerhalb der Gravur von Walzen für den → *Rouleaux-Druck*, die einen gleichmäßigen Farbauftrag bewirken und verhindern, daß die Farbe durch das → *Rakelmesser* aus der Gravur herausgestreift wird.

Haftmasse, in der Schmelze klebfähige Aufstriche auf → *siegelbare Einlagen* auf Basis Polyamid, Polyester oder Polyethylen sowie aus Mischungen daraus. Für das Versiegeln auf Pressen oder von Hand mit dem Bügeleisen sind verschiedene Aufstriche notwendig. Der Aufstrich kann deckend-vollflächig, unterbrochen (punkt- oder rasterförmig, mikrofein), einseitig oder beidseitig (vor allem für Kragen- und Hosenbundeinlagen) erfolgen. Spezialkleber mit kleineren Haftmassenpunkten gibt es für schwer fixierbare Stoffe (→ *Crinkle*, → *Crash*, → *Crespo*, → *Naturseide*, → *Kaschmir*) und für verschiedene Ausrüstungsarten (→ *Silikon*), sodann für → *Leder* und → *Pelze*. Einlagen für körpernahe Schnitte müssen großflächig fixierbar sein. Zur schonenden und sicheren Fixierung auf Wollstoffe müssen die Haftmassenpunkte besonders groß sein. Variabel verarbeitbare Aufstriche können einen Verklebungsspielraum von 125–175° und eine Druck-Toleranz von 0,5–6,0 kp aufweisen. – Vgl. → *Frontfixierung*.

Zur Fixierung von strukturierten Stoffen (hier: Seersucker) benötigt man Haftmassen, die bereits bei niedrigem Druck gut kleben. Die plastische Struktur bleibt erhalten (unten). Die Einlage oben hat einen hohen Anpreßdruck; die gesamte Struktur ist plattgedrückt.

Haftschalen-BH, mehrfach verwendbare, am Körper direkt haftende BH-Schalen ohne Träger, Seiten- und Rückenteile, meist hautfarben, für extrem dekolletierte Kleider.

Haftschalen-BH

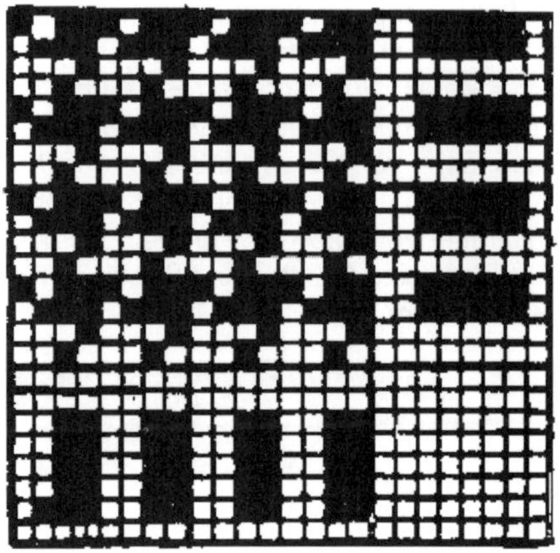

Musterskizze eines in Tuchbindung gewebten Hahnentritt; die paarweise Anordnung der Kett- und Schußfäden ist unten und seitlich durch Blöcke angegeben.

Hahnentritt, zwei- oder mehrfarbiges, meist buntgewebtes Kleinmuster in Tuchbindung mit kleinen Verlängerungen an den Ecken an jeder Seite, mit denen die Karos untereinander verbunden sind; ähnlich dem Abdruck eines Hahnenfußes. → *Pepita* ist meist auf Basis Croisé entstanden. Oft großflächig mit anderen Bindungen, selten durch Druckmuster imitiert.

Haifischkragen, in der HAKA Revers mit → *Spiegelnaht*, aber ohne → *Crochetwinkel*, vgl. → *Campingkragen*; in der DOB breiter Ausschlagkragen mit je zwei spitz auslaufenden Kragenecken. – Vgl. → *Schwalbenschwanzkragen*, → *Wimpelkragen*, → *Spatenkragen*.

Haifischkragen (links) im Vergleich zum Spatenkragen (rechts).

Haipfel, in Württemberg übliches, breites Kopfkissen, je nach Matratzenbreite 80x90 oder 80x100 cm.

Hairline-Streifen, elegante, durch Naturseidendurchzüge gebildete, fadenfeine, in größerem Abstand angeordnete, farblich kontrastierende Streifen auf klarem oder fouliertem Kammgarn, etwas feiner als → *Nadelstreifen*; vor allem für → *Konferenzanzüge*.

Haitienne, feinfädiger → *Rips* mit ungleichen Rippen und abwechselnd ein- und zweifädiger Kette. – Vgl. → *Rips-Haitienne*.

HAKA, Kurzbezeichnung für „Herrenkleidung", Sammelbegriff für die gesamte Herrenoberbekleidung. – Vgl. → *DOB*.

Häkelgalon, von einer speziellen → *Kettenwirkmaschine* mit waagrecht liegenden und mit Zungennadeln besetzten Nadelbarren stammende, den Geweben ähnliche textile → *Flächengebilde* mit einem quer verlaufenden Schußsystem, das die in Längsrichtung verlaufenden Kettsysteme mustermäßig verbindet; vor allem für

Häkelgalon

→ *Gardinenstoffe* und → *Spitzen.* – Vgl. → *Multibarmaschine,* → *Raschelmaschine.*

Häkelkante, Verzierung der regulär abgesäumten oder genähten Kante bei Unterwäsche und Babyartikeln durch spezielle Stiche (Muschelkante, Crochetta-Zacke).

Häkeln, Handarbeit, Verarbeitung eines Fadens mit nur einer Nadel, der Häkelnadel mit einem Haken; im Gegensatz zum → *Stricken* entstehen keine Maschenreihen, sondern Stäbchen. Vorbild für die → *Kettenwirkwaren.*

Hakennadel, → *Spitzennadeln*, Maschenbildungswerkzeug der → *Kulierwirkerei.* Um die alte Masche über die im Kopf der Nadel befindliche neue Masche abstreifen zu können, wird der Kopf der Nadel durch Zupressen des Hakens geschlossen. – Vgl. → *Zungennadel,* → *Schiebernadel.*

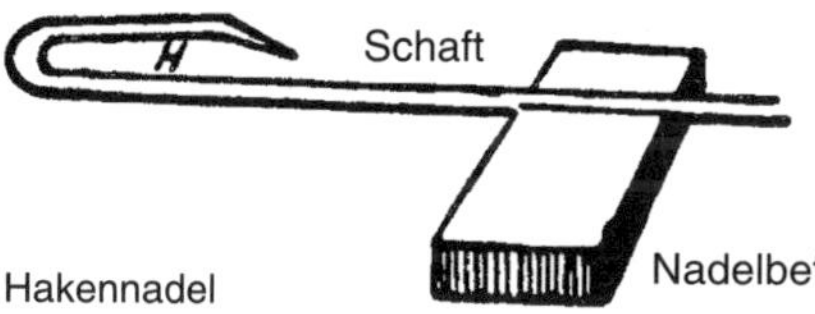

Hakennadel

Hakenschlitz, im Nahtverlauf der Rückennaht an Sakkos und Mänteln liegender Schlitz mit besonders breitem, die Naht im Winkel unterbrechendem Übertritt. Die Oberkante wird durch einen besonders festen Riegel gesichert und optisch markiert. – Vgl. → *Norfolkrücken.*

Halbdaune, Gemisch von → *Federn* und → *Daunen* mit einem Daunenanteil zwischen 15 und 29 → *Gewichtsprozenten,* entsprechend etwa der Hälfte des gesamten Volumens. Schwanz- und Flügelfedern dürfen nicht enthalten sein. Qualitätsunterschiede entstehen je nach Verwendung kleinerer oder größerer Federn. – Vgl. → *Fedrige Daune,* → *Dreivierteldaune,* → *Daunenhaltige Feder.*

Halbdreher, → *Drehergewebe.*

Halbfütterung, Ausstattungsform als modisches Detail von sportlicher Herren- und Damenbekleidung sowie von → *Casualwear* mit häufig abstechend farbigen oder gemusterten → *Futterstoffen* (→ *Kontrastfutter*), wobei der Ärmel stets ganz, der Rücken jedoch nur zur Hälfte gefüttert und die Front oft mit Oberstoff breit belegt ist. – Vgl. → *Amerikanische Fütterung,* → *Französische Fütterung.*

Halbkammgarn, → *Streichgarn*-ähnlich füllige, jedoch aus ungekämmten, aber sehr feinen → *Merinowollen* nach Kammgarnart gesponnene Garne von meist vorzüglicher Qualität; sie geben dem Stoff einen weichen Griff und eine gewisse Porosität, so daß die Bekleidungsstücke trotz ihres Volumens relativ luftdurchlässig bleiben. Die Garne sind, wie bei → *Home-spun-Geweben*, im Stoff nicht verfilzt. Aus → *Crossbread*- und → *Cheviot*-Wollen werden Halbkammgarne auch für hochwertige → *Tufting-Teppiche* eingesetzt.

Halbkrepp, Gewebe mit unausgeprägt körnigem Griff und einer gewissen Transparenz, bei denen das → *Crêpe-Garn* oder entsprechend hart gedrehte Zwirne nur im Schuß, in der Kette aber → *Glatte Garne* liegen. Gegenüber dem echten → *Crêpe* ist die Oberfläche etwas glatter und dichter; sie sind deswegen eine beliebte Druckgrundware. – Vgl. → *Crêpe de Chine,* → *Lavabel,* → *Crêpe Mongole,* → *Suède,* → *Afghalaine,* → *Crêpe Caid,* → *Crespo.*

Halbleinen, Gewebe für Gläsertücher, Tischwäsche und vermehrt für Damen- und Herren-Oberbekleidung, kaum mehr für → *Bettwäsche*, die lt. RAL 394 A mindestens 38%, nach → *TKG* 40% → *Leinen* enthalten muß. Die Kette muß aus reiner Baumwolle, der Schuß aus reinem → *Leinen* bestehen. Durch Webkanten, Effektfäden und Einwebungen, die 15% betragen dürfen, darf die Grenze von 40% nicht unterschritten werden. Das Leinenzeichen „L" mit dem Zusatz Halbleinen hat die frühere Schwurhand ersetzt.

Halbmatt, → *Chemiefasern* mit einem geringen Anteil an → *Mattierungsmitteln*; ein Rest des ursprünglichen Glanzes bleibt erhalten. – Vgl. → *Semi-dull.*

Halbmilano, → *Milano Rib* in einer abgewandelten Konstruktion: Auf eine 1/1-Rippreihe folgt eine (glatte) Rechts/Links-Reihe mit lauter rechten Maschen auf der einen Warenseite. – Vgl. → *Vollmilano.*

Halbpanama, preiswert herzustellende Imitation des echten → *Panama*; man webt bei losem Einschlag und mit fülligem Schuß einen zweibindigen → *Längsrips* (Abb.), wobei die Kette ebenfalls aus kräftigem Material besteht. Bei solchen kettbetonten Schußripsen entsteht kein Rippeneffekt, sondern ein poröses Gewebe.

Halbraglan, Mantelschnitt, vorne eingesetzter Arm, hinten → *Raglan.* Gegensatz: → *Janusarm.* Teilweise werden auch Mäntel als Halbraglan bezeichnet, bei denen die Raglannaht bereits auf der Mitte der Schulter endet, also nicht bis zum Halsring durchläuft.

Halbreguläre Maschenware, → *Reguläre Maschenware.*

Halbrock, frz. → *Jupon*, oberteilloses Unterkleid; wichtig zusammen mit ungefütterten Röcken aus durchscheinendem Material. – Vgl. → *Petticoat.*

Halbschalen-BH, oben offener → *Büstenhalter* mit nur bescheidener Stützwirkung; meist mit dekorativen Schmuckelementen versehen. – Vgl. → *Torsolet.*

Halbschalen-BH's mit abgestimmten Miederhosen.

Halbtonreserve, → *Überfallreserve*, Aufdruck von Weißpigmenten in einer ande-

Halbröcke und Unterkleider. Von links: Halbrock mit Stickerei; glatter Hosen-Halbrock; Unterkleid mit Spitzenträgern; Unterkleid im Charleston-Stil; Petticoatähnlicher Halbrock mit drei Stickereistufen.

ren Anordnung der Farbflächen zur Aufhellung der später im → *Reservedruck* aufgedruckten Farben insbesondere bei → *Filmdrucken*, wodurch ein vollkommenes Aufziehen der → *Farbstoffe* verhindert wird. Durch den helleren Ausfall an den reservierten Stellen wird mit nur einem Reservedruck die doppelte Anzahl verschiedener Tönungen möglich.

Halbvoile, → *Voile* mit hochgedrehtem Garn nur in der Kette und → *Glattem Garn* im Schuß.

Half and half, → *Post-Curing*-Verfahren bei → *Permanent Press* mit doppelter Kondensation; → *Double curing*.

Haltbarkeit, als Kaufmotiv für Textilien und Bekleidung → *Gebrauchsnutzen* im Sinne von Strapazierfähigkeit und Gebrauchsdauer; Gegensatz: → *Qualität*, womit zusätzlich die Wertstufe des Stoffes oder der Konfektion beschrieben wird.

Halterlose Strümpfe, Damen-→ *Feinstrümpfe* mit etwa 8 cm breiten, weichen und elastischen Abschlußbändern am oberen Rand, die ohne Strumpfhaltergürtel getragen werden können und auch im Gegensatz zu den → *Strumpfhosen* kein einengendes Slipteil aufweisen.

Halterneck, bei hochsommerlicher und Strandbekleidung anzutreffende Gestaltung des Oberteils mit einem angeschnittenen → *Nackenband*, das von der Büste ausgehend um den Hals geführt wird und hinten geschlossen ist oder gebunden wird; ermöglicht tiefe Dekolletés und rückenfreie Schnitte. – Vgl. → *Neckholder*, → *Flyback*.

Halterneck (Nackenband) im Vergleich zum Träger-Dekolleté.

Hamadan, Hamedan, durch die billige Massenware des → *Indo-Hamedan* mit sehr loser Knüpfung und wenig strapazierfähiger Wolle zu Unrecht in Verruf geratener → *Orient-Teppich*, der in Westpersien von der bäuerlichen Landbevölkerung in Heimarbeit mit vielseitiger und abwechslungsreicher Musterung aus der strapazierfähigen Wolle von Bergschafen geknüpft wird; mit 90.000–150.000 Knoten/m² nicht sehr dicht. In einem meist rautenförmig angelegten Feld werden die z.T. geometrisch aufgefaßten Blumen und Ranken oder Lanzett-Blätter versetzt angeordnet. Auch durchgemusterte Motive oder Medaillons kommen vor. Atypisch ist der relativ hohe Flor.

Hammerschlag, selten gewordener → *Halbkrepp* in verschiedenen, meist unregelmäßigen → *Kreppbindungen* bei einer Kombination von → *Crêpe-Garn* mit verschiedener Drehungsrichtung und → *glatten Garnen* nach 4–6 Fäden. Die Schußfäden ziehen sich in der Naß-Ausrüstung nach verschiedenen Richtungen zusammen und ergeben den permanenten, strukturierten Oberflächeneffekt mit der Wirkung gehämmerten Blechs.

Hamster, Nagetier mit buntscheckig gezeichnetem, rötlich gelbem bis gelbbraunem, nicht sehr dichtem Fell, aber mit dichter, gut wärmender Unterwolle und mit leichtem, feinem und sehr dauerhaftem Leder, vor allem für Pelzfutter in hochwertigen Mänteln. Manchmal zobel- oder nerzfarbig veredelt. – Vgl. → *Maihamster*, → *Marder*, → *Susliki*, → *Wiesel*.

Handarbeitsgarn, speziell zum Handstricken bestimmte (→ *Strickgarn*), in Strängen oder Knäueln aufgemachte → *Zwirne*; als Strumpfgarn aus Wolle, Acryl sowie im

Baumwollcharakter meist mit Polyamid verstärkt und auf Haltbarkeit konstruiert, für Oberbekleidung (Pullover) in der Regel → *Effektzwirn*. Im weiteren Sinne zählen auch die Stickgarne (vgl. → *Perlgarn*, → *Vierfachstickgarn*, → *Stickerei*) und Häkelgarne (→ *Spitzenhäkelgarn*) dazu. – Vgl. → *Jarré*.

Handarbeitsstoff, für → *Stickereien* und Fadenzug-Arbeiten besonders geeignete Stoffarten mit deutlich sichtbaren und gut zählbaren Kett- und Schußfäden, z. T. in → *Scheindreherbindungen*. Zu den typischen Handarbeitsstoffen gehören → *Aida*, → *Canova*, → *Hardangerstoff*, → *Java*, → *Kanevas*, → *Kongreßstoff*, → *Selenik*, → *Stramin*, → *Seidenleinen*, → *Schülertuch*.

Handdruck, nicht mechanisierter → *Druckvorgang*, außer im kunstgewerblichen Bereich und für Liebhaberobjekte kaum mehr → *Modeldruck* mit von Hand bewegten Stempeln, sondern nur mehr der **Handfilmdruck** mit von Hand durch zwei Arbeitskräfte bewegten → *Schablonen* auf 45–120 m langen Tischen, die teilweise von unten beheizt werden können. Schwierige Muster und empfindliche Stoffe in Kleinserien können auf diese Weise am sichersten gedruckt werden. Im allgemeinen kein wesentliches Kennzeichen mehr für die Güte und Ausführung des Druckmusters, eher eine Gewähr für Seltenheit und → *Exklusivität*. Im Hinblick auf die vielfältigen Möglichkeiten des → *Transferdrucks* auch bei Kleinserien bietet die beim Publikum immer noch werbewirksame Etikettierung als Handdruck keine dem höheren Preis entsprechende Wertsteigerung mehr.

Handfaden, grober Nähzwirn, besonders Nr. 12/4fach auf Holzrollen mit 100–500 m; auch zweifache und dreifache Leinenzwirne auf Pappsternchen mit 10–25 m.

Handgemalte Stoffe, in der Regel → *Naturseiden*-→ *Pongé*, der (in Südostasien) von Hand mit waschechten → *Pigmentfarbstoffen* bemalt worden ist.

Handgepflückte Baumwolle, vor allem durch die → *Naturtextilien* und zur Förderung der → *Ökologie* beim Baumwollanbau ohne → *Entlaubungsmittel* wiederbelebte Baumwollernte ohne Verwendung von Pflückmaschinen mit enormem Einsatz von Arbeitskräften, aber mit unbestreitbaren Vorzügen bezüglich der Faserqualität: Selektion der zu pflückenden Kapseln nach Reifegrad, wenige pflanzliche und chemische Verunreinigungen, wenig verwirrte Fasern, geringe Bildung von → *Nissen*, keine mechanische Beschädigung der Faser mit verstärktem Anfall an Kurzfasern. Es gibt (1995) Tendenzen, daß wegen des besseren Pflückergebnisses, vor allem zur Vermeidung des Erntens von unreifen Fasern, auch bei kommerziellem Anbau von Baumwolle auf Großflächen in Monokultur wieder verstärkt zum Handpflücken übergegangen wird. Der Hinweis „handgepflückt" ist jedoch keine Gewähr für pestizid- oder gar chemikalienfreien Anbau, da das Handpflücken in einigen Anbaugebieten traditionell verwurzelt ist.

Handlascher, → *Handschuh* mit sportlichem Charakter, wobei die Lederstücke aufeinander gelegt werden, Narbenseite nach außen, Schnittkanten sichtbar; die Einzelteile werden mit kurzen, gleichmäßigen, geraden Stichen von Hand zusammengenäht. Gegensatz: Maschinenlascher.

Handschuh, maßgerechte Bekleidung der Hand zum Schutz vor Kälte und besonderer Beanspruchung sowie als modisches → *Accessoire*. Formen: Fingerhandschuhe, Fausthandschuhe (Fäustlinge), funktionelle Sporthandschuhe (→ *Activwear*) mit einer der Sportart angepaßten Gestaltung und Arbeitshandschuhe. Sonderformen sind → *Disco-Handschuhe*, Abendhandschuhe und fingerlose → *Mitaine*. Lederhandschuhe können nur dann gewaschen werden, wenn das Leder unter Chromzusatz gegerbt und gefärbt ist oder wenn es sich um → *Formaldehyd-gegerbtes* → *Waschleder* handelt. – Vgl. → *Crochet-Handschuh,* → *Disco-Handschuh,* → *Handlascher,* → *Mitaine,* → *Sämischleder,* → *Glacé-Leder,* → *Simplex,* → *Duplex,* → *Dollieren,* → *Fente,* → *Depsieren* → *Debordieren,* → *Dressieren,* → *Mousquetaire,* → *Rebras,* → *Schichtel,* → *Stepper,* → *Knopf.*

Handschuh-Ärmel, ab dem Ellenbogen sehr eng geschnittener Ärmel an Kleidern und Blusen, geschlitzt und mit Knopf und Knopfloch.

Handschuh-Ärmel

Handschuh-Größen und **Maße**, Größen: in französischen Zoll: = 1 „Strich" (2,707 cm); die → *Rebras*-Länge in englischen Zoll = 11 „Strich" (2,54 cm). Die Handschuhgröße entspricht der rund um die Knöchel der Fingerwurzel ohne den Daumen gemessenen Weite. Die Rebras-Länge wird gemessen vom oberen Ende des Daumenlochs bis zum Saum (also ohne das Daumenloch) und wird in „Knopf" = 1 engl. Zoll angegeben („Knopflänge"). Ein 4-Knopf-Handschuh hat demnach eine Länge von 4 engl. Zoll = $3^3/_4$ frz. Zoll.

Handspinnerei, für Baumwolle nur mehr in Entwicklungsländern übliche Form der Fadengewinnung (bis 24 dtex fein!, Leinen bis 45 dtex); bei Wolle zur handwerklichen Produktion grober und bauschiger, weicher und luftdurchlässiger, aber ungleichmäßiger → *Streichgarne* für → *Home-spun*-Gewebe durchaus noch weiter verbreitet.

Handtuchkaro, nach dem Vorbild von Geschirrtüchern gestaltete, sehr klare Karodessins mit kräftigen, frischen Farben bei Modestoffen.

Handwebcharakter, Kennzeichnung von Geweben, deren Besonderheit nicht eine bestimmte Art der → *Bindung*, sondern die → *Einstellung*, das Verhältnis von Garnstärke und Gewebedichte, ist. Die Gewebe sind locker und porös und dabei kaum gewalkt, die gut sichtbaren Garne wirken mit ihrer fülligen Dicke und ihrer Unregelmäßigkeit wie → *handgesponnen*; eingesetzt werden bevorzugt einfache Bindungen (Tuch, Köper), deren Bild klar erkennbar bleibt. Modische Variationen werden mit Knoten, → *Loops* und Noppen ausgeputzt. – Vgl. → *Donegal,* → *Tweed,* → *Crotched Tweed,* → *Irish Tweed,* → *Harris-Tweed,* → *Shetland.*

Handwebstuhl, ohne Maschinenkraft arbeitende Webstühle, bei denen das rhythmische Anheben der Kette und der Eintrag des Schußes ebenso von Hand erfolgt wie der Ladenanschlag und der Warenabzug. Außer im kunsthandwerklichen Bereich sind Handwebstühle noch zur Herstellung von Geweben in kleinen Auflagen aus besonders empfindlichen → *Effektgarnen* und zur Erzielung einer besonders wertvollen Optik bei Stoffen im → *Handwebcharakter* (→ *Harris-Tweed*) sowie für bestimmte Bodenbeläge im Einsatz. – Vgl. → *Webmaschine.*

Hanf, lt. → *TKG* → *„Bastfasern* aus den Stengeln des Hanfs (Cannabis sativa)", einer einjährigen Pflanze mit einer Höhe des stark verholzten und hohlen Stengels von 50–250 cm und einem Bast aus → *Zellulose*. Die wie beim → *Flachs* durch → *Rösten*, → *Brechen*, → *Schwingen* und → *Hecheln* gewonnenen Zellbündel von 1–2 m Länge sind aus kurzen Einzelfasern von 15–25 mm aufgebaut; sie ergeben einen der reißfestesten natürlichen Rohstoffe. Verrottungsfest, fault auch unter Wasser nur langsam, saugt viel (bis 30%) Wasser an, ist wenig dehnbar, grob und hart (→ *Grobfasern*, → *Hartfasern*). Die → *Naßfestigkeit* ist größer als die → *Trockenfestigkeit*. Zur Erzielung einer besonders glatten Oberfläche kann Hanf poliert werden. Durch Bearbeitung mit Hanföl können Stoffe relativ wasserdicht werden. „Italienischer" Hanf (Anbaugebiete Italien, Spanien, Algerien, Ex-Jugoslawien, Ungarn und Rumänien) reift später und wird 3–3,5 m hoch; seine Faser ist weicher, feiner und besser verspinnbar als der „russische Hanf" (Anbaugebiete Polen und Rußland). In Deutschland ist der ursprünglich wegen der Möglichkeit, Drogen wie Marihuana und Haschisch aus den Blüten und Blättern zu gewinnen, verbotene Hanfanbau seit 1995 freigegeben (Anbau 1997 auf etwa 700 ha in Deutschland), was einen Kreislauf von Gewinnung bis zur Recyclierung erlaubt. Hanf kann auch auf sonst brachliegenden Moorböden angebaut werden, der Anbau erfordert keinen Einsatz von Herbiziden oder Pestiziden, weil die dicht wachsenden Stengel kein Unkraut hochkommen lassen. Neben der üblichen Verwendung in der Seilerei, für Bodenbeläge, als → *Tufting*-Grundware, für Säcke und Planen sowie zur Zellulose-Gewinnung für die Papierindustrie werden in zunehmendem Maße auch **Bekleidungstextilien** aus Hanfgeweben hergestellt, die allerdings eine gewisse Hinwendung zum urtümlichen Leben mit starker ökologischer Motivation voraussetzen. Infrage kommen hauptsächlich → *Jeans*- und → *Sportswear*, Rucksäcke und Gürtel. Mischungen mit Baumwolle, Viskose und mit Wolle dominieren, dem Rein-Hanf wird auch im konventionellen Geschäft eine gute Zukunftschance zugemessen. Aus ökologischen Gründen wird dabei auf → *Bleichen* und → *Hochveredeln* verzichtet, gefärbt wird mit Pflanzen-Farbstoffen oder synthetisch, was mit dem Farbstoff Cibacron ökologisch problemlos möglich ist. Die zwischen 200 und 700 g/lfm schweren Stoffe kommen aus China, Polen, Ungarn und Rumänien; in Deutschland sind Produktionen im Aufbau. Bedrucken ist möglich. Preislich ist die Ware dem gehobenen Genre zuzurechnen. Argument ist die gegenüber → *Chemiefasern* bessere Umweltverträglichkeit, wenngleich von Sachkennern auf die im ganzen fragwürdige Ökobilanz im Hinblick auf die hohe Abwasserbelastung bei der Fasergewinnung mit hochgiftigen Stoffen sowie den starken Einsatz von Chemikali-

Mikroaufnahmen des Querschnitts von Flachs (oben) und Hanf (unten) zum Vergleich.

en hingewiesen wird, der zur Bleiche und zur Erzielung einer akzeptablen Knitterarmut nötig ist. **THC-armer Hanf**, Faserhanf mit einem Gehalt von nur 0,3% Tetrahydrocarabinol, der wegen des geringen Gehalts zur Drogengewinnung nicht geeignet ist.

Hängende Einarbeitung, übliche Form des Einbringens vor allem von wärmenden Einlagen und von → *Hydromembranen* in die Oberbekleidung, ohne vollflächig zu kleben oder an allen Kanten zu nähen; die Einlage liegt frei zwischen Oberstoff und Futter und wird nur an den Nähten durch Fixierbänder gehalten. Die wärmende Wirkung der → *Warmeinlagen* wird verbessert; gegenüber dem vollflächigen Kleben wird Energie gespart. – Vgl. → *Liner*, → *Innenstepper*.

Hänger, 1. weit geschnittener, lose fallender Damenmantel.
2. Kinderkleid mit kurzer Passe und lose hängendem, unteren Kleidteil ohne Gürtel.

Hänger mit dekorativer Steppstich-Musterung.

3. Modischer Herrenmantel in → *A-Linie* (→ *Zeltform*) mit Rollfalten im Nacken, hohen Rücken- und teilweise auch Seitenschlitzen, manchmal mit Durchgriff-, häufiger mit großen aufgesetzten Taschen.

Hängeschleifendämpfer, Anlage der → *Veredlung*, die das → *Dämpfen* großer Warenmengen bei langsamem Durchlauf kontinuierlich und gleichzeitig spannungsarm und schonend ermöglicht. – Vgl. → *Trokkenmansarde*. → Abb. vgl. S. 368.

Hardangerstoff, poröser, relativ hart ausgerüsteter, schwerer → *Handarbeitsstoff* aus → *Zwirnen* in → *Panamabindung*.

Hardanger-Stickerei, → *Weißstickerei*, aus der → *Reticella*-Durchbruchstickerei in Norwegen entwickelte, vielfältige bäuerliche Stickkunst mit Stegen, Spinnen und → *Ajour-Stichen*, wobei die Motivränder mit → *Plattstichen* befestigt werden, ähnlich der dänischen → *Hedebo-Stickerei*.

Hardanger-Stickerei

Harnisch, Gesamtheit der Kordeln, die an der mechanisch gesteuerten → *Jacquard-Webmaschine* zur Bildung des → *Fachs* die Kettfäden einzeln anheben, einschließlich der Litzen, Gewichte und Verbindungsteile, aber ohne den Steuerungsmechanis-

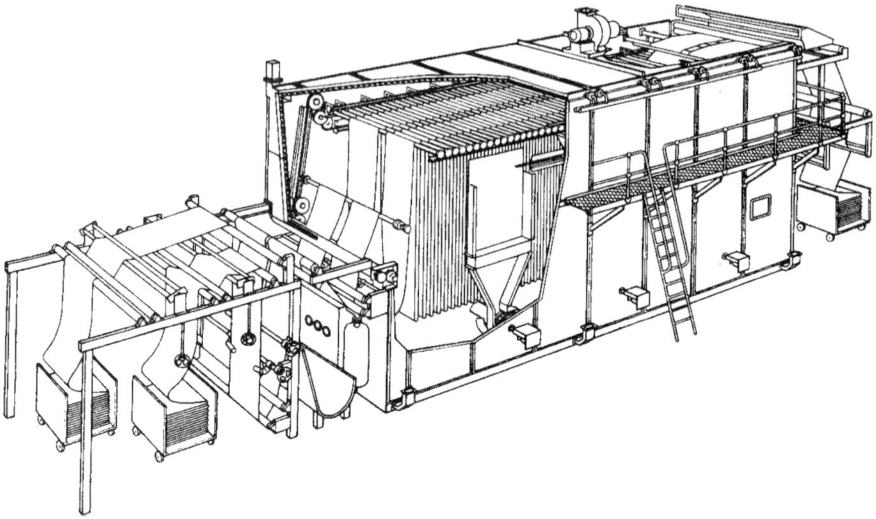

Prinzip des Hängeschleifendämpfers. Mehrere Warenbahnen werden nebeneinander unter Bildung langer Schlangen auf Laufrollen gelegt. Die Rollen werden durch Kettenzug kontinuierlich mit der Ware durch die oben und seitlich geschlossene Dämpfkammer geführt.

mus. Die Anordnung der Harnischschnüre wird durch das waagrechte Chorbrett (Harnischbrett) mit einer Bohrung je Harnischschnur festgelegt.– Vgl. → *Jacquard* (Abb.).

Harris-Tweed®, seit 1909 Gütesiegel, ausschließlich auf der schottischen Inselgruppe der Äußeren Hebriden nunmehr in 150 cm Warenbreite (früher: 75 cm) auf Basis eines speziellen Gesetzes auf etwa 650 → *Handwebstühlen* von etwa 450 Webern in drei Gewichten (Super fine 260/280 g/m^2, Federgewicht 313–333 g/m^2, Normalgewicht Medium 333/353 g/m^2, traditionell 470 g/m^2) hergestellter → *Home-spun* eigener und typischer Art in traditionellen Farben und Mustern. Jahresproduktion etwa 2.2 Mio m, davon rund 85% für Herrenbekleidung; Exportanteil 85%. Die Wolle darf auch vom schottischen Festland stammen. Sie wird von Hand gewaschen und im Vlies mit einheimischen Kräutern und Flechten, Torf und Heide gefärbt, wobei die Länge des Kochens die Intensität der Farbe bestimmt. Die Kette wird der Festigkeit wegen maschinell, der Schuß wegen der verlangten Weichheit von Hand gesponnen. → *Croisé-Bindung*, sehr strapazierfähig, Buntmelangen mit Uni-Wirkung, der längere und wirre Rauhflor überdeckt leicht das Bindungsbild. Die Schutzmarke zeigt den Reichsapfel mit Malteserkreuz. Für ein Stück (65 m) braucht ein Weber etwa zweieinhalb Tage. Seit 1996 sind Bestrebungen eines Teils der Weber bekannt, sich von der gemeinschaftlichen Vermarktungsfirma zu trennen und in Form einer Kooperative die Auswahl der Wollsorten, Färben, Spinnen und Ausrüsten zur Garantie der traditionellen Handwerkskunst selbst vorzunehmen. – Vgl. → *Arraché*, → *Donegal*.

Hartfasern, Untergruppe der → *Bastfasern*, grobe → *Blatt-* oder → *Fruchtfasern* von subtropischen oder tropischen Pflanzen, deren → *Elementarfasern* nur wenige mm lang und durch Pflanzenleim zu Faserbündeln zusammengefaßt sind; sie müssen zum Spinnen eigens aufbereitet werden. Verwendung in der Seilerei, für

Bodenbeläge und Verpackung sowie für Formteile zur Innenausstattung von Autos als Ersatz für Kunststoff und Holzfaserpreßstoff. – Vgl. → *Alfa*, → *Ginster*, → *Kokos*, → *Manila*, → *Henequen*, → *Sisal*.

Haspel, Gestell mit mehreren verstellbaren, achsparallelen Holmen zum Aufwinden von → *Filament-Fäden* in Strangform.

Haspelkufe, Maschine zum kontinuierlichen Ausrüsten und Färben von wenig faltenempfindlichen Geweben und Maschenwarenn in Strangform ohne jede Längsspannung. Im Flottentrog wird der Stoff durch eine oberhalb angeordnete, elliptisch-exzentrische Walze bewegt; nach dem Einführen in die Flotte werden die Stoffenden zusammengenäht. → *HT-Färbung* ist möglich. – Vgl. → *Jigger*, → *Foulard*.

Haspelseide, → *Reale Seide*, → *Grège*, die vom Kokon abgehaspelten endlosen und besonders hochwertigen → *Naturseiden-Fäden*. Die Gleichmäßigkeit des Produkts hängt in hohem Maß vom Geschick der Arbeiterin ab, mehrere Kokons (max. 30) mit möglichst gleichem Charakter zusammenzufügen. Gegensatz: Versponnene Naturseide (→ *Bourette*, → *Schappe*).

Hausmacherleinen, kaum mehr hergestelltes, wegen des geringeren Gewichtsverlustes nicht voll gebleichtes Halbleinen- oder Leinengewebe in Tuchbindung für Bettwäsche. – Vgl. → *Haustuch*.

Hausmantel, meist knöchellanger, über der Nachtwäsche oder der Unterwäsche getragener kleidartiger Mantel. – Vgl. → *Dressing-gown*, → *Morgenrock*. → Abb. S. 370.

Haspelkufenfärberei. Die losen Stoffbahnen werden schlaff und ungespannt, also nicht faltenfrei, in die Flotte geführt, die sie langsam durchwandern.

Hausmäntel

Hausstaubmilbe, 0,1–0,5 mm großer Parasit, der überall in der Wohnung auftreten kann, aber zum Leben und zur Fortpflanzung bei genügendem Nahrungsangebot (bevorzugt Hautschuppen von Menschen) und schützendem Umfeld eine konstante Temperatur zwischen 20° und 30° und hohe Luftfeuchtigkeit von 70–80% benötigt, mit allergenem Potential ihrer Exkremente. In trockenen Sommern geht der Befall zurück. Heimtextilien einschließlich der Vorhänge, Betten und Polstermöbel können in der Fabrikation durch spezielle Ausrüstungsmittel (→ *Actigard*), die durch Foulardieren, Aufsprühen oder Aufschäumen aufgebracht werden, dauerhaft vor Milbenbefall geschützt werden. In Teppichböden aus Polyamid sind entgegen landläufiger Meinung Hausstaubmilben wegen der Ablehnung von Synthetics als Nahrungsmittel und der geringen Feuchtigkeitsaufnahme kaum anzutreffen; Staubpartikel werden gut gebunden, was verhindert, daß die Allergene in die Luft und in die Atemwege gelangen. In → *Deckbetten*, die mit → *Federn* oder → *Daunen* gefüllt sind, können sich die Milben nicht vermehren, sie können auch das Inlett nicht durchdringen.

Haustextilien, Sammelbegriff für alle im Haus benötigten Textilien: Tisch-, Frottier- und Bettwäsche, Küchenhandtücher; → *Bettwaren*, Schlaf-, Wohn- und Reisedekken. Gegensatz: → *Heimtextilien*.

Haustuch, grobfädige Imitation von → *Hausmacherleinen* aus Baumwolle; stuhlweiß aus vorgebleichten Garnen oder nur halb gebleicht für Bettücher. Wegen des hohen Gewichts und des Pflegeaufwands kaum mehr im Gebrauch.

Haut, zur → *Gerbung* geeignete Oberhaut von Roß, Rind, Schwein sowie von Fischen, Schlangen und Krokodilen. In der Gerberei werden traditionell die Häute von Kalb, Ziege und Schaf als → *Fell* bezeichnet.

Haute couture, → *Couture*.

Hautreizung, → *Pseudo-Allergie*, mechanisch (physikalisch) verursachte, faserbedingte Irritation der Haut oder der Hautnerven durch Textilien und Bekleidung; chemisch-toxisch verursacht: → *Allergie*, → *Nickelallergie*. Feine Beschädigungen der Hautoberfläche oder sensible Reaktionen, die kein Engagement des Immunsystems bewirken, können durch verschiedenartige Einwirkungen hervorgerufen werden: Scheuerwirkung an Hals, Ärmeln, Bund und Oberschenkeln auch durch passend gekaufte Kleidung, die durch Gewichtszunahme zu eng geworden ist; Hautreizungen an Körperstellen, die häufiger von stärkerer Schweißabsonderung betroffen sind („Sumpfklima") wie die oberen Innenseiten der Oberschenkel, z. B. durch zu enge → *Leggings*; unspezifische Scheuerreaktionen durch falsch angepaßte Bekleidung („Wolf"). Häufig ist die → *Wolle-Intoleranz*. Die Faserfeinheit spielt bei mechanischen Hautreizungen eine große Rolle; so werden grobe Polyesterfilamente und Polyesterspinnfasern ab 110 dtex von Neurodermitikern schlecht vertragen. Die →

Bikini-Dermatitis ist ein photoallergisches Ekzem, die → *Strumpfallergie* ist ein allergisches Kontaktekzem.

Hautverträglichkeit von Chemiefasern, wird vor allem wegen der gegenüber den natürlichen Rohstoffen wesentlich geringeren Feuchtigkeitsaufnahme der → *Synthetics* mit der Folge schlechterer → *hygienischer Eigenschaften* diskutiert; eine gewisse Überempfindlichkeit der Haut bei Textilien, die wie → *Feinstrümpfe* in unmittelbarem Körperkontakt getragen werden, ist nicht eine Folge der Substanz der Faser (besonders Polyamid), sondern von Chemikalien, die wie → *Farbstoffe* oder → *Avivagemittel* (Salizylate, Resorcin) während der Fabrikation auf die Faser aufgebracht werden. Auch schlecht abgespülte Waschmittelreste können in Verbindung mit Schweiß und Hautabscheidungen einen guten Nährboden für Pilze, Bakterien und Hefen abgeben. Jedoch ist die Resistenz der Synthetics gegenüber Mikroorganismen, die sich auf der Haut angesiedelt haben, relativ hoch. Zur Vermeidung von Allergien und Hautreizungen aller Art und bei allen Rohstoffen muß die gesamte Konzeption und Konstruktion von Textilien und Bekleidung auf die Funktion der Haut abgestimmt sein, Regulationsorgan des Wärme- und Wasserhaushalts des Körpers zu sein. – Vgl. → *Nylonstrumpf-Dermatitis*, → *Strumpfekzem*.

Hautwolle, Oberbegriff für alle Wollen, die von toten Tieren nicht durch Scheren, sondern durch andersartige Behandlung gewonnen werden; bei schonender Ablösung können sie sehr gut sein. Lockerung der Haare durch Chemikalien: → *Schwödewolle*; enzymatisch-biologische Verfahren: → *Mazamet-Wolle*, → *Schwitzwolle*. Die durch Chemikalien stark geschädigte → *Gerberwolle* und die → *Sterblingswolle* zählen nicht zu den Hautwollen. – Vgl. → *Minderwertige Naturwollen*.

Havelock, besonders langer, ärmelloser → *Pelerinenmantel* für den Abend mit fallendem Seidenrevers, verdeckter Knopfleiste und Pattentaschen als Ergänzung zum → *Frack* oder → *Smoking*.

Moderner Havelock

Hawaii-Hemd, weites, flatterndes → *Hemd* mit Reverskragen und exotisch-farbenfrohen Druckmustern (Südseeszenen, tropische Blumen). → Abb. vgl. S. 372.

Hawaii-Muster, → *Tropical-Déco*, stark farbige, bunte Druckdessins mit stilisierten Tropen- und Ferienmotiven und Südseeszenen vor allem für Hemden und Blusen.

HB-Garn, → *Hochbausch-Garn*, → *High bulk-Garn*.

HDI-Faser, → *Aramid-Faser* mit hohem → *Einzeltiter* (high denier); Gegensatz: → *LDI-Faser*.

Hawaii-Hemd

Headseal-Verfahren, Methode der Übertragung der Schnittschablonen auf den Stoff beim Zuschnitt insbesondere von Herrenoberbekleidung. Viele Papierlagen mit jeweils einem Pausblatt dazwischen werden in einem Arbeitsgang mit der Zuschnittzeichnung versehen und die durch das Pausen gewonnenen Papierschnitte auf den Stoff aufgebügelt oder aufgesteckt. Hohe Genauigkeit der Übertragung, genaue Steuerung des Stoffverbrauchs, aber aufwendig. Im Hinblick auf die Computer-Technologien von rückläufiger Bedeutung.

Headsock, Szene-Ausdruck für Mützen aus einem Stoffstrumpf mit Band zum Zusammenziehen.

Heathereffekt, durch → *Verwirbelung* von Filamentgarnen erreichter Musterungseffekt zur Erzielung weicher Farbkontraste bei → *Differential-dyeing* für → *Tufting-Teppiche.*

Heatset-Garn, nach einem Heißfixierverfahren mit trockener Hitze texturiertes → *Spinnfaser-Bauschgarn* (Polyamid, Polypropylen) vor allem für → *Tufting-Teppiche* im → *Velours-Charakter*, mit ihrem hohen Volumen mit → *BCF-Garnen* vergleichbar. – Vgl. *POY-Garn*, → *Saxony.*

Heatset-Kleidung, zunächst (1996) nur in den USA hergestellte, nahtlose, hitzefixierte Kleidung aus rundgestrickten Stoffen, die über erhitzten, dreidimensionalen Bekleidungsformen aus Metall formfixiert werden. Konventionelle Herstellungstechniken entfallen, schneidertechnisch ausgebildete Mitarbeiter werden nicht gebraucht. Die Körperform entsteht in einem einheitlichen maschinellen Prozeß. Ärmel und Kragen werden angeschweißt; ausgeprägte Stoffmuster wie Streifen kommen ohne Unterbrechung zur Geltung. – Vgl. → *Hitzefixierte Kleidung*, → *One Piece-Kleidung.*

Heavy-Jersey, -Interlock, -Ripp, Maschenbildung mit drei und mehr gleichzeitig verarbeiteten Fäden zur Erzielung eines deutlichen und dabei schönen Maschenbildes oder eines für winterliche Bekleidung notwendigen Warengewichtes bei Erhaltung eines glatten Aussehens; die Haltbarkeit wird erhöht, die Dehnfähigkeit ist geringer, die Schnitte dürfen nicht zu körpereng ausfallen. Hochwertige Qualitäten sind mindestens → *kardiert.* – Vgl. → *Single-Jersey*, → *T-Shirt*, → *Sweatshirt.*

Hecheln, letzter Vorgang der mechanischen Aufbereitung des → *Flachses* und → *Hanfes* nach dem → *Brechen* und → *Schwingen*, Reinigungsstufe zur Vorbereitung des Spinnprozesses. Entfernung der letzten Schäben, Aufteilen der Bastfaserbündel und Ordnen durch Geraderichten der Fasern; Kurzfasern, wie → *Hede* oder → *Werg* werden ausgeschieden. Die in eine auf- und abwärts bewegte Klemme eingespannten Faserbüschel werden zuerst an den Spitzen, sodann in der Mitte von Kämmen erfaßt, die, durch eine Kette geführt, vorbeigleiten. Hechelflachs ist ein parallel geordneter Langfaserbast, der ohne weitere Vorbereitung versponnen weden kann.

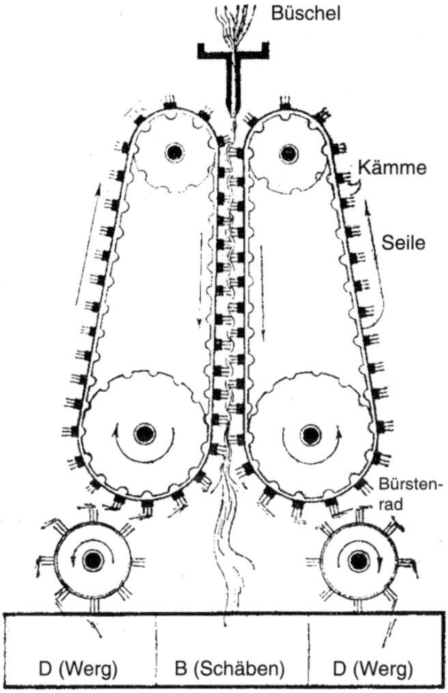

Hechelmaschine

Hecospan, → *Core-spun-Garn* mit → *Dorlastan* als Seele und → *Helanca* als Umhüllung; bei hoher Strapazierfähigkeit sehr dehnfähig und geschmeidig.

Hede, → *Schwingwerg*, nicht verspinnbarer Faserabfall beim → *Schwingen* und → *Hecheln* von → *Bastfasern*.

Hedebo, dänische Version der → *Weißstickerei*; Umrandung und Spitzenstichfüllung sind im Knopflochstich gearbeitet. Ähnlich wie bei → *Reticella* überwiegend mit geometrischen Motiven. – Vgl. → *Hardanger-Stickerei*.

HE-Garn, → *Stretch-Garn*, hochelastisch → *texturierte* → *Filamentgarne* aus synthetischen Fasern, bevorzugt Polyamid, Kräuselgarne mit einer rücksprungkräftigen Dehnung von 150–300% und einer Kräuselkontraktion von 65–70% sowie hochelastische → *glatte Garne* mit starker Verdrehungstendenz. Zu den HE-Garnen gehören vor allem die unstabilisierten → *Falschdraht-Garne*, die seltenen → *Echtdraht-Garne* sowie die nach dem → *Trennzwirn-* und dem → *Kantenzieh-Verfahren* hergestellten Texturgarne. Die ganze Gruppe hat im Bekleidungsbereich durch den verstärkten Einsatz von → *Elastan* stark an Bedeutung verloren. Gegensatz: → *Set-Garn*, → *Bauschgarn*.

Heimtextilien, Sammelbegriff für die zur Wohnungsausstattung eingesetzten Textilien: → *Dekorationsstoffe*, → *Vorhangstoffe*, → *Gardinenstoffe*, → *Möbelstoffe*, Bodenbeläge aller Art (→ *Orient-Teppiche*, → *Webteppiche*, → *Tufting-Teppiche*). Gegensatz: → *Haustextilien*.

Heißschneiden, Trennen von Stoffen aus → *thermoplastischen* → *Synthetics* mit erhitzten Schneidewerkzeugen oder Stanzen; die Schnittkanten werden thermoversiegelt und brauchen nicht versäubert zu werden.

Heißvernetzungsverfahren, → *Trockenvernetzungsverfahren*.

Helanca®, → *Texturierverfahren* nach dem → *Falschdraht*-Prinzip ausschließlich für Polyamid 6.6-Filamente (→ *Rhonel Helanca*), wobei in einem einstufigen und fortlaufenden „Continue"-Prozeß Kräuselgarne verschiedener Elastizität und mit unterschiedlichem Volumen und Bauschkraft entstehen; Qualitätssicherung bis zum Verbraucher. Der Unterschied zu anderen Falschdrahtgarnen liegt in der Verzwirnung eines S- und eines Z-gedrehten Fadens mit einem Schutzdrall von 80–100 t/m; die Doublierung erfolgt nach der Texturierung. – Vgl. → *Torsionsbauschung*, → *Echtdraht-Verfahren*, → *HE-Garn*, → *Set-Garn*.

Helanca-Comforto, → *Comforto*, → *Rhonel-Comforto*.

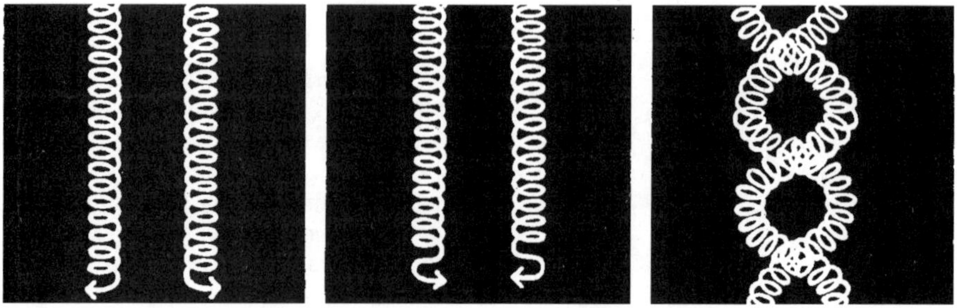

Schematische Darstellung des Helanca-Verfahrens (Hochdrehen-Fixieren-Rückdrehen). Die Rhonel-Filamente werden hochgedreht, hitzefixiert und dann als fixiertes Garn zurückgedreht.

Helindon-Farbstoffe, → *Küpenfarbstoffe* der Wollfärberei mit sehr guten Licht-, Walk- und Waschechtheiten.

Helizarin-Farbstoffe, vor allem im Stoffdruck eingesetzte → *Pigment-Farbstoffe* mit hervorragenden Echtheitseigenschaften, die mit Hilfe eines Kunstharz-Binders auf der Faser verankert werden.

Hemd, direkt auf dem Körper zu tragendes, gut waschbares Bekleidungsstück für Herren, das als Ergänzung zur → *City-Kleidung* eine dienende Rolle einnimmt und sich dem Stil der Oberbekleidung anpassen muß, im Bereich des → *Sportswear* und der → *Freizeitkleidung* sowie des → *Casualwear* aber zum selbständigen, bestimmenden Element mit umfassenden modischen Gestaltungsmöglichkeiten wird. Während → *City-Hemden* so gut wie immer aus Geweben hergestellt werden, ist die Bezeichnung → *Shirt* das Kennzeichen für Hemden aus Maschenstoffen. Viele Themen der → *Sportswear*-Hemden stammen aus den Bereichen Erlebnis-Urlaub-Freizeit. → *Outdoor*-geeignete Hemden: → *Hemdjacke*. – Vgl. → *City-Hemd*, → *Oberhemd*, → *Semidress-Hemd*, → *Krawattenhemd*; → *Sporthemd*, → *Buschhemd*, → *Hawaii-Hemd*, → *Lido-Hemd*, → *Overshirt*, → *John-Wayne-Hemd*, → *Safari-Look*, → *Kolonial-Stil*, → *Trekking-Stil*, → *Yachting-Stil*, → *Marine-Stil*; → *Strickhemd*, → *T-Shirt*, → *Polo-Shirt*, → *Riesenhemd*.

Moderne Hemden im Stil der Leger-Bekleidung. Links Hemdblouson, rechts Schlupfhemd, beide mit großen, aufgesetzten Pattentaschen.

Hemdanzug, → *Shirtanzug*, stets ungefütterter → *Sportswear*-Anzug, bevorzugt aus Stoffen im Baumwoll- oder Leinencharakter, meist mit → *Liquette* mit abgerundeten Seitenschlitzen oder einer über der Hose getragenen, hüftlangen → *Hemdjacke* zur Sporthose. Das Fehlen eines Innenfutters ist weder Kennzeichen eines niedrigen Verarbeitungsniveaus noch von Schlampigkeit; schlecht versäuberte Nähte werden schonungslos sichtbar. Gehobener

Sportswear-Hemd mit Doppeltasche (Reißverschluß vorne, Eingriff mit Patte oben) und Stehkragen (Col officier).

Details an Sportswear-Hemden. Links Krempelarm mit Lasche und Knopf im Materialmix, rechts abgewandelter Button-side-Kragen.

Genre: paspelierte Nähte und Säume. – Vgl. → *Short-Anzug*.

Hemdblusenkleid, zeitloser, aus der Bluse mit einem dem Herrenhemd ähnlichen Kragen entwickelte Kleidform; stets durchgeknöpft mit markierter Taille (Gürtel), meist mit kurzem Arm und etwas weiter geschnittenem Rock und bevorzugt aus Stoffen im Baumwollcharakter, häufig bedruckt oder bunt gewebt. – Vgl. → *Chemise-Stil*, → *Chemise-Kleid*.

Hemdhose, Unterwäsche für Herren, seltener für Kinder, Unterhemd und Slip in einem Stück gearbeitet.

Hemdblusenkleider mit verschiedenen Variationen des Kragens und der Rockform.

Hemdjacke, sportliches Oberbekleidungsstück für Herren und Damen mit hemdartigem Kragen, Bündchenärmeln und aufgesetzten Taschen, meist durchgeknöpft, oft mit → *Koller*, aus Geweben oder Maschenstoffen im Baumwoll- oder Leinencharakter oder aus → *Velours-Leder*. – Vgl. → *Sleeveless-Shirt*. Vgl. → Abb. S. 376.

Hemdjacke in Schlupfform mit Pololeiste; der Unterschied zum Hemd liegt vor allem im schwereren Stoff.

Hemdjacken; links mit Chasuble-Falte, Mitte mit Krempelarm und Revers, rechts mit eingeschobenem und durch Steppnähte betontem Ärmel und aufgesetzten Taschen zur Bundfalten-Gürtelhose mit geknöpftem Beinschlitz.

Hemdkleid, nicht identisch mit → *Hemdblusenkleid*; gerade fallendes Kleid ohne Taillierung aus weichem Stoff mit relativ kurzem Rock aus festlichen Stoffen (Cocktailhemd).

Hemdkragen, an Sakkos und Jacken Kennzeichen eines aufgelockerten Bekleidungsstils; stets offen zu tragender Kragen mit meist gesteppten Kanten und ohne stützende Einlage.

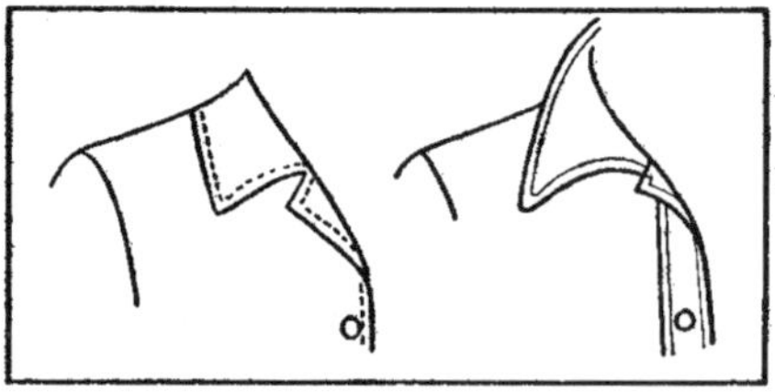

Hemdkragen für Herrensakkos und Jacken. Links gemäßigte Form, rechts betont jugendliche Version mit ausgeprägt kleinem Revers und bogenförmigem Kragenabstich.

Hemdmantel, meist knöchellanger Sommermantel mit → *Hemdkragen* aus leichten Stoffen mit lässiger Weite und meist seitlich mit hohen Schlitzen.

Hemdmantel, Designer-Modell.

Hemdröckchen, kurzes, kaum mehr als schrittlanges, unterkleidartiges Damenwäschestück, vor allem unter taftgefütterter Oberbekleidung zu tragen.

Hemizellulose, → *Zellulose* mit niedrigem → *Polymerisationsgrad*; ergibt keine brauchbare Faser und muß mit Natronlauge aus dem für Chemiefasern bestimmten → *Zellstoff* herausgelöst werden. – Vgl. → *Alpha-Zellulose*, → *Beta-Zellulose*.

Henequen, → *Blattfaser* der in Mexiko heimischen Agave fourcroydes mit Eigenschaften ähnlich → *Sisal*. – Vgl. → *Maguey*, → *Kantala*, → *Sunn*.

Henkel, Bindungselement bei → *Maschenwaren*, nicht zu einer Masche ausgebildete Fadenschleife, die nur durch die Füße der nachfolgenden Maschen gehalten wird; sie wird zu bestimmten Bindungen (→ *Preßmuster*) benötigt, bewirkt aber keinen Fortschritt in der Maschenbildung. In der → *Einfadentechnik*: nicht abgeschlagene Masche. In der Kettenwirkerei können auf der gleichen Nadel sowohl Maschen als auch Henkel gebildet werden. Gegensatz: → *Flottung*.

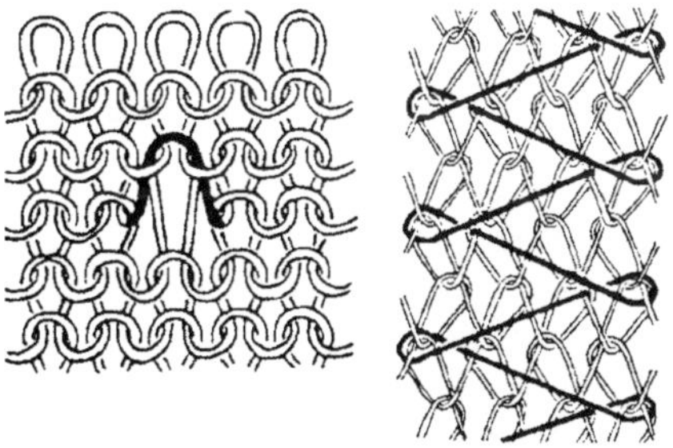

Henkel in der Kulierwirkerei (links) und in der Kettenwirkerei (rechts).

Henkelplüsch, → *Plüschtrikot*, auf → *Rundstrickmaschinen* mit Spezialeinrichtung hergestellte → *Maschenware* mit → *Pol* (Rechts/Links-Plüsch). Auf der linken Warenseite treten gleichmäßig lange Fadenschleifen hervor, die mit dem Grundgestrick verbunden sind und nicht, wie bei → *Frottiergeweben*, herausgezogen werden können. Einsatz mit unaufgeschnittenen Schlingen für Bettwäsche (→ *Frottee-Stretch*), für Sohlen sportlicher Socken, in geringem Umfang für wärmende Winter-Unterwäsche. Mit aufgeschnittenen Schlingen: → *Nicki*. – Vgl. → *Kettenwirkwaren*, → *Wirkfrottier*, → *Wirksamt*, → *Wirkplüsch*.

Henkelbildung in der Kettenwirkerei. Der über die Nadeln gelegte Faden wird unter die Zunge zur Maschenschleife geschoben und beim Durchziehen einer im Nadelkopf befindlichen Fadenschleife der gleichen Maschenreihe abgeschlagen.

Hepilay, Mikrowellen-Verlegungssystem für Bodenbeläge; bereits bei der Herstellung werden → *Tufting-Teppiche*, PVC-Böden, Gummibeläge und → *Linoleum* mit einem Thermo-Klebstoff beschichtet, der Mikrowellen resorbiert. Nach herkömmlicher Trocknung klebt die Rückseite nicht mehr und die Ware kann problemlos gerollt und gelagert werden. Nach dem Zuschneiden und Auslegen aktivieren die Mikrowellen des Verlegegerätes die Klebebeschichtung, die flüssig wird und angedrückt werden kann. Nach dem Erkalten übertrifft die Bindekraft des Klebstoffs die übrigen bekannten Klebeverfahren.

Heraldisches Muster, **Heraldik**, Motive aus der Wappenkunde.

Herrenhemden (Designermodelle) mit heraldischem Muster.

Hercosett, additive → *Antifilz-Ausrüstung* mit Hilfe wasserlöslicher Polyamid-Kunstharze (Epichlorhydrinharz) in nur 10%iger Lösung in Wasser; bewirkt bei sparsamem Einsatz der Chemikalie eine besonders homogene Verteilung des Imprägniermittels auf der Faser; auch bei → *Kammzügen* anwendbar. - Vgl. → *Superwash.*

Herculon®, speziell für → *Tufting-Teppiche* entwickelte amerikanische → *Polypropylen-Faser*, → *Space-dyeing* und → *Differential-dyeing*-Färbungen sowie → *Intermingled-Garne* sind möglich. – Vgl. → *Meraklon.*

Hereke, sehr dicht geknüpfte anatolische → *Orient-Teppiche* aus feinsten Wollgarnen oder aus Naturseide mit stilisierten, durch Ranken miteinander verbundenen Blumendarstellungen, oft mit → *Medaillon.*

Heriz, Heris, mit → *Türkischem Knoten* auf Baumwolle geknüpfter, trotz grober Knüpfung sehr strapazierfähiger nordwestpersischer → *Orient-Teppich* mit einem Flor aus hochwertiger Schaf-Rückenwolle, 80-200.000 Knoten/m^2. Großzügige Musterung mit zentralem → *Medaillon* auf dem oft mit Rauten durchzogenen Fond. Die weißen oder beigefarbigen Ecken sind deutlich abgesetzt.

Hermelin, wertvoller Pelz eines großen Wiesels (→ *Marder*), Sommerfell hellbraun, Winterfell gelblich bis ganz weiß. Schwanzspitze stets schwarz. Wegen des weichen und dichten Haars und der besten Färbung sind die sibirischen Pelze die beliebtesten.

Hermès-Druck, nach ihrem Urheber benannte, großzügige → *Tücher*- und → *Panneaux*-Dessins mit → *heraldischen* oder figürlichen, besonders Reiter-Darstellungen, manchmal mit Kordeln oder Ketten geschmückt. – Vgl. → *Bandana.*

Herrenhuter Band, verschiedene weiße Baumwoll-, Leinen- oder Halbleinenbänder, vor allem als Durchzugband, Wäscheaufhänger und zum Unterlegen von Knopflöchern bei Bettwäsche verwendet.

Herrenjersey, dichte → *Kettenwirkware* mit Schußlegung aus Synthetic-Filamenten, bevorzugt Polyester, auch für Anzüge; relativ dehnfähig und bei entsprechendem Futter und Zutaten waschmaschinenfest, luftdurchlässig, problemlos auf den üblichen Nähmaschinen verarbeitbar. Grobmaschige Qualitäten sind Zieher- und Pilling-anfällig. In den USA vor allem bei Hosen auch in Mischungen mit Baumwolle und anderen Fasern hohe Marktanteile, in Europa von eher untergeordneter Bedeutung, weil es nicht gelungen ist, einen vollen, „tuchigen" Warengriff zu erzielen. Mit 2–3% → *Elastan* auch für körpereng geschnittene Damenhosen und -röcke.

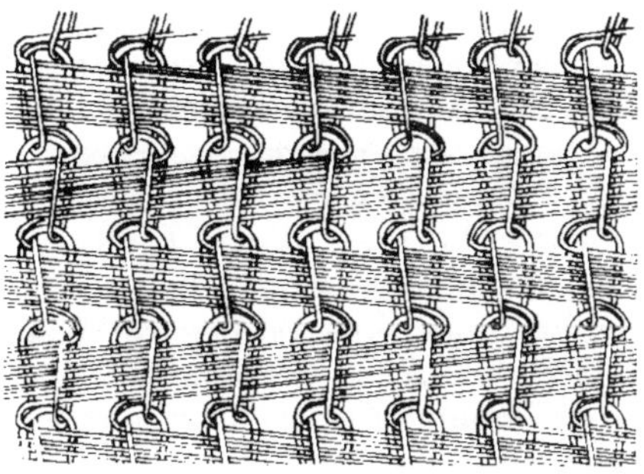
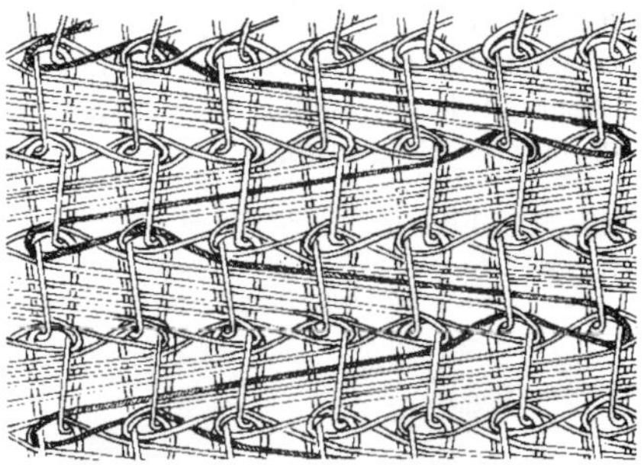

Zwei Beispiele für Bindeweisen von nach Materialeinsatz und Gewicht gleichem Herrenjersey, dessen Oberfläche und Griff nicht mehr an Maschenware erinnert. Links: Herkömmliche Konstruktion mit deutlich herausgehobener Fransenlegung (senkrecht) und Schußlegung (diagonal waagrecht). Rechts: Wechselpressenlegung; der schußartige Unterlegfaden wird einmal durch den Maschenkopf der Franse gelegt, ohne eine Masche zu bilden. Durch das veränderte Maschenbild wird eine zu hohe Luftdurchlässigkeit reduziert, der Warengriff verbessert, die Schußfäden sind besser verteilt, die Zwischenräume neben den Maschenköpfen sind besser geschlossen, das Bild der Ware wirkt dichter.

Herringbone, engl. Bezeichnung einer deutlich gezeichneten → *Fischgrat*-Musterung.

Herstellungsökologie, umweltgerechte und arbeitsphysiologisch günstige Fertigungsmethoden von der Fasergewinnung bis zur Verpackung des Fertigprodukts. Gegensatz: → *Humanökologie*, → *Entsorgungsökologie.*

Hessian, tuchbindige, grobe und poröse Gewebe aus → *Jute* für Wandbespannungen, Polsterzwecke und Verpackung. – Vgl. → *Bagging*, → *Rupfen*. **Hessianbindung**, → *Tuchbindung* in der Juteweberei.

Heterofaser, → *Bikomponentenfasern* aus zwei unverträglichen artverschiedenen → *Polymeren*. Die beiden getrennt polymerisierten Komponenten werden vor dem Ausspinnen in der Spinnmasse vereinigt und gemeinsam ausgesponnen. Dabei erhält die Trägermasse (→ *Matrix*) fibrilläre Einschlüsse der anderen Komponente (→ *Matrix/Fibrillen-Typen*; → *M/F-Typen*). → *Verbundfasern* wie → *Belima* (aus Polyester und Nylon) lassen sich dank ihrer chemischen Verschiedenheit nachträglich mechanisch zu einem hochfeinen Faserverbund aufsplitten. Werden die beiden Komponenten der Spinndüse partienweise zugeführt (→ *Mischstromverfahren*), ergibt sich eine unregelmäßige, schichtweise Verteilung der Komponenten in der Faser.

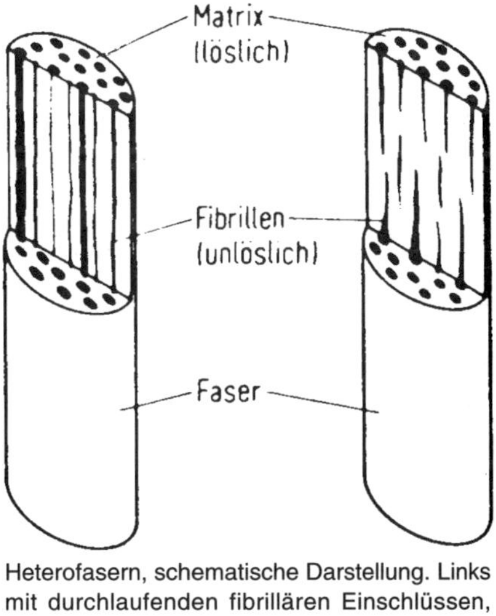

Heterofasern, schematische Darstellung. Links mit durchlaufenden fibrillären Einschlüssen, rechts mit schichtweiser unregelmäßiger Verteilung nach dem Mischstromverfahren.

– Nach dem → *TKG* sind die Heterofasern der Komponente mit dem überwiegenden Anteil zuzuordnen. – Vgl. → *Chemietexturierung*, → *Heterofilfaser.*

Heterofilfasern, → *Dipolyon-Fasern*, → *Bikomponentenfasern* aus zwei gleichen Grundchemikalien mit modifizierten Eigen-

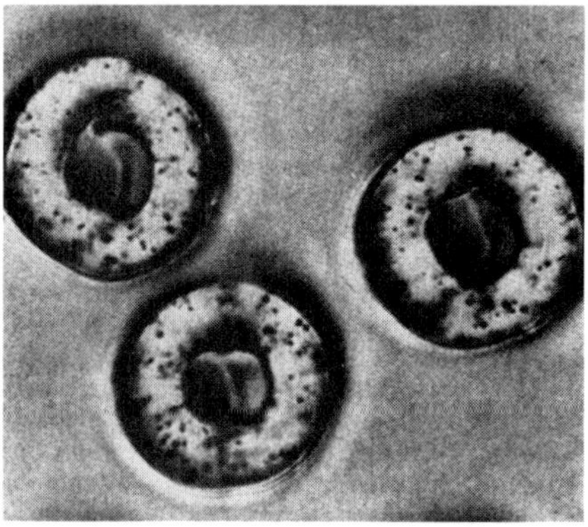

Heterofilfaser. Makroaufnahme einer Bikomponentenfaser des C/C-Typs (Kern/Mantelfaser).

schaften, die aus einer Ringdüse mit getrennter Zuführung der Polymere gesponnen werden. Eine Komponente legt sich wie ein Mantel um den Kern aus dem anderen Polymer (→ *C/C-Type*, → *Centric cover-core-Type*, → *Kern/Mantelfaser*). Diese Fasern haben ihre größte Bedeutung für Nadelfilzteppiche aus Polyamiden mit unterschiedlichem Schmelzpunkt (Kern PA 6.6, 245°, Mantel PA 6, 215°). Die Verfestigung wird bei einer exakt einzuhaltenden Temperatur von 225° durch Verschmelzung der Ummantelung der Fasern an den Berührungspunkten erreicht (→ *Cambrelle*, → *Tapilon*). Zu den Kern/Mantelfasern werden auch die permanent → *Antistatischen Fasern* mit einem Kohlestoff-Kern und einem Mantel aus Polyamid (→ *Epitropic-Faser*, → *Zefstat*, → *Antron III*) gerechnet. – Vgl. → *Tultrim.*

Heterogarn, → *Filamentmischgarn*, Garne aus verschiedenen, fertig gesponnenen Filamenten.

Heterogene Fasern, natürliche Fasern, die aus mehreren unterschiedlichen Komponenten bestehen (→ *Wildseide*, → *Wolle*). Gegensatz: → *Homogene Fasern*. – Vgl. → *Organisierte Fasern.*

Hexenstich, Stichart der → *Stickerei* aus zwei sich diagonal im Winkel von 45° überkreuzenden Stichen, wobei im Gegensatz zum → *Kreuzstich* jeder Faden den anderen zweimal überkreuzt.

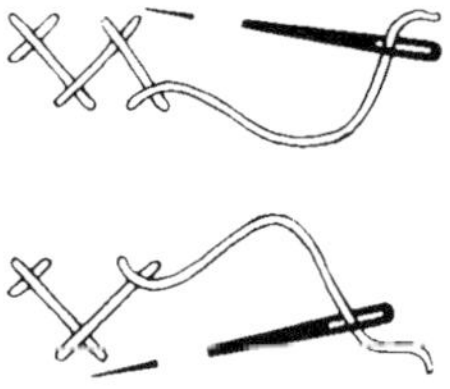

Geschlossener Hexenstich

HF-Fixierverfahren, → *Hochfrequenz-Fixiertechnik.*

HF-Trocknung, → *Hochfrequenz-Trocknung.*

Higgins-Karo, Abwandlung farbbetonter → *Oxford-Karos* durch Überkaros in Richtung → *Glencheck* auf Basis kräftiger → *Streichgarngewebe* im → *Handwebcharakter.*

Highbulk-Garn, → *Hochbausch-Garn*, → *HB-Garn.*

High-density-Polyethylen, nach dem Niederdruckverfahren hergestelltes → *Polyethylen*, das auch für → *Folienfasern* verwendet werden kann.

High performance fibers, → *Hochleistungsfasern* vor allem für technische Zwekke. – Vgl. → *High tenacy fibres.*

High pile-Fellstoffe, → *Futterfadenfell* mit besonders hohem Flor.

High tech, Abkürzung aus „High style" und „Technology".
1. In der Technik Hinweis auf Erzeugnisse und Verfahrensweisen mit hohem technischen Aufwand und Know-how, z. B. → *Microfasern*, → *Hydromembranen*, → *Klimastoffe*, → *High tech-Fibers*.
2. In der Mode Zubehör, Stoffe und Kleidung mit hohem technischen Aufwand bei der Herstellung und hoher Funktionstüchtigkeit im Gesamteindruck und in den Details (viele Taschen, hohe Widerstandsfähigkeit gegen Witterung und Einflüsse am Arbeitsplatz). Die Ware ist, da erklärungsbedürftig, bedienungsaufwendig. Kompletter Gegensatz zur → *Öko-Bekleidung*. – Vgl. → *Beschichtung*, → *Techno-Look*, → *Cyber-Look*.
3. Im Ladenbau Vorherrschen unkaschierter moderner Materialien, Überwiegen von Chrom, Glas, technisch wirkenden Gerüsten, Metallregalen, Industrielampen, Leuchtstoffröhren.

High-Tech fibers, Fasern, die hohen technischen Aufwand voraussetzen, von denen man besondere Funktionen erwarten kann und die für Massenprodukte des täglichen Bedarfs eingesetzt werden bzw. Vorbilder sind für Fasern mit weniger aufwendiger Technik und hoher Funktionalität. – Vgl. → *Microfasern*, → *Hitzebeständige Fasern*, → *Sauberfasern*, → *Chemiefasern der 4. Generation*, → *High tenacy fibres*, → *High performance fibres*.

High-Tech-Webmaschinen, → *Webmaschinen*, die hohe Leistung mit breiter Anwendungsmöglichkeit verbinden, aber auch einen besonders hohen Kapitaleinsatz erfordern. Ihre Rentabilität ist dann infrage gestellt, wenn es nicht gelingt, das gesamte Bündel ihrer Möglichkeiten im Produktionsprozeß zu nutzen.

High tenacy fibers, → *HT-Typen*, → *Modifikationen* der bekannten → *Chemiefaser*-→ *Gattungen*, die sich durch besondere Festigkeit auszeichnen (→ *Hochfeste Fasern*, → *Hochnaßfeste Viskosefasern*).

High Twist, → *Twist*, fließende Modestoffe mit Feinstruktur aus sehr feinfädigen, aber hoch gedrehten Garnen, viel Porosität und kühlem, trockenem Griff. Im Gegensatz zum klassischen, englischen → *Twist* werden feine → *Merino-Wollen* eingesetzt. – Vgl. → *Crespo*, → *Tropical*.

Hightwist-Heatset-Garn, → *Spinnfaser-Bauschgarne* mit besonders hoher Zwirndrehung für → *Saxony*- und → *Frisé*-→ *Tufting-Teppiche*.

High wet modulus fibers, → *HWM-Fasern*, → *Modalfasern*.

Hilfsstoffe in Waschmitteln, Chemikalien, die in den → *Waschmitteln* nur in geringen Anteilen enthalten sind, um bestimmte Funktionen zu übernehmen: → *Fleckensalz* wie → *Percarbonat*, das zur Reinigung durch Unterstützung der → *Bleichmittel* beiträgt; → *Schauminhibitoren* (Paraffin, Silikonöl), die eine zu starke Schaumentwicklung verhüten; → *Vergrauungsinhibitoren*, die den von der Faser gelösten Schmutz in der Schwebe halten, und → *Verfärbungsinhibitoren* (Polyvinylpyrrolidon) zur Erhöhung der Farbsicherheit in → *Color-Waschmitteln*. In Spezialwaschmitteln für Wolle und Edelhaare sind → *Avivagemittel* (Weichmacher, vor allem Fettsäurederivate) enthalten, die auf die Faser aufziehen und einen weichen Griff vermitteln. Duftstoffe und Parfümöle sollen den starken Laugengeruch überdecken.

Himalaya, langhaariger, hochwertiger → *Loden* ähnlicher → *Hunza-Loden*, aber mit 530 g/lfm etwas leichter.

Hinterlegmuster, durch Fadenflottungen auf der Rückseite gekennzeichnete → *Maschenstoffe* in → *Einfadentechnik* von der

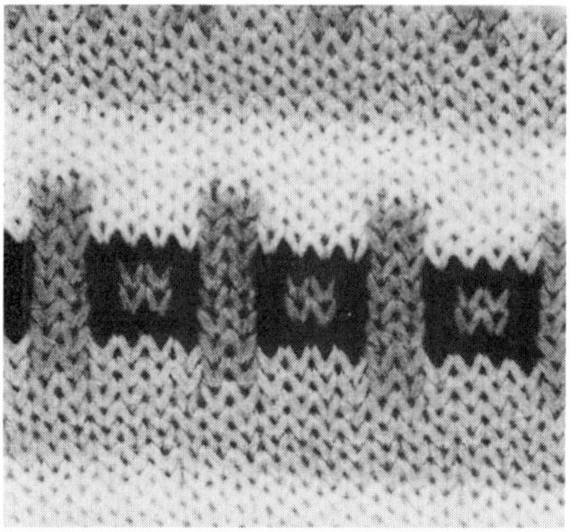
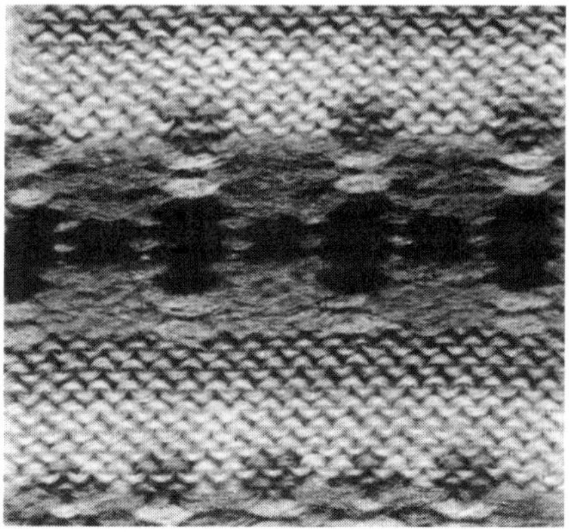

Jacquardähnliches Hinterlegt-Plattiert-Muster, beide Warenseiten.

→ *Rundstrickmaschine*; vgl. → *Challenger-Ware* (Abb.). **Hinterlegt-Plattiert-Muster**, der Grundfaden bildet stets Maschen, der oder die Plattierfäden werden nur mustermäßig eingebunden und flotten im übrigen auf der Rückseite. Werden auf diese Weise → *Jacquardmuster* gebildet, ergibt sich eine beträchtliche Materialeinsparung, weil die zur Musterbildung auf der Schauseite nicht benötigten Farbfäden nicht eingestrickt werden müssen. Bei Handschuhen und Sportstrümpfen in dieser Technik muß man darauf achten, die flottenden Fäden beim Anziehen nicht zu beschädigen. – Vgl. → *Wendeplattieren*.

Hippie-Look, Mode der „Blumenkinder", weite Röcke aus → *Indisch-Crêpe* und → *Indisch-Leinen* auch mit Karo- und → *Batik-Mustern*, Hüfthosen in → *Bell-Bottom*-Form, ausgefranste → *Bermuda-Shorts*, Besätze, Schärpen und Tücher mit Blumendekor zu → *Jeanswear*.

Hip-skirt, modischer Rock mit tiefer Taille, auf der Hüfte aufsitzend, mit Tunneldurchzug am Bund. Wird der Rock hoch in der Taille getragen, ist er nur kniekurz.

Hipster, → *Miederhose* mit besonders niedriger Taille.

Hirschhornknopf, zum → *Trachtenlook* passender → *Beinknopf* aus echtem Hirschgeweih; die strukturierte und braun gefärbte Außenseite bleibt am Rand erhalten.

Hirschleder, hochwertige → *Wildleder*-Sorte mit natürlicher Narbung.

Hirtenloden, bis 700 g schwerer → *Strichloden* mit besonders langem und meist auch leicht abstehendem Strich, oft mit → *Mohair*-Beimischung, auch → *ondulé* mit wellenförmigem Strich. – Vgl. → *Loden*, → *Hunzaloden*.

Hirtenteppich, rustikale, einfache Webteppiche mit Tierfellcharakter aus groben Wollsorten. – Vgl. → *Flokati*.

Hitzebeständige Fasern, → *Flammenhemmende Fasern*, → *Hochtemperaturbeständige Fasern*.

Hitzebeständige Schutzbekleidung, Spezial-→ *Berufsbekleidung* mit verschiedenen Anforderungen bezüglich der Hitzebelastung: Wärmeübertragung durch Strahlung, der man leicht ausweichen kann; durch direkte Leitung (Kontakt), wichtig vor allem bei Handschuhen; Belastung durch Konvektion, worunter die direkte Einwirkung von Flammen verstanden wird; Metallspritzer und feuerflüssige Massen. Die Prüfmethoden sind durch DIN genau festgelegt. Von Belang sind die → *Substanzeigenschaften* der Faser, die Konstruktion des Bekleidungsstücks und des Stoffes einschließlich seiner Fähigkeit zur Wärmespeicherung, die die Geschwindigkeit der Abkühlung bestimmt.

Überprüfung eines Gewebes aus flammenhemmender Schurwolle durch Übergießen mit 850°C heißem Aluminium. Zum Vergleich mit anderen Fasern wird gemessen, wieviel Gramm des Metalls benötigt werden, bis Verbrennungen auf der Haut entstehen.

Hitzefixierte Kleidung, → *Heatset-Kleidung.*

Hitzeschrumpf, Eigenschaft bestimmter nicht voll durch → *Thermofixieren* ausgeschrumpfter, thermoplastischer Synthetics, bei nachträglicher Erwärmung ihre Dimension zu verringern. Man unterscheidet → *S-Typen* (Restkochschrumpf 18–32%) und → *HS-Typen* (→ *Hochschrumpftypen*, Restkochschrumpf 35–40%).

H-Linie, körperferne → *Modelinie* mit kastenförmigen Oberteilen (Blazer oder Jakke), auch mit über dem meist kurzen Rock getragenen hüftlangen Blusen ohne markierte Taille; gerade, kurze Mäntel.

H-Linie

HMLS-Fasern, high-modulus-low-shrinkage, → *Chemiefaser* der → *4. Generation*, Garn aus Polyesterfilamenten mit besonders hohem → *Elastizitätsmodul* und geringem Hitzeschrumpf, vor allem als Cord für Reifen, bei denen es auf hohe Formstabilität ankommt.

Hochbauschgarn, → *HB-Garn*, → *High bulk-Garn*, Garne mit hohem Volumen und fülliger, weicher Bauschigkeit, aber relativ geringer Elastizität; Mischung von niedrig schrumpfenden und hochschrumpfenden Fasern mit gleicher chemischer Konstitution der thermoplastischen Synthetics. Nach dem Kochen, Dämpfen oder Färben zieht sich die nicht fixierte, noch stark schrumpfende Type stark zusammen, wandert in den Kern des Garnes und bewirkt ein Aufbauschen des ganzen Garnes, besonders aber des bis auf einen Restschrumpf von nur 1–2% vorfixierten Faseranteils. Für solche → *Spinnfaserbauschgarne* sind

Acrylfasern bei einem Anteil von 40% → *S-Type* wegen ihres hohen → *Elastizitätsmoduls* (600–700 kp/mm²), ihrer vorteilhaften Querschnittsform und ihrer guten Stand- und Formfestigkeit besonders geeignet. Durch die Verwendung der Schrumpffasern tritt eine Erhöhung des Titers gegenüber dem Rohgarn um mindestens 20% ein. Möglich, aber mit geringerem Bausch, sind → *Schrumpfbauschgarne* auch aus Polyesterfasern. Verwendungszweck hauptsächlich für Strickwaren. – Vgl. → *Differential-Schrumpfverfahren.*

Hochbauschgarn (unten) im Vergleich zum normalen (Dralon-)Spinnfasergarn (oben).

Hochdrahtgarn, → *Stretchgarn*, mit hoher Drehung ohne Rückdrehen → *texturierte Garne* mit hoher → *Elastizität*, meist mit wechselndem Draht verarbeitet oder als Seele von → *Umspinnungszwirnen* eingesetzt. – Vgl. → *Trennzwirnverfahren.*

Hochdruck, → *Drucktechnik*, bei der die Farbe wie beim Buchdruck auf erhabene Flächen des Druckwerkzeugs aufgetragen wird. Nur mehr für handwerkliche und Spezialzwecke (volksnahe Trachtendrucke), bedruckte Garne. – Vgl. → *Reliefdruck*, → *Modeldruck*, → *Perldruck*, → *Perrotinendruck.*

Hochelastische Maschenstoffe, Maschenstoffe mit → *Falschdrahtgarnen* in → *Jersey-* und → *Frottee-Stretch*-Bettwäsche, mit → *Elastan* in → *Feinstrumpfwaren* oder in → *Kettenwirkwaren* für körperanliegende Kleidung (→ *Velopants*, → *Bodies*, → *Badewäsche* und → *Gymnastikanzüge*) sowie in Stoffen für → *Miederwaren.* Die Elastan-Anteile liegen bei 14–22%, die rücksprungkräftige Dehnfähigkeit kann in der Längsrichtung 200% betragen, in der Querrichtung etwa 60% davon. – Vgl. → *Duolastic.*

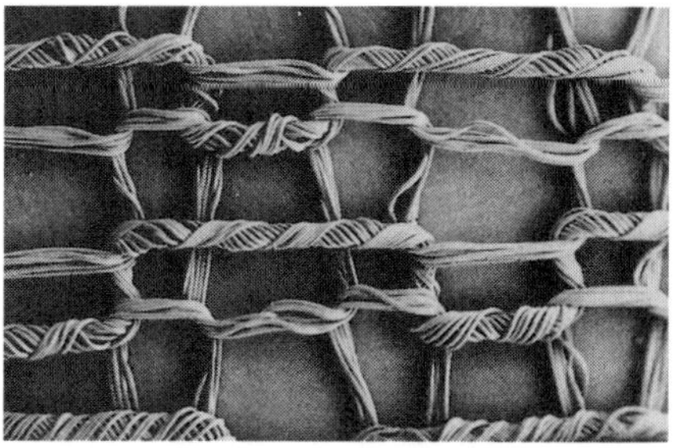

Hochelastischer Single-Jersey mit Dorlastan-Unspinnungszwirn, gedehnt (Makroaufnahme).

Hochfeste Fasern, in speziellen Herstellungsfverfahren produzierte → *Modifikationen* von klassischen → *Chemiefasern* oder → *Synthetics* sowie Synthetics aus neuartigen → *Polymeren* mit hoher → *Reißfestigkeit* (7–8 g/dtex) und meist auch hohem → *Elastizitätsmodul* vor allem für → *Technische Textilien* (Nähfaden, Reifencord, Förderbänder, Netze). – Vgl. → *Hochleistungsfasern*, → *High tenacy fibers*, → *FOY-Faser*, → *PPS-Faser*, → *PEEK-Faser*, → *Cordura*, → *Lyocell*, → *Fibrafinn.*

Hochfibrillige Fasertypen, → *Feinstfasern* mit einem an die → *Microfasern* anschließenden → *Einzeltiter* von 1,1–1,7 dtex vor allem aus Polyester und Polyamid, die den Stoffen einen naturseidenähnlichen Griff geben und die Herstellung von sehr dichten und dabei mit 80–160 g/m² sehr leichten, unempfindlichen und pflegeleichten Stoffen ermöglichen.

Hochflauschausrüstung, mechanische → *Ausrüstung* von Stoffen vor allem aus → *Streichgarnen* aus Wolle, → *Edelhaar* oder aus Acryl-→ *Hochbauschgarnen*, bei der durch vorsichtiges Lösen der Fäserchen aus dem Gewebeverband und Waschen unter Zusatz von Chemikalien, die die Kräuselung und die Elastizität der Fasern fördern, ein bauschiger Oberflächencharakter mit vielen, aus dem Gewebe herausstehenden, teils wirr ineinander verflochtenen Faserspitzen erreicht wird. – Vgl. → *Arraché*, → *Flausch*, → *Brossé*, → *Mohair*, → *Loden*, → *Ondulé*, → *Stehvelours*, → *Loop*, → *Velours*.

Hochflor-Maschenware, → *Sliver-Knit-Technik* von der → *Wildman-Maschine*. – Vgl. → *Borgfutter*, → *Kammzug-Wirkerei*, → *Futterfadenfell*, → *Scherplüsch*.

Hochflor-Raschelmaschine, zur Herstellung von → *Shagteppichen* mit einer Flor-

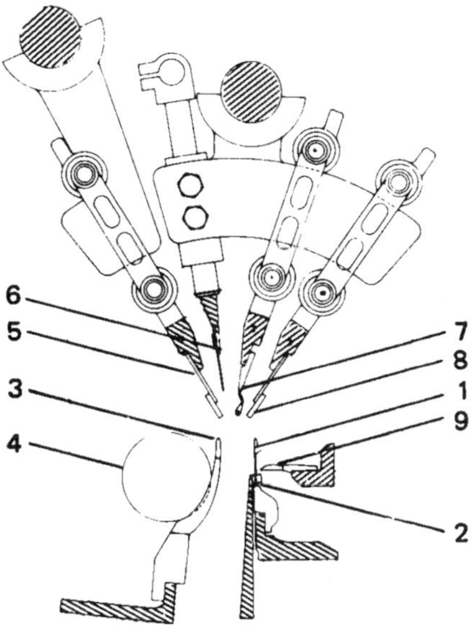

Wirkwerkzeuge der Raschelmaschine für textile Bodenbeläge. 1 Zungennadelbarre; 2 Abschlagbarre; 3 Stiftnadelbarre, deren Nadeln den Polschlingen die Form geben; 4 Rundmesser-Schneideeinrichtung; 5 Polfadenlegebarre mit Legeröhrchen; 6 Fallblech; 7 Grundlegebarre mit Lochnadel für die Fransenlegung; 8 Grundlegebarre mit Legeröhrchen für die Schlußlegung: 9 Stechkammbarre, die die Aufgabe hat, die Ware beim Hochgehen der Zungennadeln unten zu halten.

höhe von 20–60 mm geeignete → *Raschelmaschine*, die die Polfäden als → *Henkel* ausformt, sie zweimal hintereinander in das Grundgewirk einbindet und durch eine → *Rundmesser*-Schneideeinrichtung exakt in der Mitte aufschneidet. Aus jeder Einbindung ragt jeweils nur ein Polfadenende hervor. Dadurch werden die Polfadenenden sehr gleichmäßig über die Oberfläche verteilt; für die Verankerung in der Grundware wird nur sehr wenig Polmaterial verbraucht.

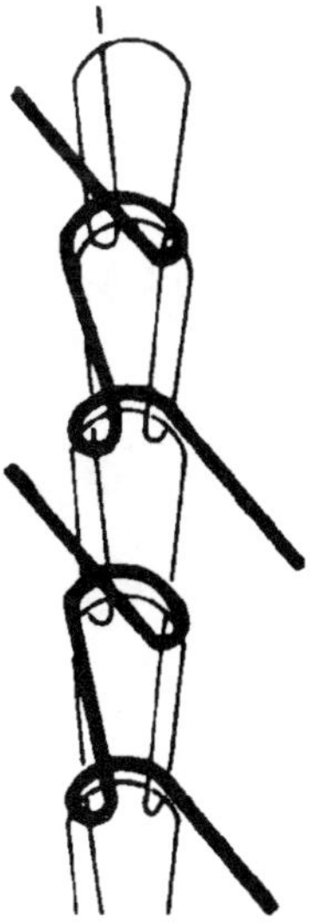

Hochflor-Raschelmaschine. Maschenbild der Einbindung des Polfadens in das Grundgewirk.

Hochfrequenz-Fixiertechnik, → *Frontfixier-Technologie* zur besonders schonenden und dauerhaften Verbindung von Einlagestoffen mit dem Oberstoff. Die aus der Mikrowellentechnik bekannte Hochfrequenzenergie wirkt nur auf den Kleber und beläßt den Oberstoffen die natürliche Feuchtigkeit; die Dimension ändert sich nur minimal, wodurch eine besondere Schnittgenauigkeit in allen Fertigungsstufen möglich wird. Gemeinsame Fixierung von Kleinteilen und großflächigen Zuschnitteilen ist möglich. Die wartungsarmen Pressen benötigen bei einer Aufheizzeit von nur 10 min keine Absaugung und keinen Reinigungszusatz. Wegen der niedrigen Arbeitstemperatur von nur 120 °C gibt es kaum Wärmeabstrahlungen und kaum Einschränkungen bezüglich der Oberstoffe; Glanzbildung und Durchschlag werden vermieden. Die Investitionen sind erheblich, die Energiekosten gering.

Hochgekräuselte Viskosefaser, → *Mantel/Kernfasern* mit unterschiedlich dickem Mantel, die bei leichter Veränderung der Spinnlösung und des Fällbades zur Reduzierung der Koagulationsgeschwindigkeit und einer speziellen Form des Verstrekkens im Zusammenhang mit dem Spinnprozeß sowie einer anschließenden Heiß-/Naßbehandlung eine dreidimensionale, permanente Kräuselung erhalten haben.

Hochleistungsfasern, → *High tech fibers*, vor allem für technische Zwecke eingesetzte → *Modifizierte Fasern* für exakt definierte Verwendungszwecke und mit hoher Wertschöpfung, die physikalische oder chemische Veränderungen erfahren haben: → *Hochfeste Fasern* vor allem aus Polyamid, die im → *Schnellspinnverfahren* hergestellt und anschließend mehrmals verstreckt worden sind (→ *FOY-Fasern*); → *Feinstfasern*, → *Microfasern* und → *Hitzebeständige Fasern.* Polyester-→ *Stretchfasern* mit verändertem Polymer (→ *Trevira ESP*) und spezieller Kräuselung erreichen zwar eine für körperanliegende Bekleidung ausreichende → *Elastizität*, sind aber keine Alternative zu den → *Elastanfasern.*

Hochmodul-Fasern, → *Hochfeste Chemiefasern*, → *HWM-Fasern*, → *Modalfasern.*

Hochnaßfeste Viskosefasern, → *HT-Typen*, durch Modifikation der Spinnlösung und der chemischen Zusammensetzung des Fällbades sowie stärker verstreckte → *Viskose*-→ *Vollmantelfaser* mit rundem oder nierenförmigem Querschnitt, höherer Festigkeit und niedrigem Quellwert; zur Erhaltung der → *Biegefestigkeit* und der → *Scheuerfestigkeit* ist eine besondere Nachbehandlung nötig. Die Bedeutung ist rückläufig, weil die Werte der → *Modalfasern* nicht erreicht werden.

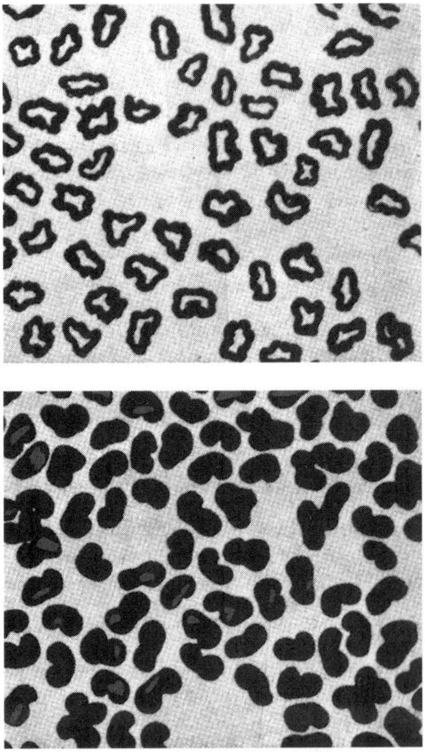

Vollmantelfaser (Hochnaßfeste Viskosefaser, unten) im Vergleich zur Mantel/Kernfaser (oben). Makro-Mantel/Kernaufnahme.

Hochschrumpftypen, → *S-Type*, physikalisch oder chemisch modifizierte Acryl- und

Polyesterfasern, deren Hitzeschrumpf nicht oder nur geringfügig durch Fixieren beseitigt worden ist, mit einem Kochschrumpf von 30–60% für → *Hochbauschgarne* und → *Tierfellimitationen* sowie für thermisch verdichtete Textilien (→ *Non woven fabrics*, → *Vliese*).

Hochsensible Kategorien, Warenkategorien der Gruppe 1 des → *WTA*, bei denen die Gefahr der Marktzerrüttung besonders hoch ist und für die vergleichsweise restriktive → *Quoten* festgelegt wurden: Baumwollgarne, Baumwollgewebe, Synthesegewebe, T-Shirts, Pullover, Hosen, Blusen, Hemden. Hierunter fallen bis 60% der EU-Einfuhren aus Niedrigpreisländern.

Höchstzugkraft, → *Reißdehnung*, → *Reißfestigkeit*, → *Reißkraft*, → *Reißlänge*.

Hochtemperaturbeständige Fasern, Textilfasern, die bis zu Temperaturen von 500 °C und mehr beständig bleiben: → *Glasfasern*, → *Metallfasern*, → *Kohlestoff-Fasern*, Graphit- und Quarzfasern für technische Zwecke. Die bis 300° C temperaturbeständigen → *Flammensicheren Fasern* wie → *Aramidimid-Fasern* und → *Aramid-Fasern* fallen ebensowenig darunter wie die nur bis 190° beständige → *PPS-Faser*.

Hochtemperatur-Dekatur, chemikalienfreies Ausrüstungsverfahren zur Verbesserung der → *Dimensionsstabilität* von Wollstoffen, das gleichzeitig eine glatte Oberfläche und eine gewisse Fixierung des Glanzes bewirkt. Unter Einwirkung von Feuchtigkeit und Hitze wird ein Teil der → *Cystinbrücken* vorübergehend gelöst Die Fixierung erreicht nicht die Dauerhaftigkeit der → *Antifilzausrüstungen*. – Vgl. → *London Shrunk*, → *Dekatur*.

Hochveredlung, Sammelbegriff für verschiedene chemische Ausrüstungsverfahren zur Verbesserung der → *Dimensionsstabilität* und der → *Formbeständigkeit* für Stoffe aus → *zellulosischen Fasern* vor allem durch Einlagerung von wasserunlöslichen Kunstharzen (→ *Knitterarmausrüstung*) oder durch → *Quervernetzung* der Fasermoleküle mit Reaktantharzen (→ *Trokkenvernetzungs-Verfahren*). Bei allen Ausrüstungen mit Kunstharzen wird die → *Scheuerfestigkeit* reduziert. → *Kunstharzfreie Pflegeleichtausrüstungen* benutzen zur Zellulosevernetzung Glyoxal oder Flüssig-Ammoniak (→ *Sanfor-Set*). – Vgl. → *Permanent Press*, → *Formaldehyd*. – Vgl. Übersicht S. 388.

Hochzeitstuch, klassischer → *Tuchloden* mit aufwendiger Herstellungstechnik (50 Arbeitsgänge) und mit brillantem Glanz; Besatzartikel und für hochwertige Mäntel.

Hogget, → *Erstlingswolle*.

Hohlfasern, synthetische → *Spinnfasern* und → *Filamente*, vor allem Polyester, die aus speziell geformten → *Düsen* mit Kern oder abgewandeltem Profil gesponnen werden und in ihrem Innern einen Luftraum aufweisen. Bei → *Viskosefasern* kann der Hohlraum durch Entwicklung von (gasförmigem) Kohlendioxid während des Spinnprozesses entstehen (→ *Celta*, → *Luftfasern*); Hohlräume in Spezialtypen werden auch durch Zusammenkleben von mehreren → *Elementarfasern* erreicht. Hohlfasern sind generell etwa 30% teurer, aber auch weicher und fülliger als Normaltypen und weisen ein geringeres spezifisches Gewicht und ein verbessertes Wärmerückhaltvermögen auf. Von Bedeutung sind:

1. Polyester- → *Fiberfill*-Fasern zur Füllung von → *Bettwaren* und → *Steppstoffen* (→ *Quallofil*, → *Bonafill*, → *Hollofil*) sowie für Polsterzwecke;
2. eckig profilierte Polyamid-→ *Teppichfasern* mit eckigen Hohlräumen, die das einfallende Licht aus der Faser heraus wie ein Spiegel reflektieren (→ *Antron*, → *Anso*). – Vgl. → *Sauberfaser*.

Übersicht über die wichtigsten Chemikalien der Hochveredlung (Pflegeleicht-Ausrüstungen)

Chemikalie	Eigenart	Vernetzungsform
Ausrüstungen mit Kunstharz Melamin-Methylol Verbindungen (Melaminendharz)	mäßige Knittererholung und Waschbeständigkeit, weicher Griff, Chlorretention	Eigenvernetzung (Aminoplast)
Acetale bzw. Polyformal (lineare polymere Acetale)	ungenügende Trockenknittererholung, mäßige Erhöhung der Naßentknitterung, weicher Griff, keine Chlorretention, hohe Scheuerfestigkeit	Reaktant (Umacetalisierung → Vernetzung)
Zyklische Harnstoffe (Dimethylol-Ethylen-Harnstoff	gute Knitterfreiheit, Dimensionsstabilität und Wäschebeständigkeit, Verminderung der Reißfestigkeit, keine Chlorretention, formaldehydfrei	Reaktant-Harze
Kunstharzfreie Ausrüstungen Sanfor Set (Glyoxal)	mäßiger Effekt, Verringerung der Festigkeit, Gefahr der Vergilbung	Zellulosevernetzung
Formaldehydspender (z.B. Formamid) (Urotropin)	Sehr gute Naßknittererholung, gute Naß- und Trockenknitterfestigkeit, Verringerung der Festigkeit, Chlorretention	Zellulosevernetzung

Anmerkung zur Tabelle: Die Kunstharze neigen dazu, Chlor aus der Waschflotte zurückzuhalten, wenn sie mit Waschmitteln gewaschen werden, die als Bleichmittel Hypochlorit enthalten (**Chlorretention**). Beim Bügeln oder bei Sonnenbestrahlung des gewaschenen Gewebes kann es vorkommen, daß das zurückgehaltene Chlor die Faser schädigt. Kunstharze ohne Stickstoff halten kein Chlor zurück.

3. Speziell für Sportbekleidung (→ *Activwear*) als Vierkanalfaser entwickelte Hohlfasern mit besonders großer Oberfläche (→ *Dacron Coolmax*); diese Konstruktion unterstützt den Kühlungsprozeß des Körpers und sorgt für einen wirksamen Abtransport der Feuchtigkeit von der Haut (→ *Zweischichtenstoffe*). – Vgl. → *Faserfüllung*, → *Füllfaser*, → *Viloft*, → *Absorbic-Faser*.

Hohlgewebe, **Hohlstoffe**, Gewebe mit mehreren Kett- und/oder Schußsystemen mit zwei übereinanderliegenden Gewebebahnen, die webtechnisch miteinander verbunden sind. Im engeren Sinne: Schläuche, Dochte, nahtlos gewebte Postsäcke. – Vgl. → *Cord*, → *Matelassé*, → *Rundwebmaschine*.

Hohlsaum, auch maschinell herzustellende Durchbruchmusterung, → *Ajour*-Verzie-

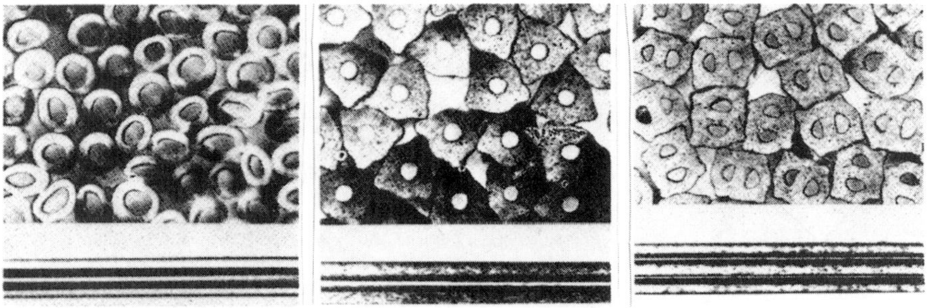

Makroaufnahmen (Schnitt und Längsbild) verschiedener Arten von Hohlraumfasern. Von links: Runder Querschnitt, Hohlraum vielfach mit Lufteinschlüssen; dreieckiger Faserquerschnitt; viereckiger Querschnitt mit zwei Hohlräumen.

rung von Bettwäsche und Wäsche, aber auch von Bekleidung aus Geweben in Tuchbindung durch Herausziehen einzelner Fäden und Bündeln der verbleibenden.

Hohlstoffbindung, → *Trikotbindung*, → *Cordbindung*, → *Warenwechseltechnik*, → *Cloqué*.

Holbeinstickerei, beidseitig gleich aussehende Zierstichtechnik, die aus zwei unabhängig voneinander gleichmäßig gearbeiteten Stickreihen besteht.

Holiday-Shirt, → *Bodysuit*.

Hollofil, → *Fiberfill-Faser*, Vierloch-→ *Dacron*-→ *Hohlfaser* als → *Füllfaser* für → *Bettwaren* und → *Steppstoffe*, gewährleistet guten Lufteinschluß und Feuchtigkeitstransport sowie ausgezeichnete Wärmeisolation.

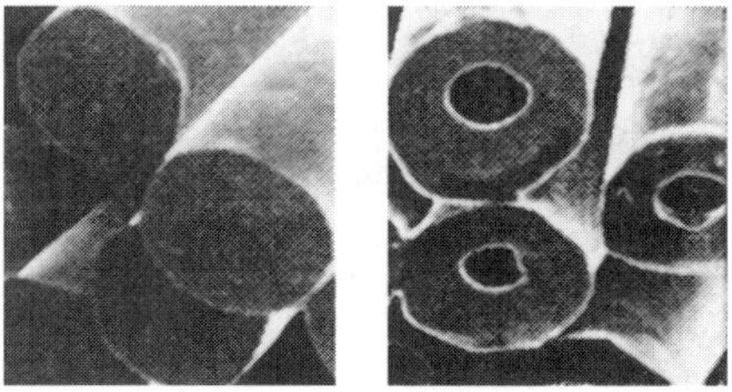

Dacron-Hollofil (rechts) im Vergleich zu normalem Polyester mit gleichem Titer (Schnitt-Makroaufnahme).

Holzfällerkaro, sehr bunt und kontrastreich kolorierte, mittelgroße Karos nach Art der Hemden von Waldarbeitern, auch auf voluminösen Wollstoffen für Freizeitkleidung.

Holzhackermantel, robuster → *Loden*mantel mit Vorder- und Rückenkoller und kontrastfarbigen Blenden. – Vgl. → *Jagdmantel*, → *Kutschermantel*.

Holzschleuderschiene, → *Schleuderschiene*.

Homburg, eleganter Herrenhut mit eingefaßtem und hochgebogenem Rand.

Home-dress, **Homewear**, „Kleidung zwischen Tag und Nacht", „Hausbekleidung bis zum Gartenzaun", sehr bequeme und unkonventionelle Gruppe von Modellen („Kuschelmode") vor allem für die berufstätige Frau, die sich zur häuslichen Entspannung umzieht; im Home-dress kann man auch Besuch empfangen. Die Bekleidung ist besonders zum Fernsehabend geeignet. Bevorzugt werden Maschenstoffe; in Frage kommen neben → *Jogging-Anzug*-ähnlichen Zweiteilern sportliche oder elegante bis festliche bodenlange Mantelkleider und Hosenanzüge. Nicht identisch mit → *Nachtwäsche*. – Vgl. → *Television-Stil*, → *Loungewear*, → *Palazzohose*, → *Finnenkleider*. → Abb. vgl. S. 390.

Home-spun, 1. Voluminöse Garne mit ungleichmäßigem Querschnitt und Faden-

Beispiele für Homedress.

verlauf mit dickeren und dünneren Stellen, der bewußt durch ungleichmäßiges → *Kardieren* hervorgerufen wird, um den Charakter des „Handgesponnenen“ zu unterstreichen.
2. Aus England stammende („englisch“ gemusterte), → *handweb*artige Stoffe aus dochtigen Garnen, locker und porös in einfachen, kurz flottenden Bindungen gewebt, kaum gewalkt, mit klar erkennbarem Bindungsbild, manchmal mit Noppen und → *Loop* ausgeputzt. Um ein leichteres Gewicht und einen weicheren Griff zu erzielen, werden auch → *Merinowollen* statt der früher ausschließlich üblichen → *Crossbread-* und → *Cheviotwollen* eingesetzt. – Vgl. → *Handwebcharakter*, → *Chiné-Tweed*, → *Crotched-Tweed*, → *Donegal*, → *Fischgrat*, → *Harris-Tweed*, → *Irish-Tweed*, → *Maus und Rattenzähnchen*, → *Shetland*, → *Tweed*, → *Steg*.

Homopolymerisat, aus gleichartigen Monomeren einheitlich aufgebaute Kettenmoleküle. Gegensatz: → *Heteropolymerisat*, → *Copolymerisat*, → *Multipolymerisat*.

Honan, feiner → *Shantung*, korrekt: Gewebe, die nur in der Kette glatte → *Japanseide*, im Schuß → *Wildseiden* (→ *Tussahseide*) mit leichten Fadenverdickungen enthalten. Imitation aus Chemiefasern: **Honanin**.

Hopsack, schwerer Mantel- und Kostümstoff aus Wolle, dessen Oberfläche ein poröses, an den → *Panama* erinnendes Warenbild zeigt, oft mit einer angewebten, angeflauschten Abseite. – Vgl. → *Zuckersack*.

Hornback, seltenes und besonders kostbares → *Kroko-Leder* von der verhornten Rückenpartie ausgesucht schöner Tiere. Das höckerige Mittelteil, der „Stirnschnitt“, bleibt stets matt, nach den Seiten hin wird das Leder poliert. Statt wie üblich am Rükken, muß die Haut auf der Bauchseite aufgeschnitten werden.

Hornknopf, wertvoller, aus den Hörnern, Klauen und Hufen verschiedener Tierarten hergestellter Knopf. Durch Erwärmen kann Horn weichgemacht und verformt werden. Der echte aus Horn gedrechselte Knopf ist durchscheinend und hat eine rißartige Zeichnung. Das aus der massiven Spitze und aus dem hohlen Teil des Horns herausgeschnittene Büffelhorn ist das hochwertigste Horn, weil es sich vorzüglich polieren läßt. Hornknöpfe mit besonders schöner Maserung: → *Brasil.* – Vgl. → *Hirschhornknopf,* → *Beinknopf.*

Hose, kurzes, mittellanges oder knöchellanges Beinbekleidungsstück für Damen, Herren und Kinder; sowohl reine Zweckbekleidung (→ *Berufsbekleidung*) als auch Ausdruck des Modebewußtseins. Klassische Hosen: → *Rundbundhose,* → *Bundfaltenhose,* → *Spitzbundhose,* → *Kniebundhose,* → *Keilhose,* → *Knickerbocker,* → *Gürtelhose,* → *Breecheshose,* → *Umschlaghose,* → *Umschlaglose Hose*; modische Abwandlungen klassischer Modelle: → *Chinos,* → *Clubhose,* → *Pulloverhose,* → *Rundgebügelte Hose,* → *Stiefelhose,* → *Wohnhose*; modische Hosenformen für Damen und/oder Herren: → *Bananenhose,* → *Torerohose,* → *Gauchohose,* → *Fischerhose,* → *Korsarenhose,* → *Nabelhose,* → *Slophose,* → *St.Tropez-Hose,* → *Piratenhose,* → *Caprihose,* → *Kulihose*; von → *Activwear* und bestimmten Sportarten abgeleitete Hosenformen: → *Reithose,* → *Golfhose,* → *Jodhpurhose,* → *Caddyhose,* → *Jet-Hose,* → *Rennhose,* → *Steghose,* → *Sailorhose,* → *Norwegerhose,* → *Schifferhose*; aus dem → *Jeans-*

Variationen im Schnitt der Damenhosen. Von links: obere Reihe: Träger-Overall Typ „Spielanzug“; Sattelhose in V-Linie mit je drei Bundfalten und Tütentaschen; wadenlange, plissierte Rockhose; modische Hosenform mit gesteppter Mittelnaht und seitlichen Taschen; untere Reihe: Bundfaltenhose mit zwei blinden Billet-Taschen; herrenmäßig geschnittene Flanellhose mit breitem Bund, Bund- und Bügelfalte, schmaler Umschlag; Designer-Modell einer jugendlichen Hose mit extremer Leibhöhe, betonten Kappnähten und modischen Taschenvariationen.

Umschlag: 2,5 bis 4 cm hoch.
Fußweite: 60 cm.

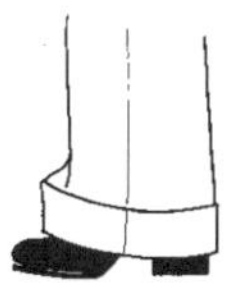

Umschlag: 6 bis 8 cm hoch.
Fußweite: 60 cm.

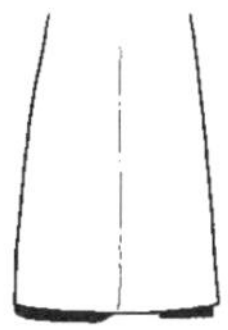

Ohne Umschlag.
Fußweite: 80 cm.

Veränderung des gesamten Bildes der Hose durch Variation des unteren Saums: Umschlag 2,5–4 cm bei 60 cm Weite; Umschlag 6–8 cm hoch, Weite 80 cm; Umschlaglose, rund gebügelte Sailorhose, Weite 80 cm.

Modische Hosenformen. Obere Reihe von links: Bundfaltenhose im Workman-Stil mit aufgesteppten Taschen; Bundfaltenhose in V-Form mit verstellbarer Knöchelweite (ähnlich Norwegerhose); knielange Rockshorts, rundgebügelt und mit Umschlag; Caprihose; Krempelshorts; Kulihose. - Untere Reihe von links: Knickerbocker; gerade geschnittene Bundfaltenhose mit Umschlag; Breecheshose; Steghose; Knie-Pumphose.

wear stammende Hosenformen: → *Jeans,* → *Blue Jeans,* → *Five-pocket-Jeans,* → *Slack,* → *Krempeljeans,* → *Röhrenhose,* → *Karottenhose,* → *Tear away-Hose,* → *Zigarettenhose,* → *Konische Hosenform,* → *Clochard-Hose,* → *Shakehose*; spezielle Modehosen für Damen: → *Marlene-Hose,* → *Audrey Hepburn-Hose,* → *Bananenhose,* → *Pantabouff,* → *Pants,* → *Sarouel,* → *Jupe Culotte,* → *Rockhose,* → *Ho-*

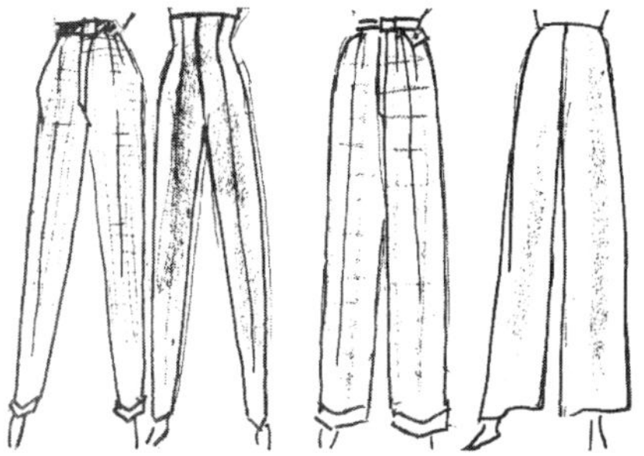

Die Hosenweite, die zusammen mit der Stoffart und dem Umschlag auch den Fall der Hose maßgeblich beeinflußt, ist ein wesentliches modisches Gestaltungselement.

senrock, → *Sultan-Hose*, → *Saronghose*, → *Palazzo-Hose*; kurze Hosenformen: → *Short*, → *Bermudashort*, → *Biker-Shorts*, → *Bicycle-Hose*, → *Radfahrerhose*, → *City-Bermuda*, → *Hot pants*; Beinformen: → *Bell bottom*, → *Flared leg*, → *Trompetenform*, → *Strait leg*; Details an Hosen: → *Bundverlängerung*, → *Umschlag*, → *Autofahrerbund*, → *Torerorerobund*, → *Billett-Tasche*, → *Swinging Pocket*, → *Patch Pocket*, → *Westerntasche*, → *Slash Pocket*, → *Italienische Tasche*, → *Französische Tasche*, → *Chaps*. – Vgl. → *Nadelprobe*, → *Leggings*, → *Bloomer*, → *Cat-Suit*, → *String*.

Hosenanzug, Kombination von Jacken oder Westen mit Hosen oder Shorts ausgleichem oder abgestimmtem Stoff für Damen, vom → *City-* und → *Business-Stil* bis zum → *Casualwear* variierbar; zum Teil dreiteilig mit Jacke und Weste. – Vgl. → *Shortanzug*.

Hosenbluse, schrittlange Bluse mit bequemer Weite, die über der Hose getragen wird.

Hosenbundverarbeitung, flexible, aber stabile Einarbeitung spezieller → *Einlagestoffe*, die das Rollen und das Ausweiten des Bunds nach längerem Tragen verhin-

Hosenanzüge. Von links: Streng in herrenmäßigem Stil als Business-Look akzeptable Kombination Weste/Hose, mit Outdoor-Jacke; jugendlich-freche, aber doch „angezogen" wirkende Kombination Long-Gilet/Shorts mit moderner Hemdbluse; zwei unkonventionelle Hosenanzüge, links Woll-Gabardine-Jacke mit betonten Pattentaschen zur farblich abgestimmten Samthose, rechts Samtanzug mit Rüschenbluse; Hosenanzug aus weich fließendem Tuch mit Reversjacke und durchgeknöpftem Top mit Gilet-Abstich; Hosenanzug im Sportswear-Stil mit Kurzjacke und Gürtelhose, knöchellanges Bein mit Umschlag, aus Baumwoll-Gabardine.

Beispiele für Hosenjacken; die ersten beiden von links mit Pelz-Innenausstattung und -Belägen auf dem Revers; ganz rechts mit Husarenverschluß.

dern müssen, aber nicht brettig hart sein dürfen; die Einlage trägt auch die Zugvorrichtung (z.B. Haken und Ösen), die Gürtelschlaufen, die → *Gürteldornschlaufe* und die Hosenknöpfe. Bei → *Rundbundhosen* bildet eine → *Bundverlängerung* den saubersten Abschluß. Reißverschluß oder Knöpfe im Schlitz ist keine Frage des Genres, sondern des Geschmacks. Hingegen ist der angeschnittene bzw. eingesetzte Hosenbund eine Frage der Wertstufe.

Hosenbundverarbeitung. Links angeschnitten, rechts angesetzt.

Hosenjacke, betont sportliche, höchstens schrittlange, oft antaillierte Jacke, die auf der Straße über der Hose getragen wird und den Mantel ersetzt. – Vgl. → *Caban*, → *Canadian*.

Hosenrock, weit geschnittene, waden- bis knöchellange Hose aus weichen Stoffen, deren Vorder- und Rückenteile im Schritt genau aufeinanderpassen, so daß der Eindruck eines Rocks entsteht. Die Stoffe sind

Hosenröcke, links mit Blusentop, Krawatte und Hosenträgern, rechts mit Sweatshirt mit Comics-Motiv.

nicht so leicht, die Beine nicht so weit wie bei der → *Rockhose.* – Vgl. → *Jupe culotte.*

Hosentaschenfutter, sehr dichte und feste Gewebe aus Baumwolle und Synthetics, bevorzugt in → *Köper-* und → *Drellbindung*, feinere Qualitäten auch in Tuchbindung (→ *Pocketing*) oder in Atlasbindung (→ *Moleskin*). Vor allem für sommerliche Modelle auch der Herrenbekleidung werden verstärkt → *Raschelfutter* aus Polyamiden eingesetzt, deren Querstabilität durch einen eingelegten Schuß erhöht wird. – Vgl. → *Taschenfutter.*

Hosenträger, breiteres, verstellbares, am hinteren Ende meist einteiliges Gummiband, das zweigeteilt über die Schultern geführt und vorne rechts und links am Hosenbund sowie hinten in der Mitte angeknöpft oder mit Klipsen befestigt wird. Die hierfür früher eigens gestaltete → *Spitzbundhose* wird praktisch nicht mehr hergestellt, der Hosenträger aber vor allem von Bauchgrößen und Menschen mit Krankheiten, die jeden Druck auf die Taille durch einen Gürtel vermeiden müssen, nach wie vor getragen. In modisch-verzierter Ausführung jugendliches → *Accessoire.*

Verzierter, aber dennoch verstellbarer Hosenträger, als modisches Accessoire funktionslos zur Gürtelhose getragen.

Hosiery-Garn, engl. Ausdruck für weich gedrehte Strumpf-, Strick- und Trikotgarne. – Vgl. → *Mulegarn.*

Hostalen®, monoaxial verstrecktes (einachsig orientiertes) → *Polyolefin* (→ *Polyethylen* und → *Polypropylen*), auch → *monofil*, für → *Drähte* und → *Borsten.*

Hostaphan®, Polyethylen-→ *Folie*, auch polyethylenbeschichtete Polyesterfolie (PE).

Hot-head-Presse, Spezialpresse für den zweiten Kondensationsvorgang bei → *Post-curing* (→ *Permanent Press*) am fertigen Bekleidungsstück, die mit hohem Anpreßdruck von etwa 1 kg/cm^2 und Bügeltemperaturen zwischen 180–220 °C arbeitet und die die strenge Einhaltung der nach Stoffarten und -gewichten verschiedenen Preßzeiten (15–30 sec) erfordert. Zu harte Behandlung schwächt den Stoff, zu milde macht die Ausrüstung weniger dauerhaft und schädigt das Aussehen.

Hot pants, Hot shorts, „heiße Höschen", nur schrittkurze, sehr jugendliche Shorts für Damen. Ganz eng auch aus elastischen Stoffen, oder rockartig ausgestellt mit etwas höherem Bund und mit kleinem Umschlag. → Abb. vgl. S. 396.

Hot-Roll-Fixierung, → *Kontaktfixierung*, → *Thermofixierung* synthetischer Fasern durch direkten Kontakt mit beheizten Walzen.

Hot pants, Hot shorts mit Umschlag, zur Blazer-artigen City-Jacke getragen.

Hot shorts mit Bustier im Safari-Stil mit großen, aufgesetzten, geknöpften Pattentaschen.

HOY, high oriented yarn, hoch orientiertes, aber noch nicht voll verstrecktes Garn aus Synthetics-Filamenten, vor allem Polyester, mit einer Restdehnung von 30–60%. – Vgl. → *Schnellspinnen*, → *MOY*, → *FOY*.

HT-Färbung, Hochtemperatur-Färbung, Färbeverfahren mit Temperaturen bis 140 °C in druckfest verschlossenen Apparaturen; die Farbstoffe werden von Synthetics schneller aufgenommen, der Durchfärbungsgrad wird verbessert. Polyesterfasern können → *Carrier*-frei gefärbt werden.

HT-Typen, → *High tenacy fibers*. - Auch Kurzbezeichnung für → *Hochtemperaturbeständige Fasern*.

Hubertusschulter, Schulter bei Mänteln mit dem vom → *Jagdmantel* übernommenen, rundum geführten, losen Koller.

Hüftgürtel, nach neuer Definition „unelastische → *Miederware* mit einer seitlichen Gummihöhe von mehr als 25 cm“. – Vgl. → *Miederhose*, → *Panty*, → *Hipster*, → *Sportgürtel*, → *Strumpfhaltergürtel*, → *Straps*.

Hühnerfeder, → *Federn* mit geringerer Füllkraft, gleich den Putenfedern wegen des kaum gebogenen Kiels, besonders glanzreich, am Kielende häufig mit einer kleinen Schmarotzerfeder (Beifeder) bewachsen. Für Deckbetten und Kissen kaum zu gebrauchen. Zusätze wie „Daune“ oder „Flaum“ sind nach RAL 092 A2 nicht gestattet. – Vgl. → *Curlen*, → *Naturfeder*, → *Wonderfill*.

Hüllenmantel, **Hüllenjacke**, sehr weit und körperfern geschnittene, lose fallende, nicht zu kurze Modelle auch in → *Cape*-Form und meist auch mit weiten Ärmeln, wobei die Weite durch strahlenförmige Stepperei unterstrichen sein kann. – Vgl. → *Zeltlinie*.

Humanökologie, früher als Toxikologie bezeichnete, interdisziplinäre Wissenschaft, die sich mit der möglicherweise schädlichen Wirkung der Bekleidung auf den menschlichen Körper befaßt. Angestrebt wird eine Minimierung der Schadstoffe im fertigen Produkt. – Vgl. → *Herstellungsökologie*, → *Entsorgungsökologie*.

Hunting, fleischseitig geschliffenes → *Veloursleder*, Voll- oder → *Spaltleder*, die Narbenseite wird als Abseite benutzt.

Hüllenmäntel, links knöchellang mit Schalkragen, Mitte mit Raglanpasse, rechts Designer-Modell mit superweitem, an Kimono erinnernden Ärmelschnitt.

Hunting-Look, **-Stil**, von der korrekten (englischen) Jagdkleidung abgeleitete, meist stark verfremdete Richtung der Damenmode unter Bevorzugung des → *Hosenanzugs* und unter Verwendung weicher, aber rustikaler Stoffe, vielfach mit Samt- oder Leder-Besätzen, oft mit konisch verlaufenden, engen Hosenformen, selten mit → *Jodhpur*-ähnlichen Hosen. Manchmal durch Stiefeletten ergänzt. – Vgl. → *Reitersakko*, → *Landlord-Stil*, → *Norfolk*.

Hunzaloden, geschützte Bezeichnung für einen besonders hochwertigen, reißfesten, luftgetrockneten → *Hirtenloden* mit gutem Kälteschutz (650 g). – Vgl. → *Loden*.

Husarenverschluß, dekorativer zweireihiger Verschluß an jugendlichen Mänteln und Jacken für Damen aus geflochtener Kordel und mit Knebel (→ *Posamenten*-Verschluß). – Vgl. → *Kosakenstil*, → *Lara-Look*. → Abb. vgl. S. 398.

Hut, Kopfbedeckung für Damen und Herren mit fester Form aus → *Leder*, → *Filz* und bast- oder strohähnlichem Material; auch genäht aus modischem Stoff. – Vgl. → *Bowler*, → *Camber*, → *Snapbrim*, → *Homburg*, → *Maskotte*, → *Kalabreser*, → *Manhattan*, → *Matelot*, → *Toque*, → *Bridé*, → *Canotier*, → *Borsalino*.

Beispiele für den Hunting-Look. Von links: Stark auf Taille geschnittene, aber hüftweite, mit Samt besetzte Jacke zum Rolli, schmale Hose; Hunting-Anzug mit langem (Reiter-) Sakko zum Krawattenhemd, seitlich eingeschnittene Paspeltaschen; stark abgewandeltes Designer-Modell mit abstechend konturierten Kragenkanten und Taschenpatten, Hunting-Schleife, zur konisch geschnittenen Hose.

Jacke mit Husarenverschluß.

HWM-Fasern, high wet modulus, lt. → *TKG* → *Modal*, zu hohem → *Polymerisationsgrad* modifizierte Viskosefaser mit besonders hohem → *Elastizitätsmodul* in feuchtem Zustand und besonders hoher Quellfestigkeit, aber geringerer Alkalibeständigkeit. Besonders häufig mit Polyesterfasern zusammen verarbeitet, da diese nur sehr selten → *mercerisiert* werden. Bruchfestigkeit, Schlingenfestigkeit und Querfestigkeit sind den → *Polynosefasern* überlegen. → *Feinstfasern* mit einem Titer von 1,3 dtex haben einen großen Anteil; eine → *Microfaser* hat exakt 1,0 dtex. Verwendung als Alternative (nicht: Ersatz) von Baumwolle mit besserer → *Pflegeleichtigkeit*. → *Maschenwaren* aus 50% Modal/ 50% Baumwolle zeichnen sich durch ein besonders gleichmäßiges Maschenbild und hohe Geschmeidigkeit aus. Max. 5,5 dtex, → *Stapellänge* bis 130 mm. – Vgl. → *Hochnaßfeste Viskosefaser*, → *Hochmodul*.

Hydrolyse, Lösung von verschiedenen Chemikalien in Wasser durch freien Wasserstoff.

Hydromembrane, → *Nässesperrmembrane*, → *Membrane*.

Hydronblau, den → *Schwefelfarbstoffen* und den → *Küpenfarbstoffen* ähnlicher Farbstoff für hohe Echtheiten, vor allem für Baumwollgewebe. – Vgl. → *Blautuch*, → *Blauköper*, → *Indocarbon-Farbstoffe*.

Hydrophil, wasserfreundlich, Textilfasern mit guter Netzfähigkeit, der Fähigkeit zum Transport von Feuchtigkeit über die Faseroberfläche und zur Aufnahme von relativ viel Feuchtigkeit; Maßstab für die → *Hygienischen Eigenschaften*. Je mehr Feuchtigkeit eine Faser aufgenommen hat, desto stärker quillt sie.

Hydrophilierung → *hydrophober* Synthetics durch Überziehen der Faser mit Filmen anionischer, kationischer und nichtionischer Charakteristik, vor allem Emulsionen auf Polyamidbasis, um die Fähigkeit der Faser zum Feuchtigkeitstransport und damit die → *hygienischen Eigenschaften* zu verbessern. – Vgl. → *Soil release*.

Hydrophiles Kombinationssystem, in Stoffe integrierte (→ *Zweischichtenstoff*) oder im → *Zwiebel-System* aus zwei verschiedenen Bekleidungsstücken gebildete Kombination einer auf dem Körper getragenen modifizierten Synthesefaser (→ *konduktive Fläche*), und einer natürlichen Faser auf der Außenseite (→ *sorptive Fläche*); die Synthesefaser leitet die Körperfeuchtigkeit nach außen, wo sie ohne Kältegefühl am Körper verdunsten kann. Dadurch, daß

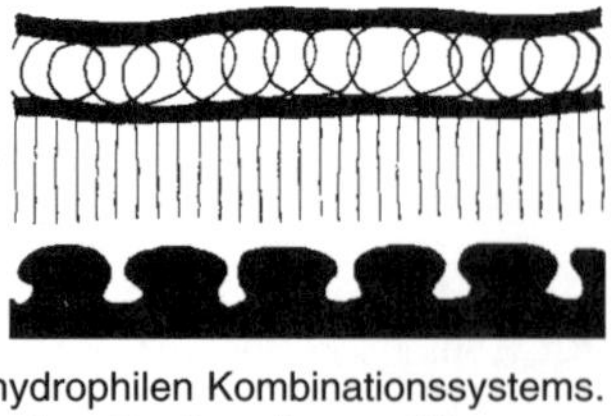

Prinzip des hydrophilen Kombinationssystems. Eine Schicht einer Synthesefaser mit hervorragendem Feuchtigkeitstransportvermögen ist auf der Hautseite, eine die Feuchtigkeit anziehende und an die Außenluft abgebende natürlische Faser ist auf der Außenseite angeordnet, so daß der Körperschweiß schnell abgeleitet wird und auf der Haut ein trockenes Mikroklima entsteht.

der Schweiß nach Erfüllung seiner kühlenden Funktion von der Bekleidung aufgenommen und an die Luft abgegeben wird, setzt sich der Verdunstungsprozeß nicht bis zum unangenehmen Frösteln fort.

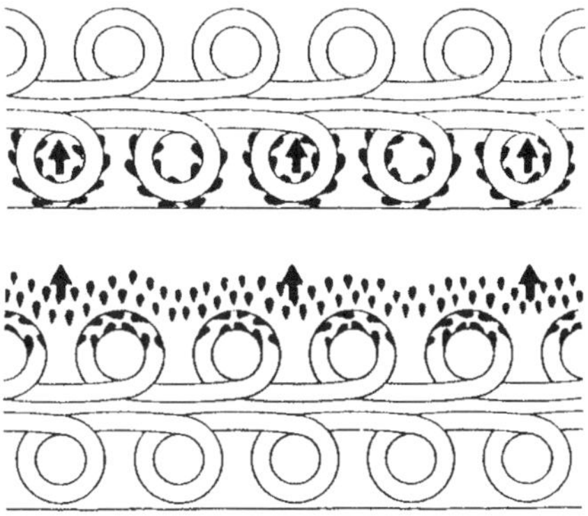

Integriertes, in einem Zweischichtenstoff zusammengefaßtes hydrophiles Kombinationssystem. Oben: Die Feuchtigkeit wird von der Haut abtransportiert; unten: Die Feuchtigkeit verdunstet auf der Außenfläche.

Hydrophob, wasserfeindlich, wasserabstoßend. **Hydrophobierung**, wasserabstoßende Ausrüstung von Textilien aus → *zellulosischen Fasern* mit dem Ziel des → *Fleckenschutzes* vor nassem Schmutz auf trockenen Textilien und zur Wetterfest-→ *Imprägnierung*. Hierbei unterscheidet man zwischen → *Wasserdichtausrüstungen* und → *Wassserabstoßender Ausrüstung*, die einen Abperleffekt bewirkt.

Hydrosol-Farbstoffe, wasserlösliche → *Schwefelfarbstoffe*, ohne Reduktionsmittel in Wasser löslich. Zum Aufziehen auf (Zellulose-)Fasern ist die Zugabe eines Reduktionsmittels nötig.

Hydrozellulose, durch Säuren oder säureabspaltende Salze geschädigte Zellulose mit wesentlich niedrigerem → *Polymerisationsgrad*. Hydrozellulose in Gespinsten macht diese brüchig und empfindlich gegen Chemikalien und Fermente.

Hygienische Ausrüstung, → *Antimykotische Ausrüstung*.

Hygienische Eigenschaft, wichtiger Gebrauchswert für alle Textilien, die direkt mit dem Körper in Berührung kommen; Fähigkeit einer Faser, eines Stoffes oder eines Bekleidungsstücks, die Körperfeuchtigkeit aufzusaugen, wobei die Feuchtigkeit nicht gestaut, sondern relativ rasch und gleichmäßig wieder abgegeben werden soll. Baumwolle und Wolle (Socken bei Schweißfüßen!) haben hervorragende hygienische Eigenschaften; Naturseide kann durch den Schweiß angegriffen werden. Durch die Herabsetzung des Quellwerts bei → *Pflegeleicht-Ausrüstungen* vor allem auf Kunstharzbasis werden die hygienischen Eigenschaften zellulosischer Fasern reduziert. Außer durch den Rohstoff, werden sie bestimmt durch die Garnstruktur und -drehung sowie durch die Art der Verschlingung/Verkreuzung der Fäden im Stoff. Auch die Beeinträchtigung der Luftzirkulation kann die hygienischen Eigenschaften eines Bekleidungsstücks mindern. – Vgl. → *Hautverträglichkeit von Chemiefasern*.

Hygitex, → *Antimykotische Ausrüstung* vor allem für Strumpfwaren mit lang anhaltender Fußpilz-hemmender und vorbeugend desodorierender und antibakterieller Wirkung, die durch häufiges Waschen gefördert wird. Ungiftig, reizt die Haut nicht.

Hygroskopizität, hygroskopisch, Fähigkeit (textiler Rohstoffe), dampfförmiges Wasser aus der umgebenden Atmosphäre in ihr Substanzgefüge aufzunehmen und festzuhalten. Als „normalfeucht“ gilt der Wassergehalt bei einer relativen Luftfeuchtigkeit von 65%. – Vgl. → *Reprise*, → *Konditionierung*.

I

Ice-washed, → *Snow washed*.

Icewool, geschützte Bezeichnung für die naturbelassene, im Zuge des → *Ökotrend* wieder beliebt gewordene Island-Wolle; die Schafe tragen ein doppeltes Vlies mit feinem und glänzendem Untervlies und weichem, seidigen und dichten Obervlies. Das → *Lanolin* wird in der Wolle belassen, so daß Erzeugnisse daraus winddicht und wasserabstoßend sind. – Vgl. → *Sortierungsfarben*.

ICN-Maschine, Individual Controlling Needle, → *Overtuft*-→ *Tufting-Maschine* mit programmierter Nadelsteuerung, die die Herstellung von geometrischen oder figürlichen Mustern erlaubt.

Igelgarn, → *Vrillé-Zwirn*.

Ikate, Ikat, Webdessinierung geometrischen oder flächigen Charakters mit Hilfe von partiell anders gefärbten Garnen mit verzogenen oder ausgefransten Konturen; wesentlich unregelmäßiger als → *Chiné* (→ *Kettdruck*). Die nicht angefärbten Fadenpartien sind nach indonesischem Vorbild durch örtliches Abbinden → *reserviert*. Imitation durch Stoffdruck.

Illuminationsfarbstoffe, ätzbeständige → *Farbstoffe* für die → *Buntätze*.

Illusionstüll, besonders feiner → *Wabentüll* vor allem für Brautschleier.

Iltis, weiches, dichtes Fell eines marderähnlichen Raubtiers; Europäischer oder Schwarzer Iltis mit dichter gelber Unterwolle und schwarzen Grannen, die die Unterwolle durchscheinen lassen; im wesentlichen gezüchtet. Selten: Weißer oder Steppen-Iltis; weiße Unterwolle und fast weiße Grannen.

Imago, matter Musterungseffekt in → *Transparent*-Stoffen durch Bedrucken mit → *Reserven* vor dem → *Transparentieren*.

Imitatgarn, aus kurzen Baumwollsorten oder aus Abfällen hergestelltes, in seiner Struktur den → *Streichgarnen* aus Wolle ähnliches, weich gedrehtes und voluminöses, wenig strapazierfähiges → *Zweizylindergarn* von geringer wirtschaftlicher Bedeutung. – Vgl. → *Abfallgarn*, → *Fancygarn*, → *Vigogne-Garn*.

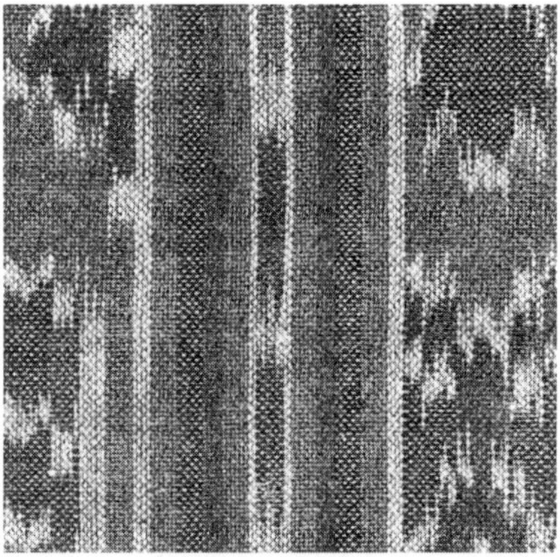

Ikate-Dessins, oben Kett-Ikat, unten Doppel-Ikat mit örtlich anders gefärbten Garnen in Kette und Schuß. Die typische, ausgefranste Zeichnung des Musters ist gut zu erkennen.

Imitation, Nachahmung, Ersatz in niedriger Preislage.

Immacula-Ausrüstung, Verfahren zur → *Flächenfixierung* und → *Formfestbehandlung* von Wolle mit Natrium-Bisulfit und Harnstoff oder Ethylenglykol und Diethanolamincarbonat und Harnstoff, bewirkt eine Umbildung der Moleküle. – Vgl. → *Siroset*, → *Measac*.

Immission, Einwirkung von Luftverunreinigungen, Geräuschen, Erschütterungen oder Strahlungen auf Menschen, Tiere Pflanzen oder Gegenstände. – Vgl. → *Emission*.

Immunisierung, seit der weiten Verbreitung der Synthetics und von Acetat nur mehr selten praktiziertes Verfahren zur chemischen Umwandlung natürlicher Fasern zur Veränderung der → *Farbaffinität* mit dem Ziel von Mehrfarb- und → *Melange*-Effekten bei Mischungen mit der gleichen, nicht veränderten Faserart. – Vgl. → *Differential-dyeing*, → *Animalisieren*.

Imperon®, → *Pigmentfarbstoff* für Färbungen und Drucke mit hervorragenden Echtheiten.

Import, Einfuhr von Waren aller Art, unabhängig davon, ob sie im Ausland in fremden Betrieben hergestellt worden sind (→ *Vollimport*), ob sie in eigenen Unternehmen im Ausland produziert werden (→ *Auslandsfertigung*) oder ob es sich um Lohnanfertigung aufgrund von Material mit EU-Ursprungszeugnis handelt (→ *Passiver Lohnveredlungsverkehr*).

Imprägnieren, 1. Allgemeinbezeichnung für das Durchtränken von Stoffen mit gelösten Chemikalien aller Art (auch Färben, Bleichen).
2. Speziell das Tränken von Stoffen mit wasserabstoßenden (→ *hydrophobierenden*) Chemikalien bis zur vollkommenen Wasserdichte (→ *Wasserdicht-Ausrüstung*); bei der möglichst reinigungsbeständigen Imprägnierung zur Verringerung der Benetzbarkeit der Oberfläche von Bekleidungstextilien (→ *Abperleffekt*) darf die Durchlässigkeit für Luft und Wasserdampf nicht beeinträchtigt werden. Je nach den Anforderungen an Wasch-, Reinigungs-, Wetter- und Kochbeständigkeit werden Wachs- und Paraffinemulsionen, z. T. unter Zusatz von Aluminium- und Zirkonsalzen, mechanisch eingelagert; zur Erzielung von Kochfestigkeit werden vor allem → *Silikon* und → *Fluorcarbon*, die sich auch für Synthetics eignen, als filmbildende Substanzen aufgebracht. Kombinationen mit → *Fleckschutzausrüstungen*, → *Antiflamm-Ausrüstung* und zur Fäulnisbeständigkeit (→ *Antimykotische Ausrüstung*) sind möglich und üblich. Seit dem vielseitigen Einsatz der → *Hydromembranen* oder der → *Klimastoffe* ist die wetterfeste Imprägnierung eher von rückläufiger Bedeutung. – Vgl. → *Hydrophobol*, → *P-Silikon*, → *Persistol*, → *Perlit*, → *Ramasit*, → *Teflon*, → *Texylon*, → *Atmungsaktive Beschichtung*, → *Filmbildung*, → *Vernetzung*.

Imprägnol®, nicht waschfeste → *Imprägnierung* zur wasserabstoßenden Ausrüstung von Stoffen vor allem im Baumwollcharakter.

Imprimé, frz. → *Stoffdruck*.

In Between, Bekleidungsstil, der eine Verbindung zwischen Tages- und → *Abendkleidung* darstellt und sowohl am Tag als auch zu kleineren Anlässen getragen werden kann. Wichtig sind wertvollere Stoffe und sparsame Details, damit die Kleidung im gleichen gesellschaftlichen Kreis mehrmals getragen werden kann. – Vgl. → *Anlaß-Kleid*.

Inbetween, schwere, halbdurchsichtige Stoffe für die Raumausstattung, mit einem Gewicht von 80–180 g/m² zwischen → *Gardinen*- und → *Vorhangstoffe* einzuordnen;

typisch ist die Halbtransparenz, die ein optimales Spiel des Lichts erlauben soll. Die den durchbrochenen Gardinenstoffen angenäherten Stoffe zeigen leichten Griff und duftigen Fall, Deko-Inbetweens haben einen kernigen Griff. Technisch kann es sich um → *Drehergewebe*, → *Ausbrenner*, → *Malimo* mit Kettfadenversatz zur Erzielung einer folkloristisch wirkenden Bindungsstruktur sowie um Durchzug- → *Raschel* mit Vierfarbenwechsel handeln.

Inch, engl. Zoll, 25,4 mm.

Indanthren, frühere, nicht mehr bestehende Schutzmarke für Stoffe, die durch Färbungen mit → *Küpenfarbstoffen* unübertroffene Echtheiten aufzuweisen hatten. Nach der Erfindung der → *Reaktivfarbstoffe* ließ sich eine auf eine einzige Farbstoffklasse fixierte Echtheitsmarke nicht mehr aufrechterhalten. Zudem ist mit dem modischen Wandel und der Kurzlebigkeit der Modefarben das Argument der Dauerhaftigkeit stark in den Hintergrund getreten, so daß eine Wiederbelebung der Marke aussichtslos erscheint. – Vgl. → *Farbechtheit*.

Indienne, 1. Klassischer → *Blaudruck* auf Baumwolle.
2. Leichte Baumwollstoffe mit historischen Druckmustern indisch/persischer Herkunft.

Indigo, ältester, bereits vor 4500 Jahren in Ägypten und China bekannter, blauer Naturfarbstoff (→ *Küpenfarbstoff*); die Farbe entwickelt sich erst an der Luft durch Oxidation. Nach der Erfindung des synthetischen Indigo 1880 (seit 1984 auch biosynthetisch giftfrei produziert) wurde wegen der umständlichen Färbetechnik und der geringen → *Reibechtheit* natürlicher Indigo nur mehr für blaue Kettgarne für → *Jeanswear* in Amerika und in geringen Mengen auch noch in Europa verwendet. Natur-Indigo ist lichtempfindlich und bleicht sowohl in der Sonne als auch unter Leuchtstoffröhrenlicht schnell aus. Ersatz durch → *Indigoide Farbstoffe*, die sich in ihrer chemischen Konstitution direkt von Indigo ableiten, und → *Indigosol-Farbstoffe*, sehr licht- und waschechte → *Küpenfarbstoffe*. – Vgl. → *Mantelfärbung*, → *Tauchfärbeverfahren*, → *Loop-dyeing*.

Indigoide Farbstoffe, konstitutionell direkt von Indigo abgeleitete, synthetische → *Küpenfarbstoffe*, in den Echtheitseigenschaften den übrigen Farbstoffen dieser Klasse unterlegen. Dies wird bei → *Jeanswear* in den verschiedenen Waschverfahren, die eine Veränderung der Farbwirkung zum Ziel haben (→ *Délavé*), zum Teil auch bei Stoffdrucken, ausgenutzt. – Vgl. → *Indigo*, → *Indigosol-Farbstoff*.

Indigosol-Farbstoff®, dem echten Indigo nachgebildete, aber in der chemischen Konstitution veränderte, anthrachinoide → *Küpenfarbstoffe*, mit besseren Echtheiten als die → *Indigoiden Farbstoffe*. Sie werden durch Veresterung mit Schwefelsäure

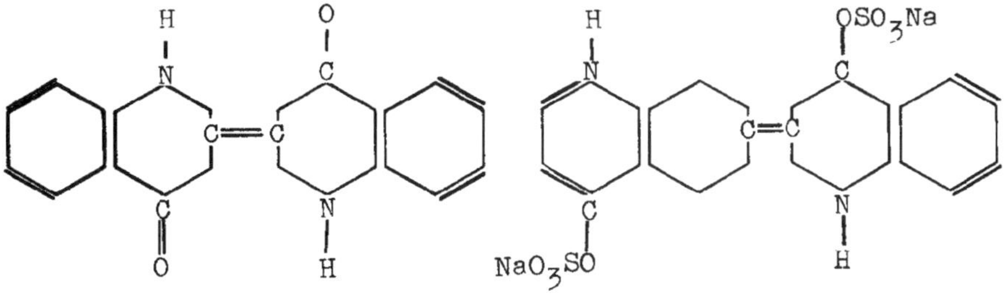

Unterschied der chemischen Konstitution von Natur-Indigo (links) und Indigosol-Farbstoffen (rechts).

wasserlöslich gemacht und ziehen direkt auf. Auf der Faser werden sie mit Hilfe von Chemikalien (vor allem Natriumnitrit) in die wasserunlösliche Form überführt.

Indikatoren, Kontrollmittel der → *Veredlung*, reaktionsempfindliche Stoffe, die in geringen Mengen in gelöster Form den zu untersuchenden Stoffen zur Feststellung der Veränderung des pH-Bereiches beigegeben werden und diese durch Farbtonumschlag anzeigen.

Indische Baumwolle, 1. Verhältnismäßig kurzstapelige Rohbaumwolle aus Indien. 2. Meist handgewebte, gazeartig durchbrochene Baumwollgewebe aus Indien, meist aus voile-artig hochgedrehten Garnen, rohweiß und gebleicht.

Indisch Crêpe, durch den Ökotrend geförderte, fast durchscheinende, nicht gebleichte oder veredelte rohe Baumwollgewebe in Tuchbindung aus zwar fest gedrehten, jedoch wegen des kurzen → *Stapels* nicht sehr gleichmäßigen Garnen, an denen z. T. noch Schalenreste haften. Da handgewebt, unterliegen diese Stoffe trotz der günstigen Preise keinerlei Importbeschränkungen nach → *WTA*. Fertige Blusen können bestickt sein. – Vgl. → *Indisch Leinen*, → *Cheesecloth*, → *Käseleinen*.

Indische Teppiche, traditionslose → *Orient-Teppiche,* nach meist persischen Mustern in kommerziellen Manufakturen in Indien fast ausschließlich für den Export in großen Mengen handgeknüpft.

Indisch Lamm, in der Zeichnung dem → *Persianer* oder dem → *Breitschwanz* angenähertes, relativ preiswertes Fell indischer Lämmer von sehr jungen Tieren, braun, weiß (→ *Tibet-Lamm*) oder schwarz, oft gefärbt; von bescheidener wirtschaftlicher Bedeutung.

Indisch Leinen, → *Indisch Crêpe*.

Indisch Rips, preiswerter, meist nicht gebleichter oder veredelter → *Popeline* aus (kurzstapeliger) Baumwolle im Nesselcharakter, manchmal mit unregelmäßigen Flammen, hauptsächlich für → *Öko-Mode*.

Indoor-Kleidung, Oberbekleidung für Damen, Herren und Kinder, die nach ihrer gesamten Gestaltung dafür gedacht ist, innerhalb geschlossener Räumlichkeiten getragen zu werden. Funktionelle Gesichtspunkte, die den Variationsreichtum einer modischen Gestaltung behindern würden, spielen im Regelfall eine nur untergeordnete Rolle. Allgemeinbegriff für nicht wetterfeste Kleidung. Gegensatz: → *Outdoor-Kleidung*. – Vgl. → *Innerwear*.

Indrarot, Naphtol-Kombinationsfarbstoff (→ *Entwicklungsfarbstoff*) von hoher Leuchtkraft und Echtheit, vor allem zum Färben von → *Inlett*.

Informelle Kleidung, Sammelbegriff für Bekleidungsstücke vor allem für den Herrn, die nach strenger, konventioneller Auffassung nicht für offizielle Gelegenheiten geeignet sind. Der Begriff ist kein Gegensatz zur → *City-Kleidung*, da als „formell" nur der → *Konferenz-* und der → *Business-Anzug* eingestuft werden, nicht aber die im Berufsleben bereits akzeptierten, zwangloseren Bekleidungsstücke wie → *Blazer-Anzug*. Gegensatz: → *Formelle Kleidung*. – Vgl. → *Activwear*, → *Casualwear*, → *Fashion Sport*, → *Sportswear*, → *Streetwear*, → *Jeanswear*.

Informels, Musterungsrichtung bei Stoffdrucken und Jacquards; abstrakte, formlose, aber nicht eckige Dessinierungen.

Infrarot-Trocknung, Verfahren der → *Veredlung* zur raschen Trocknung bei gleichzeitiger Fixierung von Farben und Kunstharzausrüstungen durch Erzielung hoher Temperaturen auf kleinem Raum.

Injektions-Färbeverfahren, Sammelbegriff für verschiedene Systeme der → *par-*

Informelle Anzüge, die als City-Kleidung, also zur Ausübung von Büroberufen mit Publikumskontakt, akzeptiert werden. Kombination aus Sakko im Oxford-Karo zur Uni-Hose; ohne Binder getragener, zweireihiger Blazer mit dekorativer Knopfgarnitur zur Hose im kontrastreichen Karo-Dessin.

Dreiteilige Kombination mit Donegal-Sakko, feingemusterter Weste und Twill-Hose; sportlicher Zweireiher mit Schub- und Uniform-Taschen, mit Kellerfalte und Rückengurt aus Kavallerietwill mit markanter Lederverarbeitung am Hosenbein; Rollkragenpullover.

tienweisen Garnfärbung vor allem für → *Tufting-Teppiche* durch Einspritzen von Farblösungen mittels Injektionsnadeln in die in Apparaten untergebrachten Garnspulen. – Vgl. → *Astro-dyeing*, → *Spektralfärbung*, → *Millitron-Verfahren.*

Inka-Muster, Motive, die denen der vergangenen Kultur der Hochländer Südamerikas nachgebildet, und die heute noch auf deren Decken und Ponchos anzutreffen sind: Bordüren, Figuren und seltsame Schriftzeichen. → Abb. vgl. S. 406.

Inkorporationstechnik, Einlagerung von staubfein gemahlenen, festen Chemikalien, z. B. → *Pigmentfarbstoffe*, Mattierungsmittel oder → *Flammschutz-Ausrüstungsmittel* in die Spinnmasse von Chemiefasern. Bei → *Viskose-Spinnfasern* ist auch die Einlagerung wäßriger → *Suspensionen* möglich.

Inkrustation, Einsetzen von Spitzenmotiven in den Stoff, der genau dem Randverlauf der Spitze folgend ausgeschnitten sein muß. Gegensatz: → *Applikation.*

Inlaid, in der Masse durchgefärbtes → *Linoleum.*

Inlett, → *federn-* und → *daunen*dichte, feinfädige und echt gefärbte Bezugsstoffe für Deckbetten aus Baumwolle in → *Köperbindung*, bevorzugt → *Kettköper* 2/1. Gegensatz: → *Tuchbindige* Einfüllstoffe: → *Daunenperkal*, → *Einschütte*, → *Atlasbindung*: → *Daunensatin* (nur für Daunen).

Jacken mit Musterungen im Stil der Inka-Motive. Links hell und mild koloriert, rechts in kräftigen, dunklen Tönen.

Innenstepper. Bei den Mänteln in der Mitte und rechts ist im Gegensatz zum Außenstepper ganz links äußerlich keine Steppnaht zu erkennen.

Zum Einfüllen kochfest ausgerüsteter Federn ist Inlett bereits kochfest ausgerüstet worden (→ *Briwasan*).

Innenstepper, → *Steppstoffe* für Oberbekleidung mit äußerlich nicht sichtbaren Nähten; die wärmende Einlage kann auch nur mit dem Futter nahttechnisch verbunden sein. – Vgl. → *Hängevlies*, → *Hängende Einarbeitung*, → *Thermo-Mantel*.

Innerwear/Outerwear, Moderichtung und daraus entstehende Modelle, die nach ihrer Charakteristik in Stoff und/oder Zuschnitt sowohl zu den → *Dessous* als auch zur Oberbekleidung zu rechnen sind, also „drüber“ und „drunter“ getragen werden können; befruchtet insbesondere die Wäsche-Designer und entspricht dem Trend, die früher klaren Grenzen zwischen „Drunter“ und „Drüber“ und die dazu gehörigen Anbieter in der Damenmode mehr und mehr und zum Teil saisonunabhängig zu vermischen. Vielfach entspricht auch die Warenpräsentation solcher Wäsche der der Oberbekleidung. Teilweise werden die → *Bodies*, → *Bustiers* und → *Corsagen*

Innerwear/Outerwear, Nachtwäsche mit Styling-Elementen, die zur Oberbekleidung hin orientiert sind.

auch sichtbar in die Oberbekleidung integriert. Nicht identisch mit → *Indoor-Kleidung*. – Vgl. → *Catsuit*, → *Legging*, → *Velopant*.

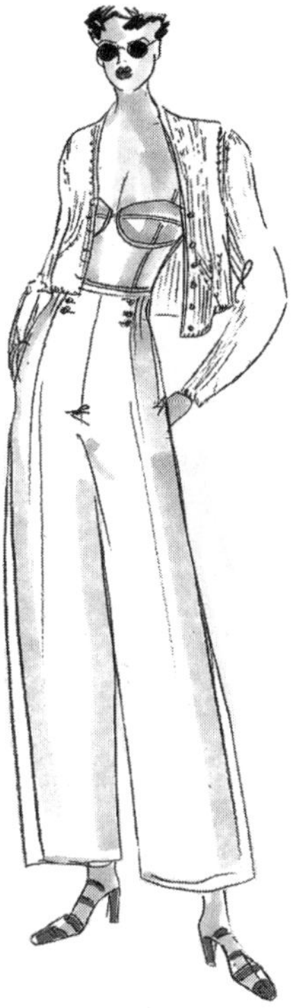

Innerwear/Outerwear, Designermodell. Die funktionelle Corsage ist so gestaltet, daß sie zum Hosenanzug sichtbar getragen werden kann.

Inoxor®, preiswertes, metallglänzendes Effektmaterial mit Aluminiumfolie als Seele und beidseitig aufgeklebtem Viskose-Film; nur für stuhlfertige Ware und für Maschenwaren geeignet, die keinem weiteren Produktionsprozeß mehr unterliegen.

Inpolished Look, Ausrüstungsform von feinfädigen Geweben mit Synthetic-Texturé in Kette oder Schuß mit dem Ziel eines matten, dezenten, also keineswegs speckigen Glanzes.

Insektizid, Kontaktgift, das bei Berührung in einen Insektenkörper eindringt und diesen tötet. Als Ausrüstungsmittel für Textilien und insbesondere für Wolle (Teppiche!) in Deutschland verboten. – Vgl. → *Dieldrin*, → *Lindan*.

Insert-Material, Anwendungsform von → *Nässesperr-Membranen*, hochwertige Einarbeitungsform in Bekleidungsstücke für hohe funktionelle Ansprüche durch loses Einlegen zwischen Oberstoff und Futterstoff; die Membrane ist meist auf ein Trägermaterial (Gewebe, Maschenware oder Vlies) aufkaschiert. Der Oberstoff kann mit allen modischen oder funktionellen Details getrennt genäht werden, die Funktion der Membrane wird durch Nähte nicht beeinträchtigt. Erlaubt die Lagerhaltung von Membranen als Meterware. Vielfach angewandt bei Kombination von wärmenden Einlagen zur Verbesserung der Isolierung mit Membranen. – Vgl. → *Liner*, → *Klimatisierte Kleidung*, → *Hängende Einarbeitung*.

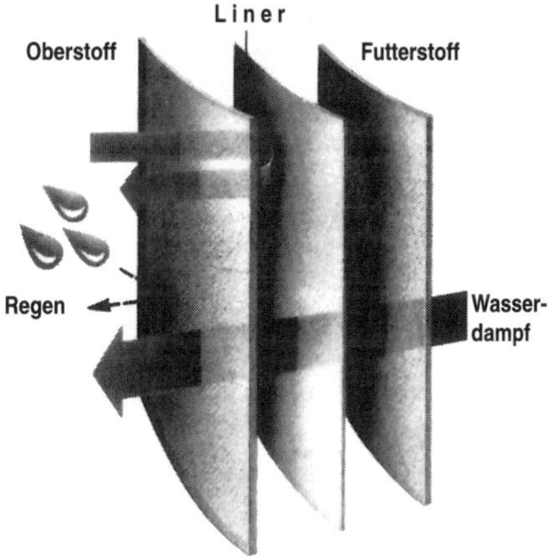

Schematische Darstellung der Einarbeitung einer Hydromembrane (GoreTex) als Insert-Material (Z-Liner). Die Hydromembrane wird bei dieser Anordnung auf einen Trägerstoff aufkaschiert und dann zwischen Oberstoff und Futter frei hängend eingearbeitet.

In-sich-Musterung, Musterung von Stoffen nur durch die Bindung und ohne Einsatz von verschiedenfarbigen Garnen, meist unter Ausnutzung von unterschiedlicher Lichtbrechung (z.B. bei großflächigen → *Jacquard-Dessins*) oder zur Bildung strukturierter Oberflächen.

Intarsien, 1. Einlegearbeit in der Kunstschreinerei.
2. Bei konfektionierten Maschenwaren: stricktechnische Buntmusterung, wobei die bunten Musterfäden im Gegensatz zu → *Jacquard-Gestrick* oder → *Hinterleg-Mustern* nicht die ganze Ware durchziehen, sondern nur räumlich begrenzt eingesetzt werden, in hochwertiger Ausführung → *gekettelt*. Meist werden → *medaillon*ähnliche oder geometrische Dessins auch mit Struktur gewählt.

Folkloristische Intarsien-Muster auf Herrenpullover.

Interlacing, → *Verwirbelung*, → *Intermingled*.

Interlock, → *Maschenbindung*; nach DIN 62050 rechts/rechts/gekreuzt, „Zwischenmaschenware“, feine, → *doppelflächige*, auf beiden Seiten gleichartige → *Kulierware* (→ *Einfadenware*) von der → *Rundstrickmaschine*. Zwei selbständige Rechts/Rechts-Waren werden so miteinander vereinigt, daß auf beiden Warenseiten nur rechte Maschen sichtbar sind, die nicht, wie bei → *Feinripp*, durch eine Gasse voneinander getrennt sind; die rechten Maschen einer Warenseite sind auf der anderen Warenseite um eine halbe Maschenhöhe gegeneinander versetzt, um ein Verkreuzen der Fäden in der Warenmitte zu ermöglichen. Die linken Maschenseiten befinden sich im Innern des Gestricks. → *Laufmaschen* sind möglich, treten aber praktisch kaum auf. Gegenüber → *Kettenwaren* mit ähnlichem Oberflächenbild ist Interlock ohne Verlust an Volumen dehnbar, jedoch nicht so stark wie → *Rippware*. Wegen des höheren Materialeinsatzes ist Interlock schwerer und teurer als gleichwertiger Feinripp. Aus Baumwolle für Unterwäsche, hochwertige → *T-Shirts*, Sportbekleidung sowie für → *Jersey-Bettwäsche*; aus texturiertem Polyester und meist mit Druckmusterung für Damenkleider (→ *Kofferkleider*) sowie, auch aus Polyamid, für Badekleidung. Interlock aus Naturseide ist etwa 20% teurer als gleichwertiger Feinripp und

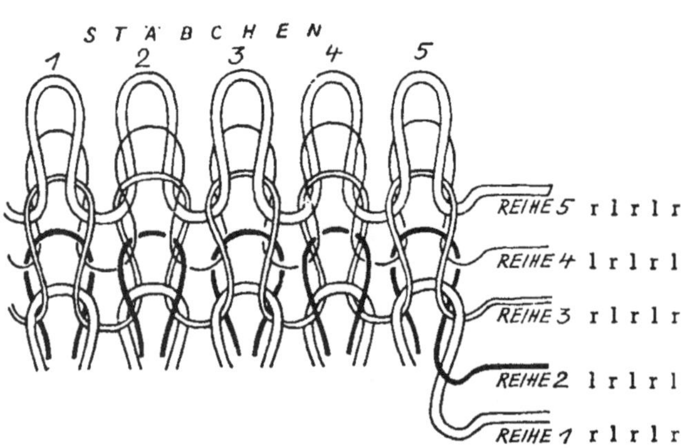

Maschenbild von Interlock. Rechts an der Seite ist angegeben, in welchen Stäbchen die einzelnen Reihen von dieser Seite aus gesehen rechte Maschen bilden.

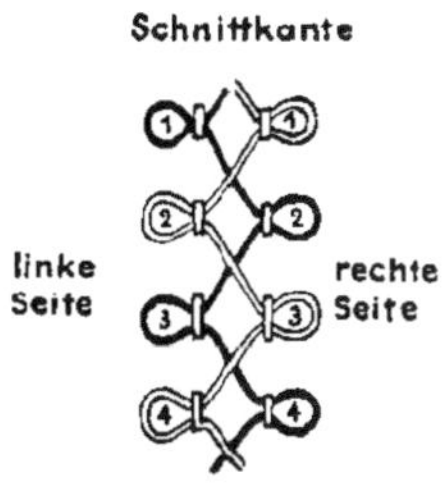

Draufsicht auf einen durchgeschnittenen Interlock. Die auf den beiden Oberflächen sichtbaren Maschen sind numeriert. Die Verkreuzung der beiden Rechts/Rechts-Waren in der Warenmitte ist gut zu erkennen.

undurchsichtig (blickdicht). – Vgl. → *Heavy-Interlock*, → *Kreuzschlauch*, → *Milano Rib*, → *Italienisch Schlauch.*

Interlock-Naht, → *Overlock-Naht*, → Vgl. → *Überwendlingnaht.*

Intermittierender Druck, → *Drucktechnik* für großflächige Dessins mit einem Rapport in Längsrichtung von mehr als 64,4 cm, 81,9 cm oder 91,4 cm entsprechend den Standardmaßen des Zylinderumfangs vor allem beim → *Rotations-Filmdruck*; das Muster wird für zwei Zylinder aufbereitet, die nacheinander drucken. Die Schablonen können nicht in vollem Umfang für das Aufbringen des Musters genutzt werden; aus technischen Gründen muß ein Rand von mindestens 12 cm bleiben.

Intermingled-Garn, vor allem für → *BCF-* → *Teppichgarne* angewandte Technik der intensiven Vermischung zweier oder mehrerer Filamente oder zur Zumischung verhältnismäßig geringer Mengen andersartiger Filamente nach dem Texturieren durch → *Verwirbeln* im Luftstrom ohne Verdrehungstendenz. Beimischung → *Antistatischer Garne* oder solcher mit andersartiger → *Farbaffinität* zur Herstellung von → *Filamentmischgarnen* für → *Differential-dyeing* ist möglich. – Vgl. → *Luftdüsenbauschverfahren*, → *Taslan*, → *Spunlike-Garn.*

Interventionspreis, geheim gehaltener Preis für australische Rohwolle, der sich im Gegensatz zu dem den Farmern garantierten → *Mindestpreis* mehrmals in der

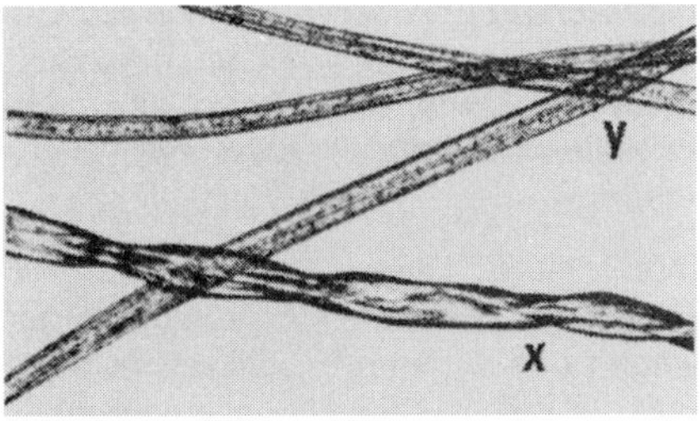

Baumwolle (X) und Viskosespinnfaser (Y).

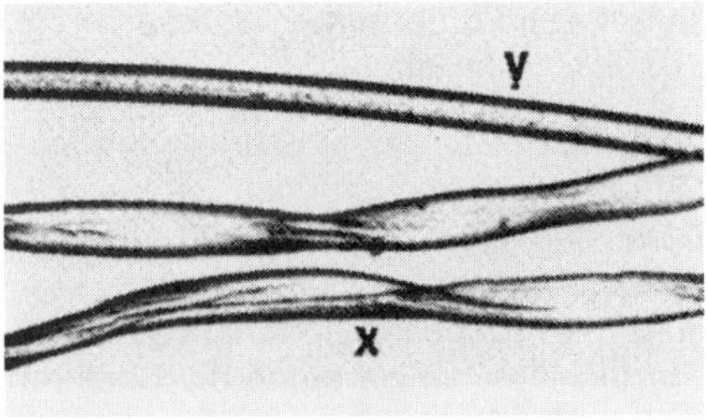

Baumwolle (X) und Polyester (Y).

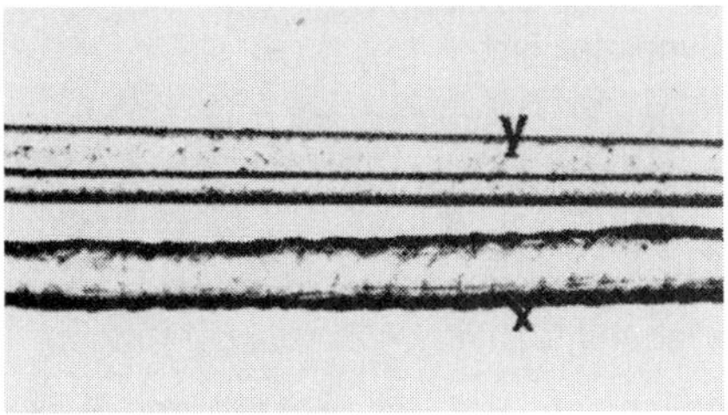

Wolle (X) und Acryl (Y).

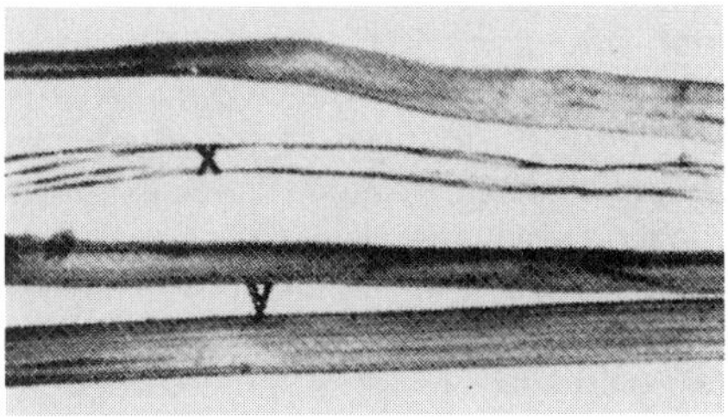

Tussah-Seide (Y) und Acetat (X).

Intim-Mischungen verschiedener Rohstoffe unter dem Mikroskop.

Saison ändern kann; höher als der Mindestpreis und niedriger als der Marktpreis. Fällt der Marktpreis auf den Auktionen unter den Interventionspreis, wird versucht, ihn durch Stützungskäufe anzuheben.

Intim-Mischung, Mischung verschiedener textiler Rohstoffe als → *Spinnfaser* oder → *Filament* in einem Garn durch gemeinsames Verspinnen, Verzwirnen oder Verwirbeln. → *Umwindungsgarne*, → *Core-Garne* und → *Umspinnungszwirne* zählen zu den Intim-Mischungen. Gegensatz: → *System-Mischung*. Intim-Mischung von Baumwolle mit → *Microfasern* ergibt kein Garn, an das höhere Haltbarkeitsansprüche gestellt werden können. – Vgl. → *Miniblend*. → Abb. vgl. S. 409.

Ionenaustauscher, feste, wasserunlösliche Körper, meist Kunststoffpolymerisate mit einer Korngröße von 0,3–1,5 mm mit eingebauten aktiven Gruppen, die durch Austausch von Härtebildner-Ionen des Wassers gegen nicht störende Natrium- oder Wasserstoff-Ionen das Wasser enthärten. Der Vorgang ist umkehrbar. – Vgl. → *Sasil*, → *Zeolith*.

Irisé, perlmuttähnliches Schillern von Stoffen durch Einarbeitung von farblosen → *Glitzergarnen* (→ *Cellophan-Bändchen*, → *Mylar*, → *Sparkling-Nylon*, → *Crigalle*) oder durch → *Prägeeffekte*. Durch die natürliche Lichtbrechung werden die Spektralfarben des Lichts sichtbar gemacht. – Vgl. → *Glanzeffekt*.

Irish-tweed, kontrastreich als → *Fischgrat*, → *Donegal* oder → *Tweed* gemusterte → *Streichgarn*-Stoffe im → *Handwebcharakter* für Mäntel, Kostüme und Sakkos; nur leicht gewalkt, aber deutlich angeflauscht. Der Faserflor darf das Bindungsbild nicht zudecken, um den → *Homespun-Charakter* zu erhalten. – Vgl. → *Harris-Tweed*.

Irritationen der Haut, mechanische → *Hautreizung*. Gegensatz: → *Allergie*.

Isfahan, nach einer persischen Stadt benannter, hochwertiger → *Orient-Teppich* mit Tier- und Jagdmotiven, klassischen Palmetten und Arabesken, meist hellgrundig mit intensiven blauschwarzen und ziegelroten Tönen.

Island-Wolle, → *Icewool*.

ISO, International Organization for Standardization, Sitz Genf; Vereinigung mit dem Ziel der weltweiten Vereinheitlichung von Normen und Prüfmethoden; deutsches Mitglied: Deutsche Industrie-Normen (DIN).

Isolana®, Markenzeichen für → *Bettwaren* mit Füllung oder Abdeckung aus neuseeländischer → *Schurwolle* in Vliesform (Oberbetten, Unterbetten, Abdeckung und Feinpolster von Matratzen) oder mit losen Noppen (Kissen) nach exakten Produkt-Richtlinien von Wools of New Zealand.

Isolationsfähigkeit, Fähigkeit von Textilien, die Ableitung der Körperwärme zu verhüten oder die Hitze vom Körper fernzuhalten; die Leitfähigkeit als → *Substanzeigenschaft* der Faser spielt dabei eine geringere Rolle als die von Garn oder Stoff eingeschlossene, unbewegte Luft. – Vgl. → *Wärmeleitvermögen*, → *Wärmehaltungsvermögen*.

Isotaktische Polymere, einzige Form des Molekülaufbaus von → *Polypropylen*, der wegen des höheren Kristallisationsgrads und der erschwerten Lösungsmöglichkeit in organischen Lösungsmitteln verspinnbare Fasern zuläßt; Gegensatz: Ataktisch, Syndiotaktisch.

Italian Pocket, sehr steil diagonal eingeschnittene → *Jeans-Tasche* (Abb.). – Vgl. → *Französische Tasche*, → *Slash-Pocket*.

Italienisches Fasson, → *Fasson* (Abb.) vor allem für Mäntel, → *Trenchcoat*-Kragen.

Italienische Rocklänge, „Ladymini", Rocklänge, die das Knie gerade noch sichtbar werden läßt. – Vgl. → *Länge*.

Italienische Rocklänge (rechts) im Gegensatz zu „kniebedeckt" („Kniebe", links).

Italienisch Schlauch, Rechts/Rechts-Welle, auf → *Interlock-* oder üblichen → *Rundstrickmaschinen* herstellbare, → *doppelflächige* → *Maschenbindung*; Kombination von Rechts/Rechts-Reihen mit glatten („Single")-Reihen; die Single-Reihen sorgen für eine verbesserte Querfestigkeit. Die rechten Maschenstäbchen auf jeder Warenseite stehen auf Lücke, als nicht direkt einander gegenüber. – Vgl. → *Milano Rib*, → *Halbmilano*.

Italo-Kragen, Hemdenkragen mit sehr engem Abstand der sehr spitz zulaufenden Kragenecken.

Iwer-Webmaschine, oberbaulose → *Greifer-Webmaschine* mit einseitig wirksamen Greiferstäben.

IWS-Finish MS, → *Flächenfixierung* von Wollstoffen mit dem Ziel der Verbesserung von → *Naßknitterwinkel* und → *Knittererholung*.

J

Jabot, frz. „Hemdkrause“, verspielter, drapierter Ausputz an Kleidern und Blusen aus schmiegsamen und oft transparenten Stoffen; aus dem „Beffchen“ des 17. Jhd. entstanden. – Vgl. → *Frou-Frou* (Abb.), → *Fichu*, → *Plastron*.

Jacke, **Jacket**, 1. kurzes, meist modisches und dem → *informellen* Bereich zuzuordnendes Oberbekleidungsstück für Damen und Herren meist ohne formerhaltende Innenausstattung und oft ungefüttert, → *Indoor* und → *Outdoor* zu tragen. – Vgl. → *Jakko*, → *Janker*, → *Joppe*, → *Blazer*, → *Overjacket*, → *Barbour-Jacke*, → *Barmen-Jacket*, → *Battle-Jacket*, → *Bauernjacke*, → *Leger-Bekleidung*, → *Fisherman-Jacke*, → *Rain-Jacket*, → *Wendejacke*, → *Sportswear*, → *Casualwear*.

2. Kurzmantel (→ *Outdoor*) für Damen oder Herren. – Vgl. → *Caban*, → *Hosenjacke*.

Jacket-Dress, variationsreich gestaltetes Leichtkostüm für den Sommer mit ungefütterter Jacke für Damen.

Jacket-Dress. Von links: Jacket-Dress mit Chasuble-Blenden, die in den Seitenfalten des Rocks optisch fortgesetzt werden; Jacket-Dress mit Netzärmeln aus Canvas; Oversize-Blazerjacke; blousonähnliche Jacke mit Casuble-Falte zum sportlichen Hosenrock.

Jackie-O.-Stil, Kleid mit Jacke oder Mantel sowie Kostüm, figurnah oder mit leicht

Unkonventionelle Outdoor-Jacken für Herren. Von links: Winterjacke aus flauschigem Wollvelours im großzügigen Karo-Dessin; kastenförmig und körperfern geschnittene, zweireihige Kurzjacke mit Lederknöpfen; lange Safari-Jacke aus imprägniertem Popeline zu Bermuda-Shorts; Windjacke mit geknöpften Pattentaschen zur Hose aus gleichem Popeline; Sommer-Outdoor-Jacke aus Popeline mit Oil-Finish.

Outdoor-Jacken für Damen. Von links: Zwei Gürteljacken in verschiedener Länge als City-Kombination mit Variationen durch die Taschengestaltung; blazerartige Jacke zum gegürteten Sportkleid; leicht antaillierte Kostümjacke mit Pattentaschen zur Nappahose; anorakähnliche Innenstepper-Jacke mit Acrylpelzkragen und Schaubenzug im Rücken; Winterjacke aus Tierfellimitation.

Winterjacken als Mantel-Ersatz. Von links: Sportjacke mit asymmetrischem Kragen und Chasuble-Falte; zweireihige $^{7}/_{8}$-Jacke im Ulster-Schnitt aus Fischgrat; Poncho-ähnliche Winterjacke mit Col officier; die Schultern betonende Sportjacke mit verdecktem Reißverschluß und Zierstepperei am Ärmel; zweireihige Jacke im Military-Look.

ausgestelltem Rock und der → *Pillbox* als Kopfbedeckung, wie von der Witwe des US-Präsidenten Kennedy gerne getragen.

Jackover, → *Soft-Jacket*, lässiges, nur teil- oder ungefüttertes Sakko mit paspelierten Innennähten, leicht verbreiterten Schultern aus sommerlichen Stoffen (Leinen-Mischungen, → *Cool Wool*) oder in Strick-Optik.

Jaconet, weich ausgerüsteter, einseitig glänzender, mit Appreturmasse gefüllter, dem → *Bougram* ähnlicher Futterstoff als Zwischenfutter für Damenkleidung, für die Spielwarenindustrie und für Lederwaren.

Jackie-O-Kleid

Jacquard, **-dessin**, **-muster**, Technik zur Herstellung großzügiger und auch durchgezeichneter kleiner, mehrfarbiger oder feinstrukturierter Bindungsmuster, bei denen jeder Kettfaden einzeln angehoben oder jeder Maschenbildungsvorgang einzeln gesteuert werden kann. *Maschenwaren* können einseitig → *wendeplattiert* sein und zeigen dann auf der Rückseite linke Maschen ohne Fadenflottungen; → *hinterlegte* Jacquarddessins weisen auf der Rückseite → *Flottungen* auf, sind leichter, aber nicht so dehnfähig wie → *doppelflächig* gestrickte Jacquarddessins (→ *Jacquardgestrick*), bei denen die zur Musterbildung nicht benötigten Fäden mit verstrickt werden. → *Jacquardgewebe*, deren Muster bei Unigeweben durch die Veränderung der Lichtbrechung sichtbar werden, entstehen durch *Gegenbindung* (Abb.) und → *Effektwechsel* von Kette und Schuß bei → *Atlasbindung*. Die Entscheidung, welches Muster in welcher Farbstellung hergestellt werden soll, muß bei Jacquardgeweben sehr viel früher getroffen werden als bei → *Druck*. – Vgl. → *Brokat*, → *Damast*, → *Schaftmuster*, → *Damassé*, → *Matelassé*, → *Satin découpé*, → *Doppelhub-Jacquardmaschine*.

Jacquardgestrick, unifarbige oder farbgemusterte, qualitativ meist hochwertige → *Strickwaren*, deren Musterung auf der →

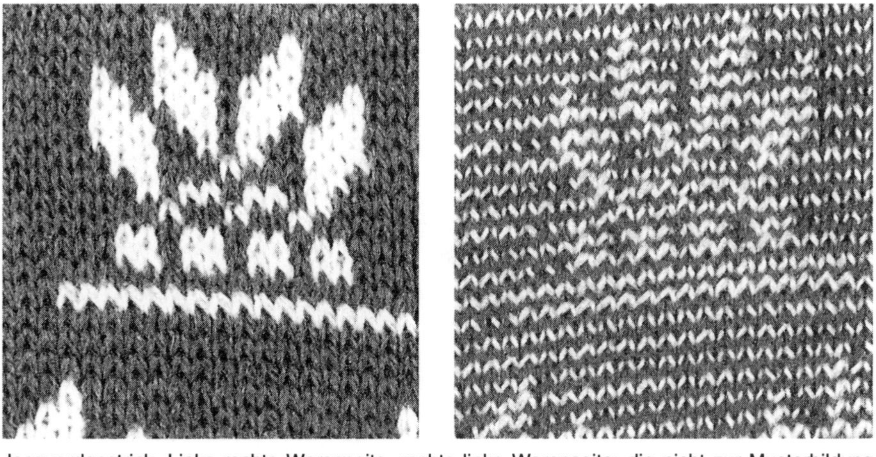

Jacquardgestrick. Links rechte Warenseite, rechts linke Warenseite; die nicht zur Musterbildung gebrauchten Farbfäden bilden kleine rechte Maschen, das Muster ist nur undeutlich erkennbar. Da nur zweifarbig, sind die Maschen der Vorderseite nur unwesentlich vergrößert.

Rechts/Rechts-Technik der → *Rippwaren* aufbaut; auf der Rückseite sind im Gegensatz zur Vorderseite in jeder Reihe nur voll ausgebildete Maschen, die als vergleichsweise kleine rechte Maschen aus den zur Musterbildung gerade nicht gebrauchten Farbfäden sichtbar werden. Die das Muster bildenden Maschen der Vorderseite können verschieden hoch sein; die zur Musterbildung nicht benötigten Fäden werden im Innern des Gestricks hinterlegt und ziehen das Gestrick so zusammen, daß die linken Maschen nicht sichtbar werden.

Jacquardgewebe, Sammelbegriff für alle Gewebe mit einer Bindungsmusterung, die nur durch das Anheben einzelner Kettfäden hervorgerufen werden kann. Es ergeben sich feingezeichnete, großflächige und variationsreiche Dessinierungen, die nicht auf geometrische Formen begrenzt sind und die nicht die bei → *Schaftmustern* oft sichtbare eckige Abstufung des Musterrandes aufweisen. Da für jede Musterung die einzelne Anhebung der durch den Musterumfang bestimmten Anzahl von Kettfäden je Schußeintrag bestimmt und durchgeführt werden muß und die → *Jacquardmaschinen* langsamer laufen, sind Jacquarddessins stets teurer als vergleichbare Schaftmuster oder → *Drucke*. Deswegen wird meist hochwertiges Material eingesetzt. Die Steuerung der Ketthebevorrichtungen erfolgt nicht mehr, wie dargestellt, mit Karten, sondern elektronisch.

Jacquardmaschine, Vorrichtung zur Bildung des → *Faches* an der → *Webmaschine* zur einzelnen oder gruppenweisen Bewegung der Weblitzen, durch die die Kettfäden eingezogen sind. Die im Prinzip 1805 von Joseph Marie Jacquard in Lyon erfundenen, durch Karten gesteuerten, leichter darzustellenden Hubgetriebe, bei denen der Schaft durch einen → *Harnisch* ersetzt wurde, sind durch elektronische Steuerungen ersetzt worden. Eine der Zahl der Kettfäden über die ganze Warenbreite entsprechende Zahl von Kordeln mit → *Litze* und → *Maillot* ist oberhalb der Webmaschine durch ein Harnischbrett gezogen und wird dort nach gleich einbindenden Kettfäden zusammengefaßt. Vgl. Abb. → *Doppelhub-Jacquardmaschine.*

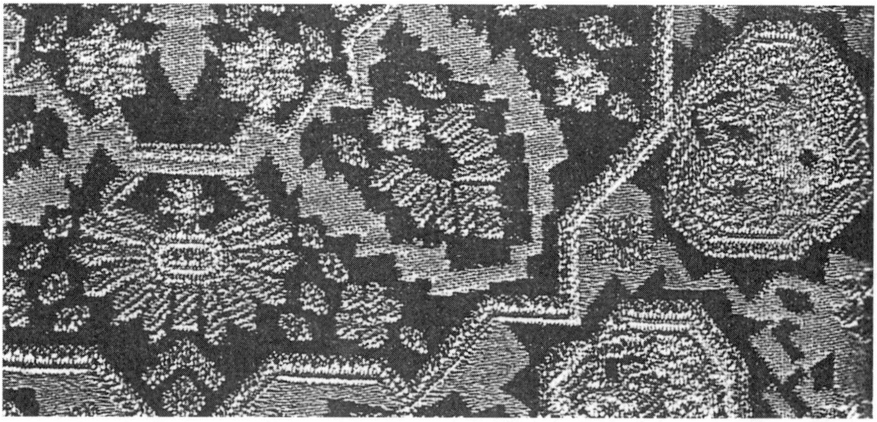

Jacquardmuster, Brokat auf Schwarzkette. Die Farb-und Goldmusterung wird allein von den Schußfäden bewirkt, die wesentlich fülliger sind als die hochfeine, schwarze Kette aus Polyamid-Filamenten. Bei elektronischer Steuerung der Jacquardmaschine ist es dann relativ einfach und ohne lange Stillstandszeiten möglich, von einem auf ein anderes Dessin umzustellen. Um die Farbwirkung zu verändern, genügt der Austausch der Garnkopse an den schützenlosen Webmaschinen.

Jacquard-Raschelmaschine, → *Raschelmaschinen* mit einer Vorrichtung, die durch elektronische Steuerungsmechanismen die Maschenbildung mit dem Ziel beeinflußt, entsprechend dem Muster → *Henkel*, → *Flottungen*, → *Schüsse* und einnädlige → *Fransen* zu bilden. Zusätzliche → *Schußlegungen*, die die → *Dichte* des Kettengewirks beeinflussen, können auch zur Verringerung der Breitendehnung eingesetzt

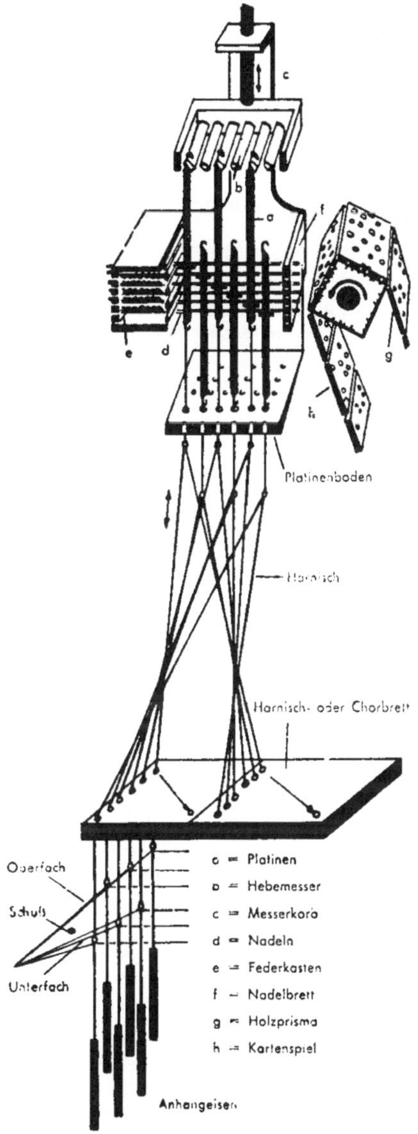

Durch Karten gesteuerte Einhub-Jacquardmaschine mit dem Harnisch. Die Karten (h) steuern über die Nadeln (d), welche Platine von den Hebemessern (b) angehoben werden soll. An den Platinen sind die Harnischschnüre für die entsprechend dem Rapport jeweils gleich einbindenden Kettfäden zusammengefaßt befestigt.

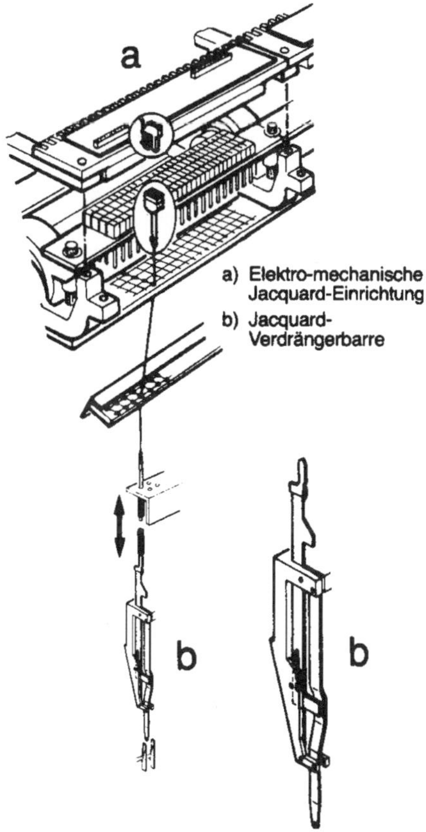

Steuerung der Verdrängerbarre durch elektromagnetische Fadenauswahl in Verbindung mit der Mikroprozessorsteuerung (System Mayer). Die Magnete werden durch den Mikroprozessor aktiviert. – a elektromechanische Jacquardeinrichtung; b Jacquard-Verdrängerbarre (daneben vergrößert).

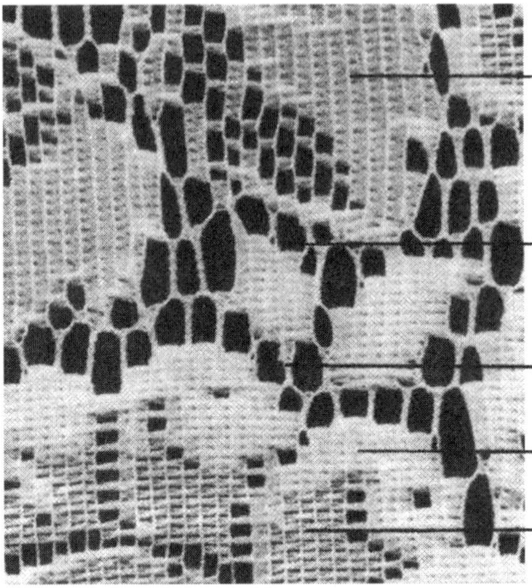

Spitzenartig gemusterter Stoff von der Jacquard-Raschelmaschine mit dreifach abgestufter Dichte (Dünnstellen mit leichten Unterbrechungen - Dünnstellen, voll gefüllt - Dichtstellen mit Reliefeffekt) und größeren Durchbrüchen (4), die durch starken Verzug der Maschenstäbchen ereicht werden

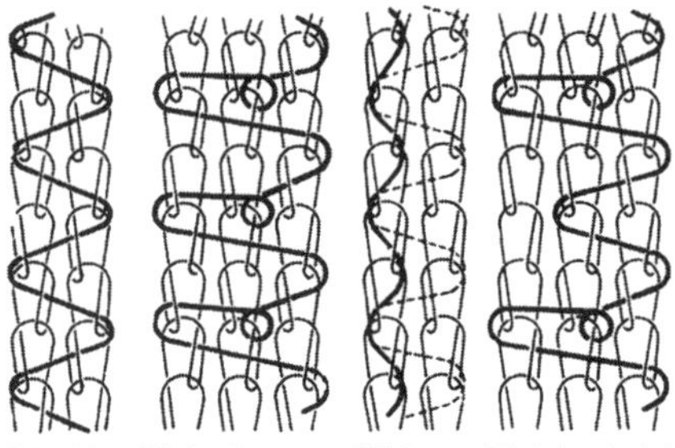

Beispiele der Legungsmöglichkeiten durch Verdrängen der Basislegung.

werden. Durch die Elektronik werden bestimmte Verdrängerstifte ausgewählt, die bewirken, daß die einzeln steuerbaren Lochnadeln der Jacquard-Legebarre zur Variierung der durch die Musterscheiben gesteuerten Grundlegung zusätzlich zur normalen Versatzbewegung um eine oder mehrere Nadeln verdrängt werden. Einsatz mehrerer Jacquard-Legebarren zur Erhöhung der Musterungsvielfalt oder zur Verwendung verschiedenartiger Garne ist möglich. – Vgl. → *Brodesette*, → *Fallblechmusterung*, → *Stickstore*, → *Strukturgardine*.

Jacquard-Samt, nur in → *Kettsamttechnik* herstellbare → *Samte*, bei denen der Samtcharakter durch partiell und reliefartig aus einem sehr dichten Grundgewebe spitzen- oder scherenschnittartig hervorragende, durch die Bindung in → *Jacquard*-Technik gemusterte Flächen hervorgerufen wird.

Jacquardtronic®, vollelektronischer Steuerungsmechanismus mit bis zu 78 Legebarren für → *Jacquard-Raschelmaschinen* (Mayer) zur Herstellung hochwertiger Spitzenstoffe für Bekleidung und Gardinen; hohe Produktivität, detailgenaue Ausarbeitung.

Jagdleinen, schilfartig strukturierte Leinen- oder Baumwollgewebe mit wechselweise gefärbten Kettgarnen für strapazierfähige Sommerjoppen und Spezial-Jagdbekleidung.

Jagdmantel, funktioneller → *Loden*mantel für die Jagd mit unter der Achsel offenem Schießärmel oder modisch im → *Trachtenstil* meist mit → *Hubertus-Schulter*, tiefer Rückenfalte, → *Raglan-* oder → *Dolman-*Ärmel; in winterlicher Ausstattung auch mit Pelzkragen oder Pelzfutter. – Vgl. → *Holzfällermantel*, → *Kutschermantel*.

Jährlingswolle, → *Hogget*, Schur des etwa einjährigen Schafes; → *Erstlingswolle* oder erste Schur nach der → *Lammwolle*. Etwas länger als → *Lambswool*, weich, aber in der Feinheit unausgeglichen, schwer verspinnbar; vor allem für → *Steppdeckenfüllungen*.

Jakko, Kombination aus → *Sakko* und → *Jacke* mit leichter Innenausstattung, nicht so → *informell* wie die Jacke, aber sportlicher und freizügiger als das klassische Sakko. – Vgl. → *Casualwear*.

Jalousette, auch für die Außenmontage geeigneter, lose fallender Sonnen- und Sichtschutz oder Verdunkelungsvorrichtung aus drehbaren, horizontal angeordneten, schmalen (2,5–8 cm) Aluminium- oder Kunststoff-Lamellen.

Jalousie, im Gegensatz zur → *Jalousette* seitlich fest verankerter, nicht drehbarer Sonnen- und Sichtschutz aus Lamellen.

Jalousiefalte, querliegende, nicht zu breite Falten an Röcken nach Art der Fenster-→ *Jalousie*; auch an Einsätzen von Oberteilen und Blusen.

Jambière, frz. → *Legwarmer*.

Janker, dem bayerisch-österreichischen → *Trachtenstil* nachgebildete, meist kragenlose und an den Kanten und Taschen abstechend farbig bordierte → *Jacke* für Damen und Herren; typisch sind Metallknöpfe mit Münzen oder Wappenbildern, oft aus → *Walkloden*. Als → *City-Kleidung* für Herren akzeptierte Janker sind sakkoähnlich geschnitten, formerhaltend ausgestattet und mit Innenfutter und manchmal mit Samtkragen versehen. – Vgl. → *Walkjanker*.

Trachtenjanker, mit passendem Rock zum Kostüm ergänzt.

Zweireihiger, sakkoähnlicher Janker, als City-Kleidung geeignet.

Janusarm, für sportliche Stoffe geeigneter Mantelschnitt, vorne → *Raglan*, hinten

Janker im rustikalen Country-Look mit typischen Elementen, wie Stehkragen und geknöpftes Revers.

eingesetzter Ärmel. Ein besonders schön fallender Rücken wird schnittechnisch erleichtert. Gegensatz: → *Halbraglan.*

Janusmantel, vorne wie ein → *Redingote* eng anliegender Damenmantel mit einer dem → *Hänger* ähnlichen, weiten, lose fallenden Rückenpartie.

Japanseide, feines, noppenfreies, taftbindiges Naturseidengewebe mit → *Grège* in Kette und Schuß, also aus den absolut gleichmäßigen Garnen der → *Haspelseide* des → *Maulbeerspinners.* Auch diese Garne werden manchmal als Japanseide bezeichnet. Die einen Hinweis auf die Qualität gebende Gewichtsangabe erfolgt in → *Mommen*/Yard^2 (3,75 g). Besonders leichte, nicht unbedingt schiebefeste Qualitäten wiegen 3–4 Mommen = 13–18 g/m^2. Für Bekleidungszwecke (vgl. → *Gewaschene Naturseide*) und Lampenschirme. Unterscheidung nach Gewicht: → *Pongé,* → *Habutai,* → *Ningai.* Gegensatz: → *Honan,* → *Shantung,* → *Wildseide,* → *Thai-Seide.* - Vgl. → *Ballonseide,* → *Florence,* → *Doupion,* → *Taft,* → *Toile.*

Japon, → *Japanseide.*

Jarré, → *Effektgarn* mit einzelnen → *Glanzfasern* zur Erzielung eines → *Rauhreif-Effektes* mit Matt/Glanzwirkung in rustikaler Optik, weicher als → *Stichelhaar,* vor allem als → *Handarbeitsgarn.*

Jaspé, zweifarbiges, aus verschiedenfarbigen → *Vorgarnen* mit verhältnismäßig schwacher Drehung gesponnenes → *Garn* (kein → *Zwirn*). Der eigenartige Farbeffekt wird häufig durch → *Mouliné* imitiert. Wegen des hohen modischen Risikos sind Jaspégarne sehr hochwertig und teuer und deswegen auch selten; sie werden oft nur als Effekt eingesetzt. – Vgl. → *Melange,* → *Vigoureux,* → *Sirospun-Verfahren.*

Java, locker eingestelltes, relativ grobes Grundgewebe aus Baumwolle oder Leinen in → *Panamabindung* für → *Stickereien* ähnlich → *Hardangerstoff.* Hauptsächlich für Tischdecken.

Jazz-Pant, modische Form von Damen-Slips mit hohem → *französischem Beinausschnitt* und breitem, meist mit Spitze verziertem Elastikbund. – Vgl. → *Tai.*

Jazz-Pant mit spitzenverziertem Elastikbund.

Jeans, ursprünglich hüft- und gesäßenge Hosen als Bestandteil der Arbeitskleidung aus → *Segeltuch* und anderen kräftigen

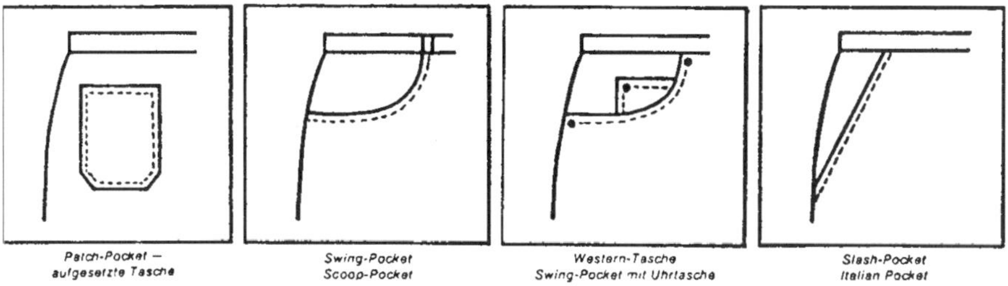

Verschiedene Formen von Taschen bei Jeans mit ihren Namen.

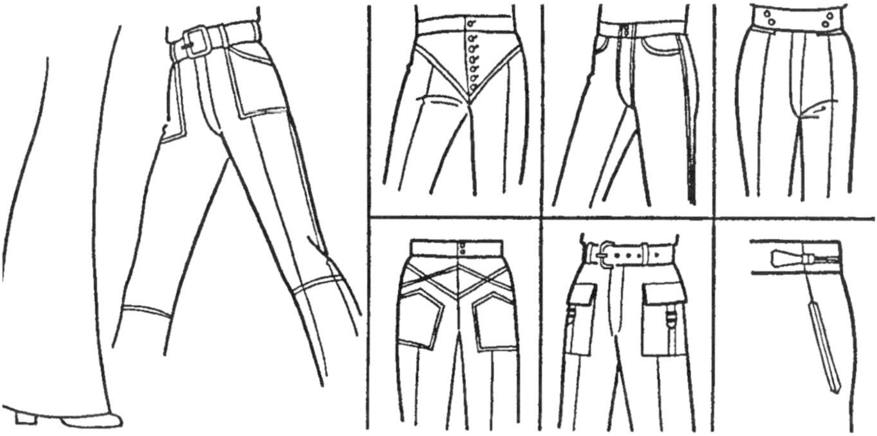

Hosen im Jeanslook: Variationen durch sportliche Steppereien, durchschnittene Beinlängen, breite Gürtel oder Variationen im Knopfverschluß, aufgesetzte Taschen mit ungewöhnlicher Form. – Rechts unten: Verstellbarer „Autofahrerbund“.

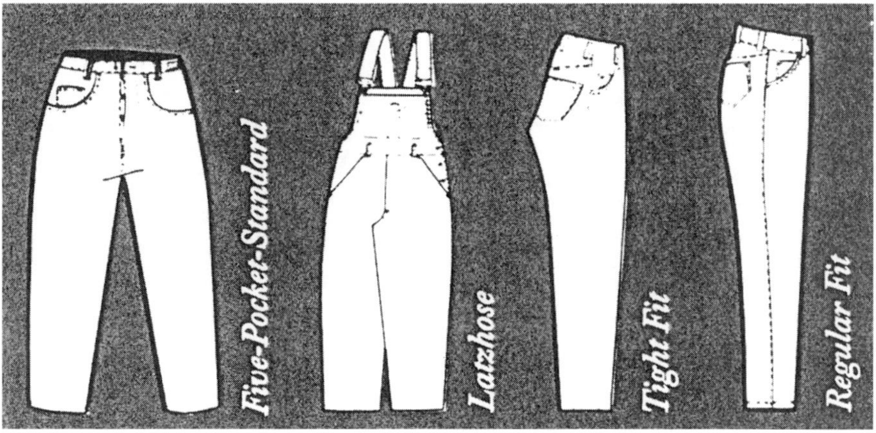

Hosenformen von Jeans.

Baumwollgeweben (→ *Blue Denim*, „Blue Jeans") mit abstechenden Steppnähten, Lederwappen auf der Gesäßtasche und Nietenverzierung (Texashosen, Nietenhosen). Zu Beginn der 70er Jahre entwickelte sich als „Mode von der Straße" amerikanischen Vorbildern folgend in Europa aus den Jeans die → *Jeanswear* als salopper und unkonventioneller Bekleidungsstil, der auf verschiedenen Stoffvariationen (→ *Jeansstoffe*) aufbaut und auf Röcke, Jakken, Schuhe, Schirme, Handtaschen und sogar Nachtwäsche übertragen wurde. Die Modellvielfalt mit Variationen des **Beinschnitts** (→ *Anti-Fit*, → *Bell Bottom*, → *Karottenhose*, → *Flared leg*, → *Slack*, → *Loose Fit*, → *Regular Fit*, → *Tight Fit*, → *Strait Leg*, → *Parallelo*, → *Stovepipe*, → *Stiefeljeans*, → *Tube*, → *Röhre*, → *Zigarettenform*), der **Taschen** (→ *Five-Pocket-Jeans*, → *Cargo-Tasche*, → *Swing-Pocket*, → *Western-Tasche*, → *Patch-Pocket*, → *Bananentasche*, → *Slash-Pocket*, → *Französische Tasche*, → *Scoop-Pocket*, → *Italian Pocket*, → *Watch-Pocket*) und der Auswaschformen hat aber die klassischen → *Basics* als Stoff und Modell nicht völlig verdrängen können. – Vgl. → *Stretch-Jeans*, → *Superloose*, → *Salopette*, → *Lock up-Jeans*, → *Bicycle-Jeans*, → *Krempel-Jeans*, → *Chaps*, → *Workman-*, *Worker-Jeans*, → *Wackelknopf*, → *Labeling*, – → *Jeans-Anzug*, → *Jeans neige*, → *Jeans-Stoffe*, → *Jeans-Auswaschformen*, → *Jeans-Größen*, → *Flow Replenishment*, → *Stock Replenishment*.

Damen-Jeans. Röhren-Jeans, Karotte und Bundfalte im Vergleich.

Jeans-Anzug, Ergänzung der → *Jeans*-Hose (oder -Rock) zum kompletten Bekleidungsstück aus gleichem Stoff oder im Materialmix für Damen und Herren, manchmal sogar aus Wolle (Denim-Kammgarn). – Vgl. → *Jeanswear*.

Modischer Jeansanzug im Materialmix mit Lederbesatz.

Jeans neige, frz. → *Moon washed*.

Jeans-Stoffe, **Jeanswear-Stoffe**, als Folge der Ausweitung des → *Jeans*-Stils zur ausgeprägten und umfassenden Mode der → *Jeanswear* entstandene Gruppe von Stoffen vorwiegend im Baumwollcharakter. Sie werden aufgeteilt in → *Basics*, die klassischen, immer wiederkehrenden Stoffarten (→ *Denim*, → *Brush-Denim*, → *Bull-Denim*, → *Scrubbed-Denim*, → *Thermo-Denim*, → *Ring-Denim*, → *Lefthand-Ring-Denim*, → *Fineweave-Denim*), die → *Flats*, Flachgewebe wie → *Gabardine* oder → *Popeline*, die auch für Bekleidung in anderem Stil eingesetzt werden oder, wie → *Canvas* und → *Chambray*, typische Jeanswear-Stoffe sind, und Stoffe mit Rauh- und Schmirgeleffekten (→ *Winter-Flats*, → *Thermo-Denim*, → *Brush-Denim*, → *Duvetine*, → *Velveton*; vgl. → *sandblasted*). Vor allem im Winter werden → *Cordsamte* (→ *Rippensamt*, → *Rubbelcord*) zu Jeanswear verarbeitet. Von Zeit zu Zeit gibt es auch die im wesentlichen durch Musterung, Färbemethoden und Ausrüstungsvarianten charakterisierten modischen Jeanswear-Stoffe (→ *Fancy-Denim*, → *Double-face-Fade-out*, → *Overdyes*, → *Funky Stones*, → *Double dye*, → *Black-Denim*). Elastische Jeanswear-Stoffe sind → *Denim-Stretch* und → *Power-Stretch*. – Vgl. → *Kettköper*, → *Naturell-Denim*, → *Jeans und Jeanswear, Auswaschformen*, → *Jeansstoffe, Färbemethoden*. Die verschiedenen Auswaschformen betreffen nicht die Stoffe selbst (→ *Mill washed*), sondern die fertigen Bekleidungsstücke (→ *Garment washed*).

Jeans und Jeanswear, Auswaschformen, Jeanswear-Stoffe (→ *Mill washed*) und Fertigkleidung (→ *Garment washed*) werden zur Erzielung eines künstlichen Alterungseffekts oder eines bereits getragenen Aussehens (→ *Used-Look*, → *Aged-Look*) verschiedenartigen Waschvorgängen (→

Denim-Gewichte und ihre Einsatzgebiete

Gewicht	Beschreibung	Verwendung
5 - 7,5 oz 4,5 - 7 oz	Super-Leichtdenim Fineweave-Ringdenim	Hemden, Accessoires, Sommerröcke
8 - 9,5 oz	Leichtgewicht-Denim	sommerliche Kinderbekleidung
10 - 11,5 oz (ca. 350 - 420 g/qm)	Light-Denim, Sommer-Denim Mako-Denim (Fineweave-Denim)	sommerliche Damen-Bekleidung
12 - 14,5 oz (ca. 500 g/qm) 13,75 - 15 oz	Normalgewicht für OE-Denim Normalgewicht für Ringdenim	Herren-Jeanswear, schwere Damenbekleidung
über 14,5 oz	Schwerer Denim (Bulldenim)	schwere Winterqualität, besonders rustikale Modelle

Anmerkung zur Tabelle: Die Stoffgewichte für Denim werden in Unzen je Square-Yard angegeben (1 sy = etwa 0,8 qm). Um die in Deutschland üblichen Gewichte in g/150 cm Warenbreite umzurechnen, kann man für 1 Unze etwa 50 g einsetzen. Somit wiegt ein 14,5 oz-Denim etwa 738 g/150 cm Warenbreite.

Délavé) unterworfen, wobei eine Farbveränderung vermieden (→ *Pre-washed*, → *Prélavé*) oder erwünscht (→ *Wash-out*, → *Fade-out*) sein kann. Beim Vorwaschen des Stoffes ist der Wascheffekt gleichmäßig über die Oberfläche des Stoffes verteilt, der Stoff läuft nicht mehr ein (→ *Pre-shrunk*, → *Rinse wash*, → *One wash*) und die bei der Anprobe vorhandene exakte Paßform bleibt erhalten. Nicht vorgewaschene Jeanswear, die nur zum → *Entschlichten mit* → *Enzymen* oder mit Säure behandelt worden ist, ist → *unwashed* oder → *Shrink to fit*. Sind die Stoffe mit → *Pigmentfarben* gefärbt, hält die Aufhellung der Farben nach den Waschmethoden mit dem Ziel der Farbveränderung auch bei der Wäsche im Gebrauch weiter an. Die größte Bedeutung und Variationsbreite haben Vorwaschgänge der Fertigkleidung in großen Trommeln unter Zusatz von Bims- oder Lavagestein erreicht; Oberbegriff: → *Stone-washed*; die Jeans zählen trotz der variationsreichen Auswaschungen zu den Basics, werden also nicht zu den Mode-Jeans gerechnet. Hosenschlitz, Kappnähte, Gürtelschlaufen und andere vorspringende Teile werden wesentlich stärker ausgewaschen als die übrigen Stoffteile ohne Naht. Wird so stark ausgewaschen, daß Nähte und Kanten zerfetzt werden, spricht man von → *Destroyed Look*. Zeitdauer (normal zwei bis drei Stunden) und Art der Steine sowie die Art der Maschine und das Beladungsverhältnis sind vom gewünschten Effekt abhängig. Untergruppen sind je nach Intensität des Auswaschens und der erreichten Aufhellung klassifiziert: → *Sand-washed*, → *Moon-washed*, → *Marmor-washed*, → *Ice washed*, → *Snow washed*, → *Diamond-washed*, → *Superstone-washed*, → *Superstone-light*; → *Antik-stone*, → *Dark wash*, → *Old wash*. → *Used washed* und → *Secondhand washed* sind partielle Auswaschungen, wobei die Jeans an den betreffenden Stellen vorher mit Kalium-Permanganat eingesprüht oder sandgestrahlt werden, um den Aufhelleffekt auf Oberschenkel und Gesäß zu konzentrieren. Werden dem Waschvorgang Bleichmittel zugesetzt, ergibt sich → *Stone bleached* oder → *Bleached Denim*. Wegen der Gefahr der → *Chlor-Retention* sollten die Waschmittel chlorfrei sein. Werden aus Gründen des Umweltschutzes die Bleichmittel wie Kalium-Permanganat durch die (wesentlich teureren) → *Enzyme* ersetzt, ergibt sich → *Enzym wash*. Bei → *Bio-Waschverfahren* wird das gereinigte Waschwasser wiederverwendet und bei spezieller Beladung der Waschtrommel ohne Zusatz von Chemikalien mit Vulkangestein gewaschen. → *Acid wash* ergibt Aufhellungen bei nicht-blauen, farbigen Jeansstoffen. → *Trompe l'oeil*-Färbungen und → *White washed* führen zu einer unregelmäßigen Veränderung der Farbe. – Bei allen

Jeanswear, Auswaschverfahren. Um beim Stonewash-Vorgang den richtigen Abrieb zu erhalten, werden je nach dem gewünschten Effekt verschiedene Größen und Arten von Bimssteinen benutzt. Von erheblichem Einfluß sind jedoch auch die der Wäsche beigefügten Chemikalien und die Dauer des Waschvorgangs.

aggressiveren Waschvorgängen wird die Haltbarkeit und die Strapazierfähigkeit der Stoffe beeinträchtigt. Das produktionstechnische Problem aller Auswaschvorgänge liegt darin, daß die genaue Waschrezeptur mit dem Ziel eines der Markengarantie entsprechend stets gleichen Warenausfalls erst nach Vorliegen einer Stoffprobe festgelegt werden kann, also wenn die färberischen Eigenschaften bekannt sind. – Vgl. → *Distressed Waschung*.

Jeansstoffe, Färbemethoden, → *Indigo*, der klassische → *Farbstoff* zum Färben der blauen Kette von → *Blue Denim*, wird fast völlig durch die von ihm abgeleiteten → *Indigoiden Farbstoffe* sowie durch die sehr viel licht- und waschechteren → *Indigosolen Farbstoffe* abgelöst. Muß die Färbetechnik bereits auf die nachfolgenden Auswaschvorgänge Rücksicht nehmen, wählt man die → *Mantelfärbung* mit Hilfe von → *Tauchfärbeverfahren* (→ *Dip-dyeing*, → *Loop-dyeing*), wobei das Garn nicht völlig durchgefärbt wird, im Innern des Garns bleibt ein mehr oder weniger großer, weißer Kern; nur das satte → *Darkblue* wird völlig durchgefärbt. Werden Jeansstoffe im Stück mit den Methoden des → *Pflatschdrucks* auf den beiden Warenseiten mit verschiedenen Farben eingefärbt, ergibt sich → *Double-face-fade-out*. → *Überfärber* (→ *Overdye*, → *Funky stone*) sind Stoffe (→ *Overdyed Denim*, → *Coloured Denim*) und vor allem fertig genähte Hosen, die ein zweites Mal gefärbt werden, wobei Nähfaden und aufgenähte → *Labels* mitgefärbt werden. → *Colour Denim* besteht in Kette und Schuß aus garnfarbigem Material in Modefarben (auch weiß und schwarz: → *Black Denim*) und ist besonders farbecht. → *Double dyed* (z. B. → *Blue on blue*) wurde im Garn besonders intensiv gefärbt, was volle, satte Farben ergibt.

Jeanswear, Sammelbegriff für die Moderichtung der aus den → *Jeans* heraus von der in den 60er Jahren gegen die konsumsatte Gesellschaft rebellierenden Jugend entwickelten und zu den Jeans kombinierbaren Bekleidungsstücke und → *Accessoires*; auch entsprechende → *Sweatshirts* und → *T-Shrirts*, Hemden und Pullover werden dazu gerechnet. Dabei hat sich das Verbraucherverhalten dahingehend verändert, daß keineswegs das Alter des Käufers eine bestimmende Rolle beim Erwerb der Bekleidung oder bezüglich der Zuordnung zu einer bestimmten Stilrichtung spielt. Dies macht Jeanswear im Verkauf sehr beratungsintensiv, da stets herausgefunden werden muß, welches Modell der Kunde glaubwürdig tragen kann. Die Übertragung der Charakteristik der Jeans auf Jacken, Röcke, Hemden, Pullover, Blusen und dazu passende Accessoires und die dadurch erfolgte Herausbildung eines selbständigen, ausgeprägten Bekleidungsstils mit der Philosophie der Zwanglosigkeit und der Originalität, dem Mythos von Freiheit und Abenteuer, hat als „Mode von der Straße" über den Umweg der → *Anti-Mode* und des → *Grunge* eine Auflockerung der Auffassungen über die anlaßgerechte Zuordnung der verschiedenen Bekleidungsstile (vgl. → *Business-Stil*, → *Informelle Klei-*

Jeanswear. Latzrock und Jeanskleid.

Beispiele für die Vielzahl der Details zur Abwandlung von Jeanswear.

Beispiele für sommerliches Jeanswear als Komplettbekleidung; Von links: drei Jeanshemden im Sportswear-Look: Safari-Hemd mit Zwei-Wege-Brusttasche; zwei Jeanshemden mit Stehbordkragen, unkonventionellen Taschenlösungen, Steppnähten und verschiedenartigen Knopfleisten.

dung, → *City-Kleidung*) bewirkt und den Siegeszug von → *Sportswear*, → *Casualwear* und → *Fashion Sport* erst möglich gemacht. – Vgl. → *Girly*, → *Nerd*, → *Ugly*, → *Undersized*, → *Worn in*, → *Moustache-Look*, → *Semi-Basic*, → *Authentik*, → *Turn up*, → *Cinch-back*, → *Urbanwear*, → *Sweaker*, → *Rain-Jacket*, → *De-Knit*.

Jeanswear-Größen, Maß ist → *Inch* (engl. Zoll, 25,4 mm); angegeben werden zwei Maße, wovon das erste die Bundweite, das zweite die Schrittlänge angibt. Oft wird zusätzlich das Außenmaß der Beinlänge angegeben. Die Vielzahl der Kombinationsmöglichkeiten aus beiden Werten ermöglichen für Herren neben den Normal- auch schlanke, überlange und Bauchgrößen. Im Gegensatz zu den Herren-Jeans mit höherer Hinterhose und ungeformtem Bund haben Damen-Jeans ausgearbeitete Hüften, eine engere Taille und einen formbaren zweiteiligen Bund, der verhindert, daß er absteht; bei einzelnen Herstellern gibt es auch Sondergrößen für übergroße und kleine Figuren. Es ist kaum möglich, Jeanswear abzuändern und schwierig, Hosen zu kürzen, weil die ursprüngliche Naht entfernt wird und möglicherweise der Abrieb nicht mehr stimmt. Die üblichen Konfektionsgrößen sind für Jeanswear nur bedingt geeignet, weil Jeanswear sehr paßformabhängig ist; zwischen 29 und 30 Inch z. B. beträgt der Unterschied 2,5 cm, zwischen der Damengröße 38 und 40 jedoch 4 cm.

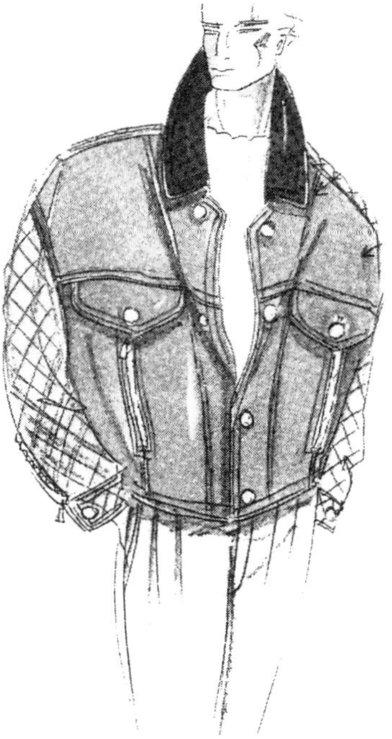

Jeansjacke, aus Wolle und mit Steppelementen an Ärmeln und Rücken neu interpretiert mit Kaminkragen, als Beispiel für den Wandlungsreichtum von Jeanswear.

Jeanswear-Pflege, Jeanswear aus Denim wird zur Vermeidung von Waschstreifen auf links gedreht und am Anfang wegen der Gefahr des → *Ausblutens* separat und stets, auch in der Maschine, nicht wärmer als 60 °C, Stretch-Denim nur mit 30 °C, mit aufhellerfreien → *Feinwaschmitteln* gewaschen, nicht schleudern, zur Verhinderung zu starken Einlaufens und von → *Drehbeinen* nicht im → *Tumbler* trocknen, sondern an den Hosenbeinen aufhängen. Nur recken, normalerweise nicht bügeln, die Körperwärme beseitigt Falten. Nicht mit Fleckenwasser behandeln.

Jersey, 1. Gewebe: schwerer, matter, hochwertiger → *Crêpe* aus → *Umspinnungszwirnen* in Tuchbindung mit einem den Maschenwaren ähnlichen Oberflächenbild. – Vgl. → *Mooskrepp*.
2. Maschenware: vielfach und ungenau für Maschenwaren der verschiedensten Art verwendet; im besonderen feine, einflächige Kulierware mit weichem Griff, verbesserter Fülligkeit und guter Querfestigkeit, die sie für Oberbekleidung (wie Gewebe) geeignet machen. → *Single Jersey*: → *Glatte* Rechts/Links-→ *Einfadenware*; → *Double Jersey*: → *Doppelflächige* Bindungen wie → *Rechts/Rechts-Waren* und Abwandlungen wie → *Milano Rib* oder → *Interlock*. Nach wie vor ist die ursprüngliche Bedeutung für → *Webstrickware* (→ *Wevenit*) als winterliche Maschenware, meist aus Wolle und relativ stark gewalkt, gültig. – Vgl. → *Herren-Jersey*, → *Heavy-Jersey*, → *Double-knit*, → *Lay-in-Effekt*, → *Jet Set-Jersey*, → *Doppeljersey*.

Jersey-Bettwäsche, Gattungsbegriff für alle aus → *Maschenwaren* hergestellten Bettwäschestoffe unabhängig von ihrer Konstruktion, und zwar als Gegensatz zu den Webwaren. Der Trend zum nackten Schlafen mit der Bevorzugung von weicher und saugfähiger Bettwäsche, die Abneigung gegen den Zwang, gewebte Stoffe bügeln (mangeln) zu müssen und das Schlafen bei offenem Fenster haben ebenso wie die Integration des Schlafbereichs in den Wohnbereich die Markteinführung der Jersey-Bettwäsche begünstigt. Voraussetzung für gute Qualitäten ist Einlaufsicherheit (höchstens 5% gegenüber 9–12% bei Billigware), was ebenso wie die Verringerung der Knitteranfälligkeit durch Einsatz zweifacher → *Zwirne* aus → *gekämmten*, → *gasierten* und → *mercerisierten* Garnen (→ *Vollzwirn-Jersey*) erreicht wird. Die → *Formstabilität* kann durch Strecken der Ware in Querrichtung und Fixieren verbessert werden. Obwohl → *einfädiger* → *Single Jersey* wegen mangelnder Formbeständigkeit kaum noch hergestellt wird, werden zweifädige Qualitäten manchmal als → *Duo-Jersey* bezeichnet. Beimischung von etwa 30% Polyester ist zur Verringerung der Knitteranfälligkeit einer leichten → *Pflegeleichtausrüstung* vorzuziehen. Als Maschenbindung kommen → *Single Jersey* (auch zur Erhöhung der Elastizität mit Polyamid-→ *Falschdrahtgarn*, wegen des hohen Preises und der großen benötigten Mengen selten mit → *Elastan* auf der dem Körper abgewandten Seite plattiert), → *Pikee* (gut Schweiß saugend, schwerer, dichter und leicht strukturiert, unanfällig gegen Laufmaschen), → *Interlock* (selten und teuer) sowie → *Frottee-Stretch* (auch → *Kettenwirkware* mit konstruktionsbedingt kontrollierter Dehnung) in Frage. Gegenüber → *Biber* oder → *Flanell* ist Jersey-Bettwäsche (auch Frottee-Stretch) weniger voluminös (geringerer Platzbedarf bei der Aufbewahrung und in der Waschmaschine), geschmeidiger, weicher und saugfähiger; sie kann nach der Wäsche ungebügelt wieder aufgezogen werden. – Vgl. → *Spannbettuch*, → *Wirkplüsch*, → *Nicki*, → *Leichtbettwäsche*, → *Frottierbettwäsche*.

Jersey figuré, Gewebter → *Jersey*, dessen Umspinnungszwirn Acetat enthält, das mustermäßig ausgeätzt werden kann, ergibt → *Ausbrenner* ohne Grundgewebe. - Vgl. → *Dentelle*.

Jersey-Flanell, angeflauschter, speziell hierfür konstruierter → *Herren-Jersey*.

Jersey-Loden, beschränkt dehnfähige → *Kettenwirkware*, ähnlich → *Herrenjersey*, für Freizeitkleidung, bei der durch Garnwahl und Ausrüstung versucht wird, Warenbild und Gebrauchsvorzüge des gewebten → *Loden* nachzuahmen.

Jersey quadrillé, weicher, fließender Webjersey mit sandig-körnigem Griff und einem → *Natté*-ähnlichen Bindungsbild.

Jet-cutting, vollautomatische Methode des → *Zuschnitts* von Stoffen für Oberbekleidung durch einen elektronisch gesteuerten Hochdruck-Wasserstrahl auf speziellen Zuschneidetischen mit Pumpe (hohe Investition). – Vgl. → *Cutter*.

Jet-Färbetechnik, → *Hochtemperatur-Färbetechnik* (→ *Düsenfärbung*) bei Temperaturen von über 100 °C, bei der die Gewebe oder Maschenwaren nicht über eine Haspel, sondern durch die → *Flotte* selbst bewegt werden. Der starke, durch Düsen geleitete Flotte-Strom dient gleichzeitig der → *Imprägnierung* der Ware und ihrer spannungslosen Fortbewegung; günstig vor allem für → *texturierte Synthetics*.

Jet-Hose, für den alpinen Wintersport geeignete, figurzeichnend eng geschnittene, oft mit seitlichen Kontraststreifen versehene Hose aus → *bi-elastischen* → *Stretchstoffen* aus Wolle; meist ungefüttert oder mit Futter aus → *Wirkplüsch*. Seit dem Vordringen der → *Hydromembranen* für → *Activwear* von rückläufiger Bedeutung. – Vgl. → *Rennhose*, → *Rennanzug*.

Jett-Knöpfe, Knöpfe aus Pechkohle, einer mit Erdpech getränkten Braunkohle; vollkommen dicht, gut zu schleifen und zu polieren. Den echten Jett-Knopf kann man mit dem Fingernagel ritzen, Imitationen aus schwarzem Glas oder Hartgummi hingegen nicht.

Jigger, zur diskontinuierlichen Stückfärbung und Bleiche geeignete Ausrüstungsmaschine in offener oder geschlossener (für → *HT-Färbungen* geeigneter) Bauart. Die Ware läuft von einem Baum in breiten, faltenlosen Bahnen mit gleichbleibender, durch ein Ausgleichsgetriebe kontrollierter Geschwindigkeit durch den Flottentrog. Sie wird durch Walzen geführt und in Längsrichtung kaum gespannt und anschließend auf einen zweiten Baum aufgewickelt. Je nach Farbtiefe und Farbstoff wird der Vorgang mehrmals in beiden Richtungen laufend wiederholt. – Vgl. → *Foulard*, → *Haspelkufe*.

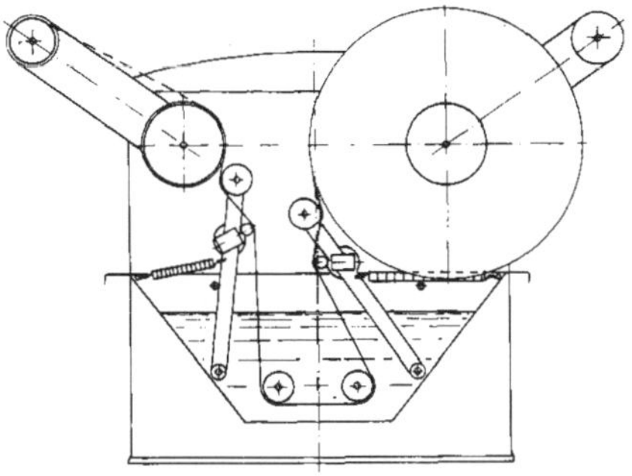

Jigger. Die Ware läuft breit in faltenlosem Zustand durch den Trog mit Ausrüstungsflotte und wird dabei durch Walzen geführt, aber kaum in der Länge gespannt.

Jobfit®, Markenstoff für strapazierfähige → *Berufsbekleidung*, 50% Diolen/50% Baumwolle sowie aus reiner Baumwolle mit hoher Reißfestigkeit und guter Saugfähigkeit. – Vgl. → *Challenger*, → *Stabitex*.

Jock, **Jock-strap**, sportlicher Minislip für Herren mit breitem Elastikbund und einem als Beutel geformten Vorderteil, das von hinten durch zwei seitlich am Bund angebrachte, dünne Elastikbänder gehalten wird, die das Gesäß leicht anheben. Unter Shorts und Sporthosen mit weitem Bein getragen.

Jockeymütze, leichte Stoffmütze mit vorspringendem Schirm.

Jodhpurhose, an den Oberschenkeln weit wie eine → *Breecheshose* („Ballon"), an den Unterschenkeln eng anliegend geschnittene → *Reithose* mit lederbesetzter Schritt- und Sitzfläche. – Vgl. → *Hunting-Look*.

Jodtest, Verfahren zur Feststellung von stärkehaltigen Schlichterückständen in Geweben mit Jod-Jodkaliumlösung.

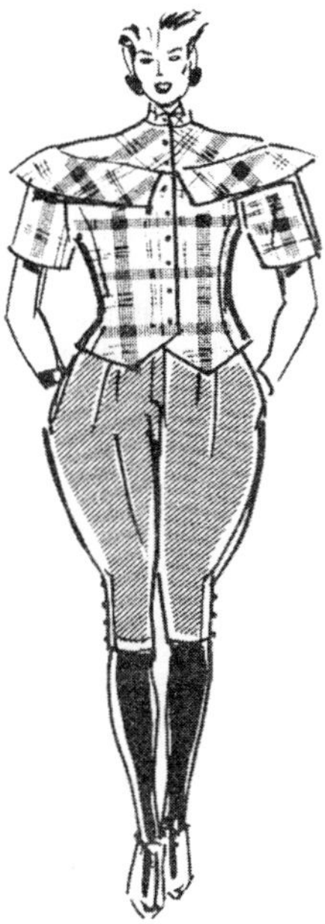

Jodhpurhose

Jogging-Anzug, zur Massensport-Bekleidung zählender, für den zwanglosen Langlauf konstruierter, bequem weit geschnittener Sportanzug, meist mit Bündchen an Ärmeln und Beinen und oft mit Kapuze; Nachfolger des praktisch nicht mehr produzierten → *Trainingsanzugs* und auch für viele andere Sportarten sowie für die zwanglose Freizeit geeignet. Mithin werden Jogginganzüge völlig verschieden gestaltet, je nachdem, ob die Funktion (→ *Activwear*) oder die modische Aussage (→ *Sportswear*) im Vordergrund steht. Bevorzugtes Material vor allem in den Konsumpreislagen: → *Futtertrikot* (→ *Sweatshirt-Stoff*) meist als → *Zweischichtenstoff*. Oft mehrfarbig verarbeitet oder mit → *Labels* oder durch → *Flock-Transferdruck* dekoriert. Für den Sommer: → *Heavy-Jersey*, → *Heavy-Ripp* und → *Nicki*, für den Übergang und im Winter auch → *Fleece*. Besonders leicht: aus → *Trilobal*-Polyamid mit Naturseidengriff, mit → *Single Jersey* gefüttert. Die Jogginganzüge aus Geweben zeigen meist

Jogginganzüge, links und Mitte aus Zweischichtenstoff, rechts mit Long-Shirt und Bermuda.

einen korrekteren Sitz und sind deswegen sowohl in der Stadt als auch am Wochenende vielfältig einsetzbar. Weich fließende Materialien, wie die Wind und Wasser abweisenden → *Microfaser*-Stoffe, → *Chintz,* → *Crinkle* und → *Changeant*, für den Winter auch → *Waffelbindungen* sind kaum zur aktiven Ausübung des Sports bestimmt. – Vgl. → *Windbreaker.*

John-Wayne-Kragen, nach dem amerikanischen Filmstar benannte Kragenform im Western-Stil mit asymmetrisch geschlossenem, eckigem Brusteinsatz, meist umgeklappt getragen und durch ein kleines geknotetes Halstuch ergänzt.

John-Wayne-Hemd mit der typischen asymmetrischen Vorderfront und dem leicht umknickenden Reversteil, hier zum Sportsakko im City-Stil getragen.

Joppe, leichte, dem → *Trachtenstil* nachempfundene Jacke aus sommerlichen Stoffen oder Loden.

Judo-Jacke, kragenlose → *Wickeljacke* (Abb.) bis zur Oberschenkelmitte in asiatischem Stil mit Bändchenverschluß.

Jugendstil, aus dem Anspruch des Bürgertums nach Ästhetik zu Beginn des 20. Jahrhunderts entstandene Kunstrichtung aus stilprägend eingesetzten, neuen Materialien in schlichter, zweckgebundener Form. Aus dem Jugendstil wurden zur Dessinierung von Textilien die außerhalb Deutschlands als Art Nouveau bezeichnete flächenbetonte Ornamentik und der durch Linien dargestellte Formenreichtum von Pflanzen übernommen.

Jumper, pulloverartiges, sportliches, gut hüftlanges Oberbekleidungsstück für Damen, meist gestrickt.

Jumper-Look, Jumper-Kleid, Modestil für Kleider mit leicht schoppendem Oberteil, manchmal mit bauschigem Ärmel. Zweiteilig mit Oberteil zum Schlüpfen oder einteilig in einer Schnittform, die den Jumper simuliert, und in Schritthöhe angesteptem Rock.

Kleider im Jumper-Look.

Jump-Short, einteiliger Shortanzug, kurzes Höschen mit angearbeitetem Oberteil.

Jumpsuit, **Jumpy**, Ganzarmpullover im Hemdhosenschnitt (Sweaterhöschen), der als Pullover mit Rock oder Hose, aber auch als Gymnastikanzug und bei entsprechender Gestaltung auch anstelle eines Pyama getragen werden kann. Weil das Oberteil nicht aus der Taille gleiten kann, ist der Jumpy auch zur Ergänzung von Hosen und Röcken mit nabelfreier Taille (→ *Hip-skirt* oder → *St.-Tropez-Hose*) geeignet. Im Gegensatz zum → *Bodysuit* mit dem Charakter eines Wäschestücks gehört der Jumpsuit zur Oberbekleidung.

Jungle-Look, Musterungsrichtung im Stoffdruck mit Pelz- und Reptileffekt, bei der die Oberflächenstruktur oder die Durchzeichnung verschiedener Tierhäute und -felle imitiert wird. Manchmal durch exotische Blüten oder Urwaldpflanzen ergänzt. – Vgl. → *Animal Prints*.

Jupe, frz. Rock.

Jupe culotte, → *Hosenrock*.

Just-in-time-System, Durchsetzung des Wertfaktors „Zeit“, meist mit Computersystemen (→ *QRS*) gesteuerte Produktion bzw. Anlieferung von Vorprodukten zum exakt richtigen Zeitpunkt, um die Lagerhaltung zu minimieren und in jeder Stufe des Herstellungsprozesses vom Chemiefaserlieferanten bis zum Einzelhändler einen längerfristigen Produktionsplan aufstellen zu können. In der Konsequenz führt dies zu einer Abkehr vom „Denken in Saisons“ und zu einer kontinuierlichen Produktentwicklung; die Produktionszeiten können um ein Drittel verkürzt, Verkauf und Auslieferung näher an den Bedarfszeitpunkt herangeführt werden, was zu engerer Partnerschaft und Kooperation zwischen Industrie und Handel führen kann; allerdings sind die Großbetriebe des Handels begünstigt.

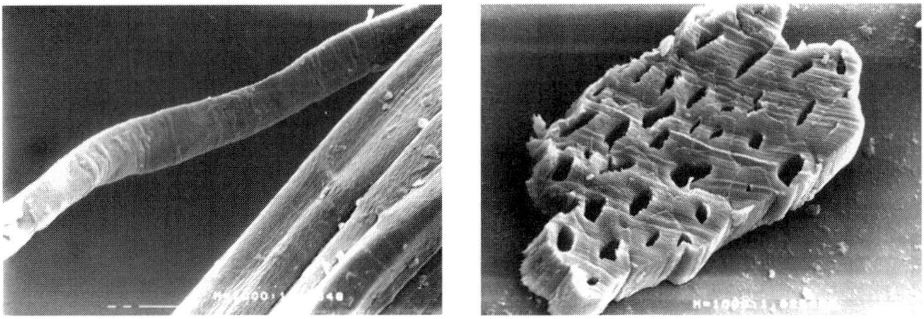

Jute, Längsbild mit abstehender Faser, Querschnitt als zusammenhängendes Faserbändel (in Makroaufnahme).

Jute, tropische → *Bastfaser* aus den Stengeln des Corchorus olitorius oder capsularis; der Anbau erfordert feuchtheißes Klima und gute Böden. Hauptanbaugebiet Bangladesh. Stark verholzte, aus → *Elementarfasern* von nur 1–5 mm Länge zusammengesetzte Bündelfaser mit einer Länge von 1,5–3 m, deren Qualität in hohem Maß von der Festigkeit des Pflanzenleims abhängig ist und die wie → *Leinen* durch die → *Röste* gewonnen wird. Starker Geruch, stark hygroskopisch und damit fäulnisanfällig, stark säureempfindlich, hervorragend zu färben, kaum zu bleichen, spröde und auch brüchig, sehr preiswert, für Verpackungsmittel, Wand- und Bodenbeläge, Untergewebe von → *Tufting-Teppichen* und → Linoleum. Teppiche im Handwebcharakter verwenden → *Umwindungsgarne* mit Juteseele und Schurwolle, die auch die Nutzschicht bildet. – Vgl. → *Bagging*, → *Hessian*, → *Rema*, → *Rupfen*, → *Tarpauling*.

K

Kabel, → *Tow*, Bündel von → *Filamenten* chemischer Fasern, das meist unmittelbar nach dem Spinnprozeß und dem Verstrekken ohne nenneswerte Drehung zusammengefügt wird, mit mehr als 3000 dtex; darunter: → *Multifil.* Von großer Bedeutung für technische Zwecke (Zigarettenfilter); für Bekleidungstextilien außer nach → *Stauchkammer-Texturierung* wegen der leichten Verletzlichkeit der Einzelfasern bei Scheuerbeanspruchung kaum einsetzbar. Basis der Herstellung von → *Spinnfasern* durch Reißen oder Schneiden. – Vgl. → *Spinnkabel*, → *Fachen*, → *Direktspinnverfahren, Konverter-Spinnverfahren*, → *Kapillarfaden*, → *Umwindungsgarn.*

Kabelcord, breitrippiger → *Cord* oder → *Cordsamt* mit höchstens 24 Rippen/10 cm, dessen Flor wegen der großen Rippenbreite stets doppelt eingebunden ist. Breiter als → *Trenkercord*, vor allem als Möbel- und Polsterbezugsstoff. – Vgl. → *Breitcord*, → *Genuacord*, → *Manchester*, → *Schußsamt.*

Kabelgürtel, dicker, runder Schlinggürtel ohne Schließe aus Stoff oder Leder, innen hohl oder mit Textilseele gefüllt, oft mit Fransenabschluß. Kabelgürtel werden nur lose umgelegt, um die Taille nicht „einzukerben".

Kabelrips, breit gefurchter → *Rips* meist aus Baumwolle für Möbel- und Polsterbezüge.

Kabik, → *Kutschertuch.* – Vgl. → *Fischertuch.*

Kadett, 5-bindiger → *Kettatlas* mit blau/weißen Längsstreifen für Metzgerblusen und Anstaltskleidung. – Vgl. → *Regatta.*

Kaftan, aus dem Orient stammender, mantellanger, oft schwarzer, vorne offener Überrock, vor allem von orthodoxen Ostjuden getragen.

Kaftankleid, mantelartiges, sportliches, gerade fallendes, vorne offenes Kleid, manchmal mit durchgehender Knopfleiste.

Kaftanstil in der Damenmode (Designer-Modelle), von links: Deux-Pièce mit kaftanartigem Überkleid ohne Ärmel; Mantel mit Godet-Falten im Kaftanstil; Kaftankleid mit verdeckter Knopfleiste.

Kahlausrüstung, Ausrüstung für → *Kammgarngewebe*, die durch mäßiges → *Walken* kaum verfilzt sind und deren abstehende Faserenden durch Scheren weitgehend entfernt wurden, so daß das Bindungsbild klar erkennbar und jeder Einzelfaden zu sehen ist. Weicher, geschmeidiger, jedoch nicht lappiger, sondern kerniger Griff, der jedoch durch die Bindung oder das Garn stark beeinflußt werden kann. Vorsichtig unter feuchtem Tuch bügeln, da die Stoffe zum Glänzen neigen. Gegensatz: → *Foulé*, → *Melton.*

Kalabreser, sommerlicher Damen-Strandhut mit breiter Krempe und spitz zulaufendem Kopfteil.

Kalander, Ausrüstungsmaschine mit 2-12 horizontal oder übereinander angeordneten, unter hohem Druck (über 10000 to) stehenden Walzen, zwischen denen der

Stoff durchläuft, zur Erhöhung des dichten Gewebeschlußes durch Plattdrücken der Fäden (Porendichte) und zur Erzielung von Glanz- oder Prägeefekten. Auf eine mit Gas, Strom oder Dampf beheizte, polierte oder gravierte Metallwalze folgt stets eine mit Papier, Baumwollstoff oder Kunststoff elastisch gemachte Walze. Arten: → *Chaisingkalander* (Mattglanz), → *Filzkalander* (zum Trocknen und zur → *Dekatur*), → *Friktionskalander* (hoher Glanz), → *Prägekalander* (→ *Gaufrage*), → *Riffelkalander* (Seidenfinish), → *Rollkalander* (Glanz- oder Matteffekt), → *Similikalander* (hoher Glanz und dichter Warenschluß), → *Trikotkalander* (mit spezieller Schlaucheinführung und Aufdampfvorrichtung), → *Wasserkalander* (zum Abquetschen, Entwässern der Stoffe). Gegensatz: → *Mangeln*, → *Pressen*. – Vgl. → *Schreinerfinish*, → *Chintz*.

Kalbfell, 85-110 cm großes Fell europäischer, nord- oder südamerikanischer Kälber, einfarbig, schwarz oder braun gescheckt, vielfach gefärbt, für Capes und Jacken. Je weicher das Leder, desto schöner der Pelz. – **Kalbsnappa**, → *Nappaleder* aus Kalbshäuten, wesentlich weicher, leichter, geschmeidiger, im Narbenbild gleichmäßiger und feiner, hochwertiger als → *Rindsnappa*. – **Kalbsspaltleder**, als → *Veloursleder* zugerichtetes → *Spaltleder* aus Kalbshäuten, relativ hochwertig und gut zu verarbeiten. - **Kalbsvelours**, → *Veloursleder* mit weichem und kühlem Griff, sehr reißfest und gut zu färben, teurer als → *Schafs-* oder → *Ziegenvelours*.

Kaliko, Calicot, Kalikot, mit Stärke beschichteter Baumwoll-→ *Kattun* für Bucheinbände und Lederwaren.

Kalkwolle, **Kalkäscherwolle**, → *Gerberwolle*, alkalisch geschädigte, versprödete und brüchige, minderwertige Naturwolle, Abfallprodukt der Ledergewinnung.

Kalkseife, bei Einsatz von Waschmitteln mit einem Seifengehalt von 50-90 % durch Reaktion von Härtebildnern (Kalk, Magnesium) in hartem Wasser mit der Seife in der Waschmaschine und auf dem Textilgut zusammen mit gelösten Schmutzteilen nur mehr schwer lösbar abgelagerter Rückstand; führt zu schlechter Ausnutzung des Waschmittels, Versprödung der Fasern, hartem Griff und Grauverfärbung. Auswaschen mit → *Universalwaschmitteln* ist möglich. – Vgl. → *Waschmittel*.

Kalkuttahanf, → *Jute*.

Kalligrafisches Dessin, Druckdessin, das aus schön geschriebenen Buchstaben oder Schriftzügen gebildet wird.

Kalmuk, schweres, auf beiden Seiten stark gerauhtes Baumwoll-→ *Doppelgewebe* mit Unterschuß, meist 4-bindiger → *Köper*, als Unterlage für Tischdecken und zum Bügeln.

Kältebeständigkeit, vor allem bei beschichteten Stoffen wichtige Eigenschaft, meist zusammen mit Abriebfestigkeit und → *Wärmebeständigkeit* beurteilt; nach Einfluß mäßiger Minusgrade darf die Beschichtung unter der Lupe keine Risse aufweisen. – Vgl. DIN 53361.

Kälteschutzgewebe, bis zu 400 g schwere Stoffe mit textilem Griff aus → *Polyvinylchlorid* (→ *Rhovyl*), die den Körper bis - 30 °C zuverlässig schützen können.

Kalt-Mercerisation, → *Transparentierung*, Behandlung von Baumwollgeweben mit tiefgekühlter Natronlauge unter Spannung; → *Batist* wird steifer, durchsichtiger und glänzender, ohne den Glanz des → *Transparent* zu erreichen. → *Kretonne* erhält einen waschbeständigen, leinenartigen Glanz. – Vgl. → *Laugieren*,

Kaltschaum, hochelastischer, unbrennbarer, mit dem natürlichen → *Latexschaum* vergleichbarer → *Polyetherschaum* für Polstermöbel und Matratzen mit unregelmäßig grober Porenstruktur, hoher Luftdurchlässigkeit und geschmeidigem Griff. – Vgl. → *Polyurethanschaum*.

Kaltwasserrotte, → *Rösten* von → *Bastfasern* in langsam fließendem Wasser, bei → *Flachs* in der industriellen Fasergewinnung durch die → *Warmwasserrotte* ersetzt. Bei → *Hanf* ergibt sie die erwünschte hellere Farbe. Wegen der Verunreinigungsgefahr natürlicher Gewässer in den meisten europäischen Ländern durch Gesetzt untersagt, in den Anbaugebieten der → *Jute* aber allgemein üblich. – Vgl. → *Taurotte*.

Kamelhaar, lt. → *TKG* „Kamel" oder „Kamelhaar", das zum Verspinnen geeignete, etwa 25-130, im Mittel 100 mm lange Flaumhaar des arabischen einhöckerigen Dromedars (gröber, hauptsächlich für Teppiche geeignet) oder des südostasischen zweihöckerigen Trampeltiers aus Westchina oder der äußeren Mongolei (14-28 Mikron fein, ähnlich hochwertiger → *Merinowolle*), deren Haare in jedem Frühjahr abgeworfen und gesammelt werden (in Persien auch Kamelschur). Die Grannenhaare werden im Erzeugerland durch Sortieren ausgeschieden; die Grannenfreiheit ist ein Qualitätskriterium. Ein ausgewachsenes Tier liefert etwa 5 kg hell- bis dunkelbraunes Haar jährlich. Sehr fein, weich und seidig, strapazierfähig, derb geschuppt, mit ovalem bis kreisrundem Querschnitt, wellig gekräuselt, mit meist ununterbrochenem Markstrang. Der chemische Aufbau des Kamelhaars ist dem der Schafwolle sehr ähnlich. Für hochwertige, gut wärmende und leichte Schlafdecken und voluminöse, im Verhältnis zu ihrer Fülligkeit sehr leichte Mantelstoffe, als Flocke auch für Steppdeckenfüllungen. Wegen des hohen Preises wird als Kette, die vom gerauhten Schuß voll überdeckt wird, häufig Merinowolle oder Baumwolle eingesetzt. Das besonders feine und begehrte Haar junger Tiere bis zu einem Jahr (→ *Baby-Kamelhaar*) ist naturblond bis fast weiß. – Vgl. → *Edelhaar*.

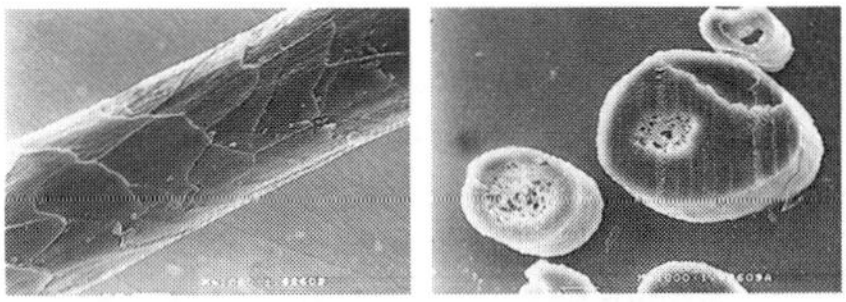

Längsbild und Querschnitt des Flaumhaars vom zweihöckerigen Kamel mit glattem Schuppenbild und weitgespannter Schuppenabdeckung.

Kaminhemd, → *Overshirt*, als → *Outdoor-Hemd* ohne Mantel auf der Straße zu tragen, meist aus Wollflanell und mit Karomuster.

Kaminkragen, geknöpfter → *Stehkragen*.

Kaminkragen

Kaminrock, langer, wie ein Abendrock geschnittener Rock aus Wollstoffen. Vgl. → Abb. S. 436. – **Kaminkleid**, Kleid mit langem Wollrock. – Vgl. → *Patio-Kleid*, → *Terrassenkleid*.

Kämmen, der eigentlichen → *Feinspinnerei* vorgelagerter Arbeitsgang zur Verbesserung der durchschnittlichen Stapellänge; Kurzfasern bis zu einer bestimmbaren Min-

Kaminrock (Designer-Modell).

destlänge werden ausgeschieden. Diese Kurzfasern können zum Teil mit anderen Kurzfasern zusammen zu → *Grobgarnen* verarbeitet werden. Faserverlust je nach Material und Intensität des Kämmvorgangs zwischen 10 und 30 %.

1. der **Wolle** nach DIN 60415: Auskämmen der kurzen Fasern, des Rests pflanzlicher Bestandteile und der Noppen aus dem Vorstreckenband bei fortschreitendem Parallelrichten des gekämmten langen Fasergutes (→ *Kammzug*) mit → *Kammgarn* als Ergebnis; Abfall: Kämmlinge.

2. der **Baumwolle**: Zwischen → *Karde* und → *Vorspinnmaschine* eingeschalteter Prozeß bei Baumwollsorten mit einem Mindeststapel von 29 mm und höher (→ *ELS-Baumwolle*). **Supergekämmte** Garne haben mehrere Kämmvorgänge hinter sich, sind besonders fein ausspinnbar und ohne sichtbare Unregelmäßigkeiten. – Vgl. → *Gekämmte Baumwolle*, → *Fil peigné*, → *Kardiertes Garn*, → *Hecheln*. Abb. vgl. → *gekämmte Baumwolle.*

Kammgarn, glattes, hochwertiges, relativ stark gedrehtes Wollgarn mit langen parallel liegenden Einzelfasern, aus dem die kürzeren Fasern durch → *Kämmen* entfernt wurden, sowie Gewebe aus diesem Garn mit glatter und gleichmäßiger Oberfläche. Der Begriff definiert ein Herstellungsprinzip, nicht aber eine bestimmte Qualität, wenngleich für Bekleidungszwecke praktisch nur mehr feine Merinowollen, auch in Mischung mit Polyesterfasern, sowie → *Edelhaare* eingesetzt werden. Kammgarne werden vielfach auch zur Herstellung hochwertiger → *Maschenwaren,* für → *Handstrickgarne* sowie für → *Orient-Teppiche* verwendet. – Vgl. → *Halbkammgarn*, → *Streichgarn.*

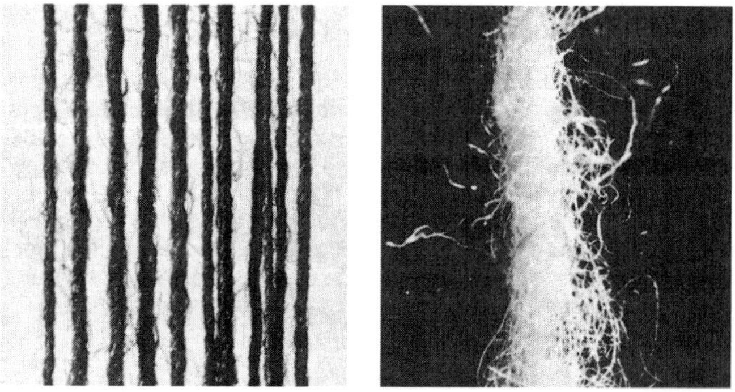

Kammgarn (links) und Streichgarn (rechts).

Kammgarnflanell, hochwertiger → *Flanell* mit einem nicht zu langen, oft im Strich liegenden und nur leicht angewalkten Flor aus feinen → *Merinowollen*, in leichten Gewichten für Damenkleider, schwerer für Anzüge, Kostüme, Hosen und Röcke. Um die Strapazierfähigkeit gleichwertiger Stoffe mit Tuchausrüstung zu erreichen, muß der Kammgarnflanell gut gewalkt sein (Radikalwalke mit Seife und Soda), damit eine gute Verfilzung im Innern des Stoffes (Kernfilz) gelingt. – Vgl. → *Foulé*.

Kammgarn-Spinnverfahren, → *Feinspinnverfahren* für wollartige Textilfasern unter mehrmaligem stufenweisen Verziehen der → *Kammzüge* bei gleichzeitiger Drahtgebung zum → *Vorgarn*, wodurch eine Verringerung der Zahl der Fasern im Querschnitt und eine Verfestigung erreicht wird. Durch mehrmaliges Doppeln und Strecken erfolgt eine zusätzliche Egalisierung (→ *Streckspinnverfahren*). Das Feinspinnen erfolgt auf der → *Ringspinnmaschine* im → *Sirospun-Verfahren* oder im → *OE-Spinnverfahren*. – Vgl. → *Halbkammgarn*.

Kammzug, aus dem Vorstreckenband gewonnenes, durch → *Kämmen* von kurzen Fasern bis zu einer bestimmbaren Länge befreites Faserband als Spinngut, bei dem die Parallel-Lage der Einzelfasern deutlich verbessert und Fasernoppen, → *Nissen* und pflanzliche Verunreinigungen ausgeschieden worden sind. Weiterverarbeitung im → *Kammgarn-Spinnverfahren*. Kammzüge können gefärbt und bedruckt (→ *Vigoureux*) werden.

Kammzug-Wirkerei, → *Sliver-Knit*, hochfloriger → *Wirkplüsch* von der → *Wildman-Maschine*, die aus einfachem Garn wie eine → *einflächige* → *Kulierware* wirkt und darin einzelne Fasern, also kein Garn, einbindet. Meist wird eine → *Kammzug-* → *Lunte* aus Acryl-Stapelfaser vorgelegt, in der Maschine aufbereitet und mittels eines Gebläses auf den Nadelkranz gebracht. Die Faserbündel werden von den Nadeln erfaßt und V-förmig in den Wirkschlauch eingebunden. Das Polmaterial wird nicht Bestandteil des Grundgewirks, was Material spart (deswegen preiswerter als → *Hochflor-Raschel*) und eine gleichmäßig dichte Flordecke bewirkt. Verwendung in der Spielwarenindustrie, als Sitzfell im Auto, zur Fütterung von Winterschuhen und als → *Borg-Futter* zur winterlichen Ausstattung von Herren-, Damen- und Kinderkleidung.

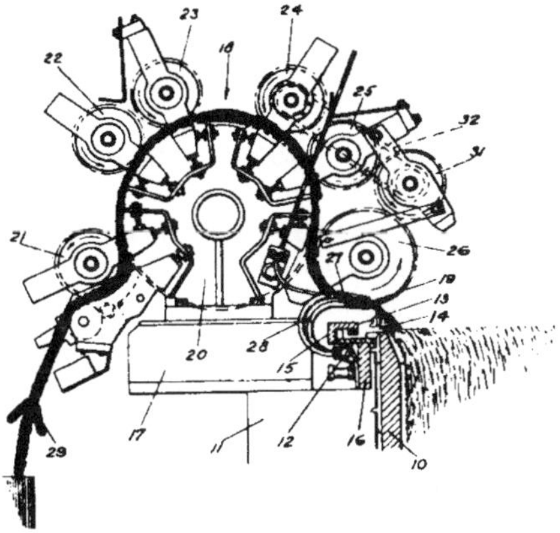

Kammzug-Wirkerei. Lauf der Vorgarnlunte (Pfeil) bis zu den Maschenbildungswerkzeugen (rechts), daneben die fertige Ware. Auf diesem Weg wird die Lunte mit Hilfe von Miniatur-Karden und einem Vor-Reißer sowie je zwei Arbeits- und Wendewalzen aufbereitet und gleichmäßig verteilt. Das fertige Gewirk fällt als Schlauch an und muß zu Bahnen aufgeschnitten werden.

Kampfer, in → *Mottenkugeln* enthaltenes Atemgift. – Vgl. → *Naphtalin*.

Kanebo, → *Bikomponentenfaser* des → *S/S-Typs* aus zwei in ihrem Schrumpfverhalten unterschiedlichen Polyamid-6-Typen. – Vgl. → *Chemietexturierung*.

Kanekalon, → *Modacryl*-Spinnfaser aus 40 oder 60 % Acrylnitril und 60 bzw. 40 % Vinylchlorid. – Vgl. → *Teklan*.

Kanetille, → *Leonisches Gespinst* in Schraubenform (Schraubendraht). – Vgl. → *Lahn*.

Kanevas, → *Canevas*, stark appretierter → *Handarbeitsstoff* mit gitterartigen Durchbrüchen in → *Scheindreherbindung*, dessen quadratische Felder durch das Handarbeitsgarn ausgefüllt werden können. Nicht identisch mit dem → *Jeansstoff* → *Canvas*.

Känguruh-Leder, aus Australien stammendes, sehr dünnes, aber recht reißfestes → *Leder* aus Känguruh-→ *Fellen*, vor allem für Handschuhe und Reithosen, aber auch für hochwertige modische Damenbekleidung.

Kanin, 40-70 cm großes, nicht sehr strapazierfähiges Fell des (erdgrauen) Wildkaninchens und des gezüchteten, in der Kürschnerei besser verwendbaren Hauskaninchens (weiß, schwarz, gescheckt) mit 2-4 cm langem Haar, gut als Imitation von → *Seal*, → *Nutria*, → *Biber*, → *Skunk*, → *Zobel* oder → *Feh* zu färben.

Kantala, auf den Philippinen, Indonesien und in Vorderindien angebaute → *Hartfaser* von der Agave cantala, identisch mit → *Maguey*. Ähnlich: → *Henequen*, → *Tula-Faser*.

Kantendruckmaschine, für den Aufdruck von Firmen- und Markennamen sowie der → *Textilkennzeichnung* mit rasch trocknenden Pigmenten auf die Webkanten entwickelte Druckmaschine; teilweise werden auch geheizte Metallstempel für Abplätt-Folien eingesetzt.

Kantenloden, modische Variante des → *Loden* mit einer beidseitig auf 3,5 cm verbreiterten Webkante (156 cm breit), die als Ausputz oder Paspelierung an Mänteln verwendet werden kann.

Kantenziehverfahren, **Kantenkräuselverfahren**, → *Klingentexturierung*, besonders für → *monofile Filamente* geeignetes → *Texturierverfahren* zur Erzielung eines gleichmäßigen Bauscheffekts durch einseitige Deformation der Kapillarfäden ohne Verdrehungstendenz bei geringer elastischer Dehnung mit deutlicher Schlingenbildung. Der erwärmte Faden wird in spitzem Winkel über eine meist geheizte Kante gezogen und dadurch einseitig gestaucht, wobei eine Orientierung der Kettenmoleküle

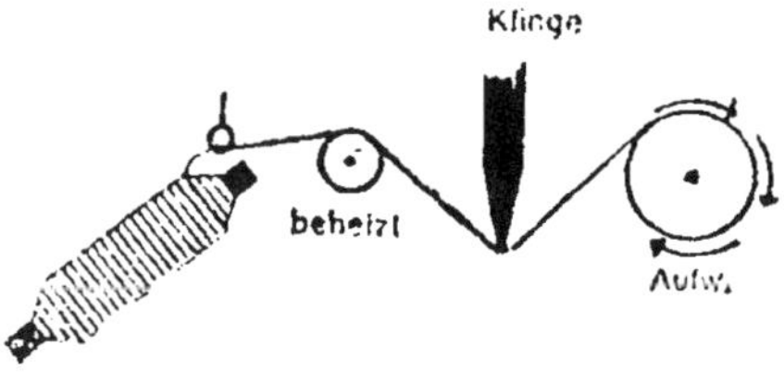

Schematische Darstellung des Kantenziehverfahrens.

in Längsrichtung erfolgt, anschließend entlastet und abgekühlt. Wegen hoher Herstellungskosten, ungleichmäßigem Warenausfall und Begrenzung auf feine Titer nur mehr in den USA angewandt. Marke: → *Agilon*.

Kapillarfaden, Einzelfilament → *multifiler* Chemiefasergarne. Ihre Zahl im Garn entspricht der Anzahl der Düsenlöcher. – Vgl. → *Elementarfaden*, → *Einzeltiter*.

Kapok, 10-40 cm lange, gelblich-weiße einzellige Samenfaser der inneren Fruchthaut der Schoten aus der Fruchtkapsel des Kapokbaumes, seidig glänzend. Wegen der geringen Festigkeit und der Glätte nicht verspinnbar, wegen des ungewöhnlichen

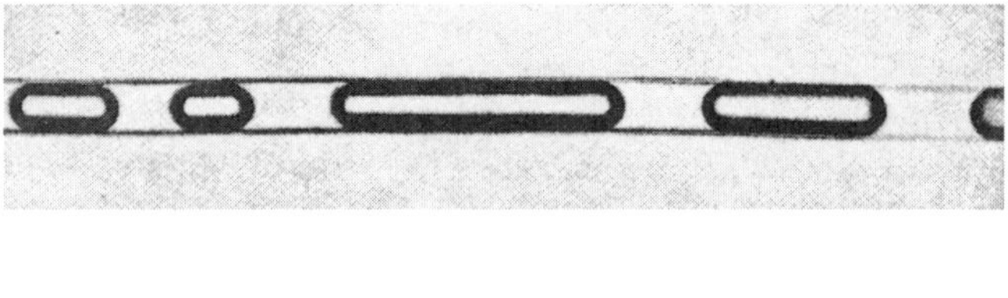

Kapokfaser mit Lufteinschlüssen (Längsschnitt).

Luftgehalts von 80 % aber von hoher Füllkraft, Weichheit und Wärmeisolation. Dank des natürlichen Fettgehalts wasserabstoßend, immun gegen Feuchtigkeit, geruchlos, wird nicht von Ungeziefer befallen. Für Vollpolstermatratzen (nicht klopfen, häufig an die Sonne bringen).

Kapuzenlook. Sweatshirt mit angeschnittener Kapuze, Strickweste und ärmellosem Gilet im Sinn von Layering.

Kappnaht, Sicherheitsnaht für starke Zugbeanspruchung, Doppelnaht, bei der zwei Stoffe so übereinandergelegt werden, daß die eine Bahn übersteht. Der überstehende Teil wird über den anderen Teil geschlagen und dann darüber gesteppt, oft mit farblich abstechendem Garn. Die Steppnaht durchdringt alle vier Stoffteile. Bei der Doppelkappnaht wird zusätzlich eine Paspel mit eingenäht.

Kappnaht. Links die beiden Operationen bei der Herstellung, rechts das Nahtbild einer Doppelkappnaht mit eingenähtem Linkspaspel.

Kapwolle, Sammelbegriff für die aus Südafrika stammenden, von Farmern erzeugten feinen → *Merinowollen* (85 % Anteil) im Gegensatz zu den mittelfeinen Landwollen (→ *Natives*) aus der Zucht der einheimischen Bevölkerung.

Kapuzen als modisches Element; links Mantel mit einer Kapuze über dem Kollerkragen, rechts mit durch Reißverschluß abnehmbarer Kapuze.

Kapuze, Kopfbedeckung aus Stoff, mit dem Halsring oder dem Kragen von Kleidungsstücken fest oder abnehmbar verbunden; vielfach nicht funktionell, sondern als Modeelement gedacht (Kapuzen-Look).

Karabagh, kurzfloriger, vergleichsweise grober → *Nomadenteppich* aus dem Kaukasus mit streng geometrischer Musterung in den Grundfarben Rot und Blau, weniger wertvoll als der → *Kasak*.

Karadja, nordpersischer → *Orient-Teppich* aus dem → *Heriz*-Distrikt, Grundfarbe meist Rot, selten Blau; mit einer dem → *Kasak* ähnlichen Zeichnung, meist sternförmige und mit Haken besetzte Medaillons, Fond mit stilisierten Blütenornamenten, seltener mit Tiermotiven gefüllt; breite, von zwei Nebenborten flankierte Hauptborte. Baumwollkette, 120000 bis 200000 Knoten/m^2. Hochwertige Strapazierwolle. – Vgl. → *Türkischer Knoten*.

Karakul, asiatisches Fettschwanzschaf aus Turkmenistan, Usbekistan und Kasachstan, dessen etwa drei Tage nach der Geburt geschlachteten Lämmer den → *Breitschwanz* liefern; die Felle sind schwerer und haben eine runde, d.h. längere Locke als der afghanische → *Persianer* und der südafrikanische → *Swakara*. Die Wolle des erwachsenen Schafes kann für Teppiche verwendet werden. – Vgl. → *Pelz*.

Karbonisieren, Carbonisieren, Beseitigung pflanzlicher Bestandteile (Zellulosefasern aus → *Reißwolle*, Verunreinigungen wie Kletten, Heu und Strohreste aus → *Schurwolle*) auf chemischem Weg durch Überführen der → *Zellulose* in die brüchige und durch Ausblasen (Ventilation) leicht entfernbare → *Hydrozellulose*: Tränken mit einer Mineralsäure (Schwefelsäure, auch Salzsäuregas) bei 60-70 °C, Trocknen und nachfolgendes Erhitzen auf 90-125 °C in der Brennkammer.

Karde, Kardiermaschine, Maschine zur Spinnvorbereitung der Baumwolle (und des Flachses), ähnlich dem → *Krempel* der → *Streichgarnspinnerei*, bewirkt gründliche Reinigung der → *Flocke*, Entfernung kurzer oder verknoteter Fasern (→ *Nissen*), wobei die Fasern einzeln freigelegt, parallelisiert und zu einem zusammenhängenden Flor verfestigt werden.

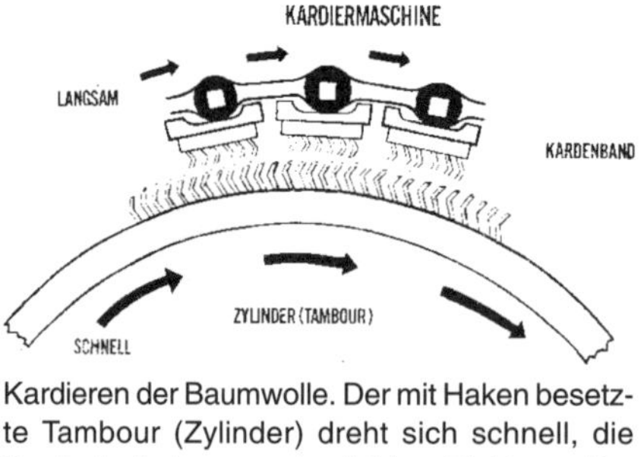

Kardieren der Baumwolle. Der mit Haken besetzte Tambour (Zylinder) dreht sich schnell, die Kardenkette langsam in gleicher Richtung. Dadurch werden die Baumwollfasern parallel gelegt und kurze Fasern ausgeschieden.

Kardiertes Garn, → *Fil cardé*, ungekämmtes, aber hochwertiges (→ *Dreizylinder-*) → *Feingarn* aus langstapeligen Baumwollsorten (mindestens 25 mm, → *LS-Baumwolle*) mit gleichmäßigem → *Stapel* durch mehrere Passagen in der Kardiermaschine (→ *Karde*) und in → *Streckwerken*, oft → *gasiert* und/oder → *mercerisiert*. Im Gegensatz zum → *gekämmten Garn* können kürzere Fasern enthalten sein. Qualitätskriterium vor allem bei Maschenwaren.

Karnak, unterägyptische, aus der → *Sakellaridis* gezüchtete, besonders wertvolle und langstapelige (35-44 mm) Baumwolle. – Vgl. → *Ashmouni*, → *Mako*.

Karo-Loc, amerikanische Spezialwebmaschine für → *Polgewebe* mit einem System, das es unnötig macht, die Kanten eines Teppichs zu befestigen; die → *Webteppiche* können beliebig geschnitten und nahtlos aneinander gelegt werden.

Karomuster, bunt gewebte (Kombination von → *Zettelbrief* und → *Schußfolge*) oder gedruckte Dessins mit sich kreuzenden Längs- und Querstreifen in vielen Variationen. – Vgl. → *Bäckerkaro*, → *Black watch*, → *Blockkaro*, → *Clankaro*, → *Ecossais*, → *Fensterkaro*, → *Gitterkaro*, → *Higgins-Karo*, → *Holzfällerkaro*, → *Küchenkaro*, → *Madraskaro*, → *Oxford-Karo*, → *Rouen*, → *Schachbrettkaro*, → *Schottenkaro*, → *Sherlock-Holmes-Karo*, → *Tartan*, → *Taschentuchkaro*, → *Tattersallkaro*, → *Vichykaro*; Abwandlungen: → *Fadenkreuzdessin*, → *Glencheck*, → *Hahnentritt*, → *Pepita*, → *Pfeffer und Salz*.

Karo-Step®, Markenzeichen einer Werbegemeinschaft von Inlettwebern für ein → *Flachbett* mit längs und quer gesteppten Nähten und quadratischen Füllkammern; das Verrutschen des Füllmaterials wird verhindert. Ersetzt weitgehend das prall gefüllte → *Oberbett*. – Vgl. → *Kassettenbett*.

Karottenhose. Links: Oversized-Karotte für Damen mit überweit geschnittener Hüft- und Oberschenkelpartie. Rechts: Karottenhose im Vergleich zur konischen Hosenform.

Karottenhose, im Oberschenkel weiter geschnittene (Weitenzugabe in der Seitennaht mit nur angepaßter Schrittnaht), zum Fuß hin enger werdende, → *konische* Hosenform, vor allem durch → *Jeanswear* populär geworden. Variable Paßform vor allem für Damen, wegen der weiteren Hüfte und Oberschenkel auch für Problemfiguren geeignet.

Karussell-Rundbügelautomat, Rationalisierung in der Endbügelei, die die Körperbewegungen des Büglers reduziert, mit der Möglichkeit, mehrere Sakkos gleichzeitig zu bearbeiten oder verschiedene Bügelvorgänge zusammenzufassen.

Kasack, 1. Gerade geschnittenes, hüftlanges Oberbekleidungsstück für Damen mit Gürtel.
2. Hüftlange, gerade geschnittene Kleiderschürze ohne oder mit kurzem Arm.

Kasak, hochfloriger, dicht geknüpfter, wertvoller kaukasischer → *Orient-Teppich* mit

Kasack. Links ohne Arm, in der Taille gegürtet und mit Seitenschlitzen, rechts Kasackkleid mit Paspeln und Schlinggürtel.

vielseitigen, großflächigen, geometrisch angelegten Mustern in leuchtendem Dunkelrot, Blau und Grün, auch Gelb und Weiß. - Vgl. → *Karabagh*, → *Karadja*.

Kaschieren, dauerhafte Verbindung zweier Bahnen textiler Flächengebilde ohne einen web-, wirk- oder nähtechnischen Vorgang durch eine Klebstoffschicht auf Basis PVC, Acrylsäure oder Polyurethan, dünne Folien als Kleber, Verschweißen oder Verschmelzen. Kaschiermaschinen, vorwiegend Spezialkalander, haben Vorrichtungen zum Zuführen der Stoffe, eine Streicheinrichtung für den Kleber, zum Teil mit gravierten Walzen zur punkt- oder strichartigen Verteilung, oder eine Flammeinrichtung für die → *thermischen Verfahren* (→ *Thermobondieren* mit schmelzbaren Fasern oder mit Schaumstoff-Folien) und eine Preßeinrichtung. Kaschiert werden können Gewebe, Gewirke, Vliese und Non woven fabrics sowie der Zweitrücken auf → *Tufting-Teppichen*. Ergebnis sind → *Multitextilien*, → *Bondings*. Auch beim → *Thermofixieren* von → *Einlagestoffen* (→ *Frontfixierung*) handelt es sich um einen Kaschiervorgang. Gegensatz: → *Beschichtung*. - Vgl. → *Laminieren*, → *Lanisieren*, → *Flammverfahren*, → *Klebeverfahren*,→ *Minting-Verfahren*, → *Coin-Verfahrten*, → *Interbonding*, → *Reticulierter Schaum*, → *Eurobond*, → *Spibon*, → *Gemel*, → *Loftine*, → *Trubenis*, → *Sandwich-Kaschierung*, → *Rückvernietung*,→ *Sperrholz-Effekt*.

Kaschmir-Dessin, kleinere, nierenförmige Druck- oder Jacquardmusterung persisch-indischen Ursprungs oder palmettenförmig zugespitztes Blatt mit zurückgebogener Spitze. - Vgl. → *Krawattenmuster*, → *Paisley*.

Kaschmir, **Kaschmirwolle**, korrekte Schreibweise lt. → *TKG*; engl. → *Cashmere*, frz. → *Cachemire*, wertvolle, einmal jährlich durch Auszupfen oder Auskämmen des 40-90 mm, durchschnittlich 70 mm langen Flaumhaars (Duvet) gewonnenes → *Edelhaar* mit fast kreisrundem Querschnitt von weißer, grauer, brauner oder sogar schwarzer Eigenfarbe der im mittelasiatischen Hochland, in China und in der Mongolei heimischen **Kaschmirziege**; Ausbeute 200-500 g je Tier, Welternte etwa 5000 t/Jahr. Die von den Nomaden in der Wüste Gobi erzeugte Kaschmirwolle ist die wertvollste. **Gewinnung**: Die etwa 130 mm langen → *Grannenhaare* des Winterkleides werden meist im Erzeugerland aussortiert. Versuche, die Kaschmirziege in Australien und Neuseeland zu züchten, verlaufen vielversprechend. Ihr erstklassiges Image verdankt die Faser ihrer Weichheit, ihrem seidigen Glanz, ihrer den feinsten → *Merinowollen* ähnlichen Feinheit (14,5-19 Mikron) und ihrer Geschmeidigkeit, die von keiner anderen Textilfaser übertroffen wird. Das Spinnen ist wegen des notwendigen Aussonderns der restlichen Grannenhaare und das Herausziehen der Eigenfarbe auf chemischem Weg mit der Folge eines härteren Griffs, Verlust an Reißfestigkeit und vermehrter Anfälligkeit gegen Verformung beim Waschen sehr schwierig und wenigen Spezialisten vorbehalten. Die feinsten Garne („Two ply") sind 35 tex feine zweifädige Zwirne. Web-und Ausrüstungstechnik müssen auf die Feinheit der Garne abgestimmt sein. Der Ende der 80er Jahre enorm gestiegene Preis ist nicht nur

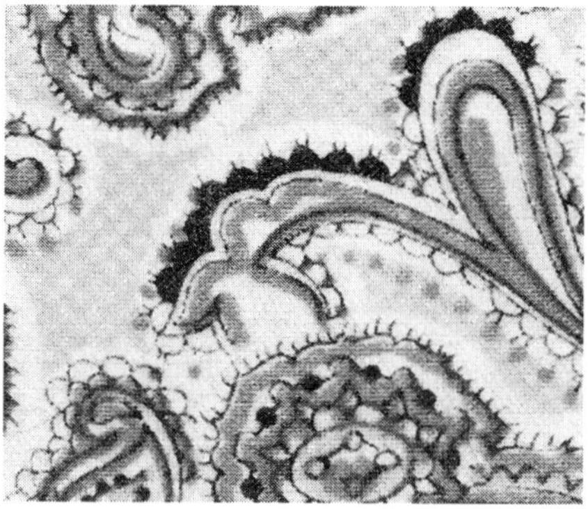
Kaschmir-Dessin

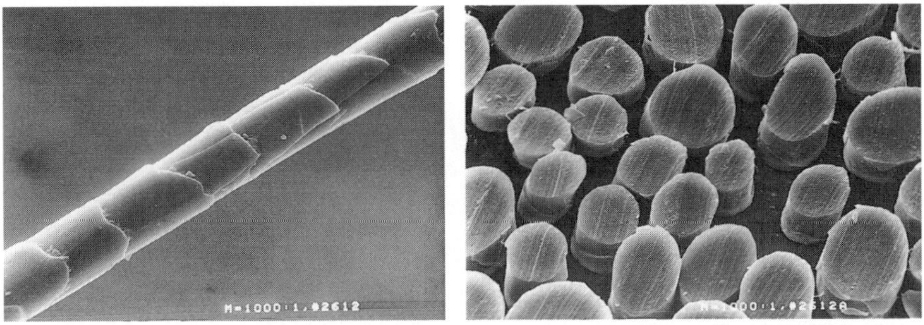

Kaschmirwolle. Links: Längsbild mit glattem Schuppenbild und weit gespannter, regelmäßig gewellter Schuppenbildung; die Schuppen umspannen den ganzen Faserumfang. Rechts: Querschnitt in fast runder Form mit Feinheitsunterschieden.

durch die Eigenschaften und die schwierige Gewinnung gerechtfertigt, sondern auch auf die Monopolstellung der Haupterzeugerländer für die feinsten und weißen Sorten zurückzuführen. **Verwendung**: Wegen des hohen Preises wird Kaschmir selten rein verarbeitet und mit Merinowolle, → *Lambswool* oder → *Angora* gemischt. Für feine Kleiderstoffe (→ *Kasha*, → *Cashalaine*) und hochwertige Schals wird Kaschmir meist in einer Schußköperbindung gewebt. Strickwaren, die es mit relativ großen Preis- und Qualitätsunterschieden je nach Herkunft und Verarbeitung der Faser vielfach aus reinem Kaschmir gibt, neigen vor allem bei Einsatz kürzerer Fasern zur → *Pillingbildung* und können wie Wolle handwarm mit → *Wollwaschmitteln* gewaschen werden. → *Flocke* dient als Steppdeckenfüllung. – Vgl. → *Cashgora*.

Kaseinfaser, regenerierte → *Proteinfaser*, aus Milcheiweiß von geringer Trockenfestigkeit bei hohem Festigkeitsverlust in nassem Zustand und nur zusammen mit Wolle, Viskose oder Synthetics verspinnbar, zur Herstellung von → *Filz* geeignet. Hohe Dehnung (trocken 50-70 %, naß über 100 %), mit über 15 % hohe Wasseraufnahme und Quellung. Die wirtschaftliche Bedeutung ist gering. – Vgl. → *Merinova*.

Käseleinen, → *Indisch Crêpe*.

Kasha, Damenkleiderstoff mit weichem Griff aus oder mit → *Kaschmirwolle*, der durch Waschen und Walken mit einer kurzen, wirren, strichlosen Faserdecke versehen wird, wodurch das Bindungsbild verschleiert ist. – Vgl. → *Cashalaine*.

Kaskadenbluse, romantische Bluse mit reichlich Stoffdrapierung an Kragen und Vorderfront. – Vgl. → *Wasserfall-Rock*.

Kaskadenbluse

Kassettenbett, → *Steppbett* mit → *Daunen-* oder → *Federn*-Füllung, dessen Inneres mit Stegen unterteilt ist. Die Teilung ermöglicht eine gleichmäßige Füllung der Decke und verhindert deren Verrutschen. – Vgl. → *Karo-Stepp*.

Kastenrock, Facettenrock, Matchbox- oder Schachtelrock, gerade geschnittener Rock mit Bund, der an der Vorder- und Rückseite rechts und links wulstige, durch Steppereien oder → *Kappnähte* betonte Nähte aufweist, die dem Rock eine strekkende, viereckige Wirkung geben. Schwer zu ändern, nicht für große Größen geeignet.

Katalysator, Chemikalien unterschiedlicher Konstitution, die eine chemische Reaktion auslösen, beschleunigen oder verzögern, ohne Teil des Vorgangs zu sein oder durch ihn verändert zu werden.

Kategorie, Kat, Begriff aus dem → *Welt-Textilabkommen*, Bezeichnung der Gruppierung der in einer Liste erfaßten insgesamt 123 Warenpositionen, die von Kammzügen über Garne, Gewebe, Gewirke bis zur Fertigkleidung und den Accessoires reicht. Die → *hochsensible Kategorie* ist die erste der drei Kategorien.

Kationische Farbstoffe, für Acrylfasern geeignete → *Farbstoffe* mit hohen Wasch- und Lichtechtheiten.

Kattun, Baumwoll-Grundgewebe, → *Rohnessel*, feiner als → *Renforcé* und gröber als → *Batist*; Musterstellung metrisch 29/27-60/70.

Kaukasische Teppiche, selten gewordene → *Orient-Teppiche*, Nomadenteppiche aus dem Kaukasus mit überwiegend geometrischer Musterung, mit → *Türkischem Knoten* geknüpft. Hauptarten: → *Heriz*, → *Karabagh*, → *Karadja*, → *Kasak*, → *Kuba*, → *Schirwan*.

Kaurit®, wasch- und reinigungsbeständige → *Pflegeleicht-Ausrüstung* (BASF), verhindert das Einlaufen und verankert andere Ausrüstungsmittel waschfest auf dem Stoff.

Kautschuk, Ausgangsmaterial für Gummi und → *Gummifäden*, aus der durch Anritzen der Baumrinde verschiedener Tropenbäume gewonnenen Milch (→ *Latex*) durch Gerinnung, Ausfällung der Begleitsubstanzen und Trocknen ausgezogenes vegetabilisches Produkt. – Vgl. → *Elastodien*.

Kautschuk-Ausrüstung, → *Beschichtung* oder → *Imprägnierung* feinfädiger Stoffe vor allem im Baumwollcharakter durch Granulate, die eine matt bis lackartig glänzende Oberfläche bewirkt; teils funktionell als Schutz vor Wind und Wetter, teils modisches Element. Knitterfalten können sichtbar bleiben. Pflegeanleitung beachten! – Vgl. → *Chintz*, → *Ciré*, → *Rubbercoat*.

Kavallerie-Twill, schwere Baumwollgewebe für Damen- und Herrenmäntel mit deutlich sichtbarem, diagonal verlaufendem, fast wulstigem Köpergrat.

Kaviar-Muster, mehrfarbiges → *Fil à Fil-Dessin* oder → *Pfeffer- und Salz-Muster* mit unauffälligem Farbkontrast. – Vgl. → *Minimal-Dessin*.

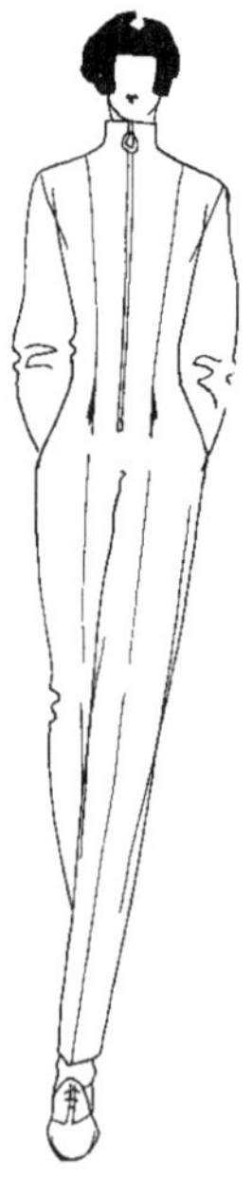

Keilhose

Kaviartupfen, nur stecknadelkopfgroße, verstreute, kontrastlose Tupfen, meist gewebt. – Vgl. → *Nadeltupfen*.

Keilhose, straff sitzende, nach unten keilförmig verjüngte und ohne Überfall am Knöchel endende Hosenform, meist mit Steg.

Keimfreiheit, bei Verbandmaterial durch Einwirkung von Hitze oder Desinfektionsmitteln erzielte, völlige Abwesenheit lebender Mikroorganismen.

Keimwidrige Ausrüstung, → *Antimykotische Ausrüstung*.

Kelchkragen, hoch an den Hals geschnittener, trichterförmig geschwungener, dekorativer → *Kragen*, am Vorderteil angeschnitten, hinten angesetzt.

Kelchkragen mit Knöpfen zur zweireihigen Smokingkragen-Weste.

Kelim, orientalisch, oft geometrisch gemusterter, florloser, gewebter Wandbehang oder Teppich vornehmlich anatolischer Herkunft mit beidseitig gleichem Aussehen. Der das Muster bildende farbige Schuß wird an den entsprechenden Stellen im Gegensatz zum → *Gobelin* nur eingelegt und ist leicht an den dadurch entstehenden schlitzartigen Durchbrüchen zu unterscheiden. Sowohl Farbgebung als auch Musterung beeinflußen die Dessinierung von Modestoffen.

Kelim mit Nischenmotiv in einer auf religiöser Symbolik beruhenden Heraldik.

Kelimgarn, weiche oder halbhart gedrehte, füllige → *Zwirne* in trüben Farben für gestickten Kelim oder grobe → *Kreuzsticharbeiten*; auch für Baststickereien geeignet.

Kellerfalte, durch zwei Falten mit aneinanderstoßenden Brüchen gebildete, tiefe Springfalte an Röcken oder Sakko-Rücken; trägt stärker auf als Schlitze, begrenzt aber den Aufsprung. Mehrere aneinandergereihte Kellerfalten ergeben eine → *Quetschfalte*. Abb. → *Golfrock*.

Kenaf, Javajute, → *Bastfaser* aus einer Jute-ähnlichen, einjährigen, im warmen Klima auch auf kargen Böden wachsenden Faserpflanze mit bis zu 300 cm langen → *Bündelfasern*, die im Gegensatz zur → *Jute* weit weniger verholzt sind, wenn sie zwischen Blüte und Fruchtreife geerntet wird. Hoher Glanz und gute Reißfestigkeit, Verwendung wie Jute.

Kendyr, im → *TKG* nicht erwähnte → *Bastfaser* mit 100-150 cm langen → *Bündelfasern* und gut zu → *cottonisierenden*, feinen und weichen, mit Baumwolle verspinnbaren → *Elementarfasern*, reinweiß und sehr reißfest. – Vgl. → *Turkafaser*.

Kennzeichnung, vgl. → *Pflegekennzeichnung*, → *Textilkennzeichnung*, → *Ursprungskennzeichnung*.

Keramikfaser, ausschließlich für technische Zwecke einsetzbare, bis 1700 °C beständige → *mineralische Faser*, auf Basis Quarzsand, Aluminiumoxid und Zirkonoxid bei Temperaturen über 2000 °C erschmolzen.

Keratin, hochmolekulare, cystinhaltige (schwefelhaltige Aminosäure) Eiweißkörper, Gruppe von natürlichen Faserproteinen (Skleroproteine), die sich im menschlichen und tierischen Haar (→ *Wolle*, → *Edelhaare*, → *Borsten*), in Fingernägeln, Pferdehufen und im Rinderhorn finden; außerordentlich widerstandsfähig und in Wasser, verdünnten Säuren und Alkalien unlöslich. Das Wollkeratin stellt eine Mischung von 18-20 verschiedenen → *Proteinen* dar, denen als Bausteine zahlreiche Aminosäuren zugrunde liegen, wobei die Aminogruppe (NH_2) der einen Säure mit der Carboxylgruppe (COOH) der nächsten unter Wasseraustritt ein Peptid bildet. Durch Verknüpfen der Peptide entstehen gestreckt zickzackförmige oder schraubenähnlich gewundene, in Querrichtung durch die → *Cystinbrücken* fest miteinander verbundene, kristallin strukturierte Polypeptidketten. – Vgl. Abb. → *Kettenmoleküle*, → *Fibroin*.

Kermel®, → *Aramidimid-Faser*. Nicht entflammbare Faser, die unter Hitzeeinwirkung weder schmilzt noch große Tropfen bildet, beständig gegen eine Vielzahl von Säuren und organischen Lösungsmitteln, stets → *spinngefärbt*, → *pilling*frei. Mit anderen Fasern, vor allem Viskose oder Wolle, problemlos mischbar. Die Gewebe daraus sind scheuerfest, waschbar, einlaufsicher; vor allem für → *Schutzbekleidung*.

Kernelastizität, Eigenschaft der vor allem in der Feinstrumpfindustrie eingesetzten → *Core-spun-Garne*, deren elastische Seele (Stehfaden) vollkommen von Naturfasergarnen oder Synthetic-Filamenten eingehüllt ist. Bei Dehnung und Entlastung „arbeitet" der → *Elastan*-Kern und scheuert an der Umhüllung; Wolle als Umhüllungsmaterial (Anteil 30-70 %) muß deswegen durch Synthetics verstärkt werden. Je höher der Wollgehalt, desto besser sind die → *Hygienischen Eigenschaften*.

Kern/Mantelfaser, → *Mantel/Kernfaser*.

Keshan, Keschan, besonders wertvoller zentralpersischer → *Orient-Teppich* aus feinen Glanzwollarten mit kurzem Flor, traditionell auch aus → *Naturseide* in feinster Knüpfung. Die Musterung ist durch Medaillons, zentral und in den Ecken, beherrscht, die durch Blüten und Ranken verbunden sind. Hauptfarben Blau und Rot.

Kettatlas, Gewebe in → *Atlasbindung* mit → *Ketteffekt* auf der rechten Warenseite, hoher → *Kettdichte* und überwiegender Anzahl von Kettfäden. Häufiger als → *Schußatlas*, weil durch die Kette als das hochwertigere Material ohne Verringerung der produzierten Menge dichter eingestellt und das weniger wertvolle Schußmaterial auf die Rückseite verdrängt werden kann. Wegen der geringeren Zahl von Ketthebungen meist mit der rechten Seite nach unten gewebt.

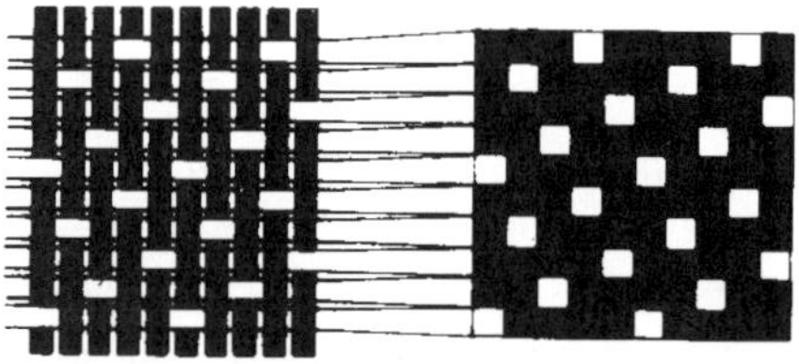

Fünfbindiger Kettatlas, links Flechtbild, rechts Patrone.

Kettbaum, walzenförmige, an den beiden Seiten durch Scheiben begrenzte Vorrichtung, auf die die webfertig → *geschlichtete* Kette durch → *Schären* (→ *Zetteln*) Faden für Faden nebeneinander aufgewickelt und an der Webmaschine angebracht wird. Für → *Kettenwirkwaren* werden meist mehrere kürzere Teilkettbäume eingesetzt.

a
b
c
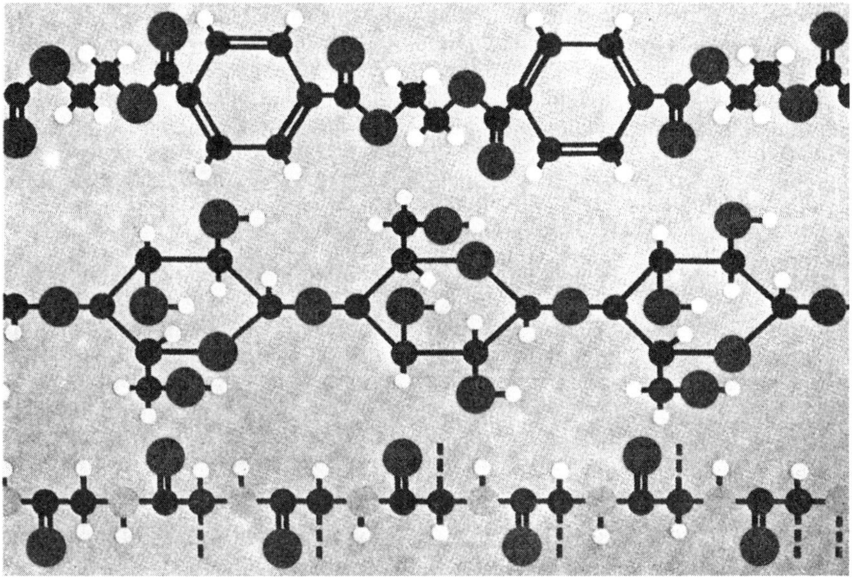

Drei verschiedene Modelle von Kettenmolekülen. a) Polyesterfaser, b) Zellulosefaser, c) tierische Faser.
o kleines, weißes Atom: H (Wasserstoff)
• mittelgroßes, schwarzes Atom: C (Kohlenstoff)
O großes, graues Atom: O (Sauerstoff)

Kettbaumfärberei, → *Kettfärberei.*

Kettdichte, Kettfadenzahl je Maßeinheit Warenbreite; wird bereits beim → *Zetteln* durch den Abstand der Kettfäden zueinander festgelegt. – Vgl. → *Bodenfeine*, → *Schußdichte.*

Kettdruck, Bedrucken der Kette vor dem Weben, → *Chiné*. Auch bei → *Webteppichen* möglich und üblich. – Vgl. → *Kilinchy-Space-dyeing.*

Kette, Warp, Gesamtheit der parallel nebeneinander in Längsrichtung von Geweben oder mit seitlicher Maschenbildung in Kettenwirkwaren verlaufenden Fäden. Die stets gleich langen Kettfäden bestimmen auch die maximale Länge des fertigen Stoffs. – Vgl. → *Schärmaschine*, → *Zettelbrief.*

Ketteffekt, entsprechend der → *Bindung* (→ *Kettköper*, → *Kettatlas*, → *Kettsamt*) beherrscht die Kette die Warenoberfläche. – Vgl. → *Schußeffekt.*

Ketteln, Sichern einer offenen Warenkante gegen → *Laufmaschen* oder maschengerechtes Verbinden zweier Kanten von → *Maschenwaren* durch eine nicht auftragende, ganz gleichmäßige, dehnfähige Naht; Kennzeichen hochwertiger Verarbeitung.

Kettenatlas, → *Atlas-Legung.*

Kettengewirk, → *Kettenwirkware.*

Kettenmolekül, aus einfachen, voll reaktionsfähigen Einzelmolekülen (→ *Monomeren*) gleicher oder verschiedener Bauart durch kettenförmiges Aneinanderhängen gebildetes Großmolekül (→ *Makromolekül*); → *Polymer*. Dadurch ändert sich die chemische Zusammensetzung des Stoffes nur unwesentlich oder gar nicht, wohl aber das physikalische und chemische Verhal-

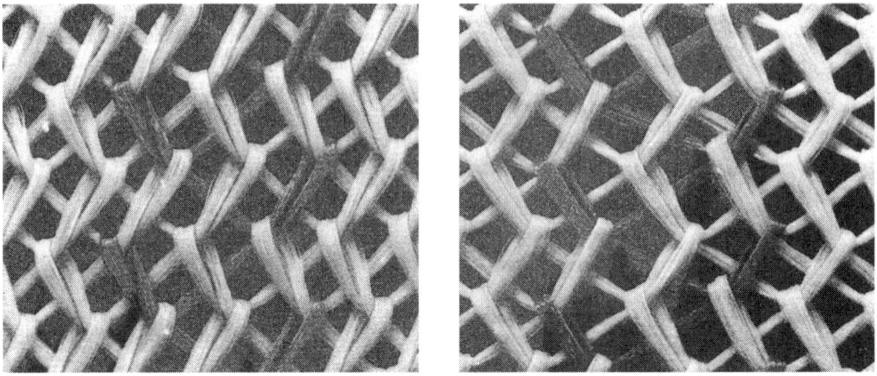

Kettentuch. Warenbild der Tuchlegung, rechte Warenseite. Links geschlossene Legung, rechts offene Legung.

ten. Auch die natürlichen Fasern bestehen aus Kettenmolekülen. In der Faser liegen Tausende solcher Molekülketten mehr oder weniger gleichgerichtet, aber manchmal auch als Knäuel aneinander und bilden die → *Fibrillen*. Zur Herstellung von → *Synthetics* sind spezielle Polymere mit faserbildenden Eigenschaften nötig, die durch → *Polyaddition*, → *Polykondensation* oder → *Polymerisation* miteinander verkettet werden. Dabei müssen zwischen den Molekülen Kräfte wirksam werden, die eine genügende Querfestigkeit gewährleisten. Eine Spinnmasse ist umso zähflüssiger, je länger die Kettenmoleküle sind. – Vgl. → *Funktionelle Gruppen*, → *Homopolymere*.

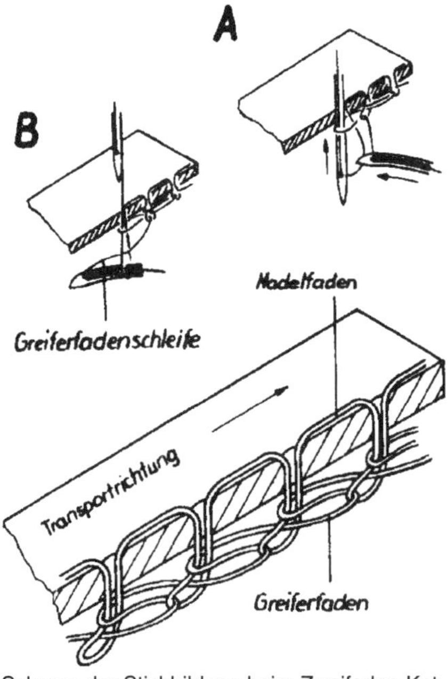

Schema der Stichbildung beim Zweifaden-Kettenstich (oben; A und B); unten: Nahtbild.

Kettenstich, Zierstich, der mit gelegten Schlingen so gearbeitet wird, daß sich eine gut sichtbare Linie bildet, die wie die ineinandergelegten Glieder einer Kette aussieht. Als einfacher Stich Ziernaht, als Doppelkettenstich zur elastischen Verbindung von Maschenwaren, als Abschluß und Verbindung von Borten angewandt. – Vgl. → *Zweifaden-Kettenstich*.

Kettentrikot, einschienige → *Kettenwirkware*, bei der sich stets die Nachbarfäden rechts und links umschlingen. Zweischienig: Doppeltrikot. – Vgl. → *Trikot-Legung*.

Kettentuch, einschienige → *Kettenwirkware*, bei der die Kettfäden einen Nachbarfaden überspringen und sich nach → *Flottung* erst mit dem übernächsten Faden verschlingen. Eine mehrschienige Kettenware („gegenlegiger Tuchtrikot") in der

Kombination Kettentuch/Kettentrikot ist → *Charmeuse*. – Vgl. → *Tuchlegung*.

Kettenwirkware, aus einem oder mehreren, in Längsrichtung verlaufenden Fadensystemen (→ *Kette*) durch Maschenbildung hergestelltes textiles → *Flächengebilde*, wobei die nebeneinander liegenden Fäden sich seitlich verschränken und gleichzeitig zu Maschen geformt werden (→ *Mehrfadentechnik*). Der Fortschritt in der Maschenbildung vollzieht sich stäbchenweise. Die Arbeitsnadeln sind fest auf einem Barren (→ *Fontur*) montiert; die von den → *Legeschienen* geführten → *Lochnadeln* legen die Fäden der Bindung entsprechend über die Arbeitsnadeln. Bei den → *mehrschienigen Kettenwaren* überkreuzen sich zwischen den Maschen die von verschiedenen Schienen gelegten Fäden. Alle Maschen sind dann mindestens zweifädig, → *Laufmaschenbildung* wird technisch unmöglich. Der Maschenbildungsvorgang erfordert einen geringeren Zeitaufwand als in der → *Kulierwirkerei*. - **Grundbindungsarten**, die miteinander kombiniert werden können: → *Franse*, → *Tuchlegung*, → *Trikot-Legung*, → *Satin-Legung*, → *Atlas-Legung*. Bei offener → *Legung* überkreuzen sich die beiden Maschenfüße nicht, während sie sich bei der geschlossenen Legung überkreuzen. Kettenwirkwaren sind nicht so elastisch wie → *Kulierwirkwaren* und zeigen ein geschlosseneres, glatteres Oberflächenbild; auf der Rückseite sind keine Maschen erkennbar. – **Zweisystemige Kettenwirkwaren**: Kombinationen aus Rechts/Rechts- und Rechts/Links-Legung,

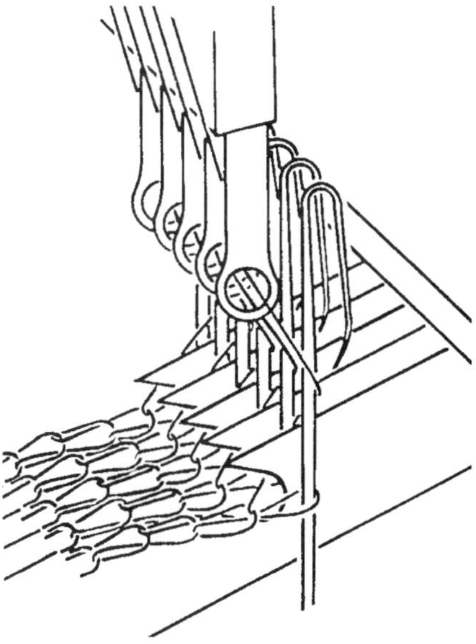

Maschenbildungswerkzeuge der Kettenwirkerei. Oben die Lochnadeln, die den Faden über die Spitzennadeln (Hakennadeln) geführt haben, darunter die Abschlagplatinen und die fertige Ware.

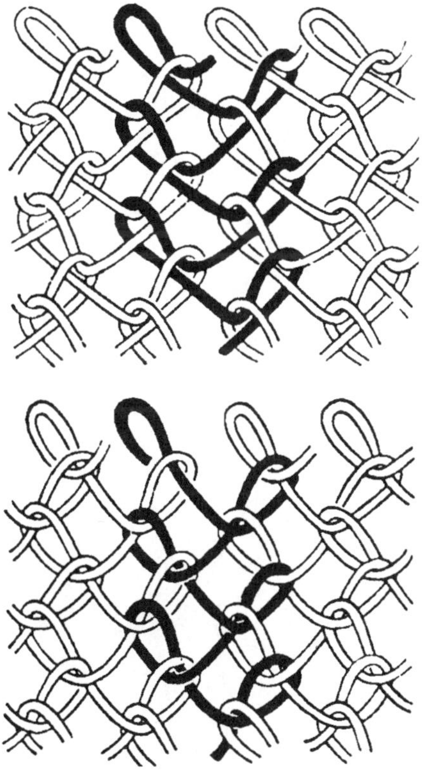

Kettenwirkware, Kettentrikot. Oben: Offene Legung ohne Verkreuzung, unten: Geschlossene Legung mit Verkreuzung.

wobei sich die Fäden gegenseitig überdekken. Hergestellt werden Kettenwirkwaren auf **Kettenwirkautomaten** mit → *Schiebernadeln*, manchmal auch mit → *Hakennadeln* oder → *Zungennadeln* sowie mit mustersteuernden Bauteilen (Pressen) bestückte Flachwirkmaschinen. Gegensatz: → *Raschelmaschinen*. – Vgl. → *Multibar-Maschine*, → *Langschuß-Musterung*, → *Fallblechartikel*, → *Charmeuse*, → *Milanese*, → *Wirkfrottierwaren*, → *Wirkmarquisette*, → *Magazinschuß-Stoffe*, → *Umkehrschuß-Kettenwirkwaren*, → *Rack*, → *Kettschußmaschenware*, → *Herrenjersey*, → *Duolastic*, → *Häkelgalon*, → *Nähwirktechnik*.

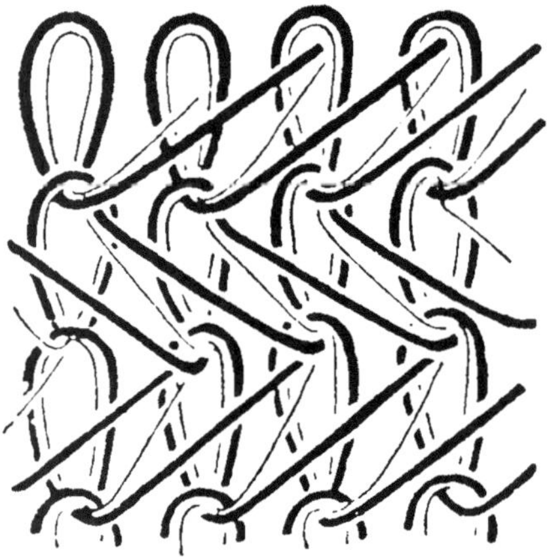

Beispiel für eine zweisystemige Kettenwirkware (gleichlegiger Tuchtrikot).

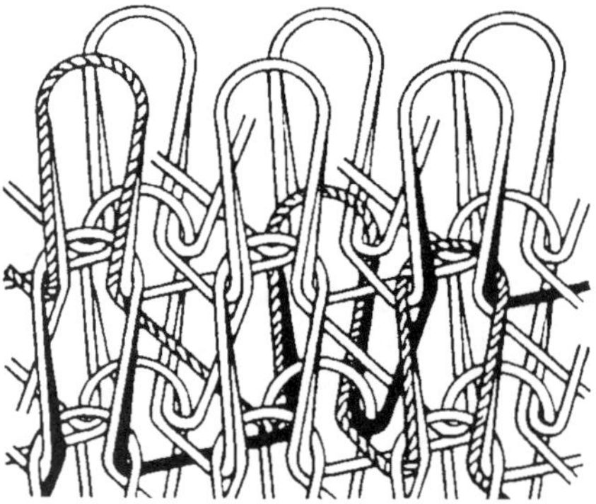

Maschenverlauf einer Rechts/Rechts-Kettenwirkware mit ausschließlich rechten Maschen auf beiden Warenseiten.

Kettfärbung, Baumwoll-→ *Garnfärbung* für große Mengen gleichartiger Stoffe (z.B. → *Denim*); einer oder mehrere Kettbäume mit Kette werden in den Hochtemperatur-Injektions-Färbeapparat eingefahren, in der die Farbflotte durch ein perforiertes Mittelrohr des Kettbaums von innen nach außen oder umgekehrt gepumpt wird.

Kettgarn, 1. → *Watergarn*, glattes, fein ausgesponnenes, relativ scharf gedrehtes, hochwertiges Baumwollgarn von der → *Ringspinnmaschine* mit einer → *Torsion* bis 1000 t/m. – Vgl. → *Dreizylindergarn*, → *Kardiertes Garn*, → *Gekämmtes Garn*, → *Voilegarn*, → *Kreppgarn*.
2. Hochwertiges, naß gesponnenes, noppenfreies, feines und stark gedrehtes Leinengarn. Gegensatz: → *Flachsgarn*.

Kettköper, → *Köperbindung* mit → *Ketteffekt* und meist besonders dicht eingestellter Kette. Weniger schmiegsam, aber dichter und strapazierfähiger als → *Schußköper*. – Vgl. → *Denim*, → *Gabardine*, → *Drill*, → *Whipcord*, → *Granité*.

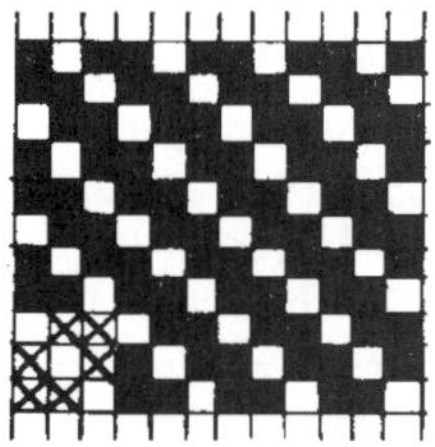

Kettköper 2/1 (Drill) mit S-Grat. Rapport: Kreuzchen.

Kettrichtung, an Stoffmustern ohne Webkante nicht ohne weiteres erkennbare, aber für den Zuschnitt wichtige Längsrichtung des Gewebes; Merkmale: höhere Gewebedichte, Garn meist feiner, fester gedreht und dünner als das Schußgarn, bei Baumwollstoffen geschlichtet.

Kettrips, → *Querrips*, → *abgeleitete Tuchbindung* sowie der durch die → *Bindung* rippige Stoff mit einem Schußrapport über 4 Kettfäden; der Kettrapport mit 2 Fäden bleibt gleich. Die gleichmäßig breiten Rillen verlaufen parallel zum Schuß. – Vgl. → *Ottoman*, → *Epinglé*, → *Rips Haitienne*, → *Grain-Bindung*.

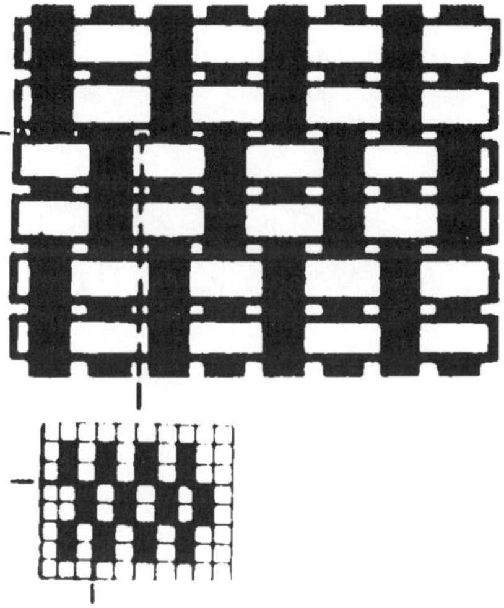

Flechtbild und Patrone von Querrips (Kettrips).

Kettsamt, echter → *Samt*, Samtgewebe, deren Flordecke durch eine besondere Polkette gebildet wird; die Polnoppen hängen bei → *V-* oder *W-* Einbindung am Schußfaden. Der Flor kann fast beliebig hoch und von sehr unterschiedlichem Aussehen sein. Entweder → *Doppelsamt*, bei dem die Polkette vom Obergewebe zum Untergewebe wechselt und nach dem Weben meist noch auf der Webmaschine in der Mitte durchschnitten wird, so daß sich zwei identische Stoffbahnen ergeben. Oder → *Rutensamt*, bei dem während des Webens messerlose (→ *Velours frisé*) oder mit Messern versehene (→ *Velours épinglé*) Ruten eingelegt werden. Die Herstellungstechnik ist für die Qualität der Samte unerheblich. Im Gegensatz zum → *Schußsamt* zeigt die Rückseite von Kettsamt eine feinfädige, klare und glatte Bindung. → *Jacquardsamte* können nur als Kettsamt hergestellt werden. – Vgl. → *Panne*, → *Seidensamt*, → *Spiegelsamt*, → *Plüsch*, → *Tierfellimitation*, → *Velours chiffon*, → *Astrachan*, → *Velple*, → *Teddy*, → *Knautschsamt*.

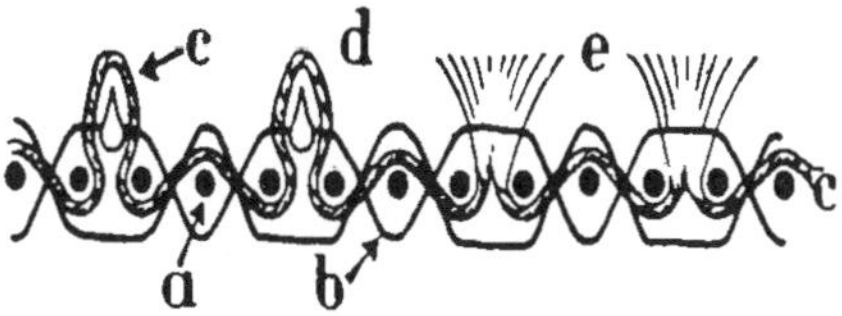

Schußschnitt durch einen Kettsamt in Rutentechnik. a Grundschuß, b Grundkette, c Florkette, d unaufgeschnittene Noppe, e aufgeschnittene Noppe.

Kettschußmaschenware, gewebeähnliche → *Maschenware*, → *Kettenwirkware*, bei der der auf Kettbäumen geschärte Schuß zwischen die → *Fransen* des Grundgewirks ohne maschentechnische Verbindung mustermäßig eingelegt wird. Die Länge der Schußstrecken ist begrenzt und von der Stäbchendichte des Grundgewirks abhän-

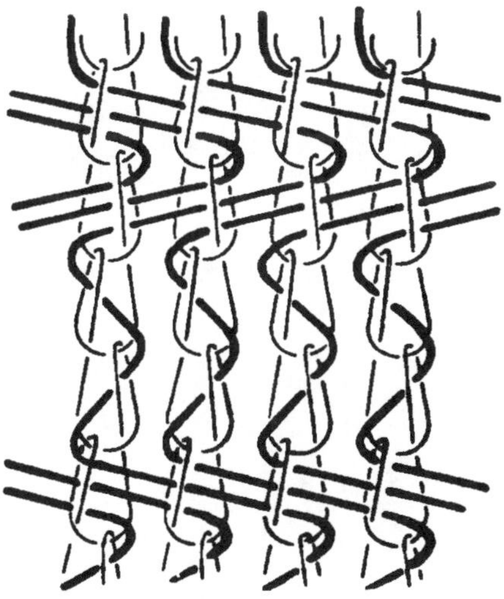

Bindungsbild einer Kettschußmaschenware. Der auf eigenen Kettbäumen geschärte Schuß wird, ohne Maschen zu bilden, in die Fransen des Grundgewirks mustermäßig eingetragen.

gig (max. 10 Stäbchen = 2,5 cm). Hohe Schußeintragsleistung, zusätzlicher Aufwand des Schußschärens. Wegen der geringen Dehnfähigkeit und der hohen Stabilität in Längsrichtung Einsatz vielfach für durchbrochene → *Gardinenstoffe* im Charakter von → *Marquisette*. – Vgl. → *Einfaden-Umkehrschuß-System*, → *Mehrfaden-Magazinschuß-System*.

Kettstreckverfahren, kostengünstiges Verfahren zur Endverstreckung von (vororientierten) → *POY-Filamentgarnen*, die im → *Schnellspinnverfahren* hergestellt worden sind, als Fadenschar (max. 1600 Fäden) zwischen dem Spulengatter und dem → *Kettbaum*. Mehrere Walzen bzw. → *Galetten*, die entsprechend dem erwünschten Verstreckungsgrad angetrieben werden, werden von der Fadenschar umschlungen. Die Garne sind sehr gleichmäßig verstreckt. Gleichzeitige → *Fixierung* und Integrieren der → *Schlichte* ist möglich. Tritt an die Stelle des traditionellen Streckzwirnens des einzelnen Garns. – Vgl. → *Strecktexturieren*.

Kettstreifen, → *Streifen*, die bereits beim Schären der Kette durch abwechselnd verschiedenfarbige Garne festgelegt werden (→ *Zettelbrief*) und deshalb den Webvorgang nicht beeinträchtigen. Stets muß die ganze Kette mit der gleichen Streifenfolge abgewebt werden; Basis für alle → *Karo-Musterungen*.

Keulenärmel, Ärmel, der an der Schulter die größte Weite hat und sich an den Handgelenken verengt. – Vgl. → *Schinkenärmel*, → *Knappenärmel*.

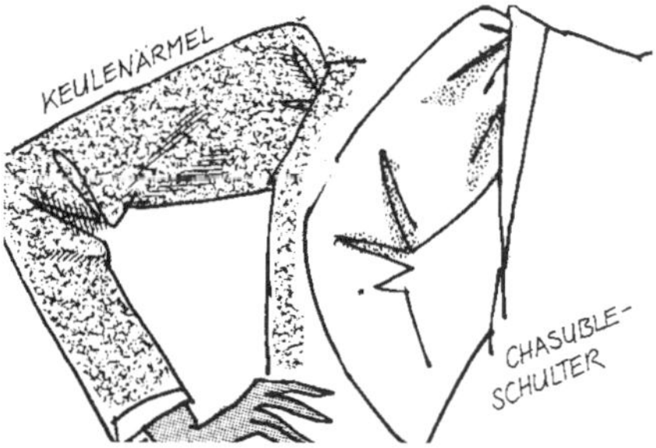

Keulenärmel im Vergleich zur Chasuble-Schulter.

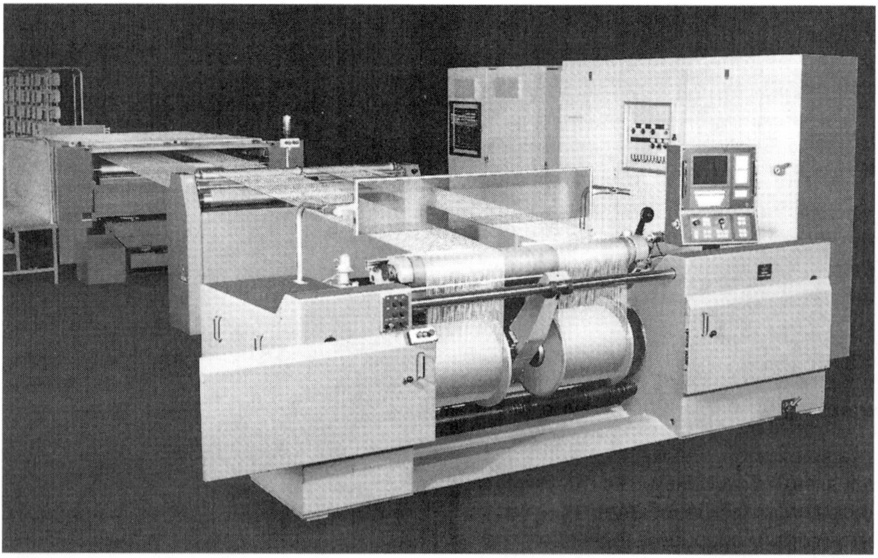
Kettstreckanlage

Kevlar, weiterentwickelte → *Aramidfaser* mit hoher Hitzebeständigkeit (Zersetzungstemperatur 430 °C), extrem feste → *Hochleistungsfaser* (→ *HDI* und → *LDI*). – Vgl. → *Twaron*, → *Arenka*, → *Nomex*.

Keyback, perforiertes → *Einlagevlies* aus Polyamid- und Viskosefasern zum Aufbügeln, in einer Richtung dehnfähig. – Vgl. → *Frontfixierung*.

Kid, → *Ziegenfell* von jungen Lämmern.

Kidderminster-Teppich, trittelastischer, in → *Warenwechseltechnik* nach Art der Wirtshaustischdecken gewebter Hohlstoffteppich, bei dem die farbigen Kettfäden mustermäßig zwischen Ober- und Untergewebe wechseln. Auch dreilagig (Treeply oder Schottischer Teppich).

Kid-Mohair, besonders feine und zarte → *Mohairwolle* von Jungtieren (24 Mikron), vor allem für Strickwaren im Charakter von → *Lambswool*.

Kiener-Biphasen-Webmaschine, → *Greifer-Webmaschine* mit Schußeintrag von der Warenmitte aus durch Bandgreifer, wobei auf einer Ebene zwei Warenbahnen liegen. Während in die eine Ware bei offenem Fach der Schuß eingetragen wird, wird bei der anderen Bahn das Fach gewechselt und angeschlagen.

Kieselsäure, in Verbindung mit plastischen Harzen Basis für → *Scheuerfest-Veredlung*.

Killinchy-Space-dyeing, → *Kettdruckverfahren* (→ *Rouleauxdruck*) zur Erzielung von Mehrfarb-Effekten auf → *Tufting-Teppichen*.

Kilopond, kp, Maßeinheit für die → *Reißkraft*; etwa 1 Deka-→ *Newton*.

Kilotex, ktex, → *Titrierung* und damit Feinheitsdefinition für Spinnkabel; 1000 → *tex*; Gewicht in Gramm je 1 m → *Kabel*.

Kilt-Rock, dem (Männer-)Rock der schottischen Nationaltracht (**Kilt**) nachgebildeter modischer Rock mit deutlich gezeichnetem Karomuster (→ *Tartan*), mit Fransen oder Schließen verziert, oft mit großer Sicherheitsnadel.

Kimono, mantelartiges, vorne übereinander getragenes Kleidungsstück im → *Homewear*-Charakter mit breiten, eingesetzten oder angeschnittenen Ärmeln nach japanischem Vorbild, im Original von breitem Gürtel („Obi") zusammengehalten, hinten mit großer (Geisha-)Schleife.

Kimonoärmel, Ärmel mit Brustteil und Vorderärmel in einem Stück, nahtlos zusammenhängend; auch: bequemer, gerade und tief eingesetzter Ärmel, der die Taille

Kimonoärmel (auch kurz) an Kleid und Mantel.

Kimonoärmel am Jackenkleid.

schlanker erscheinen läßt. Die Brustbreite wird vor allem bei Herrenmodellen mit jugendlich-sportlicher Wirkung stark betont. Bei guter Beweglichkeit des Ärmels nach der Seite, vorne und hinten führt die hohe Armlochtiefe zur Bewegungseinschränkung der Arme nach oben. – Vgl. → *Passenkimono*, → *Schlitzkimono*, → *Schwedenpasse*, → *Stummelkimono*.

Kingscoat-Kragen, sportliche, reverslose, tellerförmige und rund geschnittene Kragenform an Herrenmänteln; in geschlossenem Zustand sind die beiden Kragenecken etwa leistenbreit voneinander entfernt; breiter als der → *Sliponkragen*.

Kingscoat-Kragen mit rundem Kragenabstich, Tellerkragen, leistenbreit gesperrt

Kippblende, Stehblende an Kragen und Ausschnitt, die lose auseinanderfällt.

Kippkragen, asymmetrische Kragenform, bei der die eine Seite größer geschnitten

Kippblende

ist und umgelegt wird; meist hoch an den Hals reichend.

Kippkragen an einem ausgestellten Wintermantel mit betontem Raglanärmel aus Moufflon.

Kirman, hochwertiger, dicht geknüpfter → *Orient-Teppich* aus feiner, glänzender Wolle aus Südost-Persien, 250000-500000 Knoten/m^2, meist in hellen Farben und mit → *Medaillon* in der Mitte und an den Ecken; florale Motive aus Palmetten, Rosetten oder Rauten, die wegen der feinen Knüpfung und der sauberen Arbeit auf der Rückseite deutlich zu erkennen sind.

Kissenbezug, als → *Bettwäsche* Bezug für die 80x80 cm großen Kissen oder die matratzenbreiten → *Haipfel* aus meist bedrucktem → *Madapolam* oder → *Renforcé*, pflegeleicht in Mischung Polyester/Baumwolle, seltener aus → *Damast*. Als modische → *Leichtbettwäsche* meist als → *Garnitur* zusammen mit passend gemustertem → *Bettbezug* verpackt und angeboten. → *Medaillonkissen* mit abgepaßter → *Jacquardmusterung* sind weitgehend abgelöst worden durch modische, → *eingepaßte* Druckmuster. Als Hülle für die max. 60x60 cm großen Zierkissen sehr variantenreich gestaltet, oft mit → *Stickerei* verziert und aus Stoffen im Naturseidencharakter. – Vgl. → *Traversin*.

Klappkragen, **Klapprevers**, meist asymmetrisch gestaltete Kragen- und Revers-Formen, bei denen eine Hälfte lose und oft rundgebügelt einfach umgelegt wird; häufig mit Kontrasteinsätzen.

Links Klapprevers, rechts Klappkragen.

Klassierung der **Baumwolle**, Bewertung der Rohbaumwolle entsprechend ihrer Eigenschaften und der Summe ihrer Kennzeichen; Kriterien: → *Stapel* (Länge der Einzelfasern, Gleichmäßigkeit), Reinheit, Farbe, Glanz, → *Feinheit* und Festigkeit nach Standards (von good ordinary über middling bis middling fair) und Handelsklassen (Ägypten: von fair über fully good fair bis extra; Indien: good, fine, choise). – Vgl. → *Mikronaire*, → *Pressley-Test*.

Klassifizierung, Feststellung der Summe der Kennzeichen textiler (→ *natürlicher*) Rohstoffe, die beschreibbar und vergleichbar sind und dazu dienen, ihre Wertstufe und damit den Preis im internationalen Handel festzulegen. – Vgl. → *Klassierung der Baumwolle*, → *Klassifizierung der Wolle*.

Klassifizierung der **Wolle**, Bewertung der Wolle nach Wolltypen, die nach Feinheit, Länge, Glanz und Kräuselung ziemlich gleich sind, wobei die → *Feinheit* das wichtigste Unterscheidungsmerkmal für den Handelswert darstellt. Sie geschieht in Australien unter amtlicher Aufsicht durch berufsmäßige Klassierer; die Einstufung gilt als zuverlässig. In Deutschland ist die Einteilung nach Großbuchstaben von AAAA („vier A") für feine → *Merinowollen* bis F für grobe → *Cheviotwollen* üblich, während die englische Methode von der Garnnummer ausgeht, bis zu der eine bestimmte Wolle im → *Kammgarnspinnverfahren* ausgesponnen werden konnte (historisch). Sie wird ausgedrückt durch Ziffern und ein durch einen Apostroph (') abgetrenntes „s" von 80's entsprechend AAA bis 36's wie F; erweitert durch → *Novanta* und → *Supercento*.

Qualität	Feinheit (Micron)	Länge cm	Englische Klassierg.	Australien	Deutschland
Merino superf.	unter 16	5—8	80's	80's	AAAA
Merino extraf.	16—18	3—5	70/80's	70's	AAA
Merinowolle	21—22	2—3	64's	64's	A
(Kapwollen)	23—24	6—8	60/64's	—	A/AB
(La Plataw.)	25—26	8—10	60's	60's	AB/B
Feine Cross-	27—28	10—12	58's	58's	B
breds	29—30	10—12	56's	56's	C1
Mittlere Cross-	31—33	12—15	48/50's	50's	C2/D
breds	34—36	15—18	44/46's	46's	D1
Grobe Cross-	37—39	16—18	44's	—	D2
breds	40—41	18—20	40's	—	E
(Teppichwolle)	42—44	20—22	36's	36's	EE

Vergleich der verschiedenen Methoden der Wollklassifizierung.

Klassiks, Classics, risikolos aufgebaute, sich mit nur geringen Abwandlungen von Jahr zu Jahr wiederholende → *Kleinmuster* mit nur wenigen Farben, insbesondere im Stoffdruck; auch Stofftypen, die in nur wenig abgeänderter Form stets wiederkehren. Gegensatz: → *Nouveauté*.

Klassische Chemiefasern, überholter Sammelbegriff für die → *regenerierten* → *Zellulosefasern* nach dem → *Viskose*-, → *Acetat*- und dem → *Kupferverfahren*. Gegensatz: → *Synthetics*.

Klebcloqué, plastischer → *Cloqué*-Effekt durch mustermäßiges Verkleben eines dimensionsstabilen Oberstoffs mit einem schrumpffähigen Untergewebe, meist ein → *Bonding* aus → *Taft* und einem dünnen → *Crêpegewebe* (→ *Georgette*). Der Kleber wird dessingerecht und die Bindungspunkte ersetzend durch → *Rouleauxdruck* oder mit Zinkschablonen aufgetragen. Nach dem Entspannen bilden sich durch Kontraktion des Kreppgewebes plastische Aufwerfungen. – Vgl. → *Astrachin*.

Klebepol-Teppich, durch Aufkleben von Garnschlaufen auf einen textilen oder Kunststoffträger entstandene → *Auslegeware* mit → *Flor*- oder → *Bouclé*-Charakter. Die verschiedenen Verfahren (→ *Bartuft*, → *Radcliff*, Ondulé- oder Brandon-Verfahren) haben hohe Arbeitsgeschwindigkeiten bis 80 m^2/h.

Klebeverfahren, → *Kaschieren* zweier oder mehrerer Stoffe mit Dispersionsklebern aus Gummi, Acrylharz, Polyurethan oder Zelluloseacetat (→ *Trubenis*) sowie unter Einwirkung von Hitze mit Hilfe von → *Thermoplasten* wie dünne Folien oder feinste Schaumstoffbahnen (→ *Retikulierter Schaum*) mit einer Dicke von nur 0,8-0,2 mm (→ *Flammverfahren*). Die Kleber müssen luftdurchlässig, wasch- und reinigungsbeständig sein. Flammkaschierverfahren werden vor allem bei leichteren Geweben und Maschenwaren angewandt, denen man mehr Stand und vollen Griff geben will, während die Klebebondierung mehr bei schwereren Stoffen, die bei Schaumstoff zu schwer werden würden, anzutreffen ist. Gegensatz: → *Thermobondieren*. – Vgl. → *Kaschieren*, → *Multitextilien*, → *Bonding*.

Kleeblatt-Fasson, gerundeter Reverskragen an sportlichen Herrenmänteln in verschiedener Größe, Variante zum → *Sliponfasson*.

Kleeblatt-Fasson in zwei verschieden großen Versionen.

Kleiderbad, → *Einfachreinigung*.

Kleidermotte, → *Motte*.

Kleiderrock, → *Trägerrock*, Rock mit angeschnittenem, ärmellosen Oberteil.

Über einer Bluse getragener Kleiderrock.

Kleinmuster, gewebte oder gedruckte Dessinierungen mit begrenztem Musterumfang (→ *Rapport*). Kleinstmuster mit Uniwirkung: → *Minimal*; klassische Kleinmuster: → *Nadelkopfmuster* (→ *Pinhead*), → *Fadenkreuzdessin*, → *Kaviardessin*, → *Pfeffer und Salz*, → *Pfauenauge*, → *Fil à Fil*, → *Hahnentritt*, → *Pepita*. – Vgl. → *Falsches Uni* (→ *Faux uni*).

Klettenband, aus zwei Teilen, dem Flausch- und dem Hakenband, bestehendes Verschlußband; durch Zusammendrücken der beiden Bänder ergibt sich ein durch Abziehen wieder lösbarer Verschluß.

Klimafaser, → *Absorbicfaser*, wird (1995) nicht mehr hergestellt, da die Marke → *Dunova* eine andere Faserkombination schützt.

Klimastoff, zu den → *High-tech-Erzeugnissen* zählende, funktionelle, sehr dichte und feine Gewebe mit Stoffgewichten zwischen 100 und 120 g/m², für Herrenmän-

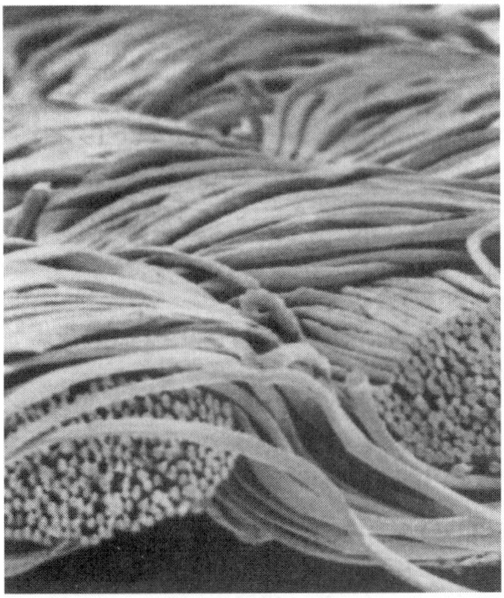

Klimastoff. Im Rasterelektronenmikroskop wird sichtbar, wie sich die aus extrem feinen Microfasern bestehenden Garne reetdachartig ineinanderschieben (Trevira Finesse).

Auf Trevira Finesse, einem Oberstoff aus reinen Microfaser-Filamenten für Allwetterkleidung, bleibt Wasser und sogar Nebel in Tropfenform liegen und kann nicht durch die Stoffporen, die 50mal feiner sind als ein Menschenhaar, in das unbeschichtete und nicht imprägnierte Gewebe eindringen.

tel bis 190 g, aus feinstfibrilligen → *Microfaser-Filamenten* (also nicht: → *Spinnfasern*), die sich gleich den → *Hydromembranen* das → *Einbahnstraßenprinzip* zu eigen machen: Körperschweiß kann durch den Stoff hindurch verdunsten, Nässe in jeder Form und Wind jedoch durchdringen das Gewebe nicht. Die technischen Werte der Membranen werden nicht erreicht; eine allgemein verbindliche Definition zur exakten Beschreibung des Bündels von Eigenschaften mit festgelegten Grenzwerten für die Zuordnung existiert nicht, jedoch ist Alltagstauglichkeit abgesichert. Voraussetzung hierfür ist eine → *Wassersäule* von 600 mm, nach 5 Wäschen von 500 mm (Membranen: 1500 – über 3000, gummierte Stoffe bis 1000, normaler, imprägnierter Popeline bis 200). Die Wasserdampfdurchlässigkeit entspricht mit 200-300 l/m²/h dem Wert normaler, imprägnierter Stoffe, die Luftdurchlässigkeit mit nur 10 l/m²/h (Popeline: 160) ist deutlich günstiger. Als besonderer Vorzug werden Weichheit und

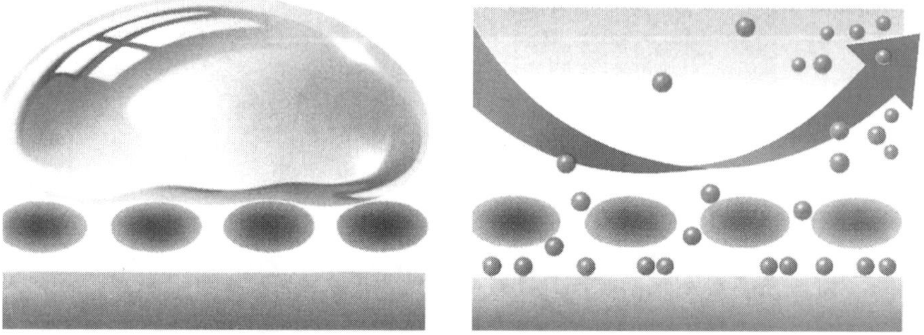

Dicht geschlagene, tuchbindige Feingewebe aus Micro-Filamenten wie Trevira Finesse sind wind- und wetterdicht, behindern aber nicht den Wasserdampftransport der Körperfeuchtigkeit an die Außenluft. Links: Die Größe der Gewebeporen (ovale Felder) ist präzise so bemessen, daß große Tropfen von Regen oder Nebel nicht eindringen können. Rechts: Die dampfförmigen Wassermoleküle der Transpiration sind etwa 9 Mio mal kleiner als die Poren und können diese ungehindert passieren.

Schmiegsamkeit, Scheuerfestigkeit und Reißfestigkeit, Pflegeleichtigkeit sowie der Verzicht auf wetterfeste Ausrüstung angesehen. Im Gegensatz zu den Membranen sind bei der Verarbeitung keine Sonderbehandlungen nötig. Eine → *Intimmischung* der Microfasern mit Baumwolle ist nicht geeignet, weil die Baumwolle die Feuchtigkeit aufsaugen würde; → *Systemmischungen* müßten imprägniert werden. Gemeinsame Verarbeitung mit Membranen ist möglich und üblich. Durch modische Ausrüstungen wie → *"Crinkle"*, → *Schmirgeln* oder → *Sanden* werden die funktionellen Eigenschaften reduziert. Für den Winter gibt es auch → *Thermostoffe* als → *Doppelgewebe* mit zwei Ketten und zwei Schüssen mit der Microfaser außen und der Baumwolle innen. Die Herstellung der funktionellen Stoffe verlangt Know-how, weil sich die zwischen 100 und 256 Einzelfilamente im Garn (von 0,5-0,9 dtex) im Gewebe übereinanderlagern und verflechten müssen, damit auch die Einstechpunkte der Nähnadel sofort wieder wasserdicht umschlossen werden. Die → *Farbaffinität* der Feinstfasern gilt als besonders gut. Im Regelfall wird die Marke nicht für die Faser, sondern für den Stoff vergeben. – Vgl. → *Trevira Finesse*, → *Belseta*, → *Diabolo*, → *Meryl Micro*, → *Multi*, → *H_2off*, → *Tactel Micro*.

Klimatisierte Kleidung, mit → *Nässesperr-Membranen* ausgestattete oder aus → *Klimastoffen* bestehende, bei 30-40° waschbare und reinigungsbeständige Kleidungsstücke, die bei richtiger Konstruktion und Verarbeitung den Körperschweiß ungehindert verdunsten lassen, gleichzeitig aber wind- und regendicht, also wetterfest sind (→ *Einbahnstraßenprinzip*) und damit bei jedem Wetter ein angenehm warmes und trockenes Tragegefühl bewirken, wobei der gefürchtete Hitzestau vermieden wird.

Klingentexturierung, → *Kantenziehverfahren.*

Klöppelspitze, feinfädige, netzartig durchbrochene → *Flächengebilde* mit unregelmäßiger Fadendichte, die durch mustermäßiges Kreuzen oder Zusammendrehen von kräftigen Zwirnen entstehen (DIN 60000). Zu den Flechtspitzen zählende, handgearbeitete oder von Maschinen hergestellte Spitze auf Tüll- oder Filetgrund. Haltbar und doch vergleichsweise preiswert. Gegensatz: → *Webspitze*. – Vgl. → *Brüsseler-*, → *Valenciennes-Spitze*, → *Bretonne-Spitze*, → *Macramé-Spitze*, → *Occhi-Spitze*.

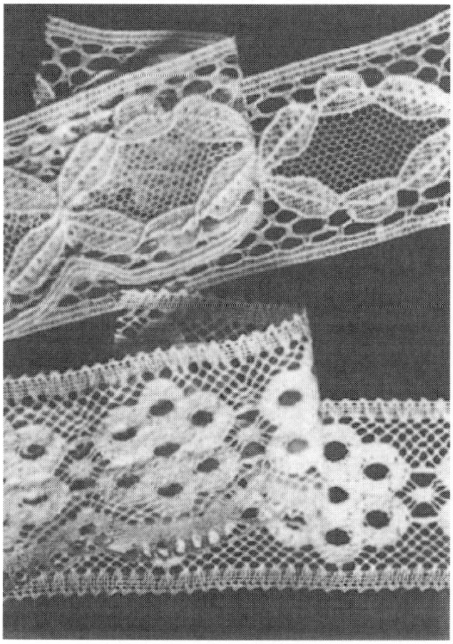

Verschiedene Klöppelspitzen als Abschluß oder Besatz.

Klotzen, Tränken oder → *Imprägnieren* von Stoffen mit Farbstofflösungen oder → *Dispersionen* in breitem Zustand, wobei durch Quetschdruck zwischen gummierten Walzen die Flotte in den Stoff gepreßt wird (DIN 61704). Gegensatz: → *Pflatschen*, → *Ausziehverfahren*. – Vgl. → *Foulard*.

Knappenärmel, Spielart von → *Keulen-* oder → *Schinkenärmel*, ab Ellenbogen glatt anliegend.

Knautschausrüstung, häufig durch → *Kunstharz* fixierte Oberflächenveränderung von Geweben, die das im Gebrauch unregelmäßige und unwillkürliche Entstehen von Knitterfalten vorwegnimmt. – Vgl. → *Crash*, → *Crinkle*, → *Crumble*, → *Froissé*.

Knautschlack, → *Crushlack*, → *Lederimitat* aus einem Trägermaterial (Gewebe oder Maschenware) und einer → *PUR-Beschichtung*, das durch einen → *Prägekalander* eine unregelmäßige Oberflächenstruktur erhält, und anschließend lackiert wird. Wegen hoher Reklamationsanfälligkeit kaum mehr auf dem Markt.

Kneebuster, überlange → *Baggy-*→*Bermuda*.

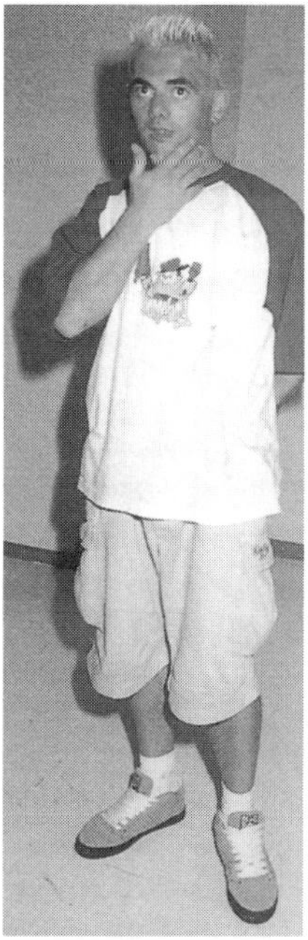

Kneebuster

Knickbruchfestigkeit, → *Biegefestigkeit*.

Knickerbocker, unter dem Knie überfallende → *Kniehose* mit üppiger Weite, kürzer als die → *Golfhose* und weiter als die → *Kniebundhose*. → Abb. vgl. S. 460.

Knicklade, Vorrichtung an → *Frottierwebmaschinen* mit → *Ladensteuerung*, die in gestreckter Normalstellung einen Schuß ganz dicht an den vorangegangenen heranbringt. In zurückgeknickter Stellung hält

Knickerbocker (Mitte) im Vergleich zur Breecheshose (links) und Stadt-Bermuda (rechts).

der nachfolgende Schußfaden beim Anschlag einen genau bestimmten Abstand. Dadurch ist es möglich, daß eine nicht voll angeschlagene Schußfadengruppe beim Vollanschlag die lose gespannten Kettfäden mitnimmt und nach oben oder unten ausbiegt. – Vgl. → *Gewebesteuerung.*

Knickstabilität, Widerstandsfähigkeit von Fasern oder Filamenten gegen Abknicken; besonders hoch bei Polyamid. Wichtige Eigenschaft bei Spezialfasern für Teppiche.

Kniebundhose, etwas über knielange Damen- oder Herren-→ *Kniehose* mit fest anliegendem unteren Bundabschluß, der wegen der fehlenden Weite in Kniehöhe sichtbar bleibt, besonders zum Wandern

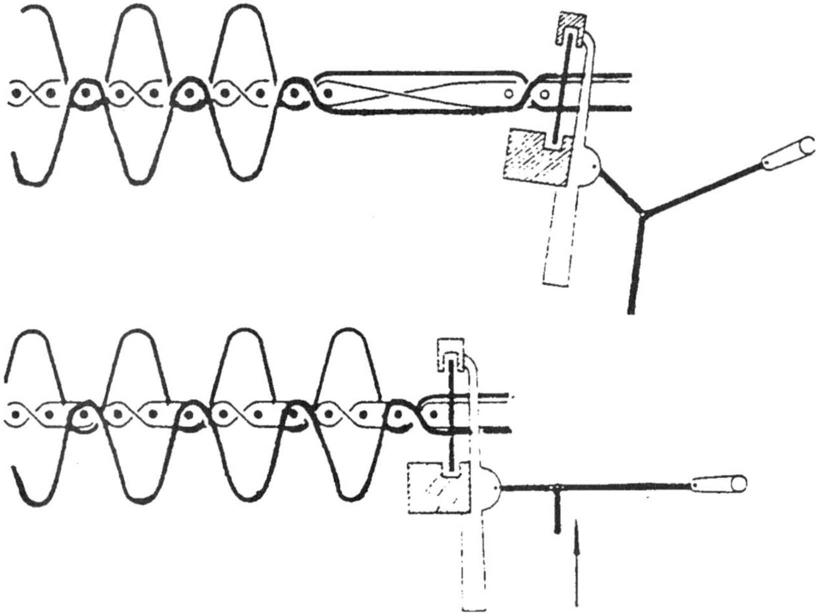

Funktion der Knicklade (Schußschnitt). A: Die Lade ist zurückgeknickt und legt nur einen kurzen Weg beim Anschlag zurück. Die beiden Schußfäden werden nicht dicht, sondern in einer der doppelten Höhe des Flors entsprechenden Distanz angeschlagen. B: Beim nächsten Schuß, dem letzten einer Gruppe, wird die Lade gerade aufgerichtet, der Schuß ganz an die vorhergehenden Schüsse angeschlagen, wobei er an der fest gespannten Kette entlanggleitet; die lose gespannten Kettfäden biegen sich beidseitig als Flor hoch.

geeignet, in Bayern und Österreich heimisch. – Vgl. → *Knickerbocker*, → *Golfhose*.

Kniefutter, vom Bund bis unter das Knie reichendes Vorderhosenfutter in Damen- und Herrenhosen, meist → *Waschtaft* oder → *Kettenwirkwaren* aus Synthetic-Filamenten; erleichtert das Anziehen, schont den Oberstoff und wirkt im Gebrauch formerhaltend.

Kniehose, etwas unter dem Knie endende, dicht am Bein anliegende Hosenformen, die sich in der Weite und der Länge des Knieballons unterscheiden: → *Knickerbocker*, → *Golfhose*, → *Kniebundhose*. – Vgl. → *Caddyhose*, → *Stiefelhose*.

Knit-de-knit, → *Crinkle-Verfahren*, → *Strick-Fixier-Texturierung*.

Knitterarmausrüstung, Teil der → *Pflegeleicht-Ausrüstung*, → *Hochveredlung* zur Verbesserung der → *Knitterfestigkeit* und der → *Knittererholung* vor allem für Gewebe aus zellulosischen Fasern mit dem Ziel, den Knitterwiderstand, die der Knitterfaltenbildung entgegenwirkende Kraft, und die → *Knittererholung* zu fördern. → *Zellulosefasern* besitzen im Gegensatz zu den natürlichen Eiweißfasern (→ *Proteinfasern*, Wolle, Naturseide) eine geringere Neigung, nach Verformung in ihre frühere Lage wieder zurückzukehren. Auch → *Maschenwaren* und Stoffe aus Synthetics neigen in nur geringem Umfang zur Knitterbildung. Die Verfahren unterscheiden sich nach der Art der verwendeten Chemikalien und deren Reaktion auf oder in der Faser je nachdem, ob das Knittern im Gebrauch (→ *Trockenknittererholung*) oder bei der Wäsche (→ *Naßknittererholung*) verhindert werden soll; stets soll auch eine einlauffeste → *Dimensionsstabilität* erreicht werden. Die mit hohem Chemikalieneinsatz verbundenen → *Bügelfrei-Ausrüstungen* sind auch aus ökologischen Gründen stark rückläufig und weitgehend durch → *Bügelarm-Ausrüstungen* ersetzt worden, die bewirken, daß die Textilien nach dem Waschen ohne Bügeln verwendungsfähig sind, ein leichtes Bügeln erhöht jedoch den Glätteeffekt. Die Kunstharz-Ausrüstungen lagern die Chemikalien durch → *Imprägnieren* nur ein; bei den weitaus häufigeren Verfahren jedoch erfolgt eine → *Vernetzung*, wobei zwischen den Kettenmolekülen der Fasern zusätzliche Molekülbrücken aufgebaut werden, die die Kettenmoleküle nach der Kondensierung bei Entlastung immer wieder in die alte Lage zurückziehen. Auch bei der → *Kunstharzfreien Pflegeleichtausrüstung* gehen die Präparate mit der Faser eine chemische Verbindung ein. Meist muß eine Verringerung der Reiß- und Scheuerfestigkeit in Kauf genommen werden. – Vgl. → *No iron*, → *Disciplined fabrics*, → *Performer*, → *permaCur*, → *Revival*, → *Savane*, → *Wash'n wear*, → *Selbstglättung*, → *Formaldehyd*, → *Fixapret*, → *Knittex*, → *Rottapret*, → *rapid iron*, → *minicare*, → *Micro-Lenght-Verfahren*, → *Sanfor plus*, → *Microstretch*, → *Permanent Press*.

Knittererholung, sofortige Rückfederung oder verzögert-elastische Rückbildung nach Knitterfaltenbildung, wird durch Messung des → *Knitterwinkels* festgestellt. Je größer der gemessene Knitterwinkel, desto höher ist der erreichte Grad der Entknitterung und desto geringer die Notwendigkeit einer nachträglichen Glättung. Ein **Knittererholungswinkel** (→ *Trocken-* oder → *Naßknitterwinkel*) von 140 bis 150° gilt als hervorragend. – Vgl. → *Elastizitätsmodul*.

Knittern, **Knitterneigung**, Anfälligkeit eines Textilrohstoffs, Garns oder → *Flächengebildes* gegen Bildung unerwünschter Falten nach Verformung. Je dichter ein Stoff gewebt, je fester ein Garn gedreht ist, desto geringer ist, unabhängig vom Rohstoff, die Knitterneigung. Sie kann durch Luftfeuchtigkeit, Temperatur, Belastungs-

und Erholungsdauer sowie durch die Gewebekonstruktion stark beeinflußt werden und läßt sich durch → *Knitterarm-* und → *Pflegeleicht-Ausrüstungen* sowie durch Beimischung von Synthetics (besonders Polyester und Elastan) einschränken. Bei Synthetics besteht bei zu warmer Wäsche die Gefahr der → *Thermofixierung* von Falten. Je steifer eine Faser ist (→ *Leinen*, → *Hanf*), desto stärker ist die Knitterneigung und desto schwieriger ist die → *Knittererholung*, je elastischer die Faser, desto schneller ist die Faltenbildung beseitigt. → *Maschenwaren* sind unempfindlicher als gleichartige Gewebe. Der Widerstand, den die Fasern der Verformung entgegensetzen, ist z.T. trocken und naß unterschiedlich, weil bei Feuchtigkeit die Molekülbrücken gelöst und in Faltenlage neu gebildet werden können.

Knitteroptik, durch Konstruktion oder Nachbehandlung künstlich hervorgerufene Bildung von Falten, vor allem zur Erzielung des → *Used Look*. Methoden: 1. → *Thermofixieren* regelmäßiger oder willkürlicher Falten bei Stoffen aus oder mit Synthetics; 2. Fixieren durch → *Kunstharz-Ausrüstung* auf Stoffen aus zellulosischen Fasern; – vgl. → *Crinkle*, → *Crash*, → *Crumble*, → *Froissé*; 3. Durch gemeinsame Verarbeitung verschieden schrumpfender Garne in einem Gewebe; bei schweren → *Doppelgeweben* die einzige wirtschaftlich sinnvolle Form. – Vgl. → *Gaufré*, → *Seersucker*, → *Waschcloqué*, → *Prägeeffekt*.

Knitterwinkel, Trockenknitterwinkel, Naßknitterwinkel, Meßgröße zur Feststellung der → *Knittererholung* eines textilen → *Flächengebildes* nach Entlastung in nassem oder trockenem Zustand durch Messen des Winkels, der in der Falte verblieben ist, ausgedrückt in Grad (°). **Aufspringwinkel**: sofort nach Rückfederung; **Knittererholungswinkel**: nach verzögerter elastischer Rückbildung, demnach zeitabhängig. Je größer der Winkel, desto höher der Grad der Entknitterung und desto geringer die Notwendigkeit einer nachfolgenden Glättung. Das Ausmaß der Entknitterung ist abhängig von der Garn- und Stoffstruktur (auch: Gewebe oder Maschenware), dem eingesetzten Rohstoff und der Art und Güte der → *Hochveredlung*. Winkel von 140-150° gelten als sehr gut. – Vgl. → *Monsanto-Test*, → *Elastizitätsmodul*.

Knittex®, kochbeständige, tiefenwirksame → *Permanentveredlung* für Baumwollstoffe, zellulosevernetzendes Spezialharz mit geringem → *Formaldehyd*-Anteil, das mit der Faser eine chemische Verbindung eingeht. Bügelarm, macht einlauffest und weniger schmutzempfindlich bei Erhaltung der Luftdurchlässigkeit, reinigungsbeständig, widersteht sachgemäßer Chlornachbehandlung. – Vgl. → *Rottapret*, → *Fixapret*.

Knopf, 1.Längenmaß beim → *Handschuh*, → *Handschuh-Größen und Maße*.
2. Eleganteste Verschlußart von Kleidungsstücken, oft gleichzeitig Ausdrucksmittel der Mode oder zur Zierde aufgenäht. Knopfverschlüsse sind langlebig, nachgiebig, leicht zu handhaben und folgen der Bewegung, erfordern aber wegen des → *Knopflochs* einen Einschnitt in den Stoff, der die Änderung des Kleidungsstücks erschweren kann. Im Hosenschlitz ist der Knopfverschluß kein Hinweis auf die Wertstufe; → *Reißverschlüsse* gelten als gleich wertvoll. Werden Knöpfe mit der Maschine angenäht, müssen die Löcher exakt gebohrt sein (→ *Büffelhornknopf*); Vierlochknöpfe sind vorzuziehen, da bei Auflösen des → *Kettenstichs* der Knopf am anderen Lochpaar hängenbleibt und nicht gleich verlorengeht. - Vgl. → *Beinknopf*, → *Hornknopf*, → *Jettknopf*, → *Lederknopf*, → *Perlmuttknopf*, → *Similiknopf*, → *Steinnußknopf*, → *Straßknopf*, → *Wäscheknopf*, →

Zwirnknopf, → *Druckknopf*, → *Bakelit*, → *Galalith*, → *Knopfleiste*, → *Knopfmaß*, → *Linie*, → *Brasilo*, → *Knopfloch*, → *Wäscheknopfloch*, → *Wackelknopf*.

Knopfleiste, angesetztes Stoffstück für Knopf und Knopfloch, Kennzeichen hochwertiger Verarbeitung an Hosenbund und Hemd; „aufgesetzte Leiste" mit äußerlich sichtbaren Steppnähten; „blinde Leiste" mit unsichtbarer Steppnaht z.B. an Smokinghemden.

Wertstufe bei Knopfleisten an der Vorderfront von Herrenhemden. Links: aufgesetzte Knopfleiste; rechts: „blinde" Knopfleiste.

Knopfloch, auf die Größe des Knopfes und die Art des Stoffes abgestimmter, gegen Einreißen geschützter Einschnitt im Stoff von Bekleidung und Wäsche zum Durchführen des Knopfes. Es muß an der richtigen Stelle angebracht, dauerhaft und sauber gearbeitet sein; es soll besonders

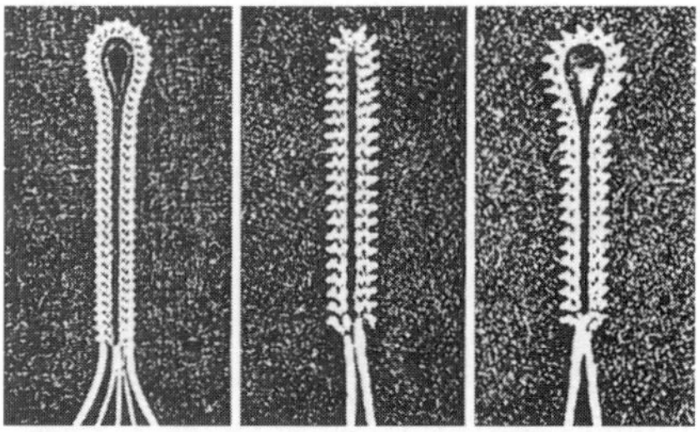

Knopflöcher, von links: Augenknopfloch ohne Keilriegel, der „Vorpaß" ist nach unten weglaufend sichtbar; handarbeitsähnliches Façonknopfloch ohne und mit Auge.

bei lockeren Stoffen genug Stoff lassen, um nicht auszureißen. Ein zu breit gefaßtes Knopfloch wirkt plump und unansehnlich. Von Hand angenähte und umwickelte Knöpfe scheuern weniger am Knopfloch. Die hochwertigste Ausstattung ist die → *Paspelierung*, gefolgt vom verriegelten Augenknopfloch mit → *Gimpen*einlage. **Arten**: Augenknopfloch mit Rundung für den den Stiel (Fadenlänge, die für den auf die Stoffdicke abgestimmten Abstand des Knopfes sorgt), Flachknopfloch mit keilförmigem, augenähnlichem oder geradem Riegel (Wäscheknopfloch oder Hemdenknopfloch) ohne Auge und ohne Fadeneinlage.

Knoten, → *Teppichknoten*.

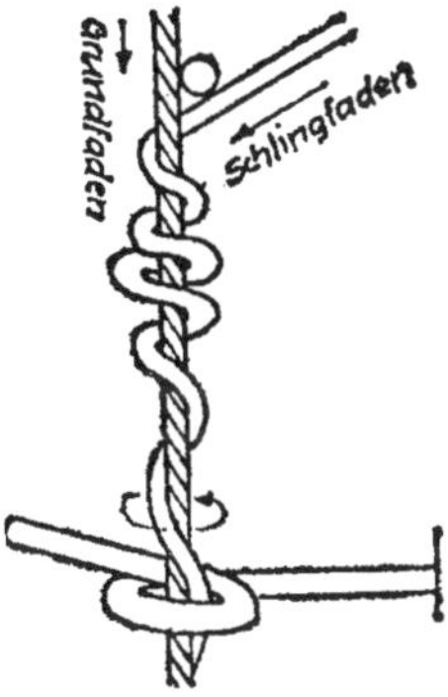

Bildung eines Knotenzwirns. Ein straff gespannter, langsam zugeführter Grundzwirn wird von einem wesentlich schneller zugeführten Effektzwirn unter Drallgebung umzwirnt, der sich aufschiebt.

Knotengarn, **-zwirn**, meist durch Einsatz verschieden hart gedrehter Zwirne oder durch Anhalten des Grundfadens beim Zwirnen entstandene → *Effektgarne* mit Bildung von Dickstellen in verschiedenen Zwischenräumen. Der in bestimmten Abständen angehäufte Effektfaden wird beim nochmaligen, gegenläufigen Zwirnen mit einem dritten Faden fixiert. – Vgl. → *Noppengarn*, → *Boutonné*, → *Queue de cochon*.

Flachknopflöcher. Von links: Geweitet mit geradem Riegel, mit keilförmigem Riegel und mit beidseitig geradem Riegel (Hemdenknopfloch).

Knüpfen, 1. Verfahren zur Herstellung von echten, vor allem → *Orient-Teppichen*; vgl. → *Teppichknoten*.
2. Unauflösbares Verschlingen und Festziehen eines → *Fadens* durch Knoten, die sich nicht verschieben können. Bei regelmäßigem Abstand der Knoten ergibt sich ein → *Flächengebilde* mit weiträumigen Durchlässen, vor allem für → *Netze* und als Grund für → *Stickereien*, → *Netz* (Abb.).

Knüpftrikot, auf der → *Rundwirkmaschine* hergestellte, regelmäßig durchbrochene, sehr poröse, körnig-griffige → *Maschenware* für Herren-Sommerunterwäsche, die die Haut gut atmen läßt; Abart eines → *Petinet-Musters*.

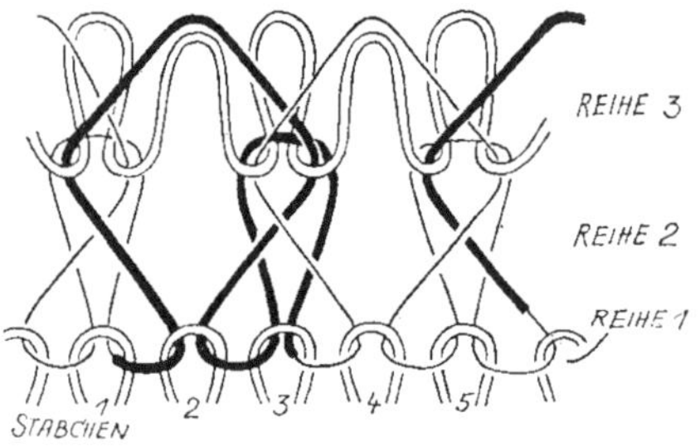

Maschenverlauf des Knüpftrikots (linke Warenseite). Es werden nicht nur Henkel gebildet; die beiden, den Durchbruch begrenzenden Maschen werden auf die jeweils benachbarten Nadeln umgehoben.

Knüppelkante, in der Herrenkonfektion knapp gesteppte und dadurch wulstig gewordene Kante.

Koagulation, generell: Zusammenballen kolloidal gelöster Teilchen zu Flocken; im → *Naßspinnverfahren* fadenförmiges Erstarren der aus den → *Düsen* ausgepreßten zähflüssigen Spinnmasse in einem Fällbad mit geeigneten Chemikalien; Zurückgewinnen des festen Rohstoffs aus der Lösung.

Kochechtheit, Beständigkeit von Farben, Drucken und Textilrohstoffen gegen eine Waschbehandlung in heißem Wasser mit einer Temperatur von 90 °C und höher; Kochfestigkeit ist nicht identisch mit → *Waschmaschinenfestigkeit*. – Vgl. → *Echtheit*.

Kochschrumpf, Schrumpfen → *thermoplastischer* Fasern in kochendem Wasser oder Wasserdampf. – Vgl. → *Schrumpftypen*, → *Hitzeschrumpf*, → *HS-Fasern*.

Kochwäsche, Waschen mit → *Alltemperatur-Waschmitteln* (→ *Universalwaschmittel*) bei Wassertemperaturen von 90 °C und höher; nur mehr erforderlich bei stark verschmutzter oder öliger Arbeitskleidung, bei Kranken- und bei Säuglingswäsche, da eine Temperatur von 60° aus Gründen der Hygiene für normale Haushaltswäsche allen Anforderungen gerecht wird und unter ökologischen Gesichtspunkten die einen geringeren Energieaufwand erfordernden niedrigeren Temperaturen einen befriedigenden Reinigungseffekt zulassen.

Kodaire®, röhrenförmige Polyester-→ *Hohlfaser* mit besonders niedrigem spezifischen Gewicht auf Basis → *Kodel*. Hohes Sprungvermögen, 15 % höheres Füllvermögen, für Schlafsäcke, Kissen und → *Flachbetten*.

Kodel, von den üblichen → *Polyesterfasern* abweichende amerikanische Faser mit einer Diolkomponente statt Äthylenglykol mit besonders hohem (295 °C) Schmelzpunkt, niedriger Reiß- und Scheuerfestigkeit und besserer → *Pilling*resistenz.

Kofferkleid, Kleider aus → *Maschenwaren*, bevorzugt → *Interlock*, aus → *texturierten* Polyester-→ *Set-Garnen* mit recht guter Luftdurchlässigkeit, die das Tragen auch in wärmeren Klimazonen erlaubt, pflegeleicht und knitterarm; werden, wenn sie aus dem Koffer genommen werden, an der frischen Luft hängend schnell wieder glatt. Bei hoher Schmiegsamkeit besitzen die Stoffe genügend Konsistenz bei leichtem Warengewicht; das dichte Maschenbild gestattet feingezeichnete Druckmuster.

Kohlehydrat, aus den Elementen Kohlenstoff, Wasserstoff und Sauerstoff zusammengesetzte, organische Verbindung; der kleinste Baustein der → *Zellulose* ist das Kohlehydrat Glukose ($C_6H_{12}O_5$), wobei aber im Gegensatz zur Stärke die CH_2OH-Gruppe → *syndiotaktisch* und nicht → *isotaktisch* im → *Kettenmolekül* angeordnet ist.

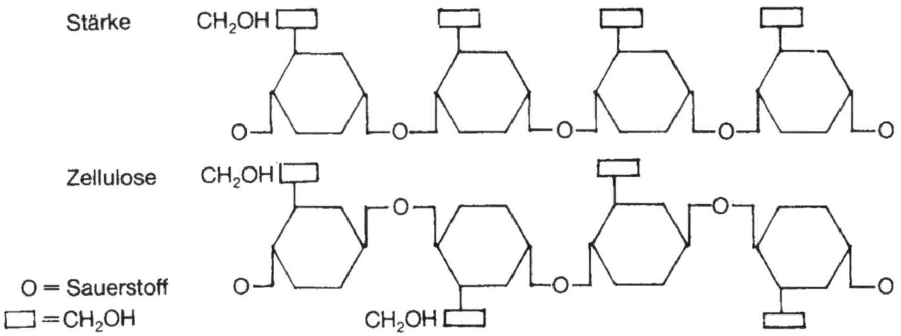

Unterschiedliche Anordnung der CH_2OH-Gruppe in den Kettenmolekülen der Stärke (isotaktisch) und der Zellulose (syndiotaktisch).

Kohlenstoff-Fasern, Kohlefaser, Carbonfaser, zu Bekleidungstextilien und Wäsche nicht verwendbare Gruppe hochhitzebeständiger Chemiefasern mit einem Kohlenstoffgehalt von über 80 % und einem von keiner anderen Faser erreichten Schmelzpunkt von 3650 °C, in Schutzgas von über 4000°, mit geringer Dichte (1,5-2,0), hoher Festigkeit und Steifigkeit, wobei diese Eigenschaften, die bei niedrigem Gewicht Metallen und Glasfasern überlegen sind, durch verschiedene Herstellungsverfahren variiert werden können. Sie entstehen durch thermische Behandlung (Carbonisierung) geeigneter, kohlenstoffhaltiger Stoffe auf Basis Polyacryl, Viskose oder Pech. Einsatz im technischen Bereich als Armierungsfaser für → *Verbundwerkstoffe* (Sportgeräte, Flugzeug- und Maschinenbau). **Marken**: → *Tenax*, → *Sigrafil*. Nicht zu verwechseln mit → *Antistatischen Fasern*, in die Kohlenstoff eingelagert worden ist. – Vgl. → *Polycarbonat-Fasern*, → *Hochleistungsfasern*, → *Composit*.

Kohlenwasserstoff, organische Verbindungen, die nur aus den Elementen Kohlenstoff und Wasserstoff bestehen; sie werden aus Kohle, Erdöl oder Erdgas hergestellt. → *Olefine* (Ethylen, Propylen) stellen die Rohstoffbasis für die → *Polyethylen-* und die → *Polypropylenfasern*.

Kohlestreifen, verschwommen wirkende, schwarze → *Nadelstreifen* auf gerauhten, → *foulierten* oder → *meltonierten* Stoffen, durch die moosige Oberfläche leicht verwischt. – Vgl. → *Kreidestreifen*.

Kokon, etwa 33 mm lange, 24 mm dicke, leicht gelbliche, eiförmige, in der Mitte leicht eingeschnürte Schutzhülle der Puppe des Seidenspinners, von dem ein mit Dextrin verklebter Doppelfaden von etwa 300 bis 1000 m abgehaspelt werden kann. Der übrige Faden (→ *Fricon*) hat eine Länge von etwa 2000 m und dient als Rohstoff für die → *Bourette-* oder → *Schappespinnerei*. Für 1 kg Rohseide benötigt man 10 bis 11 kg Kokons. Das Material ist so fest,

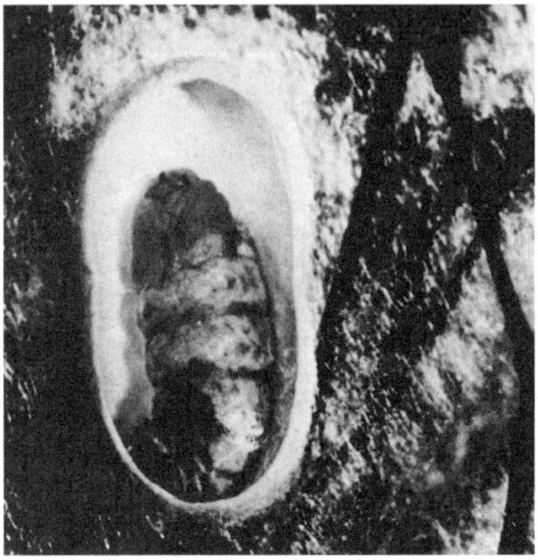

Geöffneter Kokon mit der Puppe des Seidenspinners.

daß die Japaner im Zweiten Weltkrieg durch Pressen daraus Stahlhelme geformt haben.

Kokosfaser, → *Hartfaser*, Fruchtfaser der Kokospalme, die aus der Faserhülle der Kokosnuß gewonnen wird. Spinnfaser und Bürstenfaser. 150-350 mm lang, 0,3-1,0 mm dick, → *Reißdehnung* 25-37 %, → *Reißlänge* 12-15 km. Die aus einem zentralen Zellstrang bestehenden → *Bündelfasern* sind zylinderartig von einer starken Bastzellenschicht umgeben. Nicht so fein ausspinnbar wie → *Sisal*. Dank der hohen Scheuerfestigkeit, Elastizität, Fäulnisbeständigkeit und Isolationsfähigkeit gegen Schall und Wärme sowie der geringen Schmutzaufnahme für Läufer und Bodenbeläge, als Polstermaterial (→ *Matratze*) auch mit → *Latex* getränkt sowie für die Seilerei. → *Antistatisch*, entzieht dank → *Hygroskopizität* der Raumluft die überflüssige Feuchtigkeit, schwer entflammbar, wärmedämmend dank luftgefüllter Zellen. Ungefärbte Fasern neigen zum Nachdunkeln. Fettfrei, beständig gegen Mikroben und Insektenfraß. Hauptexportland: Sri Lanka. – Vgl. → *Grobfasern*.

Kokosteppich, treppengeeigneter Teppich aus der → *Kokosfaser*, als → *Flachgewebe*, → *Geflecht* oder mit → *Flor*. Im Gefüge relativ locker, so daß Staub und Schmutz auf den Boden durchfallen können. Die Abgabe und Aufnahme von Feuchtigkeit kann zu Veränderungen der Dimensionen führen; fest verklebte Teppiche oder mit Kompaktschaumrücken sind dimensionsstabil. Chemikalien- und fäulnisbeständig, pflegeleicht und strapazierfähig. Für den Objektbereich (Messehallen, Sportstätten), im Haushalt für Matten und Abstreifer.

Kollektivfarbe, Mischfarbe, die bei verschiedenfarbigen Kett- und Schußfäden auf Geweben durch die Verkreuzung der beiden Fadensysteme entsteht; besonders kräftige oder dunkle Farben sind bei Buntgeweben mit kontrastreichen Einzelfarben nur bei Bindungseffekt befriedigend zu erreichen.

Koller, → *Passe*, angesetztes Teil oder Ziernaht in Achselhöhe am Rücken von Sakkos, Jacken und sportlichen Mänteln Gegensatz: → *Sattel* (aufgesetzt, gedoppelt).

Kolloid, Stoffe, die sich wegen der Größe ihrer Teilchen nicht echt in klare Lösungen überführen lassen, sondern nur fein dispergiert; ihre Teilchenstruktur ist nicht mehr erkennbar. Wegen der gleichartigen elektrischen Aufladung der Teilchen flocken sie dennoch nicht aus. Die meisten Farbstoff-, Leim-, Stärke- und Waschmittel-Lösungen sind kolloidal. Feinverteilung von Kolloiden in Wasser: Hydrosol, in der Luft: Aerosol.

Kolonialstil, sportlicher Bekleidungsstil mit Schulterklappen, Knopfleisten, Metallknöpfen, aufgesetzten Taschen, Taillengürtel. - Vgl. → *Afrika-Look*, → *Military-Look*, → *Safari-Look*, → *Buschhemd*, → *Trekking-Stil*.

Kolorit, Farbstellung, unterschiedliche Farbgebung oder -kombination gleich aufgebauter Muster; kann zu einer völlig verschiedenen Gesamtwirkung führen.

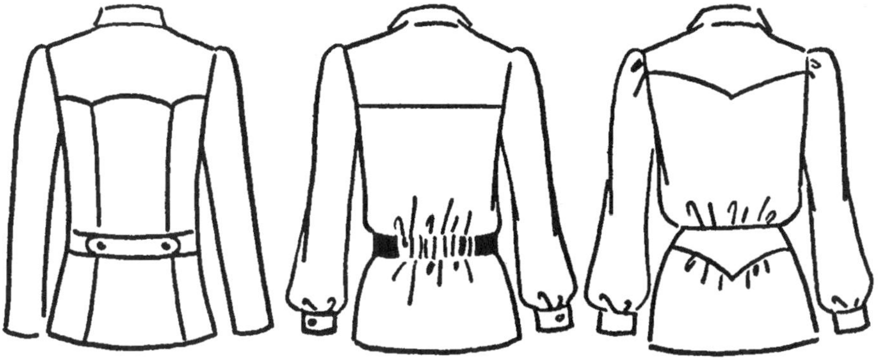

Geschweifter, gerader und gebogter Rücken-Koller; in der Mitte Schaubenzug in der Taille, links geknöpfte Martingale.

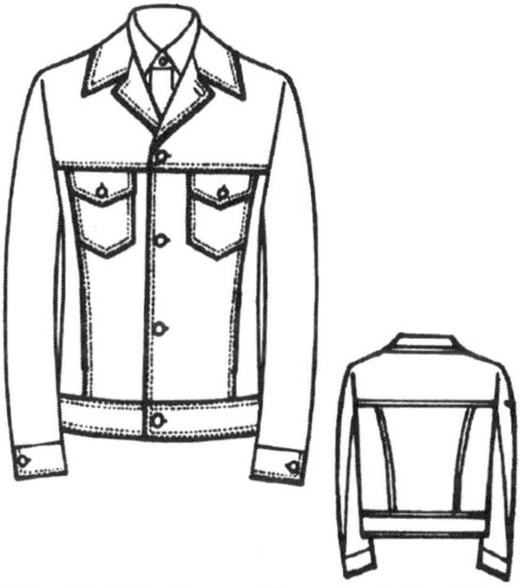

Kolonialstil für Herren. Blouson mit deutlichen Steppnähten und zwei aufgesetzten Pattentaschen in der Kollernaht; ungeteilter fester Bund.

Kombi-Mode, Sammelbegriff für eine von einzelnen Modellen beherrschte Modelinie, die exakt aufeinander abgestimmt und deshalb gut kombinierbar sind; ohne Hinweis auf die konzeptionelle Ausrichtung: klassisch oder jung, Designer-Stil oder → *Business-Look*. Da häufig abteilungsübergreifend, können in großen Häusern Probleme bei der Warenpräsentation entstehen; zudem bedienungsintensiv, da viel Geschmack erfordernd und erklärungsbe-

Jacke und Kleid im Kolonialstil, links streng geschnittene Jacke zum weichen, bedruckten Rock, auch für den City-Look geeignet, rechts Safarihemd zum durchgeknöpften Rock.

dürftig. Durch verschiedene Zusammenstellung der Einzelteile ergibt sich vielfach auch eine Differenzierung nach Tragegelegenheit. Oft im Mix von Stoffen, Mustern, Material und Linie unterschiedlich, aber dennoch passend und variabel angelegt. Gegensatz zum → *Set* aus → *Separates*, bestehend aus eigenständigen Einzelteilen, die kombiniert werden können, aber nicht kombiniert werden müssen. - Vgl. → *Lagenlook*, → *Layering*, → *Zwiebellook*, → *Overshirt*, → *Coordinate*, → *Komplett-Look*. → Abb. vgl. S. 468

Kombinationsdessin, Thema der Dessinierung von Druckstoffen: Ein Fond mit selb-

Sommerliche Kombi-Mode. Links Kurzblouson zur Palazzo-Hose, rechts Kurzarm-Blazer zu Rockshorts und farblich abgestimmter Druckbluse.

Jugendliche Kombi-Mode für den Herbst im Layering-Stil (Designer-Modelle).

ständiger Musterung (kein → *Konterfond*), z.B. gerastertes Karodessin im Ein- oder Zweifarben-→ *Kolorit*, wird von einem zweiten, farbkräftig kolorierten Motiv überlagert.

Kombinationsfärbung, 1. Färbung von → *Stoffen*, bei der nacheinander verschiedene Farbstoffklassen eingesetzt werden (→ *Double dyeing*), z.B. → *Techno-Finish*, wobei der Stoff zuerst mit echten → *Farbstoffen* gefärbt wird, die auf die Faser aufziehen. Sodann wird mit → *Pigmentfarbstoffen* überfärbt, die nicht voll fixiert werden. Beim nachfolgenden Waschen wird ein Teil der Pigmentfarbstoffe wieder ausgeschwemmt, so daß sich ein marmoriertes Farbbild ergibt.
2. Färbung von → *Leder*, wobei auf bereits → *anilingefärbtes* Leder aus kräftigen Farbteilchen bestehende, nicht transparente →

Beispiele für modische Spielarten der Kombi-Mode. Links Kurzarm-Buschhemd über weitem Rock (oder Hose) zum T-Shirt getragen, rechts bunter Modeblazer mit steigendem Fasson zu Krawattenhemd und City-Bermuda.

Pigment-→ *Farbstoffe* zusätzlich aufgespritzt und durch Bindemittel fixiert werden. Durch das Abdecken vernarbter Stellen ist der Farbausfall sehr gleichmäßig und oft auch glanzreich; zu dick aufgetragene Deckfarben können bei starker Beanspruchung abplatzen. Diese Färbeart ist bei den unteren Preislagen allgemein üblich. – Vgl. → *Semianilin-Färbung.*

Kombinationsgarn, Gattungsbegriff für Fäden, bei denen → *Filament-* oder → *Spinnfasergarne* sowie → *Vorgarne* mit einem → *Kabel*, einem → *Garn* oder → *Zwirn* in einem oder mehreren Arbeitsgängen zusammengeführt oder miteinander verwirbelt werden. Hierzu gehören → *Scheinzwirne* wie → *Core-Garn* oder → *Spinnzwirn* (→ *Covered Yarn*), → *Core-spun-Garne* mit meist elastischem Kern, → *Umwindungsgarne* und → *Umspinnungszwirne* sowie → *Komposit-Garne* und *-Zwirne.* Durch die Ummantelung mit anderen Textilfasern werden Griff und Aussehen, Verarbeitbarkeit und Scheuerbeständigkeit von → *Elastan*fäden verbessert. Auch das Ausmaß der elastischen Dehnfähigkeit kann bei den Kombinationsgarnen dem Verwendungszweck exakt angepaßt werden. In durch Elastan elastische Gewebe können nur Kombinationsgarne eingetragen werden.

Kombinationsgerbeverfahren, → *Gerbung* mit zwei verschiedenen Methoden; vor allem zur Herstellung von → *Waschleder*; Einsatz synthetischer Gerbstoffe (z.B. Phenol oder → *Formaldehyd)* zusam-

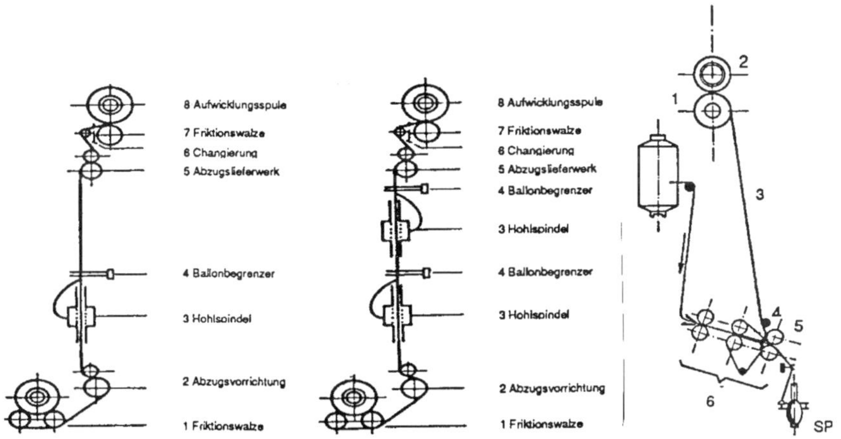

Kombinationsgarn. Vergleich der Herstellungstechnik von Umwindungsgarn und Umspinnungsgarn. Links einstufige Umwindung, Mitte doppelte (zweistufige) Umwindung eines Elastan- (Dorlastan-)Fadens: Von ein oder zwei Friktionswalzen (1) wird das elastische Material (Seele) mit einem bestimmten Verzug oberflächengetrieben abgezogen und zur Abzugsvorrichtung (2) geführt. Einstufig passiert der Faden nur eine, zweistufig zwei Hohlspindeln (3), wobei sich die untere entgegengesetzt zur oberen dreht, und wird dabei von dem festen Garn umwunden. Der Ballonbegrenzer (4) ist über der Spindelspitze angebracht. Nach Abzugslieferwerk (5) und Chargierung (6) gelangt das Umwindungsgarn zur Aufwickelspule; der Unterschied der Geschwindigkeit des Auslaufrades (5) und der Friktionswalze (7) ergibt das Ausmaß der Entspannung des umwundenen Garns. - Rechts: Spezial-Spinnmaschine für Umspinnungsgarn. Die Abrollwalze (1) treibt die Spule (2) mit dem elastischen Material (3) an, das unter definiertem Verzug über die Umlenkrolle (4) dem Zylinderpaar (5) des Streckwerks (6) zugeführt wird. In den Streckwerken wird das elastische Material mit dem Umspinnungs- Fasermaterial, links auf dem Kops, zusammengeführt .

men mit → *vegetabilischen* oder → *mineralischen* Gerbstoffen. Wegen der Schwierigkeit der Einfuhr von Chemieerzeugnissen in Entwicklungsländer wird eine vegetabilische Vorgerbung mit einer nachträglichen → *Chromgerbung* kombiniert. Je niedriger der pflanzliche Anteil ist, desto lichtbeständiger, leichter und weicher ist das → *Leder.*

Kombinationswaschverfahren, → *Komponentenwaschsysteme.*

Komfortwert, Qualitätsbegriff des → *Teppich-Siegels*, der durch die Dichte und die Höhe des Flors bestimmt wird.

Kompaktbauweise, platzsparende Anordnung von Kett- und Warenbaum unterhalb von → *schützenlosen Webmaschinen* bei gleichzeitiger Verlagerung weit ins Maschineninnere hinein. Es können Kettbäume mit unterschiedlichem Scheibendurchmesser eingelegt werden.

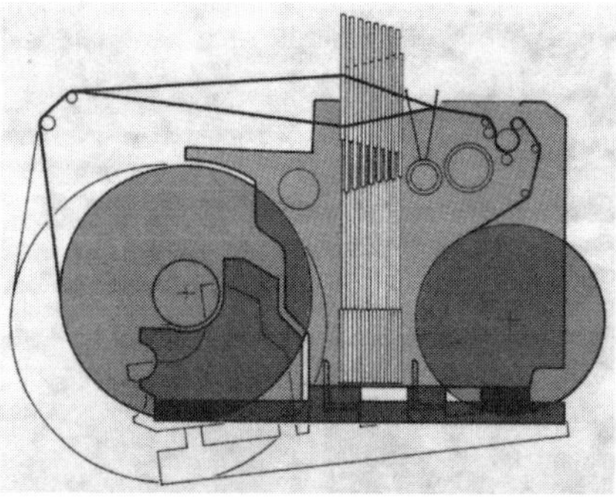

Schematische Darstellung der Anordnung von Kett- und Warenbaum bei Webmaschinen in Kompaktbauweise.

Kompaktbeschichtung, Vollbeschichtung von Geweben aus oder mit Synthetics mit Kautschuk, Wachs oder → *PUR*, um sie vollkommen wasser- und winddicht zu machen. Die Bekleidungsstücke daraus verlieren ihre Luftdurchlässigkeit und ihre Fähigkeit zum Schweißtransport völlig, sind aber klein zu verpacken und als Schutz vor plötzlichen Regengüssen sowie für Kinder gut geeignet. Preiswert, strapazierfähig und pflegeleicht, Nachimprägnieren entfällt. – Vgl. → *Beschichtung.*

Kompaktschaumrücken. Art des → *Compound* von → *Tufting-Teppichen* für vollflächige Verlegung; ungeprägter Plan- oder Glattschaum, der die Trittelastizität und die Wärmedämmung verbessert und den Teppichboden stabiler macht. – Vgl. → *Teppichrücken.*

Kompaktspinnanlagen, Herstellungsverfahren von → *Synthesefasern* unter geringen Investitionen und mit bescheidenem Raumbedarf durch horizontale Anordnung der Aggregate, die einfachere Bedienung zuläßt und gegenüber der üblichen vertikalen Anordnung mit niedrigen Gebäudehöhen auskommt. Erlaubt die wirtschaftliche Herstellung auch geringerer Quantitäten.

Kompaktwaschmittel, → *Waschmittel*-Superkonzentrat mit geänderter Rezeptur, mit hohem Litergewicht, das Platz und Verpackungsmaterial spart, mit effizienteren Rohstoffen, die bei geringerer Dosierung die Waschkraft erhalten, wobei Füllstoffe, wie Natriumsulfat, entfallen. Nicht identisch mit → *Volumenkonzentraten*, bei denen ohne wesentliche Änderung der Rezeptur nur die Konsistenz des Pulvers mit der Wirkung einer verbesserten Pakkungsdichte im Karton geändert wurde.

Komplementärfarben, zwei Farben, die in additiver Mischung (Summierung ihrer Lichtstrahlen) Weiß ergeben; die Wellenlänge der Komplementärfarbe entspricht dem Anteil eines auf einen Körper auftreffenden Lichtstrahls, der nicht absorbiert, also reflektiert wird. Bei der subtraktiven Mischung (→ *Absoption* zusätzlicher Farben des Sonnenlichts) erhält man im Extremfall durch Auslöschen sämtlicher Spektralfarben Schwarz.

Komplet, Komplet-Mantel, → *Complet,* → *Completmantel.*

Komplett-Look, → *Total-Look,* nach Farbe und Material völlig einheitlich aufeinander abgestimmte Bekleidungsstücke. – Vgl. → *Kombi-Mode.*

Komponentenwaschsysteme, Abkehr vom Prinzip, dem Konsumenten ein unveränderliches Fertigprodukt anzubieten; verschiedene Substanzen, die zusammen erst ein → *Waschmittel* ergeben, werden als Komponenten getrennt verpackt und separat angeboten. Der Verbraucher soll eine der speziellen Situation (Wasserhärte, Verschmutzungsgrad und Art der Wäschestükke) angepaßte Mischung der Komponenten für jeden einzelnen Waschgang zusammenstellen, mit dem Ziel, im Ganzen und je Waschvorgang Chemikalien einzusparen und das ökologische Bewußtsein zu fördern. 2 Komponenten: → *Kombinationswaschverfahren,* 3 Komponenten und mehr: → *Baukastensysteme.* An den Sachverstand des Konsumenten werden umso höhere Anforderungen gestellt, je mehr Komponenten das System enthält. Da die Komponenten separat verpackt sind, kann als Bleichmittel Percarbonat eingesetzt werden, das die Farben besonders gut schont.

Kompressive Krumpfung, kontrollierte, mechanische Stauchkrumpfung von Geweben auf einer Filz- oder Gummikrumpfanlage, bei der bestimmte Restkrumpfwerte garantiert werden können. – Vgl. → *Sanfor.*

Kondensation, physikalisch: Übergang eines Stoffes aus dem gas- oder dampfförmigen in den flüssigen Zustand. Chemisch: Reaktion, bei der sich zwei Moleküle unter Austritt eines einfach aufgebauten Stoffes wie Wasser, Salzsäure oder Ammoniak zu einem größeren Molekül vereinigen (vgl. → *Polykondensation* bei wiederholtem Vorgang). In der → *Veredlung* wird Kondensieren als Heißluftbehandlung zur Aushärtung der Ausrüstungsmittel bei Stoffen durchgeführt, die vorher mit Kunstharz-Vorkondensaten imprägniert oder mit → *Pigmentfarben* bedruckt worden sind. – Vgl. → *Pflegeleicht-Ausrüstung.*

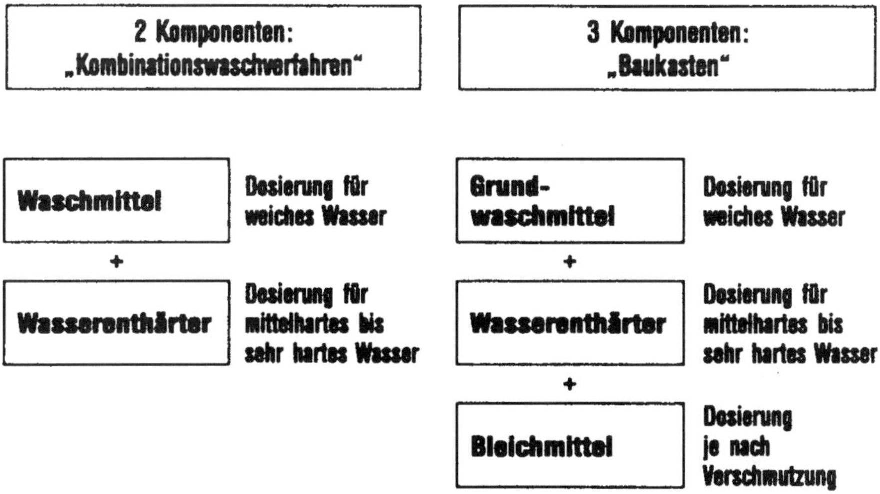

Übersicht über die Komponentenwaschsysteme bei Pulverwaschmitteln. Die Baukastensysteme können noch zusätzliche Hilfsstoffe getrennt anbieten.

Kondensationsfarbstoffe, → *Farbstoffe*, die nach dem Färbevorgang durch chemische Veränderung in der Faser als schwer lösliche → *Pigmente* fixiert werden.

Konditionierung, Feststellung des Feuchtigkeitsgehalts natürlicher Rohstoffe zur Ermittlung des Handelsgewichts; handelsüblicher Feuchtigkeitsgehalt der Rohstoffe, der mitgewogen und bezahlt werden muß. Im → *TKG* kommen die Vorschriften des § 6 über die Feuchtigkeitszuschläge der Konditionierung gleich. – Vgl. → *Reprise*.

Konduktive Fläche bei → *Zweischichtenstoffen* (→ *hydrophilen Kombinationssystemen*) dem Körper zugewandte Innenseite, die meist aus Acrylfasern besteht und die Aufgabe hat, auf dem Körper ein trockenes Mikroklima zu schaffen und die abgegebene Körperfeuchtigkeit durch den Stoff hindurch an die äußere → *sorptive Fläche* (meist Baumwolle) durchzuleiten.

Konferenzanzug, zu den → *Business-Anzügen* zählender, eleganter Sakkoanzug mit dem edlen, dezenten Bild dunklerer Kammgarntuche, von der Form her kaum vom Straßenanzug unterschieden; kann auch als kleiner Theateranzug getragen werden. Männliches Pendant zum → *Dinnerkleid* der Dame. Wenngleich der etwas strengere → *Zweireiher* als klassischer Konferenzanzug gilt, wird auch der → *Einreiher* akzeptiert. Genaugenommen gehören schwarze Schuhe, das Einstecktuch und ein eleganter, unaufdringlicher Binder dazu.

Konfettinoppen, **Konfettitupfen**, zur Musterung wahllos im Gewebe verstreute oder aufgedruckte, vielfarbige Noppen oder Tupfen. – Vgl. → *Schneegestöber*.

Kongreßstoff, grobfädiger, meist steif appretierter Baumwollstoff, vor allem in → *Scheindreherbindung*, Grundstoff für → *Stickereien*. – Vgl. → *Handarbeitsstoff*.

Konferenzanzüge. Links zweireihig, rechts einreihig mit Weste, beide mit steigendem Fasson und in einem typischen dunklen Streifenmuster.

Konische Hosenform, V-förmiger, sich nach unten verjüngender Hosenschnitt von Damen- und Herrenhosen. Gegensatz: → *Bell Bottom*. – Vgl. → *Karottenhose*.

Kontaktekzem, juckende, nässende oder trockene Erkrankung der Hautoberfläche, die zu einem Ausschlag führen kann; Überempfindlichkeitsreaktion, die durch direkte Berührung z.B. einer Textilie mit der Haut ausgelöst wird. Gegensatz: → *Photoallergisches Ekzem*, → *Bikini-Dermatitis*. – Vgl. → *Strumpfekzem*, → *Nylonstrumpf-Dermatitis*, → *Wolleintoleranz*.

Kontaktfixierung, → *Thermofixierung* von Textilien aus synthetischen Fasern durch direkten Kontakt mit heißen Metall- oder Glasoberflächen mit gutem Fixierungseffekt; die Ware wird aber etwas dünn, steifer und glänzend. – Vgl. → *Hot-Roll-Fixierung*.

Kontakttrocknung, Verfahren der Trocknung von Textilien durch direkte Berührung mit erwärmten Trommeln oder Zylindern. Nachdem der Trockner eine bestimmte Temperatur erreicht hat, nimmt die Ware die Temperatur des verdampfenden Wassers an, gleichgültig, wie heiß die Trommeln sind. Erst wenn das Wasser verdampft ist, steigt die Temperatur in der Ware. Durch die enge Berührung mit den glatten Metalloberflächen wird die Ware gleichzeitig geglättet (Bügeleffekt). Gegensatz: → *Konvektionstrocknung*.

Kontamination, Verschleppung chemischer, mikrobiologischer oder radioaktiver Stoffe und die dadurch verursachte Verunreinigung von Gegenständen oder Flächen.

Konterfond, aus einfachen Motiven aufgebauter oder mit deutlicher hervortretenden, verstreuten → *Kleinmustern* belebter → *Fond* bei Stoffdrucken, von dem sich andersartige, meist größere Motive abheben. – Vgl. → *Raster*, → *Marmoré*.

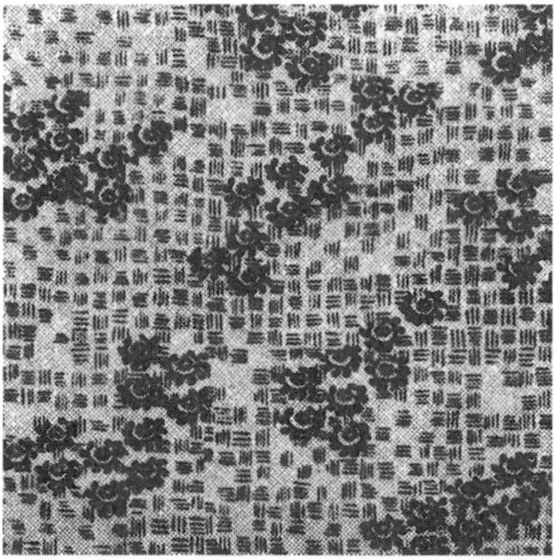

Konterfond, feines Druckdessin als Fond für darübergestreute, kräftiger gestaltete Motive.

Kontinue-Spinnverfahren, vor allem bei der großtechnischen Produktion von Viskosefasern übliche Rationalisierungsform der Herstellung von → *Filamentgarnen*, wobei die aus der Spinndüse kommenden Fäden auf zusammenhängenden Maschinenanlagen in ununterbrochenem Arbeitsfluß gewaschen, getrocknet, ggfs. verdreht und aufgespult werden. Vorteil: gleichmäßige und knotenfreie Garne, Vermeidung von Fadenbrüchen.

Kontinue-Verfahren, Abwicklung mehrerer verschiedener Arbeitsgänge in einem zusammenhängenden, ununterbrochenen Ablauf. Der Vorteil liegt in der Energie- und Personaleinsparung sowie in einer gleichmäßigen Qualität des Endprodukts.

Kontrast, deutlich sichtbarer oder fühlbarer Gegensatz von aneinander grenzenden, verschiedenartigen Farben, Strukturen (grob/fein) oder Kombination von Stoffen mit verschiedener Charakteristik/Griff (z.B. weich/hart).

Kontrastfutter, modisches, sofort sichtbares Ausstattungsdetail vor allem von sportlichen Bekleidungsstücken, wobei sich Art und Farbe des → *Futterstoffes* nicht mehr der Charakteristik des Oberstoffes unterordnen, sondern als eigenständiges Gestaltungselement auftreten und das gesamte Erscheinungsbild beeinflussen.

Kontraststepperei, Verzierung von Bekleidungsstücken durch farblich und in der Dicke des verwendeten Zwirns deutlich abgehobene Steppnähte; erfordert hohe Sorgfalt bei der Näharbeit.

Konturenschrumpfer, reliefartig durch Schrumpfen konturierte → *Jacquardmuster* oder plastische Betonung strichartig gezeichneter Webdessins durch punktartiges Einbinden von kontrolliert schrumpffähigen Synthetic-Filamenten bevorzugt auf → *Duchesse*-Fond.

Konusschärmaschine, Maschine der Webereivorbereitung zum → *Schären* der → *Kette*, wobei im Gegensatz zum → *Zetteln* nicht alle Kettfäden der gesamten Warenbreite gleichzeitig auf den → *Kettbaum* aufgezogen, sondern nur schmalere Teilabschnitte nacheinander verarbeitet werden. Auf eine dicke, konisch geformte Trommel wird vor allem bei Stoffen, die eine hohe Kettdichte aufweisen oder besonders feines Kettmaterial einsetzen, die Kette partienweise und leicht seitlich versetzt aufgewickelt. Wegen der geringeren Zahl von gleichzeitig benötigten Kettfäden wird Platz für die Spulengatter gespart.

Konvektionstrocknung, Trocknung von Textilien durch Heißluft in drei Stufen: Erwärmung der Ware mit Temperaturanstieg und leichter Verdunstung; Erreichen einer konstanten Temperatur, bis die ganze Feuchtigkeit die Oberfläche des Fasergutes erreicht hat, starke Verdampfung; weiterer Temperaturanstieg, wobei die Ware die Temperatur der Trockenluft annimmt. Spielt sich der Vorgang in verschiedenen Zonen ab, ist in der dritten Zone die Temperatur der Trockenluft niedriger. – Vgl. → *Kontakttrocknung*.

Konversionsdruck, selten angewandtes, spezielles → *Druckverfahren*, bei dem aus einem aufgefärbten oder aufgedruckten Gemisch zweier → *Farbstoffe* mit verschiedenen Eigenschaften durch Überdruck von Chemikalien stets nur einer der beiden Farbstoffe an der überdruckten Stelle entwickelt, geätzt oder reserviert wird.

Konverterverfahren, → *Spinnbandverfahren*, → *Kurzspinnverfahren* bei der Herstel-

Konusschärmaschine. Im Vordergrund die große Schärtrommel mit der ersten Partie des konusförmig aufgewickelten Kettmaterials, im Hintergrund die Gatter, auf die die Spulen mit den Kettfäden aufgesteckt sind.

lung von → *Spinnfasern* (→ *Stapelfasern*) direkt aus dem → *Kabel* (→ *Tow*) durch Quetschen, Schneiden (mit Schräg- oder Trapezschnitt) oder Reißen (mit oder ohne bestimmbare Bruchstellen) zur Umwandlung in ein verzugsfähiges, → *Kammzug*-ähnliches Faserband (→ *Top*) mit spinnfähigem Stapeldiagramm. Beim Schneiden sind anschließend → *Streckwerkspassagen* notwendig, beim Reißen von → *W-Typen* zur gemeinsamen Verarbeitung oder zum Ersatz von Schurwolle zu *Kammgarnen* nicht. Bei reiner Verarbeitung entfallen → *Krempelei* und → *Kämmen*. Zumischung von Fremdfasern und → *Hochbauschgarnen* sind möglich. – Vgl. → *Turbostapler*.

Kops, **Kop**, leicht konischer Garnträger (meist Papphülse), auf den der aufzuspulende Faden kegelförmig teils parallel, teils verkreuzt aufgewunden wird und sich „über Kopf" abziehen läßt. – Abb. → *Aufmachung*.

Köper, Sammelbezeichnung für alle Gewebe in → *Köperbindung* mit oder ohne → *Köpergrat*; spezielle Gewebenamen können sich auf den Verwendungszweck (→ *Berufsköper*, → *Daunenköper*), auf den Rohstoff (z.B. Baumwollköper), auf die → *Bindung* (→ *Diagonal*, → *Fischgrat*, → *Spitzköper*, → *Wellenköper*, → *Eingratköper*, → *Mehrgratköper*, → *Doppelköper*, → *Chevron*, → *Flechtköper*, → *Diamantköper*, → *Kreuzköper*, → *Lauseköper*) oder auf Aussehen und Griff beziehen, (→ *Grosgrain*, → *Grain de blé*, → *Grain d'orge*, → *Granité*), aber auch traditionell entstanden sein: → *Kettköper*, → *Gabardine*, → *Whipcord*, → *Covercoat*, → *Drell*, → *Inlett*, → *Denim*, → *Blue Denim*, → *Schußköper*, → *Serge*, → *Twill*, → *Surah*, → *Coating*, → *gleichseitige* (→ *effektlose*) *Köper*, → *Croisé*, → *Cheviotbindung*. **Köper** bei **Maschenwaren**, 1. In der → *Kulierwirkerei*: → *Preßmuster* mit versetzten Preßreihen; vgl. → *Einnadelköper*.
2. In der → *Kettenwirkerei*: → *Köperlegung*.

Köperbindung, → *Grundbindung*, bei der in mindestens einem der beiden → *Fadensysteme* eine → *Flottung* über mindestens zwei Fäden vorliegt, die um mindestens einen Faden stufenweise versetzt ist. Der kleinste → *Rapport* ist demnach drei Faden. Der Versatz der Bindungspunkte bewirkt den → *Köpergrat*. Mit Ausnahme der → *gleichseitigen Köper* mit gleich vielen Flottungen in Kette und Schuß beherrscht stets eines der Systeme die Oberfläche (→ *Kett-* oder → *Schußeffekt*). Im Gegensatz zur → *Atlasbindung* berühren sich die Bindungspunkte über Eck oder seitlich. Die Verflechtung ist gegenüber der → *Tuchbindung* loser; bei gleicher → *Einstellung* ergibt sich ein weicherer, relativ lockerer Stoff. Bei höherer Gewebedichte fühlt sich die Ware nicht brettig an, so daß besonders strapazierfähige (→ *Jeansstoffe*, → *Berufsköper*) oder dichte Stoffe (→ *Daunenköper*, → *Inlett*, → *Gabardine*) hergestellt werden können. → *Abgewandelte Köperbindungen* entstehen durch zusätzliche Bindungspunkte und erweiterte Flot-

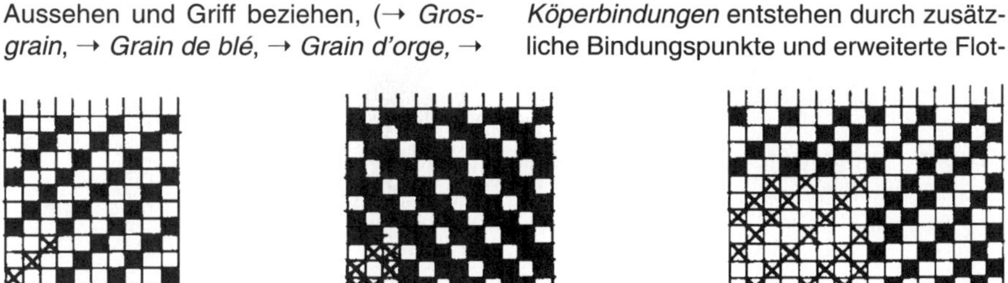

Köperbindungen mit Kett- oder Schußeffekt. Von links: Schußköper 1/2 (Twill), Kettköper 2/1 (Drill), einfacher Mehrgratköper mit Schußeffekt (für Surah geeignet), Rapport: Kreuzchen.

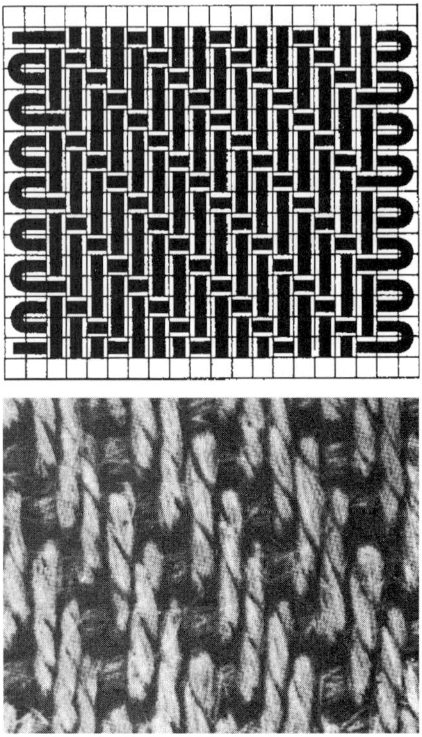

Flechtbild (oben) und Gewebebild (unten) eines Kettköpers 3/1. Die Zwirnrichtung der Kette verläuft parallel zum Köpergrat, daher eine kaum durch die Struktur, wohl aber durch die Farbe hervorgehobene Diagonale.

tungen (→ *Mehrgrat-*, → *Breitgratköper*), durch Neuordnung der Kettfäden (→ *Gabardine*, → *Whipcord*, → *Diamantköper*, → *Geflechtköper*) oder durch Stürzen der Bindungspunkte im → *Rapport* (→ *Kreuzköper*, → *Speerbindung*).

Köpergrat, durch den Versatz der Bindungspunkte von → *Köperbindungen* hervorgerufene, diagonal verlaufende Gewebefurchung, die nach Garnart, Bindung oder → *Einstellung* mehr oder weniger stark ausgeprägt sein kann; von links unten nach rechts oben: → *Z-Grat*, von rechts unten nach links oben: → *S-Grat*. Ein hervorgehobener Grat kann durch eine dem Garndrall entgegengesetzte Gratrichtung des effektgebenden Materials, durch Einsatz von glatten und harten Garnen bei gleicher Garndrehung in Kette und Schuß sowie durch straffe Kettspannung bei Kettköper, lose Kettspannung bei Schußköper bewirkt werden.

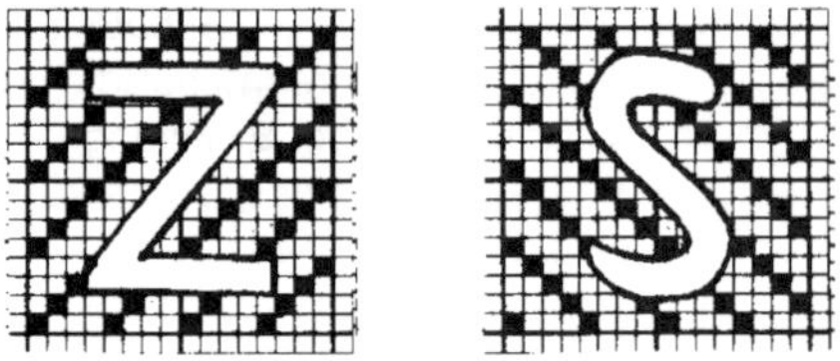

Kennzeichnung der Gratrichtung bei Köper als Z- und S-Grat am Beispiel eines Schußköpers 1/3 (Serge).

Köperlegung, Abwandlung der Grundlegungsarten → *Franse*, → *Trikot*, → *Tuch*, → *Satin*, → *Atlas* und → *Samt* bei → *Kettenwirkwaren* dadurch, daß der Faden bei gleicher Unterlegung nur in der Überlegung über zwei → *Spitzennadeln* gelegt wird. Dadurch entstehen jeweils zwei Maschen übereinander, deren Fußverbindungen denen der → *Kulierwaren* gleichen und die die Verbindung der Maschenreihen miteinander entsprechend der Grundlegung her-

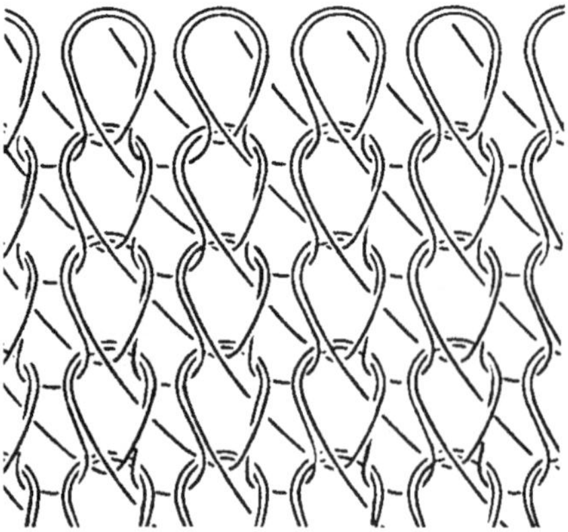

Maschenverlauf der zweinädligen Franse (Köperfranse) bei vollem Fadeneinzug.

stellen. Der Stoffname → *Köper* bezieht sich auf die offene und geschlossene zweinädlige Franse und den zweimaschigen Trikot. Diese Bindungen können nur mit geringen Fadenspannungen gearbeitet werden, weil die auftretende erhöhte Zugbeanspruchung Beschädigungen der Nadeln hervorrufen kann.

Köpersamt, hochwertiger → *Schußsamt* (→ *Velvet*) mit einer höheren Schußdichte als bei → *Taftsamt*, die bei Erhaltung der Griffigkeit und Weichheit das Durchdrükken des Flors auf die Rückseite verhindert, da die flottenden Grundfäden sich unter die Flornoppen schieben.

Kopfkissen, Teil der → *Bettausstattung*, 80x80 cm groß (matratzenbreit: → *Haipfel*), sinnvollerweise mit → *Gänse*- oder → *Entenfedern* gefüllt (nicht: → *Daunen*), da es auf beständige Druckfestigkeit und nicht auf Leichtigkeit und gutes Wärmevermögen ankommt. – Vgl. → *Konturenkissen*, → *Luftkissen*, → *Nackenkissen*, → *Traversin*.

Kopfkissenbezug, → *Kissenbezug*.

Koplon®, → *Modal*, italienische (SNIA) → *Polynosefaser*.

Koratron, → *Permanent Press-Ausrüstung* mit → *verzögerter Kondensation* (→ *Delayed curing*) für dreidimensional formstabile Kleidungsstücke aus Polyestermischgeweben auch mit Wolle. Der Konfektionär benötigt bestimmte Spezialöfen. – Vgl. → *Post-curing*, → *Fixaform*.

Kordel, → *Rundgeflecht*, schnurartige Bänder, deren Stärke mit Nummern von 1-20 gekennzeichnet wird; Nr. 20 ist eine dicke und wulstige Polsterkordel. Auch: mehrfache → *Zwirne*. – Vgl. → *Flachgeflecht*, → *Kordonnet*.

Kordonnet, mehrstufiger → *Zwirn* mit schnurartigem Charakter.

Korrosion, Zerstörung von Werkstoffen unter dem Einfluß von Wasser und anderen Stoffen, z.B. Rosten.

Korsarenhose, frz. Corsaire, eng anliegende, gegenüber der → *Caprihose* jedoch etwas weiter geschnittene, etwa wadenlange Hose für Damen und Herren mit Seitenschlitzen unterhalb des Knies. – Vgl. → *Fischerhose*, → *Piratenhose*, → *Torerohose*.

Korsarenhosen, rechts Designermodell mit besonders betonten Seitenschlitzen.

Korselett, einteiliges, im Gegensatz zum → *Korsett* weiches und schmiegsames Mieder, Büstenhalter und Hüftgürtel aus einem Stück, aus durch → *Elastan* vollelastischen → *Stretchstoffen* mit nur schmalen unelastischen Stoffeinsätzen. → Abb. vgl. S. 478.

Korsett, einteiliges Mieder, Kombination von Büstenhalter und Hüftgürtel, meist mit Magenstütze, hüft- und taillenformend verstärkt, deutlich schwerer als → *Korselett*,

Korselett. Links aus elastischem Elastan-Jacquard mit Cups aus Tüll mit Durchbruchstickerei; rechts jugendliches Modell im Materialmix mit Schößcheneffekt und französischem Beinausschnitt, Cups kaum formend.

aus kräftigen, bielastischen Stoffen mit beträchtlichem → *Elastan*-Anteil; auch medizinisch verordnet und konstruiert.

Kosakenstil, Bekleidungsstil mit Stehkragen, pelzbesetzten Säumen und Knebelverschluß, von den Kosaken übernommen. – Vgl. → *Husarenverschluß*.

Kostüm, dem → *Komplett-Look* entgegenkommendes Bekleidungsstück mit exakt aufeinander abgestimmtem Oberteil und Rock für die Dame; mit Hose: → *Hosenanzug*. Im Unterschied zum → *Deux pièce* schneidermäßig, wenngleich leicht, verarbeitet und formerhaltend ausgestattet. → *Business*-Kostüm: schlicht, aus feinfädigen Wollstoffen, uni und → *Faux-unis*, mit geraden bis leicht antaillierten, längeren Jakken zu geraden Röcken; sportliche Modelle mit breiter Stoffauswahl und vielen Schnittvarianten bis zum sommerlichen → *Safari*-Kostüm. Winterkostüme aus schwereren Stoffen als → *Outdoor-Kleidung* für die kältere Jahreszeit, manchmal mit Pelzbesatz, tragen wegen der kurzen Verkaufssaison im Herbst ein erhöhtes Risiko. – Vgl. → *Kombi-Mode*, → *Coordinate*, → *Franzö-*

Modische Leichtkostüme. Von links: Deux-pièce-ähnliches Kostüm mit sichtbar tailliertem Kurzblazer, tiefgezogenem Reverskragen, paspelierten Taschen, Einstecktuch, mit gerundeten Schultern zum geraden Rock; hüftkurze, schulterbetont geschnittene Jacke mit Wimpelrevers zum Rock mit Faltenpartien; Leichtkostüm mit Wickeloberteil in der Form eines Kurzblousons mit angekraustem Ärmeleinsatz und leichtem Schößchen-Effekt; ungefüttertes Leinenkostüm mit einseitiger Faltenpartie; Alcantara-Kostüm mit überbetontem Kimonoärmel; elegantes Double-face-Kostüm mit gegürteter Kurzjacke.

sisches Kostüm, → *Raumkostüm*, → *Schneiderkostüm*, → *Tailleur*, → *Schoßkostüm*, → *Jacked-Dress*, → *Zweiteiler*.

Moderne City-Kostüme. Von links: Winterkostüm im Hahnentrittdessin Schwarz/Weiß mit schwarz paspelierten Eingrifftaschen, kragenlos zum Rolli und schwarzem, kurzem und geradem Rock; Composé-Kostüm mit samtbesetztem Revers auf einen Knopf zum Rolli und zur City-Bermuda in farblich exakt abgestimmtem Clankaro.

Kothurn-Sohle, Plateau-Sohle, Sockelschuh mit modischen, extrem dicken Sohlen und Absätzen.

Kottonisieren, → *Cottonisieren*.

Kotze, aus der → *Trachtenmode* übernommenes, $^{3}/_{4}$-langes Mantelcape, meist mit → *Durchgrifftasche*.

Kragen, Halsabschluß an Herren-, Damen- und Kinderoberbekleidung und an Wäschestücken; nur mehr in pelzbesetzter Winterausführung oder als → *Kapuzenkragen* mit Funktion; zusammen mit dem → *Ausschnitt*, dem → *Dekolleté* und dem → *Revers* wesentliches modisches Gestaltungselement. **Arten**: → *Auslegekragen*, → *Bubikragen*, → *Button-down-Kragen*, → *Campingkragen*, → *Capuchon*, → *Claudine-Kragen*, → *Dachkragen*, → *Doppelkragen*, → *Eckenkragen*, → *Gentkragen*, → *Haifischkragen*, → *Italo-Kragen*, → *John-Wayne-Kragen*, → *Kaminkragen*, → *Kelchkragen*, → *Kingscoat-Kragen*, → *Kleeblatt-Fasson*, → *Kuttenkragen*, → *Lidokragen*, → *Matrosenkragen*, → *Musketier-Kragen*, → *Nadelstangen-Kragen*, → *Pagodenkragen*, → *Picadilly-Kragen*, → *Pierrot-Kragen*, → *Polokragen*, → *Reiterkragen*, → *Reverskragen*, → *Rollkragen*, → *Sailorkragen*, → *Schalkragen*, → *Schillerkragen*, → *Schwal-*

Kragenformen. Von links: Dekolleté-Kragen mit Schluppe; hoher und tief gezogener Reverskragen; langer Schalkragen; Wimpelrevers; Button-Down-Kragen mit etwas längeren Schenkeln; darunter Polokragen mit Knopfleiste.

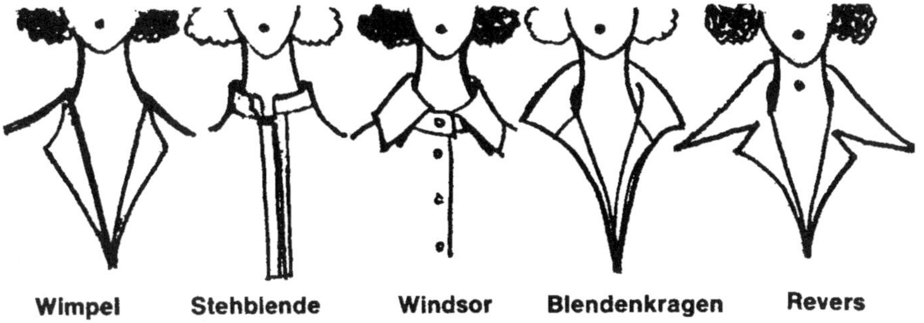

Klassische Kragenformen.

Modekragen. Von links: Geknöpfter Stehkragen (Kaminkragen); Hemdkragen mit etwas breiter gespreizten Schenkeln, verdeckte Knopfleiste; hoher, etwas halsferner Rollkragen aus Rippengestrick; Kuttenkragen; Capuchon; drapierter Ausschnitt.

Kragen für Kleider und Blusen. Von links: Doppel- (Lamellen-)Hemdkragen; farblich und durch das Dessin abstechender Eckenkragen; drapierter Stehkragen; Hemdkragen mit spitzen Schenkeln; drapierter Schlingenkragen im Dandy-Look; typischer Hemdkragen mit Knopfleiste.

benschwanz-Kragen, → *Slipon-Fasson*, → *Spatenkragen*, → *Stehkragen*, → *Tab-Kragen*, → *Tellerkragen*, → *Trenchcoat-Kragen*, → *Umlegekragen*, → *Vatermörder*, → *Wimpelkragen*, → *Windsorkragen*, → *Zungenkragen*. – Vgl. → *Kragenabstich*, → *Krageneinlagestoffe*, → *Fasson*.

Kragenabstich, → *Crochet*, Fortsetzung der → *Spiegelnaht*, bildet zusammen mit der Reversoberkante den → *Crochetwinkel*.

Krageneinlagestoffe, dimensionsstabile und formerhaltende, halbsteife, elastische und nicht schrumpfende → *Einlagestoffe*, die durch Tränken mit Acetylzellulose (→ *Trubenis*) oder durch punktförmige Präparierung mit einem → *thermoplastischen* Produkt (Polyethylen, Polyvinylchlorid) das Verschweißen mit dem Oberstoff durch Hitzeeinwirkung und Druck gestatten. Voraussetzung für das selbständige Glatt-Trocknen von Kragen und Manschetten bei Hemden und Blusen mit → *Pflegeleicht-Ausrüstung* und mit → *wash'n wear*-Eigenschaft. Die Einlagen müssen kochbeständig und maschinenwaschbar sein. – Vgl. → *American Cleeks*, → *Bügelklebegewebe*, → *Frontfixierung*.

Kragenform am Anzug: → *Fasson*, am Hemd: → *Kragen*.

Krapp, → *Naturfarbstoff* aus der Krappwurzel (rubis tinctorum) von roter Farbe, weitgehend vor allem durch → *Alizarin-Farbstoffe* ersetzt. – Vgl. → *Türkisch Rot*.

Kratze, grobe oder feine, dem Vorbild der Distel nachgeformte Drahthäkchen, die auf einem festen, dicken, aber elastischen Kratzentuch befestigt sind; sie dienen dazu, auf dem → *Krempel* die Fasern zu reinigen und parallel zu legen sowie kurze Fasern auszuscheiden.

Kräuselband, Faltenband, Schmalgewebe mit eingewebten Ziehfäden zum Reihen von → *Vorhang-* und → *Gardinenstoffen* und mit Schlingen zum Einhängen der Rollen als oberer Abschluß der Dekorationsstoffe. Wegen der Festigkeit und der Einlaufsicherheit meist aus Polyester.

Kräuselgarn, **Kräuselzwirn**, 1.→ *Effektzwirne*, bei denen zwei → *Garne*, meist Schurwollkammgarne, mit hoher, aber verschiedener Drehung verzwirnt werden. Das Garn, dessen Drehrichtung dem nicht sehr hohen Drall des späteren Zwirns entspricht, dreht sich zu und verkürzt sich, das Garn mit der dem Zwirndraht entgegengesetzten Drehrichtung dreht sich auf, wird länger und wölbt sich wellenförmig aus. - Vgl. → *Crewel*, → *Ondé*, → *Corkscrew*.
2. Art der → *texturierten Garne* mit erhöhtem Volumen und verbesserter → *Elastizität*. – Vgl. → *Torsionskräuselung*, → *Falschdrahtverfahren*, → *Set-Garn*. Gegensatz: → *Hochbauschgarn*, → *Stretchgarn*.

Kräuselkrepp, → *Waschcloqué*, → *unechter Krepp*, Gewebe, die eine kreppartig-plastische Oberflächenstruktur durch Kontraktion der Fasern oder Garne unter örtlicher Einwirkung aufgedruckter Quellmittel mit Schrumpfwirkung (Baumwolle: Natronlauge, Polyamid: Phenol oder Resorcin) erhalten haben. Gleichzeitiger Farbdruck ist möglich. Die Ausrüstung ist bei 30°-Wäsche waschfest und bewirkt eine verbesserte Knitterresistenz. Wenn überhaupt, nur auf einem Frottierhandtuch bügeln. Bei Geweben aus → *thermoplastischen Synthetics* läßt sich ein ähnlicher Effekt durch Hitzeprägung (→ *Gaufrage*) erzielen. Streifenartige Laugendrucke sind als → *Seersucker*-Imitationen gedacht.

Kräuselnaht, Boldernaht, → *Nahtfehler*, der zur Reklamation berechtigt. Arten und Ursachen: Verschiebungskräuseln, durch Verschieben der Stoffbahnen während des Nähens; Verdrängungskräuseln, durch Verdrängen von Gewebefäden, oft durch falsche oder stumpfe Nadeln, zu hohe Stichzahl oder zu dicken Nähzwirn; Spannungskräuseln, falsche Spannung der Nähfäden, die nicht mit dem Vorschub des Nähguts harmoniert, oder durch falsch gewählte Stichlänge.

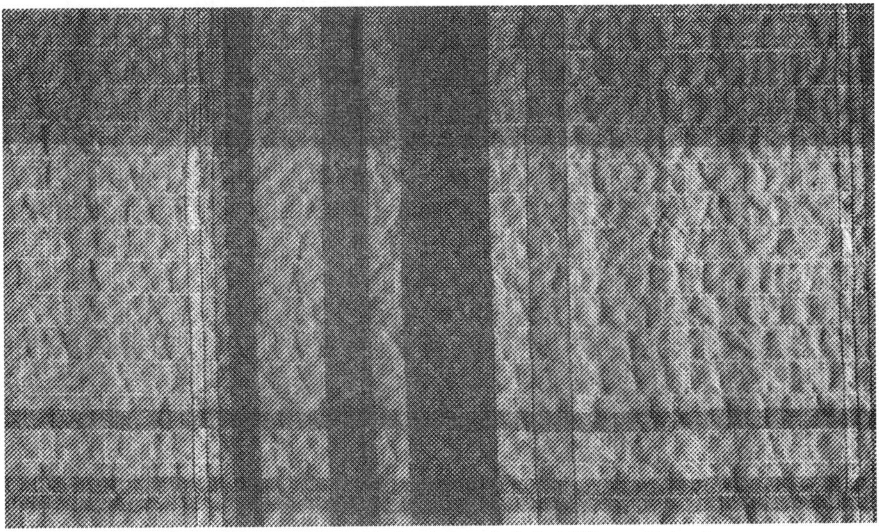

Kräuselkrepp auf Basis eines gewebten Madraskaros. Auf die Hälfte verkleinert.

Kräuselung bei **Chemiefasern**, entsteht bei → *Spinnfasern* durch mechanisch-thermische Nachbehandlung des verstreckten → *Kabels* (Stauchkräuselung), durch die besondere Struktur der → *Bikomponentenfasern* oder durch besondere → *Spinnverfahren*. Je ausgeprägter die Kräuselung, desto fülliger das Garn.

Kräuselung der **Wolle**, Folge der → *bilateralen Struktur* der Wollfaser mit → *Orthocortex* und → *Paracortex* aufgrund des verschieden Quellverhaltens dieser chemisch nicht identischen Spindelzellen; deshalb kann sich die an sich dauerhafte, lockenförmige Kräuselung bei Feuchtigkeit verstärken. Durch Behandlung mit wasserfreiem, unterkühltem Ammoniak kann die Kräuselrichtung der Fasern umgekehrt und/oder verstärkt werden. Wollsorten mit besonders ausgeprägter Kräuselung: → *Merinowollen*; schwach gekräuselt: → *Glanzwollen*, → *Cheviotwolle*, → *Teppichwollen*.

Krawatten. Links sportliche Wollkrawatte mit Webkaro, Mitte Paisley-Dessin (Foulard-Dessin, „Krawattenmuster"), halblinks Medaillonmuster, rechts folkloristisch aufgefaßter, bordürenartiger Streifen.

Kräuselvelours, → *Frisé*, → *Tufting-Teppiche* aus hochgedrehten und fixierten Chemiefasergarnen mit höherem Flor als → *Velours*; die Polspitzen der nach dem Tuften aufgeschnittenen Schlingen weisen eine starke Krümmung auf und legen sich um, so daß der optische Eindruck einer Schlingen- und Veloursware entsteht.

Krawatte, Sammelbegriff für die unter dem Hemdkragen befestigte, ursprünglich schalartige Halsbekleidung, umfaßt den seit 130 Jahren bekannten Langbinder, das selten getragene → *Plastron* und den Querbinder

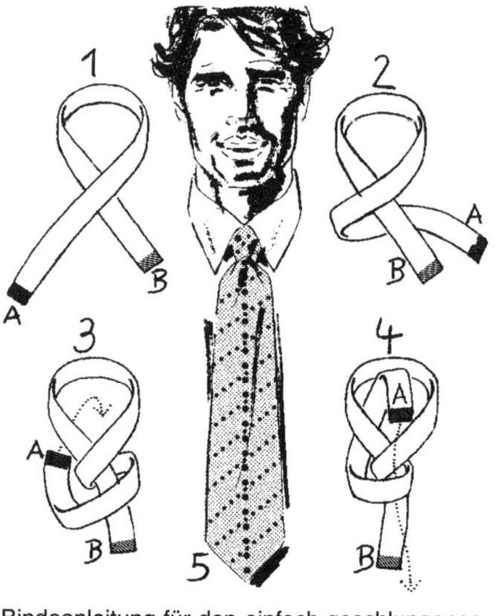

Bindeanleitung für den einfach geschlungenen Krawattenknoten (Ascot-Knoten). 1 Die Krawatte um den Hals legen; dabei muß das schmale Ende B um zwei Drittel kürzer sein; 2 das breitere Ende A mit seiner doppelten Länge über das schmale Ende legen und einfach herum schlingen; 3 das breitere Ende von hinten nach vorne durch die Halsschlaufe stecken; 4 dann durch die vorne entstandene Schlaufe führen, dabei das schmale Ende festhalten, leicht festziehen, den Knoten nach oben schieben und ihn in eine füllige Form mit dekorativer Falte bringen. Korrekt gebunden, soll die Krawatte bis an den Hosenbund reichen. Für den Windsor-Knoten wird Vorgang 2 mindestens einmal wiederholt.

(→ *Schleife*, Libelle, Schmetterling). Sie ist zum (funktionslosen) Merkmal der → *City-* und → *Business*-Kleidung geworden, wenngleich sie auch zu sportlicher Kleidung wie Blouson oder Jacke getragen wird. **Krawattenknoten**, → *Ascot-* und → *Edsor-Knoten* mit nur einer Windung, → *Windsor-Knoten* mit mehreren Windungen. – Vgl. → *Underknot-Dessinierung*.

Krawattendessin bei Kleiderstoffen, → *jacquard*gewebte oder gedruckte, kleine, klar gezeichnete, orientalischen Musterungen entlehnte Motive. – Vgl. → *Foularddessin*.

Krawattenhemd, → *City-Hemd*, das nur mit Krawatte getragen werden kann; Gegensatz (offen oder mit Krawatte zu tragen): → *Semidress-Hemd*.

Kreidestreifen, aus mindestens vier Effektfäden bestehender, weißer → *Nadelstreifen* auf foulierten, meltonierten oder leicht gerauhten, dunklen Wollstoffen mit leicht verwischtem Bild. – Vgl. → *Kohlestreifen*.

Krempel, Maschine der → *Streichgarn-*, aber auch der Baumwollspinnerei, die mit Hilfe der → *Kratzen* das Spinngut reinigt, die Fasern möglichst parallel legt, zu kurze Fasern ausscheidet und ein etwa daumenstarkes Florband (→ *Kardenband*) bildet. Der **Krempelwolf** der Streichgarnspinnerei dient zusätzlich der gründlichen Durchmischung der Wolle für eine Spinnpartie und zum Auflockern der durch den Waschprozeß teilweise fest aneinanderklebenden Wollfasern. Stets sind mehrere Maschinen zu einem zusammenhängenden **Krempelsatz** verbunden. – Vgl. → *Karde*. → Abb. vgl. S. 484.

Krempeljeans, → *Jeanshose* mit Fußweiten, die das Hochkrempeln bis zur Wadenmitte gestatten; sie werden häufig zu Stiefeln getragen und oft mit abstechendem Futter besetzt. Abb. **Krempelshorts** → *Hose*.

Krepp, Sammelbegriff für → *Gewebe* mit körnig-griffiger, sandiger Oberfläche, leichter Oberflächenstruktur, meist knitterarm, oft mit fließendem Fall und einer gewissen Porosität. Echter Krepp: → *Torsionskrepp*, → *Crêpe*, → *Garnkrepp*; unechter Krepp: → *Bindungskrepp* (→ *Kreppbindung*), → *Kräuselkrepp* (→ *Waschcloqué*) oder → *Prägedruck* (→ *Givré*). Krepp bei → *Ma-*

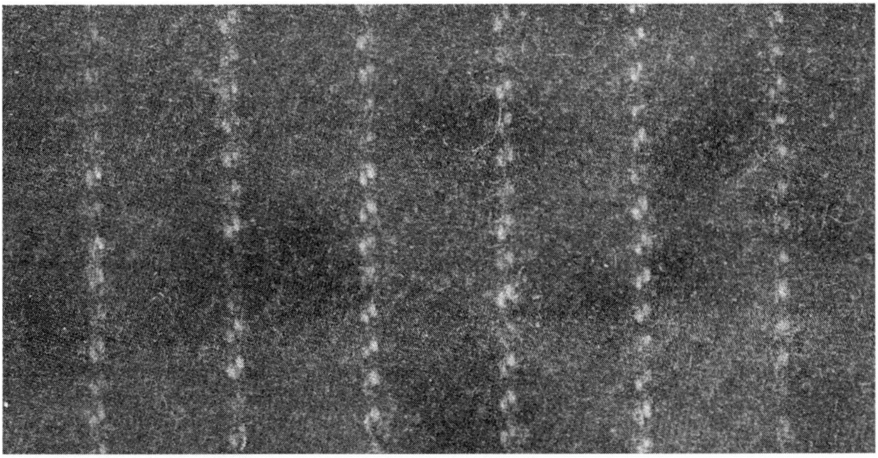

Kreidestreifen auf fouliertem Kammgarn (1/2fach vergrößert).

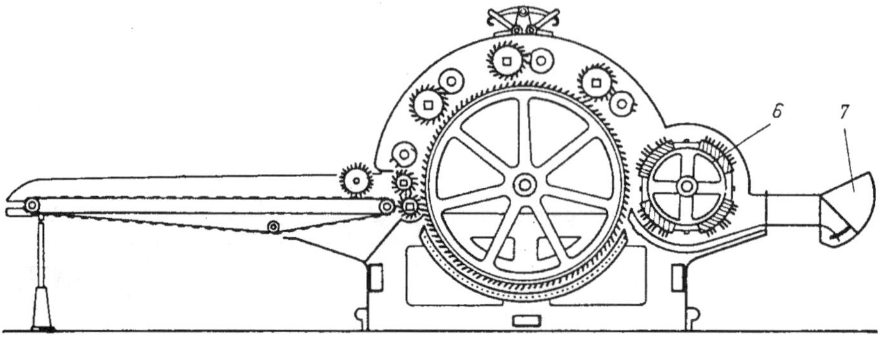

Krempelwolf. In einem vorgeschalteten Kastenspeiser werden die Faserflocken aufgelockert und portionsweise auf das Zuführtuch (links im Bild) abgelegt. Der große zentrale Tambour und die darüber liegenden, kleineren Arbeits- und Wendewalzen sind mit starken Stahlzähnen besetzt, die die recht groben Faserflocken weiter zerkleinern. Der Abnehmer (6) nimmt die zerkleinerten Flocken vom Tambour ab und liefert sie der Absaugvorrichtung (7) zu, die die Fasern über Rohrleitungen in eine Mischkammer befördert.

schenwaren: → *Preßmuster* mit unregelmäßiger Henkelbildung.

Kreppbindung, meist mit nur wenigen → *Schäften* herstellbare, spezielle, von den → *Grundbindungen* stark abweichende Bindeweisen, die einem Stoff aus einfachen Garnen eine körnig-unruhige Warenoberfläche, eine gewisse Porosität und einen weicheren Warenfluß geben. Sie müssen köpergratlos aufgebaut und so konstruiert sein, daß durch unregelmäßige Verteilung der Bindungspunkte keine Längs- oder Querstruktur entsteht und der → *Rapport* im fertigen Gewebe nicht zu erkennen ist. Zur Vermeidung von Spannfäden muß jeder Faden im Rapport gleich oft einbinden. Man strebt gleichseitige Bindungen an, weil die feinkörnige Unruhe des Gewebebildes am leichtesten durch das Zusammenwirken von Kette und Schuß erreichbar ist. Sie entstehen durch Umstellung (Neuordnung) der Kettfäden einfacher Bindeweisen, durch → *verstärkte Bindungen* (→ *Panama-Atlas*, → *Atlas-Krepp*), und durch Negativ-Zeichnung, wobei ein kleines Bindungsmotiv mit → *Ketteffekt* in gleicher Bindeweise mit → *Schußeffekt*

Kreppbindungen, Rapport eingerahmt. Von links: Durch Versetzen und Stürzen eines quadratischen Bindungsmotivs auf vier Faden erzielte Kreppbindung, z.B. für Blusenstoffe geeignet; wilde Kreppbindung; Panama-Atlas oder Atlas-Krepp; innerhalb des Rapports ist die Grundbindung Atlas 8 durch Kreuzchen gekennzeichnet.

wiederholt wird; zusätzlich ist ein Versatz nach Atlasart möglich. **Wilde Kreppbindungen** werden frei und ohne Zuhilfenahme bekannter Bindungen konstruiert. – Vgl. → *Sandkrepp*, → *Sablé*, → *Granitkrepp*, → *Magic-Krepp*, → *Eiskrepp*, → *Granulé*. Kreppbindung bei Maschenwaren: → *Preßmuster* mit unregelmäßiger Henkelbildung.

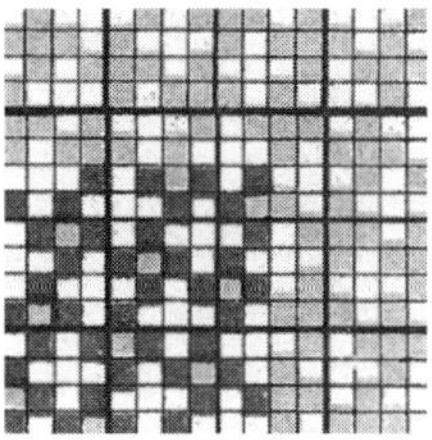

Durch Negativzeichnung eines einfachen, dreibindigen Kreuzmotivs bei gleichzeitigem Versatz nach dem Vorbild des Atlas 10 konstruierte Kreppbindung; Rapport: schwarz schattiert.

Kreppgarn, stark, mit 1300 -2500 t/m (→ *Torsion*/Meter) gedrehte Garne. Zum Vergleich: → *Kettgarn* 200-600 t/m, → *Voilegarn* 600-1200 t/m. Die schrumpffähigen und elastischen Garne werden vor allem für echte → *Crêpe*-Gewebe eingesetzt. Ohne eine die → *Dimensionsstabilität* fördernde Nachbehandlung neigen Kreppgarne aus Viskose bei partieller Befeuchtung dazu, stellenweise einzulaufen und erleiden durch den hohen → *Draht* einen Festigkeitsverlust bis 30 %. Naturseiden-Kreppgarne mit 1000-1500 t/m: → *Grenadine*. Imitation durch Polyester texturé.

Kreppon, feinster echter → *Crêpe*, mit Kreppgarn 2S/2Z in Kette und Schuß, → *Tuchbindung*; hauchdünn, durchsichtig, teuer und selten. – Vgl. → *Chiffon*, → *Georgette*.

Kretonne, → *Cretonne*, → *Rohnessel*, relativ schweres Baumwollgrundgewebe in Tuchbindung aus kräftigen, mittelfeinen Garnen, auch gefärbt, gebleicht und bedruckt; im Bekleidungs- und im Bettausstattungsbereich weitgehend durch die leichteren und feineren → *Renforcé* und → *Batist* verdrängt. – Vgl. → *Linon*, → *Kattun*, → *Eighty square*, → *Sailcloth*.

Kreuzatlas, Atlas 6 mit einer vom konstruierten Atlas abweichenden Anordnung des sechsten Bindungspunkts, wegen der gegenüber → *Kreuzköper* relativ weit flottenden Schußfäden vor allem für wollene → *Rauhgewebe* verwendet.

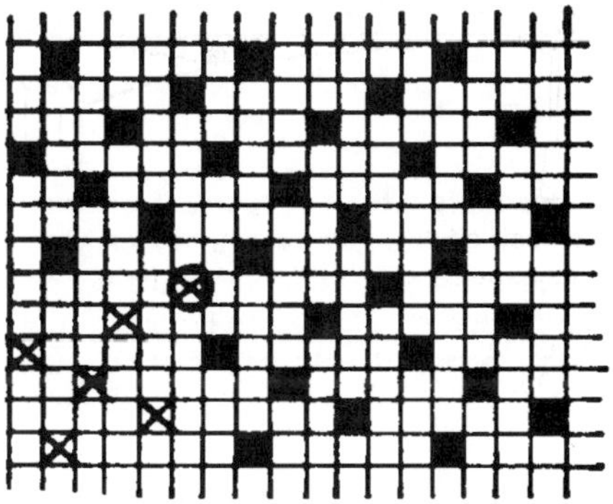

Kreuzatlas. Übliche Anordnung der Bindungspunkte beim Schußatlas 6; der eingeringelte 6. Bindungspunkt ist nicht, wie üblich, durch Fortschreitungs- und Steigungszahl gebildet und ergibt das unruhig wirkende Bild. Rapport: Kreuzchen.

Kreuzfuchs, Fleckfuchs, nicht rein zu züchtende Farbvariante des → *Rotfuchses*, in Alaska, Kanada (Labrador), Ostsibirien und Kamtschtka heimisch. Charakteristisch ist die schwarze oder dunkle Zeichnung über Nacken und Schultern; Rücken und Seiten blaßgelb bis rötlich oder dunkelbraun, Fellgröße 70-90 cm, relativ selten, für modische Oberbekleidung. – Vgl. → *Fuchs*, → *Pelz*.

Kreuzköper, gratlose, gebrochene, optisch neutralisierte, vom Schußköper 1/3 (→ *Serge*) → *abgeleitete* → *Köperbindung*, bei der nach der Hälfte des → *Rapports* die Gratrichtung wechselt. Dadurch kann sich keine sichtbare Bindungsdiagonale bilden; beliebt für → *Rauhgewebe*, da nach dem Rauhen die Bindungspunkte nicht mehr zum Ausdruck kommen. Rund eingestellte, gleichmäßig gewebte Baumwollstoffe sehen eher wie ein Atlas aus. In der Seidenweberei: → *Speerbindung*. Aus → *Croisé* entwickelt: → *Lauseköper*. - Vgl. → *Broken Twill*, → *Kreuzatlas*.

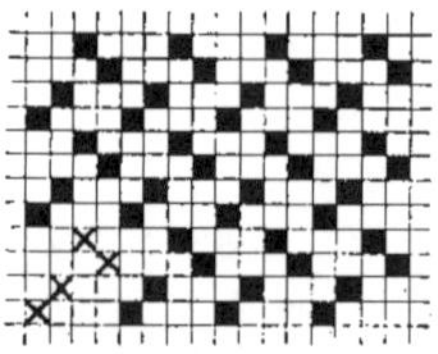

Kreuzköper oder Speerbindung, Rapport: Kreuzchen.

Kreuzschlauch, → *doppelflächige Kulierware* im Charakter des → *Interlock*, wobei die Verschränkung der beiden ineinandergeschobenen → *Feinripp*-Bindungen mit dem Wechsel der Warenseiten erst nach mehreren, meist nach zwei Stäbchen erfolgt. Auf beiden Warenseiten sind nur rechte Maschen sichtbar, die sich exakt gegenüberstehen; bei den Stäbchen mit dem Warenwechsel bildet sich eine sichtbare Gasse. Glatt, elegant, gut dehnfähig, für Oberbekleidung und Freizeitkleidung. – Vgl. → *Italienisch Schlauch*, → *Milano Rib*, → *Milanese*.

Kreuzspule, X-Spule, Aufmachungsart für Garne in der Webereivorbereitung; konisch, bikonisch oder zylindrisch. Ohne Stützkörper oder auf Träger aus Hartpapier, Holz oder Polypropylen wird das Garn über Kreuz aufgewickelt, wobei der Antrieb durch Friktion (direkte Berührung mit dem Garnkörper) erfolgt, so daß der Steigungswinkel der Fadenverlegung vom kleinsten bis zum größten Spulendurchmesser gleich bleibt. Der Faden kann rollend, „über Kopf" und von innen abgezogen werden. – Vgl. → *Wilde Wicklung*, → *Kops*, → *Kanette*, Abb. → *Aufmachung*.

Kreuzstich, Stichart der Handstickerei, wobei der Vorstich und der Deckstich diagonal zu Kette oder Schuß verlaufen und sich beide in der Mitte überkreuzen; der Deckstich muß immer in die gleiche Richtung weisen.

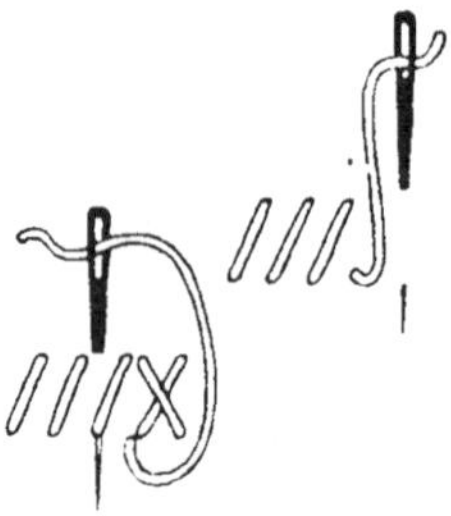

Kreuzstich. Vorstich und Deckstich sind stets gleich lang und überkreuzen sich in der Mitte.

Kreuzzuchtwolle, → *Crossbred-Wolle*, → *Corriedale-Wolle*.

Krimmer, dem kleingelockten Lammfell des → *Karakulschafes* nachgebildeter → *Webpelz* (→ *Pelzimitation*) in → *Plüschtechnik* mit unaufgeschnittenen, stark gekräuselten und lockenförmig fixierten Florschlingen, oft gewalkt.

Krinolinenkleid, Kleider mit stark bauschigen Röcken aus taftähnlichem Material, nach den steifen Drahtgitter-Unterröcken (**Krinoline**) des Barock und Rokoko benannt. Meist mit eng anliegenden, oval bis zu den Schultern dekolletierten Oberteilen.

Kroko-Leder, → *Reptilleder*, → *Feinleder* von verschiedenen, meist dem → *Artenschutzabkommen* unterliegenden Krokodilen, vor allem für Handtaschen und Kleinlederwaren. Die Qualitätskriterien sind in hohem Maß vom Narbenbild und dem Verhornungsgrad, der Güte der Behandlung bis zum fertigen Leder und der Größe des Schuppenbildes abhängig. Je kleiner und gleichmäßiger, desto wertvoller. → *Glanzkroko* von nicht verhornten Häuten, → *Wildkroko* mit matt zugerichteten, verhornten Partien, → *Hornback* von den verhornten Rückenpartien ausgesucht schöner Häute. Eine Kontrollnummer auf einer → *Artenschutzfahne* beweist bis zum Letztverbraucher, daß die so gekennzeichnete Ware aus Häuten von kontrollierten Farmen oder aus freigegebenen Beständen stammt. Eine Gefährdung der Arten besteht (1995) nicht mehr, da bei minimaler Nachfrage ein Überangebot an Farmware besteht.

Krollhaar, → *Roßhaar* (Schweif- oder Mähnenhaar) für Polsterzwecke, das durch Zusammendrehen, Fixieren und Öffnen eine künstliche Kräuselung mit erhöhter Druckelastizität, Formbeständigkeit und Füllkraft erhalten hat.

Kropfband, eng um den Hals getragenes Band zur Befestigung von Schmuck.

Krummspitzigkeit, Lagerschaden bei Pelzen, Veränderung der Struktur der → *Grannenhaare* durch Lichteinwirkung.

Krumpfechtheit, → *Dimensionsstabilität* von textilen → *Flächengebilden* bei Naßbehandlung. **Krumpfecht-Ausrüstung**, Reduzierung oder Beseitigung der im Gewebe vorhandenen Spannungen sowie des Quellvermögens, vor allem bei zellulosischen Fasern, bzw. Vorwegnahme einer späteren Veränderung durch Quellen; Beseitigung der Fähigkeit von Textilien aus synthetischen Fasern zum Kochschrumpf durch → *Thermofixieren*. Wollgeweben muß die Neigung zum Filzen genommen werden. – Vgl. → *Antifilzausrüstung*, → *Sanfor*, → *Krumpfen*, → *Monforisieren*, → *Hochveredlung*, → *Permanent Press*, → *Kunstharzfreie* → *Pflegeleichtausrüstung*, → *Imprägnierung*, → *Tumblerfest*.

Krumpfen, Vorwegnahme des → *Einlaufens* von Stoffen durch Lösung der im Gewebe vor allem durch das Spannen während der → *Veredlung* hervorgerufenen, latent vorhandenen Spannungen besonders in Kettrichtung mit der Folge einer Begrenzung der Verkürzung nach Wäsche und Trocknung auf nur mehr 1-3 %. – Vgl. → *Progressive Schrumpfung*, → *Monforisieren*, → *Sanfor*, → *Tumblerfest*.

Kuba, kaukasischer → *Orient-Teppich* mit deutlich betontem Mittelfeld; in den Medaillons finden sich vierstrahlige Sterne. – Vgl. → *Kasak*, → *Schirwan*.

Küchenkaro, klar gezeichnete und kontrastreich kolorierte Karos nach Art der Küchentücher, vor allem bei Stoffen für Sportsakkos und Hemden.

Kufe, viereckiges Gefäß aus Holz oder Edelstahl zum Waschen oder Färben von Stoffen in Strangform mit Haspelvorrichtung (Haspelkufe) oder Quetschwalzen.

Kugelschlüpfer, **Kugelslipon**, Herrenmantel mit eingesetztem Arm, bei dem die Ärmelnaht ähnlich wie beim Anzug fast senkrecht verläuft, wobei in der Schulterlage eine natürliche Linienführung hervorgerufen wird, die eine deutliche Trennung von Schulter und Ärmelkontur zuläßt. Gegensatz: → *Raglan*. – Vgl. → *Slipon*, → *Covercoat*.

Kugelschlüpfer

Kulierware, → *Maschenware* in → *Einfadentechnik*, bei der in einer Maschenreihe eine Masche nach der anderen aus dem selben Faden, also in Querrichtung, geformt wird; der Gegensatz zu den → *Kettenwirkwaren* besteht in der Art der seitlichen Maschenverbindung und darin, daß mindestens drei Maschen in einer Reihe nacheinander gebildet werden. Die meisten Kulierwaren lassen sich gegen die Wirkrichtung Reihe um Reihe wieder auflösen. Bindungselemente sind → *Masche*, → *Flottung* und → *Henkel*. Da die Maschen bei vielen Kulierwaren auch in der Richtung der Stäbchen durch den Fadenverlauf nicht fixiert sind, entstehen bei → *einflächigen Kulierwaren* bei Fadenbruch vor allem bei → *einfädigen* Qualitäten leicht → *Laufmaschen*. Dieser Effekt wird bei → *Nadelzugdessins* bewußt herbeigeführt. Ein bindungstechnischer Unterschied zwischen → *Wirkwaren* und → *Strickwaren* besteht nicht. → *Einflächig*: → *Rechts/Links-*, → *Links/Links*-Kulierwaren; → *doppelflächig*: → *Rechts/Rechts*-Kulierwaren. – Vgl. → *Single-Jersey*, → *Hinterlegmuster*, → *Petinetmuster*, → *Preßmuster*, → *Knüpftrikot*, → *Rippware*, → *Feinripp*, → *Grobripp*, → *Interlock*, → *Kreuzschlauch*, → *Italienisch Schlauch*, → *Milano Rib*, → *Fang*,

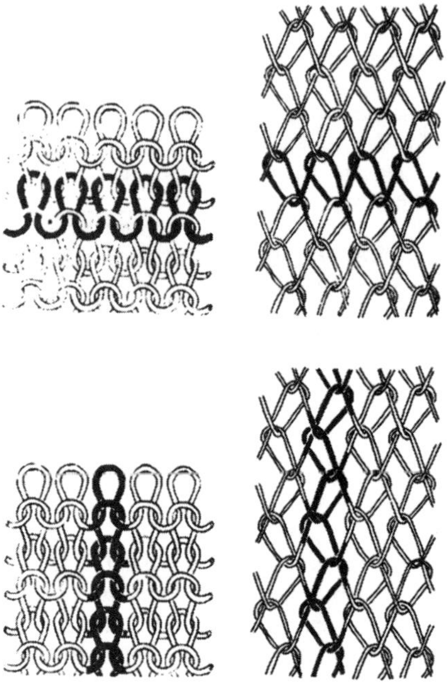

Vergleich von Kulierwaren (links) und Kettenwaren (rechts); oben Maschenreihe, unten Maschenstäbchen.

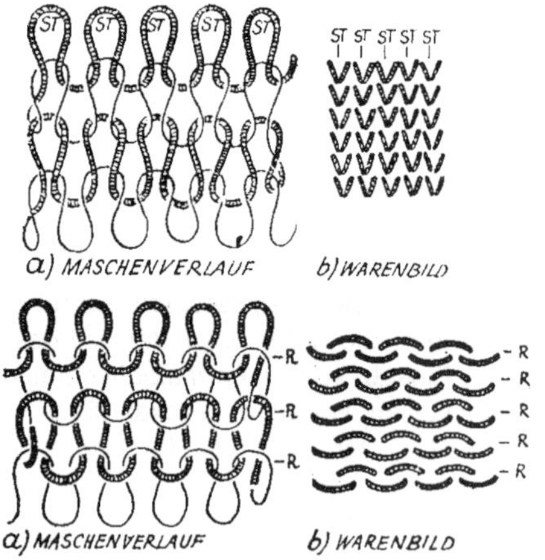

Glatte Kulierware, rechte (oben) und linke (unten) Warenseite. R = Reihe, St = Stäbchen.

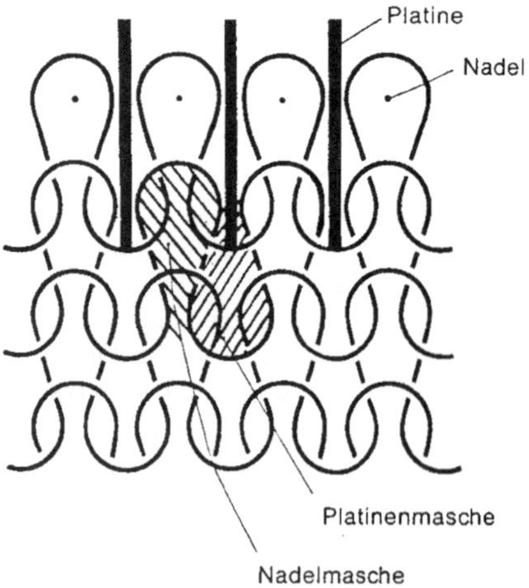

Nadelmasche und Platinenmasche in der Kulierwirkerei.

→ *Perlfang*, → *Noppenmuster*, → *Splitbindung*, → *Jacquardgestrick*, → *Webstrickware*, → *Wevenit*, → *Jersey*.

Kulihose, gerade fallende, relativ weit geschnittene, knapp $^3/_4$-lange Damenhose ohne Seitenschlitz. – Vgl. → *Fischerhose*, → *Korsarenhose*.

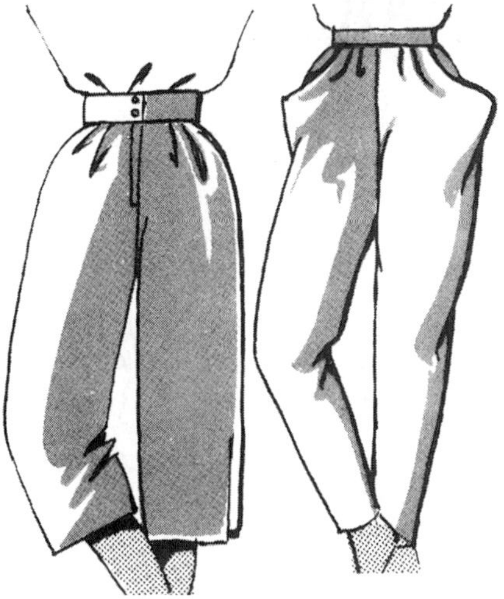

Kulihose (links) im Vergleich zur konisch geschnittenen Hose (rechts).

Kultstreifen, markante Kontraststreifen in der Seitennaht von Hosen.

Kummerbund, nur zum Schalkragensmoking getragene Schärpenweste.

Kunstharz, hochmolekulare synthetische, nichtkristalline, wasserunlösliche, harzartige Vorkondensate, die beim Erwärmen erweichen und sich zur → *Filmbildung* eignen. In der → *Veredlung* meist in dispergierter Form angewandte, durch → *Polymerisation*, → *Polykondensation* oder → *Polyaddition* langkettige Bausteine, die auf den Fasern zu Harzfilmen, Harzeinlagerungen und zur → *Vernetzung* zusammengefügt werden: Aminoplaste (Harnstoff- und Melaminformaldehyd), → *Reaktantharze* (Ethy-

Kummerbund in gleicher Farbe wie Querbinder zum Schalkragensmoking.

len- und Propylenharnstoffabkömmlinge), Epoxidharze und andere. – Vgl. → *Kunstharz-Ausrüstung*, → *Resine*, → *Bügelarm*.

Kunstharz-Ausrüstung, Ausrüstung von Stoffen vor allem aus zellulosischen Fasern zu Erhöhung der Knitterarmut unter Einsatz von → *Kunstharzen*. Dabei findet eine doppelte → *Vernetzung* statt, weil die Chemikalien sich nicht nur mit der Faser chemisch verbinden, sondern sich auch untereinander → *vernetzen*. Harnstoff-Formaldehyd-Vorkondensate eignen sich besonders für → *Zellulosederivate* (→ *Viskose* und → *Modal*), für Baumwolle sind Melamin- und → *Reaktantharze* besser geeignet. – Vgl. → *Trockenvernetzungsverfahren*, → *Pflegeleichtausrüstung*, → *Kunstharzfreie Pflegeleichtausrüstung*, → *Formaldehyd*.

Kunstharzfreie Pflegeleichtausrüstung, Verfahren, die unter besonders sparsamem Einsatz von → *Formaldehyd*-freien Chemikalien, vor allem Glyoxal, durch → *Vernetzung* mit der Faser (Veränderung der Faserstruktur) bei Stoffen aus zellulosischen Textilfasern jene Elastizität (Verbesserung der → *Naßknittererholung*) vermitteln, die zur Selbstglättung nach Wäsche und Trocknung notwendig ist. Die Verbesserung des → *Trockenknitterwinkels* (Knitterwiderstand) erreicht nicht die Wirkung der → *Kunstharzausrüstung*. Die Ausrüstung führt zu einer Verringerung der Festigkeit und bringt die Gefahr der Vergilbung mit sich. Aus → *bekleidungsphysiologischen* und → *humanökologischen* Gründen sind diese Ausrüstungen jedoch besonders zukunftsreich. – Vgl. → *Bancare*, → *Crosslinking-Prozeß*, → *Sulfone*, → *Ravissa*, → *Melloform*, → *Quicotton*, → *Naßvernetzungsverfahren*.

Kunstleder, → *Lederimitat*.

Kunstroßhaar, grobe → *Viskose*- oder → *Acetat*-→ *Monofile* (→ *Crinol*) für Einlagestoffe, Hüte, → *Geflechte* sowie als Austauschstoff für → *Borsten*. Feinere, halbglänzende Sorten eignen sich auch für Perückenhaar.

Küpenfarbstoffe, Gruppe von wasserunlöslichen → *Farbstoffen* mit höchsten → *Echtheiten*, die vor dem Färben durch → *Reduktion* im alkalischen Bereich (z.B. mit Natronlauge oder Hydrosulfit) in ihre wasserlösliche Form (→ *Leukoform*) überführt werden (Verküpung). In dieser Form zieht der Farbstoff wie ein → *Substantivfarbstoff* auf die Faser auf; anschließend wird durch Oxidation das wasserunlösliche Pigment wiederhergestellt. **Anthrachinoide Küpenfarbstoffe**: Ziehen rasch und vollständig auf; → *indigoide Farbstoffe*: verzögertes Aufziehen. Kaum brillante Töne. Nicht alle Farbstoffe besitzen alle Echtheiten gleichzeitig und im gleichen Ausmaß, nicht alle sind allwettergeeignet. Gegensatz: → *Schwefelfarbstoffe*, → *Pigment-Farbstoffe*. – Vgl. → *Indigosol-Farbstoffe*, → *Indanthren*.

Kupfersulfid, Metallsalz zur → *antistatischen Ausrüstung* von Chemiefasern, vor allem Polyamid.

Kupferverfahren, Behandlung von gebeuchten oder gebleichten Baumwoll-→ *Linters* oder Edelzellstoff mit Kupferoxid und Ammoniak (Cuoxam-Lösung) zur Herstellung der → *Zellulose-Derivat*-Faser → *Cupro*; für Bekleidungstextilien nur mehr als → *Filament*. Die aus den Düsen ausgepreßte Spinnflüssigkeit wird in einem Spinntrichter durch fließendes, schwach alkalisches Wasser beim Erstarren auf ein Hundertstel des Düsendurchmessers verstreckt, wodurch sich der feine → *Einzeltiter* ergibt.

Kuppeln, Nachbehandlung bestimmter → *Farbstoffgruppen* mit Diazoniumverbindungen zur Verbesserung der → *Echtheit* und zur Erzielung satterer Farbtöne. – Vgl. → *Azo-Farbstoffe*, → *Naphtol*.

Kuppelrock, halbweiter, gerader Rock, dessen Hüftpartie durch Abnäher kuppelartig geformt ist.

Kuppelrock

Kurbelstickerei, auf der Kurbelstickmaschine mit Hilfe von → *Hakennadeln* und einem Fadenleger hergestellte, ornamentale oder flächige Kettenstichstickerei, wobei der zu bestickende Stoff durch Betätigen einer Kurbel dem aufgezeichneten Muster entsprechend hin- und herbewegt wird. Auch für → *Soutache*-Applikationen und Ziernähte geeignet.

Kurzfasern, zum Beflocken geeignete, exakt auf 0,3-4,0 mm Länge geschnittene Viskose- oder Polyamidfasern mit den uneingeschränkten Eigenschaften der Basisrohstoffe; glänzend und matt, Rohweiß und gefärbt, auch mit elektrostatischer Präparierung für → *Flockprint*, → *Tierfellimitationen* oder Samt- und Plüschimitate. – Vgl. → *Flock-Transferdruck*.

Kurzspinnverfahren, Sammelbegriff für alle → *Spinnverfahren*, die nicht aller üblichen Stufen des Spinnereiprozesses nacheinander bedürfen. Ziel ist es, die bei der Herstellung von Chemiefasern entstandenen → *Kabel* unter Aufrechterhaltung der Faser-Parallellage im Kabel und unter Umgehung des Zustandes ungeordneter, flockeförmiger → *Spinnfasern* sowie unter Einsparung der vorbereitenden Vorgänge in der → *Spinnerei* auf Basis eines spinnfähig gestapelten Faserbandes (→ *Top*) direkt zu einem → *Garn* zu verspinnen. **Arten:** → *Spinnband-* oder → *Konverter-Verfahren*; → *Direktspinnverfahren*.

Kurzzeichen, System von Abkürzungen für die Bezeichnungen der natürlichen und Chemiefasern der BISFA (internationales Standardisierungsbüro in Brüssel) in Anlehnung an ISO 1043 und DIN 7728 mit geringen Abweichungen gegenüber DIN 60001-Teil 3 zur Harmonisierung des EDV-Systems des → *TKG* und des Systems TGL der ehemaligen DDR, das auch das EDV-Schlüsselsystem von Gesamttextil (EU) ersetzt, aus dem Jahr 1989. Auf Lieferpapieren ersetzt das Kurzzeichen die Faserdefinition entsprechend TKG, falls es auf dem gleichen Papier in Klarschrift erläutert wird. – Siehe Anhang.

Kuschelsack, flauschige, meist hochwertige → *Schlafdecke*, die mit Hilfe von Reißverschlüssen und/oder Druckknöpfen in eine zum Gehen oder Sitzen geeignete, mantelartige Hülle verwandelt werden kann.

Kusu, australisch-neuseeländisches → *Opossum*.

Kutscherkragen, → *Capekragen*, wuchtige Kragenform an Damen- und Herrenmänteln, die Schulter und ein großes → *Revers* voll bedeckend, größer als der → *Dachkragen*.

Damenmantel mit Kutscherkragen aus Pelz.

Kutschermantel, Mantel oder → *Cape* mit → *Pelerine* als Wetterschutz oder modisches Element. → Abb. vgl. S. 492.

Kutschertuch, → *Kabik*, derber, dichter, stark gewalkter Wollstoff meist aus relativ feingarnigen Streichgarnen mit → *Melton-Ausrüstung* und niedrigem → *Flor*, aber mit weichem Griff und lüsterartig-feinem Glanz; als Modegewebe in anspruchsloser Optik für Mäntel und Kostüme geeignet. – Vgl. → *Bure*.

Kuttenkleid, von der Mönchskutte inspiriertes blusig geschnittenes Kleid mit leicht halsfernem, weich gelegtem Kragen (→ *Kuttenkragen*) und $^3/_4$-langen, halbweiten Ärmeln.

Kutschermantel (links) mit weit geschnittener Pelerine im Vergleich zu einem Mantel mit einem pelerinenähnlichen Doppelärmel-Effekt (Mitte) und einem fledermausähnlichen, durch Ösen verzierten Steilraglan.

Kuttenkragen, hoher, breiter, aus einer in weichen Falten zusammenfallenden Stoffröhre gebildeter Modekragen mit breitem Umschlag. – Vgl. → *Capuchon.*

Kuvert-Tasche, → *Doppeltasche* mit doppeltem Eingriff vor allem an sportlichen Jacken und Mänteln.

KWL-Lösungsmittel, seit dem Verbot von FCKW 113 (1993) in der → *Chemisch Reinigung* für empfindliches Reinigungsgut (→ *Pflegekennzeichnung* F) eingesetzte Kohlenwasserstoffe, die dank der Abtrennung der Bestandteile mit dem höchsten Siedepunkt schneller trocknen und frei von Benzol und anderen gesundheitsschädlichen → *Aromaten* sind. Wegen der gegenüber FCKW höheren mechanischen Beanspruchung kann es bei scheuerempfindlichen Textilien und besonders wärmeempfindlichen Fasergattungen wie Polyamid oder Modacryl Probleme geben. Es ist nicht mehr sinnvoll, „F“ als Sicherheitssymbol anzugeben. – Vgl. → *Perchlorethylen.*

Kuttenkragen (links) im Vergleich zum Capuchon (Mitte) und drapiertem Ausschnitt.